Schriftenreihe

Verfassungsrecht

in Forschung und Praxis

Band 43

ISSN 1616-9794

Verlag Dr. Kovač

Christian Boden

Gleichheit und Verwaltung

*Die neuere Rechtsprechung des
Bundesverfassungsgerichts zum Gleichheitssatz
und ihre Auswirkung auf die Verwaltung*

Verlag Dr. Kovač

Hamburg
2007

VERLAG DR. KOVAČ
FACHVERLAG FÜR WISSENSCHAFTLICHE LITERATUR

Leverkusenstr. 13 · 22761 Hamburg · Tel. 040 - 39 88 80-0 · Fax 040 - 39 88 80-55

E-Mail info@verlagdrkovac.de · Internet www.verlagdrkovac.de

Bibliografische Information der Deutschen Nationalbibliothek
Die Deutsche Nationalbibliothek verzeichnet diese Publikation
in der Deutschen Nationalbibliografie;
detaillierte bibliografische Daten sind im Internet
über http://dnb.d-nb.de abrufbar.

ISSN: 1616-9794
ISBN: 978-3-8300-3017-1

Zugl.: Dissertation, Universität Trier, 2007

© VERLAG DR. KOVAČ in Hamburg 2007

Printed in Germany
Alle Rechte vorbehalten. Nachdruck, fotomechanische Wiedergabe, Aufnahme in Online-Dienste und Internet sowie Vervielfältigung auf Datenträgern wie CD-ROM etc. nur nach schriftlicher Zustimmung des Verlages.

Gedruckt auf holz-, chlor- und säurefreiem Papier Alster Digital. Alster Digital ist alterungsbeständig und erfüllt die Normen für Archivbeständigkeit ANSI 3948 und ISO 9706.

Vorwort

Die vorliegende Arbeit wurde im Wintersemester 2006/2007 vom Fachbereich Rechtswissenschaft der Universität Trier als Dissertation unter dem Titel „Gleichheit und Verwaltung – Die neuere Rechtsprechung des Bundesverfassungsgerichts zu Art. 3 I GG und ihre Auswirkung auf die Verwaltung" angenommen.

Ich habe die Arbeit im Jahr 2000 begonnen. Da sie bei meinem Berufsbeginn noch nicht fertig war, verzögerte sich ihre Fertigstellung leider erheblich. Die Arbeit berücksichtigt die Rechtsprechung, die bis Mitte 2006 veröffentlicht wurde. Die letzte Entscheidung ist vom November 2005.

Bedanken möchte ich mich bei meinem Betreuer, Herrn Professor Dr. Meinhard Schröder und bei Herrn Professor Dr. Gerhard Robbers, der das Zweitgutachten verfasste. Durch ihre sehr zügige Begutachtung meiner Arbeit und Herrn Professor Dr. Schröders Einsatz konnte ich im März 2007 mein Promotionsverfahren endlich abschließen.

INHALTSVERZEICHNIS

Abkürzungsverzeichnis	XV
Literaturverzeichnis	XVII

A) EINFÜHRUNG — 1

I) Allgemeines — 1

II) Unterschiedliche Bindung an den Gleichheitssatz? — 4
1) Wortlaut — 5
2) Vorbilder / Entwicklung — 7
3) Heutiger Stand — 15
4) Sinn — 17
5) Ergebnis — 23

III) Weiteres Vorgehen — 23

B) STRUKTUR DES GLEICHHEITSSATZES — 25

I) Problemstellung — 25

II) Zum Wesen des Vergleichs — 25
1) Allgemein — 25
2) Terminologische Annäherung — 28
   a) Beteiligte Personen — 29
   b) Vergleichsperspektive und Vergleichsmaßstab — 31
   c) Regelungsziel und Vergleichsziel — 32
   d) Vorprägung des Vergleichs — 33
3) Vergleich als Wertungsfrage — 35
   a) Bewertung der Wirklichkeit — 35
   b) Wesentlichkeit als Hinweis auf Wertung — 36
   c) Wer nimmt die Wertung vor? — 39
4) Absolute/relative Gleichheit — 41
5) Konsequenzen für die Vergleichsprüfung — 46
6) Besonderheit für die Verwaltung? — 50
   a) Normative Vorprägung — 51
   b) Auswirkung — 53
   c) Vergleichsdichte — 54
   d) Ergebnis — 55

III)	**Vergleichsprüfung in der Rechtsprechung**	**56**
1)	Bundesverfassungsgericht	56
2)	Verwaltungsgerichte (vor allem Bundesverwaltungsgericht)	58
IV)	**Exkurs: Gebot zur Ungleichbehandlung**	**63**
1)	Gleichbehandlung als Grundsatz	65
2)	Ungleichbehandlung als Ausnahme	67
3)	Bewertung	68
V	**Ergebnis**	**70**

C) ZUM INHALT DES GLEICHHEITSSATZES   71

I)	**Versuche der Inhaltsbestimmung**	**71**
1)	Gleichheitssatz als wertungsoffene Generalklausel	72
2)	Inhaltsleere des Gleichheitssatzes?	73
a)	Inhaltsoffenheit und subjektives Recht	73
aa)	Subjektives Recht	74
bb)	Recht auf ermessensfehlerfreie Entscheidung?	79
b)	Modales Abwehrrecht	86
aa)	Modal	87
bb)	Status relativus	89
cc)	Zwischenergebnis	90
c)	Ergebnis	90
3)	Gleichheit und Gerechtigkeit	91
a)	Verortung	92
b)	Spezielle Gerechtigkeitsbegriffe	98
c)	Zwischenbewertung	100
d)	Sachgerechtigkeit	100
e)	Ergebnis	103
4)	Die Wertordnung des Grundgesetzes	104
a)	Menschenwürde	107
b)	Besondere Gleichheitssätze	108
c)	Freiheitsrechte	109
d)	Weitere Bestimmungen	111
e)	Fazit	112
II)	**Willkürverbot als Konkretisierung des Inhalts**	**112**
1)	Ursprung des Willkürbegriffs	112
a)	Ursprung des Begriffs	113
b)	Verbindung mit dem Gleichheitssatz	117

	c)	Fazit	121
2)		Willkür und Gleichheit unter dem Grundgesetz	121
	a)	Deutung des Begriffs	122
		aa) Varianten	123
		bb) Deutung	126
	b)	Verhältnis zum Gleichheitssatz	127
		aa) Verbindung mit dem Gleichheitssatz	127
		bb) Trennung vom Gleichheitssatz?	129
		α) Willkür im objektiven Sinn (vor allem Bundesverfassungsgericht)	129
		β) Rezeption durch die Verwaltungsgerichte – Gleichheit und Ermessensfehlerlehre	134
		γ) Verschiedene Willkürbegriffe – subjektive Willkür?	139
		δ) Ergebnis	142
	c)	Exkurs: Angemessenheit als Verhältnismäßigkeit?	142
	d)	Funktion der Willkür	146
		aa) Willkür als Leerformel	146
		bb) Willkür als Begründungsgebot	147
3)		Ergebnis	149

III) Weitere Kriterien zur Inhaltsbestimmung — **150**

1)		Gesamtrechtsordnung	150
2)		Realitätsbezug / Bereichsspezifik	151
	a)	Eigenart des Sachbereichs	152
		aa) Formaler Maßstab	154
		bb) Verschiedene Lebensbereiche	156
	b)	Systemgerechtigkeit/Folgerichtigkeit - Systembindung	157
	c)	Selbstbindung der Verwaltung	163
		aa) Begriff der Selbstbindung	163
		bb) Relevante Bereiche	164
		cc) Gleichheitssatz, Willkür und Selbstbindung	165
		dd) Leistungsansprüche	169
		ee) Selbstbindung, Verwaltungsvorschriften und Gleichheitssatz	170
		ff) Selbstbindung und Systembindung	176
	d)	Fallgruppen der Bereichsspezifik	177
		aa) Typisierung / Pauschalierung	177
		α) Vorgang der Typisierung	179
		β) Intensität = Erforderlichkeit?	182
		bb) Eingriff – Leistung	186
		cc) Bundesstaat	189
	e)	Fazit	191

3)	Innerer Zusammenhang und Entsprechensprüfung		191
	a) Innerer Zusammenhang		192
	b) Entsprechensprüfung		193
	c) Zweck-Mittel-Relation		194
	d) Zwischenergebnis		199
4)	Ergebnis		199

IV) Kontrolle der Rechtsanwendung — 199

1) Kontrolle der Gerichte durch das Bundesverfassungsgericht — 200
   - a) Kontrolle der Gesetzesauslegung — 202
     - aa) Hecksche Formel — 203
     - bb) Schumannsche Formel — 204
     - cc) Willkür und Sachfremdheit — 205
   - b) Trennung von Handlungs- und Kontrollnorm (Trennungslehre)? — 209
   - c) Kontrolle als teleologische Reduktion? — 211
   - d) Grundsätzlich umfassende Kontrolle — 212
2) Folgerungen für die Kontrolle der Verwaltung — 213
3) Ergebnis — 214

V) Zusammenfassendes Ergebnis — 215

D) NEUE FORMEL UND BUNDESVERFASSUNGSGERICHT — 217

I) Aufkommen und Aufnahme der neuen Formel — 217

II) Inhalt der neuen Formel — 220

1) Rückbesinnung auf den Vergleich — 220
   - a) Bildung von Vergleichsgruppen — 221
   - b) Analyse der Unterschiede — 223
2) Personenbezug und Sachbezug — 223
   - a) Normadressaten — 224
   - b) Personenbezug — 226
   - c) Personenbezug und Sachbezug — 231
   - d) Ergebnis — 236
3) Weitere Ausdifferenzierung mit dem abgestuften Maßstab — 237
4) Mittelbarkeit — 240
5) Eigenschaften und Verhaltensbezug — 245
   - a) Eigenschaften — 247
   - b) Verhaltensbezug — 250
   - c) Nähe zur Drei-Stufen-Lehre — 254
   - d) Ergebnis — 255

6)	Intensität und Auswirkung auf Grundrechte		255
	a) Intensität		256
	b) Auswirkung auf Grundrechte		258
	c) Ergebnis		264
7)	Die neue Formel als Ausprägung der Bereichsspezifik		265

III) Folgen **266**

1) Art und Gewicht der Unterschiede – neue Formel als Entsprechensprüfung?   266
   a) Neue Formel   267
   b) Abgestufter Maßstab   269
   c) Fazit   270
2) Einheitlicher Maßstab – keine Trennungslehre   270
   a) Einheitlicher Maßstab   271
   b) Keine Trennungslehre   273
3) Angemessenheit oder Verhältnismäßigkeit?   274
   a) Änderung durch die neue Formel?   275
      aa) Art und Gewicht der Unterschiede   275
      bb) Verhältnismäßigkeitserfordernisse   277
   b) Gleichheit und Verhältnismäßigkeit   278
      aa) Unterschiedliche Prinzipien   278
         α) Gemeinsamkeiten   278
         β) Unterschiede   280
      bb) Struktur der Prüfung   281
      cc) Zweck-Mittel-Relation und Entsprechensprüfung   282
         α) Voraussetzung bei der Verhältnismäßigkeit   283
         β) Unterschiede beim Gleichheitssatz   284
         γ) Einzelne Elemente nicht vergleichbar   287
            αα) Geeignetheit   287
            ββ) Erforderlichkeit   289
            γγ) Verhältnismäßigkeit im engeren Sinn   292
   c) Andere Interpretationsversuche   293
      aa) Zweck-Mittel-Relation wird konstruiert   294
      bb) Methodisch andere Ansätz (Alexy, Bleckmann)   296
   d) Ergebnis   297
4) Willkür weiter relevant?   298

IV) Weitere Entwicklung **302**

1) Differenz der Senate?   303
2) Ist die neue Formel neu?   304
3) Exkurs: Kontrolle der Rechtsprechung   306

4)	Ausblick		308
5)	Fazit		311

V) Ergebnis — 312

E) NEUE FORMEL UND VERWALTUNG — 313

I) Aussagen zu Verwaltung und neuer Formel — 314
- 1) Bundesverfassungsgericht — 314
- 2) Literatur und neue Formel (nach 1980) — 316
  - a) Keine Erwähnung bei der Verwaltung — 317
  - b) Pauschaler Bezug auf Verwaltung — 318
  - c) Beschäftigung mit der neuen Formel — 319
  - d) Fazit — 320
- 3) Verwaltungsgerichtsbarkeit — 321
  - a) Bundesverwaltungsgericht — 323
    - aa) Allgemein — 324
      - α) Oberflächliche Prüfung — 324
      - β) Ausführliche Prüfung — 326
    - bb) Einzelelemente der neuen Formel — 328
      - α) Art und Gewicht — 328
      - β) Personen und Sachverhalte — 329
    - cc) Abgestufter Maßstab — 332
    - dd) Unterscheidung nach Senaten oder Sachgebieten — 333
      - α) Unterscheidung nach Senaten? — 333
      - β) Unterscheidung nach Sachgebieten — 334
    - ee) Zusammenfassung — 335
  - b) Obergerichte der Länder — 336
- 4) Ergebnis — 345

II) Übernahme der Aussagen zur neuen Formel auf die Verwaltung — 346
- 1) Vorgehensweise — 346
- 2) Normerlass und Normvollzug (Grad der Normbindung) — 347
  - a) Normgebung und Normadressaten — 348
  - b) Normvollzug und Normadressat — 355
    - aa) Strikt gesetzesgebundene Verwaltung — 357
    - bb) Gesetzesakzessorische Verwaltung mit Spielräumen — 358
    - cc) Zwischenergebnis — 361
  - c) Nicht-gesetzesakzessorische Verwaltung — 361
  - d) Unterschiedlicher Grad der Bindung? — 366
    - aa) Generell strengere Bindung? — 366

		bb)	Personenbezug	367
		cc)	Verhaltensbezug	367
		dd)	Weitere Kriterien	369
		ee)	Zwischenergebnis	369
	e)	Ergebnis		369
3)	Relevante Einzelbereiche			370
	a)	Selbstbindung und Verwaltungsvorschriften		371
		aa)	Verwaltungspraxis	371
		bb)	Verwaltungsvorschriften	373
	b)	Leistungs- und Eingriffsverwaltung (abgestufter Maßstab – Intensität)		375
		aa)	Leistungsverwaltung	376
		α)	Subvention 1	377
		β)	Subvention 2	378
		γ)	Zugang zu öffentlichen Einrichtungen	379
		δ)	Bewertung	380
		bb)	Eingriffsverwaltung	380
		cc)	Fazit	382
	c)	Gleichheitssatz als Anspruchsgrundlage – Gleichheit und Chancengleichheit		382
	d)	Gleichheit im Unrecht		384
4)	Ergebnis			389

III) Zusammenfassendes Ergebnis — 390

F) ZUSAMMENFASSENDES GESAMTERGEBNIS — 391

G) THESEN — 397

Abkürzungsverzeichnis

AcP	Archiv für die civilistische Praxis
a.F.	alte Fassung
AöR	Archiv des öffentlichen Recht
BayVBl	Bayerische Verwaltungsblätter
Bd.	Band
belg.	belgisch
BGB	Bürgerliches Gesetzbuch
BGBl.	Bundesgesetzblatt
BSeuchG	Bundesseuchengesetz
BVerfG E	Entscheidungssammlung des Bundesverfassungsgerichts
BVerfGG	Bundesverfassungsgerichtsgesetz
BVerwG E	Entscheidungssammlung des Bundesverwaltungsgerichts
BVFG	Bundesvertriebenen und Flüchtlingsgesetz
DöV	Die öffentliche Verwaltung
ders./dies.	derselbe / dieselbe
Diss.	Dissertation
dt.	deutsch
DVBl	Deutsches Verwaltungsblatt
EuGRZ	Europäische Grundrechte-Zeitschrift
Fn.	Fußnote
frz.	französisch
GewO	Gewerbeordnung
GG	Grundgesetz
GVG	Gerichtsverfassungsgesetz
Habil.	Habilitation
Hg.	Herausgeber
JA	Juristische Arbeitsblätter
Jura	Juristische Ausbildung
JuS	Juristische Schulung
JZ	Juristenzeitung
KreisG	Kreisgericht
KStG	Körperschaftssteuergesetz
LKV	Landes- und Kommunalverwaltung
LuftVG	Luftverkehrsgesetz
m.w.N.	mit weiteren Nachweisen
NJW	Neue Juristische Wochenschrift
NordÖR	Zeitschrift für öffentliches Recht in Norddeutschland
NVwZ	Neue Zeitschrift für Verwaltungsrecht
NVwZ-RR	Neue Zeitschrift für Verwaltungsrecht – Rechtsprechungsreport
NWVBl	Nordrhein-Westfälische Verwaltungsblätter
OVG	Oberverwaltungsgericht
pr.	preußisch
Rn.	Randnummer
Schl-H	Schleswig-Holstein
st. Rspr.	ständige Rechtsprechung

StGH	Staatsgerichtshof
VBlBW	Verwaltungsblätter für Baden-Württemberg
VerfG	Verfassungsgericht
VerfGH	Verfassungsgerichtshof
VG	Verwaltungsgericht
VGH	Verwaltungsgerichtshof
vgl.	vergleiche
VwVfG	Verwaltungsverfahrensgesetz
VwGO	Verwaltungsgerichtsordnung
WRV	Weimarer Reichsverfassung
ZPO	Zivilprozessordnung

Literaturverzeichnis

Aldag, Heinrich	Die Gleichheit vor dem Gesetz in der Reichsverfassung, Berlin 1925 (zitiert: Gleichheit)
Alexy, Robert	Theorie der Grundrechte, 2. Aufl. Frankfurt/M 1994
Alternativkommentar	Wassermann, R. (Hg.), Kommentar zum GG für die BRD – Reihe Alternativkommentare Bd. 1 Art. 1-20, 2. Aufl. Neuwied 1989 (zitiert: Bearbeiter in AK)
Anschütz, Gerhard	Die Verfassung des deutschen Reiches vom 11. August 1919, 14. Aufl. Berlin 1933 (zitiert: Verfassung)
Apelt, Willibalt	Die Gleichheit vor dem Gesetz nach Art. 3 I GG, JZ 1951, 353
	Die Geschichte der Weimarer Reichsverfassung, München 1946 (zitiert: Geschichte)
Arndt, Hans-Wolfgang	Gleichheit im Steuerrecht, NVwZ 1988, 787
Badura, Peter	Verteilungsordnung und Zuteilungsverfahren bei der Bewirtschaftung knapper Güter durch die öffentliche Verwaltung, in: R. Wendt, W. Höfling, U. Karpen, M. Oldiges (Hg.) Staat Wirtschaft, Steuern, Festschrift für Karl Heinz Friauf zum 65. Geburtstag, Heidelberg 1996, S. 529 (zitiert: Festschrift Friauf)
	Kodifikatorische und rechtsgestaltende Wirkung von Grundrechten, in: R. Böttcher, G. Hueck, B. Jähnke (Hg.) Festschrift für Walter Odersky zum 65. Geburtstag, Berlin/ New York 1996 (zitiert: Festschrift Odersky)
Badura, Peter/ Dreier, Horst (Hg.)	Anhang zu Festschrift 50 Jahre Bundesverfassungsgericht Band 2 Klärung und Fortbildung des Verfassungsrechts, Tübingen 2001 (zitiert: Festschrift 50 Jahre BVerfG)
Battis Ulrich	Besprechung von BVerwG 2 C 50.02 vom 17. Juni 2004, JZ 2005, 250
	Verwaltungsrecht als konkretisiertes Gemeinschaftsrecht, DöV 2001, 988
Becker, Joachim	Materielle Wirkung von Kompetenz-, Organisations- und Zuständigkeitsregelungen des Grundgesetzes?, DöV 2002, 397
	Forderungen nach einem Maßstäbegesetz – Neuere Maßstäbe in der Gleichheitsdogmatik?, NJW 2000, 3742

Benda, Ernst	Menschenwürde und Persönlichkeitsrecht in: E. Benda, W. Maihofer, H.-J.Vogel (Hg.) Handbuch des Verfassungsrechts der Bundesrepublik Deutschland, Berlin, New York 1995 Bd. 1 § 6 (zitiert: HdBVerfR)
Bender, Michael	Die Befugnis des Bundesverfassungsgerichts zur Prüfung gerichtlicher Entscheidungen [Diss.], Heidelberg 1991 (zitiert: Befugnis)
Bettermann, Karl August	Rechtsgleichheit und Ermessensfreiheit, Der Staat 1 (1962), S. 79
Birk, Hans	Methodisches zur Anwendung des Art. 3 GG, VBlBW 1985, 275
Bleckmann, Albert	Der Gesetzesbegriff des Grundgesetzes – Zur Funktion des Haushaltsplans im Subventionsrecht, DVBl 2004, 333
	Staatsrecht II – Die Grundrechte, 4. Aufl. Köln 1997 (zitiert: StaatsR II)
	Die Struktur des allgemeinen Gleichheitssatzes, 1995 (zitiert: Struktur)
Böckenförde, Ernst Wolfgang	Schutzbereich, Eingriff, verfassungsimmanente Schranken – Zur Kritik gegenwärtiger Grundrechtsdogmatik, Der Staat 2003, 165
	Recht, Staat, Freiheit – Studien zur Rechtsphilosophie, Staatstheorie und Verfassungsgeschichte, Frankfurt/Main 1991 (zitiert: Recht, Staat, Freiheit)
Bonk, Heinz Joachim	25 Jahre Verwaltungsverfahrensgesetz, NVwZ 2001, 636
Bonner Kommentar	R. Dolzer, K. Vogel (Hg.) Kommentar zum Bonner Grundgesetz, Heidelberg, Stand: 120. Lieferung, Dezember 2005 (zitiert: Bearbeiter in BK)
Breuer, Rüdiger	Grundrechte als Anspruchsnormen, in: O. Bachof, L. Heigl, K Redeker (Hg.) Verwaltungsrecht zwischen Freiheit, Teilhabe und Bindung, Festgabe aus Anlaß des 25 jährigen Bestehens des Bundesverwaltungsgerichts, München 1978, S. 89 (zitiert: Festgabe BVerwG)
Brohm, Winfried	Ermessen und Beurteilungsspielraum im Grundrechtsbereich, JZ 1995, 369
Brüning, Christoph	Gleichheitsrechtliche Verhältnismäßigkeit, JZ 2001, 669
	Die gutachterliche Prüfung von Gleichheitsgrundrechten, JA 2001, 611
	Die gutachtliche Prüfung von Freiheitsgrundrechten, JA 2000, 728
Bryde, Brun-Otto/ Kleindiek, Ralf	Der allgemeine Gleichheitssatz, Jura 1999, 36

Bülow, Erich	Gesetzgebung in: E. Benda, W. Maihofer, H.-J.Vogel (Hg.) Handbuch des Verfassungsrechts der Bundesrepublik Deutschland, Berlin, New York 1995 Bd. 2 § 30 (zitiert: HdBVerfR)
Burmeister, Joachim	Selbstbindungen der Verwaltung – Zur Wirkkraft des rechtsstaatlichen Übermaßverbots, des Gleichheitssatzes und des Vertrauensschutzprinzips, DÖV 1981, 503
Creifelds, Carl	Rechtswörterbuch, herausgegeben von Hans Kauffmann, 12. Aufl. München 1994.
Degenhart, Christoph	Staatsrecht I – Staatszielbestimmungen, Staatsorgane, Staatsfunktionen, 10. Aufl. Heidelberg 1994 (zitiert: StaatsR I)
Dicke, Detlev Christian	Der allgemeine Gleichheitssatz und die Selbstbindung der Verwaltung, VerwArch 59 (1968) S. 293
Di Fabio, Udo	Grundrechte als Werteordnung, JZ 2004, 1
	Die Ermessensreduzierung – Fallgruppen, Systemüberlegungen und Prüfprogramm, VerwArch 86 (1995) S. 214
Dittmann, Armin	Gleichheitssatz und Gesetzesvollzug im Bundesstaat, in: H. Maurer (Hg.) Das akzeptierte Grundgesetz, Festschrift für Günter Dürig zum 70. Geburtstag, München 1990, S. 221 (zitiert: Festschrift Dürig)
Doeming, Klaus-Berto v./ Füßlein, Rudolf Werner/ Matz, Werner	Entstehungsgeschichte der Artikel des Grundgesetzes, JöR [neue Folge] 1 (1951), 1
Dreier, Horst (Hg.)	Grundgesetz Kommentar, Band I, Art. 1-19, 2. Aufl. Tübingen 2004 (zitiert: Bearbeiter in Dreier)
Duden	Der Duden, Standardwerk zur deutschen Sprache herausgegeben vom wissenschaftlichen Rat der Dudenredaktion: Band 10 Bedeutungswörterbuch; herausgegeben und bearbeitet von Wolfgang Müller, 2. Aufl. Mannheim Wien, Zürich 1985 (zitiert: Bedeutungswörterbuch)
Dürig, Günter	Gleichheit in: Staatslexikon der Görresgesellschaft (Hg.) Bd. 2, 7. Aufl. 1986, S. 1066 (zitiert: Staatslexikon der Görresgesellschaft Stichwort „Gleichheit")
Eberle, Carl-Eugen	Gesetzesvorbehalt und Parlamentsvorbehalt, DöV 1984, 485
Ehlers, Dirk	Verwaltung und Verwaltungsrecht im demokratischen und sozialen Rechtsstaat, in: Hans-Uwe Erichsen/ Dirk Ehlers (Hg.) Allgemeines Verwaltungsrecht, 12. Aufl. Berlin 2002, S. 1 (zitiert: AllgVwR)

Empt, Martin	Positive Diskriminierung ethnischer Minderheiten beim Hochschulzugang und der Gleichheitsatz im US-amerikanischen Verfassungsrecht, DöV 2004, 239
Epiney, Astrid	Neuere Rechtsprechung des EuGH in den Bereichen institutionelles Recht, allgemeines Verwaltungsrecht, Grundfreiheiten, Umwelt- und Gleichstellungsrecht, NVwZ 2001, 524; NVwZ 2002, 1429; NVwZ 2004, 1067
Erbguth, Wilfried	Normkonkretisierende Verwaltungsvorschriften, DVBl 1989, 473
Erichsen, Hans-Uwe	Das Verwaltungshandeln, in: Hans-Uwe Erichsen/ Dirk Ehlers (Hg.) Allgemeines Verwaltungsrecht, 12. Aufl. Berlin 2002, S. 229 (zitiert: AllgVwR)
	Vorrang und Vorbehalt des Gesetzes, Jura 1995, 550
	Öffentliche Abgaben, Jura 1995, 47
	Freiheit, Gleichheit, Teilhabe, DVBl 1983, 289
	Art. 3 I GG als Grundlage von Ansprüchen des Bürgers gegen die Verwaltung, VerwArch 71 (1980) S. 289
Eyermann, Erich	Gleichheitssatz, Wurzel des Willkürverbots?, in: Bayerischer Verfassungsgerichtshof (Hg.) Festschrift zum 25jährigen Bestehen des Bayerischen Verfassungsgerichtshofes, München 1972, S. 45 (zitiert: Festschrift BayVerfGH)
Fikentscher, Wolfgang	Schuldrecht, 8. Aufl. Berlin, New York 1991
Fischer, Hartmut	Die Auswirkungen der Rechtsprechung des Bundesverfassungsgerichts auf die Dogmatik des Allgemeinen Verwaltungsrechts [Diss.], Baden-Baden 1997 (zitiert: Dogmatik des Allgemeinen Verwaltungsrechts)
Fleiner, Fritz	Institutionen des deutschen Verwaltungsrechts, 8. Aufl. Tübingen 1928 (zitiert: VerwR)
Friauf, Karl Heinrich	Polizei und Ordnungsrecht in: Eberhard Schmidt Aßmann (Hg.) Besonderes Verwaltungsrecht, 2. Abschnitt, S. 101, 10. Aufl. Berlin/New York 1995 (zitiert: BesVerwR)
Fuchs, Maximilian	Deliktsrecht, Berlin, Heidelberg, New York, Tokyo 1994
Gängel, Andreas/ Gansel, Timo	Die rechtlichen Regelungen zum Schutz vor gefährlichen Hunden, NVwZ 2001,1208
Gassner, Ulrich M	Heinrich Triepel: Leben und Werk [Habil.], Berlin 1999 (zitiert: Heinrich Triepel)
Geiger, Rudolf	Grundgesetz und Völkerrecht, 2. Aufl. München 1994.

Gentz, Manfred	Zur Verhältnismäßigkeit von Grundrechtseingriffen, NJW 1968, 1600
Götz, Volkmar	Allgemeines Polizei- und Ordnungsrecht, 12. Aufl. Göttingen 1995
	Der allgemeine Gleichheitssatz und die Rechtsanwendung im Verwaltungsrecht, NJW 1979, 1478
	Über die Gleichheit im Unrecht, in: O. Bachof, L. Heigl, K. Redeker (Hg.) Verwaltungsrecht zwischen Teilhabe und Bindung, Festgabe aus Anlaß des 25jährigen Bestehens des Bundesverwaltungsgerichts, München 1978, S. 245 (zitiert: Festgabe BVerwG)
	Das Grundrecht auf Rechtsanwendungsgleichheit und der verwaltungsgerichtliche Rechtsschutz, DVBl 1968, 93
Grimm, Jacob u. Wilhelm	Deutsches Wörterbuch, 1854 Neunzehnter Band, II. Abteilung, bearbeitet von Ludwig Sütterlin, Bd. 30 (Nachdruck München 1960)
Guckelberger, Annette	Zum methodischen Umgang mit Verwaltungsvorschriften, Die Verwaltung 35 (2002) S. 61
Guimezanes, Nicole	Introduction au droit français, Baden-Baden 1995 (zitiert: Droit français)
Gusy, Christoph	Die Weimarer Reichsverfassung, Tübingen 1997 (zitiert: WRV)
	Die Grundrechte in der Weimarer Republik, ZNR 1993, 163
	Der Gleichheitssatz, NJW 1988, 2505
	Der Gleichheitsschutz des Grundgesetzes, JuS 1982, 30
Häberle, Peter	Grundrechte im Leistungsstaat, VVDStRL 30 (1972) S. 43
Hain, Karl-Eberhard/ Schlette, Volker/ Schmitz, Thomas	Ermessen und Ermessensreduktion – ein Problem im Schnittpunkt von Verfassungs- und Verwaltungsrecht, AöR 122 (1997) S. 32
Hartmann, Dieter-Dirk	Willkürverbot und Gleichheitsgebot, Darmstadt/Neuwied 1972 (zitiert: Willkürverbot)
Hatschek, Julius	Lehrbuch des deutschen und preußischen Verwaltungsrechts, 7. und 8. Aufl. Leipzig 1931 (Hg. Kurtzig, P. v.) (zitiert: VerwR)
	Deutsches und preußisches Staatsrecht, Erster Band, 2. Aufl. Berlin 1930 (Hg. Kurtzig, P. v.) (zitiert: StaatsR)
Heintzen, Markus	Die einzelgrundrechtlichen Konkretisierungen des Grundsatzes der Verhältnismäßigkeit, DVBl 2004, 721
Held-Daab, Ulla	Das freie Ermessen [Diss.], Berlin 1996 (zitiert: Ermessen)

Herzog, Roman	Das Bundesverfassungsgericht und die Anwendung einfachen Gesetzesrechts, in: Hartmut Maurer (Hg.) Das akzeptierte Grundgesetz, Festschrift für Günter Dürig zum 70. Geburtstag, München 1990, S. 431 (zitiert: Festschrift Dürig)
Hesse, Konrad	Grundzüge des Verfassungsrechts der Bundesrepublik Deutschland, 20. Aufl. Heidelberg 1999 (zitiert: Grundzüge)
	Die Bedeutung der Grundrechte, in: E. Benda, W. Maihofer, H.-J.Vogel (Hg.) Handbuch des Verfassungsrechts der Bundesrepublik Deutschland, Berlin, New York 1995 Bd. 1 § 5 (zitiert: HdBVerfR)
	Verfassungsrechtsprechung im geschichtlichen Wandel, JZ 1995, 265
	Der allgemeine Gleichheitssatz in der neueren Rechtsprechung des Bundesverfassungsgerichts zur Rechtsgleichheit, in: P. Badura, R. Scholz (Hg.) Wege und Verfahren des Verfassungslebens, Festschrift für Peter Lerche zum 65. Geburtstag, München 1993, S. 121 (zitiert: Festschrift Lerche)
	Der allgemeine Gleichheitssatz in der neueren deutschen Verfassungsentwicklung, AöR 109 (1984) S. 174
	Der Gleichheitsgrundsatz im Staatsrecht, AöR 77 = 38 n.F. (1951/52) S. 167
Heun, Werner	Equal Protection im amerikanischen Verfassungsrecht, EuGRZ 2002, 319
Heyde Wolfgang	Rechtsprechung, in: E. Benda, W. Maihofer, H.-J.Vogel (Hg.) Handbuch des Verfassungsrechts der Bundesrepublik Deutschland, Berlin, New York 1995 Bd. 2 § 33 (zitiert: HdBVerfR)
Hippel, Ernst von	Zur Auslegung des Art. 109 I der Reichsverfassung, AöR 49 (1926), 124
Hirsch, Martin/ Majer, Diemut/ Meinck, Jürgen (Hg.)	Recht, Verwaltung und Justiz im Nationalsozialismus, 2. Aufl., Baden-Baden 1997
Hochhuth, Martin	Lückenloser Freiheitsschutz und die Widersprüche des Art. 2 Abs. 1 GG, JZ 2002, 743
Hoffmann-Riem, Wolfgang	Selbstbindungen der Verwaltung, VVDStRL 40 (1982) S. 187
Horn, Hans-Detlef	Die grundrechtsunmittelbare Verwaltung – Zur Dogmatik des Verhältnisses zwischen Gesetz, Verwaltung und Individuum unter dem Grundgesetz, Tübingen 1999 [Habil.] (zitiert: Grundrechtsunmittelbare Verwaltung)

Huber, Ernst Rudolf	Deutsche Verfassungsgeschichte seit 1789 Band VI Die Weimarer Reichsverfassung, Stuttgart/ Berlin/ Köln/ Mainz 1981 (zitiert: Verfassungsgeschichte VI)
	Deutsche Verfassungsgeschichte seit 1789 Band III Bismarck und das Reich, Stuttgart 1963 (zitiert: Verfassungsgeschichte III)
	Quellen zum Staatsrecht der Neuzeit, Bd. 2 Deutsche Verfassungsdokumente der Gegenwart (1919-1951), Tübingen 1951 (zitiert: Quellen)
Hufen, Friedhelm	Fehler im Verwaltungsverfahren, 3. Aufl. Baden-Baden 1998
	Verwaltungsprozessrecht, München 1994
Huster, Stefan	Gleichheit und Verhältnismäßigkeit, JZ 1994, 541
	Rechte und Ziele – Zur Dogmatik des allgemeinen Gleichheitssatzes [Diss.], 1993 (zitiert: Rechte und Ziele)
Ipsen, Hans Peter	Gleichheit, in: F. L. Neumann, H. C. Nipperdey, U. Scheuner: Die Grundrechte – Handbuch der Theorie und Praxis der Grundrechte Band II, Berlin 1954, S. 111 (zitiert: Die Grundrechte)
Ipsen, Jörn	Staatsrecht II – Die Grundrechte, 2. Aufl. Neuwied/ Kriftel 1998 (zitiert: StaatsR II)
Jahrreiß, Hermann	Die staatsbürgerliche Gleichheit, in: G. Anschütz, R. Thoma (Hg.) Handbuch des Deutschen Staatsrechts, Zweiter Band Tübingen 1932, S. 624 (zitiert: Gleichheit)
Jakobs, Michael Ch.	Der Grundsatz der Verhältnismäßigkeit, DVBl 1985, 97
	Der Grundsatz der Verhältnismäßigkeit: mit einer exemplarischen Darstellung seiner Geltung im Atomrecht [Diss.], Köln, Berlin, Bonn, München 1985 (zitiert: Grundsatz der Verhältnismäßigkeit)
Jarass, Hans Dieter	Die Grundrechte: Abwehrrechte und objektive Grundsatznormen, in: Peter Badura, Horst Dreier (Hg.) Festschrift 50 Jahre Bundesverfassungsgericht Bd. 2, Tübingen 2001, S. 35 (zitiert: Festschrift 50 Jahre BVerfG)
	Folgerungen aus der neueren Rechtsprechung des Bundesverfassungsgerichts für die Prüfung von Verstößen gegen Art. 3 I GG, NJW 1997, 2545
	Bausteine einer umfassenden Grundrechtsdogmatik, AöR 120 (1995) S. 345
Jarass, Hans Dieter/ Pieroth, Bodo	Grundgesetz für die Bundesrepublik Deutschland: Kommentar, 7. Aufl. München 2004 (zitiert: Bearbeiter in JP)

Jellinek, Walter	Verwaltungsrecht, 3. Aufl. Berlin 1931 (zitiert: VerwR)
	Gesetz, Gesetzesanwendung und Zweckmäßigkeitserwägungen, Tübingen 1913 (Neudruck Aalen 1964) (zitiert: Gesetz)
Jestaedt, Matthias	Verfassungsrecht und einfaches Recht – Verfassungsgerichtsbarkeit und Fachgerichtsbarkeit, DVBl 2001, 1309
	Grundrechtsentfaltung im Gesetz: Studien zur Interdependenz von Grundrechtsdogmatik und Rechtsgewinnungstheorie [Habil.], Tübingen 1999 (zitiert: Grundrechtsentfaltung)
Jouanjan, Olivier	Zur Geschichte und Aktualität des Gleichheitssatzes in Frankreich, EuGRZ 2002, 314
Kafka, Franz	Die Erzählungen und andere ausgewählte Prosa, herausgegeben von Roger Hermes, Frankfurt/M. 1996 (zitiert: Erzählungen)
Kallina, Hans-Michael	Willkürverbot und Neue Formel. – Der Wandel der Rechtsprechung des Bundesverfassungsgerichts zu Art. 3 I GG [Diss.], Tübingen 2001 (zitiert: Willkürverbot und Neue Formel)
Kaufmann, Arthur/ Hassemer, Winfried (Hg.)	Einführung in die Rechtsphilosophie und Rechtstheorie der Gegenwart, 6. Aufl. Heidelberg 1994 (zitiert: Rechtsphilosophie)
Kaufmann, Erich	Die Gleichheit vor dem Gesetz im Sinne des Art. 109 der Reichsverfassung, VVDStRL 3 (1927) S. 2
Kenntner, Markus	Vom „Hüter der Verfassung" zum „Pannenhelfer der Nation"? – Zur Kontrolldichte im Verfahren der Urteilsverfassungsbeschwerde, DöV 2005, 269
	Das BVerfG als subsidiärer Superrevisor?, NJW 2005, 785
Kim, Joo-Hwan	Zur Konkretisierung des allgemeinen Gleichheitssatzes des Art. 3 I GG [Diss.], Frankfurt/M 2000 (zitiert: Konkretisierung)
Kimminich; Otto	Einführung in das Völkerrecht, 5. Aufl. Tübingen, Basel 1992
Kirchberg	Willkürschutz statt Grundrechtsschutz?, NJW 1987, 1988
Kirchhof, Ferdinand	Abgabenrecht, in: Norbert Achterberg, Günter Püttner, Thomas Würtenberger (Hg.) Besonderes Verwaltungsrecht Bd. 2, § 20 (S. 253), 2. Aufl. Heidelberg 2000 (zitiert: in BesVerwR)
Kirchhof, Paul	Der allgemeine Gleichheitssatz, in: J. Isensee/ P. Kirchhof (Hg.) Handbuch des Staatsrechts der Bundesrepublik Deutschland Band V, 2. Aufl. Heidelberg 2000 § 124 (zitiert: HdBStR V § 124)

	Gleichheit in der Funktionenordnung, in: J. Isensee/ P. Kirchhof (Hg.) Handbuch des Staatsrechts der Bundesrepublik Deutschland Band V, 2. Aufl. Heidelberg 2000 § 125 (zitiert: HdBStR V § 125)
	Die Verschiedenheit von Menschen und die Gleichheit vor dem Gesetz, München 1996 (zitiert: Verschiedenheit)
	Gleichmaß und Übermaß, in: P. Badura, R. Scholz (Hg.) Wege und Verfahren des Verfassungslebens, Festschrift für Peter Lerche zum 65. Geburtstag, München 1993, S. 133 (zitiert: Festschrift Lerche)
	Objektivität und Willkür, in: H.J. Faller, P. Kirchhof, E. Träger (Hg.) Verantwortlichkeit und Freiheit. Die Verfassung als wertbestimmte Ordnung, Festschrift für Willi Geiger zum 80. Geburtstag, Tübingen 1989, S. 82 (zitiert: Festschrift Geiger)
Kischel, Uwe	Systembindung des Gesetzgebers und Gleichheitssatz, AöR 124 (1999) S. 174
	Zur Dogmatik des Gleichheitssatzes in der Europäischen Union, EuGRZ 1997, 1
Kloepfer, Michael	Gleichheit als Verfassungsfrage, 1980 (zitiert: Gleichheit)
Köbler, Gerhard	Ethymologisches Rechtswörterbuch, Tübingen 1995
Kokott, Juliane	Gleichheitssatz und Diskriminierungsverbote in der Rechtsprechung des Bundesverfassungsgerichts, in: Peter Badura, Horst Dreier (Hg.) Festschrift 50 Jahre Bundesverfassungsgericht Bd. 2, Tübingen 2001, S. 127 (zitiert: Festschrift 50 Jahre BVerfG)
Kölbel, Christoph	Gleichheit im >Unrecht< [Diss.], Köln 1997 (zitiert: Gleichheit im Unrecht)
Kommers, Donald P.	Der Gleichheitssatz: Neuere Entwicklungen und Probleme im Verfassungsrecht der USA und der Bundesrepublik Deutschland, in: Ch. Link (Hg.) Der Gleichheitssatz im modernen Verfassungsstaat, Symposium zum 80. Geburtstag von Gerhard Leibholz, Baden-Baden 1982, S. 31 (zitiert: Link (Hg.) Verfassungsstaat)
Koenig, Christian	Die gesetzgeberische Bindung an den allgemeinen Gleichheitssatz – Eine Darstellung des Prüfungsaufbaus zur Rechtsetzungsgleichheit, JuS 1995, 313
Kopp, Ferdinand O./ Ramsauer, Ulrich	Verwaltungsverfahrensgesetz, 8. Aufl. München 2003 (zitiert: VwVfG)
Krebs, Walter	Zur verfassungsrechtlichen Verortung und Anwendung des Übermaßverbotes, Jura 2001, 228

Kriele, Martin	Grundrechte und demokratischer Gestaltungsspielraum, in: J. Isensee/ P. Kirchhof (Hg.) Handbuch des Staatsrechts der Bundesrepublik Deutschland Band V, 2. Aufl. Heidelberg 2000 § 110 (zitiert: HdBStR V § 110)
Krugmann, Michael	Gleichheit, Willkür und Evidenz, JuS 1998, 7
Kube, Hanno	Der subjektive Abwehrgehalt der Grundrechte – Zur grundrechtlichen Rüge der Verletzung von Rechten Dritter, DVBl 2005, 721
	Die Elfes-Konstruktion, JuS 2003, 111
Kunig, Philip	Der Rechtsstaat, in: Peter Badura, Horst Dreier (Hg.) Festschrift 50 Jahre Bundesverfassungsgericht Bd. 2, Tübingen 2001, S. 421 (zitiert: Festschrift 50 Jahre BVerfG)
Lademann, Karl	Der Gleichheitssatz in der Verwaltungsrechtsprechung, Schleswig-Holstein-Anzeiger 1966, 209
Larenz, Karl/ Canaris, Claus-Wilhelm	Methodenlehre der Rechtswissenschaft, 3. Aufl. Berlin, Heidelberg, New York (zitiert: Methodenlehre)
Leibholz, Gerhard	Die Gleichheit vor dem Gesetz, 2. Aufl. München/ Berlin 1959 (zitiert: Gleichheit)
Leisner, Walter	Das Entschädigungs- und Ausgleichsgesetz – ein Gleichheitsverstoß, NJW 1995, 1513
	Der Gleichheitsstaat – Macht durch Nivellierung, Berlin 1980 (zitiert: Gleichheitsstaat)
Lenz, Christofer	Die Wahlrechtsgleichheit und das Bundesverfassungsgericht, AöR 121 (1996) S. 337
Lenz, Sebastian/ Leydecker, Philipp	Kollidierendes Verfassungsrecht – Verfassungsrechtliche Maßstäbe der Einschränkbarkeit vorbehaltloser Freiheitsrechte, DöV 2005, 841
Lerche, Peter	Grundrechtlicher Schutzbereich, Grundrechtsprägung und Grundrechtseingriff, in: J. Isensee/ P. Kirchhof (Hg.) Handbuch des Staatsrechts der Bundesrepublik Deutschland Band V, 2. Aufl. Heidelberg 2000 § 121 (zitiert: HdBStR V § 121)
	Grundrechtsschranken, in: J. Isensee/ P. Kirchhof (Hg.) Handbuch des Staatsrechts der Bundesrepublik Deutschland Band V, 2. Aufl. Heidelberg 2000 § 122 (zitiert: HdBStR V § 122)
	Übermaß und Verfassungsrecht [Habil.], Köln/ Berlin/ München/ Bonn 1961
Lindner, Josef Franz	„Grundrechtseingriff" oder „grundrechtswidriger Effekt"? –

	Plädoyer für einen grundrechsdogmatischen Paradigmenwechsel, DöV 2004, 765
Link, Christoph (Hg.)	Der Gleichheitssatz im modernen Verfassungsstaat, Symposium zum 80. Geburtstag von Gerhard Leibholz, Baden-Baden 1982, S. 51 (zitiert: Verfassungsstaat)
Linke, Tobias	Revolutionäres zur Subsidiarität der Verfassungsbeschwerde?, NJW 2005, 2190
Lücke, Jörg	Die spezifischen Schranken des allgemeinen Persönlichkeitsrechts und ihre Geltung für die vorbehaltlosen Grundrechte, DöV 2002,93
Maaß, Rainald	Die neuere Rechtsprechung des Bundesverfassungsgerichts zum allgemeinen Gleichheitssatz – Ein Neuansatz?, NVwZ 1988, 14
Mainzer, Otto	Gleichheit vor dem Gesetz, Gerechtigkeit und Recht, Berlin 1929 (zitiert: Gleichheit)
Mangoldt, Hermann v./ Klein, Friedrich/ Starck, Christian (Hg)	Kommentar zum Grundgesetz Bd. 1 (Präambel, Art. 1 -19), 5. Aufl. München 2005 Das Bonner Grundgesetz Bd. 2 (Art. 20-28), 4. Aufl. München 2000 (jeweils zitiert: Bearbeiter in vM)
Martini, Peter	Art. 3 I GG als Prinzip absoluter Rechtsgleichheit [Diss.], Köln 1997 (zitiert: Prinzip absoluter Rechtsgleichheit)
Maunz, Theodor	Selbstbindungen der Verwaltung, DöV 1981, 497
Maunz, Theodor/ Dürig, Günter (Hg.)	Grundgesetz – Kommentar Band I Art. 1-11, München, Stand Februar 2004 (zitiert: Bearbeiter in MD)
Maunz, Theodor/ Zippelius, Reinhold	Deutsches Staatsrecht, 30. Aufl. München 1998 (zitiert: Dt. StaatsR)
Maurer, Hartmut	Allgemeines Verwaltungsrecht, 11. Aufl. München 1997 (zitiert: VerwR)
Mayer, Otto	Deutsches Verwaltungsrecht Erster Band, 3. Aufl. Berlin 1924 (Neudruck Berlin 1969) (zitiert: VerwR I)
Martens, Wolfgang	Die Grundrechte im Leistungsstaat, VVDStRL 30 (1972) S. 7
Mertens, Hans-Joachim	Die Selbstbindung der Verwaltung auf Grund des Gleichheitssatzes, [Diss.] Hamburg 1963 (zitiert: Selbstbindung)
Meyer, Stephan	Strukturelle Vollzugsdefizite als Gleichheitsverstoß – Defizite und aktuelle Änderungen in der Rechtsprechung des Bundesverfassungsgerichts, DöV 2005, 551

Michael, Lothar	Die drei Argumentationsstrukturen des Grundsatzes der Verhältnismäßigkeit – Zur Dogmatik des Über- und Untermaßverbotes und der Gleichheitssätze, JuS 2001,148
	Grundfälle zur Verhältnismäßigkeit, JuS 2001, 654, 764, 866
	Der allgemeine Gleichheitssatz als Methodennorm komparativer Systeme: methodenrechtliche Analyse und Fortentwicklung der Theorie der „beweglichen Systeme" (Wilburg) [Diss.], Berlin 1997 (zitiert: Methodennorm)
Möckel, Stefan	Der Gleichheitsgrundsatz – Vorschlag für eine dogmatische Weiterentwicklung, DVBl 2003, 488
Möllers, Christoph	Wandel der Grundrechtsjudikatur, NJW 2005, 1973
Müller, Georg	Der Gleichheitssatz, VVDStRL 47 (1989) S 37
Münch, Ingo von /Kunig, Philip (Hg.)	Grundgesetz-Kommentar Band 1 (Präambel bis Art. 19), 5. Aufl. München 2000
	Grundgesetz-Kommentar Band 2 (Art. 20-69), 5. Aufl. München 2001
	(jeweils zitiert: Bearbeiter in von Münch)
Münch, Ingo von	Staatsrecht II, 5. Aufl. Stuttgart, Berlin, Köln 2002 (zitiert: StaatsR II)
Nawiasky, Hans	Die Gleichheit vor dem Gesetz im Sinne des Art. 109 der Reichsverfassung, VVDStRL 3 (1927) S. 25
Odendahl, Kerstin	Der allgemeiner Gleichheitssatz: Willkürverbot und „Neue Formel" als Prüfungsmaßstäbe, JA 2000, 170
Oldiges, Martin	Die Entwicklung des Subventionsrechts seit 1996, NVwZ 2001, 280
Ossenbühl, Fritz	Rechtsquellen und Rechtsbindungen der Verwaltung, in: Hans-Uwe Erichsen, Dirk Ehlers (Hg.) Allgemeines Verwaltungsrecht, 12. Aufl. Berlin 2002, S. 133 (zitiert: AllgVwR)
	Gesetz und Recht – Die Rechtsquellen im demokratischen Rechtsstaat, in: J. Isensee/ P. Kirchhof (Hg.) Handbuch des Staatsrechts der Bundesrepublik Deutschland Band III, 2. Aufl. Heidelberg 1996 § 61 (zitiert: HdBStR III § 61)
	Vorrang und Vorbehalt des Gesetzes, in: J. Isensee/ P. Kirchhof (Hg.) Handbuch des Staatsrechts der Bundesrepublik Deutschland Band III, 2. Aufl. Heidelberg 1996 § 62 (zitiert: HdBStR III § 62)
	Abwägung im Verfassungsrecht, DVBl 1995, 904
	40 Jahre Bundesverwaltungsgericht – Bewahrung und Fortentwicklung des Rechtsstaates, DVBl 1993, 753

	Selbstbindung der Verwaltung, DVBl 1981, 857
	Zur Außenwirkung von Verwaltungsvorschriften, in: O. Bachof, L. Heigl, K. Redeker (Hg.) Verwaltungsrecht zwischen Freiheit, Teilhabe und Bindung, Festgabe aus Anlaß des 25 jährigen Bestehens des Bundesverwaltungsgerichts, München 1978, S. 433 (zitiert: Festgabe BVerwG)
Osterloh, Lerke	Der verfassungsrechtliche Gleichheitssatz – Entwicklungslinien der Rechtsprechung des Bundesverfassungsgerichts, EuGRZ 2002, 309
O'Sullivan, Daniel	Neue Entwicklungen bei der materiellen Subsidiarität der Verfassungsbeschwerde, DVBl 2005, 880
Otto, Harro	Diskurs über Gerechtigkeit, Menschenwürde und Menschenrechte, JZ 2005, 473
Pache, Eckhard	Der Grundsatz der Verhältnismäßigkeit in der Rechtsprechung der Gerichte der Europäischen Gemeinschaften, NVwZ 1999, 1033
Der Parlamentarische Rat	1948-1949 Akten und Protokolle: 7. Bd. Entwürfe zum Grundgesetz, Hg. v. Dt. Bundestag und Bundesarchiv (Leitung Rupert Schick u. Friedrich Kahlenberg), Bearbeiter: Michael Hollmann, Boppard 1993 (zitiert: Parlamentarischer Rat VII)
Pauly, Walter	Gleichheit im Unrecht als Rechtsproblem, JZ 1997, 647
Peine, Franz-Joseph	Allgemeines Verwaltungsrecht, 4. Aufl. Heidelberg 1998
Peiser, Gustave	Droit administratif, 17. Aufl. Paris 1994
Pieroth, Bodo	Besprechung zu Peter Martini „ Art. 3 I GG als Prinzip absoluter Rechtsgleichheit", DVBl 1998, 979
	Die neuere Rechtsprechung des Bundesverfassungsgerichts zum Grundsatz des Vertrauensschutzes, JZ 1990, 279
Pieroth, Bodo/ Aubel, Tobias	Die Rechtsprechung des Bundesverfassungsgerichts zu den Grenzen richterlicher Entscheidungsfindung, JZ 2003, 504
Pieroth, Bodo/ Schlink, Bernhard	Grundrechte – Staatsrecht II, 9. Aufl. Heidelberg 1993 (zitiert: Grundrechte)
Pietzecker, Jost	Zu den Voraussetzungen des Anspruchs auf Gleichbehandlung nach Art. 3 I GG, JZ 1989, 305
	Selbstbindungen der Verwaltung, NJW 1981, 2087
Podlech, Adalbert	Gehalt und Funktion des allgemeinen verfassungsrechtlichen Gleichheitssatzes [Habil.], Berlin 1971 (zitiert: Gehalt und Funktion)
Poetzsch-Heffter, Fritz	Handkommentar der Reichsverfassung vom 11. August 1919 – Ein Handbuch für Verfassungsrecht und Verfassungspolitik,

	3. Aufl. Berlin 1928 (zitiert: WRV)
Poscher, Ralf	„Die Würde des Menschen ist unantastbar", JZ 2004, 756
Radbruch, Gustav	Rechtsphilosophie, 8. Aufl., 1973
Raschauer, Bernhard	Selbstbindungen der Verwaltung, VVDStRL 40 (1982) S. 240
Rechenbach, Peter	Verfassungsanspruch auf "Gleichbehandlung im Unrecht"?, NVwZ 1987, 383
Reiling, Michael	Interesse als Rechtsbegriff? – Zur Fragwürdigkeit abstrakter Interessenqualifikation als Basis subjektiv-öffentlicher Rechte, DöV 2004, 181
Rennert, Klaus	Der Verfassungswidrigkeit "falscher" Gerichtsentscheidungen, NJW 1991, 12
Richter, Ingo/ Schuppert, Gunnar Folke	Casebook Verwaltungsrecht, 2. Aufl. München 1995 (zitiert: Casebook VerwR)
Richter, Ingo/ Schuppert, Gunnar Folke/ Bumke, Christian	Casebook Verfassungsrecht, 4. Aufl. München 2001
Rinck, Hans Justus	Gleichheitssatz, Willkürverbot und Natur der Sache, JZ 1963, 521
Roellecke, Gerd	Das Interesse der Rechtswissenschaft am Nichtwissen – Der Verwaltungsbegriff als Beispiel, DöV 2003, 896
Robbers, Gerhard	Für ein neues Verhältnis zwischen Bundesverfassungsgericht und Fachgerichtsbarkeit, NJW 1998, 935
	Der Gleichheitssatz, DÖV 1988, 749
	Gerechtigkeit als Rechtsprinzip [Diss.], Baden-Baden 1980 (zitiert: Gerechtigkeit)
Roth, Wolfgang	Die Überprüfung fachgerichtlicher Urteile durch das Bundesverfassungsgericht und die Entscheidung über die Annahme der Verfassungsbeschwerde, AöR 121 (1996) S. 544
Rottmann, Frank	Der Vorbehalt des Gesetzes und die grundrechtlichen Gesetzesvorbehalte, EuGRZ 1985, 277
Rüfner, Wolfgang	Der allgemeine Gleichheitssatz als Differenzierungsgebot, in: B. Ziemske, T. Langheid, H. Wilms, G. Haverkate (Hg.) Staatsphilosophie und Rechtspolitik, Festschrift für Martin Kriele zum 65. Geburtstag, München 1997, S. 271 (zitiert: Festschrift Kriele)
Rümelin, Max	Die Gleichheit vor dem Gesetz, Tübingen 1928 (zitiert: Gleichheit)

Rüthers, Bernd	Rechtstheorie – Begriff, Geltung und Anwendung des Rechts, München 1999 (zitiert: Rechtstheorie)
Sachs, Michael	Die Auswirkungen des allgemeinen Gleichheitssatzes auf die Teilrechtsordnungen, in: J. Isensee/ P. Kirchhof (Hg.) Handbuch des Staatsrechts der Bundesrepublik Deutschland Band V, 2. Aufl., Heidelberg 2000 § 127 (zitiert: HdBStR V § 127)
	(Hg.) Grundgesetz, Kommentar, 3. Aufl., München 2003 (zitiert: Bearbeiter in Sachs)
	Die Maßstäbe des allgemeinen Gleichheitssatzes – Willkürverbot und sogenannte neue Formel, JuS 1997, 124
	Der Gleichheitssatz als eigenständiges subjektives Grundrecht, in: R. Wendt, W. Höfling, U. Karpen, M. Oldiges (Hg.) Staat, Wirtschaft, Steuern, Festschrift für Karl Heinz Friauf zum 65. Geburtstag, Heidelberg 1996, S. 309 (zitiert: Festschrift Friauf)
	Die Gesetzesvorbehalte der Grundrechte des Grundgesetzes, JuS 1995, 693
	Der Gleichheitssatz, NWVBl 1988, 295
	Grenzen des Diskriminierungsverbots – eine Untersuchung zur Reichweite des Unterscheidungsverbots nach Art. 3 Abs. 2 und 3 GG, Köln 1984/85 [Habil.] bzw. 1987 (zitiert: Grenzen des Diskriminierungsverbots)
	Zur dogmatischen Struktur der Gleichheitsrechte als Abwehrrechte, DöV 1984, 411
Saurer, Johannes	Verwaltungsvorschriften und Gesetzesvorbehalt, DöV 2005, 587
Schapp, Jan	Grundrechte als Wertordnung, JZ 1998, 913
Schaumann, Wilfried	Gleichheit und Gesetzmäßigkeitsprinzip, JZ 1966, 721
Schenke, Wolf-Rüdiger	Verwaltungsprozessrecht, 2. Aufl. Heidelberg 1994
Scheuing, Dieter H.	Selbstbindungen der Verwaltung, VVDStRL 40 (1982) S. 153
Scheuner, Ulrich	Die neuere Entwicklung des Rechtsstaats in Deutschland, in: E. v. Caemmerer, E. Friesenhahn, R. Lange (Hg.) Hundert Jahre deutsches Rechtsleben, Festschrift zum hundertjährigen Bestehen des Deutschen Juristentages 1860-1960, Band II, Karlsruhe 1960, S. 229 (zitiert: Festschrift DJT)
Schlaich, Klaus	Das Bundesverfassungsgericht, 3. Aufl. München 1994
Schlink, Bernhard	Der Grundsatz der Verhältnismäßigkeit, in: Peter Badura, Horst Dreier (Hg.) Festschrift 50 Jahre Bundesverfassungsgericht

	Bd. 2, Tübingen 2001, S. 445 (zitiert: Festschrift 50 Jahre BVerfG)
Schmidt, Reiner	Natur der Sache und Gleichheitssatz, JZ 1967, 402
Schmidt-Aßmann, Eberhard	Kommunalrecht, in: ders. (Hg.) Besonderes Verwaltungsrecht, 10. Aufl. Berlin, New York 1995, S. 1 (zitiert: BesVerwR)
	Grundrechtswirkungen im Verwaltungsrecht, in: B. Bender, R. Breuer, F. Ossenbühl, H. Sendler (Hg.) Rechtsstaat zwischen Sozialgestaltung und Rechtsschutz, Festschrift für Konrad Redeker zum 70. Geburtstag, München 1993 S. 225 (zitiert: Festschrift Redeker)
	Der Rechtsstaat, in: J. Isensee/ P. Kirchhof (Hg.) Handbuch des Staatsrechts der Bundesrepublik Deutschland Band I, 2. Aufl. Heidelberg 1995 § 24 (zitiert: HdBStR I § 24)
Schmidt-Salzer	Besprechung zu Maximilian Wallerath „Die Selbstbindung der Verwaltung", DVBl 1969, 223
Schoch, Friedrich	Der Gleichheitssatz, DVBl 1988, 863
Schröder, Manfred	Stand der Dogmatik der Verwaltungsvorschriften, in: Hermann Hill (Hg.) Verwaltungsvorschriften – Dogmatik und Praxis, Heidelberg 1991, S.1 (zitiert: Hill (Hg.) Verwaltungsvorschriften)
Schröder, Meinhard	Kommunalverfassungsrecht in: Norbert Achterberg/ Günter Püttner (Hg.) Besonderes Verwaltungsrecht, Band II, S. 3, Heidelberg 1992
	Der Verwaltungsvorbehalt, DVBl 1984, 814
Schuppert, Gunnar Folke	Selfrestraints in der Rechtsprechung, DVBl 1988, 1191
Schweiger, Karl	Zur Geschichte und Bewertung des Willkürverbotes, in: Bayerischer Verfassungsgerichtshof (Hg.) Verfassung und Verfassungsrechtsprechung, Festschrift zum 25 jährigen Bestehen des bayerischen Verfassungsgerichtshofes, München 1972, S. 55 (zitiert: Festschrift BayVerfGH)
Schweitzer, Michael	Staatsrecht III: Staatsrecht, Völkerrecht, Europarecht, 4. Aufl., Heidelberg 1992 (zitiert: StaatsR III)
Seibert, Max-Jürgen	Die Einwirkungen des Gleichheitssatzes auf das Rechtsetzungs- und Rechtsanwendungsermessen der Verwaltung, in: Eberhard Schmidt-Aßmann, Dieter Sellner, Günter Hirsch, Gerd-Heinrich Kemper, Hinrich Lehmann-Grube (Hg.) Festgabe 50 Jahre Bundesverwaltungsgericht, Köln 2003 (zitiert: Festgabe 50 Jahre BVerwG)

Seiler, Christian	Das Steuerrecht als Ausgangspunkt aktueller Fortentwicklungen der Gleichheitsdogmatik JZ 2004, 481
Sendler, Horst	Die Methoden der Verfassungsinterpretation – Rationalisierung der Entscheidungsfindung oder Camouflage der Dezision, in: B. Ziemske, T. Langheid, H. Wilms, G. Haverkate (Hg.) Staatsphilosophie und Rechtspolitik, Festschrift für Martin Kriele zum 65. Geburtstag, München 1997, S. 457 (zitiert: Festschrift Kriele)
Sodan, Helge	Verfassungsrechtsprechung im Wandel – am Beispiel der Berufsfreiheit, NJW 2003, 257
Starck, Christian	Die Verfassungsauslegung, in: J. Isensee/ P. Kirchhof (Hg.) Handbuch des Staatsrechts der Bundesrepublik Deutschland Band VII, Heidelberg 1992 § 164 (zitiert: HdBStR VII § 164)
	Die Anwendung des Gleichheitssatzes in: Ch. Link (Hg.) Der Gleichheitssatz im modernen Verfassungsstaat, Symposium zum 80. Geburtstag von Gerhard Leibholz, Baden-Baden 1982, S. 51 (zitiert: Link (Hg.) Verfassungsstaat)
Stein, Ekkehart/ Götz, Frank	Staatsrecht, 17. Aufl. Tübingen 2000 (zitiert: StaatsR)
Stelkens, Paul/ Bonk, Heinz Joachim/ Sachs, Michael (Hg.)	Verwaltungsverfahrensgesetz – Kommentar, 6. Aufl. München 2001 (zitiert: Bearbeiter in Stelkens/Bonk/Sachs VwVfG)
Stelzer, Manfred	Besprechung von Ulla Held-Daab: „Das freie Ermessen", ZNR 1998, 148.
Stern, Klaus	Die Grundrechte und ihre Schranken, in: Peter Badura, Horst Dreier (Hg.) Festschrift 50 Jahre Bundesverfassungsgericht Bd. 2, Tübingen 2001, S. 1 (zitiert: Festschrift 50 Jahre BVerfG)
	Das Staatsrecht der Bundesrepublik Deutschland, Band III, 2. Halbband Allgemeine Lehren der Grundrechte, München 1994 (zitiert: StaatsR III/2)
	Das Gebot zur Ungleichbehandlung, in: H. Maurer (Hg.) Das akzeptierte Grundgesetz, Festschrift für Günter Dürig zum 70. Geburtstag, München 1990, S. 207 (zitiert: Festschrift Dürig)
	Das Staatsrecht der Bundesrepublik Deutschland, Band III, 1. Halbband Allgemeine Lehren der Grundrechte, München 1988 (zitiert: StaatsR III/1)
	Das Staatsrecht der Bundesrepublik Deutschland, Band I

	Grundbegriffe und Grundlagen des Staatsrechts, Strukturprinzipien der Verfassung, 2. Aufl. München 1984 (zitiert: StaatsR I)
Stettner, Rupert	Der Gleichheitssatz, BayVBl 1988, 545
Stier-Somlo, Fritz	Gleichheit vor dem Gesetz, in: H.C. Nipperdey (Hg): Die Grundrechte und Grundpflichten der Reichsverfassung, Kommentar zum zweite Teil der Reichsverfassung, Erster Band: Allgemeine Bedeutung der Grundrechte und die Artikel 102-117, Berlin 1929, S. 158 (zitiert: Gleichheit)
Stolleis, Michael	Geschichte des öffentlichen Rechts in Deutschland Band 3: Staats- und Verwaltungsrechtswissenschaft in Republik und Diktatur 1914-1945, München 1999 (zitiert: Geschichte III)
Tettinger, Peter /Wank, Rolf	Gewerbeordnung – Kommentar, 7. Aufl. München 2004 (zitiert: Gewerbeordnung)
Thiele, Willi	Besprechung von Michael Kloepfer „ Gleichheit als Verfassungsfrage", DöV 1982, 466.
Thoma, Richard	Ungleichheit und Gleichheit im Bonner Grundgesetz, DVBl 1951, 457
	Der Vorbehalt der Legislative und das Prinzip der Gesetzmäßigkeit von Verwaltung und Rechtsprechung, in: G. Anschütz, R. Thoma (Hg.) Handbuch des Deutschen Staatsrechts, Zweiter Band, Tübingen 1932, S. 221 (zitiert: HdBStR II)
	Die juristische Bedeutung der grundrechtlichen Sätze der deutschen Reichsverfassung im allgemeinen, in: H.C. Nipperdey (Hg): Die Grundrechte und Grundpflichten der Reichsverfassung, Kommentar zum zweite Teil der Reichsverfassung, Erster Band: Allgemeine Bedeutung der Grundrechte und die Artikel 102-117, Berlin 1929, S. 1 (zitiert: Nipperdey (Hg.) Grundrechte I)
	Grundrechte und Polizeigewalt, in: H. Triepel (Hg): Festgabe zur Feier des fünfzigjährigen Bestehens des Preußischen Oberverwaltungsgerichts, 1925, S.183 (zitiert: Festgabe pr. OVG)
Tombrink, Christian	Was ist „Willkür"? – Die „willkürliche" Verweisung des Rechtsstreits an ein anderes Gericht, NJW 2003, 2364
Triepel, Heinrich	Quellensammlung zum Staats-, Verwaltungs- und Völkerrecht, Band 1, 5. Aufl. Tübingen 1931 (Neudruck Aalen 1987) (zitiert: Quellensammlung Bd. 1)
	Goldbilanzen-Verordnung und Vorzugsaktien, Berlin/ Leipzig 1924 (zitiert: Goldbilanzen)

Ulrich, Peter	Das Verfassungsphänomen der Gleichheit contra legem [Diss.], Frankfurt/M 2000 (zitiert: Phänomen der Gleichheit)
Umbach, Dieter/ Clemens, Thomas (Hg.)	Grundgesetz – Mitarbeiterkommentar und Handbuch Bd. 1, Heidelberg 2002 (zitiert: Bearbeiter in Umbach/Clemens)
Unruh, Peter	Erinnerungen an Gerhard Leibholz (1901-1982) – Staatsrechtler zwischen den Zeiten, AöR 126 (2001), S. 60
Voland, Thomas	Wehrpflicht nur für Auserwählte? – Die Verfassungswidrigkeit der neuen Einberufungspraxis der Bundeswehr und ihre Folgen, DöV 2004, 453
Volkmann, Uwe	Veränderungen in der Grundrechtsdogmatik, JZ 2005, 261
Wahl, Rainer	Verwaltungsvorschriften: Die ungesicherte dritte Kategorie des Rechts, in: Eberhard Schmidt-Aßmann, Dieter Sellner, Günther Hirsch, Gerd-Heinrich Kemper, Hinrich Lehmann-Gube (Hg.) Festgabe 50 Jahre Bundesverwaltungsgericht, Köln 2003 (zitiert: Festgabe 50 Jahre BVerwG)
Wallerath, Maximilian	Die Selbstbindung der Verwaltung, Berlin 1968 (zitiert: Selbstbindung)
Wendt, Rudolf	Der Gleichheitssatz, NVwZ 1988, 778
Werner, Fritz	Verwaltungsrecht als konkretisiertes Verfassungsrecht, DVBl. 1959, 527
Wernsmann, Rainer	Wer bestimmt den Zweck einer grundrechtseinschränkenden Norm – BVerfG oder Gesetzgeber?, NVwZ 2000, 1360
Wiegand, Manfred H.	Gerhard Leibholz (1901-1982) – Ein deutscher Staatsrechtslehrer des 20 Jahrhunderts, JuS 2001, 1156
Wilms, Heinrich	Dokumente zur neuesten deutschen Verfassungsgeschichte Teil III Dokumente zur Entstehung des Grundgesetzes 1948 und 1949 – Band III/2 Vorschläge, Entwürfe und in Kraft getretene Fassungen des Grundgesetzes 1949-1999, Stuttgart/ Berlin/ Köln 2001 (zitiert: Dokumente III/2)
Wolff, Hans J./ Bachof, Otto/ Stober, Rolf	Verwaltungsrecht Band 1, 11. Aufl. München 1999 (zitiert: VerwR Bd. 1)
Zeus, Leo	Der allgemeine Gleichheitssatz in Weimarer Reichsverfassung und dem Bonner Grundgesetz [Diss.], Köln 1964 (zitiert: Gleichheitssatz)
Zippelius, Reinhold	Der Gleichheitssatz, VVDStRL 47 (1989) S. 7
Zuck, Rüdiger	Was ist Willkür?, MDR 1986, 723

A) Einführung

I) Allgemeines

1) Die neuere Rechtsprechung des Bundesverfassungsgerichts zu Art. 3 I GG und ihre Auswirkung auf die Verwaltung, so lautet der Titel dieser Arbeit. Was hat man von ihr zu erwarten? In der nunmehr schon fünfzigjährigen Rechtsprechungs- und Wirkgeschichte des Bundesverfassungsgerichts ist Art. 3 I GG mit eines der Grundrechte, mit denen sich das Gericht am häufigsten beschäftigt hat.[1] Zieht man etwa die Entscheidungssammlung des Bundesverfassungsgerichts zum Vergleich heran, so wird der Gleichheitssatz schätzungsweise in den Gründen jeder dritten oder vierten dort veröffentlichen Entscheidung erwähnt. Das bedeutet zwar nicht, dass Art. 3 GG in jeder Entscheidung auch eine intensive Prüfung erfährt. Oft begnügt sich das Gericht damit, in ein oder zwei Zeilen festzustellen, dass eine Verletzung nicht in Betracht komme oder eine Prüfung auf sich beruhen könne, weil schon ein spezielleres Grundrecht einschlägig sei. Wenngleich die Berufung auf den Gleichheitssatz nur in sehr wenigen Fällen Erfolg hat, zeigt alleine schon die Häufigkeit, mit der er bemüht wird, seine Bedeutung in der verfassungsgerichtlichen Praxis auf.[2] Aber auch in der Praxis der Verwaltungsgerichte hat der Gleichheitssatz Bedeutung erlangt, wenn er auch in erheblich geringerem Maße von den Gerichten herangezogen wird.

Mit seiner Entscheidung vom 7. Oktober 1980 (BVerfGE 55, 72) begründete das Bundesverfassungsgericht eine ständige, neuere Rechtsprechung zu Art. 3 I GG, die es bis heute durchgehalten und verfeinert hat. Die Prüfung des allgemeinen Gleichheitssatzes wurde von einer reinen Willkürprüfung zu einer nach Inten-

---

[1] *Sachs* JuS 1997, 124 hält es für das Grundrecht mit dem vielleicht größten Anwendungsbereich; siehe auch *ders.* NWVBl 1988, 295; *ders.* in Festschrift Friauf S. 309; *Schoch* DVBl 1988, 863, 864 spricht von Omnipräsenz und Omnipotenz des Gleichheitssatzes; *Stettner* BayVBl 1988, 545 spricht davon, dass sich das Bundesverfassungsgericht von allen Grundrechten „am öftesten" mit den Gleichheitssatz befasst habe; *Leibholz* Diskussionsbeitrag in Link (Hg.) Verfassungsstaat S. 90, sah in ihm das meistzitierte Grundrecht; *von Münch* StaatsR II Rn. 567 meint, dass über 90% der Gerichtsentscheidungen zu Gleichheitsfällen sich auch mit Art. 3 I GG befassen.

[2] *Hesse* AöR 77 (1951/52) S. 167, 171/ 207 ff. meint schon 1950, dass die Bedeutung des Gleichheitssatzes immer mehr zunehmen und der der Freiheitsrechten den Rang ablaufen werde; *Schoch* DVBl 1988, 863, 864 hält den Gleichheitssatz für eine „Allzweckwaffe" im Verfassungsprozess; zum geringen Erfolg der Berufung auf Art. 3 GG vgl. *Rüfner* in BK Art. 3 Rn. 104 sowie *Ipsen* in Die Grundrechte Bd. 2, S. 111, 126.

sität abgestuften Prüfung weiterentwickelt. Diese Entwicklung blieb naturgemäß in der Wissenschaft nicht unbeachtet. Die neuere Rechtsprechung provozierte eine wahre Flut von Abhandlungen zu Art. 3 I GG, die zusammen mit den schon vor 1980 erschienenen Veröffentlichungen es erschweren, sich einen Überblick über dieses Grundrecht zu verschaffen.[3] Gerade in den letzten Jahren scheint sich der Gleichheitssatz wieder einer neuen Beliebtheit zu erfreuen.[4] Auch die Verwaltungsgerichte haben dieser neuen Rechtsprechung, wenn auch nur sehr zögerlich, Beachtung geschenkt. In der verfassungs- und verwaltungsrechtlichen Literatur sowie in den Entscheidungen des Bundesverfassungsgerichts blieb allerdings das Augenmerk auf die Bindung des Gesetzgebers und der Gerichte an den Gleichheitssatz gerichtet. Die Verwaltung fand hier keine Berücksichtigung oder kein Interesse.[5] Aus der Perspektive des Bundesverfassungsgerichts ist das verständlich. Denn die Nachprüfung von Verwaltungsentscheidungen ist aufgrund der Gerichtsorganisation Sache der Fachgerichte, und aufgrund des Erfordernisses der Rechtswegerschöpfung in § 90 II 1 BVerfGG gelangen Einzelakte der Verwaltung als solche kaum vor das Verfassungsgericht.[6] Aus Sicht der Literatur verwundert die Vernachlässigung, welche die Bindung der Verwaltung an den Gleichheitssatz erfahren hat, schon, wenn man die allgemeine Aufmerksamkeit bedenkt, derer sich der Gleichheitssatz und die neuere Rechtsprechung des Bundesverfassungsgerichts dort erfreut haben und noch erfreuen. Um so mehr interessiert es deswegen, welche Aussagen zu Verwaltung und der neueren Rechtsprechung getroffen und wie Gleichheitsverstöße bei der Verwaltung überprüft werden können. Es ist bisher nicht untersucht worden, ob die neuere Rechtsprechung des Bundesverfassungsgerichts zum allgemeinen Gleichheitssatz sich ohne weiteres auf die Verwaltung übertragen lässt, oder ob hier Abstriche vorzunehmen sind. In diesem Zusammenhang ist auch und gerade die Rezeption der neueren Rechtsprechung zu Art. 3 I

---

[3] Vgl. etwa die Literaturverzeichnisse bei *Rüfner* in BK Art. 3 S. 187ff.; *Starck* in vM Art. 3 Rn. 429 ff.; *Dürig/Scholz* in MD Art.3 S. 1 ff.; *Gubelt* in von Münch Art. 3 S. 294 ff.; *Osterloh* in Sachs Art. 3 S. 209 ff.; siehe zur Klage über die „angeschwollene und prinzipiell unerschöpfliche Stofffülle" auch *Schoch* DVBl 1988, 863, 864; *Gubelt* in von Münch Art. 3 Rn. 15.
[4] Siehe alleine die jüngsten Dissertationen von *Martini*: Der allg. Gleichheitssatz als Prinzip absoluter Rechtsgleichheit, 1997; *Michael*: Der allg. Gleichheitssatz als Methodennorm, 1997; *Kölbel*: Gleichheit im Unrecht, 1998; *Kim*: Zur Konkretisierung des allgemeinen Gleichheitssatzes, 1999; *Ulrich*: Das Verfassungsphänomen der Gleichheit contra legem, 2000; *Kallina* Willkürverbot und Neue Formel, 2001.
[5] Zur unterschätzten Bedeutung des Gleichheitssatzes für die Verwaltung siehe auch *Stern* StaatsR III/1 S. 1356.
[6] *Bender* Befugnis S. 12; *Heun* in Dreier Art. 3 Rn. 50.

GG durch die Verwaltungsgerichte von Bedeutung, denn, um einen Satz von Eberhard *Schmidt-Aßmann* aufzugreifen, „rechtspraktisch ist das Verwaltungsrecht das große Bewährungsfeld der Grundrechtslehren"[7].

Diese Lücke will die vorliegende Arbeit schließen. Leitlinie ist die Rechtsprechung des Bundesverfassungsgerichts zum Gleichheitssatz, so wie sie sich bis heute entwickelt hat. In Auseinandersetzung mit dieser Rechtsprechung und der Kritik, Deutung und Auslegung, die sie in der Literatur, aber auch der Verwaltungsrechtsprechung erfahren hat, untersucht die Arbeit, ob das durch die neue Formel entwickelte Prüfungsschema für den allgemeinen Gleichheitssatz sich auch auf die Verwaltung übertragen lässt und ob es den praktischen Bedürfnissen der Verwaltung Rechnung trägt. Anhand ausgewählter Problemfelder des Verwaltungsrechts soll dieses Schema sodann auf seine Praxistauglichkeit hin überprüft werden. Es geht hier also um Verfassungsrecht und seine Beziehung zum Verwaltungsrecht oder umgekehrt, um die zugegebener Maßen schon etwa strapazierte Formulierung *Fritz Werners* zu gebrauchen, um Verwaltungsrecht als **konkretisiertes Verfassungsrecht**.[8] Es geht in dieser Arbeit aber nicht um Verwaltungsrecht als konkretisiertes **Gemeinschaftsrecht**.[9] Um angesichts der Stofffülle zum Gleichheitssatz im nationalen wie im europäischen Recht diese Arbeit nicht ausufern zu lassen, bleibt das Europarecht ausgeklammert.[10]

2) Gegenstand dieser Arbeit ist die Bindung der **Verwaltung** an den Gleichheitssatz. Dabei geht es um die Bindung an den Gleichheitssatz und nicht darum, die Diskussion darüber weiter zu führen, wie man den Begriff der Verwaltung exakt definieren kann – positiv oder negativ.[11] Für diese Arbeit ist es ausreichend, die

---

[7] *Schmidt-Aßmann* in Festschrift Redeker S. 225, 242.
[8] *Werner* DVBl 1959, 527.
[9] So die Abwandlung in *Wolff/Bachof/Stober* VerwR Bd. 1 § 17 Rn. 6. Dazu *Battis* DöV 2001, 988 ff.
[10] Siehe allgemein und einführend *Kischel* EuGRZ 1997, 1; *Michael* Methodennorm S. 268 ff.; *Bonk* NVwZ 2001, 636, 638. Vgl. zur Rechtsprechung des EuGH zur Gleichheit etwa die Darstellungen *Epiney* in NVwZ 2001, 524 ff.; NVwZ 2002, 1429 ff.; NVwZ 2004, 1067 ff.; NVwZ 2006, 407 ff.
[11] Zur **negative Bestimmung** des Begriffs der Verwaltung v.a. durch die ältere Lehre vgl. *Mayer* VerwR I S. 2, 7, 13; *Jellinek* VerwR S. 6; *Fleiner* VerwR S. 4; zur Kritik hieran *Wolff/Bachof/Stober* VerwR Bd. 1 § 2 Rn. 3 m.w.N.; *Maurer* VerwR § 1 Rn. 6; *Ehlers* in AllgVwR § 1 Rn. 7 ff. Zu **positiven Versuchen** *Wolff/Bachof/Stober* VerwR Bd. 1 § 2 Rn. 4 m.w.N.; *Maurer* VerwR § 1 Rn. 7; *Ehlers* in AllgVwR § 1 Rn. 6. Auch der umfangreiche Versuch von *Wolff/Bachof/Stober* VerwR Bd. 1 § 2 Rn. 19 erfasst zwar die wesentlichen Aspekte, ist aber trotzdem schlecht umsetzbar, weil die Definition aufgrund Umfangs und ihrer Abstraktheit weiterer Klärung bedarf und sich nicht aus sich heraus erschließt – hierzu auch *Maurer* VerwR § 1 Rn. 7. Siehe **allgemein** *Fischer* Dogmatik des Allgemeinen Verwaltungsrechts S. 21 f.; kritisch *Roellecke* DöV 2003, 896, 898 ff.

Verwaltung als diejenige Form der Ausübung öffentlicher Gewalt anzusehen, die weder Rechtsprechung noch Gesetzgebung noch Regierung ist.

II) Unterschiedliche Bindung an den Gleichheitssatz?

Die Rechtsprechung des Bundesverfassungsgerichts zum Gleichheitssatz behandelt überwiegend die Bindung des Gesetzgebers und der Gerichte. Können die hieraus gewonnenen Aussagen überhaupt für die Verwaltung fruchtbar gemacht werden? Dies wäre dann nicht der Fall, wenn die Bindung an Art. 3 I GG unterschiedlich ausfallen würde. Alleine schon die Tatsache, dass Art. 3 I GG ein Grundrecht ist, das nach Art. 1 III GG **alle Gewalten** bindet, spricht dafür, dass die Bindung einheitlich ausfällt. Nach Art. 20 III GG ist die Gesetzgebung an die verfassungsmäßige Ordnung, an den gesamten Normbestand des Grundgesetzes also, deren Teil die Grundrechte sind, gebunden. Die vollziehende Gewalt und die Rechtsprechung sind an Gesetz und Recht gebunden, also an die Verfassung und damit die Grundrechte, an förmliche Gesetze und andere Rechtsvorschriften.[12] Dies bringt nur zum Ausdruck, dass Verwaltung und Gerichte mehr, das heißt **zusätzlichen** Bindungen unterliegen – insbesondere an das vom Gesetzgeber geschaffene Recht – nicht aber, dass die Bindung an die grundrechtliche Ordnung *anders* ausfallen soll.[13] Für die Verwaltung können aufgrund der grundgesetzlichen Aufgaben- und Funktionentrennung die Vorgaben zwar dichter sein. Denn sie bewegt sich nicht allein im Rahmen der Verfassung, sondern auch der Gesetze. Die Bindung kann aber wegen Art. 1 III und 20 III GG nicht anders ausfallen.[14]

Art. 1 III und Art. 20 III GG sprechen zwar nicht von der „Verwaltung", sondern von der „**vollziehenden Gewalt**". Damit ist in beiden Fällen aber die Verwaltung gemeint. Beide Begriffe mögen sich zwar terminologisch unterscheiden, sie

---

[12] Zur **Bindung** der vollziehenden Gewalt schon BVerfG E 12, 180 (186); 54, 117 (124). Zum Begriff der **verfassungsmäßigen Ordnung** *Sachs* in Sachs Art. 20 Rn. 94; *Jarass* in JP Art. 20 Rn. 32 m.w.N. Ausführlich zur unmittelbaren Bindung der Verwaltung durch Art. 1 III GG *Horn* Grundrechtsunmittelbare Verwaltung S. 178 ff. Siehe allgemein auch *Müller* VVDStRL 47 (1989) S. 37, 39. Zum Begriff **Gesetz und Recht** *Sachs* in Sachs Art. 20 Rn. 103, 107; *Jarass* in JP Art. 20 Rn. 38 m.w.N.
[13] So auch *Heun* in Dreier Art. 3 Rn. 46; *Gubelt* in von Münch Art. 3 Rn. 8, 36 ff. Vgl. auch *Rüfner* in BK Art. 3 Rn. 168; *Osterloh* in Sachs Art. 3 Rn. 115. Zu den zusätzlichen Bindungen siehe ferner BVerwG E 2, 349 (352); 10, 224 (225); 43, 88 (93).
[14] Anderer Ansicht *Kirchhof* in HdBStR V § 124 Rn. 25, der findet, dass eine Bindung der Staatsgewalten aufgrund ihrer unterschiedlichen Funktionen auch unterschiedlich sei. Siehe auch *ders.* in Festschrift Lerche S. 133, 134. Widersprüchlich aber *ders.* Verschiedenheit S. 28.

stimmen aber sachlich überein.[15] Der Begriff „Verwaltung" wurde ursprünglich in Art. 1 III GG verwendet und erst 1956 durch die zweite Wehrverfassungsnovelle[16] der Terminologie in Art. 20 III GG angeglichen, um klarzustellen, dass die neu entstandenen Streitkräfte ebenfalls zweifelsfrei an die Grundrechte gebunden sind. Inhaltlich sollte sich aber nichts ändern.[17] Die Bindung an den Gleichheitssatz an sich müsste also für alle Gewalten gleich sein.

Muss die Bindung an sich gleich sein, ist damit aber noch nichts über deren *Inhalt* ausgesagt. Hier sind Unterschiede denkbar, die den einzelnen Funktionen geschuldet sein können.[18] In der Literatur wird sehr oft zwischen Rechtsetzung und Rechtsanwendung und damit korrespondierend zwischen der gegenüber dem Gesetzgeber geltenden **Rechtsetzungs-** und der **Rechtsanwendungsgleichheit** unterschieden, der Verwaltung und Rechtsprechung unterliegen. Dieser Unterschied wird meist am Wortlaut des Art. 3 I GG festgemacht.

1) Wortlaut

Ausgangspunkt jeder Betrachtung über den Gleichheitssatz des Art. 3 I GG, wie jeder anderen Norm auch, muss der Wortlaut sein: „Alle Menschen sind vor dem Gesetz gleich." Bei unbefangener Betrachtung verleitet dieser Satz zu dem Schluss, dass, wenn alle Menschen vor dem Gesetz gleich sind, dieses für sie auch **gleich gelten** muss. Der Satzteil „**vor dem Gesetz**" kann fast bildlich gesehen werden, wie dies etwa Franz *Kafka* in seiner Erzählung „Vor dem Gesetz" tut: der einfache „Mann vom Lande" steht vor dem Gesetz und will hinein, will also teilhaben am Gesetz. Dies wird ihm aber vom Türhüter verwehrt. Darüber wundert sich der Mann, denn er dachte, dass das Gesetz „jedem und immer zugänglich sein" solle.[19] Das Gesetz soll jedem offen stehen. Der dem Gesetz Unterworfene kommt mit diesem nur in Berührung, wenn es auch zu ihm Beziehung gesetzt, auf ihn angewandt wird, er, um im Bilde zu bleiben, in den Rechtsraum, den das Gesetz aus-

---

[15] *Stern* StaatsR III/1 S. 1323 m.w.N. Beim Begriff vollziehende Gewalt handelt es sich um eine Übernahme des frz. „pouvoir exécutif" aus der frz. und belg. Verfassung, während der Begriff „Verwaltung" in dt. Tradition stand und sich etwa in §§ 2, 41, 88, 181 Paulskirchenverfassung von 1849; Art. 41 ff., 48 ff. Reichsverfassung von 1871; Überschrift vor Art. 78 WRV findet.
[16] Gesetz vom 19.3.1956 BGBl. I S. 111.
[17] *Ehlers* AllgVwR § 1 Rn. 9 Fn. 29; *Stern* StaatsR III/1 S. 1321; *Starck* in vM Art. 1 Rn. 227 Fn.295; *Denninger* in AK Art. 1 Rn. 27; vgl. auch BVerfGE 3, 225(247); 34, 52 (59).; BVerwG 43, 88 (93).
[18] Siehe dazu allgemein *Schoch* DVBl 1988, 863, 868.
[19] *Kafka* Erzählungen S. 162.

füllt, hinein gelangen kann. Daher kann der Satz „alle Menschen sind vor dem Gesetz gleich" auch dahin umgeformt werden, dass die Menschen „**angesichts**" des Gesetzes gleich sind, das Gesetz für alle „rückhaltlos und gleichmäßig" angewendet werden muss.[20] Die Gleichheit vor dem Gesetz wird damit zur **Rechtsanwendungsgleichheit**, zur Gleichheit vor den rechtsanwendenden Organen, also der Verwaltung und der Gerichte.[21]

Der Wortlaut ist allerdings so eindeutig nicht. Schon zur gleich lautenden Formulierung in Art. 109 I WRV wurde angemerkt, dass der Satz „vor dem Gesetz gleich" auch ein **gleiches Gesetz** bedingen könne. Denn nur, wenn das Gesetz selbst gleich ist, kann es auch gleich angewandt werden.[22] Was ist, wenn der Gesetzgeber Sonderrecht für bestimmte Gruppen schafft, diese damit ungleich zu einer anderen Gruppe behandelt? Ist das Gesetz, vor dem die eine Person steht dann nicht vor dieser gleich, vor einer anderen aber ungleich? Es geht dann nicht mehr um die Gleichheit vor dem Rechtsanwendenden, sondern vor dem Rechtsetzenden, dem Gesetzgeber. Das „vor dem Gesetz gleich" wird ein „durch das Gesetz gleich". Neben die Rechtsanwendungs- gesellt sich damit die **Rechtsetzungsgleichheit**. Diese kann man entweder so verstehen, dass der Gesetzgeber die Gesetze in der Weise gestalten muss, dass ihre gleichmäßige Anwendung gesichert ist; es geht dann nur um eine allen Gewalten obliegende Rechtsanwendungsgleichheit.[23] Diese ist aber belanglos, denn schon die Allgemeinheit der Gesetze und die Gesetzesgebundenheit der Verwaltung garantieren diese Forderung. Oder aber man verknüpft auch inhaltliche Forderungen damit, indem die ausschließliche Kompetenz des Gesetzgebers, zu bestimmen, was gleich und was ungleich ist, in Frage gestellt oder zumindest doch an weitere Kriterien geknüpft wird. Der Gesetzgeber muss nicht nur dafür Sorge tragen, dass die Gesetze gleichmäßig angewendet wer-

---

[20] Für die Weimarer Zeit: *Anschütz* Verfassung S. 523; *Mainzer* Gleichheit S. 80; *Stier-Somlo* Gleichheit S. 177.
[21] Darüber war man sich schon für **Art. 109 I WRV** einig, vgl. *Anschütz* Verfassung S. 526 f.; *Hatschek* StaatsR I S. 242 f.; *Jahrreiß* Gleichheit S. 624, 628 f.; *Leibholz* Gleichheit S. 160; siehe auch *Apelt* Geschichte S. 304; *Schweiger* in Festschrift BayVerfGH S. 55, 57 f. – zum **Grundgesetz** *Alexy* Theorie der Grundrechte S. 357; *Starck* in vM Art. 3 Rn. 1 f.; *Gubelt* in von Münch Art. 3 Rn. 8.
[22] Kritik an der reinen Wortlautsicht schon in **Weimarer** Zeit *Leibholz* Gleichheit S. 30 f., *Rümelin* Gleichheit S. 22 – Zur Kritik **heute** *Martini* Prinzip absoluter Rechtsgleichheit S. 6 – *Schoch* DVBl 1988, 863, 868 hält den Satz hingegen für unmissverständlich.
[23] So offensichtlich *Bettermann* Der Staat 1 (1962) S. 79, 89 f. Zur Pflicht zur gleichen und gleichmäßigen Anwendung der Gesetze (Gleichheit durch Gesetzmäßigkeit) siehe auch *Rüfner* in BK Art. 3 Rn. 172; *Starck* in vM Art. 3 Rn. 264 f.

den können. Er muss sie auch so abfassen, dass sie für die Bürger gleich sind. Um aber aus dem Wortlaut des Art. 3 I GG zur Rechtsanwendungsgleichheit zu gelangen, muss ein höherer Begründungsaufwand betrieben werden, indem man den Satz „vor dem Gesetz gleich" durch die Überlegung vervollständigen muss, dass man nur gleich sein kann, wenn das Gesetz selbst gleich ist. Der höhere Begründungsaufwand weist darauf hin, dass der Wortlaut eher die sich unmittelbarer erschließende Rechtsanwendung meint. Da aber auch der andere Schluss nicht abwegig erscheint, ist der Wortlaut nicht eindeutig, so dass weitere Kriterien zur Bestimmung der Bindung an den Gleichheitssatz herangezogen werden müssen.

2) Vorbilder / Entwicklung

a) Da der Wortlaut zur Deutung des Gleichheitssatzes nicht eindeutig ist, bietet es sich an, die historischen **Vorbilder** zu betrachten, auf denen Art. 3 I GG fußt.[24] Mit der Forderung nach Gleichheit vor dem Gesetz knüpft Art. 3 I GG an eine Reihe älterer Vorbilder mit einem entsprechenden Vor-Verständnis an.[25] Die Formulierung „vor dem Gesetz gleich" findet sich in **älteren** deutschen und europäischen **Verfassungen** wieder und reicht bis auf die französische Verfassung von 1793 zurück.[26] Auch in den **Landesverfassungen** der Bundesrepublik, sofern sie über Grundrechtskataloge verfügen, kann diese Formulierung entdeckt werden.[27] Man kann daher getrost von einer **traditionellen**, ja traditionsbeladenen Formel[28] sprechen, an die Art. 3 I GG anknüpft.

Eine anfängliche Forderung des Gleichheitssatzes war es, **ständische Privilegien** zu überwinden, indem das Recht für alle gleich und damit gerade ohne Anse-

---

[24] Zur **Ideengeschichte** *Stein* AK Art. 3 Rn. 1 ff.; *Heun* in Dreier Art. 3 Rn. 2 ff.; *Bleckmann* Struktur S. 4 ff.

[25] Zur **Verfassungsgeschichte** *Starck* in vM Art. 3 Rn. 1, 2; *ders.* in Link (Hg.) Verfassungsstaat S. 51 ff.; *Stein* AK Art. 3 Rn. 2 ff.; *Heun* in Dreier Art. 3 Rn. 5 ff.; *Bleckmann* Struktur S. 11 ff.

[26] *Art. 3 frz. Verfassung* von 1793: „Tous les hommes sont égaux par la nature et devant la loi"; *Art. 6 belg. Verfassung* von 1831 (hierzu *Aldag* Gleichheit S. 12 ff.; *Stettner* BayVBl 1988, 545 Fn. 1); *§ 137 III Paulskirchenverfassung* von 1849: „Die Deutschen sind vor dem Gesetze gleich"; *Art. 4 S. 1 preußische Verfassungsurkunde* von 1850: „Alle Preußen sind vor dem Gesetz gleich"; *Art. 109 I WRV* von 1919: „Alle Deutschen sind vor dem Gesetz gleich"; beachte in diesem Zusammenhang als erstes für Deutschland relevantes Nachkriegsdokument auch *Art. I der Proklamation des Kontrollrats Nr. 3* vom 20.10.1945, Amtsblatt Kontrollrat Nr. 3 S. 22, abgedruckt bei *Huber* Quellen Bd. 2 S 169: „Alle Personen sind vor dem Gesetz gleich. [...]" – zu Letzterem *Hesse* AöR 109 (1984) S. 174, 182.

[27] Aus den Verfassungen der einzelnen Bundesländer: Art. 118 I (Bayern); Art. 10 I (Berlin); Art. 12 I (Brandenburg); Art. 2 I (Bremen); Art. 1 I (Hessen); Art. 17 I (Nordrhein-Westfalen); Art. 12 I (Saarland); Art. 18 I (Sachsen); Art. 7 I (Sachsen-Anhalt); Art. 2 I (Thüringen).

[28] *Ipsen* in Die Grundrechte Bd. 2, S. 111, 142; *Starck* in vM Art. 3 Rn. 2; *Kloepfer* Gleichheit S. 20; *Ipsen* StaatsR II Rn. 749; in Weimarer Zeit schon *Stier-Somlo* Gleichheit S. 164.

hen der Person gelten sollte. Dies kommt beispielhaft schon in der französischen Revolutionsverfassung von 1793 zum Ausdruck, findet sich aber auch noch in Art. 118 III, IV der bayerischen Verfassung. Das Gesetz ist Ausdruck der volonté générale. Gleichheit vor dem Gesetz meinte die Gleichheit vor dem erlassenen Gesetz als Ausdruck des allgemeinen Willens, den das Gesetz verkörpert. Es gibt kein Sonderrecht für bestimmte Schichten mehr, Standesunterschiede werden beseitigt: die Gesetze gelten für **alle Staatsbürger** gleich, ohne Ausnahme. Die Gleichheit vor dem Gesetz baut auf der **Allgemeinheit** des Gesetzes auf. Erst das Gesetz garantiert die Gleichheit. Daher musste primär die Herrschaft des Gesetzes, die Herrschaft des Rechts errichtet, der Wille des Monarchen und dessen noch schrankenloser Verwaltung gebändigt werden.[29] Die Forderungen nach **Rechtsstaatlichkeit** und Gleichheit weisen daher in die gleiche Richtung, bedingen einander. Wenn das Gesetz aber schon per Definition die Gleichheit garantiert, indem es nämlich allgemein ist, für alle gleich gilt, dann erscheint nicht der Akt der Gesetzgebung problematisch, sondern der der Anwendung des Gesetzes. Nur hier, so scheint es, läuft der Bürger Gefahr ungleich behandelt zu werden. Die Forderung nach Gleichheit vor dem Gesetz richtet sich also an diejenigen, welche die Gesetze anwenden, an Verwaltung und Rechtsprechung. Gleichheit wurde damit als Gleichheit bei der Anwendung der Gesetze, als Rechtsanwendungsgleichheit verstanden.[30]

In dem Maße, in dem die Herrschaft des Gesetzes – also der **Rechtsstaat** – ausgebaut und gesichert wurde, nahm aber ab etwa der Mitte des 19. Jh. auch die Bedeutung des Gleichheitssatzes ab. Je mehr die Herrschaft des Rechts etabliert wurde, konzentrierten sich die Forderungen darauf, diese Errungenschaften zu sichern. Hier galt es aber nicht, sie gegenüber dem Gesetzgeber zu sichern, der ja, wenn er Gesetze erlässt, aufgrund der Allgemeinheit der Gesetze schon das Verlangen nach Gleichheit stillt. Angriffspunkt bildete die Verwaltung, welche die Gesetze ausführt. Sie musste die Gesetze gleich anwenden. Das tat sie aber schon, wenn sie diese einfach befolgte. Die Rechtsanwendungsgleichheit schien sich damit in der bloßen **Gesetzesbefolgung** zu erschöpfen. Dass die Gesetze zu befolgen

---

[29] Zur Entwicklung und Formalisierung des Rechtsstaats *Schmidt-Aßmann* in HdBStR I § 24 Rn. 13 f.; *Huber* Verfassungsgeschichte VI S. 93; *Stern* StaatsR I S. 765 f. Zum Grundgesetz *Kunig* in Festschrift 50 Jahre BVerfG S. 420 ff.

[30] *Stein* AK Art. 3 Rn. 3 f.; *Kirchhof* in HdBStR V § 125 Rn. 3; *Ipsen* in Die Grundrechte Bd. 2, S. 111, 116; *Heun* in Dreier Art. 3 Rn. 5 f.; *Herzog* in MD Anhang zu Art. 3 Rn. 12; *Schweiger* in Festschrift BayVerfGH S. 55, 57. Siehe auch die Nachweise oben bei Fn. 21.

sind, ergab sich schon aus den Forderungen nach Gesetzesbindung der Verwaltung und dem Vorrang der Gesetze – zwei wesentlichen Elementen des Rechtsstaates.[31] Eine Gleichheit, die sich auf die Beachtung der gleichen Gesetzesanwendung beschränkt, hat **kaum** eine **Bedeutung** mehr. Sie orientiert sich am rein formalen Kriterium, *dass* gleich behandelt werden muss, aber nicht, *wie* dies zu geschehen hat. Die Rechtsanwendungsgleichheit kann daher als **formale** Gleichheit bezeichnet werden.[32] Diese Gleichheit geht letztlich im **Rechtsstaat** auf.[33] Dementsprechend nahm auch das Interesse am Gleichheitssatz ab, und Wissenschaft und Praxis konzentrierten sich darauf, das rechtsstaatliche Instrumentarium der Verwaltungskontrolle zu verfeinern.[34] Zu Recht bezeichnet man einen so verstandenen Satz als **Trivialität**, denn es erschien – angesichts des Grundsatzes der Gesetzmäßigkeit der Verwaltung – selbstverständlich, dass staatliche Entscheidungen ohne Ansehen der Person zu erfolgen haben.[35] Mag die formale Rechtsanwendungsgleichheit auch wenig Bedeutung haben, die Ausführungen haben doch gezeigt, dass historisch die Gleichheit als Rechtsanwendungsgleichheit verstanden wurde und ihre Stoßrichtung gegen die Verwaltung gerichtet war.

b) Aber schon im Konstitutionalismus und vor allem in der Weimarer Republik merkten einige Autoren an, dass die Gleichheit für die Verwaltung nicht nur als rein formale Rechtsanwendungsgleichheit verstanden werden konnte.[36] Sie sahen, dass sich die Aufgabe der Verwaltung nicht im bloßen Gesetzesvollzug erschöpft. Denn gerade dort, wo die Verwaltung Ermessen hat, greift ein nur auf die strikte Rechtsanwendung bezogener Gleichheitssatz zu kurz, wenn es kein anzuwenden-

---

[31] Zur Gleichheit *Kaufmann* VVDStRL 3 (1927) S. 2, 6; *Thoma* in HdB StaatsR II S. 221 f.; *Rümelin* Gleichheit S. 21, 31 – zum Rechtsstaat schon *Mayer* VerwR I S. 55 ff., 58, 62; *Jellinek* VerwR S. 88; *Thoma* in Festgabe pr. OVG S. 183, 195; aus neuerer Zeit: *Schmidt-Aßmann* in HdBStR I § 24 Rn.18; *Stern* StaatsR I S. 801 f.; *Scheuner* in Festschrift DJT S. 229, 250 u. Fn. 98, 254.
[32] *Ipsen* in Die Grundrechte Bd. 2, S. 111, 116.
[33] *Hesse* AöR 77 (1951/52) S. 167, 171 u. Fn. 14; *Hartmann* Willkürverbot S. 49 – in Weimarer Zeit *Rümelin* Gleichheit S. 21; *Aldag* Gleichheit S. 6; *Mainzer* Gleichheit S. 80; ähnlich *Zeus* Gleichheitssatz S. 60 – zur Bedeutung des Gesetzes für den Gleichheitssatz *Schaumann* JZ 1966, 721, 724.
[34] So *Jellinek* VerwR S. 447, der sich wundert, dass die Rechtsprechung kaum auf Art. 109 I WRV Bezug nimmt; ähnlich *Aldag* Gleichheit S. 107 f.; *Rümelin* Gleichheit S. 33 Fn 2; *Gusy* ZNR 1993, 163, 176.
[35] *Stier-Somlo* Gleichheit S. 171; *Kaufmann* VVDStRL 3 (1927) S. 2, 6; *Jahrreiß* Gleichheit S. 624, 628; *Jellinek* VerwR S. 164; *Thoma* in Festgabe pr. OVG S. 183, 217.
[36] Die Notwendigkeit einer materialen Bindung der Verwaltung erkannte schon *Hatschek* StaatsR I S. 243. Siehe auch *Jellinek* VerwR S. 164, 446 f. Interessant ferner *Fleiner* VerwR S. 134 Fn. 9, der seine schon im Konstitutionalismus aus dem Rechtsstaatsbegriff gezogenen Forderungen des Gleichheitssatzes an Verwaltung und Gesetzgebung nun an Art. 109 I WRV festmacht – hierzu *Aldag* Gleichheit S. 2; *Nawiasky* VVDStRL 3 (1927) S. 25, 37; *Stier-Somlo* Gleichheit S. 198.

des Recht gab, so dass also weitere Kriterien erforderlich werden.[37] Die Literatur zog dazu den nunmehr in Art. 109 I WRV positivierten Gleichheitssatz auch als Erkenntnisquelle für die Kontrolle der Verwaltung heran, wenn sie ihm letztlich auch nicht mehr entnehmen konnte oder wollte, als sich bereits aus den hergebrachten rechtsstaatlichen Grundsätzen ergab.[38] Allerdings war das Augenmerk der Diskussion[39] in der Weimarer Zeit nicht auf die Verwaltung, sondern auf die **Gesetzgebung** gerichtet. Es ging darum, ob der Gesetzgeber selbst an den nunmehr in Art. 109 I WRV festgeschriebenen Gleichheitssatz gebunden war, der Gleichheitssatz nicht nur rein formal verstanden werden konnte und nicht nur die Rechtsanwendungs- sondern auch die **Rechtsetzungsgleichheit** beinhaltete.[40] Eine Vorschrift wie Art. 1 III GG, die klarstellt, dass alle Gewalten – also auch die gesetzgebende – an die Grundrechte gebunden sind, gab es in der WRV nicht. Zwar wurde im Verfassungsausschuss zur WRV die Formulierung erörtert, dass die Grundrechte „Richtschnur und Schranke für die Gesetzgebung, die Verwaltung und die Rechtspflege im Reich und in den Ländern [...]" sein sollten.[41] In den endgültigen Verfassungstext fand diese Formulierung jedoch keinen Eingang. Vielmehr setzte sich im Plenum die Einsicht durch, dass die Frage der Bindung nicht generell, son-

---

[37] *Leibholz* Gleichheit S. 31 f, 77, 166 Fn. 2; *Triepel* Goldbilanzen S. 28; siehe auch *Fleiner* VerwR S. 140 Fn. 23, 146 *Jellinek* VerwR S. 164, 446 f.
[38] Die Bedeutung des Gleichheitssatzes für die Verwaltung betonen *Leibholz* Gleichheit S. 34, 166 Fn. 2; *Jellinek* VerwR S. 447; *Nawiasky* VVDStRL 3 (1927) S. 25, 37 *Aldag* Gleichheit S. 2, 37; *Anschütz* Verfassung S. 524 f. – ablehnend *Thoma* in Festgabe pr. OVG S. 183, 220; *Rümelin* Gleichheit S. 32 f. – zur Situation auch *Held-Daab* Ermessen S. 221, 232, 256.
[39] Sie wurde 1924 durch die Arbeit *Triepels* Goldbilanzenverordnung und Vorzugsaktien (hierzu *Gassner* Heinrich Triepel S. 362) und der Dissertation *Leibholz'* Gleichheit vor dem Gesetz von 1925 angestoßen und fand einen Höhepunkt in der Tagung der Vereinigung der Staatsrechtslehrer 1926 in Münster – vgl. die Aussprache in VVDStRL 3 (1927) S. 43 ff., hierzu *Stolleis* Geschichte III S. 189 f.; *Stier-Somlo* S. 182 ff; *Leibholz* Gleichheit S. 163 ff.; *Gassner* Heinrich Triepel S. 367; davor fristetet der Gleichheitssatz ein „vegetatives Dasein" so *Nawiasky* VVDStRL 3 (1927) S. 25, 28; dazu auch *Zeus* Gleichheitssatz S. 37.
[40] **Für** eine Bindung des Gesetzgebers: *Triepel* Goldbilanzen S. 27; *Aldag* Gleichheit S. 51; *Leibholz* Gleichheit S. 34; *Kaufmann* VVDStRL 3 (1927) S. 2, 5; *Stier-Somlo* Gleichheit S. 177 Fn. 43 a. E. sowie S. 190; *Poetzsch-Heffter* WRV S. 400 f – **gegen** eine Bindung: *Anschütz* Verfassung S. 522 f.; *ders.* Diskussionsbeitrag VVDStRL 3 (1927) S. 47; *Thoma* in Festgabe pr. OVG S. 183, 219, 222; *ders.* in Nipperdey (Hg.) Grundrechte I S. 1, 31; *Jahrreiß* Gleichheit S. 624, 628, 630, 632; *Hatschek* StaatsR I S. 243 (erst seit der 2. Aufl., vgl., a.a.O. Fn. 1) – **vermittelnde** Ansichten: *Nawiasky* VVDStRL 3 (1927) S. 25, 39, 40; *Hippel* AöR 49 (1926) S. 124 ff., 139; *Rümelin* Gleichheit S. 21, 30, 58 – einen Überblick zum **Streitstand** bieten *Gusy* WRV S. 290 ff., *Zeus* Gleichheitssatz S. 36 ff; *Ipsen* in Die Grundrechte Bd. 2, S. 111, 116 ff; *Stier-Somlo* Gleichheit S. 177 ff.
[41] Art. 107 des Entw5 nach den Beschlüssen des achten Verfassungsausschusses der Nationalversammlung vom 18.6.1919, Drucks. der NV Nr. 391 S. 656 – zitiert nach *Triepel* Quellensammlung Bd. 1 S. 42; siehe auch *Anschütz* Verfassung S. 515; *Triepel* Goldbilanzen S. 16; *Gusy* WRV S. 274.

dern für jeden Artikel gesondert beantwortet werden müsse.[42] Über Art. 109 I wurde nicht diskutiert und der Artikel im Verfassungsausschuss und Plenum ohne besondere Aussprache angenommen, weil man seine Aussage für selbstverständlich hielt.[43] In der Diskussion um die Bindung des Gesetzgebers spielte die Bindung der **Verwaltung** demnach keine große Rolle. Sie verstand sich von selbst, war sie doch schon Ausdruck des Rechtsstaats mit dessen Bindung an die Gesetze und damit „liberales Erbgut".[44] Dass der Gleichheitssatz für die Verwaltung auch eine Bedeutung haben konnte, die über die bloße Gesetzesbindung hinausgeht, erkannten, wie oben, S. 9 bereits angedeutet, nur wenige. Die **formale Bindung** der Verwaltung diente vielmehr als Argument für eine Bindung des Gesetzgebers. Denn wenn sich die Bindung der Verwaltung an den Gleichheitssatz schon von selbst verstand, dann musste seine Normierung in Art. 109 I WRV eben mehr bedeuten – nämlich die Bindung des Gesetzgebers – wollte der Artikel nicht bedeutungslos sein.[45] Allerdings konnte sich in Weimarer Zeit die Interpretation des Gleichheitssatzes als (auch) an den Gesetzgeber gerichtete **materiale**[46] Gleichheit nicht durchsetzen.[47] Es blieb bei der Scheidung zwischen Rechtsetzung und Rechtsanwendung, und die Rechtsanwendungsgleichheit behielt ihren formalen Charakter, obwohl teilweise gesehen wurde, dass dies nicht ausreichend ist.

c) Ausgehend von der Diskussion in der Zeit der Weimarer Republik und angesichts der Erfahrungen, die man in der Zeit des Nationalsozialismus[48] mit einem ungezügelten, weil keinen Begrenzungen unterworfenen Staat gemacht hatte, knüpften die Verfassungseltern des Grundgesetzes zwar an die **traditionelle For-**

---

[42] *Stern* StaatsR III/1 S. 123, 1187 f.; *Poetzsch-Heffter* WRV S. 396 f.
[43] Protokolle S. 1568 – zitiert nach *Hippel* AöR 49 (1926) S. 124, 142 und *Mainzer* Gleichheit S. 61; siehe auch *Jahrreiß* Gleichheit S. 628 Fn. 22; *Nawiasky* VVDStRL 3 (1927) S. 24, 27 f.; *Stier-Somlo* Gleichheit S. 177; *Thoma* in Festgabe pr. OVG S. 183, 218 f.; *Aldag* Gleichheit S. 8.
[44] *Anschütz* VVDStRL 3 (1927) S. 47, 48; *ders.* Verfassung S. 526; *Poetzsch-Heffter* WRV S. 399 spricht vom „ältesten Kulturgut"; vgl. auch *Ipsen* in Die Grundrechte Bd. 2, S. 111, 138.
[45] *Triepel* Goldbilanzen S. 15, 16, 27 f; *Kaufmann* VVDStRL 3 (1927) S. 2, 6; *Aldag* Gleichheit S. 6
[46] In der Literatur werden sowohl die Begriffe **formal – material**, als auch **formell – materiell** in dieser Kombination, aber auch gemischt verwendet. Es ist nicht erkennbar, dass damit eine inhaltliche Unterscheidung angestrebt wird. Die Begriffe werden synonym verwendet. Der Klarheit halber soll einheitlich von formal und material gesprochen werden.
[47] *Apelt* JZ 1951, 353, 355.
[48] Zur Perversion einer rein formal verstandenen Rechtsanwendungsgleichheit und deren Reduktion zu einer letztlich auf blutmäßiger Abstammung basierender Artgleichheit in der NS-Zeit *Hesse* AöR 109 (1984) S. 174, 181; auch *Hartmann* Willkürverbot S. 47 u. Fn. 216 m.w.N. zur dt. Staatsrechtslehre in dieser Zeit; vgl. auch *Hirsch/Majer/Meinck* (Hg.) Recht, Verwaltung und Justiz im Nationalsozialismus Kapitel 4 (S. 333 ff.) und Kapitel 5 (S. 350 ff.); allgemein *Scheuner* in Festschrift DJT S. 229, 230, 248; zur Verwaltung im NS-Staat *Wolff/Bachof/Stober* VerwR Bd. 1 § 10.

mel „vor dem Gesetz gleich" an. Gleichzeitig war man sich aber auch darüber einig, dass der **Gesetzgeber** ebenfalls gebunden werden musste. Die Verwaltung hingegen interessierte nicht.[49] Der Entwurf des Verfassungskonvents auf der Herreninsel im Chiemsee (Herrenchiemsee-Entwurf) formulierte den Gleichheitsartikel (Art. 14 I): „Vor dem Gesetz sind alle gleich"[50]. Dieser Wortlaut wurde im Parlamentarischen Rat beibehalten, wenn auch dahin abgewandelt, dass statt „alle" nun „Menschen" oder „Deutsche" verwendet wurde.[51] In den Entwürfen und Stellungnahmen der Fachausschüsse, des Allgemeinen Redaktions- und des Grundsatzausschusses, des Fünfer- und Siebenerausschusses und schließlich im Plenum für den ersten Absatz des Gleichheitsartikels wurde immer die Formulierung gebraucht, dass alle Menschen/Deutschen vor dem Gesetz gleich sind. Kam es auch zu Änderungen bei den Grundrechtsberechtigten (Menschen – Deutsche), so wurde doch an der eigentlichen Aussage festgehalten. Die erste Formulierung durch die Fachausschüsse „alle Menschen sind vor dem Gesetz gleich"[52] ist auch die, welche sich in Art. 3 I des Grundgesetzes findet. Zwar schlug der Allgemeine Redaktionsausschuss zweimal vor, den Artikel zu einem Deutschengrundrecht zu machen, statt „alle Menschen" also wie in Art. 109 I WRV „alle Deutschen" zu schreiben.[53] Diese Änderung hatte jedoch keinen Bestand. Der nunmehr in Artikel 4 geregelte Gleichheitssatz behielt seine Fassung als Menschenrecht bei. Ab der vom Hauptausschuss in zweiter Lesung beschlossenen Fassung sollte sich an der Formulierung „alle Menschen sind vor dem Gesetz gleich" nichts mehr ändern.[54] Lediglich in der

---

[49] So auch *Heun* in Dreier Art. 3 Rn. 7.
[50] Text bei *von Doerming/Füßlein/Matz* JöR nF 1 (1951), S. 66; *Wilms* Dokumente III/2 S. 52, 57; *Huber* Quellen Bd. 2 S. 221.
[51] Zu den Gründen hierfür *von Doerming/Füßlein/Matz* JöR nF 1 (1951), S. 67.
[52] **Art. 19 I** der vorläufigen Fassung der in den Fachausschüssen bisher formulierten Artikel des Grundgesetzes, *Parlamentarischer Rat* VII Dok. Nr. 1 (Stand 18.10.1948), Drucks. Nr. 203, Druck: Parlamentarischer Rat (Entwürfe), S. 1-15.
[53] So in **Art. 1b I** der Stellungnahme des Allgemeinen Redaktionsausschusses zu den Formulierungen der Fachausschüsse; *Parlamentarischer Rat* VII Dok. Nr. 2 (Stand 10.10.-5.12.1948), Drucks. Nr. 282 vom 16.11.1948, Druck: Parlamentarischer Rat (Entwürfe), S. 17-39 und **Art. 7-1 I 1** des Entwurfs zum Grundgesetz in der vom Allgemeinen Redaktionsausschuss redigierten Fassung, *Parlamentarischer Rat* VII Dok. Nr. 4 (Stand 13-18.12.1948), Drucks. Nr. 370 vom 13.12.1948, Druck: Parlamentarischer Rat (Entwürfe) S. 85-115.
[54] Vgl. **Art. 4 I 1** der vom Hauptausschuss in zweiter Lesung beschlossenen Fassung, *Parlamentarischer Rat* VII Dok. Nr. 5 (Stand 20.1.1949), Drucks. Nr. 535, Druck Parlamentarischer Rat (Entwürfe) S. 117-172; **Art. 4 I 1** der Stellungnahme des Allgemeinen Redaktionsausschusses hierzu, *Parlamentarischer Rat* VII Dok. Nr. 5 (Stand 25.1.1949), Drucks. Nr. 543, Druck: Parlamentarischer Rat (Entwürfe) S. 117-172; **Art. 4 I** Änderungsvorschläge des Fünfer-Ausschusses für die dritte Lesung des Grundgesetzes im Hauptausschuss, *Parlamentarischer Rat* VII Dok. Nr. 6 (Stand 31.1.-5.2.1949), Sonderdrucks. S 10 (undatiert); **Art. 4 I**

vierten Lesung des Hauptausschusses wurde die Stellung des Artikels verändert und aus Artikel 4 I wurde Artikel 3 I, am Wortlaut jedoch änderte sich nichts mehr.[55] Kontrovers war nicht die Bindung der Verwaltung, sondern die Frage, ob man die Bindung des Gesetzgebers an den Gleichheitssatz ausdrücklich erwähnen sollte. Schon Art. 14 II des Herrenchiemsee-Entwurfs dachte mit der Formulierung „Der Grundsatz der Gleichheit bindet auch den Gesetzgeber", die alte Frage, ob der Gleichheitssatz auch für den Gesetzgeber gelte, geschlichtet zu haben.[56] Doch entspann sich im Parlamentarischen Rat und seinen Ausschüssen eine maßgeblich auf *Thoma* zurück gehende Kontroverse[57] über die Bindung des Gesetzgebers, die sich in mehreren Entwürfen und Änderungsvorschlägen widerspiegelt. Es finden sich die Formulierung, dass der Gesetzgeber[58] oder das Gesetz „Gleiches gleich und Verschiedenes nach seiner Eigenart behandeln" müsse, bzw. könne[59]. Sie sollte aber nicht übernommen werden und fehlt seit den Änderungsvorschlägen des Fün-

---

des Vorschlags des Fünfer-Ausschusses für die dritte Lesung des Grundgesetzes im Hauptausschuss, *Parlamentarischer Rat* VII Dok. Nr. 7 (Stand 5.2.1949), Drucks. Nr. 591, Druck: Parlamentarischer Rat (Entwürfe) S. 173-194; **Art. 4 I** der vom Hauptausschuss in dritter Lesung angenommenen Fassung, *Parlamentarischer Rat* VII Dok. Nr. 8 (Stand 10.2.1949), Drucks. Nr. 679, Druck: Parlamentarischer Rat (Entwürfe) S. 195-240; **Art. 4 I** Änderungsvorschläge des Fünfer-Ausschusses zur Fassung der dritten Lesung des Hauptausschusses, *Parlamentarischer Rat* VII Dok. Nr. 9 (Stand 28.2.1949), Drucks. Nr. 675; **Art. 4 I** der Vorschläge des Allgemeinen Redaktionsausschusses zur Fassung der dritten Lesung des Hauptausschusses unter Einarbeitung der aufrechterhaltenen Beschlüsse des Fünfer-Ausschusses, des Siebener-Ausschusses und der Beschlüsse der interfraktionellen Besprechungen, *Parlamentarischer Rat* VII Dok. Nr. 12 (Stand 2.-5.5.1949), Drucks. Nr. 751, 751a, 840, Druck: Parlamentarischer Rat (Entwürfe) S. 195-240.
[55] Vgl. **Art. 3 I** der Fassung der vierten Lesung des Hauptausschusses, Parlamentarischer Rat VII Dok. Nr. 13 (Stand 5.5.1949), Drucks. Nr. 850, 850a, 854, 878, Druck: Parlamentarischer Rat (Entwürfe) S. 241-257; **Art. 3 I** der Fassung der zweiten Lesung des Parlamentarischen Rates, *Parlamentarischer Rat* VII Dok. Nr. 14 (Stand 6.5.1949), Drucks. Nr. 883, 899; diese Fassung wurde auch in der dritten Lesung beibehalten und nicht geändert, vgl. vom Plenum in dritter Lesung beschlossene Änderungen gegenüber der zweiten Lesung des Plenums, *Parlamentarischer Rat* VII Dok. Nr. 15 (Stand 8.5.1949), Drucks. Nr. 903, Druck: Parlamentarischer Rat (Entwürfe) S. 261.
[56] Zum Text *von Doemming/Füßlein/Matz* JöR nF 1 (1951), S. 66; zur vermeintlichen Schlichtung der Streitfrage *ebenda*.
[57] Vgl. *von Doemming/Füßlein/Matz* JöR nF 1 (1951), S. 67/68; siehe auch *Thoma* DVBl 1951, 457 (458) – zu seiner Position in Weimarer Zeit *Thoma* in Festgabe pr. OVG S. 183, 219, 222; *ders.* in Nipperdey (Hg.) Grundrechte I S. 1, 31.
[58] So **Art. 1b II** der Stellungnahme des Allgemeinen Redaktionsausschusses zu den Formulierungen der Fachausschüsse, *Parlamentarischer Rat* VII Dok. Nr. 2 (Stand 10.10.-5.12.1948), Drucks. Nr. 282 vom 16.11.1948, Druck: Parlamentarischer Rat (Entwürfe), S. 17-39.
[59] **Art. 4 I 2** der vom Hauptausschuss in erster Lesung angenommenen Fassung, *Parlamentarischer Rat* VII Dok. Nr. 3 (Stand 10.12.1948), Drucks. Nr. 337, Druck: Parlamentarischer Rat (Entwürfe), S.41-84; **Art. 7-1 II 2** des Entwurfs in der vom Allgemeinen Redaktionsausschuss redigierten Fassung, *Parlamentarischer Rat* VII Dok. Nr. 4 (Stand 13.-18. 12.1948), Drucks. Nr. 370 vom 13.12.1948, Druck: Parlamentarischer Rat (Entwürfe) S. 85-115; **Art. 4 I 2** der vom Hauptausschuss in zweiter Lesung beschlossenen Fassung und der Stellungnahme des Allgemeinen Redaktionsausschusses hierzu, *Parlamentarischer Rat* VII Dok. Nr. 5 (Stand der 2. Lesung 20.1.1949, Stand der Stellungnahme 25.1.1949), Drucks. Nr. 535 und 543, Druck: Parlamentarischer Rat (Entwürfe), S.117-172.

fer-Ausschusses für die dritte Lesung im Hauptausschuss in den Entwürfen und Vorschlägen[60] sowie der Endfassung[61]. Allerdings wurde nicht begründet, warum man diese Formulierung wieder strich.[62] Es wurde anscheinend nicht für besonders wichtig angesehen, die Bindung des Gesetzgebers an Art. 3 I ausdrücklich im Wortlaut hervorzuheben, weil er schon durch Art. 1 III GG gebunden war. Daraus erklärt sich, dass klarstellende Formulierungen bei Art. 3 GG gestrichen wurden.[63] Art. 3 I behielt also die ‚klassische', auf die Rechtsanwendung gemünzte Aussage bei, dass alle Menschen vor dem Gesetz gleich sind, erweiterte sie aber gleichzeitig um die Bindung des Gesetzgebers.[64]

d) Zwar ist der Wortlaut, wie gesagt nicht eindeutig. Angesichts des Willens des Verfassungsgesetzgebers und der Fassung von Art. 1 III und 20 III GG (dazu oben A II) ist aber heute[65] die Bindung des Gesetzgebers an Art. 3 I GG im Gegensatz zur Situation in der Weimarer Zeit allgemein anerkannt.[66] Auch das Bundesverfas-

---

[60] Vgl. **Art. 4** Änderungsvorschläge des Fünfer-Ausschusses für die dritte Lesung des Grundgesetzes im Hauptausschuss, *Parlamentarischer Rat* VII Dok. Nr. 6 (Stand 31.1.-5.2.1949), Sonderdrucks. S 10 (undatiert); **Art. 4** des Vorschlags des Fünfer-Ausschusses für die dritte Lesung des Grundgesetzes im Hauptausschuss, *Parlamentarischer Rat* VII Dok. Nr. 7 (Stand 5.2.1949), Drucks. Nr. 591, Druck: Parlamentarischer Rat (Entwürfe) S. 173-194; **Art. 4** der vom Hauptausschuss in dritter Lesung angenommenen Fassung, *Parlamentarischer Rat* VII Dok. Nr. 8 (Stand 10.2.1949), Drucks. Nr. 679, Druck: Parlamentarischer Rat (Entwürfe) S. 195-240; **Art. 4** Änderungsvorschläge des Fünfer-Ausschusses zur Fassung der dritten Lesung des Hauptausschusses, *Parlamentarischer Rat* VII Dok. Nr. 9 (Stand 28.2.1949), Drucks. Nr. 675; **Art. 4** der Vorschläge des Allgemeinen Redaktionsausschusses zur Fassung der dritten Lesung des Hauptausschusses unter Einarbeitung der aufrechterhaltenen Beschlüsse des Fünfer-Ausschusses, des Siebener-Ausschusses und der Beschlüsse der interfraktionellen Besprechungen, *Parlamentarischer Rat* VII Dok. Nr. 12 (Stand 2.-5.5.1949), Drucks. Nr. 751, 751a, 840, Druck: Parlamentarischer Rat (Entwürfe) S. 195-240; **Art. 3** der Fassung der vierten Lesung des Hauptausschusses, *Parlamentarischer Rat* VII Dok. Nr. 13 (Stand 5.5.1949), Drucks. Nr. 850, 850a, 854, 878, Druck: Parlamentarischer Rat (Entwürfe) S. 241-257; **Art. 3** der Fassung der zweiten Lesung des Parlamentarischen Rates, *Parlamentarischer Rat* VII Dok. Nr. 14 (Stand 6.5.1949), Drucks. Nr. 883, 899; diese Fassung wurde auch in der dritten Lesung beibehalten und nicht geändert, vgl. vom Plenum in dritter Lesung beschlossene Änderungen gegenüber der zweiten Lesung des Plenums, *Parlamentarischer Rat* VII Dok. Nr. 15 (Stand 8.5.1949), Drucks. Nr. 903, Druck: Parlamentarischer Rat (Entwürfe) S. 261.
[61] Grundgesetz für die Bundesrepublik Deutschland vom 23.5.1949, BGBl I 1949, S. 1-20.
[62] *Von Doemming/Füßlein/Matz* JöR nF 1 (1951), S. 72; nach *Thoma* DVBl 1951, 457 (458) wurden sie gestrichen, weil man sie für entbehrlich hielt.
[63] Vgl. die Äußerungen des Abgeordneten von Mangoldt in *von Doemming/Füßlein/Matz* JöR nF 1 (1951), S. 67 u. 69,72.
[64] *Starck* in vM Art. 3 Rn. 2; *Stein* in AK Art. 3 Rn. 10; *Kirchhof* in HdBStR V § 125 Rn. 4.
[65] Noch ablehnend: *Thoma* DVBl 1951, 457; *Apelt* JZ 1951, 353, 358 f.; *Ipsen* in Die Grundrechte Bd. 2, S. 111, 156 f; modifizierend *Bettermann* Der Staat 1 (1962) S. 79, 90 f.
[66] *Heun* in Dreier Art. 3 Rn. 15, 46; *Herzog* in MD Anhang zu Art. 3 Rn. 19; *Rüfner* in BK Art. 3 Rn. 164; *Gubelt* in von Münch Art. 3 Rn. 8; *Dürig* in Staatslexikon der Görresgesellschaft Stichwort „Gleichheit" II 4 (S. 1071); *Hesse* AöR 109 (1984) S. 174, 183 f,; *ders.* Grundzüge Rn. 431; *Sachs* NWVBl 1988, 295; *Zippelius* VVDStRL 47 (1989) S. 7, 11; *Maunz/Zippelius* Dt. StaatsR S. 215; *Alexy* Theorie der

sungsgericht geht seit seiner ersten Entscheidung zum Gleichheitssatz von einer Bindung des Gesetzgebers aus, ohne diese Bindung jemals zu problematisieren.[67] Die Diskussionen um die Bindung des Gesetzgebers und die Beibehaltung der traditionellen Gleichheitsformel zeigen aber, dass der Verfassungsgesetzgeber sich um die Bindung der Verwaltung nicht kümmerte, weil er sie offensichtlich nicht als problematisch ansah. Er wollte also an ihrem traditionellen Gehalt, der Rechtsanwendungsgleichheit nämlich, festhalten.

3) Heutiger Stand

Steht die Bindung des Gesetzgebers fest, so wurde darüber die der Verwaltung ein wenig vernachlässigt. Wird der Gleichheitssatz in den historischen Vorbildern primär mit der formal verstandenen Rechtsanwendungsgleichheit in Verbindung gebracht, so zeigt die Auseinandersetzung in der Weimarer Zeit über die Bindung des Gesetzgebers und die Diskussion bei der Ausarbeitung des Grundgesetzes, dass der Gleichheitssatz auch den Gesetzgeber binden sollte, Art. 3 I GG daher ein **materialer Gehalt** innewohnen soll. Aus dem Desinteresse, das die Entstehungsgeschichte des Art. 3 I für die Verwaltung offenbart, lässt sich aber schließen, dass man deren Bindung nicht als problematisch ansah und sie primär nur mit dem traditionellen, formalen Gehalt in Verbindung brachte. Dementsprechend halten viele Autoren in der Literatur unkritisch an der Gegenüberstellung zwischen **Rechtsanwendungs-** und **Rechtsetzungsgleichheit** fest; die Rechtsanwendungsgleichheit wird auf die Gesetzesbindung bezogen.[68] Hiermit verbinden sie häufig die Unterscheidung **formal-material**.[69] Das Festhalten an diesen Unterscheidungen impliziert, dass man strikt zwischen der Verwaltung und der Rechtsprechung trennen kann. Es scheint einen „unproblematischen" Bereich des Gleichheitssatzes zu ge-

---

Grundrechte S. 358 f., *Gusy* NJW 1988, 2505, 2507; *Kirchhof* Verschiedenheit S. 27; *von Münch* StaatsR II Rn. 568; *Martini* Prinzip absoluter Rechtsgleichheit S. 6, 11 ff.; *Ipsen* StaatsR II Rn. 753.
[67] BVerfGE 1, 14 (52) st. Rspr.
[68] Etwa *Alexy* Theorie der Grundrechte S. 357, 359; *Kirchhof* Verschiedenheit S. 27 f.; *ders.* in Festschrift Lerche S. 133, 147; *Hesse* Grundzüge Rn. 430 f.; *ders.* AöR 109 (1984) S. 174, 185; *Heun* in Dreier Art. 3 Rn. 46, 55; *Rüfner* in BK Art. 3 Rn. 165; *Kloepfer* Gleichheit S. 27, 29 f.; *Sachs* NWVBl 1988, 295 (296); *Gusy* JuS 1982, 30, 34; *ders.* NJW 1988, 2505, 2510; *Schoch* DVBl 1988, 863, 873; *Dittmann* in Festschrift Dürig S. 221, 228; *Schweiger* in Festschrift BayVerfGH S. 55, 57 f.; *Bettermann* Der Staat 1 (1962) S. 79, 90 f.; *Ipsen* in Die Grundrechte Bd. 2, S. 111, 117 u. Fn. 22, 147 – aus der verwaltungsrechtlichen Literatur *Wolff/Bachof/Stober* VerwR Bd. 1 § 33 Rn. 65 u. 69.
[69] Zu den Begriffen siehe bereits oben Fn. 46. Vgl. auch *Hesse* Grundzüge Rn. 430 f.; *ders.* AöR 77 (1951/52) S. 167, 168; *Sachs* NWVBl 1988, 295 (296); *Ipsen* in Die Grundrechte Bd. 2, S. 111, 117 u. Fn. 22; *Schoch* DVBl 1988, 863, 873.

ben, nämlich den der Verwaltung, der sich in der bloßen Gesetzesbefolgung erschöpft. Der Rechtsprechung ist der Begriff der Rechtsanwendungsgleichheit zwar nicht fremd, er wird aber nur selten herangezogen.[70] Das **Bundesverfassungsgericht** scheint die Rechtsanwendungsgleichheit nur in ihrem „klassischen", d.h. rechtsstaatlichen, auf die gleiche Rechtsanwendung bezogenen Sinn zu verstehen, wenn es schreibt:

„Der allgemeine Gleichheitssatz gebietet Rechtsanwendungsgleichheit als eine Grundforderung des Rechtsstaats. Das bestehende Recht ist ausnahmslos ohne Ansehen der Person zu verwirklichen; jeder wird in gleicher Weise durch die Normierungen des Rechts berechtigt und verpflichtet; es ist den Gerichten verwehrt, bestehendes Recht zugunsten oder zu Lasten einzelner Personen nicht anzuwenden."[71]

Weiter gehende Forderungen zieht es aber daraus nicht. Vielmehr vermeidet es in der Regel eine solche begriffliche Vorfestlegung und zieht lieber den Begriff der Gleichheit generell heran, um dann im Einzelfall, wenn nötig, den jeweiligen Bedeutungsgehalt des Satzes für den konkreten Fall zu bestimmen, wo sich dann zeigt, dass es den Gleichheitssatz nicht rein formal sondern gerade material versteht.[72] Dem Gericht ist also der Begriff der Rechtsanwendungsgleichheit bekannt. Es wendet ihn auch an und verbindet ihn mit dem Rechtsstaat. Das Gericht versteht unter Rechtsanwendungsgleichheit daher nur eine Gleichheit, die sich auf die ausnahmslose Anwendung des Rechts bezieht, eine historischen Grundforderung des Rechtsstaates eben. Mehr Folgerungen scheint es aus dem Satz nicht herzuleiten.

Sowohl der heutigen Rechtsprechung, als auch in der heutigen Literatur ist der Begriff der Rechtsanwendungsgleichheit geläufig und wird, in der Literatur mehr als in der Rechtsprechung, auch herangezogen, um die Bindung der Verwaltung an den Gleichheitssatz zu charakterisieren.

---

[70] Vgl. BVerfGE 9, 137 (149); 66, 324 (335 f.); 71, 354 (362); BVerfG NVwZ 1993, 358; BVerfG NVwZ 2000, 1163; siehe auch VG Karlsruhe NVwZ-RR 2001, 691 (692).
[71] BVerfGE 66, 324 (335 f.); hierauf Bezug nehmend BVerfGE 71, 354 (362)
[72] Vgl. dazu etwa BVerfG E 9, 137 (147, 149); 18, 353 (363); 19, 38 (47); 42, 64 (72); 54, 117 (124 f.).

4) Sinn

Das Festhalten an den Begriffen von **Rechtsanwendungs-** und **Rechtsetzungsgleichheit** führt zur Frage, welchen Sinn dieser Unterscheidung heute überhaupt noch beigemessen werden kann. Denn zum einen suggeriert die Unterscheidung apodiktisch, dass neben ihr kein anderer Begriff mehr möglich ist, um die Bindung von Gesetzgebung oder Verwaltung an den Gleichheitssatz zu kennzeichnen. Zum andern sieht auch die Literatur, dass der Gleichheitssatz sich **nicht** in der in der strikten Gesetzesbefolgung **erschöpft**, auf die man ihn aber reduzieren müsste, wenn er nur die Rechtsanwendungsgleichheit enthielte.[73] Dies zeigt, dass beide Formeln die Bindung von Verwaltung und Rechtsprechung nicht ausreichend charakterisieren können. Soll aber die Unterscheidung in Bezug auf den Gleichheitssatz einen Sinn behalten, dann muss sie auch mit unterschiedlichen Folgerungen verbunden sein. Die Entgegensetzung basiert auf zwei Prämissen. Einmal darauf, dass sich Rechtsetzung und Rechtsanwendung strikt voneinander trennen lassen. Die Rechtsetzung ist beim Gesetzgeber, die Rechtsanwendung bei Verwaltung und Gerichten angesiedelt. Nur bei dieser **Trennung** macht die terminologische Scheidung überhaupt Sinn. Zum anderen darauf, dass sich aufgrund der Trennung Unterschiede in der Bindung oder im Inhalt der Bindung an den Gleichheitssatz beschreiben lassen. Die Rechtsanwendung erschöpft sich im simplen Gesetzesvollzug. Rechtsetzung hingegen ist mehr und bedarf daher einer anderen grundrechtlichen Absicherung. Nur unter dieser Prämisse hätte der Gleichheitssatz für die Verwaltung keine besondere Bedeutung und wäre mit dem Begriff der Rechtsanwendungsgleichheit für die Verwaltung ausreichend beschrieben.

Wenn einige Autoren an der Unterscheidung zwischen Rechtsanwendungsgleichheit für die Verwaltung und Rechtsetzungsgleichheit für die Gesetzgebung festhalten, schwingt darin zugleich die zwischen formaler und materialer Gleichheit mit. Die Gleichheitsbindung der Verwaltung sei formaler Natur, weil sie sich in der gleichen Anwendung der Gesetze erschöpfe und damit nicht mehr Gleichheit vermitteln könne, als die Norm selbst schon ob ihrer Allgemeinheit bzw. der in ihr

---

[73] *Schoch* DVBl 1988, 863, 871; *Kirchhof* Verschiedenheit S. 28; schon *Hesse* AöR 77 (1951/52) S. 167, 220 f. und *Ipsen* in Die Grundrechte Bd. 2, S. 111, 147, 164. Vgl. ferner *Alexy* Theorie der Grundrechte S. 357 f.; *Herzog* in MD Anhang zu Art. 3 Rn. 12 f., 15.

festgelegten Kriterien.[74] Damit wäre der Gleichheitssatz für die Verwaltung aber genauso bedeutungslos, wie er in der zweiten Hälfte des 19. Jh. war.[75]

a) Die Vorstellung, dass sich die Tätigkeit der Verwaltung in der strikten Ausführung der Gesetze erschöpft, wurde aber schon zu Zeiten der Konstitutionalismus und in Weimarer Zeiten in Zweifel gezogen.[76] Heute hat sich die Erkenntnis durchgesetzt, dass Verwaltung **mehr** ist, als bloße **Gesetzesbefolgung**. Auch wenn das Gesetz die Richtschnur des Verwaltungshandeln ist, kann doch die Bindung an das Gesetz unterschiedlich ausfallen. Das hängt davon ab, ob Spielräume bestehen, indem etwa Ermessen eingeräumt oder nur ein Tatbestand grob umschrieben wird und die Verwaltung in eigener Verantwortung Rechtsfolgen setzen oder Rechtsbegriffe füllen darf oder ob ihr bestimmte Aufgaben (generell) zur Erfüllung übertragen werden.[77] Ist ein Bereich gesetzlich gar nicht geregelt, so kann die Verwaltung diesen Raum selbst ausfüllen – sofern es nicht um wesentliche Entscheidungen im Sinne eines Gesetzes-, bzw. Parlamentsvorbehalts[78] geht. Die **Literatur** unterscheidet teilweise zwischen der gesetzlich gebundenen und der freien oder **nicht-gesetzesakzessorischen** Verwaltung, wobei sie die gebundene Verwaltung noch in die strikt gebundene (streng akzessorische) und die Ermessensverwaltung unterteilt.[79] Lediglich bei der strikt gebundenen Verwaltung soll sich die Bindung der Verwaltung an den Gleichheitssatz in der bloßen **Gesetzesbefolgung** erschöpfen; nur hier wird Gleichheit durch Gesetzmäßigkeit hergestellt. Allerdings lässt sich dies auch nicht uneingeschränkt vertreten, denn durch **unbestimmte Rechtsbegriffe** kann der Gesetzgeber auch bei der gesetzlich gebundenen Verwaltung

---

[74] *Kloepfer* Gleichheit S. 27, 29; siehe auch schon *Ipsen* in Die Grundrechte Bd. 2, S. 111, 147, 182 f.; *Gusy* JuS 1982, 30, 34; differenzierter *ders.* NJW 1988, 2505, 2510. Vgl. ferner ohne Bezug zur Rechtsanwendungsgleichheit *Michael* Methodennorm S. 48 f.
[75] Für eine Aufgabe der Scheidung ausdrücklich *Stettner* BayVBl 1988, 545, 546; Kritisch ebenfalls *Götz* DVBl 1968, 93; *Sachs* NWVBl 1988, 295, 300; einschränkend *Kirchhof* Verschiedenheit S. 28; allgemeiner *Leisner* Gleichheitssaat S. 13 f.
[76] Siehe die Nachweise bei Fn. 36. Vgl. auch *Leibholz* Gleichheit S. 87. Anderer Ansicht offenbar *Schweiger* in Festschrift BayVerfGH S. 55, 65 ff.
[77] *Maunz/Zippelius* StaatsR S. 343; *Schoch* DVBl 1988, 863, 871.
[78] Zu diesen Begriffen siehe *Ossenbühl* in HdBStR III § 62 Rn. 7ff., 32 ff., 41 ff.; *Sachs* JuS 1995, 693 ff.; *Erichsen* Jura 1995, 550 ff.; *Rottmann* EuGRZ 1985, 277 ff.; *Eberle* DöV 1984, 485 ff.; vgl. auch *Schröder* DVBl 1984, 814 ff. Aus der Rechtsprechung z.B. BVerfGE 80, 124 (132); 86, 90 (106); 90, 286 (382 ff.); BVerwG JZ 2005, 246 f.; DVBl 2005, 509f.
[79] Zum Ganzen: *Gubelt* in von Münch Art. 3 Rn. 36 ff.; *Stern* StaatsR III/1 S. 1350 ff.; *Maurer* VerwR § 1 Rn. 24 f.; *Wolff/Bachof/Stober* VerwR Bd. 1 § 31 Rn. 1 ff.; *Degenhart* StaatsR I Rn. 129, 223. In der **Rechtsprechung** wird diese Unterteilung praktisch nicht erwähnt. Es ist eine höchst seltene Ausnahme, wenn etwa in BVerwG E 58, 45 (51) das Gericht im Zusammenhang mit der Auslegung von Subventionsrichtlinien ausdrücklich vom „Bereich der **gesetzesfreien Verwaltung**" spricht.

Spielräume schaffen, wie sie etwa im Prüfungsrecht auch anerkannt sind.[80] Bei den anderen Bereichen ist die Freiheit der Verwaltung größer, folglich auch ihre Möglichkeit, zu handeln und damit auch *ungleich* zu behandeln. Dem Gleichheitssatz kommt in diesen Bereichen eine eigenständige Bedeutung zu. Das Verwaltungshandeln umfasst dort also mehr als den bloßen Gesetzesvollzug. Daher kann die Bindung an den Gleichheitssatz für sie auch nicht nur das Gebot enthalten, die Gesetze gleichmäßig anzuwenden, denn dies ist nur möglich, wo es überhaupt Normen gibt und deren Normprogramm so hinreichend bestimmt ist, dass dieses keine eigene Entscheidungsmöglichkeit für die Verwaltung zulässt und nur noch nachvollzogen zu werden braucht. In der Weise, in der die Bindung an andere Normen abnimmt kann die Bedeutung des Gleichheitssatzes zunehmen.[81] Da das aber nicht bei allen Normen der Fall ist, kann das Satz von der Rechtsanwendungsgleichheit die Bindung an den Gleichheitssatz auch nicht ausreichend kennzeichnen.

b) Die Unterscheidung zwischen Rechtsanwendungs- und Rechtsetzungsgleichheit, so wie sie traditionell verstanden wird, suggeriert, dass es einen Bereich der Rechtsanwendung gibt, der mit der Verwaltung und der Rechtsprechung gleichgesetzt wird und einen der Rechtsetzung, den der Gesetzgeber ausfüllt. Beide Bereiche scheinen trennscharf nebeneinander zu existieren. In dieser Unterscheidung ist terminologisch gar nicht vorgesehen, dass die Verwaltung selbst Recht setzen kann. Die Funktion der Verwaltung würde sich darauf reduzieren, als simple „bouche de la loi" oder „Subsumtionsmaschine" den Willen des Gesetzgebers strikt umzusetzen, wie es Montesquieu und das Rechts- und Staatsverständnis des Positivismus noch sahen.[82] Schon die im vorherigen Abschnitt angesprochene Trennung verschiedener „Bindungsbereiche" der Verwaltung hat gezeigt, dass der Verwaltung Bereiche offen stehen können, in denen sie eigenverantwortlich Rechtsfolgen set-

---

[80] *Rüfner* in BK Art. 3 Rn. 165, 169 f., 183; *Stettner* BayVBl 1988, 545, 546; *Heun* in Dreier Art. 3 Rn. 55; *Gubelt* in von Münch Art. 3 Rn. 36 f.; *Starck* in vM Art. 3 Rn. 264 f.; *Stern* StaatsR III/1 S. 1357; *Dürig* in MD Art. 3 Rn. 296, 436; – kritisch *Sachs* NWVBl 1988, 295, 300; allgemeiner auch *ders.* in Festschrift Friauf S. 309, 320 ff. sowie *Jarass* in JP Art. 3 Rn. 34; *Bleckmann* StaatsR II § 24 Rn. 132; *Dürig* in MD Art. 3 Rn. 296, 421. **Anderer Ansicht** wohl *Götz* DVBl 1968, 93, der für den Gleichheitssatz für die Verwaltung nur den Bereich der Ermessenskontrolle und der Selbstbindung als relevant ansieht. Das Phänomen sich wandelnder Staatsaufgaben und damit auch sich wandelnder Kontrollkompetenzen allgemein erläuternd *Hesse* JZ 1995, 265, 271 f.
[81] *Dittmann* in Festschrift Dürig S. 221, 228: ein Rückgriff auf den Gleichheitssatz ist deswegen erforderlich, weil mangels hinreichender gesetzlicher Programmierung der Kontrollmaßstab fehlt. Vgl. auch *Kloepfer* Gleichheit S. 27.
[82] Zum Ganzen *Jestaedt* Grundrechtsentfaltung S. 309 f.; siehe auch *Stettner* BayVBl 1988, 545, 546. Zu Montesquieu siehe auch Kaufmann/Hassemer Rechtsphilosophie S. 89 m.w.N.

zen, bestehendes Recht weiterentwickeln oder aktualisieren kann. Es geht nicht nur um die bloße Verlautbarung des Gesetzes, sondern um dessen rechtsproduktive Anwendung. Denn es gibt selten präzise, punktgenaue Normen, so dass die Verwaltung immer auch eine inhaltliche Ausgestaltung betreibt und damit selbst Recht setzt.[83] Als Satzungs- oder Verordnungsgeber ist sie außerdem ausdrücklich **zur Rechtsetzung befugt**. Zwar mag das keine originäre, sondern nur abgeleitete, sekundäre Rechtsetzungsgewalt sein, die den **Rahmen** der gesetzlichen Ermächtigung und bei Verordnungen etwa auch von Art. 80 GG wahren muss. Das ändert aber nichts daran, dass Recht gesetzt, Rechtsfolgen für den Bürger verbindlich festgelegt werden. Wenn man außerdem etwa die kommunale Satzungsgewalt betrachtet, so sind die Regelungsmöglichkeiten der Gemeinde im Rahmen ihrer gesetzlich eingeräumten Allzuständigkeit recht groß.[84] Kann die Verwaltung selbst Recht setzen, dann muss sie den gleichen Bindungen unterliegen wie der andere Recht-Setzende – der Gesetzgeber. Denn es ist nicht einsichtig, wieso die Bindung bei einem gleichen Vorgang, nämlich dem der Rechtsetzung, unterschiedlich ausfallen soll.[85] Dementsprechend hat das Bundesverwaltungsgericht schon relativ früh festgestellt:

„Was das Bundesverfassungsgericht für den Bundesgesetzgeber festgestellt hat gilt in gleicher Weise für [den] nachgeordneten Gesetzgeber [...], nur dass dieser bei der Betätigung seines gesetzgeberischen Ermessens nicht nur an das Grundgesetz, sondern an die gesamten einschlägigen Vorschriften des Bundes- und Landesrechts gebunden ist [...]."[86]

Die Grundrechte **gelten umfassend**, die gesamte Rechtsordnung ist von ihnen durchdrungen.[87] Jeder Rechtsanwender wendet die Verfassung an und konkretisiert sie. Bei der Verwaltung tritt noch der durch die jeweiligen Gesetze gebildete Rahmen hinzu. Durch den gesetzlichen Rahmen unterliegt die Verwaltung *zusätzlichen* (gesetzlichen) Bindungen. Der grundgesetzliche und damit auch grundrechtliche Rahmen gilt für Verwaltung und Rechtsetzung hingegen gleichermaßen. Bewegt

---

[83] *Jestaedt* Grundrechtsentfaltung S. 314, 319, 322; *Stettner* BayVBl 1988, 545, 546 f.
[84] Vgl. zur gemeindlichen Rechtsetzungsbefugnis *Schmidt-Aßmann* in BesVerwR 1. Abschn. Rn. 95 m.w.N.; *Schröder* in Achterberg/Püttner Besonderes VerwR Bd. 2 Kommunalverfassungsrecht Rn. 7, 13.
[85] Für eine gleiche Bindung bei Normsetzung *Dürig* in MD Art. 3 Rn. 375a, 375b; *Gubelt* in von Münch Art. 3 Rn. 36; *Heun* in Dreier Art. 3 Rn. 52. Vgl. ferner *Schoch* DVBl 1988, 863, 871. Vgl. auch aus der Rechtsprechung [zu Verordnungen] BVerfG E 16, 332 (339); 23, 62 (73); 58, 68 (79) sowie [zu Satzungen] BVerfG NVwZ-RR 1992, 491 (492).
[86] BVerwG 10, 224 (225).
[87] Zum Unterschied zwischen gelten und ausstrahlen auf Gerichte bezogen *Robbers* NJW 1998, 935, 937 f. Siehe ferner *Schmidt-Aßmann* in Festschrift Redeker S. 225.

sich die Verwaltung also innerhalb des gesetzlichen Rahmens, kann sie den Gleichheitssatz verletzen, wenn ihr der sie ermächtigende Normgeber bewusst oder unbewusst hierzu Gelegenheit gibt.[88] Das ist unabhängig davon, ob die Verwaltung **Recht setzt oder Recht anwendet**.[89] Oft wird der Gesetzgeber als „*Erstinterpret*" der Verfassung die Gleichheitsfrage vorentschieden und die für den Vergleich relevanten Kriterien schon gesetzlich festgelegt haben. Durch die Vorfestlegung kann er damit die Verwaltung als „*Zweitinterpret*" einer eigenständigen Anwendung des Gleichheitssatzes entheben, so dass sich eine Gleichheitswidrigkeit oft in einem bloßen Gesetzesverstoß erschöpfen mag.[90] Das ändert aber nichts daran, dass auch die Verwaltung Recht setzen kann und damit einer Gleichheitsbindung unterliegen muss und dass es Bereiche gibt, in denen die Verwaltung eigenständig handeln kann weil dort die gesetzlichen Vorgaben gering sind oder ganz fehlen. Dort bekommt dann der Gleichheitssatz eine eigenständige Bedeutung. Außerdem muss auch in den Bereichen, in denen der Gesetzgeber scheinbar alles vorentschieden hat, die Verwaltung immer prüfen, ob die konkrete Anwendung des Gesetzes nicht die Grundrechte und damit auch Art. 3 I GG verletzt. Dieser Prüfung ist sie nie enthoben.[91] Damit wird die zentrale Aussage der Unterscheidung zwischen Rechtsanwendungs- und Rechtsetzungsgleichheit irrelevant, da sich die Gleichsetzung zwischen Verwaltung und Rechtsanwendung sowie Gesetzgebung und Rechtsetzung nicht durchhalten lässt. Es lässt sich mit ihr kein inhaltlicher Unterschied charakterisieren.

c) Man könnte höchstens dann zu einer funktionsspezifischen Unterscheidung gelangen, wenn man nicht mehr an der traditionellen Gleichsetzung zwischen Rechtsanwendung und Verwaltung, bzw. Rechtsprechung sowie Rechtsetzung und Gesetzgebung in Bezug auf die Gleichheit festhält, sondern die beiden Begriffe wört-

---

[88] *Dürig* in MD Art. 3 Rn. 295, 418 f.; *Starck* in vM Art. 3 Rn. 244 f.; *Heun* in Dreier Art. 3 Rn. 46, 52; *Schoch* DVBl 1988, 863, 868; *Bleckmann* StaatsR II § 24 Rn. 132; *Kirchhof* in HdBStR V § 125 Rn. 16 spricht in diesem Zusammenhang von einer Vervollständigungskompetenz der Verwaltung, siehe auch a.a.O. Rn. 17, 45 sowie Rn. 297. Siehe ferner BVerfG E 18, 353 (363). Kritisch *Schmitdt-Aßmann* in Festschrift Redeker S. 225, 240.
[89] Dazu auch ausführlich BVerwG E 43, 88 (93). Vgl. ferner VGH Mannheim NVwZ-RR 1991, 254 (255).
[90] *Kirchhof* in HdBStR V § 125 Rn. 36, 39; *Starck* in Link (Hg.) Verfassungsstaat S. 51, 54; *Bleckmann* StaatsR II § 24 Rn. 132 – zur Unterscheidung zwischen Erst- und Zweitinterpret vgl. *Kirchhof* in Festschrift Lerche S. 133, 147 f.; siehe aber auch *ders*. Verschiedenheit S. 28, wo er die Konsequenz seiner Aussagen wieder relativiert.
[91] *Stein/Götz* StaatsR Rn. 392. Kritisch zum unmittelbaren Durchgriff auf die Grundrechte *Schmitdt-Aßmann* in Festschrift Redeker S. 225, 240.

lich versteht und zwischen dem **Vorgang** der Rechtsetzung und dem der Rechtsanwendung trennt. Das würde bedeuten, dass beim Vorgang der Rechtsetzung – unabhängig davon, durch wen sie erfolgt – die jeweils Handelnden einer bestimmten Bindung an den Gleichheitssatz unterliegen. Sie kann anders ausfallen, wenn sie nur Recht anwenden. Dies hätte aber mit der traditionellen Aussage der beiden Formeln nichts mehr zu tun, die auf die Verwaltung und die Gesetzgebung ausgerichtet sind. Damit schwindet auch die Aussagekraft, welche die Formeln der Rechtsanwendungs- und der Rechtsetzungsgleichheit einmal hatten, nämlich die einer klaren Orientierung. Denn die Bindung der Verwaltung der Verwaltung lässt sich nicht auf eine bestimmte Formel reduzieren. Außerdem suggeriert diese Trennung, dass sich Rechtsanwendung und Rechtsetzung einfach voneinander scheiden lassen. Das mag bei der strikt gesetzesgebundenen Verwaltung noch so sein. Ist alles gesetzlich vorgeschrieben, kann durch die Ungleichbehandlung gleichzeitig von Gesetzen abgewichen werden. Aber schon bei der Ermessensverwaltung können die Grenzen verschwimmen und sich nicht mehr ohne weiteres klären lassen, ob das vorgefasste Recht nur nachvollzogen oder ob es nicht auch selbständig verändert, angepasst, gesetzt wird. Das ist aber gerade der **Hauptanwendungsbereich** des Gleichheitssatzes für die Verwaltung, nämlich der Bereich, in dem der Verwaltung durch das Gesetz Spielräume gelassen werden oder in dem es kein Gesetz gibt.[92] Die Formeln von der Rechtsanwendungs- und der Rechtsetzungsgleichheit suggerieren also eine Sicherheit, die es nicht gibt. Das zeigt gerade, dass es nicht möglich ist, von vornherein davon auszugehen, dass die Bindung an den Gleichheitssatz zwischen Verwaltung und Gesetzgebung unterschiedlich ausfällt. Umgekehrt spricht die Unschärfe dieser Trennung eher dafür, dass es weder eine unterschiedliche Bindung der drei Gewalten durch den Gleichheitssatz noch eine unterschiedliche Kontrolle dieser Bindung gibt.[93] Vielmehr könnte man allenfalls versuchen, aufgrund der jeweils ausgeübten Funktion zu unterscheiden. Deswegen

---

[92] Die Bedeutung des Gleichheitssatzes für die Verwaltung über die bloße Normauslegung hinaus wird von *Sachs* in HdBStR V § 127 Rn. 6 offenbar gering eingestuft: es gehe nur um die Auslegung von Rechtsnormen. Er vernachlässigt dabei aber, dass der Gleichheitssatz etwa bei der Selbstbindung der Verwaltung relevant ist – dort geht es gerade nicht um Normauslegung.
[93] So auch ausdrücklich *Stettner* BayVBl 1988, 545, 546; *Schoch* DVBl 1988, 863, 868. Implizit *Jestaedt* DVBl 2001, 1309, 1317; *ders.* Grundrechtsentfaltung S. 307 ff. Vgl. ebenfalls *Gusy* NJW 1988, 2505, 2509; *Bleckmann* StaatsR II § 10 Rn. 7.

sollte man auf die Unterscheidung zwischen Rechtsanwendungs- und Rechtsetzungsgleichheit verzichten.

5) Ergebnis

Die Bindung an den Gleichheitssatz ist für alle Gewalten gleich. Die historische Rechtsanwendungsgleichheit steht heute außer Frage. Unter dem Grundgesetz ist auch die Kontroverse um die Bindung des Gesetzgebers an den Gleichheitssatz entschieden. Darüber haben beide Formulierungen ihren Sinn verloren. Aus ihnen lässt sich keine unterschiedliche Bindungsintensität an den Gleichheitssatz für Gesetzgebung oder Verwaltung herleiten.

III) Weiteres Vorgehen

Steht fest, dass die Bindung an den Gleichheitssatz für alle drei Gewalten grundsätzlich gleich sein muss, so ist damit noch nichts über den konkreten Inhalt der Bindung ausgesagt und ob sie nicht doch, eingedenk funktionsspezifischer Besonderheiten für Gesetzgebung, Rechtsprechung und Verwaltung unterschiedlich ausfällt. Der Satz, dass alle Menschen vor dem Gesetz gleich sind, hilft hier nicht weiter, denn er gibt keinen Hinweis darauf, wann eine solche Gleichheit vorliegt und wann nicht. Die Arbeit nähert sich dem Inhalt des Gleichheitssatzes daher über die Rechtsprechung des Bundesverfassungsgerichts als des Verfassungsorgans, das vornehmlich zur Auslegung der Grundrechte und damit auch des Gleichheitssatzes berufen ist. In seiner Rechtsprechung zum Gleichheitssatz stehen zwar die Bindung des Gesetzgebers und der Gerichte im Vordergrund. Wie aber die Überlegungen in den vorhergehenden Abschnitten gezeigt haben, muss die Bindung an den Gleichheitssatz grundsätzlich gleich sein. Das bedeutet, dass man die Aussagen, die zum Gleichheitssatz in Bezug auf den Gesetzgeber und die Rechtsprechung entwickelt wurden ausgehen kann. Erst wenn, in Auseinandersetzung mit der Rechtsprechung des Bundesverfassungsgerichts sowie deren Rezeption durch Verwaltungsgerichte und Literatur feststeht, welchen Inhalt der Gleichheitssatz hat, kann man sich in einem zweiten Schritt fragen, ob es erforderlich ist, diesen Inhalt funktionsspezifisch zu modifizieren oder nicht.

Die Arbeit entwickelt im folgenden Teil B die Struktur des Gleichheitssatzes allgemein und geht in Teil C auf dessen konkreten Inhalt näher ein. Hier setzt sie sich vor allem mit der gerade für die Verwaltung oft herangezogenen Willkürformel auseinander. Die zweite Hälfte der Arbeit in Teil D nimmt dann die neue Formel des Bundesverfassungsgerichts und ihre Rezeption durch Verwaltungsrechtsprechung und Literatur ein. In Teil E wird die neue Formel auf ihre Praxistauglichkeit und Anwendbarkeit für die Verwaltung untersucht.

B) Struktur des Gleichheitssatzes

I) Problemstellung

Art. 3 I GG ist ein Grundrecht, das es nicht einfach macht, seine Struktur zu erschließen. Bei anderen Grundrechten, wie etwa der Berufsfreiheit in Art. 12 I 1 GG, gibt der Wortlaut schon Hinweise darauf, wie es strukturiert wird. Wenn dort von „Beruf" gesprochen wird, kann sich jeder darunter etwas vorstellen. Das ermöglicht es, einen Schutzbereich für dieses Grundrecht zu bilden, welcher dann Ausgangspunkt für die weitere Prüfung ist. Bei Art. 3 I GG ist das schwieriger. Der Artikel fordert, dass alle Menschen vor dem Gesetz gleich sein sollen und dass das Gesetz auch selbst gleich sein muss. Aber was bedeutet „gleich"? Art. 3 I GG spricht zwar davon, dass alle gleich behandelt werden sollen, enthält aber kein Kriterium, um zu bestimmen, wann eine Person gleich, eine andere ungleich behandelt wird. Zwar mag jeder eine Vorstellung davon haben, was gleich oder ungleich ist und dies meist mit Synonymen verbinden, etwa, dass zwei Personen gleich sind, wenn sie sich nicht unterscheiden, sie ungleich sind, wenn sie anders behandelt werden. Aber dies hilft nicht, denn es muss immer noch erklärt werden, *worin* sie sich unterscheiden, *weswegen* sie gleich sind. Wenn man einen Fall anhand des Gleichheitssatzes überprüfen möchte muss man sich daher zuvor immer erst bewusst machen, was das Wesen des Vergleichs ausmacht, wie ein Vergleich vonstatten geht.

II) Zum Wesen des Vergleichs
1) Allgemein

Das Bundesverfassungsgericht nähert sich dem Gleichheitssatz indem es nicht vom Wortlaut des Art. 3 I GG ausgeht, sondern den Artikel in ständiger Rechtsprechung dahingehend konkretisiert, dass der Gleichheitssatz gebiete, **Gleiches gleich und Ungleiches ungleich zu behandeln**. Manchmal wird dieses Gleichbehandlungsgebot auch negativ gewendet und gefordert, dass Gleiches nicht ungleich behandelt werden dürfe.[1] Vereinzelt gibt es auch **Variationen** dieses Satzes, etwa, dass gleich-

---

[1] Ständige Rechtsprechung, vgl. BVerfGE 1, 14 (52); 1, 264 (276); 3, 58 (135); 4, 144 (155); 18, 38 (46) 42, 64 (72); 50, 177 (186); 64, 158 (168); 71, 39 (50); 76, 256 (329); 78, 104 (104); 90, 226 (239); 98, 365 (385); 101, 275 (290); 103, 310 (318); NJW 2003, 2733; DVBl 2004, 698 (702); NVwZ 2005, 1294 (1300).

artige Tatbestände gleichartig zu behandeln sind, oder dass an vergleichbare Tatbestände auch die gleichen Rechtsfolgen geknüpft werden müssen.[2] Erst in neuerer Zeit findet mit der neuen Formel (dazu Teil E) eine deutlichere Rückbesinnung auf den Wortlaut des Art. 3 I GG statt, wenn das Gericht die Forderung, dass alle *Menschen* gleich behandelt werden müssen zum Ausgangspunkt seiner Betrachtung nimmt und nicht mehr darauf abhebt, dass Gleiches gleich behandelt werden muss. Allerdings wird der Satz, dass Gleiches gleich behandelt werden muss deswegen nicht aufgegeben, sondern daneben oder in Kombination hierzu auch weiterhin verwendet.[3] Die Konkretisierung des Wortlauts, die Art. 3 I GG in dem Gebot, Gleiches gleich zu behandeln erfuhr, wird von **Literatur** und **Rechtsprechung** mehrheitlich übernommen.[4] In der Rechtsprechung findet sich der Satz allerdings häufiger noch mit dem Zusatz, dass *wesentlich*[5] Gleiches gleich behandelt oder negativ gewendet, dass wesentlich Gleiches nicht (willkürlich) ungleich behandelt werden darf.[6] Daneben gibt es ebenfalls eine Reihe von Variationen.[7] Schließlich gehen

---

[2] BVerfGE 11, 64 (71); 38, 225 (228); vgl. auch BVerfG DVBl 1979, 774 (775); DVBl 1996, 1122 (1123).
[3] Gleichbehandlung von **Menschen** als Ausgangspunkt etwa in BVerfGE 55, 72 (88); 88, 87 (96); 91, 389 (401); 96, 1 (5 f.); 98, 1 (12); 99, 165 (177); 100, 59 (90); 102, 68 (87); 103, 392 (397) – Gleiches gleich... **beibehalten** E 71, 39 (50); DVBl 1998, 699 (700); NJW 2001 (1712); NVwZ 2005, 1294 (1300) – beide Sätze **kombiniert** E 93, 386 (396 f.); 103, 310 (318); DVBl 2004, 698 (702).
[4] Aus der **Literatur**: *Herzog* in MD Anhang zu Art. 3 Rn. 2; *Bleckmann* StaatsR II § 24 Rn. 1; *Alexy* Theorie der Grundrechte S. 360; *Hesse* in Festschrift Lerche S. 121; *ders.* AöR 77 (1951/52) S. 167, 197; *Rüfner* in Festschrift Kriele S. 271, 273; *Zippelius* VVDStRL 47 (1989) S. 7, 21 *Gusy* NJW 1988, 2505, 2507 – **ablehnend** *Dürig* in MD Art. 3 Rn. 321; *Podlech* Gehalt und Funktion S. 56 f. Aus der **Rechtsprechung** siehe beispielsweise BVerwGE 3, 226 (227); 7, 89 (94); 104, 60 (63); 107, 188 (193); 110, 237 (239) DVBl 1962, 452; DVBl 2000, 918 (920); NVwZ 2001, 689 (690); NVwZ 2005, 598 (599); DVBl 2006, 256 (263); VGH Mannheim NVwZ 1997, 620 (621); VBlBW 2002, 210 (211); OVG Münster NWVBl 1998, 188 (189); VG Wiesbaden NVwZ 1983, 630 (631).
[5] Zum Begriff **wesentlich** unten B II 3 b.
[6] BVerwGE 39, 100 (105); 46, 361 (364); 66, 99 (107); 75, 173 (180); 91, 327 (328); 92, 24 (26); 93, 188 (191); 101, 86 (96); 103, 99 (101); 105, 110 (111); DVBl 1982, 76; NVwZ-RR 1993, 616 (617); DVBl 1994, 1242 (1244); NVwZ-RR 1995, 83 (84); DVBl 1996, 513 (514); NVwZ 2001, 801 (803); DVBl 2003, 726 (729); NJW 2004, 308 (310); DVBl 2005, 255 (256)– OVG Bautzen LKV 1999, 64 (65); NVwZ 2002, 615; OVG Bremen DöV 1980, 570 (571); NVwZ 1982, 656; OVG Hamburg NVwZ-RR 1992, 318 (320); DVBl 1993, 265; VGH Kassel NVwZ-RR 1994, 55 (56); NVwZ-RR 2000, 242; OVG Koblenz NJW 1982, 1012; DVBl 1997, 382 (384); OVG Lüneburg NVwZ-RR 1999, 654; NVwZ-RR 2001, 742 (748); NVwZ-RR 2003, 664 (665); OVG Magdeburg LKV 1999, 512 (513); VGH Mannheim VBlBW 1983, 408; NVwZ 1983, 489; VBlBW 1992, 350 (354); NVwZ-RR 1993, 83 (84); NVwZ-RR 1995, 517 (523); VBlBW 1998, 58 (60); NVwZ 1998, 312; DVBl 2002, 209; VBlBW 2002, 255 (256); VGH München NVwZ 1996, 224 (226); BayVBl 1996, 240 (242); OVG Münster DVBl 1969, 475; NVwZ-RR 1990, 206; DVBl 1999, 628 (630); NWVBl 2001, 236 (238); NVwZ-RR 2002, 127; OVG Schleswig NVwZ 2001, 1300 (1302); VG Berlin LKV 2006, 140 (141); VG Frankfurt/M NVwZ 1991, 296 (297).
[7] So wird geredet von **gleichen** Sachverhalten: BVerwG DVBl 1962, 680 (681); VG Bremen NVwZ-RR 1994, 659 (661); **gleichliegenden** Sachen: BVerwG DVBl 1963, 65 (66); **vergleichbaren** Tatbeständen: Münster DöV 1981, 109 (110); ähnlich OVG Bautzen LKV 2002, 417 (419); VGH Kassel NVwZ-RR 2004, 213 (215)

auch einige Entscheidungen vom Wortlaut (Menschen/vor dem Gesetz gleich) aus. Die Rückbesinnung auf den Wortlaut des Art. 3 I GG findet sich, wie beim Bundesverfassungsgericht auch, verstärkt bei der neuen Formel wieder.[8]

Die eingangs genannte Formulierung ist keine Erfindung des Bundesverfassungsgerichts. Das Prinzip, dass Gleiches gleich und Ungleiches ungleich behandelt werden muss, wird vielmehr schon mit dem aristotelischen Prinzip der austeilenden Gerechtigkeit (**suum cuique tribuere**) in Verbindung gebracht.[9] Der Satz, dass Gleiches gleich, Ungleiches ungleich zu behandeln ist, wird bereits in **Weimarer** Zeit verwendet, wenngleich er dort nicht unbedingt als strenges Gebot, sondern eher als ein zu beachtendes Prinzip verstanden wurde.[10] Auch bei der Erarbeitung des Grundgesetzes wurde überlegt, die Formulierung in den Verfassungstext aufzunehmen, „Das Gesetz muss Gleiches gleich, es kann Verschiedenes nach seiner Eigenart behandeln." Doch sollte sie nie in die Endfassung gelangen.[11]

Der Satz, dass Gleiches gleich behandelt werden muss, erscheint zwar als inhaltliche Konkretisierung des Art. 3 I GG, weil er aus dem Artikel ein Gebot ableitet. Man kann ihn jedoch auch als genauere und vor allem praktikablere Fassung des Wortlauts verstehen, ohne dass sich hieraus schon inhaltliche Forderungen ergeben. Wenn es heißt, dass alle Menschen vor dem Gesetz gleich sind, so ist dieser Satz noch nicht anwendungstauglich. Als Grundrecht ist er aber gerade darauf angelegt, angewendet und beachtet zu werden sowie für den jeweils Berechtigten auch durchsetzbar zu sein. Es muss sich damit eine konkrete Forderung aus ihm herleiten lassen. Dass alle Menschen vor dem Gesetz gleich sind, ist der Idealzustand. Es geht daher nicht darum, dass sie gleich *sind*, sondern, dass sie gleich sein *sollen*. Sie müssen gleich behandelt werden. Die Gleichheit wird zum Gebot der Gleichbehandlung – das betont dieser Satz gerade. Da aber alle Menschen nicht immer

---

[8] Auf den Wortlaut stellen ab: BVerwGE 2, 349 (352); 7, 325 (328); VGH Mannheim VBlBW 2001, 194; in Kombination mit der neuen Formel BVerwGE 95, 252 (260); 111, 93 (99); OVG Münster NWVBl 1998, 188 (189).
[9] *Hesse* in Festsschrift Lerche S. 121; ders. AöR 77 (1951/52) S. 167, 197; siehe auch schon bei *Leibholz* Gleichheit S. 45, 57, 244.
[10] Siehe etwa bei *Aldag* Gleichheit S. 5 und *Rümelin* Gleichheit S. 15 – etwas andere Formulierung bei *Triepel* Goldbilanzen S. 26, 29 und *Leibholz* Gleichheit S. 45 – deutlicher ist *Leibholz* für das Grundgesetz a.a.O. S. 244, wobei er aber nicht von einem Gebot spricht; darauf weist auch *Rüfner* in Festschrift Kriele S. 271, 273 hin.
[11] Hierzu schon oben S. 13 ; vgl. ferner dort die Nachweise bei Fn. 59 ff. in Teil A. Zu weiteren Versuchen, die Herkunft des Satzes, Gleiches ist gleich Ungleiches ungleich zu behandeln, aufzuklären siehe *Rüfner* in Festschrift Kriele S. 271, 273 ff., der a.a.O. S. 274 das Vorbild im schweizerischen Recht sieht.

gleich behandelt werden können, ist es nur konsequent, wenn man sie nur dann gleich behandelt, wenn sie auch gleich sind: nur Gleiches soll daher auch gleich behandelt werden.[12] Umgekehrt bedeutet das, dass Ungleiches gerade ungleich behandelt werden darf, denn es ist ja nicht gleich.[13] Damit wurde der Wortlaut genauer gefasst. Eine wirklich inhaltliche Aussage ist damit aber noch nicht getroffen. Denn für sich genommen hilft der Satz bei der Bestimmung der Gleichheitsprüfung wenig. Allerdings bringt er besser als der Wortlaut des Art. 3 I GG die Polarität zwischen Gleichem und Ungleichem zum Ausdruck und verdeutlicht die Dialektik des Gleichheitssatzes, dass einerseits gleich behandelt, andererseits aber unterschieden werden muss.[14] Sonst ist er zugegebenermaßen nichtssagend.[15] Auch hier bleibt nämlich die Frage unbeantwortet, was gleich ist und vor allem, wann etwas gleich ist. Daher ist es notwendig, das Wesen des Vergleichs näher zu betrachten.

2) Terminologische Annäherung

Wann ist etwas gleich? Sind Hunde und Katzen, Äpfel und Birnen, Arbeiter und Angestellte gleich? Hier wird man wahrscheinlich spontan antworten, dass alle verschieden voneinander sind, denn Hunde sind nun mal keine Katzen, Arbeiter keine Angestellten. Sie sind anders, unterscheiden sich voneinander. Worin? In bestimmten Merkmalen oder Eigenschaften, die wir als charakteristisch für sie erachten. Katzen mögen Mäuse, Hunde nicht, Arbeiter arbeiten mit der Hand, Angestellte mit dem Kopf – so zumindest dem Klischee nach. Die Frage, ob zwei Dinge gleich sind, stellt diese gegenüber und sucht nach Merkmalen, Eigenschaften, in denen die Dinge oder Personen übereinstimmen oder nicht. Die Wirklichkeit ist vielschichtig. Sie ist durch eine unendliche Fülle von Einzelmerkmalen ausgezeichnet, so dass man bei der Suche nach allen übereinstimmenden oder unterscheidenden Merkmalen hoffnungslos überfordert wäre, wenn man nicht irgendwo eine Grenze zieht. Jeder Gegenstand, jede Person setzt sich aus einer Vielzahl von **Merkmalen** zusammen. Zwei Dinge können logisch nicht in allen Merkmalen

---

[12] *Alexy* Theorie der Grundrechte S. 360; siehe auch *Gusy* NJW 1988, 2505, 2507, der den Satz in ein Rollen-Schema übersetzt; *Herzog* in MD Anhang zu Art. 3 Rn. 29: der Gleichheitssatz ist auf den Vergleich angelegt, ihm liegt ein Wenn-dann-Schema zugrunde: wenn A so behandelt wird, dann muss auch der vergleichbare Fall B so behandelt werden.
[13] Ob Ungleiches auch ungleich behandelt werden *muss* siehe unten BIV) S. 63.
[14] *Zippelius* VVDStRL 47 (1989) S. 7, 21
[15] Schärfer ablehnend *Podlech* Gehalt und Funktion S. 56 f.: der Satz sei entweder überflüssig, weil nichtssagend oder eine normative Tautologie.

übereinstimmen, denn dann wären sie **identisch** – Gleichheit bedarf daher gerade Verschiedenheit.[16] Bei einem Vergleich kann es daher nur darum gehen, die jeweils relevanten Ähnlichkeiten und Verschiedenheiten hervorzuheben, den **Grad der Ähnlichkeit** festzulegen und bestimmte andere Merkmale darüber zu vernachlässigen.[17] Das erkennt auch das Bundesverfassungsgericht, wenn es feststellt: „Die Anwendung des Art. 3 I GG verlangt den Vergleich von Lebensverhältnissen, die nicht in allen, sondern nur in einzelnen Elementen gleich sein können."[18] Die Wirklichkeit wird einerseits untersucht, andererseits im Hinblick auf die jeweilige Vergleichsfrage geordnet. **Gleich** sind zwei Personen oder Gegenstände dann, wenn sie in den für ihren Fall als relevant erachteten Merkmalen übereinstimmen oder umgekehrt, wenn die Merkmale, die für eine Verschiedenheit angeführt werden, nicht von Belang sind.[19] Entscheidend ist also die Perspektive, aus der man die Wirklichkeit betrachtet und aufgrund derer man bestimmte, trennende oder vereinende Merkmale hervorhebt, andere vernachlässigt. Das ist zwangsläufig mit einer Bewertung dieser Merkmale, einer Einteilung in relevante und irrelevante verbunden. Doch auf welche Merkmale muss abgestellt werden?

a) Beteiligte Personen

Zuerst soll auf die beteiligten Personen eingegangen werden. Die **behandelte Person** ist die Person, die sich gleich oder ungleich behandelt fühlt. Die andere Person sei **Vergleichsperson** genannt, denn mit ihr will sich der Betroffene verglichen wissen.[20] Beide bilden zusammen ein **Vergleichspaar**.[21] Sie werden nun hinsichtlich bestimmter Merkmale oder **Eigenschaften** verglichen. Solche Eigenschaften können etwa Alter, Größe, Geschlecht oder Beruf sein. Diese Merkmale werden

---

[16] *Robbers* DöV 1988, 749 f.; *Gubelt* in von Münch Art. 3 Rn. 16a; *Heun* in Dreier Art. 3 Rn. 18; *Schoch* DVBl 1988, 863, 873; *Hesse* AöR 77 (1951/52) S. 172 f.
[17] So auch *Kirchhof* Verschiedenheit S. 8; bereits *Ipsen* in Die Grundrechte Bd. 2, S. 111, 159 f.; vgl. auch *Zippelius* VVDStRL 47 (1989) S. 7, 20, der unter Hinweis auf G. *Radbruch* hervorhebt, rechtliche Gleichbehandlung sei „immer nur Abstraktion von gegebener Ungleichheit unter einem bestimmten Gesichtspunkte.". Das scheint auch einer der Ansatzpunkte für den methodenrechtlichen Ansatz von *Michael* Methodennorm S. 120 ff. zu sein
[18] BVerfGE 81, 108 (117); ähnlich auch E 13, 225 (227 f.); 21, 12 (26); 25, 371 (400); 50, 177 (186); 84, 348 (359); 85, 238 (244)
[19] *Ipsen* in Die Grundrechte Bd. 2, S. 111, 159 f.; ähnlich *Ipsen* StaatsR II Rn. 757 f.
[20] Nur die behandelte Person zählt. Sie ist der Rechtsträger, um dessen Gleichstellung es geht. Nur ihre individuellen Belange und nicht die der Vergleichsperson sind von Bedeutung; vgl. hierzu *Sachs* in Festschrift Friauf S. 309, 317: der Gleichheitssatz sei „Interessenakzessorisch"; *Ipsen* StaatsR II Rn. 755: der Dritte braucht nicht real zu existieren.
[21] Zu diesem Begriff *Ipsen* StaatsR II Rn. 755

nicht nur bei der konkret betroffenen, behandelten Person, sondern auch bei anderen Personen vorliegen, die sich in vergleichbarer Lage befinden. Da eine Übereinstimmung immer nur in bestimmten Merkmalen und nie in allen möglich ist, muss ein Vergleich gewissermaßen von den Verschiedenheiten abstrahieren, um zu den gemeinsamen Merkmalen zu gelangen. Es muss daher der Grad von Ähnlichkeit, von Übereinstimmung festgelegt werden, ab dem sie gleich sind. Die Merkmale können in Merkmalsgruppen oder –klassen zusammengefasst werden[22] Eine rechtliche Regelung verallgemeinert. Sie ist nie so konkret gefasst, dass nur eine einzige Person von ihr betroffen wäre. Deswegen könnte man von ihr auch abstrahieren und von einer behandelten Gruppe oder von logischen Klassen sprechen, in welche die behandelte Person eingeordnet werden kann.[23] Handelt es sich um eine Einzelfallentscheidung der Verwaltung tritt aber die einzelne behandelte Person wieder in den Vordergrund. Um diesen personalen Bezug zu wahren, vermeidet die Arbeit den Begriff der **Klasse** und spricht stattdessen von Person oder von Gruppe, weil dies anschaulicher ist.[24] Statt von Person, wurde oben auch von Gegenstand gesprochen. Für einen Vergleich macht es logisch keinen Unterschied, ob Gegenstände oder Personen verglichen werden. In der Rechtswirklichkeit geht es aber nur um den Vergleich von Personen. Normen wenden sich an die Normadressaten. Das sind natürliche oder juristische Personen, also Grundrechtsberechtigte.[25] Diese werden sich immer mit anderen Personen in ihrer Lage vergleichen und sich zu diesen gleich oder ungleich behandelt fühlen. Diesen **personalen Bezug** legt auch der Wortlaut des Art. 3 I GG nahe, der von Menschen spricht.[26]

---

[22] *Bleckmann* StaatsR II § 24 Rn. 11; *ders.* Struktur S. 77
[23] Nach *Kirchhof* Verschiedenheit S. 9 bedeutet eine vergleichende Beurteilung immer Gruppenbildung – wenn nämlich allein im Verhältnis zum Beobachter gewertet würde, wäre dies Neid.
[24] Die Herangehensweise mit der analytischen Sprachtheorie von *Podlech* Gehalt und Funktion S. 64 ff., 97 f., der auch *Rüfner* in BK Art. 3 Rn. 13 folgt, unterscheidet zwischen Restklasse, behandelter Klasse und Einschlussklasse (*Podlech* a.a.O.). Das mag zwar eine sprachlogisch sauberere Lösung sein, praktisch bringt sie aber keinen Erkenntnisgewinn, weil Podlech letztlich genauso prüft, wie andere auch, es nur anders nennt; ablehnend zu Podlech auch *Martini* Prinzip absoluter Rechtsgleichheit S. 256.
[25] Zur Berufung inländischer juristischer Personen auf den Gleichheitssatz vgl. *Jarass* in JP Art. 3 Rn. 7; *Paehlke-Gärtner* in Umbach/Clemens Art. 3 Rn. 38; *Osterloh* in Sachs Art. 3 Rn. 72; BVerfG E 4, 7 (12); 23, 353 (373); 35, 348 (357 f.); 95, 267 (317)
[26] So auch *Dürig* in MD Art. 3 Rn. 306, 309: Art. 3 I GG verbiete die Verdinglichung des Vergleichs.

b) Vergleichsperspektive und Vergleichsmaßstab

Sind die beteiligten Personen identifiziert, so muss aber noch die Frage beantwortet werden, worin die behandelte Person meint **ungleich behandelt** zu werden. Es geht also um das Vergleichsmerkmal, auf das die behandelte Person sich bezieht. Es geht hier nicht darum, dass sie sich in bestimmten Rechten benachteiligt fühlt, sondern nur darum, dass sie *anders* behandelt wird als die Vergleichsgruppe.[27] Sie kann nur im Hinblick auf ein bestimmtes Merkmal, eine bestimmte Eigenschaft unterschiedlich behandelt werden. Das Vergleichspaar kann immer nur im Hinblick auf bestimmte Merkmale oder Eigenschaften verglichen werden. Dieses „Im-Hinblick-auf" kennzeichnet den Blickwinkel, die **Vergleichsperspektive**, das Vergleichsziel.[28] Bei einem Vergleich befinden wir uns in einem **dreipoligen Verhältnis**, in dem die beiden Personen des Vergleichspaars zu einem Merkmal in Beziehung gesetzt werden.[29] Ein Vergleich ist nur möglich, wenn aufgrund der jeweiligen Vergleichsperspektive ein Maßstab entwickelt wurde, der für den Vergleich gelten soll und der regelt, welche Merkmale oder Eigenschaften bestimmend sein sollen: der **Vergleichsmaßstab**. Der Vergleichsmaßstab legt die relevanten – man könnte auch wesentlichen sagen (dazu sogleich) – Eigenschaften, (Differenzierungs-)Merkmale, fest, die verglichen werden. Er gibt also an, in Bezug auf welches Element verglichen wird. Steht er einmal fest, dann kann ein Vergleich stattfinden, können die zu vergleichenden Gruppen gebildet werden. Er ist der Bezugspunkt des Vergleichs und wird auch als *tertium comparationis* oder *genus proximus* bezeichnet. Der Vergleichsmaßstab stellt einen Oberbegriff dar. Unter ihn müssen die behandelte Gruppe und die Vergleichsgruppe logisch fallen, subsumierbar sein, um **gleich** zu sein.[30] Beide müssen also die jeweils relevanten Merkmale aufweisen, ohne dass es logisch noch weitere mögliche Gruppen gibt. Der Begriff muss sie

---

[27] BVerfGE 18, 38 (146); 22, 387 (415); 52, 277 (280); 78, 232 (247).
[28] Hierzu *Kirchhof* in HdBStR V 124 Rn. 3; *Rüfner* in BK Art. 3 Rn. 13; zur Vergleichsperspektive auch BVerfG NJW 2002, 1103 (1104) – zur falschen Wahl der Vergleichsperspektive, damit des Oberbegriffs und damit einer falschen Bildung des Vergleichspaares siehe BVerwGE 30, 65 (73 f.).
[29] *Ipsen* StaatsR II Rn. 754; *Podlech* Gehalt und Funktion S. 30 spricht von „dreistelliger Relation" und „dreistelligem Prädikat"; *Alexy* Theorie der Grundrechte S. 362: „dreistellige Relation".
[30] *Kirchhof* in HdBStR V 124 Rn. 34, 39; *Heun* in Dreier Art. 3 Rn. 23; *Hesse* AöR 77 (1951/52) S. 172, 173 – Statt von Vergleichsmaßstab wie *Kirchhof* a.a.O. wird auch gerne von **Differenzierungskriterium** gesprochen, vgl. *Gubelt* in von Münch Art. 3 Rn. 16a; *Kloepfer* Gleichheit S. 16 f.; *Schoch* DVBl 1988, 863, 873; *Brüning* JA 2001, 611, 612. Der Begriff Vergleichsmaßstab ist in diesem Zusammenhang aber genauer, weil er allgemeiner ist und damit mehrere Differenzierungskriterien umfassen kann. *Zippelius* VVDStRL 47 (1989) S. 7, 22 spricht von Beurteilungsmaßstab; siehe zur Begrifflichkeit auch BVerfGE 71, 39 (57).

vollständig und abschließend erfassen.[31] Dieses theoretische Erfordernis erweist sich praktisch aber als äußerst schwierig. Es fußt auf der Idealvorstellung, dass es nur *einen* exakt feststellbaren Oberbegriff mit einem exakt feststellbaren Unterscheidungsmerkmal gibt und dass dieser eine Begriff und v.a. dieses eine Merkmal zur Unterscheidung ausreicht. Je nach dem, wie grob oder fein der Maßstab gewählt wird, fallen viele oder nur wenige Personen unter ihn und können so Gruppen **einbezogen oder ausgeschlossen** werden.[32] In der Regel wird aber eine Eigenschaft alleine nicht ausreichen. Soll nach dem Alter unterschieden werden, so reicht ein Merkmal aus. Was ist aber beispielsweise, wenn eine umweltrechtliche Regelung nach dem Benzinverbrauch differenzieren möchte. Es lässt sich primär daran anknüpfen, ob der Verbrauch hoch oder gering ist. Das Problem steckt aber im Detail. Der Verbrauch ist nicht nur von der Motorgröße und Leistung, sondern von vielen weiteren Kriterien abhängig, zum Beispiel, ob viele Strom verbrauchende Geräte, wie eine Klimaanlage im Auto sind, welcher Kraftstoff verwendet wird, wie der Luftwiderstand des Autos ist, etc. Der Begriff Benzinverbrauch vermag zwar alle weiteren Merkmale zu umfassen, hilft aber nicht dabei, die relevanten Merkmale aufzuspüren. Dies vermag erst eine Bewertung der Einzelmerkmale, eine Begründung, warum bestimmte Merkmale ausschlaggebend sein sollen und andere nicht. Der Oberbegriff ist also der Bezugspunkt des Vergleichs. Er unterliegt selbst einer Wertung und kann oft auch weitere Wertungen nicht ersparen. Das **Hauptproblem** beim Vergleich ist daher die Bestimmung des Vergleichsmaßstabes. Der Gleichheitssatz selbst gibt hier keine Hilfestellung, denn er nennt den anzuwendenden Maßstab gerade nicht.[33]

c) **Regelungsziel und Vergleichsziel**

In der Rechtswirklichkeit geht es um die Anwendung von Regelungen auf die Regelungsadressaten. Ein Vergleich wird daher immer in Bezug auf eine Regelung und die von ihr angeordnete Rechtsfolge stattfinden, denn nur dadurch kann es zu einer unterschiedlicher Behandlung kommen. Das jeweilige **Regelungsziel**, also das Ziel

---

[31] So *Heun* in Dreier Art. 3 Rn. 23; Kritisch hierzu *Kischel* AöR 124 (1999) S. 174, 182 – siehe auch *Alexy* Theorie der Grundrechte S. 362: es handelt sich um eine partielle faktische Relation, partiell, weil nicht alle Merkmale übereinstimmen müssen, faktisch, weil die festgelegten Merkmale stimmen müssen.
[32] *Kischel* AöR 124 (1999) S. 174, 183: es gebe stets eine ganze Reihe möglicher Oberbegriffe; vgl. auch *Ipsen* in Die Grundrechte Bd. 2, S. 111, 159 f.
[33] *Kirchhof* in HdBStR V 124 Rn. 20.

einer Regelung, wie es sich aus dieser ausdrücklich oder aus dem jeweiligen Normprogramm ergibt, gibt das **Vergleichsziel** vor. Aus diesem kann dann der Maßstab entwickelt werden.[34] Regelungsziel und Vergleichsziel müssen nicht deckungsgleich sein. Das Ziel einer Regelung kann viel umfassender und allgemeiner sein, als das eines Vergleichs. Außerdem können mit einer Regelung durchaus mehrere Ziele verfolgt werden. Um bei dem Beispiel zum Benzinverbrauch zu bleiben. Hier wird das Regelungsziel der Umweltschutz sein, vielleicht wird aber auch die Einnahmenerzielung als Nebenzweck erstrebt. Das Regelungsziel, von dem auf das Vergleichsziel geschlossen werden kann, kann sich aus dem Gesetz selbst, dessen Sinn und Zweck, aus einzelnen Normen, den Motiven des Gesetzgebers oder den mit der Regelung verfolgten Motiven bestimmen lassen.[35] Das bringt das Bundesverfassungsgericht sehr anschaulich zum Ausdruck, wenn es fordert, dass für die Ermittlung, ob der Gleichheitssatz verletzt ist, zuerst festgestellt werden müsse, welche Aufgaben dem Gesetz gestellt war und mit welchen Mitteln die Lösung versucht wurde.[36] Nur durch eine genaue Analyse des jeweiligen Regelungsprogramms kann ermittelt werden, was mit der Regelung bezweckt ist und worin das Vergleichsziel besteht. Durch das Vergleichsziel wird festgelegt, welcher Teil der Wirklichkeit **rechtserheblich** ist, d.h. an welche Merkmale Rechtsfolgen geknüpft werden dürfen. Der Gleichheitssatz gründet also auf der Erheblichkeit – man könnte auch sagen der Wesentlichkeit – der den verglichenen Objekte oder Personen anhaftenden Merkmale.[37] Die Merkmale müssen für das Vergleichsziel relevant sein. Umgekehrt legt das Vergleichsziel fest, welcher Teil der Wirklichkeit ausschlaggebend, relevant – wesentlich sein soll.[38]

d) Vorprägung des Vergleichs

Wie ein Vergleich funktioniert, wurde gerade theoretisch erklärt. Dabei ist die Ermittlung des Vergleichsmaßstabes das Wichtigste, denn im Hinblick auf ihn wird das Vergleichspaar bestimmt und kann dann geklärt werden, ob es sich um eine

---

[34] *Kirchhof* in HdBStR V 124 Rn. 8; *Brüning* JA 2001, 611, 613. Als **Beispiel** für die praktisch schwierige Ermittlung der einzelnen relevanten Merkmale und damit auch des Maßstabes vgl. BVerfG NJW 2002, 1103 (1105 ff.).
[35] *Gubelt* in von Münch Art. 3 Rn. 18. Zu eng daher *Kallina* Willkürverbot und Neue Formel S. 16 f., 19.
[36] BVerfGE 9, 291 (294).
[37] *Kirchhof* Verschiedenheit S. 8, 11; *Schoch* DVBl 1988, 863 (873); *Zippelius* VVDStRL 47 (1989) S. 7, 20 f.; ähnlich *Herzog* in MD Anhang zu Art. 3 Rn. 2; siehe auch *Michael* JuS 2001, 148, 152.
[38] *Bleckmann* StaatsR II § 24 Rn. 11; *Kirchhof* Verschiedenheit S. 8; *Müller* VVDStRL 47 (1989) S. 37, 53; *Stein/Götz* StaatsR S. 387.

Gleich- oder Ungleichheit handelt. Praktisch gesehen steht die Bildung des korrekten Vergleichsmaßstabes aber am Ende einer Prüfung, während am Anfang die Rüge eines Rechtssuchenden steht, er werde ungleich behandelt. Während theoretisch bei einem Vergleich jedes Merkmal in Frage kommt, um für ihn relevant zu sein, ist die Vergleichsperspektive in der Rechtswirklichkeit schon vorgeprägt. Art. 3 GG fordert gleiche Behandlung. In der Rechtswirklichkeit ist das primär gleiche *rechtliche* Behandlung. Der Vergleich erfolgt also im Hinblick auf die Auswirkung einer Behandlung, deren Folgen. Das sind die **Rechtsfolgen**. Im Hinblick auf die Rechtsfolgen sieht sich die behandelte Person zur Vergleichsgruppe ungleich behandelt. Im Hinblick auf die Rechtsfolgen werden bestimmte Tatbestandsmerkmale, Differenzierungskriterien überhaupt erst geschaffen. Es geht also um eine Auswahl bestimmter Merkmale der Wirklichkeit im Hinblick auf eine bestimmte Rechtsfolge. Der Gesetzgeber wählt diejenigen Sachverhalte aus, an die er dieselbe Rechtsfolge knüpfen will, die er im Rechtssinne als „gleich" ansehen will; darüber müssen bestimmte Verschiedenheiten vernachlässigt werden.[39] Die Gleichheit ist eine rechtliche, keine tatsächliche. Damit kann also aus den Rechtsfolgen und den Tatbestandsmerkmalen, die zu den Rechtsfolgen führen, auf Vergleichsperspektive und Vergleichsmaßstab geschlossen sowie das Vergleichspaar bestimmt werden. Zwar werden sich auch hier möglicherweise noch einige Vergleichsgegenstände ergeben und damit auch verschiedene Vergleichsgruppen, doch können diese in einer Art **Vorauswahl** im Hinblick auf die Rechtsfolge auf diejenigen reduziert werden, die möglicherweise für die folgende Bewertung relevant sein können.[40] Entscheidend ist daher die jeweilige Norm und ihre Auswirkungen. Da es um rechtliche Gleichheit geht, sind dies primär die rechtlichen **Auswirkungen**. Aber auch die praktischen Auswirkungen einer Norm aufgrund ihrer rechtlichen Ausgestaltung können von Belang sein. Das zeigt sich deutlich, wenn das Bundesverfassungsgericht die rechtlichen oder tatsächlichen Folgen einer Regelung untersucht und auf ihre Auswirkungen abstellt.[41] Indem auf die Rechtsfolgen abgestellt

---

[39] BVerfGE 21, 12 (26); deutlich auch 75, 108 (157); 90, 226 (239); 103, 310 (318); ähnlich BVerfGE 13, 225 (227); 25, 371 (400); 50, 177 (186); 64, 158 (169); 78, 104 (121); 81, 108 (117); 84, 348 (359); 99, 165 (178); 102, 68 (87).
[40] *Kischel* AöR 124 (1999) S. 174, 184.
[41] Allgemein BVerfGE 8, 51 (64); 23, 327 (336); 49, 148 (165); 60, 123 (133 f.); 85, 238 (245); 99, 367 (390); 110, 412 (432). Die Bedeutung der Auswirkung wird auch in der Formulierung deutlich, eine Regelung „*bewirkt, dass*" etwa in E 103, 393 (398); NJW 2002, 1103 (1104); NVwZ 2005, 1294 (1300) – „*führt*

wird, kann das Vergleichspaar relativ schnell ermittelt werden. Ein Teil des Paares fällt unter die Rechtsfolge, der andere Teil nicht. Im Hinblick auf die Rechtsfolge kommt es also zu einer unterschiedlichen Behandlung. Damit ist aber noch nicht gesagt, ob Gleiches oder Ungleiches unterschiedlich behandelt wird.

3) Vergleich als Wertungsfrage

a) Bewertung der Wirklichkeit

Die Differenzierungskriterien sind Teile der Wirklichkeit. Bei ihrer Auswahl werden bestimmte Elemente der Wirklichkeit als für eine bestimmte Rechtsfolge erheblich erachtet. Die Rechtsfolge wiederum bildet die Wirklichkeit ab, denn eine bestimmte Rechtsfolge darf nur deswegen zu einer unterschiedlichen Behandlung führen, wenn auch Ungleiches vorliegt, was wiederum in den Unterscheidungskriterien zum Ausdruck kommt. Orientierungspunkt für einen Vergleich ist daher die **Wirklichkeit**. Das Gleichheitsurteil kann sich theoretisch auf jeden beliebigen Ausschnitt der Wirklichkeit beziehen. Dieser Ausschnitt ist aber schon dadurch vorgeprägt, dass die Merkmale der Wirklichkeit ja im Hinblick auf eine bestimmte Rechtsfolge hin ausgewählt wurden (dazu schon B II 2 d). Es geht also nur um die Merkmale der Wirklichkeit, die für die Rechtsfolge von Bedeutung sein können. Da die Rechtsfolge zu einer ungleichen Behandlung führt, muss es um Merkmale gehen, die ebenfalls eine Ungleichbehandlung begründen, denn nur Ungleiches darf auch ungleich behandelt werden.[42] Aber welche Merkmale sind das? Der Wirklichkeitsbezug allein reicht daher nicht aus. Vergleichen bedeutet immer erkennen, begreifen und **bewerten** der Wirklichkeit, weil nicht alle Merkmale für einen Vergleich ausschlaggebend sein können. Es müssen immer die für den Vergleich relevanten, das bedeutet letztlich für die Rechtsfolge relevanten, Merkmale bestimmt werden.[43] Das sieht auch das Bundesverfassungsgericht so, wenn es feststellt, dass bei einem Vergleich „ermittelt [wird], ob und wieweit die Ähnlichkeit oder Verschiedenheit rechtserheblich ist."[44] Mit einer Regelung soll ein Stück der Realität

---

dazu, dass" in E 88, 87 (98); 100, 59 (90); NJW 2001, 2160; NVwZ 2000, 309 (311) – „*hat zu Folge, dass"*, in E 102, 68 (87).
[42] Zur Bedeutung der tatsächlichen Ungleichheit für die rechtliche Ungleichbehandlung vgl. BVerfGE 14, 221 (238); 58, 68 (79); 87, 1 (36); 93, 386 (398); 94, 241 (260); 98, 365 (385).
[43] *Gubelt* in von Münch Art. 3 Rn. 17; *Dürig* in MD Art. 3 Rn. 1; *Kirchhof* Verschiedenheit S. 8.; *Schoch* DVBl 1988, 863, 873 f.; *Hesse* AöR 77 (1951/52) S. 172, 174; siehe auch *Alexy* Theorie der Grundrechte S. 362 f.
[44] BVerfGE 101, 275 (290 f.).

geordnet werden, folglich muss auch der Maßstab der **Realität entsprechen**, diese abbilden. Aber hier stößt man wieder auf das anfangs schon angesprochene Problem: die Realität ist viel zu komplex, als dass ihr in ihrer Vielschichtigkeit entsprochen werden könnte. Die Regelung kann nur einen Ausschnitt aus der Wirklichkeit abbilden – genau so wie der Maßstab. Man könnte versuchen, die Tatbestandsmerkmale fortwährend zu verfeinern und immer mehr Merkmale für den Vergleichsmaßstab zu entwickeln, um die Wirklichkeit immer genauer widerzuspiegeln. Aber bald würde eine Regelung zu komplex und schwerfällig und ein Vergleich liefe Gefahr, sich in einem infiniten Regress zu verlieren, weil unaufhörlich Merkmale als für den Vergleich erheblich hervorgehoben werden. Es wird sich immer jemand finden, der sich ungleich behandelt fühlt und einem bisher nicht beachteten Merkmal für den Vergleich entscheidende Wirkung beimessen will. Dies zeigt nur, dass ein Vergleich die Bewertung der Wirklichkeit bedeutet, und dass sich über Werturteile trefflich streiten lässt.

b) Wesentlichkeit als Hinweis auf Wertung

Oben, B II 1, war schon die Rede davon, dass die Rechtsprechung Art. 3 I dahingehend konkretisiert, dass sie aus ihm das Gebot herleitet, Gleiches gleich und Ungleiches ungleich zu behandeln. Dieser Satz wird vom Bundesverfassungsgericht und den ihm folgenden Obergerichten oftmals mit dem Zusatz versehen, dass es um *wesentlich* Gleiches gehe.[45] Nur wesentlich Gleiches müsse auch (wesentlich) gleich und nur wesentlich Ungleiches auch (wesentlich) ungleich behandelt werden. Die Wesentlichkeit scheint damit Bedeutung für den Inhalt des Gleichheitssatzes,

---

[45] **BVerfGE** 1, 14 (52); 1, 264 (276); 4, 144 (155); 42, 64 (72); 56, 192 (215); 50, 177 (186); 71, 39 (50); 76, 256 (329); 78, 104 (121); 98, 365 (385); 101, 275 (290 f.); 103, 310 (318); DVBl 2001, 191 (192); DVBl 2003, 1388 (1395); NVwZ 2004, 1477 ((1482); NVwZ 2005, 1294 (1300)– **BVerwGE** 39, 100 (105); 46, 361 (364); 66, 99 (107); 75, 173 (180); 91, 327 (328); 92, 24 (26); 93, 188 (191); 101, 86 (96); 103, 99 (101); 105, 110 (111); DVBl 1982, 76; NVwZ-RR 1993, 616 (617); DVBl 1994, 1242 (1244); NVwZ-RR 1995, 83 (84); DVBl 1996, 513 (514); NVwZ 2001, 801 (803); DVBl 2003, 726 (729); DVBl 2004, 772 (773); DVBl 2005, 1520 (1522)– **OVG** Bautzen LKV 1999, 64 (65); NVwZ 2002, 615; OVG Bremen DöV 1980, 570 (571); NVwZ 1982, 656; OVG Hamburg NVwZ-RR 1992, 318 (320); DVBl 1993, 265; VGH Kassel NVwZ-RR 1994, 55 (56); NVwZ-RR 2000, 242; OVG Koblenz NJW 1982, 1012; DVBl 1997, 382 (384); OVG Lüneburg NVwZ-RR 1999, 654; NVwZ-RR 2001, 742 (748); NVwZ-RR 2004, 891 (892); OVG Magdeburg LKV 1999, 512 (513); VGH Mannheim VBlBW 1983, 408; NVwZ 1983, 489; VBlBW 1992, 350 (354); NVwZ-RR 1993, 83 (84); NVwZ-RR 1995, 517 (523); VBlBW 1998, 58 (60); NVwZ 1998, 312; DVBl 2002, 209; VGH München NVwZ-RR 1996, 224 (226); BayVBl 1996, 240 (242); OVG Münster DVBl 1969, 475; NVwZ-RR 1990, 206; DVBl 1999, 628 (630); NVwBl 2001, 236 (238); NVwZ 2002, 996 (999); OVG Schleswig NVwZ 2001, 1300 (1302) – **VG** Berlin LKV 2006, 140 (141); VG Frankfurt/M NVwZ 1991, 296 (297).

für den Vergleich an sich zu haben: nicht mehr „einfach" Gleiches darf gleich behandelt werden, sondern nur noch wesentlich Gleiches. Aber wo es wesentlich Gleiches gibt, muss es da nicht auch unwesentlich Gleiches und wesentlich Ungleiches geben und muss nicht auch eine Unterscheidungsmöglichkeit zwischen diesen Begriffen bestehen?[46] Die Vergleichsfrage verschöbe sich damit von der Frage, ob zwei Gegenstände gleich sind zu der, ob sie wesentlich gleich sind. Das ist aber kein Erkenntnisgewinn, denn die eigentliche Frage nach der Gleichheit bleibt dieselbe. Tatsächlich ändert die Rechtsprechung bei ihrer Prüfung des Gleichheitssatzes nicht plötzlich die Anforderungen an diesen. Es bestehen keine Unterschiede in der Prüfung. Wenn in der einen Entscheidung von Gleichem, in der anderen von wesentlich Gleichem gesprochen wird, geht es immer darum, die für den Vergleich relevanten Merkmale zu bestimmen. Die Gerichte stellen nicht wesentlich Gleichem „normal" oder „unwesentlich" Gleiches gegenüber. Der Begriff der Gleichheit soll nicht zur wesentlichen Gleichheit gesteigert werden. Die Aussage beider Sätze ist logisch gleich, muss es sein, weil die Entscheidungen sonst widersprüchlich würden.[47]

Aber welchen Sinn macht dann die Aussage, dass es um wesentlich Gleiches gehe? Wie schon oben (B II 2) erläutert, wird bei einem Vergleich der Grad der Ähnlichkeit bestimmt, ab dem zwei Personen gleich sind. Dabei müssen die für den Vergleich ausschlaggebenden – wesentlichen – Merkmale festgelegt werden. Umgekehrt müssen die im Hinblick auf das Vergleichziel „unwesentlichen" gegebenenfalls ausgeschlossen werden. Statt von „wesentlich gleich" spräche man besser von „im Wesentlichen gleich". Das wird deutlich, wenn das Bundesverfassungsgericht in einigen Entscheidungen danach fragt, ob die tatsächlichen Unterschiede zwischen zwei Fällen so *bedeutsam* sind, dass sie [...] hätten beachtet werden müssen; an anderer Stelle wird auch davon gesprochen, dass sie *erheblich* sein müssen.[48] Es ist vollkommen gleich, ob die Unterschiede bedeutsam, erheblich oder wesentlich

---

[46] So auch die treffende Kritik von *Michael* JuS 2001, 148, 152.
[47] Vgl. die Entscheidungen in Fn. 1, 2 mit denen in Fn. 45. Zur logischen Analyse der Sätze siehe *Alexy* Theorie der Grundrechte S. 365 ff., 369; siehe auch *Martini* Prinzip absoluter Rechtsgleichheit S. 40 f., der ebenfalls zum Ergebnis kommt, dass das Bundesverfassungsgericht zu keiner anderen Prüfung gelangt. Er setzt sich damit aber in Widerspruch zu seiner Aussage a.a.O. S. 42, wo er wesentlich als Ausdruck für die Trennung von Handlungs- und Kontrollnorm begreift (hierzu unten C IV 1 b). Denn wenn sich durch die Verwendung des Begriffs wesentlich bei der Prüfung gerade nichts ändert, wie soll dieser dann für die Unterscheidung in Handlungs- und Kontrollnorm kennzeichnend sein?
[48] E 1, 264 (276); 14, 221 (238); 21, 12 (26 f.); 58, 68 (79) – *Hervorhebung* nicht im Original.

sind, die Begriffe an sich geben hierüber noch keine Auskunft. Es muss jedes Mal die Frage beantwortet werden *warum* die Unterschiede diese Qualität haben. Die relevanten müssen von den irrelevanten Unterschieden, Merkmalen geschieden werden. Stellt man nicht auf die Unterschiede, sondern auf die Gemeinsamkeiten ab, ist dies genau so.[49] Die Frage nach dem wesentlich Gleichen oder Ungleichen kann daher nur darauf hinweisen, dass es nötig ist, zu bestimmen, was für den jeweiligen Vergleich wesentlich ist. Dies führt aber wieder nur zu der Erkenntnis, dass dies eine **Frage der Bewertung** und Begründung ist. Deshalb bedeutet der Begriff der Wesentlichkeit gerade **keine inhaltliche Aussage**. Er präzisiert oder betont nur die Frage nach der Bedeutung für das jeweilige Vergleichsziel, die jeweilige Rechtsfolge.[50]

In der Literatur wird die Frage nach der Wesentlichkeit oft als Frage nach dem **Beurteilungsmaßstab**, dem **Bezugspunkt** des Vergleiches und damit nach den sich aus diesem ergebenden Vergleichsmerkmalen gesehen. Die jeweiligen Merkmale müssen festgelegt werden. Es muss bestimmt werden, im Hinblick auf welche Merkmale verglichen wird, welche Merkmale deswegen für den Vergleich als wesentlich angesehen werden können, welche Merkmale für die Rechtsfolge, die zu einer unterschiedlichen Behandlung führt, erheblich, rechtserheblich, wesentlich sind.[51] Das zeigt aber auch, dass die Wesentlichkeit keine eigenständige Bedeutung hat, sondern nur das Wertungsproblem beim Gleichheitssatz kennzeichnet oder auf die Notwendigkeit einer Begründung hinweist, selbst aber nichts aussagt.[52]

Der Begriff der Wesentlichkeit stellt keine inhaltliche Anforderung an den Gleichheitssatz, sondern hebt nur hervor, was selbstverständlich ist und schon aus dem Wesen des Vergleichs folgt, dass der Vergleich **wertungsabhängig** ist, und es

---

[49] *Herzog* in MD Anhang zu Art. 3 Rn. 2; *Zippelius* VVDStRL 47 (1989) S. 7, 20 f.; *Schoch* DVBl 1988, 863 (873); *Martini* Prinzip absoluter Rechtsgleichheit S. 18 f.; ablehnend: *Podlech* Gehalt und Funktion S. 75 f. Zu einseitig *Michael* JuS 2001, 148, 152, der nur auf die Unterschiede abstellen will. Ein Vergleich fordert aber gerade die Übereinstimmung in bestimmten Merkmalen, nicht die Nichtübereinstimmung in anderen. In der Regel werden sich sicherlich viele Merkmale finden lassen, in denen die Vergleichsobjekte gerade nicht übereinstimmen. Damit ist für den Vergleich aber noch nichts gewonnen, wenn nicht feststeht, auf welche Merkmale es ankommt, welche übereinstimmen müssen.
[50] *Stein/Götz* StaatsR S. 387; *Podlech* Gehalt und Funktion S. 75 f. Siehe auch *Michael* Methodennorm S. 225.
[51] *Schoch* DVBl 1988, 863 (873 f.); *Hesse* AöR 77 (1951/52) S. 172, 174; ders. in Festschrift Lerche S. 121; *Zippelius* VVDStRL 47 (1989) S. 7, 22; *Robbers* Gerechtigkeit S. 89 f.
[52] *Schoch* DVBl 1988, 863 (874); *Kischel* AöR 124 (1999) S. 174, 185, 187; *Alexy* Theorie der Grundrechte S. 368, 370; *Heun* in Dreier Art. 3 Rn. 24 f.; *Zippelius* VVDStRL 47 (1989) S. 7, 25 – deshalb ablehnend: *Podlech* Gehalt und Funktion S. 75 f.

nötig ist, die für den Vergleich, für die jeweilige Rechtsfolge relevanten, bedeutenden, eben wesentlichen Merkmale zu bestimmen. Damit ist die Formulierung zwar unschädlich. Sie ist aber genauso nichtssagend. Deshalb kann man der Klarheit wegen getrost darauf verzichten, von wesentlich Gleichem zu sprechen.

c) Wer nimmt die Wertung vor?

Vergleichen bedeutet Auswählen und Bewerten. Es muss festgelegt werden, welche Merkmale entscheidend sind und welche nicht. Grundsätzlich ist es der Gesetzgeber, der dazu **demokratisch legitimiert** ist, dieses Werturteil zu treffen, Vergleichsziele zu bestimmen und Vergleichsmerkmale festzulegen. Deswegen billigt das Bundesverfassungsgericht dem Gesetzgeber auch einen Spielraum zu, innerhalb dessen er Merkmale festlegen darf. Es betont ausdrücklich, dass es diese Aufgabe des Gesetzgebers respektiert und hebt dessen Gestaltungsfreiheit, **Gestaltungsspielraum**, Gestaltungsauftrag oder schlicht das gesetzgeberische Ermessen hervor. Diese Gestaltungsbefugnis kann auch auf die Verwaltung **delegiert** werden.[53] So betonen die Verwaltungsgerichte ebenfalls den Spielraum des jeweiligen Normgebers bei Verordnungen, Satzungen oder gar Verwaltungsvorschriften.[54] Die Frage nach dem Einschätzungsspielraum wird vom Bundesverfassungsgericht nicht erst bei der Rechtfertigung einer (Ungleich-) Behandlung, sondern schon im Tatbestandsteil des Gleichheitssatzes angesiedelt.[55] Dieser Gestaltungsspielraum wird in der Literatur auch mit dem im vorhergehenden Abschnitt genannten Begriff der Wesentlichkeit in Verbindung gebracht. Da dieser Begriff selbst nichts aussage, müsse jemand bestimmen, was wesentlich ist – nämlich der Gesetzgeber. Aus dieser Befugnis zur Bestimmung der Wesentlichkeit folge aber auch der Spielraum des Gesetzgebers. Da es viele Übereinstimmungen oder Unterschiede, also viel We-

---

[53] **BVerfGE** 3, 58 (135); 8, 174 (183); 25, 371 (400); 38, 154 (166); 41, 121 (125); 57, 107 (115); 64, 158 (169); 78, 104 (121); 81, 108 (117); 84, 348 (359); 93, 99 (111); 99, 165 (178); BVerfG 106, 166 (176); NVwZ 2005, 440.

[54] **BVerwGE** 6, 134 (143); 13, 214 (221); 16, 301 (306); 18, 254 (260); 22, 26 (29 f.); 36, 16 (20); 42, 210 (215); 45, 340 (348 f.); 46, 361 (365); 51, 226 (231); 52, 145 (150); E 64, 248 (260); 66, 99 (107 f.); 74, 260 (264); 87, 1 (7); 87, 94 (101); 91, 327 (329); 100, 206 (210); 101, 86 (95); 104, 60 (63); 106, 85 (89); 109, 97 (101); 110, 237 (239); LKV 2003, 275; DVBl 2005, 376 (377) – **OVG** Lüneburg NVwZ-RR 2001, 749 (750); VGH Mannheim VBlBW 1983, 408; VBlBW 1988, 142; NVwZ-RR 1993, 83 (84); VBlBW 1998, 58 (60); NVwZ 2001, 940 (941); VBlBW 2001, 194 (195); VGH München DVBl 1982, 449 (460); VBlBW 1992, 350 (354); OVG Münster DVBl 1991, 955 (957); NWVBl 1992, 60 (62); NWVBl 1992, 332; NWVBl 1998, 154 (155); NWVBl 2002, 239 (240). Zu Verwaltungsvorschriften siehe unten C III 2 c ee und E II 3 a bb.

[55] So auch *Herzog* in MD Anhang zu Art. 3 Rn. 20.

sentliches oder Unwesentliches geben könne, sei die Gestaltungsfreiheit des Gesetzgebers groß.[56]

Aber auch der Gesetzgeber kann Fehler machen. Die Kritik und damit die Gleichheitsprüfung kann damit an vielen Punkten ansetzen. So kann etwa schon das Vergleichsziel gegen die Verfassung verstoßen, können die Vergleichskriterien nicht auf das Ziel ausgerichtet sein, unzulässig sein, das Ziel verfehlen oder die Rechtsfolge nicht tragen und damit die (rechtserhebliche) Wirklichkeit nicht richtig abbilden oder auf andere Weise zu einer ungleichen Regelung führen. Betont das Bundesverfassungsgericht einerseits den Gestaltungsspielraum des Gesetzgebers, hebt es an gleicher Stelle ebenfalls hervor, dass diese Freiheit nur grundsätzlich besteht und das Gericht untersuchen muss, ob der Gesetzgeber seinen grundgesetzlichen Gestaltungsauftrag überschritten hat.[57] In die gleiche Richtung zielt auch die oftmals wiederkehrende Formulierung des Gerichts, dass es nicht untersucht, ob der Gesetzgeber die **zweckmäßigste, vernünftigste oder (sach-) gerechteste Lösung** [für ein Gleichheitsproblem] gefunden hat, sondern nur, ob er die verfassungsrechtlichen Grenzen seiner Gestaltungsfreiheit eingehalten hat.[58] Der Gesetzgeber ist also gleichzeitig frei und gebunden. Ihm wird grundsätzlich nicht vorgeschrieben, wie er eine Gleichheitsfrage löst, gleichzeitig ist er auch nicht vollkommen ungebunden, sondern muss den Gleichheitssatz beachten. Dies führt aber wieder auf das **methodische Dilemma**, dass ein Vergleich notwendig auf einen Vergleichsmaßstab bezogen ist, der Gleichheitssatz diesen aber nicht per se vorgibt.[59] Es ist also nötig, den Inhalt des Gleichheitssatzes oder zumindest die Kriterien zu bestimmen, mit denen sich eine inhaltliche Aussage treffen lässt. Dies soll im nächsten Kapitel geschehen. Zuvor sollen aber noch einige Fragen zur Struktur des Gleichheitssatzes vertieft werden.

---

[56] *Herzog* in MD Anhang zu Art. 3 Rn. 20; *Bleckmann* StaatsR II § 24 Rn. 11.
[57] Siehe die Nachweise bei Fn. 53
[58] Vgl. mit Variationen BVerfGE 4, 144, 155; 52, 277 (280 f.); 68, 287 (301); 81, 108 (117 f.); 84, 348 (359); NVwZ 1991, 661 (662); DVBl 1995, 1232 (1233); NVwZ 2000, 1036; DVBl 2000, 1117; NJW 2002, 3009 (3014); NJW 2003, 3335 (3336).
[59] Zu diesem Dilemma *Sachs* JuS 1997, 124

4) Absolute/relative Gleichheit

Wie schon mehrfach angesprochen, sind zwei Gegenstände nie in allen Merkmalen gleich, sonst wären sie identisch. Eine Aussage über die Gleichheit oder Ungleichheit ist also nur im Hinblick auf bestimmte Merkmale möglich, hängt vom jeweiligen Bezugspunkt ab. Ein Vergleich bedarf der Festlegung der relevanten Merkmale. Er ist Ausdruck einer **Relation**. Einerseits bedeutet er immer die Relation zwischen bestimmten Gegenständen in Beziehung auf ein Merkmal, ist also von der jeweiligen **Vergleichsperspektive** abhängig. Andererseits können die Merkmale selbst differieren, da der Vergleich immer nur einen bestimmten Ausschnitt aus der Wirklichkeit liefern kann, und es sehr viele in Frage kommende Merkmale gibt, welche einen bestimmten Ausschnitt aus der Wirklichkeit kennzeichnen können. Eine logisch zwingende Aussage darüber, welche Personen in gleicher oder ungleicher Lage sind, lässt sich aufgrund des Gleichheitssatzes nicht treffen, sondern lediglich ein (Relations-) Urteil über das Verhältnis verschiedener Personen zueinander.[60] Erst ein **Werturteil** kann festlegen, welche Merkmale für den Vergleich ausschlaggebend sein sollen. Da ein Werturteil selbst nie vollkommen eindeutig ist, spricht auch diese Tatsache für die Relativität des Gleichheitssatzes. Die Vorgaben für einen Vergleich stehen also nicht von vornherein fest. Der Gleichheitssatz selbst liefert sie nicht. Um diese Offenheit zu kennzeichnen, kann man davon sprechen, dass der Vergleich – aber auch der Gleichheitssatz an sich – nur *relative* oder synonym: **verhältnismäßige** Gleichheit verbürgt, da er nur eine Relation, ein Verhältnis in bestimmter Hinsicht zum Ausdruck bringen kann. Gleichheit ist also notwendig relative Gleichheit.[61] Auch die **Rechtsprechung** geht von einer relativen Gleichheit aus, spricht dies aber in der Regel nicht ausdrücklich an, sondern legt das wie selbstverständlich der Prüfung zu Grunde. Es wird aber etwa dann deutlich, wenn das Bundesverfassungsgericht betont, dass sich keine allgemein gül-

---

[60] *Schoch* DVBl 1988, 863, 873; *Hesse* AöR 77 (1951/52) S. 172, 173; *Herzog* in MD Anhang zu Art. 3 Rn. 29; *Kirchhof* in HdBStR V 124 Rn. 3, 89 f.; *Heun* in Dreier Art. 3 Rn. 18.
[61] Schon in **Weimarer** Zeit *Triepel* Goldbilanzen S. 29 (siehe hierzu auch *Gassner* Heinrich Triepel S. 364); *Leibholz* Gleichheit S. 45 f.; *Aldag* Gleichheit S. 22, 51; bedingt zustimmend *Rümelin* Gleichheit S. 56 ff. – Für das **Grundgesetz** *Leibholz* Gleichheit S. 244; *Dürig* in Staatslexikon der Görres-Gesellschaft unter Gleichheit II 1 (= S. 1068); *Ipsen* in Die Grundrechte Bd. 2, S. 111, 187; *Kirchhof* in HdBStR V 124 Rn. 3, 89 f.; *Hesse* AöR 77 (1951/52) S. 172, 174; *Kloepfer* Gleichheit S. 12, 14; *Gusy* NJW 1988, 2505; siehe auch *Alexy* Theorie der Grundrechte S. 363, 377, 383; *Kim* Konkretisierung. S. 28, lehnt den Begriff der relativen Gleichheit ab, weil Gleichheit immer relativ sei und die nochmalige Betonung durch das Attribut „relativ" ein Pleonasmus. Aus methodenrechtlicher Sicht *Michael* Methodennorm S. 120 ff., 271 ff.

tigen Aussagen über die Gleichheit machen lassen, sondern stets die Eigenart des jeweiligen Lebens- oder Sachbereichs ausschlaggebend ist. Oder wenn es hervorhebt, dass eine Übereinstimmung nie in allen, sondern nur in bestimmten Merkmalen möglich ist.[62] Eine absolute, eindeutige Aussage über die Gleichheit ist nicht möglich. Das ergibt sich auch aus der oben geschilderten Art und Weise der Gleichheitsprüfung durch das Bundesverfassungsgericht. Indem nämlich nach einer „Rechtfertigung", einer Begründung für eine ungleiche Behandlung gefragt wird, wird ein relativer Gleichheitsbegriff zugrunde gelegt. Denn wenn es sich um absolute Gleichheit handeln würde, wäre eine Rechtfertigung gar nicht möglich und nötig. Manchmal klingt der Begriff der relativen Gleichheit aber auch an, wenn etwa das Bundesverfassungsgericht oder die Verwaltungsgerichte im Gebührenrecht von der **verhältnismäßigen** Gleichheit der Gebührenschuldner sprechen.[63] Das Bundesverfassungsgericht geht also von einem relativen, wertungsoffenen und wertungsbedürftigen Gleichheitsbegriff aus, den es in der Regel der Entscheidung zugrunde legt, ohne ihn noch ausdrücklich zu betonen.

Wenn demgegenüber versucht wird, Art. 3 I GG mit dem Begriff einer **absoluten** Gleichheit zu umschreiben,[64] so wird dieser Begriff dem Wesen des Vergleichs nicht gerecht. Der Gleichheitssatz hat notwendig einen relativen Inhalt. Eine dem gegenübergestellte absolute Gleichheit ist Art. 3 I GG fremd. Schon rein sprachlogisch gesehen ist diese Wendung unglücklich. Eine absolute Gleichheit deutet eine absolute Übereinstimmung, also eine Übereinstimmung in allen Merkmalen an. Solche absolut gleich gelagerten Fälle gibt es aber nicht, denn dann liegt aber gar keine Gleichheit, sondern **Identität** vor.[65] Kann es also bei der absoluten Gleichheit nicht um Identität gehen, so muss sie etwas anderes bedeuten, um überhaupt Sinn zu machen. Die Relativität des Gleichheitssatzes äußert sich vor allem in des-

---

[62] BVerfGE 6, 84 (91); 17, 122 (130); 29, 402 (411); 38, 225 (229); 42, 64 (72 f.); 75, 108 (157); 90, 226 (239); 99, 165 (178); 110, 412 (432); NJW 2002, 1103 (1104); DVBl 2004, 698 (702); siehe auch die Nachweise bei Fn. 18.
[63] BVerfGE DVBl 1979, 774 (775); NVwZ-RR 2005, 592 (594); OVG Bremen DVBl 1988, 250 (251); NVwZ-RR 1989, 157 (159); OVG Lüneburg NVwZ 2004, 755 (756) – siehe auch BVerwGE 52, 339 (348 f.): Recht auf verhältnismäßige Teilhabe, BVerwG DVBl 2002, 60 (65): verhältnismäßige Lastengleichheit.
[64] Zu **Weimarer** Zeit etwa *Mainzer* Gleichheit S. 24 f. – **heute** ausdrücklich *Martini* Prinzip absoluter Rechtsgleichheit S. 117, 146 und passim – siehe auch etwas abgewandelt *Huster* Rechte und Ziele S. 18 ff., 21; ihm folgend *Heun* in Dreier Art. 3 Rn. 24.
[65] *Ipsen* in Die Grundrechte Bd. 2, S. 111, 187; *Schoch* DVBl 1988, 863, 873 f.; *Hesse* AöR 77 (1951/52) S. 172, 173; *ders.* Grundzüge Rn. 432; *Kim* Konkretisierung S. 28; siehe auch schon *Leibholz* Gleichheit S. 59.

sen Wertungsbedarf, indem nämlich die für den Vergleich relevanten Merkmale festgelegt werden müssen. Eine absolute Gleichheit muss hier ansetzen. Absolute Gleichheit kann dann nur eine Übereinstimmung ohne weitere Wertungsmöglichkeiten meinen, weil bestimmte Vergleichsmerkmale oder Vergleichskriterien von vornherein feststehen und bezogen auf diese Merkmale dann alle gleich sind. Das gelingt entweder dadurch, dass man die Merkmale stark vereinfacht und abstrahiert, um so zu einem möglichst umfassenden Oberbegriff zu gelangen. Das Vergleichspaar ist dann sehr groß. Oder es werden bestimmte Kriterien verbindlich und unabänderlich festgeschrieben, so wie dies etwa bei den Differenzierungsverboten in Art. 3 III GG geschieht. Aber selbst diese **Differenzierungsverbote** gelten nicht unabänderlich und absolut, und das Bundesverfassungsgericht lässt hier unter bestimmten Umständen Ausnahmen zu.[66] Zudem ist dies kein Argument für, sondern eher gegen eine absolute Gleichheit. Denn Art. 3 III kennzeichnet, schon systematisch hinter Art. 3 I GG stehend, nicht den Regel-, sondern den Ausnahmefall oder zumindest bestimmte Konstellationen, die anders als der Regelfall des Art. 3 I GG behandelt werden sollen. Wo das Grundgesetz also die Anforderungen an die Gleichheit enger fassen wollte, wie etwa bei Art. 3 III oder Art. 38 I GG, hat es das getan, indem es bestimmte Bereiche ausdrücklich hervorgehoben hat.[67] Ein Vergleich ist immer relativ und bedarf der Wertung, nur dass in bestimmten Fällen die Wertungsmöglichkeit und damit der anzulegende Maßstab anderweitig – von Verfassungs wegen – vorgegeben ist. Eine absolute Gleichheit per se gibt es nicht, nur eine mehr oder weniger eingeschränkte relative Gleichheit in bestimmten Bereichen[68]. Will man diesen eingeschränkten Charakter für bestimmte Konstellationen betonen, so ist es besser, eingedenk des oben geschilderten sprachlogischen Widerspruchs, sich dem Vorschlag Hesses anzuschließen und statt von absoluter von

---

[66] Vgl. BVerfGE 85, 191 (207); 92, 91 (109); *Jarass* in JP Art. 3 Rn. 92, 120.
[67] *Erichsen* DVBl 1983, 289, 295
[68] Solche streng formalen Bereiche, finden sich etwa bei *Dürig* in MD Art. 3 Rn. 21, der wegen des Verhältnisses zur Menschenwürde einen egalitären, absoluten Bereich bestimmt, der zum Wesensgehalt des Gleichheitssatzes gehöre; *Kirchhof* in HdBStR V 125 Rn. 98, 103; *ders.* Verschiedenheit S. 18 sieht ausgehend von Art. 3 III einen streng formal zu verstehenden, egalitären Bereich einer Statusgleichheit; beiden zum Teil folgend *Kim* Konkretisierung S. 216, der einen absoluten Kernbereich beim Gleichheitssatz ausmacht – es muss hier aber betont werden, dass alle genannten Autoren an der relativen Gleichheit festhalten, siehe die Nachweise in Fn. 61.

schematischer Gleichheit zu sprechen.⁶⁹ Diesen Begriff verwendet auch die Verfassungs- und Verwaltungsrechtsprechung manchmal, wenn sie ausdrücklich betont, dass Art. 3 I GG gerade *keine* schematische Gleichbehandlung fordert.⁷⁰ Dann soll also eine relative Gleichheit gelten. Deutlicher wird dies noch, wenn Bundesverfassungsgericht und die Verwaltungsrechtsprechung es vielmehr ausdrücklich hervorheben, wenn sie nicht vom „normalen" Verständnis des allgemeinen Gleichheitssatzes ausgehen, sondern, wie etwa im Recht der politischen Parteien, beim Wahlrecht oder im Prüfungsrecht einen strengeren Begriff zugrundelegen. Hier sind Wertungen nur noch sehr eingeschränkt möglich, und der Gleichheitssatz ist **formal**, manchmal wird auch von formalisiert gesprochen, zu verstehen.⁷¹

In jüngerer Zeit hat *Martini* versucht, den Gleichheitssatz als Prinzip absoluter Rechtsgleichheit zu definieren. Er vertritt die Meinung, dass die herrschende Ansicht gegen Wortlaut, Sinn und Zweck sowie Entstehungsgeschichte des Gleichheitssatzes verstoße, wenn sie diesen im Sinne einer relativen Gleichheit verstehe.⁷² Mag sich diese Meinung noch vertreten lassen, muss *Martini* aber zu mehreren Kunstgriffen greifen, um seine Auffassung von der absoluten Gleichheit aufrecht erhalten zu können. Er erkennt, dass von ihm so genannte systematische Erwägungen eigentlich gegen eine absolute Rechtsgleichheit sprechen, weil die Rechtsordnung auf Differenzierungen angewiesen ist und dem Gesetzgeber vom Grundgesetz gerade der Auftrag gegeben wurde, Normen zu erlassen und damit auch zu

---

⁶⁹ *Hesse* AöR 77 (1951/52) S. 172, 176; *ders.* AöR 109 (1984) S. 174, 184 – diesen Begriff ablehnend *Kim* Konkretisierung S. 29 – ein etwas anderes Verständnis dieses Begriffs hat *Huster* Rechte und Ziele S. 18 ff., 21; ihm folgend *Heun* in Dreier Art. 3 Rn. 24.
⁷⁰ BVerfGE 38, 225 (229); DVBl 1966, 215 (216); DVBl 1974, 120 (122); DVBl 1995, 1232 (1235); BVerwGE 33, 32 (33); 39, 100 (105); 61, 152 (157) – ähnlich auch BVerwGE 7, 325 (328); 110, 237 (239) – siehe auch OVG Lüneburg DöV 1999, 564 (565); VGH Kassel DöV 1987, 548 (549); VGH München DVBl 1979, 75 (76); BayVBl 1980, 438 (439); NVwZ 1982, 120 (121); BayVBl 1985, 561 (563); OVG Münster NWVBl 2000, 101 (102); VG Trier NVwZ 1985, 680 (681).
⁷¹ BVerfG DVBl 1960, 632; DVBl 1969, 1969, 138 (140); DVBl 1975, 991 (994); DVBl 1979, 550 (551); DVBl 1981, 865 (866); NVwZ 1982, 673 f.; DVBl 1990, 1346; DVBl 1992, 764 (768); DVBl 1994, 43 (44); NVwZ-RR 1995, 213 (214); DVBl 2001, 1665 (1666); NVwZ 2002, 71; NJW 2005, 47 – beachte auch BVerfG E 99, 1 (8), wo betont wird, dass bei einer Rüge der Verletzung der Wahlrechtsgrundsätze Art. 38 I 1 und 28 I 1 GG dem Art. 3 I GG vorgehen. Dazu auch *Paehlke-Gärtner* in Umbach/Clemens Art. 3 Rn. 23. Vgl. zur Wahlrechtsgleichheit auch *Lenz* AöR 121 (1996) S. 337, 353 f.; *Osterloh* in Sachs Art. 3 Rn. 62 ff. Beispiele aus der Verwaltungsrechtsprechung: BVerwGE 16, 150 (152); 111, 175 (181); DVBl 1995, 1350 (1353); OVG Bautzen LKV 2002, 417 (419); VGH Mannheim VBlBW 1987, 420 (422); VBlBW 1990, 268 (270); NVwZ 2002, 220 (223); VGH München DVBl 1991, 759 (760); OVG Münster DVBl 1981, 874 (875); NVwZ 1983, 627; NWVBl 1994, 414 (415); NJW 2002, 3417 (3419); OVG Schleswig NVwZ-RR 1994, 459 (460); VG Frankfurt/M NVwZ 1987, 626 (627).
⁷² *Martini* Prinzip absoluter Rechtsgleichheit S. 117, 121 ff, 124 ff, 139, 146, 183.

differenzieren. Diesen Widerspruch glaubt er dadurch zu vermeiden, dass er den Gleichheitssatz in Anlehnung an die Regel-Prinzipien-Lehre *Alexys* als Prinzip versteht. Als Prinzip und damit als Optimierungsgebot fordere der Gleichheitssatz nämlich nur Gleichbehandlung in möglichst großem Umfang, brauche sich aber nicht in jedem Fall auch durchzusetzen.[73] Damit hat er aber *Alexy* falsch verstanden. Nach *Alexys* Lehre sind Grundrechte Prinzipien und haben schon per se relativen Charakter; sie stellen keine definitiven, sondern nur prima-facie-Gebote dar.[74] *Martini* würde also ein absolutes Prinzip mit relativem Charakter konstruieren wollen. Einerseits soll das Gebot also absolut gelten, andererseits hat es von vornherein nur relativen Inhalt – schon das erscheint als Widerspruch in sich. Wenn es um den Gleichheitssatz geht, spricht *Alexy* davon, dass es eine universelle faktische Gleichheit hinsichtlich aller Eigenschaften nicht gebe, sondern nur eine wertmäßige Gleich- oder Ungleichheit relativ auf partielle faktische Gleich- oder Ungleichheiten.[75] Das kann aber gerade ein Hinweis sein, dass *Alexy* den Gleichheitssatz relativ versteht. Das Regel-Prinzipien-Modell *Alexys* eignet sich deswegen gerade nicht, um *Martinis* These zu stützen. Vollends entfernt sich *Martini* aber von *Alexy*, wenn er erkennt, dass nach dem Modell der absoluter Rechtsgleichheit von vornherein jede wie auch immer geartete Rechtsetzung sich mit dem Gebot, (absolut) identische Rechtsfolgen zu setzen in Widerspruch befinden würde. Da aber nun das Grundgesetz ausdrücklich die Befugnis zur Rechtsetzung vorsieht, konstruiert *Martini* im Wege einer teleologischen Reduktion einen ungeschriebenen Gesetzesvorbehalt, um seine These zu retten.[76] Hier entfernt er sich aber weit von *Alexy*, der eine solche Konstruktion gerade nicht durchführt.[77] Es wirkt Ansatz sehr gezwungen und konstruiert, wenn *Martini* einerseits dem Gleichheitssatz einen absoluten Charakter verleihen will, andererseits aber alles versucht, diesen wieder zu relativieren, um ihn überhaupt praktisch handhabbar zu machen. Den Gleichheitssatz absolut zu verstehen, hilft nämlich nicht weiter, da sich dann immer noch das Wertungsproblem stellt und entschieden werden muss, wann etwas gleich ist – so wie es der Natur des Vergleichs entspricht. Dies kann auch Martini nicht ohne weitere Wertungen lösen. Dann ist es doch überzeugender, mit der herrschenden Meinung

---

[73] *Martini* Prinzip absoluter Rechtsgleichheit S. 147, 158
[74] *Alexy* Theorie der Grundrechte S. 71, 75, 87 f. Siehe hierzu auch *Michael* Methodennorm S. 97, 100.
[75] *Alexy* Theorie der Grundrechte S. 363, siehe auch S. 377 ff., 379.
[76] *Martini* Prinzip absoluter Rechtsgleichheit S. 162 ff, 165.
[77] *Alexy* Theorie der Grundrechte S. 363, siehe auch S. 390 Fn. 91.

gleich vom relativen Charakter auszugehen und diesen dann ausnahmsweise enger zu fassen.[78]

Es bleibt also festzuhalten, dass Gleichheit einen relativen Charakter hat und deswegen keiner Wertung bedarf.

5) Konsequenzen für die Vergleichsprüfung

Die Wertungsoffenheit des Gleichheitssatzes führt zu der Frage, ob seine Prüfung so aufgebaut sein kann wie bei den Freiheitsrechte, nämlich dreistufig nach Schutzbereich – Verletzung – Rechtfertigung unterteilt.[79] Der Gleichheitssatz fordert ein Vergleichen und damit ein Bewerten der Wirklichkeit. Bei einem Vergleich geht es nur um einen ganz bestimmten Ausschnitt aus der Wirklichkeit. Es geht darum, ob das Vergleichspaar im Hinblick auf bestimmte Merkmale übereinstimmt. Vollkommen kann es nicht übereinstimmen, sonst wäre es identisch. Der Gleichheitssatz lässt logisch nur die Aussage gleich oder ungleich zu. Dazwischen gibt es nichts. Eine ungleiche Behandlung von Gleichem verstößt gegen den Gleichheitssatz, lässt sich nicht rechtfertigen.

a) Man kann zwar die Frage nach der Begründung „Rechtfertigung" nennen. Damit wird aus der Gleichheitsprüfung aber keine an die Freiheitsrechte angenäherte. Die Gleichheitsprüfung ist etwas anderes als die der Freiheitsrechte, weil dort eine Verletzung des Schutzbereichs vorausgeht. Der Schutzbereich strukturiert die Prüfung. Beim Gleichheitssatz kann man aber nicht von einem Schutzbereich im eigentlichen Sinne, also eines von vornherein feststehenden Bereiches sprechen, dessen Beeinträchtigung eine Rechtfertigung auslöst. Eine Ungleichbehandlung reicht für sich genommen nicht aus, um eine Verletzung des Gleichheitssatzes zu begründen, sie ist in der Tat nicht einmal ein Indiz für die Verletzung des Gleichheitssatzes.[80] Als wertungsoffene Generalklausel muss beim Gleichheitssatz erst im konkreten Fall der jeweilige Inhalt ermittelt und dadurch geprüft werden, ob eine Un-

---

[78] Martini ebenfalls ablehnend *Osterloh* in Sachs Art. 3 Rn. 12 Fn. 22; *Pieroth* DVBl 1998, 979.
[79] Zu diesem Prüfungsaufbau *Brüning* JA 2000, 728, 729 ff. *Pieroth/Schlink* Grundrechte Rn. 225 ff., 239 ff.; vgl. auch *Lerche* in HdBStR V § 121 v.a. Rn. 11 ff., 45 ff. und § 122 v.a. Rn. 8 ff., 16 ff., 20 ff.; *Jarass* in JP Vorb. vor Art. 1 Rn. 14 ff. Kritisch zu diesem Aufbau *Volkmann* JZ 2005, 261, 263 f. Den Aufbau **ablehnend** *Böckenförde* Der Staat 2003, 165 f., 174 – zu seinem Ansatz *Lenz/ Leydecker* DöV 2005, 841, 844. Den Aufbau hingegen **befürwortend** *Hochhuth* JZ 2002, 743, 751.
[80] *Jarass* NJW 1997, 2545, 2546. Allgemein zur Funktion des Schutzbereichs *Stern* in Festschrift 50 Jahre BVerfG S. 1, 7 f. Kritisch zum Schutzbereich und mit eigenem Ansatz, der aber letztlich nur die Probleme verlagert *Böckenförde* Der Staat 2003, 165 f., 174.

gleich- oder eine Gleichbehandlung vorliegt. Erst dann ist der Gleichheitssatz verletzt.[81] Er verfügt also über **keinen spezifischen Schutzbereich**, wie die Freiheitsrechte.[82] Gerade die Aufgabe, die dem Schutzbereich sonst zukommt, nämlich die Prüfung zu strukturieren, kann er beim Gleichheitssatz aufgrund von dessen Offenheit gar nicht leisten.[83] Man mag zwar diesen umfassenden Bereich Schutzbereich nennen und ein Recht auf gleiche Behandlung als dessen Inhalt ansehen. Ein wirklich geschützter Bereich wird dadurch aber gar nicht aufgezeigt, sondern kann erst in der weiteren Prüfung im Einzelfall entwickelt werden.[84] Er schält sich erst in der eigentlichen Prüfung, nämlich in der Verletzung heraus. Anders als bei den Freiheitsgrundrechten ist der Grundrechtsträger nicht aufgrund von Übermaß beschwert, sondern schon durch die Gleichheitswidrigkeit der Einwirkung selbst.[85] Die Verletzungs- und die Rechtfertigungsprüfung, um in der Terminologie der Freiheitsrechte zu bleiben, fällt beim Gleichheitssatz in eins. Die Prüfung des Gleichheitssatzes spielt sich nur auf dessen Tatbestandsebene ab. Deswegen kann es auch keinen „Eingriff in den Schutzbereich" geben, da ein solcher nur festgestellt werden kann, wenn der Inhalt des Gleichheitssatzes feststeht. Steht dieser aber fest, dann ist auch die Frage beantwortet, ob der Gleichheitssatz verletzt ist oder nicht. Die Bezeichnung Schutzbereich sollte daher bei Art. 3 I GG vermieden werden, weil sie Assoziationen weckt, die sie nicht erfüllen kann.

Ausgangs- und Endpunkt der Prüfung ist also die Feststellung, dass es bei einem Vergleich immer nur um das Vorliegen als relevant erachteter Merkmale geht. Liegen sie beim Vergleichspaar vor, sind die Personen im Hinblick darauf gleich, sonst nicht. Um welche Merkmale es geht, ist aber eine Wertungsfrage. Da, wie schon gesagt, das jeweilige Vergleichsmerkmal nicht ganz feststeht, besteht ein Spielraum, die Gleichheitsfrage auszufüllen. Kann begründet werden, warum im konkreten Fall bestimmte Merkmale ausschlaggebend sind und andere nicht, dann gelangt

---

[81] *Jarass* in JP Art. 3 Rn. 6; siehe auch *ders.* NJW 1997, 2545, 2546.
[82] *Kim* Konkretisierung S. 99, 102, 105 f.; *Müller* VVDStRL 47 (1989) S. 37, 40; *Odendahl* JA 2000, 170, die dies aber mit der „modalen" (hierzu C I 2 b) Struktur des Satzes begründen will. *Brüning* JA 2001, 611. Kritisch zum Schutzbereich bei den Freiheitsrechten *Volkmann* JZ 2005, 261, 265 ff.; *Möllers* NJW 2005, 1973, 1976 ff., 1978.
[83] *Jarass* AöR 120 (1995) S. 345, 362; *ders.* in JP vor Art. 1 Rn. 21 f., Art. 3 Rn. 6 nimmt hingegen einen ähnlich umfassenden Schutz- bzw. Anwendungsbereich wie bei der allgemeinen Handlungsfreiheit an, welcher keine einschränkende Wirkung habe.
[84] Ähnlich *Kim* Konkretisierung S. 99, 102, 105 f., der sich a.a.O. S. 99, 102 an die strukturierende Rechtsnormtheorie F. Müllers anlehnt. Siehe auch mit anderem Akzent *Bleckmann* Struktur S. 54.
[85] *Ipsen* StaatsR II Rn. 754. Anderer Ansicht wohl *Kallina* Willkürverbot und Neue Formel S. 41.

man dadurch zu einer Aussage über die Gleich- oder Ungleichheit und damit über einen Verstoß gegen den Gleichheitssatz oder nicht. Die Gleichheitsprüfung zerfällt in eine **zweistufige Prüfung**.

b) In einem **ersten Schritt** wird untersucht wird, ob und wie eine Person gegenüber der Vergleichsperson **behandelt** wird. Die Auswahl des Vergleichspaars erfolgt im Hinblick auf die Behandlung. Die behandelte Person steht schnell fest, denn es ist der Rechtsuchende. Wie wird aber die Vergleichsgruppe gefunden?

Ein Vergleich findet im Rechtssystem statt. Es geht um die unterschiedliche rechtliche Behandlung. Der Vergleich erfolgt im Hinblick auf die Folge dieser Behandlung, auf die Rechtsfolge und gegebenenfalls deren tatsächliche Auswirkungen. Bei der behandelten Person treten andere Rechtsfolgen ein, als bei einer Vergleichsperson. Die Vergleichsgruppe kann dadurch bestimmt werden, dass zum einen festgestellt wird, welche Personengruppe die Tatbestandsmerkmale erfüllt und damit der Rechtsfolge ausgesetzt ist und welche nicht. Zum anderen sind die Tatbestandsmerkmale herauszuarbeiten, die für die Rechtsfolge relevant sind, die Differenzierungskriterien also. An ihr Vorliegen werden die unterschiedlichen Rechtsfolgen geknüpft. Dadurch gelangt man zu einem Vergleichspaar, das im Hinblick auf die Rechtsfolge *anders* behandelt wird. Gleichwohl müssen behandelte Person und Vergleichsperson noch unter einen gemeinsamen Oberbegriff fallen, der sich aus der gesetzgeberischen Wertung ergibt, sonst könnte man sie überhaupt nicht vergleichen. Im Hinblick auf diesen Oberbegriff sind sie gleich. Im Hinblick auf die gesetzliche Differenzierung werden sie aber ungleich behandelt. Dies soll ein Beispiel verdeutlichen:

Früher konnte eine Frau, die anlässlich ihrer Heirat ihre Erwerbstätigkeit aufgab, sich ihre Rentenversicherungsbeiträge, bzw. ihre beamtenrechtliche Versorgungsanwartschaft auszahlen lassen. Falls die Frau danach wieder arbeiten sollte, würde sie also, was die Berechnung ihrer Rente oder Versorgungsbezüge anbelangt, bei „Null" anfangen. Da man dies als unbillig ansah, wurde die Möglichkeit geschaffen, dass die verlorenen Versorgungsbezüge oder Rentenanwartschaften nachentrichtet werden konnten. Allerdings sollte das nur möglich sein, wenn sich die Frauen im gleichen Alterssicherungssystem bewegten, also vorher Beamtin waren und nachher wieder Beamtin wurden, bei Angestellten entsprechend. Die Klägerin war Beamtin und ist jetzt Angestellte, so dass ihr damit die Möglichkeit der Nachentrichtung verwehrt war.[86]

In diesem Beispiel ist die Gruppenbildung schon deutlich im Gesetz angelegt. Gemeinsames Merkmal und damit Oberbegriff für alle Personen ist, dass sie sich ihre Alterssicherung haben auszahlen lassen, sie aber nun wieder ein Erwerbstätigkeit aufgenommen haben und die Beiträge, bzw. Anwartschaften nachentrichten wollen. Rechtsfolge ist die Möglichkeit der Nachentrichtung. Diese Möglichkeit steht der Klägerin aber nicht offen, weil sie das Alterssicherungssystem gewechselt hat. Damit lässt sich im Hinblick auf die Rechtsfolge der Nachentrichtung die Gruppe derer, die das Alterssicherungssystem gewechselt haben von denen abgrenzen, die in ihr altes System zurückgekehrt sind. Die behandelte Gruppe der Klägerin wird damit hinsichtlich der Rechtsfolge anders behandelt als die Vergleichsgruppe. Ob diese andere Behandlung eine Ungleichbehandlung von Gleichem oder nur eine Ungleichbehandlung von Ungleichem ist, wird hier noch nicht überprüft, sondern erst in einem zweiten Schritt. Denn erst müssen Vergleichspaar und Vergleichsperspektive ermittelt werden, bevor ihre Bildung hinterfragt werden kann.

c) In einem **zweiten Schritt** wird die Behandlung genauer betrachtet. Es geht hier um die Frage, ob es sich um eine Ungleichbehandlung von Gleichem handelt und deswegen der Gleichheitssatz verletzt ist. Eigentlich lässt der Gleichheitssatz überhaupt keine Ungleichbehandlung zu, denn vor dem Gesetz sind alle gleich. Andererseits ist ein Vergleich relativ und daher kann eine Gleichheit nur in der Übereinstimmung in bestimmten Merkmalen in Hinblick auf einen bestimmten Bezugspunkt liegen. Eine unterschiedliche Behandlung ist daher nur möglich, wenn die beiden Vergleichsgruppen nicht gleich sind, das heißt in dem relevanten Merkmal nicht übereinstimmen. Oder anders ausgedrückt: der Grund für eine Ungleichbehandlung kann nur darin liegen, dass es um eine Ungleichbehandlung von *Ungleichem* und nicht von *Gleichem* geht. Das Vergleichspaar ist also im Hinblick auf ein als relevant erkanntes Unterscheidungsmerkmal verschieden. Die Schwierigkeit besteht aber darin, das relevante Merkmal zu finden und zu begründen, warum es ausschlaggebend ist. Hier muss man sich wieder darüber klar werden, dass es um unterschiedliche Rechtsfolgen geht, die Vergleichsperspektive schon vorgegeben ist. Das Unterscheidungsmerkmal muss im Hinblick auf die Rechtsfolge bestimmt und

---

[86] Beispiel gebildet nach BVerfGE 98, 1.

überprüft werden. Ist es so erheblich, dass deswegen im Hinblick auf die Rechtsfolge unterschiedliche Gruppen vorliegen? Oft wird aber die gesetzlichen Regelungen allein nicht ausreichen, um über die Bedeutung eines Merkmals etwas auszusagen, bzw. um zu bestimmen, ob nicht noch weitere Merkmale herangezogen werden müssen. Es sind also weitere Gesichtspunkte nötig, um den Gleichheitssatz mit Inhalt anzufüllen. Das soll im nächsten Kapitel behandelt werden. Im oberen Beispiel lassen sich beide Gruppen von Frauen unter das Merkmal „Wiederaufnahme der Erwerbstätigkeit" subsumieren. Im Hinblick darauf sind die Frauen gleich. Der Gesetzgeber hielt das Merkmal „Systemwechsel" für ausschlaggebend, um die beiden Gruppen unterschiedlich zu behandeln. Die Frage dreht sich also darum, welche unterschiedlichen und gemeinsamen Merkmale bestehen und an welche im Hinblick auf die Rechtsfolge angeknüpft werden durfte, welche hierfür ausschlaggebend sind. Hierbei sind die tatsächliche und rechtliche Ausgangslage sowie die tatsächlichen und rechtlichen Konsequenzen von Belang, da die Behandlung ja immer im Hinblick auf eine bestimmte Rechtsfolge erfolgt. In unserem Beispielsfall hebt das Bundesverfassungsgericht hervor, dass das verbindende Merkmal zwischen beiden Gruppen die Wiederaufnahme der Erwerbstätigkeit sei. Dieses stehe im Vordergrund, nicht hingegen der Bezug zum jeweiligen Sicherungssystem.[87] Wenn aber an die Erwerbstätigkeit angeknüpft wird, bedeutet das, dass die rechtliche Behandlung zu einer Ungleichheit von Gleichem geführt hat und damit gegen den Gleichheitssatz verstößt.

6) Besonderheit für die Verwaltung?

Aus den Feststellungen zur Struktur des Gleichheitssatzes in diesem Teil (B) der Darstellung und aus den Ausführungen zur Bindung an den Gleichheitssatz in Teil A lassen sich verschiedene Erkenntnisse für die Bindung der Verwaltung an den Gleichheitssatz gewinnen. Oben (v.a. unter A II 4) wurde gezeigt, dass die Unterscheidung zwischen Rechtsanwendungs- und Rechtsetzungsgleichheit keinen Sinn macht. Die Bindung an den Gleichheitssatz ist für alle Gewalten gleich. Verwaltung und Rechtsprechung sind aber aufgrund ihrer Normbindung *zusätzlichen* Grenzen unterworfen. Das kann sich auch auf die Gleichheitsprüfung auswirken, da sich hierdurch mehr Kriterien ergeben, an denen sich eine Prüfung zu orientieren hat.

---

[87] BVerfGE 98, 1 (13).

a) Normative Vorprägung

Der Gleichheitssatz hat für die Verwaltung eine besondere Bedeutung in den Bereichen in denen sie **Spielraum** hat. Hat sie keinen Spielraum, muss sie die jeweiligen Normen strikt befolgen. Die Gleichbehandlung durch die Verwaltung ist dann mit der Gleichbehandlung durch das allgemeine Gesetz identisch. Sie erschöpft sich in der Gesetzesbefolgung. Spielräume können der Verwaltung zum einen bei der Ermächtigung zur **Normsetzung**, zum anderen bei **Ermessensentscheidungen** und bei **unbestimmten Rechtsbegriffen** (dazu schon oben A II 4) eröffnet werden.[88] Einen Spielraum kann die Verwaltung ferner haben, wenn es keine ermächtigende Norm gibt und auch der Gesetzesvorbehalt nicht einschlägig ist. Dann kommt dem Gleichheitssatz unmittelbare Bedeutung zu. Der Gleichheitssatz ist zwar ebenfalls einschlägig, wenn es um die Auslegung und Prüfung der jeweils einschlägigen **Norm** als solcher geht. Aber dies ist keine Besonderheit der Verwaltung. Denn die Normprüfung ist die ureigene Aufgabe der Verfassungsgerichtsbarkeit.[89]

Es ist grundsätzlich Sache des **Gesetzgebers** ist, zu entscheiden, welche Merkmale für die Gleich- oder Ungleichbehandlung maßgebend sein sollen. Aufgrund der Kompetenzordnung des Grundgesetzes ist er der Erstinterpret, die Gerichte und die Verwaltung sind hingegen die Zweitinterpreten der Verfassung. Der Gesetzgeber hat dadurch zwar einen größeren Spielraum, die Verfassung zu vervollständigen.[90] Er kann aber nicht alles regeln. In dem vom Gesetzgeber nicht oder nicht umfassend geregelten Bereich, also in dem Bereich, wo er die **Gleichheitsfrage** nicht oder nicht vollständig vorentschieden hat, kann die Verwaltung bestimmen, an welche Merkmale angeknüpft werden darf und an welche nicht. Der Gesetzgeber prägt diese Frage nicht umfassend vor. Er **delegiert** kann ihre Beantwortung gewissermaßen an die Verwaltung. Solange sich die Verwaltung an den Rahmen der ermächtigenden Norm hält, kann sie das Vergleichsprogramm, Einzelheiten des Vergleichens und Vergleichskriterien durchaus selbst bestimmen. Dieser **Rahmen** ist nicht starr. Ob er eng oder weit ist, hängt vom Grad der Be-

---

[88] *Jarass* in JP Art. 3 Rn. 34; *Dürig* in MD Art. 3 Rn. 426 f., 436; *Rüfner* in BK Art. 3 Rn. 172; *Osterloh* in Sachs Art. 3 Rn. 116; *Birk* VBlBW 1985, 274, 276 f.. Zum Steuerrecht, aber durchaus verallgemeinerungsfähig, *Dittmann* in Festschrift Dürig S. 221, 228.
[89] Dazu auch *Starck* in vM Art. 3 Rn. 263.
[90] *Kirchhof* in Festschrift Lerche S. 131, 147 f. – siehe auch oben Teil A Fn. 90. Vgl. allgemein auch *Mertens* Selbstbindung S. 59.

stimmtheit des anzuwendenden Gesetzes ab. Je unbestimmter eine Norm ist, um so mehr kann die Verwaltung die Gleichheitsfrage eigenständig entscheiden und ein Vergleichsprogramm festlegen. Ihr Spielraum wächst. Entscheidend sind der konkrete Inhalt, der Zweck und das Ausmaß der Ermächtigungsnorm; das zeigt sich etwa bei der Ermessensverwaltung (dazu sogleich). Am größten wird diese Befugnis wenn die Verwaltung ohne gesetzliche Grundlage außerhalb des Gesetzesvorbehalts handeln kann.[91] Die gesetzesvollziehende, gesetzesgebundene und gesetzesfreie Verwaltung ist daher an den Gleichheitssatz prinzipiell gleich gebunden.[92] Denn es geht hier nur darum, ob und wie konkret etwa die Vergleichsperspektive oder Vergleichsmerkmale schon vorgegeben sind, wer also die Vergleichsfrage endgültig beantwortet. Die Gleichheitsfrage an sich stellt sich für Verwaltung und Gesetzgebung aber gleich.

Besonders bedeutsam für die Verwaltung ist der Ermessensbereich. Wurde ihr **Ermessen** eingeräumt, dann ist die Verwaltung zwar nicht vollkommen frei, denn sie muss sich **im Rahmen des Gesetzeszwecks** bewegen. Der Gesetzeszweck gibt zudem eine Perspektive für die Vergleichsbetrachtung vor. Beachtet sie dies nicht, liegt schon darin ein Ermessensfehler. Es kommt gar nicht zur Anwendung des Gleichheitssatzes. Insofern ist die Verwaltung stärker gebunden als der Gesetzgeber. Durch die legislatorische Vorentscheidung verdichten sich die Anhaltspunkte für die Entscheidung selbst und für deren Nachprüfung. Es ist aber nicht richtig, wenn behauptet wird, die Differenzierungskriterien ergäben sich schon alle aus dem ermächtigenden Gesetz. Es besteht nämlich eine große Streubreite von Fällen, den Gesetzes- und den Differenzierungszweck zu erreichen, sonst wäre der Verwaltung kein Ermessen eingeräumt worden. Das Ermessen zeichnet sich dadurch aus, dass die Verwaltung hier ihr eigenes Handlungsschema – orientiert am Gesetzeszweck (vgl. § 40 VwVfG) – entwickeln und damit auch eigene Differenzierungskriterien schaffen kann. Sie füllt den ihr zugestandenen Spielraum eigenverantwortlich aus, um den jeweiligen Besonderheiten des Einzelfalls gerecht zu werden. Denn abstrakt-generell lassen sich die Fälle gerade nicht alle erfassen. Im Üb-

---

[91] *Starck* in Link (Hg.) Verfassungsstaat S. 51, 54; *ders.* vM Art. 3 Rn. 245 f., 266. Siehe auch schon *Lademann* Schl-H-Anzeiger 1966, 209. Vgl. ferner *Gubelt* in von Münch Art. 3 Rn. 36, 38; *Gusy* NJW 1988, 2505, 2509 f.; *Kirchhof* in HdBStR V § 125 Rn. 36, § 124 Rn. 176.
[92] *Erichsen* VerwArch 71 (1980) S. 289, 292. Zu einem „Verwaltungsreservat" allgemein *Kunig* in Festschrift 50 Jahre BVerfG S. 421, 439. Kritisch zum Begriff gesetzesfreie Verwaltung *Schmidt-Aßmann* in HdBStR I § 24.

rigen hat die Verwaltung natürlich nicht nur den Gesetzeszweck, sondern die gesamte Rechtsordnung zu berücksichtigen, deren Teil der Gleichheitssatz ist.[93] Wenn also die Behörde sich entschließt, gegen Schwarzbauten vorzugehen, dann gebietet ihr der Gesetzeszweck die baurechtswidrige Lage zu beseitigen. Er gebietet ihr aber nur bedingt, wie und wann sie das zu tun hat und auch nicht, nach welchem Muster sie dabei vorgehen muss. Das steht in ihrem Ermessen. Behandelt die Verwaltung aber verschiedene Betroffene, die sich in einer vergleichbaren Lage befinden, so muss sie sie auch gleich, das heißt nach den gleichen Kriterien behandeln – sie muss ihr Ermessen nach einheitlichen Kriterien ausüben (zur Selbstbindung vgl. unten C III 2 c). Damit unterliegt sie aber auch den gleichen Bindungen wie der Gesetzeber.[94]

b) Auswirkung

Wie wirkt sich der Rahmen, den der Normgeber zieht, auf die Verwaltung aus? Das Gesetz strukturiert und **programmiert** für die Verwaltung die **Vergleichsfrage vor**. Diese stellt sich in der Regel im Hinblick auf das Gesetz, in dessen Rahmen die Verwaltung handelt. Der **Zweck** des Gesetzes bildet damit die äußere Grenze für das Handeln der Verwaltung. Der Gesetzeszweck und das Differenzierungsziel sind im Übrigen unterschiedliche Begriffe, die sich decken können aber nicht müssen (vgl. oben B II 2 c und unten D III 3 b cc). Die Möglichkeit der Verwaltung, eigene Zwecke zu setzen und eigenständig Differenzierungskriterien zu entwickeln, ist damit eingeschränkt, aber nicht komplett ausgeschaltet.[95]

Durch die Zielsetzungskompetenz des Gesetzgebers sind Vergleichsziel – zumindest aber die Vergleichsperspektive – oft vorgegeben. Die Verwaltung kann daher nur eingeschränkt und orientiert an den gesetzgeberischen Vorgaben **Differenzierungsziele** entwickeln und zwar unabhängig davon, ob sie Recht setzt oder

---

[93] *Hain/Schlette/Schmitz* AöR 122 (1997) S. 32, 35, 43; *Scheuner* in Festschrift DJT S. 229, 252 und dort auch Fn. 108; *Kölbel* Gleichheit im Unrecht Rn. 94; *Gubelt* in von Münch Art. 3 Rn. 39; *Dürig* in MD Art. 3 Rn. 430. Vgl. aber *Stein* in AK Art. 3 Rn. 65; *Rinck* JZ 1963, 521 (526). Kritisch zur heutigen Ermessensfehlerlehre und ihrer Ausrichtung auf die Ermächtigungsnorm *Held-Daab* Ermessen S. 256, 260 – zu ihrem eigenen Ansatz siehe 250. Dieser unterscheidet sich aber letztlich kaum von der heutigen Lehre, was sie S. 263 auch einräumt. Kritisch zu ihrem Ansatz *Stelzer* ZNR 1998, 148.
[94] *Stein* in AK Art. 3 Rn. 60; *Dürig* in MD Art. 3 Rn. 430. Siehe dazu bereits *Bettermann* Der Staat 1 (1962) S. 79, 84, 86. Allgemein auch *Kölbel* Gleichheit im Unrecht Rn. 90. Vgl. auch BVerfG NJW 2003, 3335 (3336); DVBl 2004, 761; VGH Mannheim NVwZ-RR 1991, 254 (255).
[95] Strenger *Stein* AK Art. 3 Rn. 65 – anders offenbar *Stein/Götz* StaatR S. 396. Allgemein zur Zwecksetzungskompetenz *Wernsmann* NVwZ 2000, 1360, 1363.

Recht anwendet, da sie sich auch bei der Rechtsanwendung am Rahmen der Ermächtigungsnorm – und der übrigen Rechtsordnung – ausrichten muss.[96] Daraus aber zu schließen, der Gleichheitssatz binde die Gewalten unterschiedlich ist nicht richtig.[97] Denn der Bereich der gesetzlich nicht gebundenen Verwaltung und dort gerade der Ermessensverwaltung zeigt, dass die Verwaltung durchaus eigenständig Vergleichsziele setzen kann, obwohl sie natürlich durch die jeweiligen Gesetze Vorgaben erhält.[98] Innerhalb des Zwecks der bauordnungsrechtlichen Generalklausel **beispielsweise**, die Sicherheit und Standfestigkeit von Gebäuden zu gewährleisten und baurechtswidrige Zustände zu unterbinden bleiben der Verwaltung noch genug Möglichkeiten, ihr eigenes Differenzierungsschema für das Vorgehen gegen Schwarzbauten zu entwickeln.

Es geht also nicht um die Bindung als solche an den Gleichheitssatz, sondern um die jeweilige **Normierungsdichte**, die dem Gleichheitsprogramm vorgeschaltet ist und der es unterliegt. Derartige Freiräume sind nicht auf die nicht-gesetzesakzessorische Verwaltung beschränkt, sondern können, wie das Beispiel gerade zeigt, auch bei der gebundenen Verwaltung vorkommen. Unscharfe und unbestimmte Rechtsbegriffe und vor allem das gesetzlich eingeräumte Ermessen, geben der Verwaltung also die Möglichkeit, (Gleichheits-) Wertungen vorzunehmen.[99]

c) **Vergleichsdichte**

Abgesehen von der Vorprogrammierung durch den Gesetzgeber ist das **Vergleichspotential** der Verwaltung aber größer, weil sie den Einzelfall, die Einzelfälle berücksichtigen muss (und damit der individuellen Verschiedenheit Rechnung tragen kann). Der Gesetzgeber hingegen muss in der Regel notwendig generalisieren und abstrahieren.[100] Ist das Vergleichspotential, sind also die jeweiligen Gesichtspunkte des konkreten Einzelfalls, größer, so kann umgekehrt die Prüfung

---

[96] *Stein* AK Art. 3 Rn. 66; *Gubelt* in von Münch Art. 3 Rn. 36 f.; *Kirchhof* in HdBStR § 124 Rn. 176, § 125 Rn. 1
[97] So aber *Kirchhof* in HdBStR § 125 Rn. 1; *ders.* in Festschrift Lerche S. 133, 134, 146 f.; *ders.* in Festschrift Geiger S. 82, 108; *ders.* Verschiedenheit S. 28, 30 ff. Siehe auch *Gusy* NJW 1988, 2505, 2509.
[98] Dazu schon *Lademann* Schl-H-Anzeiger 1966, 209 f. Einschränkend *Gusy* NJW 1988, 2505, 2510.
[99] Dazu bereits *Leibholz* Gleichheit S. 87, 90. Das räumt selbst *Kirchhof* Verschiedenheit S. 28 ein, der sonst die Gewalten unterschiedlich an verschiedene Ausprägungen des Gleichheitssatzes binden will – siehe dazu oben Fn. 97. Vgl. ferner *Stern* StaatsR III/1 S. 1359 f. Auch *Dittmann* in Festschrift Dürig S. 221, 228 gesteht dies zu, der aber trotzdem zwischen Rechtsanwendungs- und Rechtsetzungsgleichheit unterscheidet; ebenso *Richter/Schuppert/Bumke* Casebook Verfassungsrecht S. 101.
[100] *Stern* StaatsR III/1 S. 1358; *Stein/Götz* StaatsR S. 396; *Herzog* in MD Anhang zu Art. 3 Rn. 24; *Schaumann* JZ 1966, 721, 724.

strikter sein, weil sie eben durch den konkreten Einzelfall eingeengt ist. *Dürig* spricht hier von einer **Kontrollverdichtung** je mehr Vergleichsfelder geschaffen werden. Bei gleichen Sachverhalten seien keine verschiedenen Entscheidungen zulässig. Bei einer abstrakten Regelung lassen sich mehr Gründe denken, warum die Fälle verschieden sind, als bei einer konkreten, da sich die Begründung am jeweiligen Einzelfall orientieren muss. Außerdem wird, um im Bild zu bleiben, das Vergleichsfeld dichter, je mehr konkrete Vorgaben das jeweils ermächtigende Gesetz enthält – falls es eines gibt.[101] Wenn eine Norm etwa regelt, dass eine Behörde eine Hausordnung erlassen darf und befugt ist, die Ordnung störende Personen aus dem Gebäude zu entfernen, so ist das sehr allgemein. Wenn es dann im konkreten Fall darum geht, warum die Behörde dem einen Störer gegenüber ein Hausverbot ausgesprochen hat, dem anderen hingegen nicht, verdichtet sich das „Vergleichsmaterial". Das bedeutet also, dass zwar die Bindung an den Gleichheitssatz für die Verwaltung nach den gleichen Kriterien beurteilt wird, wie die des Gesetzgebers, sie aber aufgrund der Besonderheiten des Einzelfalls strikter ausfallen kann, als bei abstrakt-generellen Regelungen des Parlaments.

d) Ergebnis

Die Bindung an den Gleichheitssatz ist für alle Gewalten gleich und für die Verwaltung nicht anders. Eine Besonderheit der Prüfung kann aber darin gesehen werden, dass für die Gleichheitsprüfung bei der Verwaltung mehr Gesichtspunkte in Frage kommen als beim Gesetzgeber, da zum einen eine gesetzgeberische Vorprägung des einschlägigen Sachbereichs besteht und zum anderen die Besonderheiten des Einzelfalls zu einer Verdichtung der Bindung führen können.

---

[101] *Dürig* in MD Art. 3 Rn. 295, 416, 418; *Heun* in Dreier Art. 3 Rn. 46 und dort auch Fn. 286. *Seibert* in Festgabe 50 Jahre BVerwG S. 535, 536.

III) Vergleichsprüfung in der Rechtsprechung

In den vorhergehenden Abschnitten wurden die Grundstrukturen des Gleichheitssatzes aufgezeigt und dabei wurde auch einen Bezug zur Rechtsprechung hergestellt. Dieser Abschnitt stellt dar, welche Folgerungen die Rechtsprechung aus der Struktur des Gleichheitssatzes zieht. Sie prüft zweistufig, also so, wie es die Struktur des Gleichheitssatze nahe legt.

1) Bundesverfassungsgericht

Das Bundesverfassungsgericht prüft zweistufig.[102] In einem ersten Schritt stellt es darauf ab, ob die jeweilige Behandlung, in der Regel also die gesetzliche Regelung mit ihrer Rechtsfolge, den Antragsteller und eine Vergleichsgruppe *ungleich* behandelt. Danach wird dann im zweiten Schritt gefragt, ob diese Ungleichbehandlung, gerechtfertigt ist, ob sich – noch genauer zu qualifizierende – Gründe für die Ungleichbehandlung finden lassen. Nur wenn sich solche Gründe nicht finden lassen, ist der Gleichheitssatz verletzt. Lassen sich aber Gründe für die Differenzierung vorweisen, dann sei die Ungleichbehandlung gerechtfertigt oder schlicht der Gleichheitssatz nicht verletzt.[103]

Zuerst wird vom Bundesverfassungsgericht die behandelte Gruppe und die Vergleichsgruppe gebildet. Ausgangspunkt dafür ist die jeweils einschlägige Norm bzw. rechtliche Behandlung mit ihrer Wirkung, sowie die Unterscheidungsmerkmale, die zu einer Ungleichbehandlung führen. Das Gericht fragt, ob eine Person oder Gruppe anders (schlechter) behandelt wird, als eine ihr als vergleichbar gegenüber gestellte.[104] Damit kommt das Gericht zu einer Ungleichbehandlung, d.h. zu einer

---

[102] Dazu auch *Jarass* in JP Vorb. vor Art. 1 Rn. 15; *Richter/Schuppert/Bumke* Casebook Verfassungsrecht S. 106 f. Nach *Odendahl* JA 2000, 170 scheint die zweistufige Prüfung beim Gleichheitssatz daraus zu folgen, dass der Gleichheitssatz ein „modales Grundrecht" sei und damit nicht über einen spezifischen Schutzbereich verfüge. Dazu unten C I 2 b; vgl. auch *Brüning* JA 2001, 611.
[103] Eine Zweiteilung wird deutlich etwa in BVerfGE 18, 38 (46); 23, 327 (336); 27, 142 (148 f.); 43, 13 (20 ff.); 45, 376 (388); 51, 1 (22); 55, 72 (88); 56, 192 (212 f.); 57, 107 (116); 59, 302 (329); 66, 234 (247); 71, 39 (50 f./57 f.); 76, 256 (329 f.); 82, 126 (152); 88, 87 (98 f.); 91, 389 (401 f.); 98, 1 (11 f.); 99, 1 (12 f.); 99, 367 (390 f./392 f.); 100, 59 (90 f.); 102, 68 (87 f.); 103, 392 (398); NVwZ 2000, 309 (311 f.); NJW 2001, 1712 (1714 f.); DVBl 2001, 189 (190); NJW 2002, 742 (743); NVwZ 2005, 319 (320).
[104] Ausführliche Vergleichsgruppenbildung etwa in BVerfGE 98, 1 (12 f.); 100, 59 (90 f.) – zur Gruppenbildung ferner BVerfGE 22, 387 (415); 52, 277 (280); 71, 39 (51 f.); 78, 232 (247); 91, 389 (401); NVwZ 1984, 31; NJW 2001, 1712 (1714 f.) – zur Bedeutung der Wirkung einer Behandlung siehe etwa BVerfGE 85, 238 (245); 88, 87 (98); 100, 59 (90); 102, 68 (87); 103, 392 (398); NJW 2001, 2160; NJW 2002, 1103 (1104).

unterschiedlichen Anwendung der Rechtsfolge auf das Vergleichspaar. Ein geradezu schulmäßiges Beispiel für diese Herangehensweise ist die oben, S. 48 geschilderte Entscheidung zur Nachversicherung von Frauen

Im zweiten Schritt der Prüfung geht es um die vom Gericht häufig so genannte Rechtfertigung der Ungleichbehandlung. Es wird nach Gründen für die Ungleichbehandlung gesucht. Der Gleichheitssatz ist dann nicht **verletzt**, wenn – noch genauer zu qualifizierende – **Gründe** die Differenzierung **rechtfertigen** oder einfach, wenn Gründe vorliegen. Statt von Gründen wird oft auch von Unterschieden gesprochen, ohne dass sich an der Prüfung etwas ändert.[105] Denn es ist einerlei, ob Unterschiede die Ungleichbehandlung rechtfertigen oder Gründe. In beiden Fällen muss nämlich *begründet* werden, welche Merkmale als relevant erscheinen. Eine Ungleichbehandlung ist nur möglich, wenn es sich um Ungleiches handelt. Es muss also begründet werden, welche Merkmale die Ungleichheit ausmachen. Nur die relevanten Merkmale können eine unterschiedliche Behandlung begründen, denn sie kennzeichnen den tatsächlichen Unterschied. Man kann daher auch davon sprechen, dass die Unterschiede eine Verletzung des Gleichheitssatzes *rechtfertigen*. Das ist aber verkürzt, da dies noch keine Aussage über die Relevanz der Unterschiede beinhaltet.[106]

Ist die Ungleichbehandlung gerechtfertigt und der Gleichheitssatz nicht verletzt, dann liegt aber schon keine Ungleichbehandlung vor – keine Ungleichbehandlung von *Gleichem*, sondern nur die (zulässige) von Ungleichem. Damit ist der Grund für die Rechtfertigung eigentlich nicht, dass es keine – „gerechtfertigte" – Ungleichbehandlung (von Ungleichem) gibt. Grund ist, dass es sich um Ungleiches handelt, welches deswegen auch ungleich behandelt werden darf. Dass es sich um Ungleiches handelt liegt daran, dass bestimmte Merkmale als relevanter erscheinen als an-

---

[105] BVerfGE 1, 14 (52); 9, 20 (28); 14, 142 (150); 18, 38 (46); 38, 225 (229); 42, 374 (388); 51, 1 (28); 55, 72 (88); 71, 39 (58); 76, 256 (329 f.); 82, 126 (146); 88, 87 (97); 93, 386 (397); 90, 226 (239); 98, 1 (11, 13); 101, 275 (291); 102, 68 (89); 102, 254 (299); NJW 2002, 1103 (1104); DVBl 2002, 189 (190); NJW 2003, 2733 (2736); NVwZ 2005, 1416 (1417).
[106] Die Versuche von *Martini* Prinzip absoluter Gleichheit S. 70 und *Michael* JuS 2001, 866 (869) aus der unterschiedlichen Verwendung von „Unterschiede" und „Gründe" Rückschlüsse auf die Prüfung durch das Gericht zu ziehen, wirken daher künstlich. Trotz unterschiedlicher Begrifflichkeit ändert sich an der Prüfung nichts, wenn das Gericht in BVerfGE 88, 87 (89); 91, 346 (363); 93, 99 (111); 95, 267 (317); 99, 367 (389);NVwZ 2000, 309 (311); NJW 2000, 2730; DVBl 2001, 664 (666) von „Gründen" spricht, in BVerfGE 93, 386 (397); 94, 241 (260); 98, 1 (12); 99; 165 (177); 100, 59 (90); 101, 275 (291); 103, 392 (397); NJW 2000, 2187; DVBl 2001, 896 (897); DVBl 2001, 1204; NJW 2005, 1413 (1416) dagegen von „*Unterschieden*".

dere. Die behandelte Gruppe und die Vergleichsgruppe unterscheiden sich also aufgrund dieser Merkmale. Warum das so ist, welche Merkmale also relevant sind und welche nicht, bedarf der Begründung. Mit dieser setzt sich das nächste Kapitel auseinander. Es reicht vorerst aus, sich das Schema der Prüfung bewusst zu machen.

Wenn das Gericht von **rechtfertigen** spricht, ist damit aber keine Rechtfertigungsprüfung wie bei der Prüfung der Freiheitsrechte gemeint. Denn es geht nicht darum, dass ein Eingriff in den Schutzbereich vorliegt, das Grundrecht also verletzt ist und dieser Eingriff, diese Verletzung dann gerechtfertigt werden müsste. Das ist nicht möglich, da sich eine Verletzung des Gleichheitssatzes gar nicht rechtfertigen lässt (dazu bereits oben B II 5 a). Das erkennt auch das Bundesverfassungsgericht, wenn es davon spricht, dass der Gleichheitssatz nicht verletzt ist, *weil* die Ungleichbehandlung gerechtfertigt ist. Es kommt also gar nicht erst zu einer Verletzung des Grundrechts. Das bedeutet aber, dass sich die Prüfung und die Frage der „Rechtfertigung" auf *einer* Ebene abspielt – auf der des **Tatbestandes**.[107] Wenn der Gleichheitssatz aber schon nicht verletzt ist, dann liegt auch gar keine Ungleichbehandlung vor. Eine gerechtfertigte Ungleichbehandlung ist damit gar keine Ungleichbehandlung. War dann die Ausgangsaussage, dass es zu einer Ungleichbehandlung zwischen den Vergleichsgruppen komme, falsch? Nein, aber verkürzt: Eine Ungleichbehandlung liegt hinsichtlich der Rechtsfolge schon vor, nur ist es eine von Ungleichem und nicht von Gleichem.

2) Verwaltungsgerichte (vor allem Bundesverwaltungsgericht)

Nachdem das Bundesverwaltungsgericht, das durch Gesetz vom 23. 9. 1952[108] errichtet wurde, 1954 auch seine Spruchtätigkeit aufgenommen hatte, fand es nach einer gewissen Übergangsphase schnell Anschluss an die Rechtsprechung des Bundesverfassungsgerichts zu Art. 3 I GG, das schon seit 1951 Recht sprach. BVerwGE 1, 200 (201) war die erste Entscheidung, in der es sich mit dem Gleichheitssatz beschäftigte.

---

[107] Ähnlich *Martini* Prinzip absoluter Rechtsgleichheit S. 37/38, der dort aber vom „Schutzbereich" des Gleichheitssatzes spricht., mit der der „effektive Garantiebereich", als der Teil des Schutzbereichs, bei dem Eingriffe nicht gerechtfertigt werden können, zusammenfällt.
[108] BGBl, I 1952 S.625

a) Anfangs lehnte es das Bundesverwaltungsgericht zwar öfter noch ab, einen **Vergleich** überhaupt vorzunehmen, weil es die Sachverhalte als so verschieden ansah, dass man sie nicht vergleichen könne. Dieses Schema wird mit zunehmender Festigung der Rechtsprechung aber seltener.[109]

Eine solche Entscheidung findet sich etwa in BVerwG E 30, 65. Die beklagte Behörde hatte einen öffentlich-rechtlichen Vertrag mit dem Kläger geschlossen, dass sie dessen Ausbildung zahlt, wenn der Kläger danach mindestens fünf Jahre bei ihr tätig wird. Der Kläger wendet sich gegen eine Rückzahlungsforderung. Das Bundesverwaltungsgericht beginnt seine Gleichheitsprüfung damit, dass es rügt, dass die von den Vorinstanzen herangezogenen Gruppen gar nicht vergleichbar seien. Hiermit bricht es die Prüfung ab.[110]

Den Vergleich von vornherein abzulehnen ist weder notwendig noch geboten, wenn es sich nicht gerade um vollkommen abwegige Vergleichsgruppen handelt. Zum gleichen und für die Beteiligten überzeugenderen Ergebnis kann man nämlich dadurch gelangen, dass man den Vergleich vornimmt, dann aber die Unterschiede oder Gemeinsamkeiten hervorhebt und so die Beteiligten davon zu überzeugen versucht, dass eine gleiche oder ungleiche Behandlung ihre Rechtfertigung findet.[111] Dies entspricht der Befriedungsfunktion der Rechtsprechung besser, als wenn von vornherein ein Vergleich als abwegig abgelehnt wird.

Es finden sich auch Prüfungen, bei denen zwar ein Vergleich nicht explizit ausgeschlossen wird. Vielmehr wird stärker und sofort auf die besondere Qualität der Unterschiede abgestellt und aus diesem Grund von vornherein betont, dass der Gleichheitssatz gar nicht verletzt sei oder nicht gegen ihn nicht verstoßen wurde. Die Gleichheitsprüfung wird **abgebrochen**, bevor sie überhaupt beginnen

---

[109] Die Sachverhalte sind zu verschieden, als dass man sie vergleichen könne, oder die Umstände oder Tatbestandsmerkmale zu unterschiedlich, so argumentieren etwa BVerwGE 1, 268 (274); 7, 66 (77); 11, 129 (132); 12, 273 (277); 14, 318 (319); 25, 128 (133); 25, 364 (368); 30, 65 (73 f); 35, 107 (110); 46, 72 (76 f); 50, 326 (332); 57, 40 (53 f); 73, 182 (185); 81, 242 (250 f.); 97, 245 (252); DVBl 2002, 206.
[110] BVerwGE 30, 65 (73 f.).
[111] Vgl. etwa BVerwGE 61, 152 (158); 73, 182 (185); 84, 151 (156); 97, 124 (127), wo das Gericht zuerst die großen, erheblichen Unterschiede hervorhebt, dann aber nicht etwa die Prüfung deswegen abbricht, sondern sie gerade zur Begründung einer unterschiedlichen Behandlung heranzieht.

konnte.[112] Diese Vorgehensweise ist auch und gerade bei den Verwaltungsgerichten zu beobachten.[113]

In einer prüfungsrechtlichen Entscheidung des VGH Mannheim ging es darum, dass ein Prüfungskandidat erst im vierten Anlauf die Eingangsprüfung für Mediziner bestanden hatte und das Prüfungsamt die Zulassung wieder zurück nahm, weil der Kläger andere Wiederholungsversuche verschwiegen hatte. Der Kläger beruft sich hier unter anderem auf eine Sondervorschrift, nach der einem bestimmten Prüfungsjahrgang ein weiterer Versuch eingeräumt worden war. Das Gericht lehnt es aber von vornherein ab, die Jahrgänge zu vergleichen. Denn aufgrund der damals extrem hohen Misserfolgsquote habe ein sachlicher Grund bestanden. Mangels einer vergleichbaren Sachlage habe der Kläger daher keinen Anspruch auf eine Gleichbehandlung.[114]

Diese Art der Prüfung ist keine Besonderheit. Vielmehr wird in Wirklichkeit eine **zweistufige Prüfung** durchgeführt, bei der die festgestellte Ungleichbehandlung gerechtfertigt werden soll. Auffällig ist diese Art der Prüfung eigentlich nur dadurch, dass sie **sehr verkürzt** ist, weil sie sehr stark die Unterschiede – im Beispiel die hohe Misserfolgsquote – betont. Etwa, wenn deswegen kein Verstoß gegen den Gleichheitssatz vorliegen soll, weil die Unterschiede so wesentlich oder so groß seien, dass eine unterschiedliche Behandlung nicht willkürlich wäre.[115] Hier dürften sich auch noch einige Entscheidungen einordnen lassen, die keine besondere Prüfung vornehmen, weil sie nach einer Rechtfertigung für Unterschiede fragen und die Unterschiede sehr stark betonen, indem sie hervorheben, dass die Unterschiede selbst eine Ungleichbehandlung rechtfertigen (etwa, weil sie so wesentlich sind).

So will etwa der VGH München in einer Entscheidung, die sich mit Anliegerkosten beschäftigte die Unterscheidung zwischen den Anliegern verschiedener Straßen aufgrund „beachtlicher sachlicher Gründe" unbeachtet lassen, da sich die Rechts-

---

[112] Die Unterschiede sind **zu groß** oder die Sachverhalte **nicht gleichsetzbar**: BVerwGE 9, 293 (295); 15, 66 (69); 37, 31 (37); 39, 174 (178); 42, 169 (172); 48, 35 (41 f); DVBl 2002, 919 (920) – siehe auch schon BVerwG E 1, 200 (201): Sachverhalte zu verschieden, als dass man sie einheitliche regeln könnte.
[113] Fälle sind nicht vergleichbar, deswegen kein Verstoß gegen den Gleichheitssatz – so und ähnlich argumentieren VGH Kassel NVwZ-RR 2003, 776 (777) VGH Mannheim VBlBW 1982, 402 (403); VBlBW 1985, 425 (427); VBlBW 1990, 148 (149); DöV 2004, 577 (578); VGH München BayVBl 2001, 238 (240); OVG Münster NWVBl 2001, 99 (101); OVG Münster NVwZ-RR 2005, 852 – siehe auch VGH Mannheim VBlBW 1998, 174 (175); VBlBW 2002, 122 (124).
[114] VGH Mannheim VBlBW 1985, 425 (427).
[115] So und ähnlich argumentieren BVerwGE 3, 21 (27 f); 8, 105 (107); 8, 287 (288); 11, 278 (282); 18, 302 (302); 35, 146 (147); 36, 71 (77 f); 46, 361 (364 ff, 367 f); 53, 146 (154 f); 59, 176 (183); 60, 367 (370).

beziehungen und -verhältnisse der Anlieger so wesentlich voneinander unterscheiden würden.[116]

b) Von diesen Besonderheiten abgesehen, die sich bei näherem Hinsehen aber nicht als Besonderheiten erweisen, prüfen das Bundesverwaltungsgericht und die Obergerichte „klassisch", ob der Gleichheitssatz **verletzt** ist oder nicht. Ob sich also eine Begründung für eine Ungleichbehandlung finden lässt. Wie das Bundesverfassungsgericht auch, prüfen die Gerichte nur, ob eine Ungleichbehandlung (oder Gleichbehandlung) vorliegt (erste Stufe) und ob deswegen der Gleichheitssatz „verletzt" ist (zweite Stufe). Er ist nicht verletzt, wenn die (un-) gleiche Behandlung sachlich vertretbar und damit gerechtfertigt oder nicht willkürlich ist. Die Prüfung ist demnach **zweistufig**.[117]

Es findet sich die gleiche Wortwahl wie beim Bundesverfassungsgericht. Das Bundesverwaltungsgericht spricht davon, dass der Gleichheitssatz nicht verletzt sei, weil sich ein „vernünftiger Grund" für eine Differenzierung finden lasse. Genau so lehnt es eine Verletzung des Gleichheitssatzes ab, weil ein „vernünftiger Grund" die unterschiedliche Behandlung „rechtfertigt".[118] Dies zeigt deutlich, wie schon beim Bundesverfassungsgericht, dass es nicht um eine Rechtfertigungsprüfung im Sinne einer dreistufigen Prüfung wie bei den Freiheitsrechten geht. Die Wörter „nicht gerechtfertigt" und „nicht verletzt" sind austauschbar. Der Gleichheitssatz wird nicht verletzt, weil es Gründe gibt, und er wird nicht verletzt, weil dies (durch Gründe) gerechtfertigt ist. Die Verletzung und die Rechtfertigung sind also keine Gegensätze oder unterschiedliche Prüfungspunkte, sondern ein Prüfungspunkt. Kann eine ungleiche Behandlung nicht (durch Gründe) gerechtfertigt werden, so ist der Gleichheitssatz verletzt. Diese Verletzung kann auch nicht wieder ausgeglichen

---

[116] VGH München BayVBl 2001, 181 f. Siehe im Übrigen etwa BVerwGE 23, 263 (267); 34, 24 (29); 44, 124 (129) 45, 340 (348 f); siehe auch VGH Mannheim VBlBW 2001, 358 (360); 2002, 122 (124).
[117] Vgl. etwa **BVerwGE** 2, 259 (264); 3, 226 (227); 6, 134 (143); 15, 218 (223); 16, 301 (306 f); 19, 48 (59); 20, 101 (105); 32, 135 (138); 33, 32 (33 f); 38, 191 (197); 39, 100 (105); 42, 128 (131); 43, 88 (94); 53, 280 (285); 77, 331 (336); 79, 54 (60); 80, 233 (244); 81, 68 (72); 81, 242 (250); 87, 94 (101); 92, 24 (28); 92, 322 (329); 94, 53 (56); 96, 136 (146); 97, 79 (86); 100, 287 (295); 103, 375 (380); 106, 191 (196); 110, 237 (239); NVwZ 2003, 611 (612); DVBl 2005, 1145 (1146) – **VGH** Mannheim VBlBW 1986, 421 (422); VBlBW 1986, 464 (465); VBlBW 1999, 70 (71); VBlBW 2001, 358 (360); VBlBW 2002, 210 (211); VGH München BayVBl 2001, 181 (182); OVG Münster NWVBl 1998, 24 (27); NWVBl 1998, 188 (190); NVwZ 2002, 996 (999); OVG Schleswig NVwZ 2001, 1300 (1302) – der zweistufige Aufbau wird **deutlich** an den jüngeren Entscheidungen zur neuen Formel (hierzu D III 3 b bb): OVG Lüneburg DVBl 1993, 266 (267); NVwZ-RR 2001, 742 (748 f.); VGH Mannheim NJW 1996, 72 (73); VGH München BayVBl 1997, 111 (113); BayVBl 1999, 501; OVG Münster NWVBl 1998, 188 (189 f.); NWVBl 2001, 237 (238); OVG Schleswig NJW 2000, 3440 (3441); NVwZ 2001, 1300 (1302); OVG Weimar NJW 2004, 791 (795).
[118] Zum ersten Satz BVerwGE 2, 151 (153); zum zweiten E 2, 259 (264).

werden. Die **Konstante** ist der – wie auch immer zu qualifizierende – Grund, der gesucht wird und der eine Verletzung ausschließt. Das Gericht versucht nicht, in der Terminologie der Freiheitsrechte, zwischen der Verletzung des Schutzbereiches und einer Rechtfertigung dieser Verletzung zu unterscheiden, was eine dreistufige Prüfung nahe legen würde. Diese Art der Prüfung wird beim Gleichheitssatz nicht verwendet. Sie würde sich auch mit dem Problem konfrontiert sehen, dass der Gleichheitssatz vorbehaltlos gewährleistet ist. Hat man aber eine Verletzung festgestellt, so müsste man als nächstes begründen, warum eine Verletzung (durch Schranken) gerechtfertigt sein kann, obwohl Art. 3 GG keine Schranken kennt.[119]

Betrachtet man die Rechtsprechung des **Bundesverwaltungsgerichts**, ergibt sich, dass es immer nur zweistufig prüft. So ist der Gleichheitssatz nicht verletzt, weil die Regelung durch den Gesetzeszweck gerechtfertigt wird, die Unterscheidung auf sachlich gerechtfertigten Unterschieden beruht oder die Differenzierungen durch sachliche Erwägungen gerechtfertigt sind.[120] Eine Unterscheidung ist nicht willkürlich, weil sie sachlich gerechtfertigt ist, oder Unterschiede rechtfertigen eine unterschiedliche Behandlung.[121] Bei all diesen Formulierungen und Entscheidungen geht es immer darum, dass eine Differenzierung (oder eine Gleichbehandlung) gerechtfertigt – *begründet* – werden muss. Kann sie nicht gerechtfertigt werden, d.h. ist die Begründung nicht ausreichend, so ist der Gleichheitssatz verletzt. Eine weitere Prüfung gibt es nicht. Nach Schranken wird nicht gefragt.[122] Die **Obergerichte** gehen ebenso vor. Statt aber die „Rechtfertigung" zu betonen, heben sie öfter hervor, dass der Gleichheitssatz (nicht) verletzt sei, oder gegen ihn (nicht) verstoßen worden sein weil bestimmte Gründe für eine Ungleichbehandlung fehlen (oder vorhanden sind). Sie scheinen also stärker noch, als das Bundes-

---

[119] BVerwGE 7, 325 (328) könnte zwar für eine dreistufige Prüfung sprechen. Dort versuchte das Gericht, den Gleichheitssatz einem Gesetzesvorbehalt zu unterstellen, so dass man seine Verletzung wie die eines Freiheitsrechts prüfen könnte, ließ aber offen, wie diese „Schranken" zu gewinnen seien. Diese Abgrenzung wird vom Gericht in den folgenden Entscheidungen nie mehr vorgenommen. Als verräterisch erweist sich BVerwGE 12, 140 (151 f), wo das Gericht zweistufig prüft, ohne auf „Begrenzungen" auch nur mit einem Wort einzugehen. Diese „Begriffsverwirrung" blieb daher nur Episode, ohne Einfluss auf die weitere Rechtsprechung.
[120] Durch Gesetzeszweck gerechtfertigt: BVerwGE 15 218 (223); sachlich gerechtfertigte Unterschiede: E 20, 101 (105); durch sachliche Erwägungen gerechtfertigt: E 33, 32 (33 f); 38, 191 (197); 39, 100 (105); 43, 88 (94); 92, 322 (329).
[121] Sachlich gerechtfertigt: BVerwGE 81, 68 (72); 92, 322 (329); DVBl 2004, 765 (766); Unterschiede rechtfertigen unterschiedliche Behandlung: BVerwGE 81, 242 (250); 87, 94 (101); 96, 136 (146); 97, 79 (86); NJW 2003, 1886 f.
[122] Vgl. zum Ganzen die in Fn. 117 aufgeführten Entscheidungen.

verwaltungsgericht zu betonen, dass es bei einer Gleichheitsprüfung um die Suche nach Gründen für eine Differenzierung geht. Werden keine Gründe gefunden, dann ist der Gleichheitssatz verletzt, dann erst liegt ein Verstoß vor.[123]

c) In der Prüfung des Gleichheitssatzes durch das Bundesverwaltungsgericht und die Obergerichte ergeben sich also im Vergleich zur Prüfung durch das Bundesverfassungsgericht keine Besonderheiten. Sie prüfen genau so wie das Bundesverfassungsgericht.

IV) Exkurs: Gebot zur Ungleichbehandlung

Wenn der Gleichheitssatz in **Literatur** und **Rechtsprechung** mit dem Gebot verbunden wird, Gleiches gleich und Ungleiches (seiner Eigenart entsprechend) Ungleich zu behandeln – siehe oben B II 1 (S. 25) – so zeigt eine Analyse der Rechtsprechung, dass in der Regel **nur der erste Teil** des Satzes bei der Prüfung Bedeutung erlangt, nämlich das Gebot zur Gleichbehandlung. Zwar wird der zweite Satzteil meist mitzitiert, Folgerungen werden aus ihm in der Regel aber nicht weiter gezogen. Ein Gebot zur **Ungleichbehandlung**, das der zweite Satzteil nahe legt, wird **selten** angenommen.[124] In der Prüfung ging es in den meisten Fällen nämlich um die Gleichbehandlung, also die Untersuchung einer Abweichung von diesem Gebot. Gefragt wird, ob gleich behandelt werden muss, bzw. ob ein Abweichen von diesem Gebot, also eine Ungleichbehandlung zulässig ist oder nicht. Allerdings legt der gerade genannte Satz nahe, dass es neben dem Gebot zur Gleich- auch eines zur Ungleichbehandlung gibt. Dies klingt einleuchtend, denn wenn nur Gleiches gleich behandelt werden darf, erscheint es konsequent, dass auch nur Ungleiches ungleich behandelt wird. Gleichbehandeln bedeutet, dass unter den verschie-

---

[123] Zur Rechtfertigung vgl. die Nachweise bei Fn. 117. (Keine) Verletzung, wenn/ weil (keine) Gründe vorhanden: OVG Lüneburg DVBl 1972, 393 (397); VGH Mannheim VBlBW 1981, 89; VBlBW 1982, 295 (298); VBlBW 1983, 408; VBlBW 1990, 267 (268); VBlBW 1992, 350 (354); VBlBW 1998, 58 (60); VBlBW 1998, 349 (350); OVG Münster NWVBl 1996, 66 (68); NWVBl 1996, 429 (433 f.) – (kein) Verstoß, weil/ wenn ohne (mit) Grund differenziert o.ä.: OVG Greifswald NVwZ-RR 2001, 752 (754); VGH Kassel NVwZ 1986, 683 (684); VGH Mannheim NVwZ-RR 1991, 254 (255); NVwZ-RR 1993, 83 (84); DVBl 2002, 209; OVG Münster DVBl 1991, 955 (957 f); NWVBl 2000, 101 (102); DöV 2001, 647 (649).
[124] BVerfGE 103, 242, 271; LKV 1992, 269; BVerwGE 92, 24 (8); NVwZ 1991, 166 (167); DVBl 2005, 1520 (1522); OVG Münster DVBl 1967, 583 (585); NVwZ-RR 1989, 169 (170); NWVBl 1998, 361 (363); NWVBl 1998, 445 (446); NWVBl 2001, 399 (400 f.) – zur Seltenheit derartiger Fallkonstellationen *Bleckmann* StaatsR II § 24 Rn. 129; *Stern* in Festschrift Dürig S. 207, 212 – allgemein *Stern* in Festschrift Dürig S. 207, 210, 212; *Alexy* Theorie der Grundrechte S. 372; *Michael* JuS 2001, 148, 154; *ders.* JuS 2001, 866, 867 f. – ein Gebot zur Ungleichbehandlung lehnen etwa ab *Rüfner* in Festschrift Kriele S. 271 ff.; *Martini* Prinzip absoluter Rechtsgleichheit S. 219, 231.

denen Merkmalen, welche die Wirklichkeit beschreiben, einige ausgewählt werden und andere nicht. Gleich ist nur, wer auch die ausgewählten Merkmale aufweist, ungleich, wer sie nicht aufweist. Die Ungleichbehandlung ist also nur die notwendige **Konsequenz der Gleichbehandlung**. Um etwas gleich zu behandeln, darf anderes ungleich behandelt werden.[125] Beim Gebot zur Ungleichbehandlung geht es aber nicht um die Frage, ob etwas ungleich behandelt werden kann oder darf. Dies ist schon dem Wesen der Gleichheit eigen. Es geht darum, ob etwas ungleich behandelt werden *muss*. Die Frage ist also nicht, ob ein Vergleichspaar ungleich behandelt wird, obwohl es gleich behandelt werden müsste, sondern es geht umgekehrt darum, dass ein Vergleichspaar gleich behandelt wird, es aber ungleich behandelt werden müsste. Der Gleichheitssatz würde neben der ungerechtfertigten Gleich- auch die ungerechtfertigte Ungleichbehandlung verbieten.[126]

Nimmt man ein Gebot zur Ungleichbehandlung an, dann hat dies zur Folge, dass die für die rechtliche Behandlung ermittelten **Merkmale nicht vollständig** sind. Ein weiteres Merkmal kommt noch hinzu, welches bisher nicht beachtet oder als für die Rechtsfolge nicht relevant erachtet wurde. Seine Berücksichtigung bewirkt, dass weiter differenziert werden kann und muss. *Beispielweise* kann der zu entrichtende Beitrag zur Ärztekammer für alle approbierten Ärzte gleich sein. Wenn sich aber der Beitrag am Nutzen für die Mitglieder orientieren soll und die Kammertätigkeit hauptsächlich auf praktizierende Ärzte zugeschnitten ist, gelangt man zu einer kleinen Gruppe nicht praktizierender Ärzte, für die ihre Zwangsmitgliedschaft in der Kammer nur von geringem Nutzen ist. Man kann zwei Gruppen bilden, die im Hinblick auf die Beiträge gleich behandelt werden, obwohl sie, was ihren Nutzen aus der Mitgliedschaft angeht, sich unterscheiden.[127] In diesem Beispiel hat das Bundesverwaltungsgericht die Gleichbehandlung moniert, weil es die Unterschiede als zu gewichtig erachtete. Sonst hält sich die **Rechtsprechung** aber auffallend **zurück**, ein Gebot zur Ungleichbehandlung anzunehmen. Oft wird nämlich gerade betont, dass der Gleichheitssatz nicht unter allen Umständen gebiete, Ungleiches ungleich zu behandeln, sondern nur unter bestimmten (noch darzulegen-

---

[125] Dass etwas aufgrund einer Ungleichheit auch ungleich behandelt werden *darf* (nicht muss!) findet sich etwa in BVerfGE 57, 107 (116); BVerwGE 94, 53 (59) – siehe auch *Rüfner* in Festschrift Kriele S. 271 f.
[126] *Stern* in Festschrift Dürig S. 207, 213.
[127] Beispiel nach BVerwGE 92, 24 (27).

den) Voraussetzungen.[128] Das **Abgabenrecht** im weiteren Sinn, also das Steuer-, Gebühren und Beitragsrecht,[129] ist ein Hauptbeispiel für Fälle, in denen die Rechtsprechung das Gebot zur Ungleichbehandlung heranzieht.[130] Auch der Grundsatz der **Selbstbindung** der Verwaltung ist ein gutes Beispiel. Denn hier geht es darum, dass die Verwaltung in atypischen Fällen von der bisherigen Praxis abweichen muss, will sie nicht gegen den Gleichheitssatz verstoßen (dazu unten C III 2 c).[131]

1) Gleichbehandlung als Grundsatz

Die Zurückhaltung der Rechtsprechung ist berechtigt. Das Gebot zur Gleich- und das zur Ungleichbehandlung führen zu unterschiedlichen Sichtweisen. Um Gleichbehandlung zu erreichen, ist es nötig, zu **abstrahieren**. Es müssen also bestimmte Merkmale herausgegriffen werden, die bei mehreren Personen vorliegen. Darüber dürfen und müssen sogar andere Merkmale vernachlässigt werden. Gleichbehandlung hat also wesensnotwendig die Abstraktion von bestimmten Ungleichheiten zur Folge.[132] Eine Grenze kann erreicht werden, wenn nur noch rein schematisch gleich behandelt wird, ohne die Besonderheiten in der Wirklichkeit zu achten.[133] Art. 3 I GG ist auf **Gleichbehandlung** ausgelegt (siehe dazu schon oben A 1, B II 1). Bei der Entstehung des Artikels fand die Formulierung, dass der Gesetzgeber Gleiches gleich, Verschiedenes nach seiner Eigenart verschieden behandeln *muss*, keinen Eingang in die Endfassung.[134] Schon in seinem **Wortlaut** spricht der

---

[128] BVerfGE 4, 31 (42); 86, 81 (87); 90, 226 (239); 96, 1 (8); DVBl 1959, 324 f.; BVerwGE 7, 89 (95); 38, 191 (199); 64, 248 (260); 94, 53 (59); VGH Mannheim VBlBW 2002, 210 (211). OVG Bautzen NVwZ 2002, 615 (616) will umgekehrt ein Verbot annehmen, Ungleiches gleich zu behandeln.

[129] Vgl. zu den Begriffen BVerfG E 55, 274 (297); *Erichsen* Jura 1995, 47; *Kirchhof* in BesVwR § 20 Rn. 2, 10, 13 f.

[130] Vgl. zu diesen Konstellationen BVerwG NVwZ 1987, 231 (232); NVwZ-RR 2002, 217 (218); VGH Mannheim VBlBW 1984, 346 (347); OVG Münster DVBL 1967, 583 (585); NWVBl 1997, 662; NWVBl 1998, 445 (446); NWVBl 2001, 233; NWVBl 2001, 399 (400).

[131] Vgl. hierzu BVerwGE 22, 32 (33); 33, 233 (239); 85, 163 (167); OVG Münster NVwZ-RR 1989, 169 (170).

[132] BVerfGE 96, 1 (6); *Rüfner* in Festschrift Kriele S. 271.

[133] *Stern* in Festschrift Dürig S. 207, 212; *Rüfner* in Festschrift Kriele S. 271, 273 ff., der dies a.a.O. aber dann nicht als Fall des Art. 3 I GG ansieht.

[134] Die Formulierung findet sich so oder ähnlich in **Art. 4 I 2** der vom Hauptausschuss in erster Lesung angenommenen Fassung, *Parlamentarischer Rat* VII Dok. Nr. 3 (Stand 10.12.1948), Drucks. Nr. 337, Druck: Parlamentarischer Rat (Entwürfe), S.41-84; **Art. 7-1 I 2** des Entwurfs in der vom Allgemeinen Redaktionsausschuss redigierten Fassung, *Parlamentarischer Rat* VII Dok. Nr. 4 (Stand 13-18.12.1948), Drucks. Nr. 370 vom 13.12.1948, Druck: Parlamentarischer Rat (Entwürfe) S. 85-115; **Art. 4 I 2** der vom Hauptausschuss in zweiter Lesung beschlossenen Fassung und der Stellungnahme des Allgemeinen Redaktionsausschusses hierzu, *Parlamentarischer Rat* VII Dok. Nr. 5 (Stand der 2. Lesung 20.1.1949, Stand der Stellungnahme 25.1.1949), Drucks. Nr. 535 und 543, Druck: Parlamentarischer Rat (Entwürfe), S.117-172. In allen Artikeln ist davon die Rede, dass Gleiches gleich behandelt werden *muss*, Verschiedenes hingegen nach seiner

Artikel nur davon, dass alle Menschen gleich *sind*. Sind sie aber gleich, dann müssen sie auch gleich behandelt werden. Zieht man auch Art. 3 II, III GG heran, dürfen danach Menschen wegen bestimmter Eigenschaften nicht ungleich behandelt werden, es geht also gerade darum, eine Ungleichbehandlung zu verhindern. **Nicht** die Gleichbehandlung, sondern die Ungleichbehandlung muss **begründet** werden. Der Grundsatz ist die Gleichbehandlung.[135]

Die **Ungleichbehandlung** blickt in die andere Richtung, will **Differenzierung**, betont die Besonderheiten des Einzelfalls. Damit ist sie aber nicht einfach die Umkehrung von Gleichbehandlung, sondern etwas qualitativ anderes. Durch eine Ungleichbehandlung wandelt sich die Struktur des Gleichheitssatzes erheblich.[136] Letzten Endes führt ein Gebot zur Ungleichbehandlung die Rechtsetzung und die **Rechtsordnung** an sich **ad absurdum**, weil sie sich zu sehr in Details zu verlieren drohen und damit nicht mehr handhabbar werden. Die Anwendung des Gleichheitssatzes wird damit eine Frage der **Abstraktionshöhe**. Ein Gebot zur Gleichbehandlung setzt sie herauf, eines zur Ungleichbehandlung herab. Beides kann nicht gleichzeitig verwirklicht werden. Eine rechtliche Regelung ist also immer ein **Kompromiss** zwischen zu geringer und zu weit gehender Abstraktion. Eine funktionierende Rechtsordnung ist aber notwendig auf Abstraktion angewiesen. Eine generelle Pflicht zur Ungleichbehandlung würde generalisierende Regelungen unmöglich machen und die Freiheit des Gesetzgebers beschneiden.[137] Indem das Grundgesetz die Funktion der Gesetzgebung gerade vorsieht und ihr bestimmte Aufgaben, namentlich die Normgebung zuweist, erkennt es die Notwendigkeit einer Abstraktion, also der Vernachlässigung von Unterschieden ausdrücklich an. Das ist der Hintergrund, weswegen die Rechtsprechung vor allem bei Vorgängen der Massenverwaltung Typisierungen und Pauschalierungen zulässt, obwohl aufgrund des gro-

---

Eigenart behandelt werden *kann*. Daneben findet sich auch ein Entwurf, der in beiden Fällen ein *Muss* fordert, vgl. **Art. 1b II** der Stellungnahme der Allgemeinen Redaktionsausschusses zu den Formulierungen der Fachausschüsse, *Parlamentarischer Rat* VII Dok. Nr. 2 (Stand 10.10.-5.12.1948), Drucks. Nr. 282 vom 16.11.1948, Druck: Parlamentarischer Rat (Entwürfe), S. 17-39 – siehe zum Ganzen auch *von Doerming/Füßlein/Matz* JöR nF 1 (1951), S. 68 – dazu, dass die Formulierungen nicht übernommen wurden siehe schon oben S. 13.

[135] *Bleckmann* Struktur S. 104; *Alexy* Theorie der Grundrechte S. 373; *Rüfner* in Festschrift Kriele S. 271 f.; anders *Dürig* in MD Art. 3 Rn. 320. Siehe allgemeiner auch *Paehlke-Gärtner* in Umbach/Clemens Art. 3 Rn. 124.
[136] *Bleckmann* Struktur S. 104; *Alexy* Theorie der Grundrechte S. 371.
[137] *Rüfner* in Festschrift Kriele S. 271 f.; siehe auch BVerfGE 96, 1 (6).

ben Rasters auch Gleiches ungleich behandelt wird.[138] Grundsätzlich ist also Gleichheit herzustellen. Man kann daher mit *Alexy* von einem **prima-facie-Gebot der Gleichbehandlung** sprechen.[139]

2) Ungleichbehandlung als Ausnahme

Ein Vergleich ist eine Bewertung der Wirklichkeit. Deswegen betont die Rechtsprechung regelmäßig, dass die *tatsächlichen* Gleich- oder Ungleichheiten zu berücksichtigen waren oder dass die *tatsächlichen* Unterschiede (für die Rechtsfolge) so bedeutsam waren, dass sie hätten berücksichtigt werden müssen.[140] So kann, um im obigen Beispiel zu bleiben, der Grad des Vorteils, den man aus einer Leistung zieht für die Bemessung eben dieser Leistung von Bedeutung sein. Bleiben diese Besonderheiten für die Rechtsfolge ohne überzeugende Begründung unberücksichtigt, dann kann man durchaus zu einem Gebot zur Ungleichbehandlung, nämlich zur entsprechenden Berücksichtigung der Besonderheiten gelangen. Da aber grundsätzlich der Gesetzgeber festlegt, welche Merkmale und damit auch welche Unterschiede für die Gleich- oder Ungleichbehandlung von Bedeutung sein sollen und der Gleichheitssatz selbst keine Vorgaben macht, welche Merkmale für die angestrebte Rechtsfolge bedeutsam sind und welche nicht, kommt man wieder vor das schon geschilderte **Dilemma** des Gleichheitssatzes. Ohne eine Wertung lässt sich nicht feststellen, welche tatsächliche Ungleichheit, welche Merkmale also für eine Rechtsfolge so bedeutsam sein sollen, dass sie berücksichtigt werden müssen. Wenn aber der Gleichheitssatz grundsätzlich Gleichbehandlung fordert, ein Gebot zur Ungleichbehandlung demgegenüber die Ausnahme sein soll, dann bedarf ein solches Gebot einer **besonderen Begründung**. Angesichts der Vorrangstellung des Gleichbehandlungsgebots reicht es deswegen nicht einfach aus, dass sich keine Gründe für eine Gleichbehandlung finden lassen, denn eine Gleichbehandlung muss nicht gerechtfertigt werden, sie ist die Regel. Vielmehr muss es, da nun gerade

---

[138] Zum Beispiel BVerfGE 96, 1 (6, 8); 103, 392 (402); BVerwG NVwZ 1987, 231 (232); OVG Münster NWVBl 2001, 399 (400) – siehe zur Typisierung auch *Stern* in Festschrift Dürig S. 207, 217 f.
[139] *Alexy* Theorie der Grundrechte S. 373; anders *Dürig* in MD Art. 3 Rn. 320 – die Ungleichbehandlung ist eine Ausnahme OVG Lüneburg DVBl 1972, 393 (397).
[140] **BVerfGE** 1, 264 (275 f.); 14, 221 (238); 58, 68 (79); 67, 70 (85 f.); 98, 365 (385); ähnlich BVerfGE 87, 1 (36); 94, 241 (260); NJW 2003, 2733 – **BVerwGE** 16, 301 (306); 22, 26 (30); 25, 147 (148); 32, 158 (164 f.); 38, 191 (199); 58, 69 (79); 64, 248 (260); 77, 331 (335); 77, 345 (349 f.); 88, 354 (361); 91, 159 (164); 100, 206 (210); 103, 99 (101); 110, 237 (239); NJW 2002, 2193 (2195) – **VGH** Mannheim VBlBW 2002, 255 (257); OVG Münster DVBl 1965, 527 (530); DVBl 1967, 583 (585); NVwZ-RR 1989, 169 (170); OVG Weimar NJW 2004, 791 (795).

nicht gleich, sondern ungleich behandelt werden soll ausdrücklich eine Begründung für die Ungleichbehandlung geben.[141]

3) Bewertung

Allerdings ist das Problem der Ungleichbehandlung in vielen Fällen nur ein scheinbares, weil die **Vergleichsfrage nicht richtig** gestellt wurde und es sich durch deren Umformung lösen lässt. Es geht oftmals nicht darum, ob A und B zu Unrecht gleich, sondern darum, ob A und C zu unrecht ungleich behandelt werden.[142]

In einer Entscheidung des Bundesverfassungsgericht ging es beispielsweise um die Frage ob Unterhaltsleistungen auf die Förderung nach dem BAföG angerechnet werden. Nach dem Gericht müssen hier getrennt lebende Verheiratete anders behandelt werden als getrennt lebende Geschiedene. Das Kriterium „Heirat" gebiete eine unterschiedliche Behandlung. Damit stellt es ein Gebot zur Ungleichbehandlung auf.[143]

Diesen Fall hätte man aber auch darüber lösen können, dass man nicht auf die Trennung sondern auf das Kriterium der Heirat abstellt. Dann würden Verheiratete, die getrennt leben anders behandelt als Verheiratete, die zusammen leben. Diese Ungleichbehandlung verstößt ebenfalls gegen den Gleichheitssatz. Durch einen Wechsel der Perspektive könnte man von der Gleich- zur Ungleichbehandlung kommen. Es ist also möglich, dass sich Fälle als gleich erweisen, die als ungleich gerügt wurden, so dass gerade nicht Ungleiches, sondern Gleiches gleich behandelt wird, weswegen gerade nicht gegen den Gleichheitssatz verstoßen wurde.[144] Auch mögen in manchen vermeintlichen Gleichheitsfällen andere **Grundsätze** oder Grundrechte vorrangig einschlägig sein.[145] Das löst das grundsätzliche Problem aber nicht. Denn nicht in allen Fällen lassen sich Lösungen über eine Umformung in eine Gleichbehandlung oder über andere Grundrechte finden.[146] Das zeigt

---

[141] *Alexy* Theorie der Grundrechte S. 371 f., 373; *Bleckmann* StaatsR II § 24 Rn. 129; weniger streng *Stern* in Festschrift Dürig S. 207, 218; einschränkend *Jarass* in JP Art. 3 Rn. 28; *ders.* NJW 1997, 2545, 2548.
[142] Hierzu, mit Beispielen *Martini* Prinzip absoluter Rechtsgleichheit S. 219, 224; *Rüfner* in Festschrift Kriele S. 271, 276 und a.a.O. S. 278 zu Recht das Beispiel von *Stern* in Festschrift Dürig S. 207 ff. kritisiert, da es sich von einer Ungleich- in eine Gleichbehandlung umformen ließe.
[143] BVerfG E 91, 389 (400).
[144] Vgl. BVerwGE 1, 244 (246); 32, 16 (18 f).
[145] So v.a. *Rüfner* in Festschrift Kriele S. 271, 276 unter Hinweis auf allgemeine rechtsstaatliche Grundsätze; *Martini* Prinzip absoluter Rechtsgleichheit S. 225 f. unter Hinweis auf andere Grundrechte.
[146] Siehe zu anderen Grundrechten etwa BVerfGE 103, 242 (263 ff.) bei dem ein Gebot zur Differenzierung aus Art. 3 I in Verbindung mit Art. 6 I GG hergeleitet wird. Die Begründung ist in der Entscheidung aber so ausgelegt, dass Art. 6 I GG einen Anspruch allein nicht tragen könnte, sondern nur durch die

das oben genannte Beispiel aus dem Beitragsrecht. Denn mit wem sollte man die Gruppe der Ärzte, die nur einen sehr geringen Nutzen aus ihrer Mitgliedschaft ziehen, vergleichen, ohne den vorgegebenen Rahmen zu sprengen? Man könnte versuchen, sie mit Nichtmitglieder zu vergleichen. Aber die Kammer kann nur eine Regelung über Mitglieder treffen, nur so weit reicht ihre Regelungsbefugnis. Nur dann, wenn es noch einen weiteren Beitragstarif für andere Personen gäbe, könnte man fragen, warum die Ärzte nicht dieser Gruppe gleichgestellt werden. Aber wenn es diesen Tarif nicht gibt, kann nur vom Vorhandenen ausgegangen werden. Dann muss man ausnahmsweise zu einer Ungleichbehandlung kommen, falls man, wie es das Bundesverwaltungsgericht getan hat, den Bezug zum Nutzen als so hoch wertet.

Es kann durchaus möglich sein, dass bestimmte Wertungen eine Ungleichbehandlung fordern.[147] Man muss aber vom **Grundsatz** der Gleichbehandlung ausgehen, auf die der Gleichheitssatz gemünzt ist. Nur ausnahmsweise kann es ein Gebot zur Ungleichbehandlung geben, wenn aufgrund besonderer Wertungen bestimmte tatsächliche Merkmale für die Rechtsfolge von Bedeutung sind und deshalb beachtet werden müssen. Weil hier aber vom Regelfall, nämlich dem der Gleichbehandlung abgewichen werden soll, muss dieser Sonderfall auch **besonders begründet** werden.[148]

Kombination mit dem Gleichheitssatz. Siehe auch S. 271 der Entscheidung, wo ausdrücklich davon gesprochen wird, dass Ungleiches verfassungswidrig gleich behandelt wurde.
[147] So auch *Stern* in Festschrift Dürig S. 207, 212: zwar selten aber durchaus möglich.
[148] *Alexy* Theorie der Grundrechte S. 372; *Michael* JuS 2001, 148, 154; *Jarass* in JP Art. 3 Rn. 28; anderer Ansatz *Dürig* in MD Art. 3 Rn. 320.

V Ergebnis

Bei einem Vergleich wird einer behandelten Person eine Vergleichsperson gegenüber gestellt und sie im Hinblick auf ein bestimmtes Merkmal hin unterschieden. Der Gleichheitssatz enthält aus sich heraus aber keine Merkmale für einen Vergleich. Vergleichen heißt Bewerten der Wirklichkeit. Diese Wertung nimmt der Gesetzgeber vor. Er kann sie aber auch an die Verwaltung delegieren. Gleichheit ist immer relativ, weil ein Vergleich von der Perspektive der Betrachtenden und davon abhängt, welche Merkmale als wesentlich für den Vergleich herangezogen werden. Der Gleichheitssatz hat keinen Schutzbereich wie die Freiheitsrechte. Seine Verletzung lässt sich nicht rechtfertigen. Eine Gleichheitsprüfung beschäftigt sich daher hauptsächlich mit der Frage, welche Merkmale im konkreten Fall ausschlaggebend sind.

Die Bindung der Verwaltung an den Gleichheitssatz unterscheidet sich nicht von der der Gesetzgebung. Die Verwaltung unterliegt aufgrund ihrer Gesetzesbindung zusätzlichen Bindungen als der Gesetzgeber. Der Gleichheitssatz hat aber dann eine eigenständige Bedeutung, sobald die Verwaltung die Gleichheitsfrage selbst beantworten kann. Das ist vor allem bei der Ermessensverwaltung und der nichtgesetzesakzessorischen Verwaltung der Fall. Die Rechtsprechung prüft den Gleichheitssatz zweistufig und orientiert ihre Prüfung an dessen Struktur. Der Gleichheitssatz kennt ein Gebot zur Gleichbehandlung. Ein Gebot zur Ungleichbehandlung kann ihm aber nur ausnahmsweise entnommen werden.

C) Zum Inhalt des Gleichheitssatzes

Im vorhergehenden Kapitel wurde versucht, vom Wesen des Vergleichs ausgehend die Besonderheit des Gleichheitssatzes zu beschreiben. In diesem Kapitel geht es darum, ausgehend von diesen Besonderheiten den Inhalt des Gleichheitssatzes zu bestimmen oder zumindest einen Weg aufzuzeigen, wie im jeweiligen Fall der konkrete Inhalt bestimmt werden kann. Ausgangspunkt der Überlegungen ist die im vorhergehenden Kapitel erlangte Erkenntnis, dass ein Gleichheitsurteil notwendig relativ ist und die Gleichheitsfrage daher eine Wertungsfrage ist. Es muss Ähnliches und Verschiedenes bewertet werden. Deswegen kommt es darauf an, aufzuzeigen, um welche Wertungen es sich handelt und wie sie den Inhalt des Gleichheitssatzes ausformen oder zumindest beeinflussen können.

I) *Versuche der Inhaltsbestimmung*

Die Frage nach dem **Inhalt** des Gleichheitssatzes ist gleichzeitig die Frage nach der **Begründung** einer Gleich- oder Ungleichbehandlung – viele würden wohl formulieren: nach einer Rechtfertigung. In der Feststellung des jeweiligen Inhalts des Gleichheitssatzes liegt gleichzeitig auch die Prüfung von dessen Verletzung. Denn ob eine Verletzung vorliegt, kann erst bestimmt werden, wenn der jeweilige Inhalt fest steht. Denn nur dann kann auch geprüft werden, ob eine Ungleichbehandlung von Gleichem oder eine Gleichbehandlung von Ungleichem vorliegt. Eine Ungleichbehandlung von Gleichem stellt einen Gleichheitsverstoß, einen Verstoß gegen den Inhalt des Gleichheitssatzes dar. Wenn man im jeweiligen Fall zu dem Ergebnis gelangt, dass im Hinblick auf das Vergleichsziel das Vergleichspaar gleich ist aber ungleich behandelt wird, steht die Verletzung des Gleichheitssatzes fest. Dessen Verletzung ist aber nicht zu rechtfertigen. Die Argumente, die gemeinhin unter dem Stichwort „Rechtfertigung" beim Gleichheitssatz verwendet werden, sind, wie oben, B II 5 a und III 1 gezeigt, Argumente, die begründen sollen, ob eine Gleich- oder Ungleichbehandlung vorliegt (also solche des Tatbestandes). Sie sollen nicht eine Verletzung rechtfertigen, denn dies lässt die Struktur des Gleichheitssatzes gar nicht zu. Um zu der Aussage zu gelangen, dass das Vergleichspaar gleich oder ungleich ist, müssen die Merkmale, an welche die Unterscheidung anknüpft, daraufhin untersucht werden, ob sie ausreichen, eine Unterscheidung im Hinblick auf die

Rechtsfolge zu begründen oder nicht. Das ist aber nur möglich, wenn der Inhalt des Gleichheitssatzes feststeht.

1) Gleichheitssatz als wertungsoffene Generalklausel

Das Gleichheitsproblem, also die Frage, ob ein Vergleichspaar im konkreten Fall gleich oder ungleich ist, ist ein **Wertungsproblem**.[1] Der Gleichheitssatz kann aus sich heraus die Gleichheitsfrage nicht beantworten. Er fordert nur, *dass* Gleiches gleich und unter Umständen auch, dass Ungleiches ungleich behandelt wird (dazu schon B II 1, IV 1), sagt aber selbst nichts darüber aus, wann etwas gleich ist oder nicht. Die Gleichheitsaussage ist, wie oben, B II 4, schon festgestellt, immer **relativ**, weil sie vom jeweiligen Blickwinkel abhängt und unterschiedliche Aspekte betonen kann. Der Gleichheitssatz hat gerade keinen absoluten Inhalt, sondern ist wertungsoffen und **wertungsbedürftig**.[2] Er ist auf andere, außerhalb seiner selbst liegender Wertungen angewiesen. Diese füllen seinen Inhalt aus, indem sie den Vergleichsmaßstab festlegen und das Vergleichsziel bestimmen. Er ist daher im Vergleichsziel inhaltsoffen. Erst dadurch können die im konkreten Fall relevanten Merkmale ermittelt werden.[3] Damit bedarf er einerseits einer wertenden Ergänzung[4]. Andererseits stellt er das Vehikel, die Einbruchstelle für verschiedene Wertungen dar, die in ein Gleichheitsurteil einfließen können. Deshalb kann man ihn als *wertungsoffene Generalklausel* bezeichnen.[5]

Abstrakt lässt sich der Inhalt des Gleichheitssatzes nicht bestimmen. Erst durch die **konkrete Anwendung** und die dann im jeweiligen Fall hineinspielenden Wertungen gewinnt er auch selbst an Konkretheit.[6] Der Wertungsbedarf wird zum Teil als Zeichen der **formalen Struktur** (hierzu A II 3) des Gleichheitssatzes gesehen,

---

[1] *Osterloh* in Sachs Art. 3 Rn. 4 bezeichnet das als das Hauptproblem des Gleichheitssatzes; siehe auch *Gusy* JuS 1982, 30, 34; *Alexy* Theorie der Grundrechte S. 363, 369.
[2] *Heun* in Dreier Art. 3 Rn. 17, 139; *Schoch* DVBl 1988, 863, 874; *Müller* VVDStRL 47 (1989) S. 37, 42. Vgl. auch *Kokott* in Festschrift 50 Jahre BVerfG S. 127, 130.
[3] *Hesse* AöR 109 (1984) S. 174, 177; *ders.* in Festschrift Lerche S. 121; *Müller* VVDStRL 47 (1989) S. 37, 45, 60 f.; *Ipsen* in Die Grundrechte Bd. 2 S. 111, 178: die Gleichheitsprüfung ist wertbestimmt; *Kölbel* Gleichheit im Unrecht Rn. 47 f., 63.
[4] *Kirchhof* in HdBStR V § 124 Rn. 20; *ders.* in Festschrift Geiger S. 82, 107; siehe auch *Zippelius* Diskussionsbeitrag in VVDStRL 47 (1989) S. 72, 111.
[5] *Kirchhof* in HdBStR V § 124 Rn. 82; ähnlich *Kim* Konkretisierung S. 104 f.
[6] *Osterloh* in Sachs Art. 3 Rn. 5; *Kirchhof* in HdBStR V § 124 Rn. 82; *ders.* in Festschrift Geiger S. 82, 93; siehe auch *Dürig* in MD Art. 3 Rn. 2

der erst durch Wertungen material aufgefüllt werden muss.⁷ Da das Gleichheitsurteil und der Gleichheitssatz relativ sind, können auch die ergänzenden Wertungen dem Gleichheitssatz **keinen feststehenden Inhalt** geben. Denn dann würde er auf diesem Umweg doch zu einer mit seinem Wesen nicht verträglichen absoluten Gleichheit.

2) Inhaltsleere des Gleichheitssatzes?

Wenn der Gleichheitssatz also eine wertungsoffene und –bedürftige Generalklausel ist, bedeutet das, dass sein Inhalt dadurch beliebig wird, dass sich also nie festlegen lässt wie er beschaffen ist, weil immer auf „irgendwelche" Wertungen zurückgegriffen werden kann? Bedeutet die Wertungsoffenheit, um es auf den Punkt zu bringen, **Inhaltsleere**?

a) Inhaltsoffenheit und subjektives Recht

Auch Autoren, die sich für einen bestimmten Inhalt des Gleichheitssatzes aussprechen, sehen angesichts von dessen Wertungsoffenheit und Konkretisierungsbedarf das Problem, dass er für sich betrachtet durchaus **inhaltsleer** ist und dass die inhaltliche Unbestimmtheit geradezu als wesentliches **Strukturmerkmal** des Gleichheitssatzes erscheint.⁸ Manche sehen den Wertungsbedarf des Gleichheitssatz aber auch als Ausdruck dessen, dass der Gleichheitssatz selbst überhaupt **keinen Wert in sich** trägt, sondern nur eine gewissermaßen Leere Hülle zur Verwirklichung außerhalb seiner selbst liegender Ziele ist. Der Gesetzgeber sei daher gar nicht an den Gleichheitssatz, sondern eben an die anderen, den Gleichheitssatz bestimmenden Normen und Werte gebunden.⁹ Besonders deutlich wird das Problem der Inhaltsleere bei der Frage, ob der Gleichheitssatz ein subjektives Recht darstellt.

---

⁷ *Klopefer* Gleichheit S. 30; *Kirchhof* in Festschrift Geiger S. 82, 107; *Starck* in Link (Hg.) Verfassungsstaat S. 51, 53; *Müller* VVDStRL 47 (1989) S. 37, 40.
⁸ *Osterloh* in Sachs Art. 3 Rn. 4; *Starck* in Link (Hg.) Verfassungsstaat S. 51, 53; *Müller* VVDStRL 47 (1989) S. 37, 42, 45; *Schoch* DVBl 1988, 863, 874. *Kokott* in Festschrift 50 Jahre BVerfG S. 127, 129. Deswegen versteht *Michael* Methodennorm S. 46 den Gleichheitssatz als Methodennorm, weil er seiner Auffassung nach keine Rechtsinhalte verbürge und a.a.O. S. 276 inhaltsleer sei.
⁹ *Gusy* NJW 1988, 2505, 2507 f.

aa) Subjektives Recht

Hat der Gleichheitssatz keine eigenständige inhaltliche Aussage, so könnte man daraus den Schluss ziehen, dass sich aus ihm auch keine Ansprüche herleiten lassen. Der Gleichheitssatz könnte also nicht Grundlage für Ansprüche und damit kein **subjektives Recht** sein. Die These mag für das Verfassungsrecht befremden, ist der Gleichheitssatz doch ein Grundrecht, dessen Verletzung mit der Verfassungsbeschwerde gerügt werden kann. Die praktischen Auswirkungen für das Verwaltungsrecht können aber größer sein, denn das Verwaltungsrecht ist auf subjektiv öffentliche Rechte angewiesen, die als Grundlage für Ansprüche des Bürgers fungieren. In diesem Zusammenhang müssen zwei Begriffe voneinander geschieden werden: Grundrecht und subjektives Recht.

α) Ein **subjektives Recht** ist die Befugnis, die sich für einen Berechtigten aus einem objektiven Recht unmittelbar ergibt. Normiert das objektive Recht eine Pflicht für die Staatsgewalt, so regelt das subjektive Recht eine **Berechtigung** des Bürgers: die Verpflichtung der Verwaltung besteht gegenüber einer bestimmten Person. Dieser wird ein Recht zugeordnet. Sie kann es geltend machen.[10] Im Verwaltungsrecht hat sich hierzu die auf *Jellinek* und *Bühler* zurückgehende **Schutznormtheorie** entwickelt. Die Schutznormtheorie kann man auch im Verfassungsrecht zugrunde legen, um den Charakter einer Verfassungsnorm als subjektives Recht zu bestimmen.[11]

Die Begriffe Grundrecht und subjektives Recht sind **nicht deckungsgleich**. Zwar wollten ausgehend von Forderungen zur WRV einige Autoren Grundrechte auf subjektive Rechte beschränkt wissen. Es hat sich aber heute die Erkenntnis durchgesetzt, dass Grundrechte eine **Doppelbedeutung**, einen **Doppelcharakter** haben. Sie haben als Elemente der objektiven Wertordnung einen objektiven Gehalt und sind damit von allen Staatsorganen zu beachtendes objektives Recht. Gleichzeitig können sie aber auch Berechtigung (nämlich des Bürgers) sein, also

---

[10] Ein **subjektiven Recht** ist ein Recht, das einer Person **Ansprüche** verleiht, sie also in den Stand setzt, von einer anderen Person ein Tun, Dulden oder Unterlassen zu verlangen – so etwa die Definition bei *Schenke* Verwaltungsprozessrecht Rn. 497a, *Wolff/Bachof/Stober* VerwR Bd. 1 § 43 Rn. 5 f. Siehe auch *Reiling* DÖV 2004, 181 f.
[11] *Sachs* in Stern StaatsR III/1 S. 534, 542 mit weiteren Nachweisen zu *Jellinek* und *Bühler*. Vgl. auch *Richter/Schuppert/Bumke* Casebook Verfassungsrecht S. 8; *Reiling* DÖV 2004, 181 f.. Siehe ferner unten C I 2 b aa, Fn. 52.

Individualrechte enthalten.¹² Der objektive Charakter der Grundrechte wird durch Art. 1 III GG klargestellt, der die Bindung aller Staatsgewalt an die Grundrechte betont. Dies sieht auch die **Rechtsprechung** so, die gerade beim Gleichheitssatz (und bei Willkür – dazu unten C II 2 b bb α) dessen **objektiven Gehalt** hervorhebt, der ihm schon als allgemeiner Rechtsgrundsatz zukomme.¹³ Allerdings weicht sie von diesem Grundsatz ab, wenn es um **juristische Personen des öffentlichen Rechts** geht, die grundsätzlich nicht als Grundrechtsträger angesehen werden – sieht man einmal von speziellen Rechten ab, wie etwa Art. 5 GG bei den Hochschulen.¹⁴ Hier zieht sie in der Regel das Rechtsstaatsgebot heran, aus dem dann der Gleichheitssatz und hauptsächlich das Willkürverbot (dazu unten II) hergeleitet wird.¹⁵

Historisch und **systematisch** gesehen sollen die Grundrechte übergeordnete, dem einfachen Gesetzgeber entzogene Maßstäbe darstellen, die ihrem Zweck nach gerade ihren Träger, also den Grundrechts-„Berechtigten" begünstigen, seine Individualrechte schützen sollen.¹⁶ Das war schon die Absicht des Parlamentarischen Rates. Hierauf weisen Art. 19 IV und indirekt auch Art. 1 III GG hin.¹⁷ Auch der Zusammenhang der Grundrechte mit den Menschenrechten, weist darauf hin. Diese sind von der Idee der Rechte des Einzelnen geprägt, also von subjektiven Rechten. Schließlich sollen sie ihrem Zweck nach dem Begünstigten eine Berufung

---

[12] *Sachs* in Stern StaatsR III/1 S. 355, 357; *Hesse* in HdBVerfR § 5 Rn.13 ff., 15, 17.; *Jarass* in Festschrift 50 Jahre BVerfG S. 35, 36 f. – zum Doppelcharakter beim Gleichheitssatz siehe BVerfGE 6, 84 (91); 23, 353 (373); DVBl 1969, 792 (794).
[13] BVerfGE 6, 84 (91); 21, 362 (372); 23, 353 (373); 26, 228 (244); 86, 148 (251); DVBl 1969, 792 (794); BVerwG E 111, 354 (362); DVBl 2004, 126 (127); BayVerfGH NJW 1986, 1096; VerfGH NRW NWVBl 2003, 261 (263); OVG Bremen DöV 1988, 180; VGH Kassel DVBl 1977, 49 (50); VGH Mannheim DVBl 1975, 552 (555); NVwZ 1999, 547; OVG Münster NWVBl 1994, 414 (415). Vgl. auch *Gubelt* in von Münch Art. 3 Rn. 4 m.w.N.; *Kim* Konkretisierung S. 136. Kritisch zum Verhältnis subjektive – objektive Gehalte *Volkmann* JZ 2005, 261, 264 f.
[14] Allgemein zur Geltung von Willkür auch zwischen Hoheitsträgern aufgrund des Rechtsstaatsgebots BVerfG E 6, 84 (91); 21, 362 (372); 23, 353 (372 f.); 35, 263 (272); 56, 298 (313); 89, 132 (141). Zum Willkürverbot *Sommermann* in vM Art. 20 Rn. 295; *Osterloh* in Sachs Art. 3 Rn. 35, 74. Zum Gleichheitssatz als objektiver Grundentscheidung siehe *Osterloh* in Sachs Art. 3 Rn. 65. Zu juristischen Personen des öffentlichen Rechts und dem Gleichheitssatz vgl. *Rüfner* in BK Art. 3 Rn. 144 ff.; *Starck* in vM Art. 3 Rn. 239; *Osterloh* in Sachs Art. 3 Rn. 73; *Kirchhof* in HStR V § 124 Rn. 287; *Stern* StaatsR III/1 S. 115; *Jarass* NJW 1997, 2545, 2548. Siehe aber auch *Ipsen* in Die Grundrechte Bd. 2, S. 111, 136.
[15] Aus der Rechtsprechung des BVerfG E 23, 353 (372 f.); 26, 228 (244); 76, 107 (119); 83, 363 (393). Siehe aber *Gubelt* in von Münch Art. 3 Rn. 4 m.w.N. Zum Rechtsstaatsgebot als Wurzel eines objektiven Willkürverbotes *Osterloh* in Sachs Art. 3 Rn. 35, 74.
[16] *Sachs* in Stern StaatsR III/1 S. 542 f.; 552 f.
[17] Zum Parlamentarischen Rat *Sachs* in Stern StaatsR III/1 S. 530 m.w.N. – zu Art. 19 IV und 1 III GG *ders.* in Stern StaatsR III/1 S. 331.

auf sie ermöglichen. Ein Grundrecht ist von seinem Selbstverständnis her gerade darauf angelegt, dass es als grundlegendes Recht auch durchgesetzt werden kann und muss. Das folgt für das Grundgesetz schon aus Art. 93 I Nr. 4a.[18] Würde man die Grundrechte nicht als subjektive Rechte ansehen, dann würde die Einräumung der Verfassungsbeschwerde ins Leere laufen, weil man die Rechte dann gar nicht durchsetzen könnte. Damit sind die Grundrechte des Grundgesetzes – zumindest die des Ersten Abschnitts – wenn man die Kriterien der Schutznormlehre zugrunde legt, grundsätzlich subjektive Rechte und können Ansprüche sein.[19]

β) Der Gleichheitssatz ist aufgrund seiner Stellung im ersten Teil des Grundgesetzes, seiner historischen Entwicklung, als geradezu klassisches Menschenrecht (dazu oben A II 2) und seiner inhaltlichen Aussage ein Grundrecht.[20] Als Grundrecht ist es seine Bestimmung, dass sich die Grundrechtsberechtigen auch auf ihn berufen und dies auch mit der Verfassungsbeschwerde durchsetzen können sollen. Aus diesen Gründen ist sein Charakter als subjektives Recht **nicht fraglich** und wird von Rechtsprechung und Lehre daher heute mehrheitlich als selbstverständlich vorausgesetzt und pauschal anerkannt.[21] Wenn man den Gleichheitssatz als inhaltsleer kritisiert, dann legt das nahe, dass der Gleichheitssatz überhaupt keine inhaltliche Aussage treffen und deswegen auch keine Rechte vermitteln kann. Denn was nützt ein Recht auf Gleichbehandlung, wenn nicht feststeht, welche Ansprüche es verleiht. Damit ist die Frage angeschnitten, ob ein subjektives Recht überhaupt existieren kann, wenn die **Rechtsfolge**, die mit ihm verbunden ist, noch **nicht feststeht**. Kann das Gebot Gleiches gleich zu behandeln für ein subjektives Recht ausreichen, wenn ein Anspruch auf eine konkrete Gleichbehandlung nicht von vornherein feststeht und unter Umständen gar nicht feststehen kann. Dies ist gerade die Konsequenz der oben (C I 1) schon geschilderten Inhaltsoffenheit des Gleichheitssatzes, die eben keine Inhaltsleere ist.

---

[18] *Sachs* in Stern StaatsR III/1 S. 552.
[19] *Sachs* in Stern StaatsR III/1 S. 555.
[20] Zu diesem systematischen Argument siehe auch *Sachs* in Stern StaatsR III/1 S. 350.
[21] *Sachs* in Stern StaatsR III/1 S. 532 f., 540 m.w.N. sowie auch *Breuer* in Festgabe BVerwG S. 89, 92 ff. Zum objektiven und subjektiven Gehalt beim Gleichheitssatz BVerfGE 6, 84 (91); 21, 362 (372); 23, 353 (373); 26, 228 (244); 86, 148 (251); DVBl 1969, 792 (794). Vgl. auch BVerwGE 55, 349 (351) wo ausdrücklich betont wird, dass der Gleichheitssatz „Grundlage eines Anspruch" [also subjektives Recht] sein kann. Zu Widersprüchen der Verwaltungsgerichte siehe unten C I 2 a bb. Vgl. ferner *Dürig* in MD Art. 3 Rn. 275; *Schoch* DVBl 1988, 863, 867; *Jarass* in JP Art. 3 Rn. 1; *ders.* AöR 120 (1995) S. 345, 348 f., 354, *Sachs* in Festschrift Friauf S 309, 312 f., 318 f.; *Erichsen* VerwArch 71 (1980) S. 289, 295 m.w.N. Zum subjektiven Abwehrgehalt aller Grundrechte *Kube* DVBl 2005, 721, 723 ff.

Gemeinhin wird unter einem **subjektiven Recht** ein Recht verstanden, von einer anderen (juristischen oder natürlichen) Person eine bestimmte Handlung (oder Unterlassung) verlangen zu können.[22] Wie soll dies aber geschehen, wenn der Gleichheitssatz keine bestimmte Handlung vorschreibt, wenn vor allem dort, wo dem Staat mehrere **Handlungsalternativen** offen stehen, in der Regel keine bestimmte Handlung, sondern nur die Handlung *an sich* verlangt wird? Wurde etwa eine gesetzliche Belastung als gleichheitswidrig erkannt, so kann der Gesetzgeber darauf reagieren, indem er entweder die Belastung abschafft oder umgekehrt sie auf die Vergleichsfälle erstreckt. In beiden Fällen genügt er dem Gleichheitssatz. Die Tatsache, dass der Gleichheitssatz bei Spielräumen des Staates oft nicht zu einer konkreten Rechtsfolge führen wird, wenn mehrere Handlungsalternativen zur Verfügung stehen, tut dem Charakter als subjektives Recht jedoch keinen Abbruch. Denn fest steht, *dass* der Staat handeln und sein bisheriges Verhalten ändern muss.[23]

γ) Dass Gleiches gleich zu behandeln ist, ist eine inhaltliche Aussage, unabhängig davon, dass noch bestimmt werden muss, was gleich ist. Auch die Erkenntnis, dass ein Vergleich Wertungen erfordert, ist eine inhaltliche. Der Gleichheitssatz gewinnt seine konkrete Gestalt gerade durch die Verfassungsordnung und den Gesamtzusammenhang der Verfassung, in der er eingebettet ist. Wertungsoffenheit bedeutet **nicht Inhaltsleere**; der Gleichheitssatz ist gerade keine Leerformel.[24] Als **Inhalt** dieses Rechts wird von Rechtsprechung und herrschender Meinung in der Literatur das (objektive) Recht angenommen, dass **Gleiches gleich** behandelt werden muss.[25] Der Einzelne soll zumindest verlangen können, dass er, wenn ihm der Staat gegenübertritt und ihn in einer gewissen Weise behandelt, er ihn auch gleich behandelt. Der Gleichheitssatz gewährt also einen Anspruch darauf, *dass* gleich behandelt wird. Er gibt ein Recht **auf Gleichbehandlung**, auch wenn die Art und Weise der konkreten Behandlung sich erst durch weitere Vorgaben bestimmen lässt.[26] Dass beim Gleichheitssatz noch andere Wertungen hineinspielen können, ist

---

[22] Siehe die Nachweise bei Fn. 10
[23] *Jarass* AöR 120 (1995) S. 345, 348 f. sieht dies deshalb als Grund an, den Gleichheitssatz durch eine sogenannte Nichtdiskriminierungsfunktion zu kennzeichnen, die gleichberechtigt neben der Abwehr- und der Leistungsfunktion bei den Grundrechten stehe.
[24] *Heun* in Dreier Art. 3 Rn. 17; *Rinck* JZ 1963, 521, 525; *Starck* Diskussionsbeitrag in Link (Hg.) Verfassungsstaat S. 112 – *Schoch* DVBl 1988, 863, 874.
[25] Hierzu oben B II 1 und IV 1.
[26] Ähnlich *Kölbel* Gleichheit im Unrecht Rn. 47 f.; mit einem etwas anderen Akzent *Sachs* in Festschrift Friauf S 309, 319.

zwar charakteristisch für diesen Satz, nimmt ihm aber nicht die Qualität als subjektives Recht. Denn die Wertungen können nur das ursprüngliche Gebot verstärken und konkretisieren, nicht aber gänzlich neu fassen. Im übrigen ist es keine Besonderheit des Gleichheitssatzes, dass **Wertungen** zu beachten sind. Das findet sich auch bei anderen **Generalklauseln**, die einer **wertenden Auslegung** bedürfen[27]. Die Allgemeine Handlungsfreiheit hat beispielsweise ebenfalls einen sehr weit gefassten, ausfüllungsbedürftigen Inhalt. Unsere Rechtsordnung kennt außerdem Ansprüche, bei denen die konkrete Rechtsfolge nicht von vornherein feststeht, weil es Alternativen gibt, wie etwa bei der Wahlschuld (§ 262 BGB).[28] Ähnliches lässt sich etwa auch bei den zivilrechtlichen Generalklauseln in § 242 oder § 823 I BGB (in der Alternative „sonstiges Recht") beobachten.[29] Deshalb ist die Bezeichnung des Gleichheitssatzes als wertungsoffene Generalklausel so treffend. Das ändert nichts am grundlegenden Gebot der Gleichbehandlung. Hierauf hat jeder Grundrechtsberechtigte einen Anspruch. Die Tatsache, *dass* der Staat bei einer Verletzung des Gleichheitssatzes handeln muss, unabhängig davon, wie er konkret zu handeln hat, ist schon ein Wert an sich.[30] Es ist ein **Recht auf gleiche Behandlung**, das sich dann im jeweiligen Einzelfall auf eine konkrete und bestimmte Behandlung verdichten oder in der Behandlung selbst bestehen bleiben kann. Es geht hier um die **individuellen Belange** der behandelten Person, die am Vergleich beteiligt ist. Ihr **Interesse an Nichtdiskriminierung** ist ein eigenständiger Wert.[31] Ein Beispiel hierfür ist das Recht auf ermessensfehlerfreie Behandlung; dazu im nächsten Abschnitt mehr.[32] Deshalb hält es die Rechtsprechung, wie oben erwähnt, auch für unproblematisch, dass der Gleichheitssatz Grundlage eines Anspruch, also ein subjektives Recht, sein kann. Der Gleichheitssatz ist wie die anderen Grundrechte auch ein **klassisches subjektives** Recht.

---

[27] Auch *Rinck* JZ 1963, 521, 525.
[28] So *Sachs* in Festschrift Friauf S. 309, 314; zur Wahlschuld allgemein *Fikentscher* Schuldrecht Rn. 213.
[29] Dort steht zwar die Rechtsfolge fest. Ein Eingriff als solcher indiziert aber noch keine Rechtswidrigkeit, diese muss vielmehr bei den sog. *Rahmenrechten* erst durch eine Güterabwägung festgestellt werden – hierzu *Fikentscher* Schuldrecht Rn. 1216 ff.; *Fuchs* Deliktsrecht S 34 – zu § 242 BGB *Fikentscher* a.a.O. Rn. 159 ff. – zum Gleichheitssatz und Generalklauseln *Rinck* JZ 1963, 521, 525.
[30] *Sachs* in Festschrift Friauf S 309, 319 legt den Schwerpunkt mehr auf den substanziellen Charakter, in gleicher Weise behandelt zu werden.
[31] *Sachs* in Festschrift Friauf S. 309, 317 f., 319; *Jarass* AöR 120 (1995) S. 345, 348 f.; 354; *Dürig* in MD Art. 3 Rn. 276 ff. setzt sich eingehend mit möglichen Einwänden gegen den Charakter des Gleichheitssatzes als subjektives Recht auseinander.
[32] Siehe hierzu sogleich unten C I 2 a bb.

δ) Wenn *Bleckmann* aufgrund der von ihm kritisierten Inhaltsleere den Charakter als subjektives Recht leugnet und immer die Verletzung eines weiteren Rechts fordert, die den objektiven Gehalt des Gleichheitssatzes gewissermaßen subjektiv umwandelt, so wirkt diese Konstruktion doch ein wenig gekünstelt.[33] Der Gleichheitssatz verkommt zum Vehikel zur Geltendmachung anderer Rechte und Interessen. Die Tatsache, dass eine gleichheitswidrige Behandlung **zugleich** auch andere Grundrechtspositionen verletzen kann, bedeutet nicht, dass sie sie auch immer verletzen muss.[34] Außerdem ist dies kein auf den Gleichheitssatz beschränktes Phänomen, sondern lässt sich auch bei der allgemeinen Handlungsfreiheit beobachten. Art. 3 I GG ist gerade nicht durch einen ausdrücklichen Bezug auf andere Grundrechte eingeschränkt.[35] Dass deswegen ein selbständiger Anspruch auf Gleichbehandlung bedeutungslos wäre, ist damit aber nicht gesagt. Wenn ein anderes Interesse gleichzeitig verletzt sein soll, damit der Gleichheitssatz überhaupt ein Recht verleihen könnte, fragt man sich, warum der Gleichheitssatz überhaupt noch Erwähnung findet und nicht direkt auf dieses Recht selbst zurückgegriffen wird. Außerdem müsste dann immer ein (anderes) Interesse „konstruiert" werden, um zu einem Anspruch aus dem Gleichheitssatz zu gelangen. Ansprüche aus dem Gleichheitssatz lassen sich aber, wie gerade gezeigt auch herleiten, ohne dass zuvor auf außerhalb seiner selbst liegende Interessen zurückgegriffen werden müsste.

ε) Die Einwände ändern nichts daran, dass der Gleichheitssatz ein subjektives Recht auf Gleichbehandlung ist, das zumindest das Recht darauf gibt, dass man, wenn man vom Staat behandelt wird, auch gleich behandelt wird. Durch weitere Wertungen kann dieses Recht noch weiter konkretisiert werden und sich zu einem Anspruch auf eine konkrete Behandlung verdichten (hierzu unten, C I 4).

bb) *Recht auf ermessensfehlerfreie Entscheidung?*
Zwar steht der Charakter des Gleichheitssatzes als subjektives Recht fest. Die Verwaltungsrechtsprechung, vor allem das Bundesverwaltungsgericht, betonen den Charakter des Gleichheitssatzes als Grundrecht und ausdrücklich auch als subjektives Recht.[36] Allerdings verhält sich die Rechtsprechung widersprüchlich und stellt

---

[33] *Bleckmann* Struktur S. 54 – hiergegen ausdrücklich *Sachs* in Festschrift Friauf S 309, 315.
[34] *Sachs* in Festschrift Friauf S. 309, 314; *Paehlke-Gärtner* in Umbach/Clemens Art. 3 Rn. 53.
[35] *Sachs* in Festschrift Friauf S. 309, 316; *Paehlke-Gärtner* in Umbach/Clemens Art. 3 Rn. 53.
[36] So etwa BVerwGE 55, 349 (351) wo das Gericht betont, dass der Gleichheitssatz als Grundlage eines Anspruch „unproblematisch" sei – dann ist es aber ein subjektives Recht. Vgl. auch OVG Bautzen LKV

den Charakter wiederum in Frage, wenn es darum geht, ob der Gleichheitssatz ein Recht auf eine ermessensfehlerfreie Entscheidung beinhalten kann.[37]

α) Hat jemand auf eine Leistung keinen Anspruch, weil die Leistungsgewährung im Ermessen der Behörde steht, so besteht jedenfalls für die Behörde die objektive Pflicht, ihr Ermessen in fehlerfreier Weise auszuüben. Ermessen ist nur pflichtgemäßes Ermessen.[38] Diese Pflicht folgt schon aus dem Rechtsstaatsgebot, lässt sich aber auch aus dem Gleichheitssatz herleiten, denn die Behörde muss alle gleichliegenden Fälle gleich behandeln und damit auch gleich ermessensfehlerfrei. Dieser Pflicht steht wiederum in den meisten Fällen ein Anspruch des Betroffenen auf ermessensfehlerfreie Entscheidung gegenüber. Der Anspruch wird von **Rechtsprechung** und Literatur entweder aus den jeweiligen das Ermessen einräumenden Normen selbst oder aus diesen Normen und dem Gleichheitssatz hergeleitet.[39] Das kann dann problematisch sein, wenn die das Ermessen verleihende Norm selbst und die sie ausfüllende Verwaltungsvorschrift oder Verwaltungspraxis nur eine allgemein gehaltene Pflicht der Behörde normiert, jedoch keine individuelle Begünstigung erstrebt. Das soll folgendes Beispiel verdeutlichen:

Das Straßenrecht regelt allgemein die Pflicht des Straßenbaulastträgers, die Straßen und Wege auszubauen. Die Entscheidung über den Ausbau steht im Ermessen der Behörde. In einer Gemeinde gibt es mehrere nicht ausgebaute Schotterstraßen. Nach Jahren entschließt sich die Gemeinde, da gerade ein wenig Geld vorhanden ist, einige Wege auszubauen. Anlieger eines weiteren Weges fühlen sich ungleich behandelt und verlangen, dass auch ihr Weg ausgebaut wird.[40]

In diesem Beispiel hat der Einzelne von vornherein keinen Anspruch auf eine konkrete Leistung, d.h. auf den Ausbau der Straße. Diese Pflicht steht allein im öffentlichen Interesse und soll der Behörde gerade die Entscheidung darüber ermögli-

---

2002, 417 (418). Im Gegensatz hierzu stehen etwa BVerwG DöV 1979, 911; OVG Bautzen NJW 1999, 2539 (2540); VGH Mannheim NVwZ-RR 1999,401; OVG Magdeburg LKV 1998, 279 (280); OVG Münster NJW 1987, 2695 (2696), wo ausdrücklich der Charakter als subjektives Recht in Zweifel gezogen wird.
[37] Geradezu klassisch und oft kritisiert ist in diesem Zusammenhang BVerwGE 39, 235 (237 ff.) Schleusen-Fall – hierzu *Pietzcker* JZ 1989, 305 f.; *Sachs* in Stelkens/Bonk/Sachs VwVfG § 40 Rn. 137.
[38] BVerfG DVBl 1978, 881; BVerwGE 11, 95, 96; OVG Münster NWVBl 1994, 167 (168); allgemeiner auch BVerwG DVBl 1962, 452; NVwZ 1985, 417 (418).
[39] BVerwGE 10, 112 (113); 47, 247 (254); DVBl 1965, 485 (487); VGH Kassel NVwZ-RR 1994, 483; OVG Koblenz DVBl 1983, 1117 (1118) VV; OVG Magdeburg LKV 2002, 283; VGH Mannheim VBlBW 1987, 468; NVwZ-RR 2004, 63 (64); OVG Münster NVwZ 1986, 134 (135); NJW 2004, 625 (626); VGH München DöV 1980, 610 (611); BayVBl 2003, 501 (502) – *Wolff/Bachof/Stober* VerwR Bd. 1 § 31 Rn. 40, § 43 Rn. 57; *Maurer* VerwR § 7 Rn. 23, § 8 Rn. 15; *Pietzcker* JZ 1989, 305, 307.
[40] Das Beispiel wurde gebildet nach OVG Magdeburg LKV 1998, 279.

chen, wo sie handeln will und wo nicht. Die einschlägige Norm des Straßenrechts hat keine Individualbegünstigungsabsicht, sondern besteht ausschließlich gegenüber der Allgemeinheit. Aus ihr können daher im Sinne der **Schutznormlehre** (dazu oben C I 2 a aa) keine subjektiven Rechte hergeleitet werden. Hiervon ausgehend argumentiert die **Rechtsprechung**, dass auch der Gleichheitssatz, wenn schon die Norm selbst keine subjektiven Rechte enthalte, solche Rechte auch nicht vermitteln könne. Für einen Anspruch auf ermessensfehlerfreie Entscheidung müsse ein normativ ableitbarer Anspruch bestehen. Der Gleichheitssatz setze subjektive Rechte voraus, vermittle sie aber nicht. Sonst würde nämlich über den Umweg des Gleichheitssatzes ein Anspruch kreiert, den die Norm nicht vorsehe. Der Gleichheitssatz könne aber nicht mehr Rechte verleihen, als sich schon aus den jeweiligen Normen ergebe.[41] Nimmt man diese Aussagen ernst, bedeutet dies, dass der Gleichheitssatz als subjektives Recht belanglos wäre, weil er auf andere Rechte angewiesen ist, die er voraussetzt. Dies würde die oben (I 2 a aa δ) beschriebene Ansicht *Bleckmanns* stützen, der ebenfalls den eigenständigen Charakter des Gleichheitssatzes als subjektives Recht ablehnt.[42]

β) Wie verträgt sich aber diese Aussage mit der Anerkennung des Gleichheitssatzes als subjektives Recht? Wie kann der Gleichheitssatz gleichzeitig ein Recht auf gleiche Behandlung geben und kein solches Recht vermitteln. Die Argumentation der Rechtsprechung negiert die Bedeutung des Gleichheitssatzes, der als Grundrecht unmittelbar verbindlich ist. Gleichwohl ist der gedankliche Ansatz nicht falsch, der hinter der Ablehnung eines subjektiven Rechts steht, dass nämlich ein **Bezug zur Rechtssphäre** des einzelnen bestehen muss, damit dieser auch nur ihn betreffende Rechte geltend machen kann. Dieser Bezug zur Rechtssphäre ist der Grundgedanke der Schutznormtheorie, er wird in manchen Entscheidungen auch deutlich hervorgehoben.[43] Die Rechtsprechung und auch die Literatur betonen beim Recht auf

---

[41] BVerwGE 5, 1 (8); 39, 235 (237 f.); 53, 280 (285); 92, 153 (154); DöV 1979, 911; OVG Bautzen NJW 1999, 2539 (2540); OVG Magdeburg LKV 1998, 279 (280); VGH Mannheim NJW 1984, 251 (253) [offengelassen]; NVwZ-RR 1999, 401; OVG Münster NVwZ 1987, 723; NJW 1987, 2695 f.; NJW 1993, 2132 (2133) VV; VGH München BayVBl 1993, 243 (244); VG Karlsruhe NVwZ-RR 2001, 691 (692).
[42] Hier ließe sich auch BVerwGE 47, 247 (254) einfügen, weil dort ein Anspruch eines Journalisten auf ermessensfehlerfreie Entscheidung über die Teilnahme an Pressefahrt nur in Kombination mit Art. 5 I GG hergeleitet wurde, also nicht aus dem Gleichheitssatz allein.
[43] So etwa ausdrücklich OVG Münster NJW 1987, 2695 (2696); vgl. ferner VGH Mannheim NVwZ-RR 2004, 750; VGH München NVwZ-RR 2002, 705 f.. Siehe auch *Pietzcker* JZ 1989, 305, 307; *Seibert* in Festgabe 50 Jahre BVerwG S. 535, 549.

Gleichbehandlung in diesen Fällen eigentlich den Wortteil „gleich" und nicht den Wortteil „Behandlung". Nur wenn ein Recht auf Behandlung besteht, dann besteht auch ein Recht darauf, gleich behandelt zu werden.

Das Recht auf Behandlung wird danach nicht vom Gleichheitssatz, sondern von anderen Normen vermittelt, so dass sich die Prüfung letztlich auf diese Normen verlagert. Erst wenn ein Recht auf Behandlung feststeht, kann daraus auch ein Recht auf gleiche Behandlung folgen. Bei einer Verwaltungsrechtlichen Fragestellung wird in der Regel versucht, ein subjektives Recht aus der konkreteren Ebene der Rechtsordnung des einfachen Rechts herzuleiten. Bei der Auslegung dieser Normen werden dann die Grundrechte als **objektive Wertmaßstäbe** berücksichtigt.[44] Demnach knüpft der Gleichheitssatz nur an das vorliegende Entscheidungssystem der Verwaltung an, das sich jeweils herausgebildet hat, beeinflusst es aber selbst nicht.[45] Sehen diese Vorgaben schon kein Recht vor, so kann der Gleichheitssatz es auch nicht schaffen, weil er sich damit vom Entscheidungssystem entfernen würde.

Ein Betroffener wird dem entgegensetzen, dass doch die Vergleichsperson (die auch keinen Anspruch hat) von der Behörde behandelt wurde, indem sie von einer Leistung profitiert hat. Warum wurde sie und nicht der Betroffene begünstigt?. Diese laienhafte Blick zeigt den Denkfehler bei der Rechtsprechung. Sie argumentiert nämlich gar nicht mit dem Gleichheitssatz, sondern mit anderen Normen. Dadurch negiert sie aber die Tatsache, dass der Gleichheitssatz als Grundrecht unmittelbar bindendes Recht ist, das auch und gerade bei der Rechtsanwendung zu beachten ist und daher als Grundrecht auch Schutznorm im Sinne der Schutznormlehre ist.[46] Nicht eine Norm des einfachen Rechts erzeugt hier einen Anspruch, sondern der Gleichheitssatz selbst. Bei der Prüfung der Gleichbehandlung kommt es daher auf die konkrete Behandlung an, auf das konkret zu beurteilende **Entscheidungsprogramm** und dessen Auswirkung. Mag dieses Entscheidungsprogramm auch auf weiteren Normen beruhen. Nicht die Norm behandelt den Betroffenen, sondern die Verwaltung, in Anwendung der Norm. Es kommt nicht

---

[44] *Richter/Schuppert* Casebook VerwR S. 67; *Maurer* VerwR § 7 Rn. 23; *Pietzcker* JZ 1989, 305, 307.
[45] Siehe auch *Kölbel* Gleichheit im Unrecht Rn. 76 f.
[46] Darüber wundert sich *Hufen* Verwaltungsprozessrecht § 14 Rn. 109, der dies angesichts von Art. 1 III GG als eigentlich selbstverständlich ansieht – auch in Bezug auf den Gleichheitssatz (Rn. 115); kritisch auch *Maurer* VerwR § 8 Rn. 10 ff.

darauf an, ob die Behörde nach ihrem Entscheidungsprogramm Rechte verleihen will, sondern darauf, wie sich dies in Anwendung des Programms darstellt.[47] Wenn die Behörde einen Betroffenen behandelt, dann muss sie ihn auch gleich behandeln, unabhängig davon, ob auch ein Anspruch auf die Behandlung besteht. Bei der Behandlung setzt der Gleichheitssatz ein und gibt das **Recht** darauf, in vergleichbarer Situation auch gleich – also gemäß dem Entscheidungsprogramm – behandelt zu werden. Es geht aber nicht darum, ob ein Recht auf **Behandlung** existiert, sondern darum, ob jemand behandelt wurde. Die Handlung muss nicht auf eine bestimmte Person zielen, um sie zu treffen. Sie darf andererseits die Person aber nicht nur reflexartig berühren.

γ) Um zu bestimmen, ob eine Person von der Behörde behandelt wurde, muss also ein individueller Bezug zur Rechtssphäre des Betroffenen hergestellt werden. Das ist auch der Gedanke der Schutznormlehre. Er muss aber auf die Behandlung und den Gleichheitssatz und nicht die einfachgesetzliche Norm bezogen werden. Ob im konkreten Fall ein Anspruch auf ermessensfehlerfreie Entscheidung besteht, beurteilt sich anhand mehrerer Ansatzpunkte, die bei der Rechtsprechung nur zum Teil durchscheinen. Hauptkriterium ist, wie schon angedeutet der **Individualbezug**. Niemand soll sich Rechte anmaßen, ohne dass auch ein Bezug zu seiner eigenen Rechtssphäre besteht. Nur muss dieser Bezug in die Gleichheitsprüfung richtig einfließen. Nur wenn der Begünstigte sich nach dem jeweiligen Entscheidungsprogramm so individuell bestimmen lassen kann, dass daraus eine bestimmte Leistungspflicht der Behörde an ihn folgt, wird er von ihr ungleich behandelt, wenn sie ihm die vorgesehene und individualisierte Leistung verweigert, sie anderen ebenfalls **individualisierbaren Personen** aber gewährt – ganz gleich, ob die das Ermessen einräumende Norm – oder die Behörde – einen solchen individuellen Bezug will oder nicht. Die Frage nach dem Begünstigungszweck, wird durch den Gleichheitssatz und die Individualisierung des Betroffenenkreises durch die Behandlung **überspielt**. Denn wenn sich aufgrund des Norm- bzw. Entscheidungsprogramms eine konkrete, individualisierbare Pflicht der Behörde herleiten lässt und die Behörde alle Vergleichsfälle entsprechend behandelt, dann besteht kein Grund, warum sie

---

[47] In diese Richtung weist OVG Magdeburg LKV 2002, 283, wenn es betont, dass Rechte nicht unmittelbar aus Verwaltungsvorschriften, sondern nur aus dem durch den Gleichheitssatz geschützten Recht, entsprechend der Verwaltungspraxis behandelt zu werden, folgen können. Es geht also um das umgesetzte Entscheidungsprogramm.

bei einem gleichgelagerten Fall nicht ebenso handeln soll. Durch diese Individualisierung wird der Kreis der zu behandelnden Personen, der Begünstigten bestimmt.[48] Indem der Betroffenenkreis individualisiert wird, wird eine Vergleichsgruppe gebildet, mit der die behandelte Person ein Vergleichspaar bilden kann, so dass eine Gleichheitsprüfung möglich ist.

δ) Bezieht man in diesen Fällen den Gleichheitssatz richtig ein, so unterscheidet sich dieser Ansatz in der Regel nicht von den Fällen, bei denen die Rechtsprechung einen Anspruch auf ermessensfehlerfreie Entscheidung ablehnt. Der **Unterschied** liegt darin, dass der Individualbegünstigungszweck einer Norm für den Gleichheitssatz nicht entscheidend ist. Der individuelle Bezug einer Behandlung verleiht einen Anspruch auf gleiche Behandlung. Dieser Unterschied ist, wie gesagt, nicht so groß, denn in vielen Fällen, in denen es am Individualbegünstigungszweck fehlt, sind die Pflichten so allgemein gehalten, dass eine Gruppe von Begünstigten und damit auch eine Vergleichsgruppe gar **nicht ermittelt** werden kann und schon aus diesem Grund ein Vergleich ausscheidet. Wenn in unserem obigen Beispiel der Anlieger einer Straße rügt, er würde gegenüber den Anliegern anderer Straßen ungleich behandelt, so geht der Einwand fehl, denn schon die **Vergleichsgruppe** kann nicht gebildet werden. In Wirklichkeit werden diese Anlieger nämlich von der Behörde gar nicht behandelt. Sie profitieren nur indirekt von der Entscheidung zum Straßenausbau, an der sie nicht beteiligt waren und auf die sie keinen Anspruch haben. Der Straßenbau ist keine Leistung an sie, sondern an die Allgemeinheit, kommt allen und nicht einem bestimmten Kreis von Betroffenen zugute. Anhand des Entscheidungsprogramms der Behörde kann kein Begünstigter individualisiert werden. Es fehlt nicht nur an der Vergleichsgruppe, sondern an der **Behandlung** insgesamt. Denn die Behörde wendet sich, wie gesagt, gar nicht an bestimmte Individuen. Sie baut die Straße aus und will nicht den Anliegern irgendwelche Annehmlichkeiten bereiten. Hier wird wieder die Nähe zur Schutznormtheorie besonders deutlich. Allerdings kommt es eben nicht auf die Absicht der Behörde, sondern auf ihre tatsächliche Handlung an. Die Absicht kann ein Indiz sein, mehr nicht. Wieder steht der Individualbezug in Frage. Werden die anderen Anlieger aber gar nicht behandelt, dann kommen sie auch nicht als Vergleichsgruppe in Frage, sie sind also

---

[48] So auch *Pietzcker* JZ 1989, 305, 307. Siehe ferner *Seibert* in Festgabe 50 Jahre BVerwG S. 535, 549. Einen anderen Aspekt betont *Reiling* DöV 2004, 181, 188 f.

nicht gleich. Aber auch der Betroffene selbst wird damit nicht ungleich behandelt, da er angesichts der allgemeinen Pflicht nicht individualisiert werden kann.[49]

In manchen Fällen zeigen sich aber doch Unterschiede zur Rechtsprechung. Ein Beispiel hierfür ist die Zurückstellung vom **Wehrdienst** für bestimmte Gruppen aufgrund von Verwaltungsvorschriften (unabhängig davon, ob dies überhaupt zulässig ist).[50] Auf eine Zurückstellung vom Wehrdienst gibt es keinen Anspruch. Aufgrund ihres Entscheidungsprogramms und ihrer Entscheidungspraxis stellt die Behörde aber bestimmte Personen zurück, bei denen genau festgelegte Voraussetzungen vorliegen (etwa Familienväter, Studenten, die schon eine gewisse Zeit studieren etc.). Hier können die Begünstigten genau individualisiert werden. Erfüllt ein Betroffener alle Voraussetzungen, dann wird durch das behördliche Entscheidungsprogramm und den Gleichheitssatz ein individueller Bezug auch zu ihm hergestellt. Kann er zwar die Zurückstellung selbst nicht fordern, denn diese steht im Ermessen der Behörde, so kann er zumindest verlangen, dass sie in ermessensfehlerfreier Weise begründet, warum sie nicht zu seinen Gunsten entscheidet. Die Rechtsprechung hat einen solchen Anspruch mit der bekannten Begründung abgelehnt, dass kein subjektives Recht auf die Zurückstellung bestehe und deshalb auch ein Anspruch auf ermessensfehlerfreie Entscheidung ausscheide. Das negiert aber die Tatsache, dass durch die bisherige Praxis eine individuell genau bestimmbare Gruppe von Begünstigten geschaffen wurde und erklärt nur unzureichend, warum der Betroffene, der genau die gleichen Voraussetzungen erfüllt, nicht ebenso behandelt werden muss wie die Vergleichsgruppe. Der Gleichheitssatz wird hier ausgeblendet.[51]

---

[49] Ein gutes Beispiel für die Verwirrung in der Rechtsprechung ist VG Karlsruhe NVwZ-RR 2001, 691. Dort lässt es das Gericht für die Klagebefugnis zunächst offen, ob es ein subjektives Recht aus dem Gleichheitssatz geben könne, um dies dann aber bei der Begründetheit unter Hinweis auf das BVerwG abzulehnen. Das Gericht fällt dann aber doch keine Entscheidung, weil sich ein Anspruch vielleicht doch aus der – nicht aufgeklärten – Verwaltungspraxis und dem Gleichheitssatz ergeben könne.
[50] Als Beispiel dient BVerwGE 92, 153, wobei in dieser Entscheidung noch die Besonderheit besteht, dass die Zurückstellungspraxis als rechtswidrig angesehen wurde. Dieser Punkt soll hier ausgeklammert bleiben. Zweifelnd am BVerwG VG Leipzig DöV 1994, 173 174 f.). Kritisch zur neueren Rechtsprechung und Verwaltungspraxis in diesem Bereich *Voland* DöV 2004, 453 f., 461. Vgl. auch die Grundsatzentscheidung BVerwG NJW 2005, 1525 (1526 ff.).
[51] Im Ergebnis ähnlich VG Leipzig DöV 1994, 173 174 f.; siehe auch, mit anderem Akzent *Voland* DöV 453, 460 f.

ε) Durch den individuellen Bezug (ohne die Begünstigungsabsicht) wird dem Zweck der Schutznormlehre und vor allem dem Gedanken des Gleichheitssatzes genau so gut entsprochen. Die Behörden werden dadurch nicht bevormundet. Denn zum einen sind sie in jedem Fall schon aus objektivem Recht zu einer ermessensfehlerfreien Entscheidung verpflichtet. Will das Kreiswehrersatzamt etwa den Kläger aus bestimmten Gründen nicht zurückstellen, so kann es ihm diese Gründe auch mitteilen. Hat es sich gar nichts gedacht, so schadet es nicht, wenn es sich, ausgelöst durch diesen Fall, in Zukunft mehr Gedanken macht. Dann schadet es auch nicht, wenn es dies dem Kläger gegenüber begründet. Zum anderen hat es die Verwaltung in der Hand, durch die entsprechende Ausgestaltung ihres Entscheidungsprogramms Pflichten und vermittels des Gleichheitssatzes Verpflichtungen zu schaffen. Dabei muss nochmals betont werden, dass es in den meisten Fällen ja schon deshalb zu keinem Anspruch kommt, weil sich Pflichten gerade nicht individualisieren lassen. Außerdem ist die Verwaltung auch in den Fällen, in denen es zu einer Individualisierung kommt, in Ihrer Entscheidung nicht eingeschränkt, denn sie ist nicht gehindert, den neuen Fall zum Anlass zu nehmen und ihr bisheriges Entscheidungsprogramm zu ändern. Nur muss sie dies dann auch darlegen. Der Gleichheitssatz kann also ein Recht auf eine ermessensfehlerfreie Behandlung eigenständig begründen.

b) Modales Abwehrrecht

Mit dem Charakter des Gleichheitssatzes als subjektives Recht hängt eng die Frage zusammen, *worauf* er ein Recht verleiht. Der Gleichheitssatz ist inhaltsoffen aber nicht inhaltsleer. Wird eine Person durch die Verwaltung behandelt, dann hat sie ein Recht darauf, auch gleich behandelt zu werden, ohne dass auf den ersten Blick feststeht, in welcher Weise die Gleichbehandlung zu erfolgen hat. Kann man damit nur eine ungleiche Behandlung abwehren oder auch eine gleiche einfordern?

aa) Modal

Die Grundrechte des Grundgesetzes sind primär Abwehrrechte. Dies zielt auf die Unterscheidung zwischen **Abwehr- und Leistungsrechten** oder, um in der Sprache der **Statuslehre** *Georg Jellineks* zu bleiben, zwischen *status negativus* und *status positivus*.[52]

Vor diesem Hintergrund sind einige Autoren der Ansicht, dass der Inhalt des Gleichheitssatzes nur sein könne, eine ungleiche Behandlung zu unterlassen. Der Gleichheitssatz sei ein modales Abwehrrecht. Modal meint, dass es bei ihm nur um die Art und Weise – den *Modus* – einer Behandlung gehe. Aufgrund seiner Inhaltsoffenheit könne der Gleichheitssatz nur etwas abwehren – nämlich eine ungerechtfertigte ungleiche Behandlung, die unterlassen oder beseitigt werden müsse.[53] Konkretere Aussagen, aus denen auch eine Leistung begründet werden könnte, lassen sich hingegen aus ihm aufgrund seiner Inhaltsoffenheit nicht gewinnen.[54] Inwieweit der Begriff des modalen Abwehrrechts beim Gleichheitssatz heute noch in dieser Bedeutung verwendet wird, lässt sich nur schwer sagen. Denn mittlerweile hat sich der Hauptvertreter dieser Meinung, *Michael Sachs*, von seinem ursprünglichen Ansatz **distanziert**. Andere Autoren verwenden zwar den Begriff modal im Zusammenhang mit dem Gleichheitssatz noch.[55] Sie scheinen damit aber eher betonen zu

---

[52] Zur Statuslehre *Georg Jellineks*, die dieser in seinem „System der subjektiven öffentlichen Rechte" veröffentlichte, siehe etwa *Hesse* Grundzüge Rn. 281 m.w.N.; *Pieroth/Schlink* Grundrechte Rn. 71 ff. Zur Statuslehre und ihrer Bedeutung für das Verwaltungsrecht siehe *Wolff/Bachof/Stober* VerwR Bd. 1 § 32 Rn. 13 ff., 16. Einen „Umbau" der Statuslehre fordert etwa *Häberle* VVDStRL 30 (1972) S. 43, 73, 76, 81 f.
[53] Der Begriff der modalen Abwehrrechte wurde zuerst in die Diskussion eingeführt von *J. Schwabe* Probleme der Grundrechtsdogmatik 1977 S. 23 f. zitiert nach *Sachs* DöV 1984, 411, 413 f. dort Fn. 33 und nach *Kirchhof* in Festschrift Geiger S. 82, 107 dort Fn. 128. Es war aber Sachs, der den Begriff des modalen Abwehrrechts für den Gleichheitssatz prägte – siehe dazu *Sachs* DöV 1984, 411, 413. Wenn Sachs aber a.a.O. S. 414 und dort auch Fn. 38 meint, einen Bezug zwischen modalen Abwehrrechten und *Ipsen* herzustellen, so geht das Zitat fehl, denn Ipsen kannte diese Kategorie nicht und spricht an der von Sachs zitierten Stelle in Die Grundrechte Bd. 2 S. 111, 128 f. nur davon, dass der Gleichheitssatz ein Recht auf formale Rechtsgestaltung gebe – das muss aber kein Abwehrrecht sein!
[54] *Sachs* DöV 1984, 411, 413, 414, 416 f. – ausführlich *ders.* Grenzen des Diskriminierungsverbots S. 26 f. Zum Abwehrgehalt siehe auch *Müller* VVDStRL 47 (1989) S. 37, 40 – einschränkend jedoch S. 42. *Martini* Prinzip absoluter Rechtsgleichheit S. 37, sieht den Gleichheitssatz zwar nicht als modales Recht, hält ihn aber für ein Abwehrrecht, das auf das Unterlassen einer Ungleichbehandlung gerichtet sei.
[55] Die Distanzierung deutet sich schon an in *Sachs* NWVBl 1988, 295, 299 und *ders.* Diskussionsbeitrag in VVDStRL 47 (1989) S. 82. Ausdrücklich dann die Abkehr von *Sachs* in Festschrift Friauf S. 309, 319, wo er den Charakter des Gleichheitssatzes als Persönlichkeitsrecht in den Vordergrund stellt (dazu auch *Kallina* Willkürverbot und Neue Formel S. 157). Vom modalen Abwehrrecht sprechen etwa *Heun* in Dreier Art. 3 Rn. 17/65; *Ulrich* Phänomen der Gleichheit S. 84/85 dort Fn. 258 – den Begriff modal im Zusammenhang mit dem Gleichheitssatz benutzen *Müller* VVDStRL 47 (1989) S. 37, 40; *Odendahl* JA 2000, 170. Siehe auch *Osterloh* in Sachs Art. 3 Rn. 38; *Kirchhof* in HdBStR § 124 Rn. 276.

wollen, dass der Gleichheitssatz keinen bestimmten Schutzbereich oder Inhalt hat, als dass sie den Abwehrgehalt hervorheben.[56] Da die Begriffe heute noch verwendet werden, soll knapp auf ihre Bedeutung eingegangen werden.

Würde man den Ansatz konsequent weiter verfolgen, so könnten aus dem Gleichheitssatz als (modalem) Abwehrrecht **keine Teilhabeansprüche** hergeleitet werden, weil die Teilhabe mehr ist als die bloße Abwehr einer Ungleichbehandlung. Da es in der Regel immer mehrere Möglichkeiten gibt, eine Teilhabe an etwas einzuräumen, müsste entschieden werden, welcher davon der Vorzug gegeben wird.[57] Damit würde aber vor allem im Bereich des Verwaltungsrechts ein weites Anwendungsfeld für den Gleichheitssatz entfallen. So könnten aus dem Gleichheitssatz weder Teilhabeansprüche – etwa bei der Konkurrentenklage – abgeleitet, noch die Figur der Selbstbindung der Verwaltung (dazu unten C III 2 c) erklärt werden. Denn bei beiden geht es nicht um die reine Abwehr einer Ungleichbehandlung, sondern um Leistungsansprüche. Das kann die These vom modalen Abwehrrecht nicht dadurch umgehen, indem sie einen Teilhabeanspruch in einen Abwehranspruch (im weiteren Sinne) umdeutet, falls nur noch die Teilhabe als Alternative in Frage käme, um eine Ungleichbehandlung zu beseitigen.[58] Das zeigt aber nur, dass der Gleichheitssatz sowohl Abwehr als auch Teilhabe bedeuten kann. Dies kann die These vom modalen Abwehrrecht nicht erklären.[59] In etlichen Konstellationen kann sich eine Gleichbehandlung nicht im bloßen Nicht-Handeln der Behörde erschöpfen, etwa wenn in Konkurrenzsituationen eine Subvention an einen Bewerber schon erbracht wurde. Hier geht es um mehr, nämlich um Leistung.[60]

Da die Konstruktion des Gleichheitssatzes als modales Abwehrrecht keine Leistungsrechte erklären kann, ist sie **abzulehnen**.[61] Soweit modal nur die Inhaltsoffenheit kennzeichnen will, ist der Begriff zwar unschädlich. Er wurde aber vor allem im Zusammenhang mit dem modalem Abwehrrecht verwendet. Damit es

---

[56] *Müller* VVDStRL 47 (1989) S. 37, 40; *Odendahl* JA 2000, 170. Siehe auch die anderen Nachweise bei Fn. 55. Zu modal im Zusammenhang mit der Verhältnismäßigkeit siehe *Krebs* Jura 2002, 228, 233.
[57] *Sachs* DöV 1984, 411, 415
[58] So aber *Sachs* DöV 1984, 411, 415.
[59] Hierzu auch *Alexy* Theorie der Grundrechte S. 392. Ablehnend ebenfalls *Schoch* DVBl 1988, 863, 867.
[60] Zum Ganzen auch *Schoch* DVBl 1988, 863, 868.
[61] Ebenso *Schoch* DVBl 1988, 863, 867/868; *Kim* Konkretisierung S. 120 f.; *Kirchhof* in HdBStR § 124 Rn. 276. Relativierend *Gubelt* in von Münch Art. 3 Rn. 2, der alles nur für einen terminologischen Streit im Worte hält.

nicht zu Verwechslungen und Missverständnissen kommt, sollte auch im Sinne einer klaren Rechtssprache auf die Bezeichnung modal verzichtet werden.

bb) Status relativus

Zwar wohnen dem Gleichheitssatz auch Leistungsgehalte inne, so dass er kein reines Abwehrrecht sein kann. Umgekehrt ist er aber auch kein reines Leistungsrecht. Er enthält **sowohl** Abwehr- **als auch** Leistungsgehalte. Je nach Situation und Perspektive kann er beides annehmen, bzw. von einem Status in den anderen wechseln. Die Kategorie des reinen Abwehrrechts will auf den Gleichheitssatz nicht so recht passen. Der rechtliche Gehalt des Gleichheitssatzes ist weiter als bei bloßer Abwehr und untersagt nicht generell ein bestimmtes Verhalten, sondern schließt es nur dann aus, wenn der Staat in gleich gelagerten Fällen auch anders verfährt. Aber auch die Kategorie des Leistungsrechts passt nicht ganz. Aufgrund seiner Inhaltsoffenheit wird der Gleichheitssatz in der Regel keinen Anspruch auf eine bestimmte Leistung, sondern eher darauf verleihen, *dass* die Behörde die betroffene Person behandelt. Es geht also nur um eine Leistung an sich.[62]

Deshalb ist es nur konsequent, wenn *Jarass* für die Gleichheitsrechte eine dritte Kategorie ausmacht, die zwischen den Funktionen der Abwehr und der Leistung oder Teilhabe liegt und den eigenständigen Charakter der Gleichheitsrechte betont. In Anknüpfung an die oben schon erwähnte Statuslehre *Jellineks* nennt er diese Funktion *status relativus* und stellt sie neben den abwehrrechtlichen *status negativus* und den leistungsrechtlichen *status positivus*.[63] Dies bringt die eigenständige Bedeutung der Gleichheitsrechte treffender zum Ausdruck, als wenn man ihre Funktion nur aus anderen ableitet.

Der *status relativus* charakterisiert zwar den Gehalt des Gleichheitssatzes treffender. Für die weitere Bestimmung des Inhalts des Gleichheitssatzes ist dieser Begriff aber von keiner ausschlaggebenden Bedeutung, so dass in der weiteren Ausführung auf ihn verzichtet werden soll.

---

[62] Zu beidem *Jarass* AöR 120 (1995) S. 345, 348 f.; ebenso *Alexy* Theorie der Grundrechte S. 389, 391 f., der auf S. 392 den Gleichheitssatz als ein Bündel von subjektiven Rechten höchst unterschiedlichster Art versteht (siehe hierzu auch S. 164 ff., 224).

[63] AöR 120 (1995) S. 345, 357 f. – dafür, den Gleichheitssatz nicht mehr als Abwehrrecht einzuordnen auch *Alexy* Theorie der Grundrechte S. 389, 391.

cc) *Zwischenergebnis*

Der Gleichheitssatz ist inhaltsoffen. Er ist aber kein modales Abwehrrecht, sondern ihm wohnen sowohl Abwehr- als auch Leistungsgehalte inne. Dies kann treffend als *status relativus* charakterisiert werden. Diese Bestimmung ist allerdings für das weitere Vorgehen von keiner Bedeutung.

c) Ergebnis

Der genaue Inhalt des Gleichheitssatzes muss im konkreten Fall durch weitere Wertungen bestimmt werden. Er ist nicht inhaltsleer, sondern wertungsoffen. Er beinhaltet das subjektive Recht des Bürgers darauf, dass die Staatsgewalt den Bürger gleich behandelt, wenn sie ihn behandelt. Daneben hat der Gleichheitssatz wie andere Grundrechte auch eine objektiv-rechtliche Bedeutung. Er kann im Verwaltungsrecht eine eigenständige Grundlage für Ansprüche sein und selbständig ein Recht auf ermessensfehlerfreie Entscheidung vermitteln. Die Verwaltungsrechtsprechung, die dies ablehnt, wenn die das Ermessen verleihenden Normen keinen individualschützenden Charakter haben, verkennt die Bedeutung des Gleichheitssatzes als Grundrecht. Ein Anspruch auf ermessensfehlerfreie Entscheidung vermittelt der Gleichheitssatz nur dann, wenn auch ein Bezug zur jeweiligen Individualsphäre besteht. Als Grundrecht kann der Gleichheitssatz sowohl Abwehr-, als auch Leistungsansprüche beinhalten. Er ist daher gerade kein modales Abwehrrecht. Es charakterisiert ihn treffender, seinen aus der Inhaltsoffenheit folgenden relativen Charakter durch einen *status relativus* zu beschreiben. Der Gleichheitssatz verfügt aber nicht über einen klassischen Schutzbereich, wie die Freiheitsrechte. Zwischen einer Verletzung und einer Rechtfertigung kann man beim Gleichheitssatz nicht trennen. Denn eine Verletzung des Satzes kann nicht gerechtfertigt werden. Wenn im konkreten Fall der Inhalt des Gleichheitssatzes festgestellt wird, liegt darin auch die Prüfung, ob Gleiches gleich behandelt wurde oder nicht – also die der Verletzung.

3) Gleichheit und Gerechtigkeit

Der weitest gehende und auch der älteste Versuch, den Inhalt des Gleichheitssatzes aufzufüllen ist der, ihn als Ausdruck des Prinzips der Gerechtigkeit zu verstehen. Die Idee der Gerechtigkeit ist ein sehr altes Prinzip, das schon von *Platon* und *Aristoteles* behandelt wurde.[64] In der Zeit des Weimarer Republik waren es *Triepel* und vor allem *Leibholz*, die den Gleichheitssatz mit der Gerechtigkeit in Verbindung brachten und ihn zum Vehikel für Gerechtigkeitsvorstellungen machten, um ihn mit materialem Inhalt zu füllen. Gleichheit und Gerechtigkeit wurden zwar nicht als identisch[65] angesehen, aber die Gleichheit doch zumindest als Ausdruck der Gerechtigkeit verstanden. Im Gleichheitsurteil kommen damit Gerechtigkeitsvorstellungen zum Vorschein.[66] Zwar bringen Literatur und Rechtsprechung Gerechtigkeit vor allem mit dem **Rechtsstaatsgebot** in Verbindung. Allerdings herrscht Uneinigkeit darüber, ob Gerechtigkeit besser *nur* beim Rechtsstaatsgebot oder *auch* dort zu verorten wäre oder ob der Gleichheitssatz eine Ausprägung oder gar der grundgesetzliche Sitz der Gerechtigkeit ist.[67] Das kann im hier interessierenden Zusammenhang aber auf sich beruhen, denn fest steht, dass es einen engen Zusammenhang zwischen Gleichheit und Gerechtigkeit gibt. Beide sind aufeinander be-

---

[64] *Hesse* AöR 77 (1951/52) S. 167, 198; *Bleckmann* StaatsR II § 1 Rn. 24; *Otto* JZ 2005, 473, 474 ff. Die Gerechtigkeit wird heute vor allem mit ihrer Spielart der austeilenden Gerechtigkeit/ justitia distributiva in Verbindung gebracht: *Zeus* Allgemeiner Gleichheitssatz S. 124; *Zippelius* VVDStRL 47 (1989) S. 7, 19 – gegen diese Einordnung *Martini* Prinzip absoluter Rechtsgleichheit S. 232 f. Vgl. ferner *Kallina* Willkürverbot und Neue Formel S. 1 ff., der aber statt Gerechtigkeit nur von Gleichheit spricht.
[65] Gegen eine Gleichsetzung *Stettner* in Festschrift BayVBl 1988, 545, 551; auf die Gefahren einer Gleichsetzung weist schon *Dürig* in MD Art. 3 Rn. 341 hin.
[66] *Triepel* Goldbilanzen S. 30; zu ihm *Gassner* Heinrich Triepel S. 366. Vgl. allgemeiner *Osterloh* EuGRZ 2002, 309 f.
[67] Herleitung des Gleichheitssatzes aus der **Gerechtigkeit** bei BVerfG E 76, 130 (139); BVerwGE 15, 218 (223) – aus dem **Rechtsstaat** hingegen bei BVerfG 38, 225 (228); 66, 324 (335); 71, 354 (362); BVerwGE 106, 280 (287) – Rechtsstaat **und** Gerechtigkeit kommen im Gleichheitssatz zum Ausdruck OVG Lüneburg NVwZ-RR 1992, 329 (330) – deutlicher bei **Willkür**, bei der die Brücke von der (objektiven) Gerechtigkeit hin zum Rechtsstaat geschlagen wird: BVerfGE 23, 98 (106); 23, 353 (372); VerfGH NRW NWVBl 2003, 261 (263); OVG Münster NVwZ 1998, 96 (97); VGH Mannheim DVBl 1975, 552 (555) – aber auch der **Gleichheitssatz** wird als Element des objektiven Gerechtigkeitsprinzips gesehen: OVG Koblenz DVBl 1986, 249 (252) – und umgekehrt das Willkürprinzip als rechtsstaatliches Prinzip BVerfGE 35, 263 (271); 69, 161 (169) – schließlich werden sowohl Gleichheitssatz als auch Willkür aus dem Wesen des Rechtsstaats, dem Prinzip der Gerechtigkeit hergeleitet: BVerfGE 21, 362 (370); BVerwGE 72, 212 (218) – oder beide direkt mit der Gerechtigkeit in Verbindung gebracht BVerwG E 25, 147 (148) – die Gerechtigkeit siedeln beim **Rechtsstaatsprinzip** an *Bleckmann* Struktur S. 15.; *Robbers* Gerechtigkeit S. 40 u. 74; *Eyermann* in Festschrift BayVerfGH S. 45, 50; *Kirchhof* Verschiedenheit S. 44; *Kim* Konkretisierung S. 137 – beim **Gleichheitssatz** *Heun* in Dreier Art. 3 Rn. 65 – **widersprüchlich** *Stern* StaatsR III/1 S. 1156 und demgegenüber S. 1495; unklar ebenfalls *Gubelt* in vM Art. 3 Rn. 12.

zogen.[68] Das Gleichheitsgebot betrifft Gerechtigkeitsfragen unabhängig davon, ob man die Gerechtigkeit noch zusätzlich im Rechtsstaatsgebot ansiedelt oder nicht und ist deren wichtigste Konkretisierung.[69] Umgekehrt erfordert die Gerechtigkeit einen Vergleich, um das Abweichen vom Recht überhaupt feststellen zu können.[70] Der Gleichheitssatz bleibt deswegen eine, wenn nicht die **Fundamentalnorm** der Gerechtigkeit, die selbst aber gar keinen Gerechtigkeitsmaßstab formuliert, da Bezugspunkt und Perspektive immer vergleichsabhängig, also immer relativ sind.[71]

a) **Verortung**

In der Rechtsprechung des **Bundesverfassungsgerichts**, dessen Mitglied *Leibholz* lange Jahre war,[72] zeigt sich der Bezug zur Gerechtigkeit am deutlichsten, wenn es im Zusammenhang mit dem Gleichheitssatz durch eine „am Gerechtigkeitsgedanken orientierte Betrachtungsweise" feststellen möchte, ob die Ungleichheiten so bedeutsam wären, dass sie hätten beachtet werden müssen. Es fragt also mit anderen Worten nach einer Ungleichbehandlung.[73] Auch die Verwaltungsgerichte verwenden diese Formulierung.[74] Allerdings relativiert die Rechtsprechung ihren Be-

---

[68] *Hesse* AöR 77 (1951/52) S. 167, 198 – zum Bezug der Gerechtigkeit auf die Menschenwürde siehe *Zeus* Allgemeiner Gleichheitssatz S. 125 f., 136.
[69] *Huster* Rechte und Ziele S. 34 f.; *Bleckmann* Struktur S. 15; *Osterloh* in Sachs Art. 3 Rn. 4; *Wendt* NVwZ 1988, 778; *Maunz/Zippelius* Dt. StaatsR S. 213. [70] *Leisner* Gleichheitsstaat S. 114 f.
[71] *Osterloh* in Sachs Art. 3 Rn. 4; *Kim* Konkretisierung S. 138; *Kirchhof* in Festschrift Lerche S. 133, 134; *ders.* in Festschrift Geiger S. 82, 85.
[72] Er war von 1951 bis 1971 Verfassungsrichter – siehe die Auflistung in *Badura/Dreier* (Hg.) Festschrift 50 Jahre BVerfG S. 916; vgl. auch *Wiegand* JuS 2001, 1156, 1159.
[73] So und ähnlich BVerfG E 1, 264 (276); 3, 58 (135); 14, 221 (238); 18, 38 (46); 21, 12 (26); 33, 171 (189); 42, 64 (72); 50, 177 (186); 57, 107 (115); 58, 68 (79); 60, 329 (347); 76, 256 (329); 93, 386 (397); 98, 365 (385); 102, 254 (299); DVBl 1959, 324 (325); DVBl 1962, 174 (176); DVBl 1967, 232 (235); DVBl 1972, 144 (147); DVBl 1976, 32; DVBl 1978,329 (332); DVBl 1980, 835 (836); DöV 1984, 216 (220); DöV 1987, 340; DVBl 1995, 1232 (1234); DVBl 1996, 1122; NVwZ 2003, 720(723); DVBl 2004, 761 f. – hierzu auch *Schoch* DVBl 1988, 863, 877 – **kritisch** *Hesse* in Festschrift Lerche S. 121, 123; *Dürig* in MD Art. 3 Rn. 341; *Starck* in Link (Hg.) Verfassungsstaat S. 51, 61; *Gusy* JuS 1982, 30, 35; *Jarass* NJW 1997, 2545; *ders.* in JP Art. 3 Rn. 14 – widersprüchlich *Stern* in Festschrift Dürig S. 207, 210, der a.a.O. S. 212, 217, 218 den von ihm kritisierten Begriff selbst verwendet.
[74] Siehe etwa **BVerwGE** 3, 226 (227); 7, 325 (329); 16, 301 (306); 22, 26 (30); 25, 147 (148); 30, 191 (194); 32, 158 (165); 38, 191 (197); 42, 210 (216); 46, 361 (365); 61, 79 (86); 64, 248 (260); 66, 99 (107); 68, 80 (81); 72, 212 (218, 224); 75, 318 (328 f); 77, 331 (335); 77, 345 (349 f.); 80, 233 (243, 245); 88, 354 (361); 91, 159 (164); 95, 252 (260); 98, 280 (288); 103, 99 (102); 110, 265 (272); 110, 237 (239) [ähnlich]; DVBl 2003, 726 (729); DVBl 2005, 1145 (1146) – **OVG** Bautzen DöV 2002, 528; VGH Kassel DVBl 1979, 83 (85); NVwZ 1995, 509; OVG Koblenz NVwZ-RR 2002, 600; OVG Lüneburg NVwZ-RR 1998, 728 (733); VGH Mannheim VBlBW 1989, 348; DVBl 1992, 1044 (1046); DVBl 1996, 999 (1000); NVwZ 1997, 620 (621); NVwZ 1998, 312; DVBl 1999, 1366 (1367); VBlBW 2002, 255 (256); VGH München DVBl 1979, 75 (76) [ähnlich]; NVwZ 1982, 120 (121) [ähnlich]; DVBl 1982, 459 (460); BayVBl 1984, 336 (337); BayVBl 1987, 622; OVG Münster DVBl 1965, 527 (530); NJW 2004, 1544 (1546).

zug zur Gerechtigkeit schon dann, wenn sie nicht dem Gerechtigkeits*prinzip folgen*, sondern sich nur am *Gedanken* der Gerechtigkeit *orientieren* will.[75] In der **Literatur** wird teilweise ebenfalls versucht, den Gleichheitssatz mit dem Gerechtigkeitsgedanken, oder allgemeiner, mit Gerechtigkeitsprinzipien „aufzufüllen", so dass sich der Gleichheitssatz damit zum Einfallstor für Gerechtigkeitswertungen entwickelt. Die vermeintlich formale Rechtsanwendungsgleichheit[76] wandelt sich zur materialen Rechtsetzungsgleichheit, indem sie mit Gerechtigkeitsgesichtspunkten aufgefüllt wird und so einen Gerechtigkeitsauftrag erhält.[77] Der Gleichheitssatz wird dadurch als eine der Hauptforderungen der Gerechtigkeit angesehen.[78]

aa) Betrachtet man die **Rechtsprechung** näher, so zieht sie jedoch keine Konsequenz daraus, dass sie den Begriff der Gerechtigkeit verwendet. Vielmehr bleiben Rechtsprechung und Literatur die Antwort auf die Frage nach ihrem Inhalt gerade schuldig.[79] Bezeichnend offen ist das Bundesverwaltungsgericht, das von der Gerechtigkeit als einem „unbestimmten Rechtsbegriff" spricht, der als solcher im Grundgesetz nicht festgestellt werden könne.[80] Es besteht **kein Unterschied** zwischen den Prüfungen, die sich auf Gerechtigkeit berufen und denen, bei denen der Begriff nicht bemüht wurde. Literatur und Rechtsprechung argumentieren in denselben Begriffskategorien.[81] Zwar erscheint beim Gleichheitssatz die Gerechtigkeit häufig im Obersatz. In der sich anschließenden konkreten Subsumtion wird dann aber auf andere Kriterien zur Entscheidung zurückgegriffen. Die Gerechtigkeit

---

[75] *Schoch* DVBl 1988, 863, 877.
[76] Hierzu etwa BVerfGE 54, 117 (125); NVwZ 1993, 358.
[77] So etwa *Klopefer* Gleichheit S. 30, 12; *Maunz/Zippelius* Dt. StaatsR S. 213; Zippelius VVDStRL 47 (1989) S. 7, 11 f., 23, nennt den „Schlüsselbegriff", um Gerechtigkeitsfragen zu strukturieren (a.a.O. S. 23) – ihm zustimmend *Böckenförde* Diskussionsbeitrag in VVDStRL 47 (1989) S. 95.
[78] *Sommermann* in vM Art. 20 Rn. 258; auf die Menschenwürde als Gerechtigkeitsmaßstab stellt ab *Zeus* Allgemeiner Gleichheitssatz S. 125 f., 136; dazu auch *Müller* VVDStRL 47 (1989) S. 37, 42.
[79] Vgl. aus der **Literatur** *Stern* StaatsR III/2 S. 1828 m.w.N.; *ders.* in Festschrift Dürig S. 207, 209 f.; *Zeus* Allgemeiner Gleichheitssatz S. 119, 125 f. Vgl. aus der **Rechtsprechung** die folgenden Entscheidungen, die sich nur allgemein auf die Gerechtigkeit beziehen, etwa BVerfGE 54, 117 (125); NVwZ 1983, 89; NVwZ 1993, 358 – BVerwG E 11, 146 (149); 24,272 (277); 40, 57 (60); 43, 88 (93); E 74, 260 (264); 110, 237 (239); DVBl 1978, 607 (608); DVBl 2000, 918 (920); VGH Kassel NVwZ 1995, 394 (395); OVG Koblenz NVwZ 1985, 440; OVG Lüneburg NVwZ-RR 2001, 184 (185); VGH Mannheim VBlBW 1983, 37 (38); VGH München DVBl 1979, 75 (76); NVwZ 1982, 120 (121); DVBl 1994, 588 (590); OVG Münster DVBl 1969, 475; NVwZ 1985, 364; NWVBl 1986, 134 (135); DVBl 1987, 1226 (1228); NVwZ-RR 1997, 686 (687).
[80] BVerwG E 25, 147 (148).
[81] *Müller* VVDStRL 47 (1989) S. 37, 38, 45; vgl. auch die Diskussionsbeiträge von *Korinek* in VVDStRL 47 (1989) S. 71 und *Ipsen* in VVDStRL 47 (1989) S. 88.

taucht plötzlich nicht mehr auf.[82] Dies wird deutlich bei einer Entscheidung des Bundesverfassungsgericht im 42. Band der Entscheidungssammlung. Das Gericht äußert sich zu den materiellen Schranken des Gleichheitssatzes. Ein Gleichheitsverstoß liege erst vor, wenn „[...] die fundierten allgemeinen Gerechtigkeitsvorstellungen der Gemeinschaft missachtet werden [...]", es fährt dann aber sogleich fort: „Der Maßstab dafür, was im konkreten Fall als in diesem Sinne willkürlich zu qualifizieren ist, ergibt sich nicht aus den subjektiven Gerechtigkeitsvorstellungen des gerade zur Rechtsanwendung Berufenen, sondern zunächst und vor allem aus den in den Grundrechten konkretisierten Wertenscheidungen und fundamentalen Ordnungsprinzipien des Grundgesetzes."'[83]

Das Gericht bemüht zwar die Gerechtigkeit, wendet sie aber nicht an, weil es dann doch auf die (greifbaren) Wertentscheidungen der Verfassung rekurriert. Auch in den Fällen einer am Gerechtigkeitsgedanken orientierten Betrachtungsweise geht es um die Bedeutung der Unterschiede für den Gleichheitssatz. Diese Relevanz kann mit oder ohne den Bezug zur Gerechtigkeit festgestellt werden. In der Prüfung verwenden Bundesverfassungsgericht und Verwaltungsgerichte zur konkreten Begründung daher auch konkretere Begriffe, etwa dass die Begründung vernünftig, einleuchtend, vertretbar, sachgemäß, oder nicht willkürlich sind, jedoch nicht, dass die Erwägung gerecht ist.[84] Damit sind die Kriterien zur Bestimmung des Gerechtigkeitsmaßstabes dieselben wie zur Bestimmung des Gleichheitssatzes.

bb) Versuche, Gerechtigkeit **positiv zu bestimmen**, sind bisher alle gescheitert. Wenn das Bundesverfassungsgericht und auch die Literatur von den Wertvorstellungen der Gesellschaft oder den fundierten allgemeinen Gerechtigkeitsvorstellungen der Gemeinschaft ausgehen wollen, um den Begriff der Gerechtigkeit aufzufüllen, so hilft dies kaum weiter.[85] Denn in unserer heutigen pluralistischen Gesell-

---

[82] *Robbers* Gerechtigkeit S. 21 dort Fn. 29, S. 61; ebenso *Bleckmann* StaatsR II § 24 Rn. 13, 169 f.
[83] BVerfGE 42, 64 (72) ebenso E 9, 338 (349), 13, 225 (228) – siehe auch BVerwG 25, 147 (148) – siehe zu den fundierten Gerechtigkeitsvorstellungen allgemeiner auch *Maunz/Zippelius* Dt. StaatsR S. 214.
[84] Nachweis zum Bundesverfassungsgericht siehe oben Fn. 73; Nachweise zu den Verwaltungsgerichten siehe Fn. 74.
[85] Hierzu schon *Triepel* Goldbilanzen S. 30 und *Leibholz* Gleichheit S. 61, der vom Rechtsbewusstsein der Gemeinschaft spricht; ebenso *Hesse* AöR 77 (1951/52) S. 167, 211; *ders*. AöR 109 (1984) S. 174, 178; siehe auch *Bleckmann* Struktur S. 15, 70; *Maunz/Zippelius* Dt. StaatsR S. 214; *Böckenförde* Diskussionsbeitrag in VVDStRL 47 (1989) S. 95 – in Leibholz' Tradition steht auch das Bundesverfassungsgericht, das die Gerechtigkeitsvorstellungen der Gemeinschaft ebenfalls ausdrücklich anspricht, etwa in BVerfGE 9, 338 (349), 13, 225 (228); 42, 64 (72). E 9, 338 (349); 13, 225 (228); 42, 64 (73); 69, 161 (169); DVBl 1959, 571 (573). Vgl. ferner *Starck* in Link (Hg.) Verfassungsstaat S. 51, 61 f.; siehe hingegen *Dreier* Diskussionsbeitrag in Link (Hg.) Verfassungsstaat S. 99, der auf die Fruchtbarkeit prozeduraler Gerechtigkeitstheorien

schaft lässt sich keine absolute Aussage darüber treffen, was gerecht ist und was nicht. Die Ansichten hierüber sind vielmehr zeitbedingt und Wandlungen unterworfen.[86] Das erklärt auch die Zurückhaltung der Rechtsprechung, die betont, nicht die vernünftigste, gerechteste oder zweckmäßigste Lösung für ein Gleichheitsproblem finden zu müssen.[87] Der Normgeber muss selbst eine Lösung wählen, die vernünftig, zweckmäßig oder gerecht ist, mag es daneben auch noch andere Lösungen geben. Der Begriff der Gerechtigkeit ist – wie der des Gleichheitssatzes – relativ, und er ist nicht steigerbar. Eine Situation ist gerecht oder nicht, aber nicht gerechter.

Zwar verkörpert die Wertordnung des Grundgesetzes die fundamentalen Gerechtigkeitsvorstellungen unserer Gesellschaft, so dass man sie zum Ausgangspunkt einer Prüfung machen kann.[88] Doch wird hier gerade an eine positive Ordnung angeknüpft. Damit trägt der überpositive Bezug zur Gerechtigkeit gerade nicht. Als Maßstab bleibt nur die Gesamtverfassung selbst und nicht die Gerechtigkeit.[89] Wenn man dann doch auf den vom Gesetzgeber geschaffenen Maßstab zurück greifen muss, läuft der Bezug zur Gerechtigkeit aber leer.[90] Einige Autoren wollen zwar darüber hinaus doch an der Gerechtigkeitsidee als Einbruchstelle für überpo-

---

hinweist um Verfahren und Regeln für die Zulässigkeit oder Berechtigung von Differenzierungskriterien und –gründen zu finden.
[86] *Hesse* AöR 77 (1951/52) S. 167, 198, 211; *ders.* AöR 109 (1984) S. 174, 178; *Kallina* Willkürverbot und Neue Formel S. 23 f.; *Leisner* Gleichheitsstaat S. 114 f.; ähnlich schon *Triepel* Goldbilanzen S. 30 und *Leibholz* Gleichheit S. 59 f.
[87] BVerfG E 4, 144 (155); 14, 221 (238); 17, 319 (330); 52, 277 (280 f.); 58, 68 (79); 76, 256 (330); 78, 232 (248); 81, 108 (118); 84, 348 (359); 89, 132 (142); DVBl 1972, 144 (147); DVBl 1980, 835 (836); DVBl 1984, 216 (220); NVwZ 1991, 1171 (1172); DVBl 1995, 1232 (1233); NVwZ 2000, 1036; DVBl 2000, 1176 – BVerwG E 3, 145 (149); 42, 309 (316); 51, 226 (231); 52, 145 (150); 77, 331 (335); 77, 345 (349); 80, 233 (245); VGH Kassel NVwZ 1995, 509; NVwZ-RR 1997, 57 (61); OVG Lüneburg NVwZ-RR 1998, 728 (733); VGH Mannheim NVwZ 1983, 489; VBlBW 1989, 348; VBlBW 2002, 210 (211); VGH München BayVBl 1986, 470 (471); BayVBl 1987, 622; BayVBl 1993, 726 (727); BayVBl 1995, 432 (433); BayVBl 1999, 501; OVG Münster DVBl 1969, 475; NWVBl 2001, 237 (238) – ähnlich auch VGH Mannheim DöV 1990, 666 (667).
[88] *Sommermann* in vM Art. 20 Rn. 257; *Robbers* Gerechtigkeit S. 104 ff.; *Gusy* JuS 1982, 30, 32; *Starck* in Link (Hg.) Verfassungsstaat S. 51, 63; siehe auch *Zippelius* VVDStRL 47 (1989) S. 7, 27 f.; *Maunz/Zippelius* Dt. StaatsR S. 214.
[89] *Rinck* JZ 1963, 521, 525; *Gubelt* in von Münch Art. 3 Rn. 31; *Starck* in Link (Hg.) Verfassungsstaat S. 51, 64; Starck folgend *Schoch* DVBl 1988, 865 und dort Fn. 26, 878; *Müller* VVDStRL 47 (1989) S. 37, 38 f., 42, 45; *Korinek* Diskussionsbeitrag in VVDStRL 47 (1989) S. 70; *Dürig* in MD Art. 3 Rn. 28 – widersprüchlich *Stettner* BayVBl 1988, 545, 547, der den Gleichheitssatz mittels Gerechtigkeitsvorstellungen interpretieren will, a.a.O. S. 548, 551 aber selbst auf die Wertentscheidungen des Grundgesetzes zurückgreift – zum etwas anderen Konzept *Martinis*, der den von ihm vertretenen Begriff der absoluten Gleichheit als Teilaspekt der Gerechtigkeit versteht, vgl. *ders.* Prinzip absoluter Rechtsgleichheit S. 234, 237 f. Siehe auch schon BVerwG E 25, 147 (148).
[90] *Robbers* Gerechtigkeit S. 103 begründet a.a.O. S. 150 dies mit bei beiden vorherrschenden topischen Struktur. Siehe auch *Bleckmann* Struktur S. 70.

sitive Wertungen festhalten.[91] Doch dieser Notnagel für die Gefährdung der Verfassung hilft genau so wenig, wie das Widerstandsrecht aus Art. 20 IV GG. Denn wenn man sich in der dort beschriebenen Ausnahmesituation befindet, um von dem Recht Gebrauch zu machen, wird es keine funktionierende staatliche Ordnung mehr geben, der Gerechtigkeitserwägungen helfen könnten. Zum anderen könnte hierüber immer die Rechts- und Verfassungsordnung in Frage gestellt und die Souveränität des Gesetzgebers angezweifelt werden, ohne dass ein ebenso verlässlicher Maßstab gewonnen wäre.[92]

cc) Da eine positive Bestimmung von Gerechtigkeit nicht möglich ist, wurde versucht, die Gerechtigkeit zumindest **negativ** zu bestimmen, da eher darüber Einigkeit besteht, was ungerecht, als was gerecht ist. Ausdruck dieser negativen Bestimmung ist der **Willkürbegriff** (dazu unten C II 2 a) als „*Korrelat der Gerechtigkeit*"[93], das deren Abwesenheit kennzeichnen soll – allerdings nur als Minimalstandard.[94] Doch zur Bestimmung der Gerechtigkeit eignet sich Willkür auch nicht, da sich dann lediglich der Schwerpunkt auf die Frage nach der Willkür verlagert. Ein wertungsbedürftiger Begriff wird durch einen weiteren ersetzt. Umgekehrt besteht bei der Gleichsetzung von Willkür und Ungerechtigkeit die Gefahr, dass der Willkürbegriff und damit wiederum der Gleichheitssatz zur Einbruchstelle für eine allgemeine Gerechtigkeitskontrolle wird, obwohl beide Begriffe nicht feststehen. Ein Vergleich findet dann teilweise nicht mehr statt, wenn nur noch die Frage entscheidend ist, ob eine Behandlung ungerecht oder willkürlich ist. Damit könnte letztlich durch subjektive Wertungen die Verfassungsordnung überspielt werden.[95]

---

[91] Siehe z.B. *Zippelius* VVDStRL 47 (1989) S. 24 ff., 27 ff., der sehr ausführlich auf den rechtlichen Kontext und den Lebensbereich eingeht, der Ausdruck der Gerechtigkeitsprinzipien sei; *Maunz/Zippelius* Dt. StaatsR S. 213, 216; *Bleckmann* Struktur S. 15, 37, 42; *Kloepfer* Gleichheit S. 29 f.; *Zeus* Allgemeiner Gleichheitssatz S. 125 f., 136; ähnlich schon *Triepel* Goldbilanzen S. 30.
[92] *Ipsen* in Die Grundrechte Bd. 2 S. 111, 154 ff., 166, 170; *Schweiger* in Festschrift BayVerfGH S. 55, 67; *Starck* in Link (Hg.) Verfassungsstaat S. 51, 64; *Sachs* NWVBl 1988, 295, 298; *Korinek* Diskussionsbeitrag in VVDStRL 47 (1989) S. 71; *Schoch* DVBl 1988, 863, 878.
[93] Der Begriff stammt von *Leibholz* Gleichheit S. 72 – genau vor dieser „Reprise der Weimarer Identifizierung warnt *Ipsen* in Die Grundrechte Bd. 2 S. 111, 137; siehe auch *Stettner* BayVBl 1988, 545, 548 f, 551.
[94] *Robbers* Gerechtigkeit S. 42, 90; allgemeiner *Gubelt* in von Münch Art. 3 Rn. 12, 45; *Zeus* Allgemeiner Gleichheitssatz S. 119; siehe auch *Müller* VVDStRL 47 (1989) S. 37, 42; *Kirchhof* Verschiedenheit S. 43; *Kim* Konkretisierung S. 138 f.
[95] *Ipsen* in Die Grundrechte Bd. 2 S. 111, 154 ff., 166, 170; *Stein* in AK Art. 3 Rn. 31; siehe auch *Gusy* NJW 1988, 2505, 2506.

dd) Das Bundesverfassungsgericht beantwortet die Frage nach der Gerechtigkeit daher nicht, sondern zieht wie gesagt andere Kriterien heran. Es setzt den Begriff der Gerechtigkeit voraus, erklärt ihn aber nicht.[96] Bei den Verwaltungsgerichten ist dies nicht anders.[97] Eine am Gerechtigkeitsgedanken orientierte Betrachtungsweise, wie sie die Rechtsprechung oftmals bemüht, mag zwar ein befolgenswertes Ziel, ja geradezu eine Selbstverständlichkeit sein, sie ist aber wenig hilfreich, weil sie für jede Rechtsanwendung gilt. Sie appelliert an das Gerechtigkeitsgefühl, genügt aber nicht dem Postulat rationaler Rechtsfindung, sondern bedarf selbst weiterer wertungsbedürftiger Merkmale.[98] Will man die Wertungen zur Ausfüllung der Gerechtigkeit aus der Verfassungsordnung entnehmen, diese aber gleichzeitig durch (übergeordnete) Gerechtigkeitserwägungen wieder in Frage stellen, so endet dies in einem Zirkelschluss. Als Argumentationstopos eignet sich der Begriff der Gerechtigkeit daher nicht; er ist nichtssagend.[99] *Kim* bringt das auf den Punkt, wenn er meint, dass das Gerechtigkeitsargument letztlich nur der verbalen Verdeckung der die jeweilige Entscheidung wirklich tragenden Gründe diene, solange nicht festgestellt sei, auf welcher Basis der Gerechtigkeitsbegriff wirklich ruhe.[100] Ist es aber für die Prüfung gleich, ob Gerechtigkeit als Kriterium herangezogen wird oder nicht, so spricht das dafür, dass sich mit dem Begriff keine konkreten, rechtlich verwertbaren und rational nachvollziehbaren Aussagen verbinden lassen.[101] Deshalb sollte man sich den Bezug auf Gerechtigkeit sparen.

---

[96] *Schoch* DVBl 1988, 863, 877; *Kim* Konkretisierung S. 39.
[97] Vgl. die Entscheidungen bei Fn. 74 – Interessant ist in diesem Zusammenhang BVerwGE 100, 206 (210). Nachdem dort Ausführungen zur neuen Formel gemacht wurden, will das Gericht untersuchen, ob die "tatsächlichen Ungleichheiten der zur Beurteilung stehenden Sachverhalte so bedeutsam sind, dass sie bei einer Regelung hätten beachtet werden müssen [...]."Der Satz verwundet, denn derjenige, der die Rechtsprechung des Gerichts kennt, vermisst in diesem Standardsatz die *am Gerechtigkeitsgedanken orientierten Betrachtungsweise*, nach der sich doch normalerweise erst ergeben kann, dass die Unterschiede beachtet werden müssen. Offensichtlich scheint es auch ohne zu funktionieren und tut der Prüfung keinen Abbruch. Vielleicht war die Auslassung nur ein Versehen, denn in späteren Entscheidungen wird der Gerechtigkeitsgedanke wieder herangezogen. Ob Versehen oder nicht, die Prüfung war aber auch ohne den Bezug auf den Gerechtigkeitsgedanken verständlich.
[98] *Hesse* in Festschrift Lerche S. 121, 123; *Jarass* NJW 1997, 2545; *ders.* in JP Art. 3 Rn. 14 f.; *Schoch* DVBl 1988, 863, 877.
[99] So *Robbers* Gerechtigkeit S. 163 f., der aber gleichwohl am Gerechtigkeitsbegriff als Sammelbegriff festhalten möchte; *Podlech* Gehalt und Funktion S. 82 f.; *Korinek* Diskussionsbeitrag in VVDStRL 47 (1989) S. 71.
[100] *Kim* Konkretisierung S. 40.
[101] Ähnlich auch *Gusy* JuS 1982, 30, 35.

b) Spezielle Gerechtigkeitsbegriffe

Die Rechtsprechung beruft sich nicht nur allgemein auf die Gerechtigkeit, sondern bemüht in bestimmten Sachbereichen auch spezielle Gerechtigkeitswertungen wie etwa die Wehrgerechtigkeit, die **Steuergerechtigkeit** oder andere vermeintlich spezielle Gerechtigkeitsprinzipien.[102] Diese Begriffe helfen nicht weiter, denn immer sind weitere Erkenntnisse nötig. Gerade bei der Steuergerechtigkeit wurde gezeigt, dass sich die darunter behandelten Fälle durchaus mit der herkömmlichen Terminologie zum Gleichheitssatz bewältigen lassen und das Bundesverfassungsgericht solche Probleme eher pragmatisch angeht, ohne zu den Gerechtigkeitsprinzipien Stellung zu nehmen. Denn auch hier stellt das Gericht keine anderen oder strengeren Ansprüche an die Prüfung. Die Kriterien zur Prüfung sind bei der Rechtsprechung die einer normalen Gleichheitsprüfung.[103] Durch die Bezeichnung Steuergerechtigkeit oder Wehrgerechtigkeit, wird letztlich nur eine bestimmte **bereichsspezifische Fallgruppe** gekennzeichnet, diese aber nicht durch einen engeren oder weiteren Gerechtigkeitsbezug besonders herausgehoben, sondern allenfalls durch die jeweiligen Besonderheiten ihres Sachbereich. In diesem Sinne sind die Begriffe sinnvoll. Genau so gut ließe sich allerdings von Wehrgleichheit und Steuergleichheit sprechen, denn die Wertungen, um den Gleichheitsmaßstab zu bestimmen, werden aus dem jeweiligen Sachbereich entnommen.

Das ist bei den Begriffen der Typengerechtigkeit oder der Systemgerechtigkeit ähnlich. Die **Typengerechtigkeit** wird gerne im Abgabenrecht herangezogen, um

---

[102] **Wehrgerechtigkeit** BVerfG DVBl 1978, 394 (396); NVwZ 1986, 551 – BVerwG E 92, 153 (155); DöV 1987, 822 (823); NJW 2005, 1525 (1526) – VG Bremen NVwZ 1986, 786; VG Köln NJW 2004, 2609 (2610); VG Trier NVwZ 1985, 680 – **Steuergerechtigkeit** BVerfG DVBl 1961, 880 (884); DVBl 1962, 176; DVBl 1964, 111 (114); DVBl 1968, 912 (914); DVBl 1969, 544; DVBl 1979, 52 (54); DöV 1984, 216 (219 f.); DVBl 1987, 340; NJW 2002, 3009 (3013) – BVerwG E 27, 146 (150); 32, 257 (261); 72, 69 (71); 110, 237 (239); 117, 345 (349); DVBl 2000, 91 f.; DVBl 2001, 918 (920); NVwZ 2001, 926; OVG Frankfurt/O LKV 2001, 36 (37); VGH Kassel DVBl 1975, 909 (910); VGH Mannheim VBlBW 1989, 348; NVwZ-RR 1999, 35 (36); OVG Münster DVBl 1969, 475; NVwZ-RR 1990, 589 (590) – **Prüfungsgerechtigkeit** VGH München NVwZ-RR 1993, 363 – **Abgabengerechtigkeit** BVerfG DVBl 1998, 699 (701) – BVerwGE 104, 60 (63); DVBl 1976, 309 (311); DVBl 1982, 550 f.; DVBl 1990, 438 (440); DVBl 1991, 447 (449); NVwZ-RR 2002, 599 (600) – OVG Berlin NVwZ-RR 2005, 332 (334); VGH Kassel NVwZ-RR 2005, 848; OVG Koblenz NVwZ 1985, 440; NVwZ-RR 1988, 117; NVwZ 1996, 203; VGH Mannheim NVwZ 1997, 620 (621); VBlBW 2004, 224 (225) – **Beitragsgerechtigkeit** BVerwG DVBl 1986, 774 (775); VG Berlin LKV 2001, 379 (382) – **Gebührengerechtigkeit** VGH Kassel DVBl 1977, 216 (219); NVwZ-RR 1998, 133; VGH München DVBl 2002, 69 – **Verteilungsgerechtigkeit** BVerwG E 95, 188 (203); VGH Mannheim VBlBW 1998, 468 (472); DVBl 2000, 1782 (1789).
[103] *Arndt* NVwZ 1988, 787, 790; *Schweiger* in Festschrift BayVerfGH S. 55, 68; *Bleckmann* StaatsR II § 24 Rn. 31, 103; *Jarass* in JP Art. 3 Rn. 44; *Herzog* in MD Anhang zu Art. 3 Rn. 57; *Maunz/Zippelius* Dt. StaatsR S. 221. Vgl. auch *Kirchhof* in BesVerwR § 20 Rn. 53.

zu begründen, dass bei einer abstrakt-generellen Regelung nicht jede Besonderheit des Einzelfalls berücksichtigt werden muss, sondern dass es ausreicht, an einen bestimmten Typus, an die typischen, die Regelfälle anzuknüpfen, ohne dass ein Verstoß gegen die „Einzelfallgerechtigkeit" und den Gleichheitssatz vorliegt.[104] Dass hier Gleichheit und Gerechtigkeit gemeinsam genannt werden zeigt, dass es um keine Besonderheit der Gerechtigkeit geht. Es ist stattdessen ein allgemeines Phänomen des Gleichheitssatzes, dass sowohl der Einzelfall berücksichtigt werden, eine allgemein geltende Regelung aber auch notwendig abstrahieren muss. Die Bezeichnung Typengerechtigkeit ist zwar insofern treffend, als es darum geht, einem bestimmten Typus gerecht zu werden. Man könnte aber auch formulieren, dass einem bestimmten Typus entsprochen werden muss, um das Verhältnis ebenso passend zu kennzeichnen. Der Begriff der Typengerechtigkeit ist zwar aussagekräftig. Er kennzeichnet aber keinen speziellen Gerechtigkeitsbezug.

Ebenso verhält es sich mit dem Begriff der **Systemgerechtigkeit**. Dieser Begriff wird oft in Zusammenhang mit dem Abgabenrecht benutzt. Es geht hier darum, dass gefordert wird, der Normgeber müsse seine Regelungen systemgerecht umsetzen. Die Regelung soll sich am bestehenden System orientieren, es darf nicht zu Widersprüchen kommen.[105] So streng vertritt jedoch letztlich niemand den Begriff der Systemgerechtigkeit, weil sonst jede Rechtsentwicklung gelähmt und der jeweilige Normgeber gerade der ihn auszeichnenden Funktion der Normgebung enthoben würde. Es geht in diesem Zusammenhang nicht um die Kritik einer so verstandenen Systemgerechtigkeit (dazu unten C III 2 b, c ff), sondern lediglich darum, zu zeigen, dass es sich hier ebenfalls nicht um eine besondere Ausprägung von Gerechtigkeit handelt. Denn auch hier kann die Aussage, dass eine Entscheidung einem System gerecht werden soll dahin umformuliert werden, dass sie ihm entsprechen soll, ohne dass es zu einem Inhaltsverlust kommt.

---

[104] BVerwG E 25, 147 (148) – siehe etwa BVerfG DVBl 1962, 406 (411); BVerwG E 25, 147 (148); 78, 275 (278 f.); NJW 1981, 2314; DVBl 1982, 76; NVwZ 1982, 434; DVBl 1983, 46 (47); NVwZ 89, 566 (568); DöV 1995, 826 (828); VGH Kassel NVwZ-RR 1992, 505 (507); OVG Koblenz DöV 1987, 34; OVG Lüneburg NVwZ-RR 2001, 184 (185); VGH Mannheim VBlBW 1989, 348; NVwZ 2002, 220 (223); VGH München BayVBl 1986, 470 (471); BayVBl 1993, 726 (727); BayVBl 1995, 432 (433); OVG Münster NWVBl 1998, 446; NWVBl 1998, 361 (363); NWVBl 2001, 399 (400). Aus der Literatur *Erichsen* Jura 1995, 47, 49

[105] VGH Mannheim DVBl 1999, 1366 (1368) – siehe auch BVerfG NVwZ 1982, 95; BVerwG NVwZ-RR 1989, 496 (497); NVwZ 1990, 772 (774); NJW 2004, 3581, 3584; VGH München BayVBl 1983, 723 (727); OVG Münster NVwZ-RR 1990, 82 (83); DVBl 1991, 955 (958); DVBl 1994, 416 (420). Aus d. Literatur *Kirchhof* in BesVerwR § 20 Rn.54; *Otto* JZ 2005, 473 f.

c) Zwischenbewertung

Eine Entscheidung auf den Gedanken der Gerechtigkeit zu beziehen, mag erhaben klingen[106] – es sind aber nicht hehre Worte, die überzeugen, sondern die jeweilige konkrete, rational nachvollziehbare Begründung. Konkrete Forderungen lassen sich daraus aber nicht herleiten. Die Gerechtigkeitsvorstellungen sind im Grundgesetz enthalten und wohnen unserer gesamten Rechtsordnung inne. Solange die rechtsphilosophische Grundsatzfrage nach Gerechtigkeit ungeklärt bleibt, erscheint es ehrlicher, den Maßstab für die Gleichheit dann aus der Verfassung selbst zu entnehmen und den Gleichheitssatz nicht mit Gerechtigkeitserwägungen zu überfrachten, die man dann ebenfalls erst anhand des Grundgesetzes bestimmen müsste, falls man nicht gänzlich auf außerhalb der Verfassung liegende Topoi zurückgreifen will.[107] Gleichheit mag zwar Gerechtigkeit sichern, und der Bezug des Gleichheitssatzes zur Gerechtigkeit mag eine lange Tradition und einen tiefen Hintergrund haben. Er nützt für die Rechtspraxis aber nichts, da nur ein wertungsbedürftiger Begriff durch einen zweiten ersetzt wird.[108] Die Maßstäbe stehen schon in der Verfassung. Auf die Gerechtigkeit sollte deshalb als Argumentationstopos verzichtet werden, denn sie hilft nicht weiter.[109]

d)   Sachgerechtigkeit

Das gilt für den zweiten Bereich, in dem der Begriff der Gerechtigkeit verwendet wird, nur bedingt. Hier könnte zumindest am Begriff festgehalten werden, weil es hier letztlich nur um diesen geht, der eine Fallgruppe treffend charakterisiert. Gemeint ist der Begriff der **Sachgerechtigkeit**. Dieser Begriff wird vom Bundesverfassungsgericht und der Verwaltungsrechtsprechung derart häufig mit dem Gleichheitssatz zusammen genannt, dass man die Sachgerechtigkeit als ein wesentliches Kriterium zur Bestimmung der Gleichheit bezeichnen kann. In der Regel geht es um die Nachprüfung der Erwägungen, also der Gründe einer Behandlung durch die Behörde oder den Gesetzgeber. Die Behandlung muss auf sachgerechten Erwä-

---

[106] Siehe hierzu BVerfGE 54, 277 (296), das sogar die Bibel heranzieht: "Denn im Bereich des Normvollzugs ist die Gleichheit der Rechtsanwendung die Seele der Gerechtigkeit. Und dies seit den Anfängen unseres Rechtsdenkens (vgl. 3 Mose 19,15)."
[107] So auch *Starck* Diskussionsbeitrag in Link (Hg.) Verfassungsstaat S. 110 f.; *Schoch* DVBl 1988, 863, 865 mit Fn. 26, 878.
[108] *Hesse* AöR 109 (1984) S. 174, 193 Gleichheit sichere die Grundbedingungen für die Gerechtigkeit.
[109] *Starck* Diskussionsbeitrag in Link (Hg.) Verfassungsstaat S. 110 f.; ebenfalls ablehnend *Ipsen* in Die Grundrechte Bd. 2 S. 111, 154 ff., 166, 170; *Schweiger* in Festschrift BayVerfGH S. 55, 67; *Schoch* DVBl 1988, 863, 878.

gungen oder einem sachgerechten Grund beruhen.[110] Der Wortteil „gerecht" ist auf den Wortteil „sach" bezogen. Wird die Sachgerechtigkeit hervorgehoben, so meint das damit im wörtlichen Sinne, dass eine Begründung der jeweiligen *Sache gerecht* sein, dem Sachgebiet *entsprechen,* ihm *angemessen* sein muss.[111] Sie darf nicht, um ein anders Wort zu benutzen, *sachfremd*[112] sein. Es geht immer nur um die *jeweilige* Sache. Die Wirklichkeit des jeweiligen Lebens- und Sachbereichs muss realitätsgerecht erfasst, eben sachgerecht gewürdigt werden.[113] Sachgerechtigkeit ist **Sachbereichsspezifik** (genauer unten C III 2). Die Sachbereichsspezifik ist aber keine Eigenart von Gerechtigkeit, sondern zeichnet vor allem den Gleichheitssatz aus, indem sie

---

[110] So und ähnlich **BVerfG** E 14, 42 (51 f.); 21, 12 (26); 33, 171 (190); 61, 43 (63); 71, 39 (58); 75, 108 (157); 90, 226 (239); 102, 68 (89); DVBl 1962, 174 (175); DVBl 1964, 226 (230); DVBl 1966, 221; DVBl 1972, 75 (77); DVBl 1972, 537 (539); DVBl 1976, 577; DVBl 1978, 441 (444); DVBl 1978, 527 (528); DVBl 1978, 740 (741); DöV 1981, 857 (859); DVBl 1981, 1146 (1147); NVwZ 1982, 306 (308); DVBl 1985, 1126 (1128); DVBl 1986, 814 (817); DöV 1987, 340; DVBl 1988, 952 (957); NVwZ 1989, 547 (549); NVwZ-RR 1992, 384 (385); DöV 1994, 516; DVBl 1995, 915 (920); DVBl 1996, 357 (361); DVBl 1998, 699 (701); NVwZ 2000, 171 (172); NJW 2002, 1103 (1109); NVwZ-RR 2004, 1 (2); NJW 2005, 2213 (2215) – **BVerwG** E 2, 349 (352); 7, 325 (329); 9, 9 (15); 15, 218 (223); 24, 330 (335); 26, 153 (155); 41, 334 (345); 46, 89 (90); 47, 247 (253); 52, 145 (150); 66, 99 (107); 78, 184 (189); 79, 54 (60); 80, 233 (244); 81, 371 (373); 83, 90 (96); 86, 205 (207); 87, 1 (8); 94, 53 (56); 95, 188 (203); 95, 252 (260); 100, 287 (295); 102, 113 (117); 103, 99 (102); 104, 60 (63); 105, 110 (112); 106, 280 (288); DVBl 1967, 159 (160); DVBl 1968, 155 (157); DVBl 1969, 33 (34); DVBl 1969, 460 (461); DVBl 1969, 459 (460); DVBl 1982, 795 (797); NVwZ 1985, 271 (272); DVBl 1986, 110 (111); DVBl 1987, 949 (951); NVwZ 1988, 438 (439); DöV 1988, 974 (975); DöV 1992, 884; DVBl 1993, 49; DVBl 1994, 1242 (1244); DVBl 2000, 633 (634); DVBl 2002, 479 (483); NVwZ 2005, 598 (599) – **OVG** Bautzen LKV 2002, 523 (525); OVG Berlin DVBl 1967, 92 (93); DVBl 1974, 47 (49); NVwZ 1990, 176 (178); OVG Bremen DVBl 1988, 906 (907); DVBl 1989, 314 (315); OVG Greifswald NVwZ-RR 2004, 165 (166); VGH Kassel DVBl 1988, 1072 (1074); DVBl 1995, 509; DVBl 1998, 781 (782); OVG Koblenz DöV 1982, 250; NVwZ 1986, 775; DVBl 1993, 260; DVBl 1997, 382 (384); NVwZ 2001, 228 (230); OVG Lüneburg DVBl 1979, 884 (887); NVwZ-RR 2001, 184 (185); VGH Mannheim NVwZ 1983, 489 (490); DöV 1984, 682; NVwZ-RR 1990, 257 (259); NVwZ 1997, 620 (621); NVwZ 2002, 220 (223); VGH München BayVBl 1982, 658; NJW 1982, 2134 (2136); DVBl 1982, 459 (460); DVBl 1983, 274 (275); BayVBl 1989, 241 (243); BayVBl 2003, 595 (596); OVG Münster DVBl 1965, 128 (129); DVBl 1965, 527 (530); NVwZ 1982, 389; NJW 1984, 2542 (2543); DVBl 1985, 75; NVwZ 1986, 1029 (1030); DVBl 1987, 144; NVwZ 1987, 1095 (1098); DVBl 1987, 956 (957); NWVBl 1998, 14 (16); NWVBl 2001, 399 (401); NVwZ 2001, 397 (399); VGH Arnsberg NVwZ 1998, 557 (559); VG Darmstadt NVwZ-RR 1998, 281 (282); VG Hannover DVBl 1975, 311 (313); NVwZ-RR 1996, 351 (355); VG Karlsruhe DöV 1979, 180 (181); NVwZ-RR 2001, 691 (692); VG Köln NJW 1988, 1995 (1996); VG München NJW 1994, 1976 (1977); NVwZ-RR 2001, 36 (37).
[111] Siehe hierzu auch *Duden* Bedeutungswörterbuch unter der Eintragung „-gerecht".
[112] Zu dessen Verwendung siehe etwa **BVerfG** E 17, 122 (130); 18, 85 (96); 70, 93 (97); 75, 108 (157); 80, 48 (51); 89, 132 (142); DVBl 1978, 367 (369); DVBl 1985, 520 (521); NVwZ 1991, 365 (366); NVwZ-RR 1996, 373; DVBl 1996, 357 (361); DVBl 1996, 1190; NVwZ 1998, 271 (272); NVwZ 1999, 638; NVwZ 1999, 1104 (1105); DVBl 2000, 1202; NJW 2001, 1200; NJW 2002, 815 (816); NJW 2005, 2138 (2139) – **BVerwG** E 5, 1 (8); 36, 361 (362); 87, 1 (7); 99, 74 (77); 103, 99 (102); DöV 1981, 62 (63); DVBl 1988, 399 (401); NVwZ-RR 1990, 418 (419); NVwZ 2005, 598 (599) – **VGH** Mannheim VBlBW 1989, 348 (349); NVwZ 1997, 620 (621); VBlBW 1998, 349 (350); DVBl 2001, 1534 (1535); NVwZ-RR 2003, 653 (654); VGH München DVBl 1982, 459 (460); NVwZ 1985, 846 (847); BayVBl 1996, 631 (632); BayVBl 2002, 210 (213); OVG Münster NVwZ-RR 1994, 585 (586); NWVBl 2002, 158 (159).
[113] BVerfG NJW 2002, 1103 (1109).

den Gleichheitsmaßstab zu bestimmen hilft.[114] Dann ist es aber wiederum nicht Gerechtigkeit, sondern eben der jeweilige Sachbereich, der die Bildung des Gleichheitsmaßstabes beeinflusst. Es geht nicht um Erwägungen der Gerechtigkeit, sondern um die dem regelungsbedürftigen Lebensbereich innewohnende Ordnung.[115] Wenn *Zippelius* die Gerechtigkeitsprinzipien des spezifischen Lebensbereich zur genaueren Bestimmung von Kriterien für Gerechtigkeit und damit für Gleichheit heranziehen möchte, so sind es letztlich doch die im jeweiligen Lebensbereich zum Ausdruck kommenden Wertungen, auf die es ankommt. Diese fallspezifischen Wertungen zu Gerechtigkeitswertungen zu stilisieren, hilft für die praktische Arbeit nicht weiter, verstellt nur den nüchternen Blick auf die eigentlichen Kriterien.[116]

Die Sachgerechtigkeit ist ein wichtiger und wesentlicher Aspekt der Gleichheitsprüfung und bedeutet eigentlich nur, dass die Besonderheiten des Sachbereichs, ihre Eigenart aufgenommen werden müssen. In die gleiche Richtung zielen Formulierungen wie „**Natur der Sache**", „sachlich einleuchtender Grund", wie sie das Bundesverfassungsgericht und auch die Verwaltungsgerichte gebrauchen.[117] Es geht

---

[114] *Robbers* Gerechtigkeit S. 103.
[115] *Kirchhof* Verschiedenheit S. 35 – siehe demgegenüber *Robbers* Gerechtigkeit S. 104 ff, 111 ff. und *Huster* Rechte und Ziele S. 202 ff., 363 f., die beide die Sachgerechtigkeit als Ausprägung der Gerechtigkeit und des Gleichheitssatzes verstehen; ähnlich *Kloepfer* Gleichheit S. 34.
[116] *Zippelius* VVDStRL 47 (1989) S. 7, 24; auch *Böckenförde* Diskussionsbeitrag in VVDStRL 47 (1989) S. 95 – demgegenüber *Müller* VVDStRL 47 (1989) S. 37, 38 f., 45, der die politische, soziale und rechtliche „Ambiance" zur Bestimmung der Gleichheit und nicht der Gerechtigkeit heranzieht.
[117] *Kirchhof* Verschiedenheit S. 35 – widersprüchlich *Jarass* NJW 1997, 2545, der den Begriff Natur der Sache als wenig ertragreich ablehnt, aber a.a.O. S. 2548 mit Rn. 26 selbst damit arbeitet. Von **Natur der Sache** sprechen BVerfG E 1, 14 (52); 2, 336 (340); 14, 142 (150); 18, 38 (46); 42, 374 (388); 51, 1 (23); 69, 161 (173); 78, 104 (121); 89, 132 (141); 102, 254 (299); 106, 201 (206); DVBl 1968, 299 (301); DVBl 1969, 739 (740); DVBl 1979, 464 (466); DVBl 1982, 255; NVwZ-RR 1992, 491 (492); NJW 2003, 3335 (3336) – BVerwG E 2, 151 (153); 5, 114 (116); 6, 50 (52); 12, 140 (149); 22, 26 (29); 25, 147 (148); 46, 361 (364 f.); 62, 45 (50); 72, 212 (218); 87, 1 (7); DVBl 1958, 280; NJW 1982, 246 (247); NJW 1982, 2682 (2684); DVBl 1983, 799 (801); NVwZ 1993, 85 (86); NVwZ-RR 1995, 348 (349); DVBl 2005, 1145 (1146) – OVG Bautzen LKV 2002, 417 (419); OVG Bremen DVBl 1991, 1269 (1270); VGH Kassel NVwZ-RR 1994, 55 (56); NVwZ 2000, 242; VGH Mannheim 1983, 489; VBlBW 1992, 350 (354); NVwZ 1994, 194 (197); VBlBW 1998, 349 (350); NVwZ 1999, 1016 (1017); VBlBW 2002, 255 (256); VGH München DVBl 1979, 75 (76); BayVBl 1984, 336 (337); OVG Koblenz 1988, 1145 (1146); OVG Münster DVBl 1986, 1162 (1163); NVwZ 1986, 775 (776); NVwZ 1993, 85 (86); NVwZ-RR 2004, 679 (681) – einen **sachlich einleuchtenden Grund** fordern BVerfG E 9, 334 (337); 14, 221 (238); 33, 171 (189); 60, 329 (347); 64, 158 (168 f.); 71, 39 (58); 76, 256 (329); 102, 254 (299); 103, 310 (318); 106, 201 (206); DVBl 1972, 144 (147); DVBl 1978, 208 (210); DVBl 1979, 464 (466); DÖV 1983, 198 (199); DVBl 1984, 216 (220); DVBl 1991, 691 (697); NVwZ-RR 1992, 491 (492); DVBl 1995, 286 (290); DVBl 1996, 357 (361); DVBl 2001, 1135 (1137); NJW 2003, 3044 – BVerwG E 6, 134 (143); 13, 214 (221); 30, 326 (333); 32, 158 (165); 33, 32 (33); DVBl 1983, 46 (47); DÖV 1988, 513; NVwZ 1989, 1176; DVBl 1994, 1300 (1301); NVwZ 1995, 348 (349); DVBl 2005, 255 (256) – OVG Bautzen LKV 1997, 219 (227); LKV 1999, 64 (65); OVG Greifswald LKV 2000, 161 (162); OVG Hamburg DVBl 1991, 766 (768); OVG VGH Kassel NJW 1997, 1179; Koblenz NJW 1986, 1058 (1059); NVwZ-RR 1988, 117; NVwZ-RR 1997, 735 f.; OVG Lüneburg NVwZ 1997, 816

um die Natur der jeweiligen Sache, des jeweiligen Sachbereichs. Der einleuchtende Grund muss *sachlich* einleuchten, also auf die jeweilige Sache bezogen sein. Damit wird die oben (B II 4)erwähnte Relativität des Gleichheitssatzes hervorgehoben. Denn der Gleichheitssatz kann sich nur an der jeweiligen Sache orientieren. Nur für den jeweiligen Fall, aber nicht generell lässt sich nämlich eine Aussage darüber treffen, ob etwas gleich ist oder nicht. Das Bundesverfassungsgericht selbst trennt die Sachgerechtigkeit ebenfalls von der Gerechtigkeit, wenn es in einigen Entscheidungen einerseits von „Gesetzlichkeiten, die in der Sache selbst liegen" und andererseits von den „fundierten allgemeine Gerechtigkeitsvorstellungen der Gemeinschaft" spricht, beide also unterschiedlich versteht.[118]

Mit Gerechtigkeit hat Sachgerechtigkeit aber nur noch dem Namen nach etwas gemein. Denn es wird gerade nicht eine nicht näher definierbare Gerechtigkeitswertung, sondern die dem konkreten Sachbereich innewohnende Wertung herangezogen. Diese als Gerechtigkeitswertung des Sachbereichs zu bezeichnen, hilft auch nicht weiter und zeigt nur dass es nicht möglich ist, den Begriff der Gerechtigkeit zu bestimmen.

e) Ergebnis

Auf Gerechtigkeit sollte als Topos zur Bestimmung der Gleichheit verzichtet werden. Es lassen sich letztlich keine Kriterien hierfür finden, die nicht auch ohne Vermittlung der Gerechtigkeit direkt zur Bestimmung des Gleichheitssatzes dienen könnten. Spezielle Gerechtigkeitswertungen wie Wehr- oder Abgabengerechtigkeit sind keine Gerechtigkeitssätze, sondern charakterisieren bereichsspezifische Ausprägungen des Gleichheitssatzes. Lediglich der Begriff der Sachgerechtigkeit ist ein wesentliches Kriterium zur Bestimmung der Gleichheit. Er ist aber keine Ausprägung der Gerechtigkeit, sondern kennzeichnet treffend die Relativität und Bereichsspezifik des Gleichheitssatzes.

---

(817); NJW 2003, 2042 (2043); VGH Mannheim VBlBW 1985, 462 (464); VBlBW 1988, 142; DVBl 1996, 999 (1000); NVwZ 1997, 620 (621); VBlBW 1998, 58 (60); DVBl 2000, 1782 (1789); NJW 2003, 2113 (2114); VGH München BayVBl 1984, 625 (627); BayVBl 1985, 561 (563); BayVBl 1987, 49 (50); BayVBl 1989, 46 (47); BayVBl 1993, 726 (727); BayVBl 1995, 432 (433); NVwZ-RR 1996, 224 (226); OVG Münster NWVBl 1993, 92 (93); NVwZ-RR 1998, 312; NWVBl 1998, 14 (16); OVG Schleswig NVwZ-RR 2001, 683 (684).
[118] BVerfGE 42, 64 (72) ebenso E 9, 338 (349), 13, 225 (228).

4) Die Wertordnung des Grundgesetzes

Nicht der Gedanke der Gerechtigkeit als solcher, sondern die Ordnung des Grundgesetzes, mit ihren dort positivierten (Gerechtigkeits-) Wertungen konkretisieren den Gleichheitssatz. Er ist in der Wertordnung des Grundgesetzes als unserer höchsten geschriebenen rechtlichen Ordnung eingebettet, so dass er – wie andere Grundrechte und Normen des Grundgesetzes auch – durch diese *wertgebundene* Ordnung bestimmt ist.[119] Seine **Konkretisierung** erfährt es durch die Verfassung, die **gesamte Verfassungsordnung**.[120] Die Einflüsse durch andere Wertungen des Grundgesetzes lassen sich mit dem Auslegungsprinzip der **Einheit der Verfassung** erklären, nach der die Grundrechte im Lichte der gesamten Rechtsordnung interpretiert werden müssen.[121]

Als Ansatzpunkt für die Konkretisierung des Gleichheitssatzes kommt die Verfassung an sich, ihr **Gesamtzusammenhang** in Betracht, der im Rahmen einer systematischen Auslegung berücksichtigt werden kann.[122] Aber auch und gerade von den in der Verfassung zum Ausdruck kommenden („fundamentalen Ordnungs-") Prinzipien und Einzelgrundrechten können Impulse ausgehen. Sie sind Kriterien und Wertmaßstäbe für eine Gleichheitsprüfung.[123] Es ist also das **Gesamtsystem** der Verfassung, aus dem die Wertungen erfolgen.[124] Das **Bundesverfassungsgericht** spricht in diesem Zusammenhang gerne von den **Wertent-**

---

[119] Allgemein zu den Grundrechten als objektive Wertordnung *Schapp* JZ 1998, 913 ff., der S. 914 ff. den Versuch einer Gliederung unternimmt und S. 916 die Begriffe Wert, werten, Wertordnung und Wertrangordnung zu erklären versucht. Vgl. auch *Di Fabio* JZ 2004, 1, 2 ff.

[120] *Zippelius* VVDStRL 47 (1989) S. 7, 27 u. Fn. 96; *Müller* VVDStRL 47 (1989) S. 37, 45; *Robbers* DöV 1988, 749, 753; ders. NJW 1998, 935, 940; *Kirchhof* in Festschrift Geiger S. 82, 108; *Dürig* in MD Art. 3 Rn. 2; *Rink* JZ 1963, 521, 524; *Starck* in Link (Hg.) Verfassungsstaat S. 51, 64, 111 f.; *Ipsen* in Die Grundrechte Bd. 2 S. 111, 164; ders. Diskussionsbeitrag in VVDStRL 47 (1989) S. 88; *Kim* Konkretisierung S. 41 f.; *Bleckmann* Struktur S. 76, 79; *Starck* in vM Art. 3 Rn. 10, 13.

[121] *Kim* Konkretisierung S. 159 f.; *Bleckmann* Struktur S. 37, 42. Kritisch *Michael* Methodennorm S. 134 f. Allgemein dazu *Starck* in HdBStR VII § 164 Rn. 19. Gegen diesen Ansatz *Lücke* DöV 2002, 93, 94.

[122] Siehe etwa BVerfGE 6, 273 (280), wo auf die Verfassungsstruktur abgehoben wird; zum Gesamtzusammenhang *Starck* Diskussionsbeitrag in Link (Hg.) Verfassungsstaat S. 111 f. Vgl. auch *Schoch* DVBl 1988, 863, 878; *Di Fabio* JZ 2004, 1, 5.

[123] BVerfGE 42, 64 (72 f.); *Gubelt* in von Münch Art. 3 Rn. 20; *Starck* in Link (Hg.) Verfassungsstaat S. 51, 53.; *Rüfner* in BK Art. 3 Rn. 66 – zur Konkurrenz mit den Einzelgrundrechten siehe a.a.O. Rn. 67; *Stein* in AK Art. 3 Rn. 37, 49, 51.

[124] Hierzu *Ipsen* in Die Grundrechte Bd. 2 S. 111, 164, 183 f.; ders. Diskussionsbeitrag in VVDStRL 47 (1989) S. 88; *Starck* in Link (Hg.) Verfassungsstaat S. 51, 64; ders. a.a.O. Diskussionsbeitrag S. 111 f.; siehe auch *Kirchhof* in HdBStR V § 124 Rn. 93 f.; *Schoch* DVBl 1988, 863, 872; *Starck* in HdBStR VII § 164 Rn. 48.

scheidungen[125] des Grundgesetzes, die den Gleichheitssatz konkretisieren.[126] Durch die Wertenscheidungen werde der Gleichheitssatz in bestimmte Richtungen hin ausgeprägt und die Freiheit des Gesetzgebers eingeschränkt, selbst zu bestimmen, was „gleich" und was „ungleich" ist.[127] Auch in anderen Formulierungen des Gerichts, wie „Grundsatznormen" oder „Grundentscheidungen", kommt zum Ausdruck, dass es das Grundgesetz als eine wertbestimmte Ordnung ansieht und der Gleichheitssatz ein Ort ist, in dem diese Wertungen sichtbar werden.[128] Wie das Bundesverfassungsgericht gehen auch die **Verwaltungsgerichte** vor, die ebenfalls die Wertenscheidung(en) oder die Wertordnung der Verfassung beim Gleichheitssatz berücksichtigen wollen. Besonders prägnant formuliert das der VGH Mannheim, der an die Wechselwirkungs-Rechtsprechung des Bundesverfassungsgerichts zu Art. 5 II GG anknüpft, wenn er fordert, dass der Gleichheitssatz „im Lichte der Wertordnung des Grundgesetzes", vor allem der Grundrechte, ausgelegt werden müsse.[129]

Die Wertungen können den Beurteilungsmaßstab vorgeben, zumindest vorprägen, oder sich auf die Auswahl der Differenzierungskriterien auswirken, indem sie

---

[125] Widersprüchlich *Bleckmann* StaatsR II § 24 Rn. 111, nach dem die Heranziehung nicht die Funktion habe, die Sachlichkeit einer Differenzierung zu verbieten, sondern umgekehrt eine an sich zulässige Unterscheidung dennoch zu verbieten; a.a.O. Rn. 125 behauptet er plötzlich das Gegenteil, da er nun angibt, dass das Gericht die Wertenscheidungen zur Bestimmung der Sachlichkeit herangezogen habe. Es mag sein, dass die Wertenscheidungen die Gründe für eine Differenzierung nicht immer bestimmen können, sie können aber zumindest durch ihre Wertung die Richtung vorgeben, in die eine Prüfung sich zu bewegen hat.

[126] Auf die **Grund- oder Wertentscheidungen** des GG, die den Gleichheitssatz beeinflussen, gehen etwa ein BVerfGE 6, 273 (280); 12, 151 (163); 13, 290 (296); 17, 210 (217); 36, 321 (330); 42, 64 (72); 49, 280 (283); ähnlich BVerfGE 82, 60 (86); 83, 82 (86 f.) – in neuerer Zeit betont das Gericht im abgestuften Maßstab der neuen Formel (dazu unten D II 3) stärker **einzelne Wertenscheidungen**, vor allem die Grundrechte, den Prüfungsmaßstab beeinflussen, allgemein BVerfGE 74, 9 (24); 82, 126 (146); 88, 5 (12); 88, 87 (96); 93, 99 (111); 98, 365 (385); 103, 172 (193); NJW 2003, 1381; NVwZ 2005, 1416 (1417) – vgl. auch BVerfGE 88, 87 (96); 99, 367 (388); 101, 275 (291) mit ausdrücklichem Bezug auf Art. 3 III GG – zur Rechtsprechung des Gerichts auch *Arndt* NVwZ 1988, 787, 788; ferner *Alexy* Theorie der Grundrechte S. 125 ff, 133 zur Ähnlichkeit zwischen seinem Prinzipienbegriff und dem Wertbegriff des Verfassungsgerichts.

[127] BVerfGE 17, 210 (217); 36, 321 (330) – siehe auch BVerfGE 13, 290 (296): Gleichheitssatz empfängt durch die Konkretisierung durch spezielle Wertenscheidungen des GG seinen aktuellen Gehalt.

[128] Grundsatznormen BVerfGE 6, 55 (71); Grundentscheidungen BVerfGE 6, 273 (280) – zur Einwirkung anderer Verfassungsnormen auf den Gleichheitssatz BVerfGE 83, 82 (87).

[129] VGH Mannheim NVwZ 1986, 396 – weitere Formulierungen: Wertentscheidung der Verfassung BVerwG DVBl 2000, 913 f.; VGH Kassel NVwZ-RR 1994, 55 (56); VG Bremen NJW 1997, 2696 (2698) – wertentscheidende Grundsatznorm [hier Art. 6 GG] BVerwG 2002, 2193; VGH Mannheim VBlBW 2002, 255 (257) – Wertordnung des GG BVerwGE 33, 233 (238) – Grundwertentscheidung des GG BVerwG LKV 1998, 61 (62); NVwZ-RR 2000, 227 (228) – besondere Wertanschauungen der Verfassung OVG Münster NVwZ 1995,191 (193).

bestimmte Anknüpfungspunkte erlauben, verbieten oder sogar fordern.[130] Durch weitere Wertungen kann sich der Anspruch auf Gleichbehandlung zu einem Anspruch auf eine genau bestimmte, also eine **konkrete** Behandlung **verdichten**. Dies ist weniger beim Gesetzgeber als vielmehr bei der Verwaltung von Bedeutung. Denn beim Gesetzgeber ginge es um einen Anspruch auf Erlass einer bestimmten (generell-abstrakten) Norm. Alleine schon aus der Funktionenordnung des Grundgesetzes heraus verbietet es sich aber, die Normsetzungskompetenz des Gesetzgebers so sehr einzuschränken. Ein solcher Anspruch gegen den Gesetzgeber wird daher generell abgelehnt, allenfalls ganz ausnahmsweise überhaupt für möglich gehalten.[131]

Aber nicht nur der Gleichheitssatz ist „Sollbruchstelle" für andere Wertungen, er ist **selbst Teil** der grundgesetzlichen Wertordnung und kann damit andere Grundrechte beeinflussen oder mit ihnen zusammen bestimmte Bereiche vorprägen. Ein gutes Beispiel hierfür ist das Verhältnis des Gleichheitssatzes zu Art. 12 I GG. Hier findet die Wertung des Gleichheitssatzes häufig Beachtung, etwa, wenn es im Prüfungsrecht um den Grundsatz der Chancengleichheit geht, der in beiden Grundrechten verortet wird. Oder wenn der Anspruch auf (gleiche) Hochschulzulassung berührt ist. Überall wirkt der Gleichheitssatz mit in die Prüfung hinein.[132] Dies findet sich auch bei anderen Grundrechten, etwa bei der Prüfung einer Inhalts- und Schrankenbestimmung im Sinne von Art. 14 I 2 GG.[133]

---

[130] Siehe hierzu BVerfGE 6, 273 (280); 17, 210 (217) – *Arndt* NVwZ 1988, 787; einen anderen Akzent setzt *Kim* Konkretisierung S. 43, nachdem die Wertenscheidungen nicht die Auswahl der Differenzierungskriterien bestimmen, sondern als selbständige Differenzierungskriterien herangezogen werden.
[131] Zur sog. Normerlassklage *Hufen* Verwaltungsprozessrecht § 20 Rn. 5 ff.; *Schenke* Verwaltungsprozessrecht Rn. 389.
[132] Zur **Chancengleichheit** im Prüfungsrecht BVerfG DVBl 1991, 801 (804); BVerwG 96, 126 (135); NVwZ 2000, 915 (919); NJW 2003, 973)74); OVG Bautzen LKV 2002, 523 (525); VGH Mannheim DVBl 1993, 1315 (1316) – zum Einfluss auf die **Hochschulzulassung** BVerfG DVBl 1972, 725 (727); DVBl 1975, 622; DVBl 1980, 913; DVBl 1982, 445 ff.; BVerwG DVBl 1983, 840 f.; DVBl 1983, 842; NVwZ 1986, 1014 (1015); DVBl 1987, 949 (950); NVwZ-RR 1991, 78; VGH München DVBl 1978, 276 (277); OVG Münster DVBl 1981, 1013 (1014); NWVBl 2005, 185 (186) – häufiger findet sich noch die **Kombination** von Art. 12 I, 3 I und dem Sozialstaatsgebot, um einen Zugangsanspruch zu begründen: BVerfG DVBl 1983, 215 (216); DVBl 1992, 145; DVBl 1999, 1577 (1578); BVerwG DVBl 1983, 855 (856 f.); DVBl 1984, 481 (482); NVwZ 1985, 574; NVwZ-RR 1989, 186 (187); DVBl 1988, 392; NVwZ-RR 1990, 349 (350); DVBl 2002, 60 (62); OVG Bremen DVBl 1981, 585; DöV 1981, 305; OVG Hamburg DVBl 1979, 912 (913); DVBl 1987, 316 (317); OVG Münster NVwZ 1984, 126; NWVBl 1995, 18; OVG Saarlouis NVwZ 1996, 1237; VGH Mannheim DVBl 1983, 594 (597); DöV 1994, 390 (391); DöV 1998, 209 (210); VG Berlin LKV 1991, 206.
[133] BVerfG DVBl 1967, 232 (235); DVBl 1993, 33 (36); OVG Greifswald LKV 1999, 68; VGH München BayVBl 2000, 242; VG Darmstadt NVwZ-RR 1998, 281.

a) Menschenwürde

Primärer Bezugspunkt für den Gleichheitssatz – aber nicht der einzige – ist die **Menschenwürde**, Art. 1 I GG, was nachzuweisen vor allem das Verdienst *Dürigs* gewesen ist.[134] Art. 1 I GG geht von der gleichen Würde aller Menschen aus. Mit dieser gleichen und unantastbaren Würde statuiert Art. 1 I GG das „letztentscheidende tertium comparationis" aller Vergleiche.[135] Damit verleiht die Menschenwürde dem Gleichheitssatz einen **egalitären Bereich**, in dem alle schematisch gleich behandelt werden müssen. Dürig spricht sogar vom **Wesensgehalt** des Gleichheitssatzes.[136]

Zwar ist die Menschenwürde Ausgangspunkt für alle Grundrechtsinterpretationen. Den Gleichheitssatz alleine auf die Menschenwürde zu beziehen, ist aber **zu einseitig** und verstellt den Blick darauf, dass die grundgesetzliche Wertordnung nicht nur von der Menschenwürde erfüllt ist.[137] Aus der Menschenwürde lassen sich außerdem wenig konkrete Forderungen herleiten. Denn es dürfte äußerst selten sein, dass eine Unterscheidung so schwerwiegend ist, dass sie die Menschenwürde verletzt. Außerdem ginge in diesem Fall systematisch Art. 1 I GG dem Gleichheitssatz als spezielleres Grundrecht vor. Es ist also viel eher an die Fälle zu denken, bei denen die Menschenwürde zwar nicht verletzt ist, eine solche Verletzung aber möglich erscheint.

Als Beispiel sei eine Entscheidung des OVG Münster genannt, bei der es um das Verbot von Laserspielen geht, bei denen gezielt Tötungshandlungen gespielt werden können (sog. Laserdrom). Das Gericht prüft eine Ordnungsverfügung aufgrund der polizeirechtlichen Generalklausel und stellt klar, dass die Wertmaßstäbe des Grundgesetzes (hier die Menschenwürde, das Recht auf körperliche Unversehrtheit und das Gewaltmonopol des Staates) die Generalklauseln beeinflussen. Daran knüpft das Gericht dann an, als es die Ermessensausübung der Behörde an-

---

[134] Hierzu *Kirchhof* in HdBStR V § 124 Rn. 99; *Di Fabio* JZ 2004, 1, 5 f. Aber auch *Leibholz* betonte, dass die Achtung der Menschenwürde und des menschlichen Lebens eines der fundamentalen Prinzipien für das Rechtsbewusstsein und den Begriff der Willkür gewesen sei, siehe *ders*. Gleichheit S. 251 ff. Zu neueren Entwicklungen siehe *Poscher* JZ 2004, 756, 757 f.
[135] *Dürig* in Staatslexikon der Görresgesellschaft, Stichwort „Gleichheit" II 1 (S. 1068); siehe auch *ders*. in MD Art. 3 Rn. 3, 21.
[136] *Dürig* in MD Art. 3 Rn. 21; *Hesse* AöR 109 (1984) S. 174, 182. Siehe allgemein *Zippelius* VVDStRL 47 (1989) S. 7, 29; *Otto* JZ 2005, 473, 477 ff.
[137] Kritisch zu Dürigs einseitiger Sichtweise *Gubelt* in von Münch Art. 3 Rn. 3.

hand des Gleichheitssatzes prüft und einen sachlichen Grund für die zu anderen Spielen unterschiedliche Behandlung findet.[138]

Die Menschenwürde kann dem Gleichheitssatz, wie den anderen Grundrechten auch, eher eine Tendenz als konkrete Forderungen verleihen.

b) Besondere Gleichheitssätze

Eng damit zusammen hängen die besonderen Gleichheitssätze als den besonderen „Konkretisierungen"[139] des allgemeinen Gleichheitssatzes. Sie können als *Differenzierungsverbote* von vornherein ausschließen, bestimmte Merkmale zum Ansatzpunkt für eine Differenzierung zu machen, so wie dies vor allem in Art. 3 II und III GG deutlich wird.[140] An diese Merkmale darf nicht angeknüpft werden und mit diesen Merkmalen kann eine Ungleichbehandlung nicht begründet werden.[141] Umgekehrt können sie als *Differenzierungsgebote* eine Unterscheidung geradezu fordern oder als *Differenzierungserlaubnis* sie nicht ausschließen.[142]

Neben diesen beiden Absätzen enthält das Grundgesetz aber noch weitere besondere Gleichheitssätze, wie etwa Art. 33 I und II, Art. 38 I, Art. 101 I. Aber auch in den Art. 1, 2, 4 III, 8, 12 II finden sich implizit Gleichheitsregelungen. Sie können bestimmte Differenzierungen ausschließen oder spezielle Gleichheitswertungen in bestimmten Bereichen darstellen, so wie dies etwa bei der Gleichheit der Wahl der Fall ist.[143] Die besonderen Gleichheitssätze gehen dem allgemeinen Gleichheitssatz vor. Sie sind speziellere Ausprägungen für bestimmte Sachgebiete. Daher findet der allgemeine Gleichheitssatz in den von ihnen erfassten Bereichen nur **subsidiär** Anwendung.[144] Dies wird auch in der **Rechtsprechung** deutlich, die

---

[138] OVG Münster NWVBl 2001, 94 (95 f.) – siehe auch die Vorlageentscheidung des BVerwG an den EuGH in NVwZ 2002, 598, bei der der Gleichheitssatz aber nur am Rande eine Rolle spielte (a.a.O. S. 603). Der EuGH hat in einem mitgliedstaatlichen Verbot von Tötungsspielen keinen Verstoß gegen Europarecht gesehen (Entscheidung C-36/02 vom 14.10.2004, Abl. C 300/03).
[139] BVerfGE 6, 55 (71); BVerwG DVBl 1996, 513 (514).
[140] Allgemein *Dürig* in MD Art. 3 Rn. 248 ff.; *Hesse* AöR 109 (1984) S. 174, 184; *Zippelius* VVDStRL 47 (1989) S. 7, 27; *Müller* VVDStRL 47 (1989) S. 37, 45 ff., 60 f.
[141] *Herzog* in MD Anhang zu Art. 3 Rn. 46; *Gusy* NJW 1988, 2505, 2508.
[142] Hierzu allgemein *Starck* in Link (Hg) Verfassungsstaat S. 51, 62, 64; *Kokott* in Festschrift 50 Jahre BVerfG S. 127, 146 ff., 156 ff.
[143] Sieh etwa zu **Art. 6 V** VGH Mannheim NJW 1995, 475 (476) – **Art. 33 II** VGH Mannheim VBlBW 1985, 462 (464); OVG Münster NVwZ 1996, 495; OVG Schleswig DVBl 1998, 1093 – **Art. 38** BVerfG NVwZ 2002, 71; StGH Hessen NVwZ 1992, 465
[144] *Ipsen* in Die Grundrechte Bd. 2 S. 111, 178, 190; *Herzog* in MD Anhang zu Art. 3 Rn. 45; *Arndt* NVwZ 1988, 787, 788; *Kokott* Festschrift 50 Jahre BVerfG S. 127, 159 f. – zu Ausnahmen, die Ungleichheiten zulassen *Dürig* in MD Art. 3 Rn. 272 – siehe auch VG Schleswig NVwZ 1995, 724 (725).

etwa Art. 3 II oder Art. 3 III GG von Art. 3 I GG unabhängig prüft und auf den allgemeinen Gleichheitssatz nicht eingeht, wenn schon die spezielleren Gleichheitssätze greifen.[145] In neuerer Zeit betont das Bundesverfassungsgericht aber bei der neuen Formel (dazu Teil D) die Beziehung des allgemeinen Gleichheitssatzes vor allem zu Art. 3 III GG, wenn es strengere Anforderungen an die Prüfung einer Ungleichbehandlung stellt, wenn an Eigenschaften angeknüpft wird, die denen in Art. 3 III GG nahe kommen.[146]

Für die Verwaltung bedeuten die speziellen Gleichheitssätze genauso wie für die Gesetzgebung Grenzen, die nicht überschritten werden dürfen.[147] An die dort verbotenen Merkmale darf eine Behandlung nicht anknüpfen.

c) Freiheitsrechte

Nicht nur die speziellen Gleichheitsrechte, sondern generell die Grundrechte und damit vor allem die **Freiheitsrechte** können mit den in ihnen zum Ausdruck kommenden Wertungen den Inhalt des Gleichheitssatzes ausfüllen. Auch sie können bestimmte Differenzierungen, Anknüpfungspunkte von vornherein ausschließen, sie zulassen oder sogar fordern. Aus ihnen können sich also Differenzierungsverbote, -erlaubnisse oder –gebote ergeben.[148] Deshalb werden sie vom Verfassungsgericht und den Verwaltungsgerichten auch häufig als Wertungen, Wertmaßstäbe, Grundsatzentscheidungen oder **wertentscheidende Grundsatznormen**

---

[145] Eigenständige Prüfung von **Art. 3 II GG** etwa in BVerfG DVBl 1960, 512; DVBl 1974, 79; DVBl 1978, 956; DöV 1980, 213; DVBl 1983, 797; DVBl 1991, 485; NJW 2005, 2443; BVerwG E 9, 354; 10, 25; 10, 136; 11, 318; 13, 343; 15, 226; 15, 306; 17, 353; 18, 293; 23, 239; 40, 17; 42, 133; 42, 141; 68, 220; 71, 301; 113, 332 (333); DVBl 61, 780; DVBl 1987, 419; NVwZ 1995, 390 (391); DVBl 1999, 1428 (1429); DVBl 2000, 408; OVG Berlin DVBl 1972, 872; NVwZ 1996, 500; OVG Lüneburg DVBl 1965, 337; DVBl 1995, 1254; OVG Münster DVBl 1989, 1162; DVBl 1991, 118 (120 f.); NVwZ 1996, 495; VGH Kassel NVwZ 1994, 1229; DVBl 1997, 1008; VGH Mannheim VBlBW 1986, 421; VGH München DVBl 1987, 140 (141); VG Frankfurt/M DVBl 1968, 472; VG Göttingen NVwZ 1998, 100 (101); VG München DVBl 1963, 412 – von **Art. 3 III GG** BVerfG DVBl 1975, 784 (788); DöV 1987, 393 (394); DVBl 1994, 103 (104); DVBl 1995, 613; DVBl 1995, 905 (906); NJW 2002, 3459; BVerwGE 9, 210; 9, 222; 21, 330; 47, 330; 52, 313; 68, 220; 81, 22; 85, 108; 87, 115; 90, 112; 90, 320; 99, 1; 109, 40 (46 ff.); NVwZ 1995, 390 (391); OVG Berlin NVwZ 1996, 500; OVG Koblenz DVBl 1973, 816; OVG Münster DVBl 1991, 118 (120 f.); NVwZ 1996, 495; NWVBl 1996, 181 (185); VGH Kassel NVwZ 1988, 850 (852); NVwZ 1994, 1229; VGH Mannheim DVBl 1973, 579; NVwZ 1985, 226; VBlBW 1986, 412; DöV 1989, 169 (170); DVBl 1997,1186; DVBl 2001, 1534 (1538); VGH München DVBl 1981, 41; VG Freiburg NVwZ 1996, 507; VG Göttingen NVwZ 1998, 100 (101); VG Hannover NVwZ 1998, 316.
[146] BVerfGE 88, 87 (96); 99, 367 (388); 101, 275 (291) – speziell zu Inhalt und Reichweite von Art. 3 III und seinem Verhältnis zu Abs. II 1 GG *Rozek* BayVBl 1993, 646 ff.
[147] Zur Möglichkeit, sich unter bestimmten Umständen und ausnahmsweise doch darüber hinwegzusetzen siehe B I4.
[148] Hierzu *Gubelt* in von Münch Art. 3 Rn. 20; siehe auch *Jarass* NJW 1997, 2545, 2547; allgemein *Zippelius* VVDStRL 47 (1989) S. 7, 29; *Müller* VVDStRL 47 (1989) S. 37, 47 f.; *Wendt* NVwZ 1988, 778, 784.

bezeichnet, die den Gleichheitssatz ausprägen.[149] In neueren Entscheidungen zur neuen Formel (dazu D II 6) wird der Bezug zu den grundrechtlichen Wertentscheidung besonders deutlich, wenn die Auswirkung einer Differenzierung auf die Grundrechte, die grundrechtlich gesicherten Freiheiten oder Freiheitsrechte einen strengeren Prüfungsmaßstab bedingen.[150]

Vor allem die Wertenscheidung aus Art. 6 I GG für Ehe und Familie lässt die Rechtsprechung oft zur weiteren Konkretisierung des Gleichheitssatzes einfließen.[151] Aber auch die Wertungen in Art. 5 I oder III oder die aus Art. 12 I (Chancengleichheit, Wettbewerbsgleichheit) finden sich beim Gleichheitssatz.[152] Da gerade Art. 12 I GG oft spezieller ist, fließt umgekehrt nicht dieser Artikel in den Gleichheitssatz ein, sondern die Gleichheitswertungen sind bei Art. 12 I zu berücksichtigen.[153] Insgesamt finden sich aber die Wertungen fast aller Grundrechte in Entscheidungen zum Gleichheitssatz.[154]

---

[149] **Wertenscheidung** BVerfGE 17, 210 (217) [Art. 6 I]; 36, 321 (330) [Art. 5 I, III]; DVBl 1965, 121 (122) [Art. 6]; NJW 2003, 1381 [Art. 6 I]; BVerwG E 47, 247 (2253) [Art. 5 I]; NJW 1985, 2908 (2909) [Art. 6 I]; NJW 1985, 2908 (2909) [Art. 6 I] – **wertscheidende Grundsatznorm** BVerfGE 6, 55 (71) [Art. 6 I]; BVerwG NJW 1986, 738 (740) [Art. 6 I]; NJW 1986, 738 (740) [Art. 6 I]; NJW 2002, 2193 [Art. 6]; VGH Mannheim VBlBW 2002, 255 (257) [Art. 6 I] – **Wertmaßstab** BVerfGE 26, 321 (325) [Art. 6]; OVG Münster NWVBl 2001, 94 (95) [Art. 1 I, 2 II] – **Grundsatznorm** BVerfGE 83, 82 (87) [Art. 13] – **Grundsatzentscheidung** BVerfGE 82, 60 (68) [Art. 6 I] – **Wertung** BVerwG DVBl 1998, 400 (401) [Art. 5 I 2].
[150] Zum Beispiel bei BVerfGE 74, 9 (24); 82, 126 (146); 88, 5 (12); 88, 87 (96); 93, 99 (111); 98, 365 (385); 103, 172 (193).
[151] BVerfG E 6, 55 (71); 17, 210 (217); 26, 321 (325); 82, 60 (68); DVBl 1965, 121 (122); DVBl 1970, 210 (211); NJW 2003, 1381 – BVerwG NJW 1985, 2908 (2909); NJW 1985, 2908 (2909); NJW 1986, 738 (740); DöV 1990, 787 (788); NJW 1996, 945; NJW 2002, 2193 – VGH Mannheim VBlBW 2001, 358 (359); VBlBW 2002, 255 (257); OVG Münster NWVBl 2000, 101 (102); VG Göttingen NJW 1997, 1652 (1653); VG Hannover NVwZ-RR 1996, 351 (355). Siehe auch *Kallina* Willkürverbot und Neue Formel S. 30 ff.
[152] **Art. 5 I oder III** BVerfGE 36, 321 (330); BVerwG E 47, 247 (253); 100, 160; 104, 105 (112); DVBl 1982, 730 (731); NJW 1993, 675 (676)DVBl 1998, 400 (401); OVG Lüneburg DVBl 1996, 443 (445); VG Hannover NJW 1993, 3282 (3283); VG Minden NJW 2001, 315 – **Art. 12 I** BVerfG NVwZ 1989, 645; BVerwG 105, 328 (332); 106, 369 (372 ff.); NVwZ 2001, 1035 (1037); OVG Bautzen NVwZ-RR 2003, 853; VGH Mannheim DVBl 1982, 451 (452). Vgl. auch *Kallina* Willkürverbot und Neue Formel S. 32 ff., 34 ff.
[153] Siehe hierzu schon die Nachweise bei Fn. 132; außerdem etwa BVerfG DVBl 1971, 691 (693); DVBl 1985, 340 (341); DVBl 1988, 338 (341); DVBl 1991, 205 (206); DVBl 2000, 978 (979); BVerwG E 95, 237 (242); NVwZ 1994, 1014; NVwZ 2000, 915 (919); NJW 2001, 1590 (1591); DVBl 2002, 60 (62); OVG Koblenz DVBl 1996, 1206 (1207); OVG Münster NVwZ-RR 1995, 146 (147); VGH München NJW 1982, 2134 (2136); DVBl 1983, 274 (275); BayVBl 1987, 20 (21).
[154] Beispielsweise: **Art. 2 I** (allg. Handlungsfreiheit und Wettbewerbsfreiheit) OVG Greifswald NVwZ-RR 2001, 752 (753); VGH Kassel NJW 1985, 1356 f.; VHG München BayVBl 2003, 526 (528); **Art. 7** BVerwG 107, 75 (88); **Art 9 III** BVerfG DVBl 2005, 47 (48); **Art 13** BVerfGE 83, 82 (87) [Art. 13]; **Art. 14 I** BVerfGE 100, 159 (93); BVerfG DVBl 1979, 414 (415); **Art. 19 IV** BVerwG E 113, 92 f.; OVG Lüneburg NVwZ-RR 2000, 123; OVG Münster NVwZ-RR 1995, 667 (669).

Die Erwähnung von Art. 12 I GG hat schon gezeigt, dass es gerade beim Gleichheitssatz oftmals schwierig ist, die Anwendungsbereiche der einzelnen Grundrechte korrekt voneinander zu scheiden und festzustellen, ob sie den Gleichheitssatz nur ergänzen und ausfüllen oder aber ob sie spezieller sind und ihn daher vollkommen verdrängen. Wie *Dürig* von einer **Präponderanz** der Freiheit gegenüber der Gleichheit zu sprechen und damit tendenziell die Freiheitsrechte vorgehen zu lassen,[155] dürfte aber vorschnell sein. Freiheit braucht Gleichheit und Gleichheit auch Freiheit. Jedes ist ohne das andere nicht denkbar, beide aufeinander bezogen.[156] Vielmehr kommt es immer auf den jeweiligen Einzelfall an, wo der Schwerpunkt der Prüfung ist. Lässt sich dies nicht feststellen, schadet es auch nicht, wenn sowohl das Freiheits- als auch das Gleichheitsrecht geprüft werden.

d) Weitere Bestimmungen

Schließlich seien noch die **Staatszielbestimmungen**, vor allem Demokratie, Rechtsstaat, Sozialstaat und Bundesstaat und die sonstigen im Grundgesetz zum Ausdruck kommenden Werte und Prinzipien genannt, die jeweils den Gleichheitssatz beeinflussen können – wie jedes andere Grundrecht auch.[157] Die übrige Ordnung des Grundgesetzes, z.B. die Kompetenzordnung, kann ebenfalls Wertungen beinhalten.[158] So kann, um an das oben, C I 4 a, gebildete Beispiel des OVG Münster (Laserdrom) anzuknüpfen, auch das staatliche Gewaltmonopol Wertvorstellungen beinhalten, die Tötungsspiele einschränken können. Ein weiteres Beispiel, das sich in vielen Entscheidungen findet, ist die Rechtsschutzgleichheit oder die sog.

---

[155] *Dürig* in MD Art. 3 Rn. 135; *ders.* in Staatslexikon der Görresgesellschaft, Stichwort „Gleichheit" II 3 (S. 1070) – in die umgekehrte Richtung argumentiert *Leisner* Gleichheitsstaat S. 43 ff., 110 ff., der die Freiheitsrechte nicht mehr als selbständig, sondern als durch den Gleichheitssatz gewissermaßen unterwandert ansieht.

[156] Zum Verhältnis von Gleichheitssatz und Freiheitsrechten *Kirchhof* in HdBStR V § 124 Rn. 187. Vgl. auch *Häberle* VVDStRL 30 (1972) S. 43, 95 ff., 102, 105, 110.

[157] Allgemein zu den speziellen und den sonstigen Prinzipien *Zippelius* VVDStRL 47 (1989) S. 7, 29 f.; *Müller* VVDStRL 47 (1989) S. 37, 45 ff., 61; *Birk* VBlBW 1985, 274, 275; *Lenz/ Leydecker* DöV 2004, 841, 845 f.; schon *Ipsen* in Die Grundrechte Bd. 2 S. 111, 184; ausführlich *Kallina* Willkürverbot und Neue Formel S. 25 ff. – zum sozialen Rechtsstaat als Wertungskriterium *Kirchhof* in HdBStR V § 124 Rn. 150 ff.; zur Demokratie *ders.* a.a.O. § 124 Rn. 184 ff.; zur Wirkung der Kompetenz-, Organisations- und Zuständigkeitsregelungen des GG *Becker* DöV 2002, 397 ff.
Aus der Rechtsprechung: **Demokratie** BVerfGE 1, 208 (247); **Rechtsstaat** BVerfG DVBl 1990, 926 (927); DVBl 2001, 64; DVBl 2001, 1748; BVerwG E 113, 92 f.; 107, 363 (372); VGH Kassel NVwZ-RR 1996, 265; OVG Lüneburg NVwZ-RR 2000, 123 – **Sozialstaat** OVG Lüneburg NVwZ-RR 1991, 206 (208) und die Nachweise oben bei Fn. 132; **Art. 28 I 2** OVG Greifswald DVBl 1995, 303 (304).

[158] Allgemein *Gubelt* in von Münch Art. 3 Rn. 20; *Kube* DVBl 2005, 721, 724; *Lenz/ Leydecker* DöV 2004, 841, 846; zur Kompetenzordnung als Einflussfaktor *Kirchhof* in HdBStR V § 124 Rn. 175 ff.; *Müller* VVDStRL 47 (1989) S. 37, 45 ff., 61.

Waffengleichheit im Prozessrecht, die aus dem Gleichheitssatz in Verbindung mit dem Rechtsstaatsgebot und teilweise auch dem Sozialstaatsgebot und Art. 19 IV GG hergeleitet wird. Hier erscheint meist im Zusammenhang mit der Gewährung von Prozesskostenhilfe die Forderung, Bemittelte und Unbemittelte bei ihrer Rechtsdurchsetzung gleich zu behandeln, damit alle Bürger den gleichen Zugang zu den Gerichten haben. Der Topos findet sich aber auch in anderem Zusammenhang.[159]

e) Fazit

Sind die Wertungen aufgezeigt, die den Gleichheitssatz ausfüllen können, so ist damit noch nicht festgelegt, welche Wertungen im konkreten Fall eingestellt werden und vor allem, welche überwiegen. Es fehlt also die **Methode**, die Gleichheitsprüfung zu strukturieren.

II) Willkürverbot als Konkretisierung des Inhalts

Der Versuch, den Inhalt des Gleichheitssatzes näher zu konkretisieren, bzw. eine Methode hierfür zu finden, ist mit dem Willkürverbot unternommen worden. Das Willkürverbot stellt bestimmte Anforderungen an die Behandlung durch Legislative, Exekutive und Judikative und wird von Rechtsprechung und Literatur schnell aufgenommen. Willkür bezeichnet den Gleichheitsverstoß und wird fast synonym mit dem Gleichheitssatz verwendet, kann ihn aber letztlich auch nicht definieren. Dieses Kapitel soll Aufschluss über den Begriff, seine Deutung und seine Beziehung zum Gleichheitssatz geben.

1) Ursprung des Willkürbegriffs

Da mit dem Willkürbegriff versucht wird, eine Verletzung des Gleichheitssatzes zu kennzeichnen, ist es wichtig, sich die Ursprünge dieses Begriffs zu vergegenwärtigen. Der Inhalt des Begriffs wandelte sich im Laufe der Zeit und hat verschiedene Wurzeln, die ihn bis heute prägen.

---

[159] Allgemein *Kallina* Willkürverbot und Neue Formel S. 29; *Kokott* in Festschrift 50 Jahre BVerfG S. 127, 144. Vgl. aus der Rechtsprechung etwa BVerfG NJW 2003, 576; NJW 2003, 3190 (3191); NVwZ 2004, 334 (335) – BVerwGE 113, 92 – OVG Lüneburg NVwZ 2000, 123.

a) Ursprung des Begriffs

Der Begriff der Willkür selbst ist älter als es seine heutige Verwendung vermuten lässt und wurde früher in Deutschland anders verstanden. Bis ungefähr zur zweiten Hälfte des 18. Jahrhunderts wurde der Begriff neutral gebraucht. Willkür setzt sich aus „**Wille**" und „**Kür**" zusammen und kennzeichnete im Gegensatz zu gezwungenem Verhalten das freie, ungebundene Belieben, die freie Wahl (Kür), etwas zu tun, etwas auszuwählen. Bezeichnete der Begriff wertneutral noch den freien Willensakt, so wandelte sich dessen Bedeutung, indem der freie Willensakt staatsrechtlich gedeutet und auf den ungebundenen Willen des Herrschers bezogen wurde.

aa) Ende des 18. Jahrhunderts erscheint der Willkürbegriff als Kritikargument und polemischer Begriff gegen landesherrliches Ermessen und das absolutistische Staats- und Herrschaftsverständnis dieser Zeit. Mit Willkür, *arbitrium*, wird der *Missbrauch* der Landeshoheit gerügt. Eine Entscheidung erfolgt ausschließlich nach eigenem Belieben, ohne Rücksicht auf hergebrachte Rechte, Schutz- oder Treuepflichten. Eine Wurzel der Willkür liegt also im *Staatsrecht*.[160] Die negative Verwendung des Begriffs begann sich ab etwa der zweiten Hälfte des 18. Jahrhunderts generell auszubreiten. Willkür erhält einen „üblen Beigeschmack" wie es im Grimmschen Wörterbuch heißt. Der Begriff meinte gesetzlos, eigenmächtig, unberechenbar, unbegründet, unüberlegt, zufällig. Er wird mit Tyrannei in Verbindung gebracht und als Gegensatz zur Vernunft und dem Sittengesetz gesehen. Dem Begriff der Willkür werden also sehr viele Konnotationen beigelegt. Heute noch hat der Begriff eine negative, vorwurfsvolle Bedeutung. Willkür wird mit Willkürherrschaft oder Willkürmaßnahme in Zusammenhang gesetzt, mit Macht ohne Maß.[161]

bb) Seinen Durchbruch erlebte der Begriff aber mit dem Siegeszug des **Rechtsstaatsdenkens** im 19. Jahrhundert. Dort wird Willkür mit dem Missbrauch obrigkeitlicher Macht und der Verfolgung sachfremder, egoistischer Zwecke identifiziert. Diese führen zu sachlich nicht gerechtfertigten Ungleichbehandlungen, so dass Willkür geradezu zum Synonym für missbräuchliche Rechtsanwendung und damit

---

[160] *Bleckmann* Struktur S. 37; *Kirchhof* in Festschrift Geiger S. 82, 89; *Held-Daab* Ermessen S. 41 und 21 ff., 22 dort Fn. 14 jeweils m.w.N.; zum 17. Jh. siehe *Scheuner* in Festschrift DJT S. 229, 236.
[161] *Grimm* Deutsches Wörterbuch Bd. 30 (19. Bd. II Abteilung) Einträge „Willkür" und „willkürlich"; *Leibholz* Gleichheit S. 73, 255 und dort Fn. 2; *Zuck* MDR 1986, 723; *Kirchhof* in Festschrift Geiger S. 82, 89.

zu einem Kerngedanken verfasster **Rechtsstaatlichkeit** wurde.[162] Ist ein freier Wille grundsätzlich nicht schädlich, so muss man vorsichtig sein, wenn die Exekutive nach freiem Willen, nach freiem Belieben, also nachgerade so entscheidet, wie es ihr gerade passt. Das Belieben soll aber nicht frei, sondern an die Verfassung, an Gesetze und Regeln *gebunden* sein, um dem Bürger Sicherheit zu gewähren und die Handlungen der Exekutive berechenbar zu machen. Dieses Belieben wird nun **negativ** als Willkür bezeichnet. Der Begriff erscheint geradezu als ein Kampfbegriff des Rechtsstaatsgedankens. Es galt also, dem ungezügelten Willen des Herrschers und dessen Verwaltung, eben deren Willkür durch Gesetze Einhalt zu gebieten. Mit der Festigung des Rechtsstaats im letzten Drittel des 19. Jahrhunderts verlagerte sich aber auch die Kritik. Wurde er im 18. und zu Anfang des 19. Jahrhunderts allgemein gegen die Herrschaftsgewalt gebraucht, verengte sich mit zunehmender Bindung des Herrschers durch eine Verfassung der Fokus nun auf die **Verwaltung**.[163]

cc) Die Verwaltung und hier die **Ermessensverwaltung** geriet im Konstitutionalismus und in der Weimarer Republik in den Mittelpunkt des Interesses bei der Prüfung auf Willkür. Bei der **gebundenen Verwaltung** sah man insofern keine größeren Probleme, da hier schon ein Gesetzesverstoß vorlag und deswegen die Gesetzesbindung selbst in Frage stand. Die Hauptbedeutung des Gleichheitssatzes und vor allem der Willkür lag vielmehr bei der Ermessensverwaltung.[164] In Weimarer Zeit griff man auf die schon im Konstitutionalismus entwickelten Institute zur Kontrolle der Verwaltung, so die Ermessensfehlerlehre, zurück, **ohne sie weiter zu entwickeln**. Man baute die Kontrolle vor allem auf dem Willkürbegriff oder auf Bezeichnungen auf, die mit Willkür in Verbindung gebracht werden. Außerdem finden sich aber auch schon Bezüge zum Gleichheitssatz. Von der Verwaltungsrechtsprechung in der letzten Hälfte und vor allem dem letzten Drittel des 19. Jahrhunderts, vor allem beim **preußischen OVG** wird der Begriff der Willkür auf-

---

[162] *Held-Daab* Ermessen S. 96, 97 jeweils m.w.N.; *Kirchhof* in Festschrift Geiger S. 82, 89 – zur Gesetzesbindung der Verwaltung und Rechtsstaat siehe *Fleiner* VerwR S. 130, 132; *Mayer* VerwR I S. 57, 62 – zur rechtsstaatlichen Begrenzung der Staatsgewalt im 19. Jh. *Stern* StaatsR I S. 765, 769 f.; *Schmidt-Aßmann* in HdBStR I § 24 Rn. 13; *Huber* Verfassungsgeschichte VI S. 93.
[163] *Scheuner* in Festschrift DJT S. 229, 250, 254; Hauptanliegen des nunmehr formalen Rechtsstaats war die Bindung und rechtliche Durchdringung der Verwaltung; siehe hierzu *Mayer* VerwR I S. 58; *Thoma* in Festgabe pr. OVG S. 183, 195; *Stern* StaatsR I S. 801 f. u. 770/772; *Schmidt-Aßmann* in HdBStR I § 24 Rn. 18; *Böckenförde* Recht, Staat, Freiheit S. 150 ff.
[164] Siehe auch *Poetzsch-Heffter* WRV S. 401.

gegriffen und mit einem Handeln ohne erkennbare polizeiliche Motive identifiziert, wobei unter „Motiv" nicht die Motive des Handelnden, sondern die des Gesetzes, der Gesetzeszweck verstanden wurde. Nur dieser durfte die Handlung „motivieren". Nur um diese Zwecke (z.b. Gefahrenabwehr) zu erreichen, ihnen Geltung zu verschaffen durfte gehandelt werden.[165] Das Handeln der Verwaltung wird auf Willkür und *polizeifremde/ polizeiwidrige Zwecke* hin untersucht. Es wird nach *sachwidrige Erwägungen* gefragt, wobei die Kontrolle „objektiviert" wurde, weil gerade nicht auf irgendwelche Absichten des Handelnden, sondern die Zweckrichtung der Maßnahme abgestellt wurde. Nur den „Momenten" dürfe Einfluss auf die Entscheidung gewährt werden, die das Gesetz berücksichtigt wissen wollte. Es fand also eine **objektive Motivkontrolle** statt. Relevant sind die jeweiligen Gesetzeszwecke. An dieser habe sich die Handlung zu orientieren. Dieser Ansatz der Rechtsprechung wurde von der **Lehre** schon im Konstitutionalismus aufgegriffen.[166]

Willkür entwickelte sich zum geradezu klassische Element der rechtsstaatlichen **Ermessensfehlerlehre**, wie sie von *Fritz Fleiner* und auch *Otto Mayer*, vor allem aber von *Walter Jellinek* schon in der Zeit des Konstitutionalismus entwickelt wurde.[167] In Weimar wurde an diese Vorarbeiten angeknüpft, ohne sie weiter zu entwickeln. Die Ermessensfehlerlehre betonte vor allem die Sachlichkeit einer Entscheidung. Entscheidend ist die objektive, gesetzeskonforme Zweckrichtung einer Maßnahme, worauf sie zielt, nicht worauf der Handelnde zielen will. Das Ermessen der Verwaltung wird von der Lehre auch noch in der Weimarer Zeit auf Willkür, polizeiwidrige, unsachliche, sachfremden, zweckwidrige Erwägungen und auf sachfremde Motivation hin kontrolliert. Die Verwaltung durfte ihre Ermächtigung nicht missbrauchen, unsachlich oder ohne zureichende Gründe handeln. Sie musste

---

[165] Pr. OVG E 58, 273 (274); *Held-Daab* Ermessen S. 188 m.w.N. zum preußischen OVG und S. 190 ff.; *Fleiner* VerwR S. 146 und dort auch Fn. 11; *Hatschek* VerwR S. 460; *Jellinek* VerwR S. 37.
[166] *Held-Daab* Ermessen S. 191, 192 – sie weist a.a.O. S. 192 darauf hin, dass diese Rechtsprechung praktisch keine Bedeutung hatte, weil auch die gröbsten Verstöße nicht geahndet wurden, solange die Maßnahme noch polizeiliche Zwecke verfolgte – zur Rechtsprechung und ihre Topoi Willkür und polizeiwidrig auch *Aldag* Gleichheit S. 107 f. – zur Lehre *Rümelin* Gleichheit S. 31 f.; siehe schon *Mayer* VerwR I S. 161, 223 f.. Siehe ferner *Hatschek* VerwR S. 460; *Fleiner* VerwR S. 140, 145 ff. und vor allem *Jellinek* Gesetz S. 323, 348 f. und ders. VerwR S. 37.
[167] *Jellinek* widmete sich schon 1913 ausführlich der Ermessenskontrolle und stellte eine Ermessensfehlerlehre auf – vgl. *Jellinek* Gesetz S. 331 ff. – hierzu kritisch *Held-Daab* Ermessen S. 214 ff., 219; vgl. auch *Fleiner* VerwR S. 146 und dort auch Fn. 11; *Mayer* VerwR I S. 156, 161.

die betroffenen Interessen richtig ermitteln und gerecht miteinander abwägen.[168] Um das Argument zu verstärken, dass Willkür unsachliche oder sachfremde Gründe beinhaltet, wird auch noch in Weimarer Zeit auf die Ermessenskontrolle in Frankreich verwiesen, wo beim *recours pour excès de pouvoir* das *détournement de pouvoir*, ein Anfechtungsgrund ist.[169] Eine Entscheidung werde annulliert, wenn eine Behörde die ihr verliehene Rechtsmacht zu sachfremden Motiven einsetze, sie „*use son pouvoir pour des motifs autres que ceux en vue desquels ce pouvoir lui a été conféré [...]*".[170] Das zeigt im Übrigen, vermittelt über *Otto Mayer*, den zumindest anfänglich starken französischen Einfluss auf das deutsche Verwaltungsrecht auf.

dd) Die Begriffe oder Beschreibungen, mit denen Willkür versehen wurden, sind dieselben, welche auch heute noch benutzt werden. Dabei finden sich keine Unterschiede zwischen der Zeit des Konstitutionalismus und der Weimarer Republik. Letztlich wurde in Literatur und Rechtsprechung immer geprüft, ob eine Entscheidung auf sachfremden Erwägungen beruht – das ist aber nichts anderes als Willkür, wie *Leibholz* anmerkte.[171] Die rechtsstaatliche Ermessensfehlerlehre kann daher neben dem staatsrechtlichen Ursprung als **zweite Wurzel** für den Willkürbegriff angesehen werden.[172].

---

[168] *Leibholz* Gleichheit S. 33, 88 f., siehe auch schon S. 76, 83, 87, 89, 94; *Triepel* Goldbilanzen S. 23, siehe auch S. 30 sowie *ders.* Diskussionsbeitrag in VVDStRL 3 (1927) S. 50, 52; *Fleiner* VerwR S. 140 Fn. 23, 145 f., 146 Fn. 11; *Jellinek* VerwR S. 9, 37 f.,164, 446 f.; *Aldag* Gleichheit S. 38, 65, 108; *Hatschek* StaatsR I S. 243; *ders.* VerwR S. 460; *Rümelin* Gleichheit S. 31 f.; *Jahrreiß* Gleichheit S. 624, 626; *Thoma* in Nipperdey (Hg.) Grundrechte I S. 1, 22; siehe auch *Anschütz* Verfassung S. 524 f., dessen Unterscheidung zwischen persönlicher und sachlicher Entscheidung sich mit dem Hinweis in a.a.O. S. 525 Fn. 1 auf *Jellinek* VerwR S. 164 erhellt. Zum Ganzen *Held-Daab* Ermessen S. 190 ff. m.w.N. dort auch Fn. 422.
[169] *Triepel* Goldbilanzen S. 23; *Leibholz* Gleichheit S. 90 f.; *Jellinek* VerwR S. 38; *Fleiner* VerwR S. 146; vgl. zu diesen Instituten *Guimezanes* Droit français S. 135 f.; *Peiser* Droit administratif S. 216
[170] *Fleiner* VerwR S. 146; *Leibholz* Gleichheit S. 91; der von beiden Autoren zitierte französische Satz lässt sich mit Otto Mayer so übersetzen, dass eine Befugnis zu anderen Zwecken verwendet worden sei, als zu welchen sie gegeben wurde: *Mayer* VerwR I S. 156 sowie mit Hinweis auf seine Theorie des frz. Verwaltungsrechts a.a.O. S. 156 in Fn. 10. Allerdings stellt er an diesen Stelle keinen direkten Bezug zum Begriff der Willkür her. Er gebraucht den Begriff der Willkür jedoch bei der Ermessenskontrolle und prüft a.a.O. S. 161, ob eine Handlung auf „Willkür, Mangel an objektiven polizeilichen Motiven, kurz fehlerhafte[r] Anwendung des freien Ermessens" beruht. Der Begriff der Willkür wird also auch bei ihm mit sachwidrigen Gesichtspunkten, jedoch nicht mit dem Gleichheitssatz in Verbindung gebracht.
[171] *Leibholz* Gleichheit S. 89.
[172] Dazu auch *Bleckmann* Struktur S. 38.

b) Verbindung mit dem Gleichheitssatz

Wurde der Begriff der Willkür auch schon in Weimarer Zeit und zu Zeiten des Konstitutionalismus so wie heute verstanden, zeichnete sich auch damals schon eine Verbindung mit dem Gleichheitssatz ab.

aa) Der Gleichheitssatz war dem Konstitutionalismus bei der Ermessenskontrolle ebenfalls nicht fremd, denn eine ungleichmäßige Behandlung wurde gleichfalls als Ungültigkeitsgrund angesehen. Die Praxis zog den Schluss auf den Gleichheitssatz aber nicht, sondern argumentierte weiter mit den oben genannten Willkürgründen. Die Verwaltungsgerichte leiteten das Verbot willkürlicher Anwendung der öffentlichen Gewalt nicht aus Grundrechten, geschweige denn dem Gleichheitssatz her, denn diese kannte die Reichsverfassung nicht. Auch eine Verbindung zu den Grundrechten in einigen Landesverfassungen wurde nicht gezogen. Vielmehr wurde das Verbot willkürlicher Rechtsanwendung von den Gerichten aus allgemeinen Rechtsprinzipien oder einfachgesetzlichen Sicherungen hergeleitet.[173]

Einige wenige Vertreter der Lehre brachte zwar auch im Konstitutionalismus eine rechtsungleiche Behandlung im **Ermessensbereich** mit willkürlicher Behandlung in Verbindung. Allerdings findet sich erst in Weimarer Zeit der Bezug zwischen der Willkürkontrolle des Ermessens und dem Gleichheitssatz deutlicher. Der Kontrollansatz für das Ermessen wird aber nun teilweise im neuen Art. 109 I WRV und damit im Gleichheitssatz verortet.[174] Der Gleichheitssatz sei bei einer willkürlichen, ohne zureichende Gründe motivierter Handhabung des Ermessens verletzt.[175] Die Verbindung von Gleichheit und Willkür war im Übrigen nicht allein auf die Ermessenskontrolle beschränkt. Auch bei der **Selbstbindung** der Verwaltung wurde das Abweichen von einer gleichmäßigen Rechtsanwendung mit Willkür

---

[173] Man denke etwa an die Reichjustizgesetze, die Rechte vor Gericht einführten – vgl. hierzu *Huber* Verfassungsgeschichte III S. 981; siehe allgemeiner auch *Stolleis* Geschichte III S. 215 – zu den möglichen Gründen, warum die Reichsverfassung keine Grundrechte enthielt und zur Grundrechtssituation unter der Reichsverfassung siehe *Stern* StaatsR III/1 S. 119, 334 ff. jeweils m.w.N. – Zur Praxis *Aldag* Gleichheit S. 2, 107 f.; *Held-Daab* Ermessen S. 190 f., 206 jeweils m.w.N. – siehe aber schon *Jellinek* Gesetz S. 323, 348 f.; *Fleiner* VerwR S. 134 f., 140, 146 und dort Fn. 11 – zur fehlenden Verbindung zu den Grundrechten bei der Ermessenskontrolle *Held-Daab* Ermessen S. 220, 230.

[174] Mit Hinweisen auf den Konstitutionalismus *Leibholz* Gleichheit S. 166 Fn. 2; *Rümelin* Gleichheit S. 33 Fn. 2; *Aldag* Gleichheit S. 107 f.; *Hatschek* StaatsR I S. 243; *ders.* VerwR S. 460 – aus dieser Zeit *Jellinek* Gesetz S. 323, 348 f. – zu Weimar selbst vgl. etwa *Leibholz* Gleichheit S. 333, 888 f.; *Triepel* Goldbilanzen S. 23; *Fleiner* VerwR S. 145 f., 146 Fn. 11; *Aldag* Gleichheit S. 38, 65, 108; *Jellinek* VerwR S. 9, 37 f.; *Hatschek* VerwR S. 460 f.; *ders.* StaatsR I S. 243; siehe zur Verbindung von Willkür, Gleichheit und Ermessen auch *Herzog* in MD Anhang zu Art. 3 Rn. 16.

[175] *Fleiner* VerwR S. 140 Fn. 23; *Jellinek* VerwR S. 446.

in Verbindung gebracht. Willkürliches, ohne zureichende Gründe motiviertes, unsachliches Abweichen von einer gleichmäßigen Praxis sei nicht zulässig und könne einen Verstoß gegen Art. 109 I WRV darstellen.[176]

Die Literatur hielt zwar die Verbindung von Gleichheit und Willkür für die Verwaltung durchaus für möglich, **kritisierte** sie aber auch als unnötig. Es bestehe gar kein Bedarf für eine Koppelung, denn die Verbindung von Gleichheit und Willkür habe es auch schon früher im Konstitutionalismus gegeben. Zumindest die Gedanken seien auf dasselbe hinausgelaufen. Deshalb könne man sich eine andere Verortung als die im Rechtsstaat auch sparen, da aus dem Gleichheitssatz allenfalls nur das hergeleitet werden könne, was sich schon aus dem Grundsatz der Gesetzmäßigkeit der Verwaltung ergebe, vor allem die Fernhaltung unsachlicher Unterschiede. Art. 109 I WRV könne keinesfalls mehr bedeuten als das Verbot willkürlicher Ungleichheit. Dann bedeute die Rüge eines Verfassungsverstoßes aber nichts, habe keine praktischen Auswirkungen. Eine Verbindung sei zwar möglich, aber nicht nötig.[177]

Diese Kritik erklärt auch, warum die Literatur eine Verbindung zwischen Gleichheit und Willkür zwar durchaus für möglich hielt, die Praxis sie jedoch nicht umgesetzte. Die **Rechtsprechung** vollzog mehrheitlich auch im Verwaltungsrecht diese neue Verbindung nicht mit und blieb bei den alten Erkenntnissen und der Suche nach polizeifremden Zwecken, so dass Entscheidungen der Verwaltung allgemein mit Willkür oder einem Verstoß gegen Treu und Glauben für rechtswidrig erklärt wurden, obwohl eigentlich mit dem Gleichheitssatz hätte argumentiert wer-

---

[176] *Leibholz* Gleichheit S. 161; *Fleiner* VerwR S. 140 Fn. 23; *Jellinek* VerwR S. 446; siehe auch *Hatschek* VerwR S. 4, 154 – den Bezug zu Art. 109 I WRV stellt ausdrücklich her *Jellinek* VerwR S. 447 und 447 Fn. 3 sowie S. 164 – eine Selbstbindung generell ablehnend *Mainzer* Gleichheit S. 100, 103.
[177] *Thoma* in Festgabe pr. OVG S. 183, 220; *ders.* in Nipperdey (Hg.) Grundrechte I S. 1, 22; *Rümelin* Gleichheit S. 21, 31; siehe auch *Stier-Somlo* Gleichheit S. 171 – *Rümelin* a.a.O. S. 33 spricht davon, dass die zusätzliche Verortung gewissermaßen nur ein „doppelt genäht hält gut" sei. *Aldag* lehnt zwar den Willkürbegriff als nichtssagend ab, verwendet aber selbst für eine Gleichheitsverletzung Begriffe wie unsachliche Gesichtspunkte, sachliche Gründe, die gemeinhin mit Willkür in Verbindung gebracht werden, hierzu *ders.* Gleichheit S. 38 f, 49, 51, 65, 108. Eine Koppelung von Gleichheit und Willkür/Gerechtigkeit ebenfalls ablehnend *Hippel* AöR 49 (1926) S. 124, 147 und 147 Fn. 62a; *Jahrreiß* Gleichheit S. 624, 629, 632 – siehe noch heute die Kritik von *Eyermann* in Festschrift BayVerfGH S. 45, 48 und dort Fn. 12; *Schweiger* in Festschrift BayVerfGH S. 55, 59. Allgemein zur Verfassungsdiskussion in Weimar *Kallina* Willkürverbot und Neue Formel S. 9 ff.

den können.[178] Lässt sich eine Kontrolle schon anhand der im Konstitutionalismus entwickelten Institute überzeugend durchführen, warum sollte man das Altbewährte zugunsten von Neuerungen aufgeben, die zum gleichen Ergebnis führen? Die verfassungsrechtliche Seite der neuen Verortung wurde damals noch nicht gesehen.

Trotz der Kritik empfand die **Literatur** die Verbindung von Gleichheit und Willkür aber als weniger problematisch für die Verwaltung als für den Gesetzgeber. Dabei wiesen einige Autoren ausdrücklich darauf hin, dass dies nichts Neues sei. Zwar werde das Verbot willkürlicher Behandlung jetzt zu einem Grundrecht – dessen Inhalt sei aber schon längst **anerkannt**, es werde quasi ein unter der vorrevolutionären Verfassung bestehender Rechtszustand sanktioniert. Aber da der Gleichheitssatz nun ein Grundrecht sei, könne und müsse die Willkür auch dort verortet werden.[179] Der nunmehr positivierte Gleichheitssatz konnte damit zum Anlass genommen werden, in einer Verletzung der Willkür einen Gleichheits- und damit einen Verfassungsverstoß zu sehen. **Neu** daran war nicht, dass der Gleichheitsgedanke mit dem Willkürgedanken verbunden wurde. Neu war, dass Willkür im grundrechtlich normierten Gleichheitsartikel verortet wurde. Der Gleichheitssatz war neue – in der Verfassung verbürgte – Rechtserkenntnisquelle aus der man das schöpfen konnte, was zuvor nur aus allgemeinen Rechtsprinzipien oder für bestimmte Rechtsgebiete gefolgert wurde. Die Kontrolle der Verwaltung konnte anhand eines Grundrechts erfolgen.[180] Die Sicherung der Rechte erreichte damit in der WRV – zumindest theoretisch – ein neues Niveau. Die Isolation des Verwaltungsrechts vom Verfassungsrecht, wie sie noch Otto Mayer in seinem berühmten Satz vom Verwaltungsrecht, das bestehe, während das Verfassungsrecht vergehe, zum Ausdruck brachte und wie sie auch viele Öffentlichrechtler in Weimar teilten,

---

[178] So auch *Held-Daab* Ermessen S. 190 f. und 206 jeweils m.w.N.; ausführlich und mit Hinweisen auf die Rechtsprechung *Jellinek* VerwR S. 447; siehe auch *Gusy* ZNR 1993, 163, 176; allgemein auch *Hesse* AöR 109 (1984) S. 174, 179.
[179] *Leibholz* Gleichheit S. 34, 166 Fn. 2; *Stier-Somlo* Gleichheit S. 198 – kritisch *Thoma* in Nipperdey (Hg.) Grundrechte I S. 1, 22; *Rümelin* Gleichheit S. 32 – siehe auch *Anschütz* Verfassung S. 524 f.
[180] *Leibholz* Gleichheit S. 166 Fn. 2; siehe auch Jellinek *VerwR* S. 164, 447 – zur unzureichenden Funktion der Grundrechte im Verwaltungsrecht auch der Weimarer Zeit *Stolleis* Geschichte III S. 79 f., 215 – zur Bedeutung des Art. 109 I für Willkür und Verwaltung siehe auch *Anschütz* Verfassung S. 524 f. – zur einfachgesetzlichen Sicherungen im Konstitutionalismus siehe oben S. 117 und die Nachweise in Fn. 173.

wird damit durchbrochen und ein Anfang gemacht, die Kontrolle der Verwaltung in die Verfassung einzubinden.[181]

Obwohl gerade die Rechtsprechung und ein großer Teil der Lehre in Weimar Zeit diese Betonung der Grundrechte nicht nachvollzog, so war doch ein Anfang gemacht. Die Isolation des Verwaltungsrechts vom Verfassungsrecht war durchbrochen, und es wurden Institute verankert, auf die unter dem Grundgesetz aufgebaut werden konnte.

bb) Diese Aufbauarbeit mit der Verbindung von Willkür und dem grundrechtlich gesicherten Gleichheitssatz geht für Deutschland[182] in der **Weimarer Republik** auf *Heinrich Triepel* und vor allem dessen Schüler *Gerhard Leibholz* zurück.[183] Nach *Leibholz'* Ansicht müsse der Gleichheitssatz als Willkürverbot verstanden werden. Der Satz von der Gleichheit vor dem Gesetz enthalte das Verbot willkürlicher Normsetzung. Willkür beschreibe als Zentralbegriff alles, was nicht mit dem Gleichheitssatz vereinbar sei. Willkür wird mit der Gerechtigkeit (dazu oben, C I 3) in Verbindung gebracht, indem es das kennzeichnet, was ungerecht ist, weil über das, was gerecht ist kein Konsens bestehe.[184] Dabei sei Willkür aber kein Synonym für die Unrichtigkeit, sondern bedeute mehr als ein bloßer Gesetzesverstoß.[185] Willkür lasse sich als eine Art Missbrauch des normgeberischen Spielraums, bzw. des Er-

---

[181] Zu den Auswirkungen der Grundrechte auf die (Ermessens-) Verwaltung siehe *Stern* StaatsR III/1 S. 494; zur Isolierung des Verwaltungsrechts und ihrer Durchbrechung *Held-Daab* Ermessen S. 232. Der Satz „Verfassungsrecht, Verwaltungsrecht besteht" findet sich im Vorwort zur dritten, 1924, also in der Weimarer Republik erschienen Ausgabe von Otto *Mayers* VerwR I. Er beruht unter anderem auf Mayers Ansicht, dass die Grundgedanken des Rechtsstaats in Republik und konstitutioneller Monarchie gleich seien und letztlich nur die Träger der Staatsgewalt ausgetauscht würden – so *ders.* a.a.O. S. 57 und 69 – allgemein zu Otto Mayers berühmten Satz *Werner* DVBl 1959, 527 f.; *Otto Mayers* Verständnis der Grundrechte der WRV ist bezeichnend für die ältere Sichtweise. Er sah in ihnen „eigenartige Bestandteile unserer Verfassung", die zwar die vollziehende Gewalt binden, was aber selbstverständlich sei, weil die Verwaltung schon aufgrund des Vorrangs des Gesetzes gebunden sei, so *ders.* VerwR I S 70 Fn. 12, sowie S. 65, 68. Allgemein zur Haltung der Öffentlichrechtler, speziell der Verwaltungslehre im Übergang vom Kaiserreich zur Weimarer Republik *Stolleis* Geschichte III S. 79.
[182] Die Verbindung von Gleichheit und Willkür geht auf eine zumindest teilweise Rezeption der Rechtsprechung und Lehre aus der Schweiz zurück, wobei sich Willkür in Deutschland zu einer eigenständigen Ableitung aus dem Gleichheitssatz entwickelte, während in der Schweiz die Verbindung zur Rechtsgleichheit stärker betont wurde – so *Schweiger* in Festschrift BayVerfGH S. 55, 61, 62 – Zur Rezeption der Rechtsprechung in den USA vgl. *Kommers* in Link (Hg) Verfassungsstaat S. 31, 35 ; *Heun* in Dreier Art. 3 Rn. 13. Zur vollkommen anderen Entwicklung in Frankreich *Jouanjan* EuGRZ 2002, 314 f.; *Heun* in Dreier Art. 3 Rn. 14 (auch zu anderen Ländern).
[183] Zu Triepels Einfluss auf Leibholz und dessen Arbeit zum Gleichheitssatz siehe *Gassner* Heinrich Triepel S. 367, 369, 370. Allgemein zu Leibholz *Wiegand* JuS 2001, 1156 f., 1159.
[184] *Leibholz* Gleichheit S. 72 ff., 247, 249.
[185] *Leibholz* Gleichheit S. 76, 247 f. – das verkennt *Zeus* Allgemeiner Gleichheitssatz S. 115.

messens der Verwaltung denken. Die Entscheidung sei nicht einfach unrichtig, sie lasse sich überhaupt nicht rechtfertigen. Es lasse sich **kein vernünftiger Grund** für die Differenzierung finden, zwischen der Regelung und dem Zweck bestehe kein innerer Zusammenhang.[186]

Während *Leibholz* mehr auf die willkürliche Handhabung des Rechts abhob, betonte *Triepel* vor allem das Erfordernis eines vernünftigen Grundes und des sachlichen Zusammenhangs mit den geregelten Lebensverhältnissen. Willkür beruhe auf dem Mangel einer ernsthaften Erwägung, so *Triepel*. Der Gleichheitssatz sei verletzt, wenn eine Unterscheidung auf einem Grund beruhe, der bei keinem vernünftig und gerecht denkenden Menschen verfange. Die Differenzierung müsse in einem vernünftigen und gerechten Verhältnis zur Klassifizierung im Tatbestand stehen, sie dürfe nicht auf sachfremden Motiven beruhen.[187] Die Beschreibung der Willkür, wie sie vor allem von *Leibholz* und *Triepel* vertreten wurde, war zwar nicht deren alleinige Erfindung, hat aber noch heute in dieser Form Gültigkeit (dazu sogleich).

c) Fazit

Das Willkürverbot ist ein hergebrachter Begriff des Rechtsstaats, der sich seit dem 19. Jahrhundert in erster Linie gegen die Verwaltung richtet. Seine Wurzeln liegen im Staatsrecht und in der Ermessensfehlerlehre. Seit der Weimarer Zeit und zum Teil schon davor wurde Willkür mit dem Gleichheitssatz verbunden, wenngleich sich diese Verbindung in Praxis und Lehre noch nicht durchsetzen konnte.

2) Willkür und Gleichheit unter dem Grundgesetz

Der Begriff der Willkür ist heute in seiner Deutung kaum über den Stand herausgelangt, den er in der Weimarer Republik erfahren hat. Mit dem Willkürbegriff wurde versucht, eine Verletzung des Gleichheitssatzes zu kennzeichnen. Hierdurch

---

[186] *Leibholz* Gleichheit S. 76 – zum Missbrauchsgedanken siehe a.a.O. S. 88, 96, 199, 221, 245. Leibholz fasst seine Definition für die Weimarer Zeit a.a.O. S. 221 noch zusammen. Diese Definition, die er a.a.O. S. 245 auch für das GG wiederholt ähnelt stark der heutigen Willkürformel des BVerfG: Willkür liege dann vor, „wenn im Rahmen des durch die Verfassung näher bestimmten und konkretisierten Gerechtigkeitsideals ein vernünftiger, sachlich einleuchtender Grund für die gesetzgeberische Differenzierung oder Gleichbehandlung schlechterdings nicht finden lässt [...]."
[187] *Triepel* Goldbilanzen S. 29, 30; *ders.* Diskussionsbeitrag in VVDStRL 3 (1927) S. 43; 50, 52; siehe auch *Leibholz* Gleichheitssatz S. 72 ff, 87; siehe zu beiden *Hesse* AöR 109 (1984) S. 174, 186 – insoweit falsch *Rinck* JZ 1963, 521, der a.a.O. den Beitrag Triepels an der Auslegung des Gleichheitssatzes unterschlägt – umgekehrt *Gassner* Heinrich Triepel S. 367 und 370, der dessen Beitrag sehr betont.

hat die Rechtsprechung das Willkürverbot und den Gleichheitssatz quasi gleichgesetzt. Trotz seiner vielen Varianten lässt sich der Willkürbegriff inhaltlich aber nicht eindeutig fassen, so dass er sich letztlich zur Beschreibung einer Verletzung des Gleichheitssatzes nicht eignet, weil er selbst einer weiteren Definition bedarf.

a) Deutung des Begriffs

Die Deutung eines Gleichheitsverstoßes als Willkür, wie sie in der Weimarer Zeit durch *Triepel* und vor allem *Leibholz* vertreten wurde, hat sich unter dem Grundgesetz durchgesetzt. *Leibholz* war in der Bundesrepublik lange Jahre Verfassungsrichter beim zweiten Senat des Bundesverfassungsgerichts und wirkte prägend auf dessen Rechtsprechung zum Gleichheitssatz. Das **Bundesverfassungsgericht**[188] rezipiert praktisch bis heute *Leibholz*' Definition der Willkür, wie sie sich aus der Lehre der Weimarer Zeit entwickelt hatte.[189] Die Willkürformel wird deswegen zu Recht als „Quintessenz" der neuen Lehre der Weimarer Republik bezeichnet.[190] Das Bundesverfassungsgericht sieht seit dem sogenannten Südweststaaturteil (E 1, 14) den Gleichheitssatz in ständiger Rechtsprechung dann als verletzt an,

„wenn sich ein vernünftiger, sich aus der Natur der Sache ergebender oder sonstwie[191] sachlich einleuchtender Grund für die gesetzliche Differenzierung oder Gleichbehandlung nicht finden lässt, kurzum, wenn die Bestimmung als willkürlich bezeichnet werden muss."[192]

---

[188] *Rinck* JZ 1963, 521 weist a.a.O. zurecht darauf hin, dass es nicht das BVerfG, sondern der BayVerfGH war, der die Formel des Willkürverbots zuerst ausgesprochen hatte. Dazu auch *Kallina* Willkürverbot und Neue Formel S. 8. Das BVerfG hat aber mit seiner ersten Entscheidung zum Gleichheitssatz, mit E 1, 14 die Willkürformel angenommen und angewendet. Zum BayVerfGH und Willkür siehe etwa dessen E 1, 70; 1, 100; 2, 43; 2, 39; 4, 87; 4, 249; 5, 167; 7, 89; 9, 212; 11, 28; 11, 49 f.; 11, 203 f.

[189] Siehe dazu *Leibholz* Aufsatz zum Bonner Grundgesetz aus dem Jahre 1951, abgedruckt in *ders.* Gleichheit S. 238, 255 dort Fn. 2, 257 f; *Wiegand* JuS 2001, 1156, 1159; *Unruh* AöR 126 (2001) S. 60, 65 f., 67; *Schoch* DVBl 1988, 863; *Hesse* AöR 109 (1984) S. 174, 186; *ders.* in Festschrift Lerche S. 121, 122 und dort Fn. 3; *ders.* Grundzüge Rn. 439 dort Fn. 84 – Gerhard Leibholz gehörte dem zweiten Senat des BVerfG von 1951 bis 1971 an, siehe die Mitteilung des Gerichts in BVerfGE 32, 391 sowie *Unruh* AöR 126 (2001) S. 60, 73. Vgl. auch *Kallina* Willkürverbot und Neue Formel S. 11 f. *Gassner* Heinrich Triepel S. 370 weist in diesem Zusammenhang das Verdienst Triepels bei der Entwicklung der Willkürformel hin.

[190] *Hesse* AöR 109 (1984) S. 174, 186; *ders.* in Festschrift Lerche S. 121, 122 und dort Fn. 3; *ders.* Grundzüge Rn. 439 dort Fn. 84; *Gassner* Heinrich Triepel S. 369.

[191] Zum Unsinn der Verwendung des Wortes „sonstwie" zu Recht *Hesse* in Festschrift Lerche S. 121, 122 Fn. 1: es verheiße keinen Erkenntnisgewinn. Sollte man ihm Bedeutung zumessen, müsste es widersinniger Weise einen vernünftigen, aber nicht einleuchtenden und einen unvernünftigen aber einleuchtenden Grund geben.

[192] BVerfGE 1, 14 (52); ständige Rspr., vgl. BVerfGE 2, 336 (340); 4, 144 (155); 11, 245 (253); 12, 341 (348); 14, 142 (150); 18, 38 (46); 21, 6 (9); 23, 50 (60); 24, 220 (228); 25, 101 (105); 30, 409 (413); 33, 367 (384); 36, 174 (187); 38, 154 (166); 40, 109 (116); 42, 374 (388); 45, 376 (386); 46, 55 (62); 47, 85 (99); 49,

Diese sogenannte Willkürformel wird schnell vom **Bundesverwaltungsgericht** aufgegriffen und in dieser Form auch heute noch von den Oberverwaltungsgerichten/Verwaltungsgerichtshöfen verwendet.[193] Besonders anschaulich wird der Bezug zwischen Willkür und dem Gleichheitssatz auch in dem folgenden Zitat:

„Bei der Anwendung des Gleichheitssatzes ist daher stets zu fragen, ob eine Person oder Gruppe durch die als gleichheitswidrig angegriffene Vorschrift ohne sachlich vertretbaren, das heißt ohne rechtlich zureichenden Grund – also willkürlich anders (schlechter) gestellt wird, als eine andere Personengruppe, die man ihr als vergleichbar gegenüberstellt."[194]

Der Gleichheitssatz ist verletzt, wenn sich ein bestimmter **Grund** für eine Ungleichbehandlung nicht finden lässt, wenn die Bestimmung willkürlich ist. Für die Gleichheitsfrage ist es entscheidend, welches die für eine Behandlung relevanten Unterscheidungsmerkmale sind. Die Willkürformel fragt aber nicht nach diesen Merkmalen und deren Relevanz, sondern ob es Gründe für die Behandlung gibt. Über diese Kernaussage geht das Willkürverbot nicht hinaus, was sich an den verschiedenen Varianten zeigt, anhand derer die Rechsprechung versucht, das Willkürverbot näher zu bestimmen.

aa) Varianten

Die Rechtsprechung bedient sich einer kaum mehr überschaubaren Vielzahl von Begriffen, um Willkür und damit eine Verletzung des Gleichheitssatzes zu kennzeichnen. Die Willkürformel wird in ihre Bestandteile zerlegt und mit praktikableren Kurzformen verwendet, so dass rechtfertigende Gründe oder Erwägungen vernünftig, einleuchtend oder sachlich einleuchtend sein können, oder alle Begriffe

---

148 (165); 51, 1 (23); 52, 256 (262); 55, 114 (128); 57, 121 (138); 60, 101 (108); 67, 186 (195); 69, 161 (173); 78, 104 (121); 89, 132 (141); 91, 118 (123); 98, 365 (385); 102, 254 (299); NJW 2003, 961; NVwZ 2004, 463 (467) – siehe zu dieser Formel *Leibholz* Gleichheit S. 76, 221, 245.
[193] BVerwG E 2, 151 (153); 5, 114 (116); 6, 50 (52); 12, 140 (149); 22, 26 (29); 25, 147 (148); 46, 361 (364 f.); 62, 45 (50); 72, 212 (218); 87, 1 (7); DVBl 1958, 280; NJW 1982, 246 (247); NJW 1982, 2682 (2684); DVBl 1983, 554 (556); NVwZ-RR 1995, 348 (349); NJW 2004, 308 (310) – OVG Bremen DVBl 1991, 1269 (1270); VGH Kassel NVwZ-RR 1994, 55 (56); NVwZ 2000, 242; OVG Koblenz 1988, 1145 (1146); NVwZ-RR 2002, 50 (51); VGH Mannheim 1983, 489; VBlBW 1992, 350 (354); NVwZ 1994, 194 (197); VBlBW 1998, 349 (350); NVwZ 1999, 1016 (1017); VGH München DVBl 1979, 75 (76); BayVBl 1984, 336 (337); BayVBl 2002, 407; OVG Münster DVBl 1986, 1162 (1163); NVwZ 1986, 775 (776); NVwZ 1993, 85 (86) – siehe auch (mit Variationen) BVerwG E 25, 83 (87); 51, 226 (231); 52, 145 (150); 66, 7 (11); 75, 318 (328 f); 76, 328 (333); 91, 327 (328); 93, 188 (191); 97, 24 (26); 98, 280 (288).
[194] BVerfGE 52, 277 (280); siehe auch BVerfG E 22, 387 (415) sowie DVBl 1967, 531 (532); DVBl 1970, 354 (355).

zusammen verwendet werden.[195] Der Schwerpunkt wird hier auf die **Vernünftigkeit** des Grundes gelegt. Er muss jedem einleuchten, vernünftig erscheinen.[196] Oder aber es wird betont, dass ein Grund für eine andere Behandlung rechtlich oder sachlich hinreichend oder zureichend sein müsse, dass er rechtlich oder sachlich vertretbar oder gerechtfertigt sein müsse.[197] Hier scheint eher hervorgehoben zu werden, dass der jeweilige **Sach- (oder Rechts-)bereich** die Anforderungen an

---

[195] Vgl. **BVerfG** E 9, 334 (337); 14, 221 (238); 33, 171 (189); 60, 329 (347); 64, 158 (168 f.); 71, 39 (58); 76, 256 (329); 102, 254 (299); 103, 310 (318); 101, 201 (206); DVBl 1969, 544; DVBl 1972, 144 (147); DVBl 1978, 208 (210); DVBl 1979, 464 (466); DöV 1983, 198 (199); DVBl 1984, 216 (220); NVwZ 1984, 231; DVBl 1991, 691 (697); NVwZ-RR 1992, 491 (492); DVBl 1995, 286 (290); DVBl 1996, 357 (361); DVBl 2001, 1135 (1137); NVwZ 2004, 463 (467) – **BVerwG** E 2, 105 (108); 6, 134 (143); 13, 214 (221); 30, 326 (333); 32, 158 (165); 33, 32 (33); 81, 371 (372); DVBl 1958, 104; DVBl 1981, 2314; DVBl 1983, 46 (47); DöV 1988, 513; NVwZ 1989, 1176; DVBl 1991, 59 (60); DVBl 1994, 1300 (1301); NVwZ 1995, 348; NVwZ 2005, 598 (599) – **OVG** Bautzen LKV 1997, 219 (227); LKV 1999, 64 (65); LKV 2002, 417 (419); OVG Greifswald LKV 2000, 161 (162); OVG Hamburg DVBl 1991, 766 (768); OVG VGH Kassel NJW 1997, 1179; OVG Koblenz NJW 1986, 1058 (1059); NVwZ-RR 1988, 117; NVwZ-RR 1997, 735 f.; OVG Lüneburg NVwZ 1997, 816 (817); NJW 2003, 2042 (2043); VGH Mannheim VBlBW 1985, 462 (464); VBlBW 1988, 142; DVBl 1996, 999 (1000); NVwZ 1997, 620 (621); VBlBW 1998, 58 (60); DVBl 2000, 1782 (1789); NJW 2003, 2113 (2114); VGH München BayVBl 1984, 625 (627); BayVBl 1985, 561 (563); BayVBl 1987, 49 (50); BayVBl 1989, 46 (47); BayVBl 1993, 726 (727); BayVBl 1995, 432 (433); NVwZ-RR 1996, 224 (226); OVG Münster NWVBl 1993, 92 (93); NVwZ-RR 1998, 312; NWVBl 1998, 14 (16); OVG Schleswig NVwZ-RR 2001, 683 (684) – auf einen **plausiblen Grund** stellen etwa ab BVerfG E 26, 72 (76); NJW 2004, 1517 (1518) – OVG Lüneburg DVBl 1980, 487 (489); VGH Mannheim VBlBW 1992, 350 (351, 355).

[196] Auf einen Mangel an ernsthaften Erwägungen stellte schon *Triepel* ab Goldbilanzen S. 30.

[197] **(Ohne) hinreichender/zureichender/einleuchtender sachlicher Grund** BVerfG E 1, 97 (106); 1, 117 (141); 2, 336 (340); 9, 20 (28); 18, 315 (334); 30, 250 (271); 71, 39 (53); 78, 232 (247); 102, 254 (319); 103, 310 (318); DVBl 1967, 531 (532); DVBl 1970, 354 (355); DöV 1981, 57 (59); DöV 1983, 198 (199); NVwZ 1983, 27; NVwZ 1984, 231; DVBl 1985, 520 (521); NVwZ 1987, 211; NVwZ 1988, 50; DVBl 1989, 871 (872); DVBl 1991, 691 (697); NVwZ-RR 1992, 491 (492); DVBl 1995, 1232 (1233); DVBl 1996, 357 (361); DVBl 2000, 1779 (1780); DVBl 2001, 64; NJW 2005, 2443 (2445) – **(ohne) sachlicher/rechtlich zureichender Grund** BVerfG E 22, 387 (415); 52, 277 (280); DVBl 1967, 531 (532); DVBl 1970, 354 (355); NJW 2004, 1517 (1518) – **(nicht) sachlich vertretbar/sachlich vertretbarer/zureichender Grund/Gesichtspunkt** BVerfG E 14, 142 (150); 17, 122 (130 f.); 22, 387 (415); 26, 72 (76); 83, 1 (23); DVBl 1962, 675 (678); DVBl 1964, 271 (272); DVBl 1970, 354 (355); DVBl 1978, 208 (210); NVwZ 1982, 553; DVBl 1985, 520 (521); DVBl 1986, 814 (817); NJW 2001, 1200; DVBl 2001, 892 (893); NVwZ-RR 2003, 368 (369); NJW 2004, 1517 (1518) – BVerwG E 36, 361 (362); 39, 100 (105); 59, 348 (354); 62, 45 (50); 91, 327 (328); DVBl 1964, 676 (678); DVBl 1995, 242 (245) – VGH Kassel DVBl 1968, 703 (705); DöV 1986, 884 (885); VGH München DVBl 1982, 459 (460); BayVBl 1996, 240 (242); OVG Münster NWVBl 2000, 101 (103) – **rechtlich (un-) vertretbar/rechtlich zureichender Grund** BVerfG E 2, 186 (188); 62, 45 (50); 111, 354 (363) – **(nicht) sachlich vertretbar /sachlich vertretbarer Grund/Gesichtspunkt** BVerfG E 14, 142 (150); 17, 122 (130 f.); 22, 387 (415); 26, 72 (76); 83, 1 (23); DVBl 1962, 675 (678); DVBl 1964, 271 (272); DVBl 1970, 354 (355); DVBl 1978, 208 (210); NVwZ 1982, 553; DVBl 1985, 520 (521); DVBl 1986, 814 (817); NJW 2001, 1200; DVBl 2001, 892 (893) – **sachlich gerechtfertigt** BVerfG NVwZ 2003, 1364 (1367); BVerwG E 81, 68 (72); DVBl 1985, 1084; NJW 1986, 1702; NVwZ 1988, 937; NVwZ 1988, 826; NVwZ-RR 2005 592 (594) – VGH Kassel DVBl 1995, 1142 (1143); OVG Koblenz NVwZ-RR 1993, 99; OVG Lüneburg DVBl 1985, 1067 (1070); NVwZ-RR 2002, 343 (345); VGH Mannheim VBlBW 1986, 464 (465); NVwZ-RR 1990, 461 (463); VBlBW 2001, 194 (195); VGH München BayVBl 1982, 658; OVG Münster NWVBl 1991, 337 (338); NWVBl 1996, 66 (68).

den Grund bestimmt. Das wird auch und gerade bei den Entscheidungen deutlich, bei denen einfach nur gefragt wird, ob ein Grund, eine Erwägung oder ein Gesichtspunkt **sachlich** oder unsachlich sei.[198] Dies kommt dem Gesichtspunkt der **Natur der Sache** nahe, der oben S.102 schon angesprochen wurde und auf den unten, C III 2, näher eingegangen wird. Es gibt in diesem Zusammenhang noch weitere **Varianten**, um Willkür zu kennzeichnen. So muss der Grund für eine unterschiedliche Behandlung sachgerecht, darf nicht unsachgemäß, die Erwägung dürfen nicht sachfremd, unsachlich oder sachwidrig sein.[199]

---

[198] **BVerfG** E 2, 336 (340); 17, 210 (216); 71, 39 (53); 88, 87 (96); 89, 1 (14); 91, 389 (401); 96, 172 (203); DVBl 1967, 531 (532); DVBl 1970, 268 (269); DVBl 1978, 329 (332); NVwZ 1983, 27; NVwZ 1987, 211; NVwZ 1988, 50; DVBl 1989, 871 (872); DVBl 1995, 1232 (1233); DVBl 1996, 357 (361); DVBl 2000, 1779 (1790); DVBl 2001, 64; NVwZ 2002, 1103 (1110) – **BVerwG** E 87, 94 (100); 89, 368 (380, 382); 101, 86 (96); 104, 220 (223); DVBl 1979, 879 (880); NVwZ 1982, 112; DVBl 1982, 1053 (1054); NJW 1982, 2682 (2684); NJW 1988, 2121 (2122); NJW 1990, 462 (463); DVBl 1996, 1146 f.; NVwZ-RR 2002, 599 – **OVG** Bautzen NJW 1999, 2539 (2540); OVG Berlin NVwZ 1989, 989; NVwZ-RR 1990, 144 (147); OVG Bremen NVwZ 2002, 216 (217); OVG Frankfurt/O NVwZ 2001, 223 (225); LKV 2006, 39 (43); OVG Greifswald LKV 2000, 161 (162); NVwZ-RR 2001. 752 (753); OVG Hamburg NVwZ 2001, 1311 (1312); VGH Kassel NJW 1993, 1091 (1092); NVwZ-RR 1997, 57 (61); OVG Koblenz DöV 1986, 800 (801); NVwZ-RR 1993, 143 (144); DVBl 1996, 1204 (1205); NVwZ 2001, 228 (230); OVG Lüneburg NVwZ-RR 1994, 12 (13); NVwZ-RR 2004, 891 (892); OVG Magdeburg LKV 1999, 512 (513); VGH Mannheim DöV 1977, 674 (676); NVwZ 1986, 938 (939); NVwZ-RR 1988, 64 (66); NVwZ-RR 1994, 111 (112); NVwZ-RR 1997, 465 (466); DVBl 2001, 1463 (1466); VGH München DöV 1976, 751 (753); BayVBl 1981, 530 (535); DVBl 1985, 1087 (1088); BayVBl 1985, 596 (597); BayVBl 1989, 435 (436); NVwZ-RR 1990, 481 (483); BayVBl 1992, 601; BayVBl 1993, 726 (727); BayVBl 1994, 81 (83); NVwZ-RR 2000, 811 (812); BayVBl 2001, 181; OVG Münster DVBl 1969, 51 (52); DVBl 1975, 443; NWVBl 1992, 60 (62); NVwZ-RR 1994, 206 (208); NVwZ-RR 1996, 472 (473); DVBl 2005, 458 (459) – siehe auch BVerfG E 89, 132 (142) wo **unsachlich, sachfremd und willkürlich** gleichgesetzt werden; ähnlich auch BVerfG DVBl 1996, 357 (361).

[199] **(un)sachgemäß** BVerfG E 29, 402 (411); NVwZ 1982, 306 (308); DVBl 2004, 1104 (1107) – BVerwG DVBl 1957, 274 (276) – VGH München BayVBl 2001, 181 – **sachgerecht** BVerfG E 3, 4; 4, 144; 71, 39 (58); 78, 232 (248); 89, 132 (142); DVBl 1965, 79 (80); DVBl 1972, 144 (147); DVBl 1976, 577; DöV 1981, 57 (59); NVwZ 1982, 306 (308); DöV 1983, 198 (199); NVwZ 1983, 198 (199); DVBl 1986, 814 (817); DVBl 1989, 871 (872); NVwZ 1990, 961; DVBl 1991, 691 (697); DöV 94, 516 f.; DVBl 1994, 516 f.; DVBl 1996, 357 (361); NVwZ 2004, 1477 (1482) – BVerwG E 7, 325 (328); 9,9 (15); 26, 153 (155); 41, 334 (346); 47, 247 (253); 64, 248 (260 f.); 78, 184 (189); 81, 371 (373); 94, 53 (56); 95, 252 (260); 103, 99 (102); 106, 280 (287); DVBl 1969, 33 (34); NVwZ 1984, 312 (313); NVwZ 1986, 921; NVwZ 1990, 1075 (1076); DVBl 1993, 46; DVBl 1995, 242 (245); DVBl 1999, 1428 (1429); DVBl 2000, 633 (634); NVwZ 2005, 1325 – OVG Berlin NVwZ 1990, 176 (178); OVG Bremen DVBl 1989, 314 (315); OVG Greifswald LKV 2005, 559 (560); OVG Hamburg DVBl 1991, 766 (768); VGH Kassel DöV 1988, 1020 (1023); NVwZ 1992, 346 (348); DVBl 1995, 1142 (1143); OVG Koblenz NJW 1988, 1477 (1478); DVBl 1993, 260; NVwZ 2001, 228 (230); VGH Mannheim NVwZ 1983, 489 (490); VBlBW 1998, 142; NVwZ-RR 1996, 344; NVwZ 1997, 620 (621); VBlBW 2002, 255 (258); VGH München BayVBl 1982, 15 (16); NVwZ 1983, 425; BayVBl 1984, 77 (78); NJW 1987, 727 (728); BayVBl 1988, 656 (658); BayVBl 1989, 629 (630); BayVBl 1985, 435 (436); BayVBl 2003, 595 (596); OVG Münster NVwZ 1982, 389; NVwZ-RR 1990, 300; NVwZ-RR 1990, 589 (590); NVwZ-RR 1999, 593; NWVBl 2001, 434 (435) – **sachfremd(e) (Erwägungen)** BVerfG E 17, 122 (130); 18, 85 (96); 70, 93 (97); 75, 108 (157); 80, 48 (51); 89, 132 (142); 112, 185 (215); DVBl 1978, 208 (210); DVBl 1978, 367 (369); DVBl 1985, 520 (521); NVwZ-RR 1991, 365 (366); DVBl 1996, 1190; NVwZ 1998, 271 (272); NVwZ 1999, 1104 (1105); DVBl

bb) *Deutung*

Die gerade genannten Varianten laufen alle auf dasselbe hinaus, ob sie nun nach vernünftigen, überzeugenden, einleuchtenden Gründen, nach sachgemäßen, sachgerechten oder anderen Gründen fragen. Sie sind **austauschbar**.[200] Es geht immer darum, eine Begründung für eine Behandlung zu finden. Erst wenn es keine Gründe gibt, ist die Behandlung willkürlich. Dabei reicht nicht „*irgendein*" Grund, wie dies manchmal überspitzt formuliert wird, sondern es geht darum, hinreichende, also in bestimmter Weise **qualifizierte Gründe** zu finden.[201] Der Grund muss überzeugen, einleuchten. Bei Willkür geht es letztlich darum, einen vernünftigen, sachlichen, einen zureichenden Grund zu finden. Willkür lässt sich auch als Unsachlichkeit beschreiben.[202] Nicht die gerechte Behandlung wird verboten, sondern die ungerechte, willkürliche. Das ist greifbarer als eine positive Aussage über die Gerechtigkeit oder den Gleichheitssatz, da sich ein Konsens eher über die Frage was unvernünftig als darüber erzielen lässt, was vernünftig ist.[203] Die hier beschriebenen Anforderungen an den Grund haben aber ein Problem. Die Recht-

---

2000, 1202; DVBl 2001, 892; NJW 2002, 815 (816); NJW 2005, 2138 (2139) – BVerwG E 5, 1 (8); 36, 361 (362); 87, 1 (7); 99, 74 (77); 103, 99 (102); DöV 1981, 62 (63); DVBl 1988, 399 (401); NVwZ-RR 1990, 418 (419); NVwZ 2005, 598 (599) – VGH Mannheim VBlBW 1989, 348 (349); NVwZ 1997, 620 (621); VBlBW 1998, 349 (350); VBlBW 2001, 194; DVBl 2001, 1534 (1535); NVwZ-RR 2003, 653 (654); VGH München DVBl 1982, 459 (460); NVwZ 1985, 846 (847); BayVBl 1996, 631 (632); OVG Münster NVwZ-RR 1994, 585 (586); NWVBl 2002, 158 (159) – **(un-) sachlich** BVerfG E 17, 210 (216); 88, 87 (96); 89, 132 (142); DVBl 1968, 299 (301); DVBl 1970, 268 (269); DVBl 1979, 414 (415); DVBl 1980, 917 (918); DVBl 1996, 357 (361); DVBl 2004, 705 (709) – BVerwG E 92, 322 (329); NVwZ 1987, 678 – OVG Frankfurt/O NVwZ 2001, 223 (225); VGH Mannheim NVwZ 1986, 938 (939); VGH München DöV 1976, 751 (753); BayVBl 1983, 113 (114) – beachte auch BVerwG E 3, 145 (149); 7, 325 (330); DöV 75, 856 (857), wo das BVerwG die unsachlich und Willkür getrennt prüft – **sachwidrig** BVerfG DVBl 1971, 891 (892); NVwZ 1983, 89; NVwZ 1984, 231; NVwZ 1991, 978 (979); NVwZ 1999, 1104 (1105); NJW 2005, 2138 (2139) – BVerwG E 90, 147 (150); DöV 1978, 615 (616); DVBl 1982, 729 (730); DVBl 1983, 588 (589); NVwZ 1983, 737 (738); DVBl 1986, 51 (52); NVwZ-RR 1990, 418 (419); DVBl 1996, 513 (514); NJW 2005, 1525 (1526) – OVG Bremen DöV 1993, 576 (577); OVG Lüneburg NVwZ 1984, 812 (813); DöV 1985, 1067 (1070); VGH Mannheim DVBl 1992, 1044 (1046); VBlBW 2002, 255 (257); VGH München BayVBl 1980, 403 (404); NVwZ-RR 1990, 481 (483); OVG Münster NVwZ-RR 1993, 318; NWVBl 1993, 293 (295); NVwZ-RR 1994, 206 (208); DVBl 1997, 1286; NVwZ-RR 2006, 194.

[200] *Bleckmann* StaatsR II § 24 Rn. 14 – die Begriffe kritisieren *Stein/Götz* StaatsR S. 386.

[201] *Alexy* Theorie der Grundrechte S. 370 – dass „irgendein" Grund genüge hebt *Hesse* falsch hervor in Festschrift Lerche S. 121, 122 und AöR 109 (1984) S. 174, 189; ebenso *Maunz/Zippelius* Dt. StaatsR S. 212; *Wendt* NVwZ 1988, 778, 779; *Krugmann* JuS 1998, 7, 8; *Herzog* in MD Anhang zu Art. 3 Rn. 6; *Huster* Rechte und Ziele S. 52; viel zu pauschal auch *Ulrich* Phänomen der Gleichheit S. 88.

[202] Schon *Triepel* betonte in Goldbilanzen S. 30, dass der Gleichheitssatz verletzt ist, wenn sich für die Unterscheidung kein Grund finden lässt; siehe auch *Bleckmann* StaatsR II § 24 Rn. 167, 14, 22 ff.; *ders.* Struktur S. 37 ff., 72 ff.; *Kommers* in Link (Hg.) Verfassungsstaat S. 31, 35 macht auf eine ähnliche Argumentation des **Supreme Court** der USA aufmerksam, mit der mit der *doctrine of reasonable classification* und dem sog. *rational basis test* nach der Vernünftigkeit einer Differenzierung, was nicht mehr als das Willkürverbot sei. Siehe auch a.a.O. S. 46 f und zu weiteren Prüfungsansätzen des Supreme Court a.a.O. S. 35 ff., 40 ff.

[203] *Dürig* in MD Art. 3 Rn. 339; *Huster* Rechte und Ziele S. 48, 58; *Kirchhof* in Festschrift Geiger S. 82, 90.

sprechung definiert nicht, wann ein Grund vernünftig oder sachlich ist, wann die Begründung zureicht, denn keines dieser Kriterien hat einen objektiv bestimmbaren Gehalt.[204]

b) Verhältnis zum Gleichheitssatz

Trotz seiner eigenen Wertungsbedürftigkeit dominiert der Willkürbegriff die Gleichheitsprüfung forthin. Willkür bezeichnet den Gleichheitsverstoß und wird von Rechtsprechung und Lehre als **Kern** oder zumindest notwendiger Ausgangspunkt des Gleichheitssatzes gesehen. Darüber werden aber andere Aspekte des Gleichheitssatzes ausgeblendet.[205] Nicht ohne Genugtuung merkte *Leibholz* einmal an, dass sich das Bundesverfassungsgericht seine Auffassung zur Willkürformel zu eigen gemacht habe.[206]

aa) *Verbindung mit dem Gleichheitssatz*

Die Deutung der Willkür als **negative Umschreibung**[207] des Gleichheitsverstoßes führt dazu, dass die Rechtsprechung die Gleichheitsprüfung auf die Prüfung der Willkürformel reduziert. Der Gleichheitssatz ist dann verletzt, wenn sich für eine Ungleichbehandlung keine Gründe finden lassen, wenn die Behandlung willkürlich ist. Die Gleichheitsprüfung scheint nur noch aus der Willkürprüfung zu bestehen. In einer Vielzahl von Entscheidungen argumentieren Bundesverfassungsgericht, Bundeserwaltungsgericht und die Obergerichte, dass der Gleichheitssatz verletzt sei, weil ein (bestimmter) Grund für die Differenzierung fehle und *deshalb* die Entscheidung oder Maßnahme willkürlich sei. Direkter noch wird auch, ohne dass noch Gründe dazwischengeschaltet werden, davon gesprochen, dass der Gleichheitssatz verletzt sei, *weil* eine Maßnahme willkürlich sei oder umgekehrt: eine Maßnahme oder Entscheidung willkürlich und *deshalb* der Gleichheitssatz verletzt sei.[208]

---

[204] *Stein* in AK Art. 3 Rn. 29; *Bleckmann* StaatsR II § 24 Rn. 22; *ders.* Struktur S. 72.
[205] *Stettner* BayVBl 1988, 545, 548; *Bryde/Kleindiek* Jura 1999, 36, 37. Siehe auch *Stein* in AK Art. 3 Rn. 29; *Rüfner* in BK Art. 3 Rn. 16, 19; *Sommermann* in vM Art. 20 Rn. 295 m.w.N. *Dürig* in MD Art. 3 Rn. 303 kritisiert den „Siegeszug" der Willkürrechtsprechung durch die „sofortige Gefolgschaft aller Gerichte".
[206] *Leibholz* Diskussionsbeitrag in Link (Hg) Verfassungsstaat S. 106; Leibholz' Schrift zum Gleichheitssatz mit den daraus gezogenen Erkenntnissen wird von *Häberle* Diskussionsbeitrag in VVDStRL 47 (1989) S. 75 als „Klassikertext im Verfassungsleben" bezeichnet; siehe auch *ders.* Diskussionsbeitrag in Link (Hg.) Verfassungsstaat S. 83.
[207] Das OVG Bautzen bezeichnet Willkür in NVwZ 2002, 615 und DöV 2002, 528 treffend als **negatives Tatbestandsmerkmal** des Gleichheitssatzes.
[208] **BVerfG** E 1, 14 (52); 1, 97 (106); 3, 4; 9, 20 (28); 12, 281 (296); 14, 142 (150); 14, 221 (238); 17, 122 (130 f.); 17, 210 (216); 18, 38 (46); 18, 85 (96); 21, 12 (26); 21, 362 (372); 22, 387 (415); 23, 353 (372); 26,

Willkür und Gleichheit werden von der Rechtsprechung also in den meisten Fällen **gleich gesetzt** und quasi **synonym** gebraucht. Der Gleichheitssatz wird zur Willkürformel reduziert und Willkür auf den Gleichheitssatz fixiert. Eine Verletzung des Gleichheitssatzes ist Willkür. Es besteht hier gar kein praktisches Bedürfnis, zu untersuchen, ob Gleichheit oder Willkür noch mehr bedeuten, weil es nur um die Verletzung des Gleichheitssatzes ging. Diese hatte man scheinbar ausreichend definiert. Weiterer Begriffe bedurfte es daher nicht, obgleich einige Entscheidungen

---

72 (76); 29, 402 (411); 33, 171 (189); 42, 64 (72); 52, 277 (280); 55, 72 (89); 60, 329 (346 f.); 64, 158 (168 f.); 69, 161 (168); 70, 93 (97); 71, 39 (50); 75, 108 (157); 76, 256 (329); 78, 104 (121); 78, 232 (247 f.); 80, 48 (51); 88, 87 (96); 90, 226 (239); 91, 118 (124); 93, 99 (111); 97, 169 (180); 99, 367 (389); 102, 254 (299); DVBl 1962, 675 (678); DVBl 1967, 415 (416); DVBl 1969, 544; DVBl 1972, 144 (147); DVBl 1978, 394 (396); DVBl 1979, 812 (814); DVBl 1980, 833; DVBl 1982, 189 (191); NVwZ 1983, 27; NVwZ 1984, 301; DVBl 1986, 457 (458); NVwZ 1988, 50; DVBl 1989, 871 (872); LKV 1991, 307; NVwZ-RR 1992, 491 (492); DöV 1994, 516 (517); NVwZ 1995, 680 (681); NVwZ-RR 1996, 373; NVwZ 1998, 271 (272); NVwZ 1999, 638; DVBl 2000, 1458 (1460); DVBl 2001, 1135 (1137); NJW 2002, 814.
BVerwG E 2, 105 (108); 2, 151 (153); 2, 186 (188); 3, 121 (123 f.); 3, 145 (149); 6, 50 (52); 6, 134 (143); 7, 180 (185); 10, 224 (225); 13, 214 (221); 17, 306 (312); 21, 58 (60); 18, 324 (327); 22, 26 (29); 25, 147 (148); 30, 191 (197); 30, 326 (333); 32, 158 (165 f.); 33, 32 (33); 33, 233 (238); 36, 361 (362); 39, 100 (105); 41, 334 (345); 46, 361 (364 f.); 52, 339 (349); 55, 349 (352); 58, 45 (47); 59, 348 (354); 62, 45 (50); 64, 248 (260 f.); 66, 99 (107); 74, 260 (264); 81, 68 (72); 81, 371 (372); 83, 90 (96); 87, 1 (7); 87, 94 (100); 90, 147 (150); 91, 327 (328); 92, 24 (26); 92, 322 (329); 93, 188 (191); 94, 53 (56); 99, 74 (77); 101, 86 (96); 103, 99 (102); 104, 60 (63); 104, 220 (223); 106, 280 (287); NJW 1982, 1827; NJW 1985, 2908 f.; NVwZ 1986, 921; NVwZ 1987, 678; DVBl 1988, 399 (401); NVwZ 1989, 1176; NJW 1990, 462 (463); NVwZ 1991, 303 (304); DVBl 1993, 49; DVBl 1994, 1300 (1301); NVwZ 1995, 242 (245); LKV 1997, 66 (67); DVBl 2001, 664 (666); NVwZ 2002, 482
BezG Dresden LKV 1993, 276 (277); OVG Bautzen LKV 1994, 64 (65); LKV 1994, 147 (148); NVwZ 2002, 615; Berlin NVwZ 90, 176 (178); LKV 1991, 241 (242); LKV 1997, 28 (29); OVG Bremen DVBl 1989, 314 (315); NVwZ 2002, 216 (217); OVG Franfurt/O LKV 1996, 208 (210); OVG Greifswald LKV 1996, 214 (215); LKV 1999, 68 f.; OVG Hamburg NVwZ 1985, 51 f.; DVBl 1991, 766 f.; DVBl 1993, 265 (266); NVwZ 2001, 1311 f.; VGH Kassel DVBl 1968, 703 ff.; NVwZ 85, 664 (665); NVwZ 1986, 683 (684); DVBl 1988, 407; NVwZ-RR 1992, 346 (348); NVwZ 1995, 394; DVBl 1995, 1142 (1143); NVwZ-RR 1997, 57 (61); NVwZ-RR 2000, 242; OVG Koblenz DVBl 1977, 388 (389); NJW 1982, 1012; DöV 1986, 800 (801); NJW 1988, 1477 (1478); DVBl 1991, 649 (651); DVBl 1996, 1204 (1205); DVBl 1997, 382 (384); NVwZ 2001, 228 (229); OVG Lüneburg DVBl 1969, 875 (876 f.); NVwZ 1984, 809 (810); NVwZ-RR 1991, 206 (207); NVwZ 1994, 12 (13); DöV 1995, 650 (651); NVwZ 1997, 816 (817); NVwZ-RR 1998, 728 (733); OVG Magdeburg LKV 1998, 279 (280); LKV 1999, 512 (513); VGH Mannheim DöV 1979, 755; VBlBW 1982, 197 (198); VBlBW 1986, 464 (465); NVwZ 1988, 863; VBlBW 1989, 139 (145); NVwZ-RR 1990, 257 (259); NVwZ-RR 1991, 254 f.; VBlBW 1992, 350 (354); NVwZ 1994, 194 (197); NVwZ-RR 1996, 34 (35); NVwZ-RR 1998, 49 (51); DVBl 2000, 1064 (1067); VBlBW 2002, 118 (119); VGH München BayVBl 1980, 403 (404); NJW 1981, 1171 (1172); NVwZ 1982, 786 (787); DVBl 1982, 309 (310); BayVBl 1982, 534 (535); BayVBl 1983, 113 (114); BayVBl 1984, 336 (337); NVwZ 1985, 846 (847); BayVBl 1986, 494 (496); NJW 1987, 727 (728); BayVBl 1989, 629 (630); NVwZ-RR 1990, 210 (211); DVBl 1994, 588 (589); NVwZ-RR 1995, 347 (348); BayVBl 1995, 432 (433); BayVBl 1996, 240 (242); BayVBl 1996, 631 (632); NVwZ 1997, 819; BayVBl 1998, 278 (279 f.); NVwZ-RR 2000, 811 (812); BayVBl 2001, 181; OVG Münster DVBl 1969, 51 (52); NVwZ 1982, 389; DVBl 1985, 75; NVwZ 1986, 1054 (1047); NVwZ-RR 1990, 77 (78); NVwZ-RR 1990, 206; NWVBl 1991, 309; NVwZ-RR 1993, 85 (86); NVwZ-RR 1994, 311 (313); NVwZ 1995, 191 (193); NVwZ 1996, 472 (473); DöV 1998, 393 (394); NWVBl 2001, 94 (96); OVG Saarlouis DVBl 1968, 952 (954); OVG Schleswig NVwZ-RR 2001, 683 (684).

anmerken, dass sich der Gleichheitssatz nicht auf Willkür beschränke und auch Willkür mehr heißen könne als eine Verletzung des Gleichheitssatzes.[209]

bb) Trennung vom Gleichheitssatz?

Wird das Willkürverbot von der Rechtsprechung allgemein mit dem Gleichheitssatz verwendet, so gibt es Sachbereiche, bei denen die Rechtsprechung dies nicht tut, sondern stattdessen Elemente der rechtsstaatlichen Wurzel des Willkürverbots zu betonen scheint. Das zeigt sich bei der Kontrolle von Verwaltungsentscheidungen aber auch bei der Kontrolle von Gerichtsentscheidungen durch das Bundesverfassungsgericht und kann am Begriff der Willkür im objektiven Sinn und des allgemeinen Willkürverbots festgemacht werden. Es scheinen also mehrere Willkürbegriffe zu existieren.[210]

α) **Willkür im objektiven Sinn (vor allem Bundesverfassungsgericht)**
Die **Rechtsprechung** will vor allem bei der Kontrolle von **Gerichtsentscheidungen**[211] aber auch, wenn sie die Verwaltung kontrolliert sachwidrige/sachfremde Erwägungen ausschließen sowie eindeutig fehlerhafte, unangemessene, schlechthin unvertretbare Maßnahmen und Entscheidungen des Normgebers und der normvollziehenden Verwaltung. Bei Gerichtsentscheidungen wird oft hinzugefügt, dass dies dann der Fall sei, wenn diese bei einer verständigen Würdigung der das Grundgesetz beherrschenden Gedanken nicht mehr verständlich seien. In diesem Zusammenhang wird von **Willkür im objektiven**[212] **Sinn** gesprochen.[213] Hier kommt ein Gedanke zum Tragen, der sich aus der rechtsstaatlichen Ermessensfehlerlehre entwickelt hat, der des **Missbrauch** staatlicher Macht. Er zielt darauf, gro-

---

[209] Vgl. etwa BVerfG E 23, 98 (107); VGH Mannheim VBlBW 1985, 462.
[210] Ebenso *Sachs* NWVBl 1988, 295, 299, der auf die vielfältigen Unsicherheiten und Unwägbarkeiten hinweist, die das Willkürverbot in seiner Anwendung und Dogmatik zeige. Zu einer ganz eigenen Unterscheidung des Willkürverbots gelangt *Zuck* MDR 1986, 723 f., der ein materielles von einem prozessualen Willkürverbot unterscheidet und das materielle Verbot in die Kategorien sachliche und rechtliche Unhaltbarkeit teilt. Vgl. auch *Kim* Konkretisierung S. 136; *Alexy* Theorie der Grundrechte S. 364.
[211] So auch *Sachs* NWVBl 1988, 295, 299; *ders.* JuS 1997, 124, 125; *Hesse* Grundzüge Rn. 440 und dort auch Fn. 90.; *ders.* in Festschrift Lerche S. 121, 126 dort Fn. 29. Siehe auch *Rüfner* in BK Art. 3 Rn. 44, 185; *Bender* Befugnis S. 398; *Osterloh* in Sachs Art. 3 Rn. 34.
[212] Kritisch zur Verwendung der Bezeichnung „objektiv" bei Willkür *Kirchhof* in Festschrift Geiger S. 82, 87.
[213] Eindeutige **Unangemessenheit** BVerfG E 2, 266 (281); 4, 144 (155); 36, 174 (187); 42, 64 (73); 55, 72 (89 f.); 59, 98 (101); 62, 189 (192); 66, 199 (206); 69, 161 (169); 70, 93 (97); 80, 48 (51); 86, 59 (62); 89, 1 (14); 96, 172 (203). Zu dieser Formulierung siehe auch *Gusy* JuS 1982, 30, 35. **Sachfremde Erwägungen – nicht mehr verständlich**: BVerfG E 4, 1 (7); 18, 85 (96); 34, 325 (328 f.); 42, 64 (74, 78); 54, 117 (125); 66, 199 (206); 70, 93 (97); 80, 48 (51); 86, 59 (63); 96, 172 (203); 98, 1 (13); 112, 185 (215).

bes Unrecht, grobe Rechtsanwendungsfehler und schlechthin unvertretbare, fehlerhafte Maßnahmen oder krasse Fehlentscheidungen zu sanktionieren und von „bloßen" Rechtsanwendungsfehlern zu scheiden. Allerdings fragen diese Entscheidungen letztlich aber auch nur nach einem sachlichen Grund.[214] Nicht die *unterschiedliche* Behandlung, sondern die Frage scheint im Mittelpunkt zu stehen, ob das Handeln eines Machtträgers unsachlich, grundsatzlos, beliebig oder zufällig ist.[215] In dieser Bedeutung spricht die Literatur auch vom **allgemeinen**[216] (dem Vergleich enthobenen[217]) **Willkürverbot**, dem ein sogenannte klassisches Willkürverbot gegenüber gestellt wird. Dem **Bayerischen Verfassungsgerichtshof** gebührt hier das Verdienst, deutlich auf diese Trennung hingewiesen zu haben.[218] Das **klassisches Willkürverbot** soll eine unterschiedliche Behandlung kennzeichnen. Damit sagt es aber nicht mehr aus, als der Gleichheitssatz selbst, da es ebenfalls auf wei-

---

[214] So auch *Odendahl* JA 2000, 170, 171. Siehe auch *Wendt* NVwZ 1988, 778, 779; *Kirchhof* Verschiedenheit S. 43; *Tombrink* NJW 2003, 2364, 2365 f. Mit anderer Intention *Geiger* Diskussionsbeitrag in Link (Hg.) Verfassungsstaat S. 101. Anders ebenfalls *Hesse* AöR 109 (1984) S. 174, 192 und dort Fn. 69. Zum BVerfG siehe etwa E 2, 266 (281); 4, 144 (155); 42, 64 (73); 59, 98 (101); 62, 189 (192); 70, 93 (97); 80, 48 (51); 86, 59 (62); 89, 1 (14); 96, 172 (203). Vgl. in diesem Zusammenhang auch BVerfG E 89, 1 (14 f.), wo ausdrücklich betont wird, dass es hier nicht um eine Angemessenheitsprüfung geht, sondern nur darum, dass die Rechtslage in besonders krasser Weise verkannt wurde, ohne dass sich hierfür ein sachlicher Grund finden lässt. Zur Verwaltungsrechtsprechung siehe OVG Bautzen NVwZ 2002, 615; VGH Mannheim VBlBW 1998, 269; VBlBW 1998, 349 (350); widersprüchlich OVG Koblenz DVBl 1986, 249 (252).
[215] *Zuck* MDR 1986, 723 f.; *Kirchhof* in HdBStR V § 124 Rn. 236, 243; *ders.* in Festschrift Geiger S. 82, 102; *ders.* Verschiedenheit S. 43; *Heun* in Dreier Art. 3 Rn. 20, 65; siehe auch *Herzog* in MD Anhang zu Art. 3 Rn. 5. Zum **Missbrauchsgedanken** und Willkür vgl. bereits *Leibholz* Gleichheit S. 76, 88, 96, 199, 221 und für das GG S. 245. Zur Integration in die **Ermessensfehlerlehre** siehe *Bleckmann* StaatsR II § 24 Rn. 138 f.; *ders.* Struktur S. 37 f. Zu den **Wurzeln** des Willkürverbots siehe *Kirchhof* in Festschrift Geiger S. 82, 90; *ders.* Verschiedenheit S. 44; *Huster* Rechte und Ziele S. 48, 58; *Sachs* JuS 1997, 124. 125. *Osterloh* in Sachs Art. 3 Rn. 33, 74; *Rüfner* in BK Art. 3 Rn. 16. *Müller* VVDStRL 47 (1989) S. 37, 43 sieht die Wurzel des Willkürverbots im Widerstandsrecht gegen illegitime Staatsmacht.
[216] Eigentlich müsste man dieses Gebot als „klassisches" bezeichnen, da die Herleitung aus dem Rechtsstaatsgebot die ältere ist und damit auch „klassischer" ist.
[217] Dass es hier auf den **Vergleich nicht** mehr ankommt meinen etwa *Kirchhof* in Festschrift Geiger S. 82, 89. f.; *Sachs* NWVBl 1988, 295, 300 mit Beispielen zu entsprechenden Fallgruppen. Mit Bezug auf die Weimarer Zeit *Schweiger* in Festschrift BayVerfGH S. 55, 62 f., 66. Dass es **unmöglich** sei, **Vergleichspaare** zu bilden finden *Geiger* Diskussionsbeitrag in Link (Hg.) Verfassungsstaat S. 100 f.; *Alexy* Theorie der Grundrechte S. 365 f.; Differenzierter *Bleckmann* StaatsR II § 24 Rn. 140: das Willkürverbot werde in die Strukturen des Vergleichs gepresst, was zwar möglich sei, oftmals aber recht gequält wirke. Dass sich Willkür hier **vom Gleichheitssatz gelöst** habe meinen etwa *Zuck* MDR 1986, 723 f.; *Stettner* BayVBl 1988, 545, 550; unklar *Bleckmann* StaatsR II § 24 Rn. 139 f.
[218] Vgl. etwa **BayVerfGH** NJW 1986, 1096 f. m.w.N.; NVwZ 1989, 243 (244); BayVBl 2001, 143 f.; DVBl 2001, 1356; BayVBl 2002, 492 (494); BayVBl 2005, 657 (658). (Vom Gleichheitssatz) Verselbständigtes Willkürverbot – siehe etwa *Sachs* NWVBl 1988, 295, 300 Fn. 97; Sondervotum *Geiger* BVerfGE 42, 64 (81); zum Sondervotum *Hesse* AöR 109 (1984) S. 174, 192 und dort Fn. 69; siehe auch Diskussionsbeitrag in Link (Hg) Verfassungsstaat S. 77. Allgemein *Gubelt* in von Münch Art. 3 Rn. 12. *Zuck* MDR 1986, 723 spricht a.a.O. von einem Kontrollmaßstab *sui generis*. Siehe auch *Kloepfer* Gleichheit S. 60, der die absolute und relative Willkür, entsprechend absoluter und relativer Gleichheit unterscheidet.

tere Konkretisierungen angewiesen ist. Deshalb hat dieser Begriff keine eigenständige Bedeutung.[219]

Das allgemeine Willkürverbot rückt in die Nähe von **Rechtsstaatsverbot** und **Gerechtigkeit**, weshalb es einige Autoren vom Gleichheitssatz trennen wollen, weil es nicht mehr auf den Vergleich, sondern nur noch darauf ankomme, wie missbräuchlich die Entscheidung der öffentlichen Gewalt sei. Ein **Trennung** sei einfach möglich, weil beim allgemeinen Willkürverbot keine Vergleichspaare gebildet werden könnten. Da das allgemeine Willkürverbot den Vergleich sprenge, solle es lieber beim **Rechtsstaatsgebot** verortet werden. Das veranlasst andere wiederum Willkür generell vom Gleichheitssatz trennen zu wollen.[220]

Das **Bundesverfassungsgericht** nimmt diese Trennung nicht ausdrücklich vor. Sie schwingt aber gedanklich vor allem (aber nicht nur) bei der Kontrolle von Gerichtsentscheidungen mit(dazu auch unten C IV 1), wenn das Gericht vom Gleichheitssatz *in seiner Bedeutung* oder *Ausprägung* als Willkürverbot spricht. In diesen Fällen scheint es auch nicht auf einen Vergleich anzukommen, wenngleich das Bundesverfassungsgericht nicht die Terminologie des Bayerischen Verfassungsgerichtshofes benutzt. Auch die **Verwaltungsgerichte** deuten eine Trennung an, wenn sie etwa vom „Willkürverbot des Gleichheitssatzes" sprechen.[221] Das weist darauf hin,

---

[219] *Geiger* Diskussionsbeitrag in Link (Hg.) Verfassungsstaat S. 100; *Sachs* JuS 1997, 124, 125. Siehe auch *Schoch* DVBl 1988, 863, 875 sowie dort Fn. 190; *Krugmann* JuS 1998, 7, 12.
[220] Zur allgemeinen **Gerechtigkeitsprüfung** *Kirchhof* Verschiedenheit S. 43; siehe auch *ders.* in Festschrift Geiger S. 82, 89 f.; *Stettner* BayVBl 1988, 545, 550. Eine Trennung **lehnen ab** *Leisner* Gleichheitsstaat S. 136 f.; *Schweiger* in Festschrift BayVerfGH S. 55, 61, 66 ff. Schweiger weist a.a.O. S. 66, 68 darauf hin, dass eine objektive Willkür- oder Gerechtigkeitskontrolle gar nicht möglich ist, weil hier nur die Begriffe willkürlich und gerecht vertauscht werden und letztlich doch subjektive Wertungen entscheiden. Siehe auch *Hesse* AöR 77 (1951/52) S. 167, 216. Kritisch ebenfalls *Gusy* JuS 1982, 30, 35; *ders.* NJW 1988, 2505, 2506; *Schoch* DVBl 1988, 863, 875 dort auch Fn. 190; *Wendt* NVwZ 1988, 778, 780.
Für eine **Trennung** und Zuordnung beim Rechtsstaatsgebot etwa *Kirchhof* Verschiedenheit S. 44; *Krugmann* JuS 1998, 7, 9, 11 f.; *Eyermann* in Festschrift BayVerfGH S. 45, 48 ff.; wohl auch *Dürig* in MD Art. 3 Rn. 305. Siehe auch *Rüfner* in BK Art. 3 Rn. 16; *Sommermann* in vM Art. 20 Rn. 258, 295. Vgl. ferner *Sachs* JuS 1997, 124, 125; *Müller* VVDStRL 47 (1989) S. 37, 38, 43; *Stettner* BayVBl 1988, 545, 550. *Geiger* Diskussionsbeitrag in Link (Hg.) Verfassungsstaat S. 101; *Zuck* MDR 1986, 723, 124; *Vogel* Diskussionsbeitrag in VVDStRL 47 (1989) S. 65.; *Herzog* in MD Anhang zu Art. 3 Rn. 5; *Osterloh* in Sachs Art. 3 Rn. 34; siehe ferner *Kloepfer* Gleichheit S. 26, 32.
Allgemeiner *Alexy* Theorie der Grundrechte S. 364 f. *Robbers* DöV 1988, 749, 754 f.; *Schiedermeier* Diskussionsbeitrag in VVDStRL 47 (1989) S. 84 will diese Tendenz beim 2. Senat des BVerfG festgestellt haben; in die gleiche Richtung weist *Hesse* Diskussionsbeitrag in Link (Hg) Verfassungsstaat S. 77 – demgegenüber auch *Osterloh* in Sachs Art. 3 Rn. 74.
[221] Zum BayVerfGH Nachweise bei Fn. 218. **BVerfG** E 70, 93 (97); 102, 253 (297); NVwZ-RR 1991, 365 (366); DVBl 1993, 1002; NVwZ-Beilage 1994, 49 (59); NVwZ 1995, 368 (370); NVwZ 1998, 271 (272); NVwZ 1999, 1104 (1105); DVBl 2000, 1458 (1460); DVBl 2001, 64; NJW 2001, 1854 [sehr deutlich];

dass es noch ein weiteres Willkürverbot geben kann. Allerdings geht die Rechsprechung hier pragmatisch vor – wie übrigens schon einige Autoren in der Weimarer Zeit (hierzu oben Seite 119). Denn die Verfassungsrechtsprechung verortet die Willkürprüfung ganz im Sinne der Rechtsuchenden im Gleichheitssatz, da dieser grundgesetzlich festgeschrieben ist und Willkür aus ihm hergeleitet werden kann – ohne dass man damit das **Rechtsstaatsgebot** als die andere Wurzel der Willkür[222] (dazu oben S. 114) leugnen müsste. Diese Wurzel zeigt sich etwa, wenn die Rechtsprechung zwar beide als **objektive Prinzipien** (dazu oben C I 2 a aa α) begreift, Willkür dann aber aus dem Gleichheitssatz herleitet.[223] Der Gleichheitssatz ist gewissermaßen ein Auffangtatbestand.[224] Denn er und Willkür haben beide eine

---

DVBl 2002, 193 f.; NJW 2002, 815 (816); NJW 2005, 1103 (1104). Siehe auch **BVerwG** E 62, 45 (50); 38, 191 (197); VGH Mannheim DVBl 2002, 209. Zum Willkürverbot des Gleichheitssatzes siehe etwa VGH Kassel DVBl 1977, 49 (50); NVwZ 1982, 689; NVwZ-RR 1990, 514 (515); DVBl 2000, 645 (646); OVG Lüneburg NVwZ 1984, 809 (810); VGH München BayVBl 1981, 530 (535); NVwZ-RR 1995, 49 (50); OVG Münster NVwZ-RR 1994, 311 (313); NJW 1999, 1203 (1204); NWVBl 2000, 230. Siehe demgegenüber BVerwG E 72, 212 (218); 95, 252 (260); DVBl 1989, 99 (100) – hier wird (objektive) Willkür aus dem Rechtsstaatsgebot hergeleitet und nicht aus dem Gleichheitssatz. Aus der Literatur vgl. *Schweiger* in Festschrift BayVerfGH S. 55, 66 f. Zu den verschiedenen Bedeutungsinhalten der Willkür vgl. auch *Kirchhof* in Festschrift Geiger S. 82, 86.
[222] *Zuck* MDR 1986, 723 f.; *Kirchhof* in HdBStR V § 124 Rn. 236; *ders.* in Festschrift Geiger S. 82; *Heun* in Dreier Art. 3 Rn. 20, 65.
[223] **Siehe zum einen:** Willkür wurzelt nicht nur in den Grundrechten, sondern sondern auch (als objektives Prinzip/Element) in der Gerechtigkeit und im Rechtsstaat: BVerfG E 23, 353 (372 f.); 76, 130 (139); NVwZ 1987, 879 (881); DVBl 1995, 286 (290); DVBl 1996, 665 (667) – VerfGH Bayern DVBl 1966, 902 (903); DVBl 1966 757 (758); StGH Hessen DVBl 1974, 940 (942) – BVerwG E 56, 254 (260); 72, 212 (218); 111, 354 (362); DöV 1978, 449; DVBl 1979, 585 (587); DVBl 1979, 345 (347); DVBl 1989, 99 (100) – VGH Kassel NVwZ 1982, 689; OVG Magdeburg LKV 1995, 195 (197); VGH Mannheim DVBl 1975, 552 (555); VGH München BayVBl 1982, 726 (728); OVG Münster NVwZ 1982, 639 (640) – Willkür als objektives über Art. 3 GG hinausgehendes Gebot: BVerfG E 23, 12 (24); 76, 130 (139); NVwZ 1987, 879 (881) – BVerwG E 95, 252 (260)
Zum anderen: Gleichheitssatz als objektives Prinzip in dem das Willkürverbot verortet wird: BVerfG E 76, 130 (139); NVwZ-RR 1991, 365 (366); DVBl 1993, 1002; NVwZ-Beilage 1994, 49 (50); NVwZ 1998, 271 (272); NVwZ 1999, 1104 (1105); NJW 2000, 273; DVBl 2000, 64; DVBl 2001, 892; NJW 2001, 1200; – VGH Kassel DVBl 1977, 49 (50); NVwZ 1982, 689; NVwZ-RR 1990, 514 (515); DVBl 2000, 645 (646); OVG Lüneburg NVwZ 1984, 809 (810); VGH Mannheim DVBl 2002, 209; VBlBW 2002, 255 (256); VGH München BayVBl 1981, 530 (535); NVwZ-RR 1995, 49 (50); OVG Münster NVwZ-RR 1994, 311 (313); NJW 1999, 1203 (1204); NWVBl 2000, 230. **Vgl. auch:** Willkür dem Gleichheitssatz immanent und gleichzeitig auch objektives Gerechtigkeitsprinzip und damit Element der Rechtsstaatlichkeit: OVG Koblenz DVBl 1986, 249 (252); OVG Münster NVwZ 1998, 96 (97) – ähnlich BVerfG NVwZ 2005, 82 (83). Siehe jedoch BVerfG E 76, 130 (139): Willkür als allgemeiner Rechtsgrundsatz, der sich **auch** aus dem Gleichheitssatz ergebe. Zur Kritik an einem verselbständigten Willkürverbot siehe auch das Sondervotum des Richters *Geiger* in BVerfG E 42, 64 (81).
[224] BVerfG E 23, 98 (107) spricht ausdrücklich davon, dass Willkür selbständig *nur* im Gleichheitssatz positiviert sei. Siehe auch VGH Mannheim VBlBW 1985, 462: der Gleichheitssatz sei *weiter* als Willkürverbot. Zum Verhältnis des Gleichheitssatzes zur Gerechtigkeit und zum Rechtsstaatsgebot siehe eingehend oben S. 91. Weitere Nachweise zur Rechtsprechung in Fn. 221. Vgl. ferner *Kirchhof* in HdBStR V § 124 Rn. 204, 252. *Sachs* in Stelkens/Bonk/Sachs VwVfG § 40 Rn. 83 und dort Fn. 327. Pragmatisch auch *Kloepfer* Gleichheit S. 60, der zwar zwischen einer beim Rechtsstaatsprinzip angesiedelten absoluten und einer

gleiche Wurzel im Rechtsstaatsgedanken. Der Gerechtigkeitsgedanke des Grundgesetzes kommt ebenfalls und gerade im Gleichheitssatz zum Tragen.[225] Gleichheit und Willkür können daher beide zusammen verwendet werden. Der Gleichheitssatz mag hier zwar nur das wiederholen, was sich auch aus Art. 20 III GG ergäbe, er verstärkt es aber um die individualrechtliche Kraft eines Grundrechts, da man sonst einen Verstoß gegen das Willkürverbot allenfalls über Art. 2 I GG rügen könnte.[226] Willkür hat also seinen Platz im Gleichheitssatz, auch wenn sie getrennt von ihm vorkommen könnte.

Gleichheit und Willkür wieder zu **trennen** ist nicht nachvollziehbar, denn es lässt sich immer ein Bezug zum Gleichheitssatz herstellen. Auch die Fällen, bei denen scheinbar kein Vergleich möglich ist, weil es „nur" um einen Verstoß gegen einfaches Recht geht, lassen sich als Vergleichbeziehung beschreiben. Denn man kann hier dem unrichtig entschiedenen Fall die richtig entschiedenen Normalfälle gegenüber stellen. Hier wird der Gleichheitssatz zwar in den meisten Fällen nicht zum Tragen kommen, da einfaches Recht in der Regel spezieller ist. Es zeigt aber, dass eine Trennung zwischen Gleichheit und Willkür nicht möglich ist, so dass in jeder Rechtswidrigkeit immer auch ein Gleichheitsverstoß liegen kann.[227] Eine

---

beim Gleichheitssatz verorteten relativen Willkür trennt, nach dessen Auffassung letztere aber auch die absolute umfassen könne, da diese jedem Grundrecht immanent sei. Zum Verhältnis zwischen Rechtsstaatsgebot und Gleichheit in der Rechtsprechung des Bundesverfassungsgerichts siehe *Schoch* DVBl 1988, 863, 871.
[225] *Scheuner* in Festschrift DJT S. 229, 254. Siehe zur Entwicklung auch *Sachs* NWVBl 1988, 295, 296.
[226] *Kim* Konkretisierung S. 138; *Stern* StaatsR III/1 S. 1156 f.; *Heun* in Dreier Art. 3 Rn. 65; *Kloepfer* Gleichheit S. 26; ähnlich *Hesse* Grundzüge Rn. 205, 430; *Scheuner* in Festschrift DJT S. 229, 250 Fn. 98, 254. *Vogel* Diskussionsbeitrag in VVDStRL 47 (1989) S. 65; *Bleckmann* Struktur S. 15; *ders.* StaatsR II § 24 Rn. 139; *Gubelt* in von Münch Art. 3 Rn. 6 m.w.N.; *Rüfner* in BK Art. 3 Rn. 159; *Starck* in vM Art. 3 Rn. 231, 242. Zur engen Verbindung der Gleichheit mit dem Rechtsstaat siehe auch *Sachs* NWVBl 1988, 295, 296. Siehe bereits *Ipsen* in Die Grundrechte Bd. 2 S. 111, 164 f. Vgl. ferner VGH Kassel DVBl 1963, 443 (445): Die Gesetzmäßigkeit der Verwaltung schließe die Beachtung des Gleichheitssatzes ein. *Schoch* DVBl 1988, 863, 871 attestiert dem Gleichheitssatz einen rechtsstaatlichen Gehalt, weswegen sich hier ein Rückgriff auf das Rechtsstaatsgebot verbiete. Zum Weg über Art. 2 I GG, den *Zuck* MDR 1986, 723, 124 vorschlägt *Herzog* in MD Anhang zu Art. 3 Rn. 5.
[227] *Bleckmann* StaatsR II § 24 Rn. 140. Siehe auch *Kim* Konkretisierung S. 140; *Jarass* in JP Art. 3 Rn. 34. Vgl. ferner *Müller* VVDStRL 47 (1989) S. 37, 44, 60, nach dessen Auffassung man das Willkürverbot dann aber nur als Verbot qualifizierter Unrichtigkeit und nicht auch als bloßes Sachlichkeitsverbot verstehen müsse. Ablehnend *Alexy* Theorie der Grundrechte S. 364 f., der befürchtet, dass es in diesen Fällen zu einem nicht mehr zu durchschauenden „Subsumtionsbrei" kommen werde. Vgl. auch *Schiedermeier* Diskussionsbeitrag in VVDStRL 47 (1989) S. 85; im Ergebnis auch *Kirchhof* in HdBStR V § 124 Rn. 204, 252. *Stern* Diskussionsbeitrag in VVDStRL 47 (1989) S. 92 lehnt eine Trennung ebenfalls ab, allerdings mit dem Argument, dass ohne das Willkürverbot sonst jeglicher operationale Maßstab für die Gleichheitsprüfung fehle. Dies setzt aber voraus, dass Willkür überhaupt einen solchen Maßstab abgeben kann! Widersprüchlich *Michael* Methodennorm S. 261 f., der zwar a.a.O. sieht, dass i.d.R. (!) für Rechtsverstöße auch

Trennung zwischen einer vergleichsbezogenen und einer dem Vergleich enthobenen Willkür lässt sich daher nicht durchhalten.

β) **Rezeption durch die Verwaltungsgerichte – Gleichheit und Ermessensfehlerlehre**

Ist also keine Trennung zwischen Gleichheit und Willkür möglich und kann Willkür aus dem Gleichheitssatz hergeleitet werden, so verwundert, wie vor allem die Verwaltungsrechtsprechung dies zu ignorieren scheint.

Willkür war und ist, wie oben S. 115 angemerkt, ein Element der Ermessensfehlerlehre. Beides wird aus dem Rechtsstaatsgebot hergeleitet. Wenn die Verwaltungsrechtsprechung von Willkür spricht, kommt hier vor allem die rechtsstaatliche Wurzel und weniger die Wurzel im Gleichheitssatz zum Ausdruck. Die Verwaltungsrechtsprechung greift damit verstärkt auf das sogenannte allgemeine Willkürverbot (dazu oben S. 130) zurück. Wenn die Rechtsprechung eine Ermessensentscheidung überprüft, so orientiert sie sich an dem in § 40 VwVfG und § 114 VwGO vorgegebenen Maßstab. Diese Vorschriften normieren aber nur die bisher in der Rechtsprechung entwickelten allgemeinen Grundsätze des Verwaltungsrechts und sind Teil der rechtsstaatlichen Ermessensfehlerlehre als einer Wurzel des Willkürverbots.[228] Eine Entscheidung ist in diesem Sinne **sachfremd**, wenn das Ermessen aus Gründen außerhalb des Gesetzes- oder Ermessenszwecks ausgeübt wird.[229] Bemängelt wird hierbei, dass die Begründung nicht dem durch die Norm gesetzten Zweck (der jeweiligen Sache) gerecht wird. Gerade die Definition der Sachfremdheit beschreibt letztlich nichts anderes als die **Sachwidrigkeit** oder Sachfremdheit beim Gleichheitssatz und dem aus ihm hergeleiteten Willkürverbot. Denn mangels konkretem Maßstab wird zuerst auf die dem jeweiligen Sachbereich zugrunde liegenden Zwecke zurückgegriffen. Der Gleichheitssatz mit dem Willkürverbot hat dadurch schon immer seinen Platz in der Ermessensfehlerlehre gehabt, nur wurde dieser enge Zusammenhang von Rechtsprechung und Lehre bisher nicht wahrgenommen, da Willkür meist nur als ein Aspekt der Ermessensfehlerlehre und nicht auch des Gleichheitssatzes betrachtet wurde und der Gleichheitssatz darüber

---

Vergleichsfälle gefunden werden können, andererseits S. 285 ein beim Rechtsstaatsgebot verortetes allgemeines Willkürverbot nicht missen will.
[228] *Sachs* in Stelkens/Bonk/Sachs VwVfG § 40 Rn. 4. Siehe auch oben S. 115.
[229] In dieser Definition finden sich die polizeiwidrigen Zwecke des preußischen OVG wieder (dazu oben S. 115). Vgl. zum Ganzen *Sachs* in Stelkens/Bonk/Sachs VwVfG § 40 Rn. 62, 66; *Kopp/Ramsauer* VwVfG § 40 Rn. 55; einen etwas anderen Akzent setzen *Wolff/Bachof/Stober* VerwR Bd. 1 § 31 Rn. 49 ff. Zur Ermessensfehlerlehre und Willkür siehe auch *Bleckmann* Struktur S. 37 f.; *ders.* StaatsR II § 24 Rn. 138, 140.

hinaus – wie die anderen Grundrechte auch – insgesamt nur unbefriedigend und nur bei bestimmten Konstellationen integriert war.[230]

Betrachtet man die Kontrolle von **Verwaltungsentscheidungen** in der Rechtsprechung, finden sich bei der Prüfung Bezüge sowohl zum Gleichheitssatz, zur Willkür als auch zu beiden zusammen – aber auch gar keine Bezüge. Gerade wenn sie Willkür und Gleichheitssatz gemeinsam erwähnt, stellt die Verwaltungsrechtsprechung in vielen Fällen – wenn auch nicht immer – einen direkten **Zusammenhang** zwischen Willkür und dem Gleichheitssatz bei der Nachprüfung des Ermessens her.[231] Das wird besonders dann deutlich, wenn sie die **gleichen Begriffe** ver-

---

[230] Zum Verhältnis von Willkür und dem Gleichheitssatz zur Ermessensfehlerlehre siehe *Bleckmann* Struktur S. 37 f.; *ders.* StaatsR II § 24 Rn. 138 ff.; *Herzog* in MD Anhang zu Art. 3 Rn 16 und dort Fn. 19. Siehe auch *Ipsen* in Die Grundrechte Bd. 2, S. 111, 128 f., 147; *Maunz/Zippelius* Dt. StaatsR S. 217. Siehe zur Anwendung des Willkürverbot und des Gleichheitssatzes auf die Ermessensausübung auch *Sachs* in Stelkens/Bonk/Sachs VwVfG § 40 Rn. 93. Bezeichnend etwa BVerwG E 65, 188 (190): Begrenzung des Ermessens durch das Rechtsstaatsprinzip und die Grundrechte. Das Gericht ordnet in seiner Rechtsprechung das Willkürverbot tendenziell eher dem Rechtsstaatsprinzip als dem Gleichheitssatz zu. Siehe demgegenüber BVerwG E 38, 191 (197, 199). Vgl. auch BVerwG DVBl 1963, 65 [Verstoß gegen Gleichheitssatz durch sich widersprechende Ausübung des Ermessens] und umgekehrt BVerwG DVBl 1965, 485 (487); VGH München BayVBl 2001, 562 [Gleichheitsverstoß als Ermessensfehler].
[231] Siehe hierzu etwa folgende Nachprüfungen von Verwaltungsentscheidungen.
Prüfung von **Ermessen** und dem **Gleichheitssatz**: BVerwG E 3, 121 (124); DVBl 1962, 452; NVwZ 1989, 761; DVBl 1990, 155 (157) – OVG Bautzen LKV 2002, 417 (419); LKV 2004, 272 (275); OVG Magdeburg LKV 2002, 283 (284); VGH Mannheim DöV 1984, 214 (215); DöV 1989, 30; DVBl 1991, 949 (950 f.); NVwZ 1999, 547; VBlBW 2001, 407 (408 f.); NVwZ-RR 2004, 750; VGH München NVwZ 1988, 83 (86); BayVBl 2003, 501 (502); OVG Münster DVBl 1985, 532 (533); NVwZ 1987, 723; NJW 2004, 625 (626) – VG Düsseldorf DVBl 1959, 145 (146); VG Frankfurt/M NVwZ 1985, 214 (215).
Ermessen und **Willkür**: BVerfG E 9, 137 (147); 12, 281 (295 f.); 48, 210 (226 f.); 69, 161 (168 ff.) – BVerwG E 11, 95 (96 f.); 15, 3 (7); 23, 25 (28); 62, 11 (16); 71, 228 (234); DVBl 1969, 33 (34); DVBl 1978, 607 (608); NVwZ 1982, 244; NJW 1985, 2908 (2909); DVBl 1988, 392 (393); DVBl 1990, 155 (158); DVBl 1992, 899 (900); DVBl 2000, 1219 (1220) – OVG Bautzen LKV 1994 147, (148); OVG Berlin LKV 1991, 241 (242); OVG Bremen NVwZ 2002, 216 (217); OVG Greifswald NordÖR 2003, 168; VGH Kassel NJW 1984, 318 (319); NVwZ-RR 1990, 514 (515); NVwZ-RR 1992, 346 (348); NVwZ 1995, 394; OVG Koblenz NVwZ-RR 1998, 95; NVwZ-RR 2002, 600 (601); OVG Lüneburg NVwZ 1984, 809 (810); DöV 1999, 564 (565); OVG Magdeburg LKV 1998, 279 (280); VGH Mannheim VBlBW 1982, 295 (297 f.); VBlBW 1982, 402 (403); NVwZ 1984, 664 (665); NVwZ 1986, 396 (396); NVwZ-RR 1988, 83 (84); NJW 1989, 603; NVwZ-RR 1996, 344; VGH München BayVBl 1980, 403 (404); DVBl 1982, 309 (310); BayVBl 1983, 243 (244); BayVBl 1988, 656 (658); BayVBl 1995, 726 (727); NVwZ 2002, 705 (706); OVG Münster DVBl 1975, 443; DVBl 1990, 161 (162); NWVBl 1991, 309; NWVBl 1992, 243 (245); NWVBl 1994, 167 (168); NWVBl 1996, 66 (68); NJW 1999, 1203 (1204); NVwZ-RR 1999, 593 ; NWVBl 2001, 94 (96); OVG Schleswig NVwZ-RR 2001, 683 (684); KreisG Chemnitz/Stadt LKV 1992, 174 (175).
Ermessen, Willkür und **Gleichheitssatz**: BVerfG E 12, 281 (295 f.); 48, 210 (226 f.); 69, 161 (168 ff.) – BVerwG DVBl 1969, 33 (34); NJW 1985, 2908 (2909); DVBl 1988, 392 (393) – OVG Bautzen LKV 1994 147, (148); OVG Berlin LKV 1991, 241 (242); OVG Bremen NVwZ 2002, 216 (217); VGH Kassel DVBl 1963, 443 (445); NJW 1984, 318 (319); NVwZ-RR 1990, 514 (515); NVwZ-RR 1992, 346 (348); NVwZ-RR 1994, 483; NVwZ 1995, 394; OVG Lüneburg NVwZ 1984, 809 (810); OVG Magdeburg LKV 1998, 279 (280); NVwZ-RR 2004, 465; VGH Mannheim VBlBW 1982, 295 (297 f.); VBlBW 1982, 402 (403); NVwZ 1986, 396 (396); VBlBW 1987, 468; NJW 1989, 603; NVwZ-RR 1991, 254 (255); NVwZ-RR 1993, 83 (84); NVwZ-RR 1996, 344; NJW 2003, 2113 (2114); VGH München BayVBl 1980, 403 (404); BayVBl

wendet um Ermessensfehler, Willkür und einen Verstoß gegen den Gleichheitssatz zu beschreiben. So findet sich der Gedanke der **Natur der Sache** sowohl bei Ermessensprüfungen, die den Gleichheitssatz und Willkür nicht bemühen, als auch bei solchen, die diese Begriffe verwenden und Ermessensentscheidungen und Ermessenserwägungen als sachfremd, unsachlich, (nicht) sachgerecht, nicht sachgemäß kritisieren oder dabei einen sachlichen Grund oder sachliche Erwägungen vermissen.[232] Teilweise werden **Ermessensfehler** Gleichheitssatz und Willkür auch

---

1983, 243 (244); BayVBl 1988, 656 (658); VGH München BayVBl 2001, 562 (563); BayVBl 2003, 526 (528); OVG Münster DVBl 1965, 128 (129); DVBl 1975, 443; NVwZ-RR 1989, 169 (170); DVBl 1990, 161 (162); NWVBl 1991, 309; NWVBl 1992, 243 (245); NWVBl 1996, 66 (68); NJW 1999, 1203 (1204); NVwZ-RR 1999, 593; NWVBl 2001, 94 (96); NWVBl 2005, 224 (225); OVG Schleswig NVwZ-RR 2001, 683 (684); KreisG Chemnitz/Stadt LKV 1992, 174 (175); VG Hannover DVBl 1958, 33 f.

[232] Siehe etwa die nachstehenden Entscheidungen, bei denen das Ermessen nach folgenden Gesichtspunkte überprüft wird:
- **sachfremd**: BVerwG E 3, 121 (124); 23, 25 (28); DVBl 1978, 607 (608) – OVG Koblenz NVwZ 1988, 545 (546) – sachfremd und **Gleichheitssatz** VGH Mannheim VBlBW 1983, 37 (38 f.); OVG Münster NWVBl 1993, 211 (213 f.); NWVBl 2001, 94; NWVBl 2002, 158 (159) – sachfremd, Gleichheitssatz und **Willkür**: BVerwG NJW 1989, 2962 (2963); NVwZ-RR 1990, 418 (419) – OVG Koblenz NVwZ 1988, 545 (546); VGH Mannheim VBlBW 1998, 349 (350); VG Augsburg NVwZ-RR 2001, 468; VG Stuttgart NVwZ-RR 1999, 372 (374). **Sachfremde Erwägungen, Gleichheitssatz** und **Willkür**: BVerwG DVBl 1978, 607 (608) – VerfGH Bay DVBl 2001, 1356 – VGH Mannheim DVBl 1983, 511 (513); VBlBW 2001, 194; VGH München NVwZ 1985, 846 (847); VGH München BayVBl 1995, 273 (275); BayVBl 1996, 631 (632); OVG Münster NWVBl 2001, 94 (96).
- **unsachliche** Gesichtspunkte: BVerwG E 7, 323 (330) – unsachliche Gesichtspunkte, **Gleichheitssatz und Willkür** OVG Berlin DVBl 1967, 92 (93).
- **sachgerecht/sachlich gerechtfertigt/sachgerechte Erwägungen** mit Gleichheitssatz: BVerwG E 46, 89 (90); 86, 205 (207); DVBl 1982, 795 (797); NVwZ 1985, 417 (418); DVBl 1984, 1071 (1072); DVBl 1986, 110 (111); DöV 1988, 974 (975); NJW 2005, 1525 (1526) – OVG Bremen DVBl 1989, 314 (315); OVG Greifswald NVwZ-RR 2002, 406; VGH Kassel DVBl 1998, 781 (782); OVG Koblenz DöV 1982, 250; OVG Lüneburg DVBl 1979, 884 (885); VG Bremen NVwZ-RR 2000, 19 (20) – sachgerecht, Gleichheitssatz und **Willkür**: BVerwG E 26, 153 (155); 47, 247 (253); DVBl 1969 33 (34) – OVG Berlin DVBl 1967, 92 (93); VGH Kassel NVwZ-RR 1992 346 (348); OVG Koblenz NJW 2004, 2321 (2322); OVG Lüneburg DöV 1999, 564 (565); VGH Mannheim NVwZ-RR 1996, 344; VGH München BayVBl 1988, 656 (658); OVG Münster DVBl 1965, 128 (129); DVBl 1965, 527 (530); NWVBl 1996, 66 (68); NJW 1999, 1203 (1204); NVwZ-RR 1999, 593; VG Köln NJW 2004, 2609 (2610) – nicht **sachgerecht** als willkürlich: BVerwG E 9, 9 (15).
- **sachgemäß, Willkür** und **Gleichheitssatz**: OVG Münster NWVBl 1992, 243 (245).
- **sachlicher Grund** und **Willkür**: BVerwG DVBl 1992, 899 (900) – OVG Bremen NVwZ 2002, 216 (217); OVG Münster DVBl 1975, 443; NWVBl 1996, 66 (68) – sachlicher Grund/Erwägung, **Willkür** und **Gleichheitssatz**: BVerwG E 33, 32 (33); NJW 2003, 3001 (3003); NJW 2005, 1525 (1526) – OVG Berlin DVBl 1967, 92 (93); OVG Bremen NVwZ 2002, 216 (217); OVG Greifswald NVwZ-RR 2002, 406; OVG Lüneburg NVwZ-RR 1994, 249; VGH Mannheim NVwZ 1986, 396; NJW 1989, 603; NVwZ-RR 1991, 254 (255); VGH München BayVBl 1980, 403 (404); OVG Münster NWVBl 1991, 309; NWVBl 2001, 94 (96); KreisG Chemnitz/Stadt LKV 1992, 174 (175) – sachliche/zureichende Erwägungen/Gründe und **Gleichheitssatz**: BVerwG E 34, 278 (281); 38, 191 (197); 53, 314 (317); 77, 188 (192); 91, 159 (167); 104, 55 (58) – OVG Franfurt/O LKV 2006, 39 (43); OVG Koblenz DöV 1982, 250 – VGH Kassel NVwZ 1986, 683 (684); DVBl 1998, 781 (782); VGH Mannheim DVBl 1991, 949 (950 f.); VGH Mannheim DöV 1994, 484; VGH München DöV 1980, 610 (611 f.).

ausdrücklich aufeinander bezogen, etwa dergestalt, dass ein Ermessensfehler vorliegt, weil gegen den Gleichheitssatz verstoßen wurde oder dass eine Entscheidung willkürlich und damit ermessensfehlerhaft war.[233] Demgegenüber verwundert eine Reihe von Entscheidungen, die nicht etwa prüfen, ob eine Entscheidung willkürlich und sachfremd oder willkürlich und unsachlich ist, sondern fragen, ob sie willkürlich *oder* sachfremd/unsachlich sei. „Willkürlich" wird in einen Gegensatz zu den anderen Begriffen gesetzt, sonst müsste man sie nicht durch „oder" unterscheiden.[234] In solchen Entscheidungen dürften noch die Reminiszenzen der seit der Zeit des Konstitutionalismus hergebrachten (und bewährten) Ermessensfehlerlehre zum Ausdruck kommen, die man dem Gleichheitssatz und dem Willkürbegriff gegenüberstellt, ohne dass diese befriedigend integriert worden wären. In der Prüfung selbst finden sich bei diesen Entscheidungen aber keine Unterschiede zu anderen Urteilen, bei denen das Ermessen ebenfalls nachgeprüft wird.

Dieser Gegensatz zeigt sich heute noch sehr bezeichnend im **Prüfungsrecht** mit einer jahrelangen, ständigen Rechtsprechung zu Verwaltungsentscheidungen mit wertendem Charakter. Hier wird von sachfremd *oder* willkürlich gesprochen oder nach Sachfremdheit *und* Willkür gesucht, ohne dass festgestellt werden kann, dass

---

- **sachlich gerechtfertigt/vertretbar**: BVerwG DVBl 1984, 1072 (1073) – VGH Mannheim VBlBW 1983, 37 (38); OVG Münster NVwZ 2002, 614 – **einleuchtender/vernünftiger/rechtfertigender Grund, Gleichheitssatz und Willkür**: OVG Bautzen LKV 2002, 417 (419); OVG Lüneburg NVwZ-RR 1994, 249; VGH Mannheim NVwZ-RR 1993, 83 (84); NJW 2003, 2113 (2114); OVG Schleswig NVwZ-RR 2001, 683 (684); VG Hannover DVBl 1958, 33 f.

[233] **Ermessensfehler und Gleichheitssatzes**: BVerwG E 10, 112 (115); DVBl 1965, 485 (487); DVBl 1984, 1071 (1072) – OVG Bautzen LKV 2002, 217 (219); OVG Berlin DVBl 1967, 92 (93); VGH Kassel NVwZ 1995, 394 (395); OVG Lüneburg DVBl 1979, 884 (885); NVwZ-RR 1994, 249; OVG Magdeburg LKV 2002, 283 (284); VGH Mannheim NVwZ 1999, 547; DVBl 2000, 1630 (1632); OVG Münster DVBl 1980, 648 (649); NVwZ 1986, 134 (135); NWVBl 1996, 66 (68); NWVBl 1996, 429 (433 f.); VG Berlin DVBl 1968, 714 (715) – Bezug zwischen Ermessensfehler und **Willkür**: VGH München BayVBl 2001, 562 (563) – Bezug zwischen Ermessensfehler **Gleichheitssatz und Willkür**: BVerwG E 58, 45 (47); 104, 220 (223); VGH Kassel NVwZ 1995, 394 (395); OVG Lüneburg NVwZ-RR 1994, 249; VGH Mannheim VBlBW 1982, 295 (297 f.); VBlBW 1982, 402 (403); VGH München DVBl 1982, 309 (310); BayVBl 2001, 562 (564); VG Hannover DVBl 1958, 33 f. Siehe auch OVG Münster NWVBl 1996, 429 (433 f.): kein Ermessensfehler, **weil** weder sachwidrig noch zweckwidrig und deswegen kein Verstoß gegen Gleichheitssatz.

[234] Siehe etwa folgende Entscheidungen: Willkür <u>oder</u> sachfremd BVerwG E 5, 1 (8); 59, 348 (354); 99, 74 (77); OVG Münster NWVBl 2001, 94; OVG Schleswig NVwZ-RR 1997, 626 (629) – Willkürlich <u>oder</u> unsachlich BVerwG E 7, 323 (330) – kein vertretbarer Grund <u>oder</u> Verstoß gegen den Gleichheitssatz: BVerwG E 10, 112 (113) – Ermessensfehler <u>oder</u> Verstoß gegen den Gleichheitssatz: BVerwG DVBl 1962, 680 (681) – Ermessen willkürlich <u>oder sonst</u> fehlerhaft – VGH Mannheim NVwZ 1984, 664 (665) – Ermessen und Gleichheitssatz, keine sachfremden <u>oder</u> willkürlichen Erwägungen – OVG Münster NWVBl 2001, 94 (96).

zwischen den Begriffen in der Prüfung überhaupt Unterschiede gemacht werden.[235] Umgekehrt wird hier die Beziehung zwischen den Begriffen deutlich. Denn oft hält die Rechtsprechung die Erwägung der Verwaltung für sachfremd, um die Sachfremdheit dann in derselben oder weiteren Entscheidungen ausdrücklich mit dem Gleichheitssatz (meist in Form der „Chancengleichheit") und/oder der Willkür in Verbindung zu bringen.[236] Es liegt daher die Vermutung nahe, dass es sich sonst um eine „eingefahrene", gefestigte Rechtsprechung handelt, die auf weitere Aspekte, wie etwa den Gleichheitssatz in der Regel nicht abhebt, weil sie seiner in der Begründung nicht zu bedürfen scheint.

In der Regel wird eine Ermessensentscheidung nach den Kategorien der Ermessensfehlerlehre überprüft, zu der Willkür, aber nicht der Gleichheitssatz gehört. Der Gleichheitssatz wird hingegen – meist mit dem Willkürverbot – herangezogen, wenn ein Vergleich nahe liegt oder sich gar aufdrängt. Als Beispiele seien hier das Bauordnungsrecht und die Figur der Selbstbindung der Verwaltung genannt. Beim **Bauordnungsrecht** ist es vor allem das Vorgehen gegen Schwarzbauten (dazu auch unten C III 2 b aa), welches „vergleichsträchtig" ist, weil die Kläger oft behaupten, dass anderswo gleiche Bauwerke toleriert werden. Die Figur der **Selbstbindung** der Verwaltung (dazu unten C III 2 c) ist geradezu ein Paradebeispiel zum Einfluss der Gleichheitssatzes auf die Ermessenskontrolle, denn auch hier

---

[235] Vgl. etwa BVerwG E 5, 1 (8); 59, 348 (354); 99, 74 (77); DöV 1981, 62 (63) – VGH Kassel DVBl 1988, 1126 (1127); VGH Mannheim DVBl 1989, 1262; VGH München DöV 1982, 370; BayVBl 1995, 273 (275); OVG Münster NWVBl 2001, 94; OVG Schleswig NVwZ-RR 1997, 626 (629); VG Potsdam LKV 2001, 572.
[236] **Beurteilungsspielraum und sachfremd im Prüfungsrecht:** BVerwG DVBl 1985, 57 (59); DVBl 1998, 1351 – OVG Berlin DVBl 1975, 731 (732); VGH Kassel DVBl 1975, 729 (730); VGH Mannheim DöV 1982, 164 (165); DVBl 1988, 1124 (1125); VGH München DVBl 1982, 459 (460); DVBl 1991, 759 (760); BayVBl 1999, 84 (85); OVG Münster NWVBl 1993, 211 (214) – **andere** Entscheidungen mit Beurteilungsspielraum und der Prüfung sachfremder Erwägungen: BVerwG DVBl 1999, 921 – OVG Berlin DVBl 1991, 1265 (1268); OVG Lüneburg NVwZ-RR 1996, 281; VGH Mannheim DöV 1976, 712 (713); VGH Mannheim VBlBW 1985, 462; NVwZ-RR 2003, 652 (654); VGH München BayVBl 1991, 371 (373). **Gleichheitssatz und/oder Willkür und sachfremd im Prüfungsrecht:** BVerwG DöV 1981, 62 (63); DVBl 1988, 399 (401) – VGH Kassel DVBl 1974, 425 (428); DVBl 1988, 1126 (1127); VGH Mannheim DVBl 1989, 1262; VGH München DöV 1982, 370; OVG Münster NVwZ-RR 1994, 585 (586); OVG Schleswig NVwZ-RR 1997, 626 (629); VG Potsdam LKV 2001, 572.
Generell zu Gleichheitssatz und Willkür im Zusammenhang mit **sachfremd**: BVerwG NJW 1989, 2962 (2963); NVwZ-RR 1990, 418 (419) – OVG Koblenz NVwZ 1988, 545 (546); VGH Mannheim VBlBW 1998, 349 (350); OVG Münster NWVBl 2001, 94 (96); VG Augsburg NVwZ-RR 2001, 468; VG Stuttgart NVwZ-RR 1999, 372 (374) – sowie mit **sachfremden Erwägungen:** BVerwG DVBl 1978, 607 (608) – VerfGH Bay DVBl 2001, 1356 – VGH Mannheim DVBl 1983, 511 (513); VBlBW 2001, 194; VGH München NVwZ 1985, 846 (847); VGH München BayVBl 1995, 273 (275); BayVBl 1996, 631 (632); OVG Münster NWVBl 2001, 94 (96).

werden verschiedene Fälle miteinander verglichen.[237] Insgesamt wird bei der Ermessenskontrolle der Gleichheitssatz und sein Bezug zum Willkürverbot aber **eher ausgeblendet**. Die Verwaltungsrechtsprechung und vor allem das Bundesverwaltungsgericht scheinen daher noch sehr der Ermessensfehlerlehre und dem rechtsstaatlichen Willkürverbot verhaftet zu sein. Der Gleichheitssatz hat hier noch nicht vollständig Einzug gehalten.[238]

γ) **Verschiedene Willkürbegriffe – subjektive Willkür?**

Dass der Gleichheitssatz im Verwaltungsrecht noch nicht vollkommen Einzug gehalten hat, kann man auch an Versuchen der Literatur feststellen, einen (objektiven) verfassungsrechtlichen von einem (subjektiven) verwaltungsrechtlichen Willkürbegriff zu scheiden. Das kann man am Begriff der subjektiven Willkür festmachen, die es zwar verwaltungsrechtlich, nicht aber verfassungsrechtlich geben soll oder die man dem Gleichheitssatz entgegen setzen will.[239]

---

[237] Zum Vorgehen gegen **Schwarzbauten** BVerwG NVwZ 1988, 144 (146); NVwZ 2002, 482 – OVG Berlin NVwZ 1990, 176 (178); OVG Greifswald NordÖR 2003, 168; VGH Kassel NJW 1984, 318 (319); NVwZ 1986, 683 (684); NVwZ-RR 1996, 487; OVG Lüneburg NVwZ-RR 1994, 12 (13); NVwZ-RR 1994, 249; VGH München BayVBl 1983, 243 (244); BayVBl 1988, 656 (658); BayVBl 1999, 590 (593); OVG Saarlouis DöV 1985, 1072. Zur **Selbstbindung** BVerwG E 113, 373 (376); DVBl 1959, 573 ; DVBl 1959, 745; DVBl 1963, 64 (65); DVBl 1962, 680; DVBl 1963, 65; DVBl 1964, 191 (192); DVBl 1965, 485; DVBl 1967, 159; DVBl 1967, 661; DVBl 1968, 80 (81); DVBl 1982, 795; NVwZ 1989, 762; NVwZ-RR 1990, 365 (368); NVwZ 1994, 581 f.; DVBl 1995, 627; DVBl 1996, 814; DVBl 2004, 131 (132) – OVG Bautzen LKV 2002, 417 (418); VGH Kassel DVBl 1963, 443; DöV 1988, 1020 (1022); OVG Koblenz DVBl 1962, 757; NVwZ-RR 2005, 451 (452); VGH Mannheim DöV 1988, 522; DöV 1989, 30; NVwZ 1991, 1199; NVwZ-RR 1993, 83; VBlBW 2002, 122 (123); VGH München DöV 1980, 610 (611); BayVBl 1985, 565 (566); NVwZ 1988, 83 (86); BayVBl 1988, 403 (404); NVwZ-RR 1989, 423 (425); BayVBl 1998, 536; BayVBl 1999, 590 (593); OVG Münster DVBl 1976, 883; DVBl 1980, 648; DVBl 1985, 532 (533); NVwZ-RR 1989, 657 (658); NWVBl 1996, 429 (434); NVwZ-RR 1997, 585 (588); VG Berlin DVBl 1968, 275 f.; VG Dresden NVwZ 1999, 1137; VG Frankfurt/M DVBl 1961, 52; VG Karlsruhe NVwZ-RR 2001, 691 (692); VG Leipzig DöV 1994, 173; VG Schleswig NVwZ-RR 1991, 566 (567).

[238] So auch *Sachs* in Stelkens/Bonk/Sachs VwVfG § 40 Rn. 94; *Bleckmann* Struktur S. 37 f.; *ders.* StaatsR II § 24 Rn. 138 ff. Allgemeiner, mit Beispielen zum Verfassungsrecht *Sachs* NWVBl 1988, 295, 300. Zur Verwaltungsrechtsprechung vgl. etwa BVerwG E 56, 254 (260); 72, 212 (218); 95, 252 (260); DöV 1978, 449; DVBl 1979, 345 (347); DVBl 1979, 585 (587); DVBl 1989, 99 (100) – OVG Magdeburg LKV 1995 (197); VGH München BayVBl 1982, 726 (728); OVG Münster NVwZ 1982, 639 (640) – in diesen Entscheidungen wird objektive/allgemeine Willkür aus dem Rechtsstaatsgebot hergeleitet, bzw. das Willkürverbot ausdrücklich im Rechtsstaatsgebot verwurzelt.

[239] Zur unterschiedlichen Begrifflichkeit *Kölbel* Gleichheit im Unrecht Rn. 94. Siehe in diesem Zusammenhang auch *Bleckmann* StaatsR II § 41 Rn. 138 sowie *ders.* Struktur S. 39 der darauf abhebt, dass es sich bei einer Ermessensentscheidung der Verwaltung in der Regel um eine unvertretbare (subjektive) Entscheidung handele und es deswegen nicht auf die objektiven Gründe hierfür, sondern darauf ankomme, ob subjektiv falsche Erwägungen angestellt wurden. Zur Trennung subjektiver Willkürakte vom Gleichheitssatz vgl. *Sachs* in Stelkens/Bonk/Sachs VwVfG § 40 Rn. 68 und dort auch Fn. 281.

Subjektive Willkür wird mit persönlichen, eigennützigen Beweggründen, böser Absicht, selbstsüchtigen Motiven oder Schikane in Verbindung gesetzt und auf das **gesamte Handeln** der Verwaltung bezogen. Bei der dieser gegenüber gestellten objektiven Willkür,[240] soll es hingegen nur auf die **objektiv erschließbare, sachfremde Motivation**, auf objektiv nachvollziehbare Kriterien also ankommen.[241] Diese Objektivierung findet sich schon in der Zeit des Konstitutionalismus und der Weimarer Zeit (dazu oben S. 115).[242] Bei der subjektiven Willkür geht es also letztlich um die „böse Absicht", mit der jemand einen anderen behandelt.

Bei Entscheidungen des Gesetzgebers und der **normsetzenden** Verwaltung betont die Rechtsprechung deren Gestaltungsspielraum und macht dies unter anderem daran fest, dass hier keine subjektive Willkür geprüft werde, weil dem Normgeber kein Schuldvorwurf gemacht werden solle, sondern es auf objektive Kriterien ankomme.[243] Das ist schon rein praktisch kaum möglich, da es, wenn Gremien entscheiden, auf die Mehrheit und nicht darauf ankommt, was sich die einzelnen Vertreter dabei dachten, als sie ihre Stimme abgaben.[244] Der Spielraum wird oft untechnisch als **normatives oder legislatives Ermessen** bezeichnet. Er wird zum einen

---

[240] Der Begriff sollte von dem der **Willkür im objektiven Sinn** (dazu oben S. 129) unterschieden werden, da bei objektiver Willkür nicht die Sachfremdheit im Vordergrund steht, sondern die Tatsache, dass diese objektiv erschließbar sein muss. Die Bedeutung des Begriffs erschöpft sich darin als Gegensatz zur subjektiven Willkür zu fungieren. *Kirchhof* in Festschrift Geiger S. 82, 87 sieht in der Bezeichnung von objektiver Willkür hingegen nur eine verkürzte Wiedergabe von Willkür im objektiven Sinn. Dies mag in einigen Fällen v.a. bei der Verwaltungsrechtsprechung zutreffen. Auffallend ist aber bei der Verfassungsrechtsprechung gerade, dass die beiden Formulierungen in unterschiedlichen Fallkonstellationen verwendet werden. Vgl. dazu etwa *Tombrink* NJW 2003, 2364, 2365.
[241] *Sachs* in Stelkens/Bonk/Sachs VwVfG § 40 Rn 68; Kopp/Ramsauer VwVfG § 40 Rn. 55; *Wolff/Bachof/Stober* VerwR Bd. 1 § 31 Rn. 51 ff. Siehe auch – neutraler formulierend – BVerwG E 64, 33 (37 f., 40). Vgl. aber auch BVerwG NJW 2005, 1525 (1526 f.). Siehe bereits *Leibholz* Gleichheit S. 83, 94, 95. Siehe allgemein ferner *Odendahl* JA 2000, 170, 172.
[242] Zu **Weimar** siehe *Leibholz* Gleichheit S. 95 f.; *Triepel* Goldbilanzen S. 30 f.; *Hippel* AöR 49 (1926) S. 124, 130; *Hatschek* VerwR S. 460 f.; ders. StaatsR I S. 243. Siehe zur Entwicklung auch *Kirchhof* in Festschrift Geiger S. 82, 89 f.
[243] BVerfG E 2, 266 (281); 4, 144 (155); 42, 64 (73); 62, 189 (192); 69, 161 (169); 70, 93 (97); 80, 48 (51); 89, 1 (13); 96, 172 (203); NJW 1985, 2019 (2020); DVBl 1999, 165 – BVerwG E 55, 349 (352); 64, 33 (38, 40); DVBl 1986, 624 (626) – OVG Bautzen NVwZ 2002, 615; VGH Mannheim VBlBW 1998, 269; VBlBW 1998, 349 (350); VGH München NVwZ-RR 1995, 49 (50). Zum **BVerfG** vgl. auch *Herzog* in MD Anhang zu Art. 3 Rn. 4; *Rüfner* in BK Art. 3 Rn. 20.
[244] Zum Ganzen auch BVerwG E 64, 33 (38, 40); VGH Mannheim VBlBW 1998, 269; VGH München NVwZ-RR 1995, 49 (50); siehe auch BVerfG NJW 1985, 2019 (2020). Zum **Demokratiegedanken** und seine Auswirkungen auf die Kontrolldichte *Bleckmann* StaatsR II § 24 Rn. 138 ff, 148 ff., 159 ff.; *ders.* Struktur S. 40. Pragmatischer *Herzog* in MD Anhang zu Art. 3 Rn. 4.

mit der Funktion der Normgebung zum anderen aus einer geringen normativen Vorprägung eines Sachbereichs begründet.[245]

Demgegenüber wäre subjektive Willkür nur bei **Einzelfallentscheidungen** denkbar, wenn also eine einzelne Person oder ein überschaubarer Personenkreis die Entscheidung fällt und sich subjektive Motive ungefiltert durch Mehrheitsentscheidungen unmittelbar auf die Entscheidung auswirken können.[246] Zu denken wäre beispielsweise an den Fall, dass ein Beamter einen ausländischen Antragsteller anders behandelt, weil er keine Ausländer mag. Hier wäre eine Kontrolle auf subjektive Motive/Willkür zwar theoretisch denkbar und wird auch in der Literatur offenbar als möglich angesehen.[247]. Welche Konsequenz hätte es aber, wenn der übel wollende Beamte objektiv doch das Richtige tut? Muss die Entscheidung aufgrund seiner Motivation aufgehoben werden? Die Rechtsprechung führt daher zu Recht keine Motivkontrolle durch. Denn auch hier ist eine objektive Kontrolle möglich und auch hier liegt ein Schuldvorwurf oder eine Motivsuche neben der Sache.[248] Das hat das Bundesverfassungsgericht etwa ausdrücklich bei der inzidenten Kontrolle einer Behördenentscheidung betont, bei der vom Sachverhalt durchaus der

---

[245] **gesetzgeberisches, normatives, normgeberisches Ermessen und Willkür (der Verwaltung)** BVerwG NJW 1981, 2314 [Satzung]; NVwZ 1982, 37; NJW 1983, 1387; NJW 1990, 265 (266) [VO]; DVBl 1991, 59 (60) – OVG Frankfurt/O NVwZ 2001, 223 (225) [VO]; VGH Kassel NVwZ-RR 1999, 202 (204); VGH Mannheim NVwZ-RR 1990, 461 (462); DVBl 1996, 999 (1000) [Satzung]; VBlBW 1998, 269 [Satzung]; VGH München BayVBl 1989, 435 (436) [VO]; OVG Münster NVwZ-RR 1997, 652; OVG Saarlouis DVBl 1968, 952 (954). **Normatives/legislatives Ermessen, Gleichheitssatz und Willkür sowie sachlicher Grund:** BVerwG DVBl 1957, 274 (275) [Satzung] – OVG Bremen DöV 1993, 576 f. [Polizei-VO]. Von der Prüfung des **gesetzgeberischen Ermessens** der Verwaltung mit seiner Schranke im Gleichheitssatz und dem Willkürverbot spricht BVerwG E 10, 224 (225); ähnlich E 25, 147 (148). Zur de facto gleichen Bindung der Verwaltung bei der Ermessensausübung an den Gleichheitssatz BVerwG E 38, 191 (197, 199). Anders *Bleckmann* StaatsR II § 24 Rn. 138, 146 sowie *ders.* Struktur S. 39, der die Gesetzgebung (objektive Kontrolle) der Rechtsprechung und Verwaltung (subjektive Kontrolle) entgegensetzt.
[246] Beachte in diesem Zusammenhang den Gedanken *Kirchhofs*, der in Festschrift Geiger S. 82, 108 das Willkürverbot nur noch bei Rechtsprechung und Verwaltung zur Korrektur von groben Rechtsanwendungsfehlern und als Auffangtatbestand bei grober Missachtung oder Fehlanwendung des Gesetzesrechts verwenden will. Diese Kontrolle erfolge, so *ders.* in Verschiedenheit S. 44, bei *unvertretbaren* Entscheidungen. Die Kategorie vertretbar-unvertretbar ist durchaus erwägenswert, wenn damit Entscheidungen mit wertendem Charakter oder Ermessensentscheidungen gemeint sind. Sonst trägt sie aber eher zur Verwirrung als zur Klärung bei.
[247] Anderer Ansicht *Bleckmann* StaatsR II § 24 Rn. 138. Bezeichnend für Rechtsprechung und Literatur ist *Sachs* in Bonk/Stelkens/Sachs VwVfG § 40 Rn. 68 mit Fn. 281, der Willkürakte im subjektiven Sinn mit einem Verweis auf Kopp/Ramsauer VwVfG § 40 Rn. 55 belegt. Die dort a.a.O. und in Fn. 111 belegten Zitate aus der Rechtsprechung der Verwaltungsgerichte äußern sich aber nicht zu subjektiver Willkür, bzw. richten die Prüfung objektiv aus.
[248] Siehe auch *Stelkens/Schmitz* in Stelkens/Bonk/Sachs VwVfG § 10 Rn. 4.

Vorwurf der Schikane nahe gelegen hätte.[249] Auch in solchen Fällen fragt die Rechtsprechung nur nach sachfremden oder sachgerechten Erwägungen.[250] Im Übrigen wird das bei der Kontrolle von **Gerichtsentscheidungen** ebenfalls hervor gehoben, obwohl hier trotz der richterlichen Unabhängigkeit eine Motivkontrolle ebenfalls denkbar wäre.[251] Bei der Kontrolle einer Entscheidung – ganz gleich von wem sie stammt – geht es darum, dass eine Person behandelt wird, nicht, dass sie (böswillig) „bedacht" wird. Das zeigt sich aber auch in Befangenheitsregelungen wie §§ 19, 20 VwVfG und den entsprechenden Landsregelungen oder Gemeindeordnungen. Die Feststellung der Befangenheit erfolgt nach objektiven Kriterien, Motive sind hier irrelevant.

Subjektive Willkür ist ein theoretisch zwar möglicher, praktisch jedoch nicht verwendeter Begriff. Auf ihn sollte verzichtet werden.

δ) **Ergebnis**
Es gibt nur einen Willkürbegriff, der heute aus dem Gleichheitssatz hergeleitet werden kann.

c) **Exkurs: Angemessenheit als Verhältnismäßigkeit?**
Im Zusammenhang mit der Schilderung der Willkür im objektiven Sinn wurde der Missbrauchsgedanken erläutert (siehe oben Seite 129), der dem Willkürverbot innewohnt und bei dem die Gerichte unter anderem die **tatsächliche eindeutige** – die Literatur spricht auch von evidenter – **Unangemessenheit** einer Entscheidung oder Maßnahme in Bezug auf den zu regelnden Sachbereich oder im Verhältnis zu der tatsächlichen Situation, der sie Herr werden soll prüfen. Dies ist eine Standardformulierung, die vor allem das Bundesverfassungsgericht bei der **Kontrolle von Gerichtsentscheidungen** verwendet. Aber auch die Verwaltungsgerichte benut-

---

[249] BVerfG NJW 1985, 2019 f. Im Fall ging es darum, dass einem Strafgefangenen von der Verwaltung hartnäckig Hafturlaub verweigert wurde, obwohl ein kriminologisches Gutachten und die JVA den Urlaub befürwortet hatten und obwohl die ablehnenden Bescheide mehrere Male gerichtlich aufgehoben wurden. Nach fünf Jahren wurde der Urlaub bewilligt, sechs Monate später der Mann aus der Haft entlassen.
[250] Vgl. etwa BVerwG NJW 2005, 1525 (1526 f.), wo das Gericht sogar von den Absicht spricht, jemanden in sachwidriger Weise (gezielt) zu benachteiligen, dann aber weiter ausführt, dass die fragliche Auswahlentscheidung auf sachlichen Erwägungen beruhe und nicht sachwidrig sei.
[251] Zur Überprüfung von Gerichtsentscheidungen siehe nur BVerfG DVBl 1983, 173; DVBl 1986, 457 (458); DVBl 1986, 624 (626); DVBl 1996, 1190; NVwZ 1996, 1199 (1200); NVwZ-Beilage 1997, 10 (11); NJW 2001, 1125 (1126); NJW 2002, 814; NJW 2003, 196; NJW 2005, 2138 (2139).

zen sie meist bei der Überprüfung von Normen oder etwa im Abgabenrecht.[252] In Entscheidungen, in denen es um **Typisierungen** und Generalisierungen geht (siehe dazu bereits oben Seite 98) fordert die Rechtsprechung ebenfalls, dass die Folgen einer Regelung nicht in einem Missverhältnis zu den mit der Typisierung (oder Generalisierung) verbunden Vorteilen stehen oder dass Vor- und Nachteile in einem angemessenen Verhältnis zueinander stehen müssen, da sonst die Typisierung (oder Generalisierung) nicht mehr sachgerecht sein könne.[253]

In beiden Arten von Entscheidungen scheint die Rechtsprechung den Aspekt der (Un-) Angemessenheit zu betonen. Dies wird von einigen Autoren als Beleg dafür gewertet, dass beim Gleichheitssatz und der Willkür eine Prüfung der **Verhältnismäßigkeit** stattfindet.[254] Die Schwierigkeit bei der **Literatur** besteht schon darin, dass die einzelnen Autoren **nicht** immer **eindeutig** sagen, was sie im Zusammenhang mit Gleichheit und Willkür unter Verhältnismäßigkeit verstehen.[255]

---

[252] **Tatsächliche, eindeutige Unangemessenheit:** BVerfG E 2, 266 (281); 4, 144 (155); 36, 174 (187); 42, 64 (73); 55, 72 (89 f.); 59, 98 (101); 62, 189 (192); 66, 199 (206); 69, 161 (169); 70, 93 (97); 80, 48 (51); 86, 59 (62); 89, 1 (14); 96, 172 (203); DVBl 1996, 1190; DVBl 1999, 165 – BVerwG DVBl 1986, 468 – OVG Bautzen NVwZ 2002, 615; OVG Greifswald NVwZ-RR 2001, 752 (753); VGH Mannheim VBlBW 1993, 225 (226); VBlBW 1998, 269; VG Stuttgart NVwZ 1996, 614. Zu dieser Formulierung siehe auch *Gusy* JuS 1982, 30, 35. **Sachfremde/willkürliche Erwägungen** bei Gerichtsentscheidungen: BVerfG E 4, 1 (7); 18, 85 (96); 34, 325 (328 f.); 42, 64 (74, 78); 54, 117 (125); 66, 199 (206); 70, 93 (97); 80, 48 (51); 86, 59 (63); 96, 172 (203); 98, 1 (13); 112, 185 (215); NJW 2005, 2138 (2139). Eindeutige Unangemessenheit zur Definition sachfremder Erwägungen (und umgekehrt) verwenden etwa BVerfG 59, 98 (101); 62, 189 (192); 66, 199 (206); Positiv zum Kriterium der **Evidenz** *Krugmann* JuS 1998, 7, 8 [ausführlich]; kritisch hingegen *Bleckmann* StaatsR II § 24 Rn. 15, der betont, dass „evident" keinen besonderen Grad der Unsachlichkeit verlange, sondern das BVerfG im Ergebnis nur frage, ob sachliche Gründe vorliegen oder nicht. Ebenfalls ablehnend *Robbers* Gerechtigkeit S. 130 f.; *Kirchberg* NJW 1987, 1988, 1994. Zur **Standarddefinition** *Heun* in Dreier Art. 3 Rn. 19, 65 mit Hinweisen auf Leibholz. Allgemein *Gubelt* in von Münch Art. 3 Rn. 45.

[253] Zu **Typisierung/Generalisierung** siehe BVerfG 21, 12 (27 f.); 48, 227 (229); 98, 365 (385); NVwZ 2004, 1109 (1110) – BVerwG 79, 54 (60); 110, 237 (237); 110, 265 (272); NVwZ-RR 1999, 64; DVBl 2005, 1208 (1214) – OVG Lüneburg NVwZ-RR 2001, 742 (748); NVwZ-RR 2003, 664 (665); VGH Mannheim VBlBW 1989, 348; VBlBW 2002, 210; ähnlich KreisG Chemnitz/Stadt LKV 1992, 61 (63); KreisG Leipzig/Stadt LKV 1991, 318 (320); ähnlich VG Köln NVwZ 1988, 570 (571); NVwZ 1994, 199 (200).

[254] Siehe etwa *Stettner* BayVBl 1988, 545, 548; *Wendt* NVwZ 1988, 778, 786; *Rüfner* in BK Art. 3 Rn. 114; ähnlich *Kischel* AöR 124 (1999) S. 174, 190; siehe auch *Michael* JuS 2001, 148, 153.

[255] Schon die Begriffe werden nicht einheitlich verwendet. Es wird von Verhältnismäßigkeit im weiteren und im engeren Sinne, vom Übermaßverbot, der Angemessenheit oder vom Proportionalitätsgedanken gesprochen oder zwischen den Begriffen gewechselt, ohne sie genau zu definieren oder gegeneinander abzugrenzen. Siehe zum Beispiel *Kirchhof* in Festschrift Lerche S. 133, 134,136, 138; *Stettner* BayVBl 1988, 545, 548; *Wendt* NVwZ 1988, 778, 786; *Gentz* NJW 1968, 1600, 1606; *Rüfner* in BK Art. 3 Rn. 114; *Kischel* AöR 124 (1999) S. 174, 190. Das Verdienst, die verschiedenen **Auffassungen dargestellt** zu haben, die unter dem Stichwort „Verhältnismäßigkeit" firmieren, gebührt *Jakobs*, so dass wegen der Details auf dessen Abhandlung verwiesen wird: *Jakobs* Grundsatz der Verhältnismäßigkeit S. 8 ff., 15 [zur fehlenden einheitlichen Terminologie], S. 102 f. [Auflistung der unterschiedlichen An-

Denn teilweise wird das Willkürverbot als Teil einer allgemeinen Verhältnismäßigkeitsprüfung gesehen. Teilweise werden umgekehrt die Verhältnismäßigkeit und der Gleichheitssatz dem Willkürverbot als Gerechtigkeitsgebot zugeordnet.[256] Auch das **Bundesverfassungsgericht** argumentiert unsauber, wenn es in E 89, 1 (14) klarstellen möchte, dass mit der Frage nach der Unangemessenheit keine Prüfung der Verhältnismäßigkeit gemeint ist, jedoch selbst von Angemessenheit spricht.

aa) Für diese Arbeit sollen zwei Begriffe voneinander geschieden werden. Das ist zum einen die Bezeichnungen Verhältnismäßigkeit im weiteren Sinne, bestehend aus der Prüfung der Geeignetheit, Erforderlichkeit und der Verhältnismäßigkeit im engeren Sinne, wie sie die Rechtsprechung und ein großer Teil der Literatur zur Prüfung der Rechtfertigung eines Eingriffs in Freiheitsrechte benutzen. Zum anderen verwendet die Arbeit den Begriff der **Angemessenheit** als Oberbegriff[257] für alle Arten von Prüfungen, bei denen es um eine Abwägung, ein Ins-Verhältnis-Setzen geht.[258]

bb) Betrachtet man die gerade genannte Rechtsprechung, so ist es richtig, dass sie den Aspekt der Angemessenheit berücksichtigt. Das **Abwägen** und Ins-Verhältnis-Setzen ist dem Gleichheitssatz und damit auch der Willkür immanent und Ausdruck der bereichsspezifischen Anwendung (zur Bereichsspezifik siehe unten C III 2). Statt zu formulieren, eine Entscheidung müsse sachgerecht, der Sache gerecht sein, könnte man auch von sachangemessen sprechen, ohne dass sich hier inhaltliche Unterschiede ergäben. Erst der jeweilige Sachzusammenhang entscheidet darüber, welche Kriterien für einen Vergleich relevant sind und wie hoch der Begründungsaufwand ist, um eine Gleich- oder Ungleichheit herzustellen. Willkür ist also nicht starr, sondern durchaus der jeweiligen Situation angepasst. Die **Anforderungen** an Willkür und den Gleichheitssatz können daher **variieren**. Nur

---

sätze]; zusammenfassend *ders.* DVBl 1985, 97. Zur Kritik an der uneinheitlichen Terminologie auch *Krebs* Jura 2002, 228 f.
[256] Willkür als Teil einer allgemeinen Verhältnismäßigkeitsprüfung: *Gusy* JuS 1982, 30, 35. Verhältnismäßigkeit und Gleichheit im Willkürverbot verortet: *Kirchhof* in HdBStR V § 124 Rn. 250; *ders.* in Festschrift Geiger S. 82, 85 f.; *ders.* in Festschrift Lerche S. 133, 134, 144. Siehe allgemeiner auch *Lerche* Übermaß und Verfassungsrecht S. 52, 181, 184, 211.
[257] Anders *Michael* Methodennorm S. 138, der dies gerade ablehnt. Anders auch der Ansatz von *Krebs* Jura 2002, 228 f.
[258] Das Verhältnis zwischen dem Gleichheitssatz, der Verhältnismäßigkeit im weiteren Sinne und dem Gedanken der Angemessenheit gewinnt vor allem im Zusammenhang mit der neuen Formel an Bedeutung, so dass das Thema Gleichheit und Verhältnismäßigkeit ausführlicher bei der neuen Formel behandelt werden wird (dazu unten D III 3).

kann dies nicht in den gleichen Kategorien wie bei den Freiheitsgrundrechten beschrieben werden.[259]

Der Gedanke der Angemessenheit wird bei Willkür und bei Verhältnismäßigkeit unterschiedlich ausgeformt. Der Vergleich bezieht andere Fälle ein, während die Verhältnismäßigkeit nur auf den Einzelfall abstellt.[260] Ist eine Entscheidung tatsächlich und eindeutig unangemessen, so lässt sich hier durchaus ein Vergleichspaar bilden, denn die Frage muss hier immer lauten: unangemessen *wozu?* Die Entscheidung muss also mit einer richtigen Entscheidung verglichen werden. Erst dann kann man erkennen, wie gewichtig das Abweichen ist. Das gleiche gilt für Typisierungen. Hier wird wieder der Einzelfall mit dem (typisierten) Idealfall verglichen bzw. werden Gründe dafür gesucht, ob ein Vergleich möglich ist oder nicht. In beiden Fällen ist also ein Bezug zum Gleichheitssatz und zur Willkür da. Wenn man objektiv willkürlich mit unangemessen in Verbindung bringt und dies als nicht nachvollziehbar, vertretbar, schlechthin oder schlechterdings unhaltbar definiert oder hier von sachfremden Erwägungen spricht, dann zeigt schon die Begriffswahl, dass die Unangemessenheit bei der Willkür und beim Gleichheitssatz keine Prüfung der Verhältnismäßigkeit im engeren oder weiteren Sinn ist. Es wird nach einer sachangemessenen Begründung gefragt, nicht nach einer verhältnismäßigen.[261] Auch der Versuch, Willkür zumindest als eine Art von **Geeignetheit** zu definieren, weil sie wenigstens sinn- und zweckloses, also willkürliches Handeln ausschließen, führt nicht weiter. Denn es lässt sich keine Zweck-Mittel-Relation herstellen, und alleine die Tatsache, dass sich die Anforderungen bei Willkür und der Geeignetheit

---

[259] *Kischel* AöR 124 (1999) S. 174, 190. Vgl. aber *Kirchhof* in Festschrift Geiger S. 82, 101. Instruktiv zum Verhältnismäßigkeits-„Substrat" bei den Freiheitsrechten *Heintzen* DVBl 2004, 721 ff.
[260] Hier hat *Lerche* Übermaß und Verfassungsrecht S. 30, 52 das Bild geprägt, dass der Vergleich horizontal, die Verhältnismäßigkeit hingegen vertikal verläuft. Dazu auch *Rüfner* in BK Art. 3 Rn. 96. Einen anderen Aspekt beleuchtet *Gentz* NJW 1968, 1600, 1606. Zur Verhältnismäßigkeit bei vorbehaltlos gewährleisteten Freiheitsrechten *Lenz/ Leydecker* DöV 2004, 841, 848.
[261] So auch *Odendahl* JA 2000, 170, 171. Vgl. schon *Triepel* Goldbilanzen S. 29. Siehe zur Rechtsprechung etwa BVerfG E 12, 140 (149); DVBl 1983, 173; DVBl 1986, 457 (458); DVBl 1993, 1002; DVBl 1996, 1190; NVwZ 1996, 1199 (1200); NVwZ-Beilage 1997, 10 (11); NJW 2001, 1125 (1126); NJW 2002, 814; NVwZ 2005, 1416 (1417) – BVerwG E 55, 349 (352); 70, 318 (339) – OVG Bautzen NVwZ 2002, 615; VGH Mannheim DVBl 1975, 552 (555); NVwZ 1991, 82 (83); NVwZ-RR 1995, 517 (523); VBlBW 1998, 269; VBlBW 1998, 349 (350); VBlBW 2002, 423 (425); VGH München BayVBl 1984, 77 (78); BayVBl 1987, 725 (726). In BVerfG E 89, 1 (14) betont das Gericht ausdrücklich, dass mit der Frage nach der eindeutigen Unangemessenheit **keine** Angemessenheitsprüfung (gemeint war Verhältnismäßigkeit im weiteren Sinn!) verbunden sein soll.

ähneln können reicht nicht aus, um sie gleich zu setzen.[262] In der Willkür mit dem Gleichheitssatz kommt also der Aspekt der Angemessenheit zum Ausdruck. Es ist aber keine Verhältnismäßigkeit.

d) Funktion der Willkür

aa) *Willkür als Leerformel*

Zwar gebraucht die Rechtsprechung Willkür und Gleichheitsverletzung quasi synonym gebraucht (dazu oben S. 128). Das ändert aber nichts daran, dass Willkür nicht dazu taugt, eine Gleichheitsverletzung zu charakterisieren. Das wird besonders dann deutlich, wenn die gleichen Begriffe, die zur Definition einer Gleichheitsverletzung verwendet werden ebenfalls benutzt werden, um Willkür zu charakterisieren. Deutlich wird es auch dann, wenn der Willkürbegriff in Wendungen erscheint, die auch ohne ihn benutzt werden. So sprechen die Gerichte beispielsweise oft davon, dass es der Gleichheitssatz verbiete, wesentliche Gleiches ungleich zu behandeln. Diese Aussage wird oft damit angereichert, dass es der Gleichheitssatz verbiete, wesentlich Gleiches *willkürlich* ungleich zu behandeln.[263] Der Sache nach besteht aber kein Unterschied zwischen der Aussagen, dass wesentlich Gleiches ungleich oder der, dass es willkürlich ungleich behandelt wird, denn in beiden Fällen ist der Gleichheitssatz verletzt. Die scheinbare Verschärfung durch das Wort „Willkür" schlägt sich auf die Prüfung nicht nieder.

Willkür allein kann eine Verletzung des Gleichheitssatzes nicht bestimmen, weil zur Herleitung der Willkür wiederum auf weitere Kriterien zurückgegriffen werden

---

[262] Siehe zum Ganzen und ablehnend zu dieser Gleichsetzung *Lerche* Übermaß und Verfassungsrecht S. 41, 181, 184, 211, 224. Geeignetheit und Willkür setzen etwa gleich *Kirchhof* in Festschrift Geiger S. 82, 102; *Osterloh* in Sachs Art. 3 Rn. 21; *Gubelt* in von Münch Art. 3 Rn. 29; *Martini* Prinzip absoluter Rechtsgleichheit S. 275, 26, 27, 70, 72. Siehe auch *Stein/Götz* StaatsR S. 387. Im Ergebnis ähnlich, aber mit dem Versuch, den Gleichheitssatz in die Kriterien der Prüfung der Verhältnismäßigkeit im weiteren Sinn zu pressen *Michael* JuS 2001, 148, 153. *Alexy* Theorie der Grundrechte S. 390 Fn. 91 nimmt hingegen eine Verhältnismäßigkeitsprüfung im Sinne seiner Prinzipienlehre vor, um die zureichenden Begründung zu bestimmen.

[263] Zu **willkürlich** BVerfG E 4, 144 (155); 42, 64 (72); 50, 177 (186); 76, 256 (329); 78, 104 (121) st. Rspr. – BVerwG E 33, 233 (238); 39, 100 (105); 46, 361 (364); 66, 99 (107); 75, 173 (180); 81, 68 (72); 91, 327 (328); 92, 24 (26); 93, 188 (191); 101, 86 (96); NVwZ-RR 1993, 616 (617); NVwZ-RR 1995, 348; NJW 1996, 70 (71); NJW 2004, 308 (310) – OVG Bautzen NVwZ 2002, 615; VGH Kassel NVwZ-RR 1994, 55 (56); OVG Koblenz NJW 1982, 1012; DVBl 1997, 382 (384); OVG Lüneburg NVwZ 1999, 654; OVG Magdeburg LKV 1999, 512 (513); VGH Mannheim NVwZ 1983, 489; VBlBW 1983, 408; VBlBW 2002, 255 (256); VGH München NVwZ-RR 1996, 224 (226); BayVBl 1996, 240 (242); OVG Münster DVBl 1969, 475; NVwZ-RR 1990, 206; NVwZ-RR 1998, 312; NVwZ 2002, 996 (999) – zur Wesentlichkeit siehe schon oben B II 3 b.

muss. Als rein formale Regel nützt Willkür wenig, solange sich mit den Mitteln der juristischen Logik letztlich (fast) jede Begründung beweisen lässt.[264] Mit der Frage nach einem Grund für eine Behandlung führt Willkür tendenziell sogar vom Vergleich weg, weil nur noch nach dem Grund an sich gefragt werden kann und nicht mehr nach der Begründung für die Gleich- oder Ungleichheit. Die Frage nach dem Grund ist aber auch ohne den Willkürbegriff möglich. Bei all den möglichen Variationen für Willkür zeigt sich, dass sich der Willkürbegriff nicht eindeutig beschreiben lässt. Die Wertung, die für die Beantwortung der Gleichheitsfrage notwendig ist, ist auch für die Frage nach Willkür anzustellen, so dass Willkür die Gleichheitsfrage alleine gerade nicht beantwortet.[265] Der Willkürbegriff, der dem formalen Gleichheitssatz materiale Konturen verleihen soll[266] hat selbst keine. Deshalb ist es gut nachvollziehbar, dass etliche Autoren den Willkürbegriff **als nichtssagend, als Leerformel ablehnen.**[267]

bb) *Willkür als Begründungsgebot*

Der Gleichheitssatz bedarf zusätzlicher Kriterien, um konkrete Ansprüche zu begründen oder einen Gleichheitsverstoß zu kennzeichnen. Er hängt von weiteren Wertungen ab, ist selbst wieder wertungsoffen und –bedürftig.[268] Der Willkürbegriff vermag diese Wertungen nicht zu liefern, da er ebenfalls wertungsbedürftig ist. Hinzu kommt, dass die Begriffe, mit denen ein Gleichheitsverstoß oder Willkür beschrieben werden dieselben sind und beides daher austauschbar erscheint (dazu

---

[264] *Hartmann* Willkürverbot S. 47; *ders.* a.a.O. auch mit Hinweis auf *Ehrlich* AcP 115 (1917) S. 125, 428; *Gusy* JuS 1982, 30, 34 ff.; *ders.* NJW 1988, 2505, 2506 – vehement hiergegen und vor allem gegen Ehrlich argumentiert *Dürig* in MD Art. 3 Rn. 319 und dort auch Fn. 3: der Satz, dass sich mit juristischer Logik alles beweisen lasse, sei für jemanden, der wie der Gesetzgeber mit den Wertvorstellungen des Grundgesetzes argumentieren müsse blanker Zynismus; außerdem lasse sich ein stichhaltiger Vorwand nicht so leicht finden. Zur Überzeugung *Krugmann* JuS 1998, 7 (8). Zur Kritik an einem rein formalen Verständnis auch *Kim* Konkretisierung S. 50 f., 95; *Gusy* JuS 1982, 30, 35; *Huster* Rechte und Ziele S. 53; *Schoch* DVBl 1988, 863, 874. Zur Plausibilität *Podlech* Gehalt und Funktion S. 87, 89, 198; *Alexy* Theorie der Grundrechte S. 375.
[265] *Podlech* Gehalt und Funktion S. 80; *Kim* Konkretisierung S. 50, 95; *Maunz/Zippelius* Dt. StaatsR S. 213.
[266] So *Rinck* JZ 1963, 521, 525.
[267] *Ipsen* in Die Grundrechte Bd. 2 S. 111, 154 ff.; *Gubelt* in von Münch Art. 3 Rn. 13, 14; *Schoch* DVBl 1988, 863, 875; *Podlech* Gehalt und Funktion S. 80; letzterer wirkt aber unglaubwürdig, weil er zwar den Willkürbegriff ablehnt, gleichwohl aber mit Begriffen wie „zureichender Grund" arbeiten will – siehe a.a.O. S. 46 und 80 – darauf weist *Kim* Konkretisierung S. 51, 95 zu Recht hin. Anderer Ansicht *Bleckmann* StaatsR II § 24 Rn. 167; *ders.* Struktur S. 70, der im Willkürverbot die einzig praktikable Form für den Gleichheitssatz ansieht.
[268] *Kim* Konkretisierung S. 51, 95; kritisch auch *Starck* in Link (Hg.) Verfassungsstaat S. 51, 61 f.; zum Wertungsbedarf *Stettner* BayVBl 1988, 545, 548 und *Stein/Götz* StaatsR S. 386.

oben 127 ff.). Willkür weist aber auf eine wesentliche Funktion der Gleichheitsprüfung hin. Willkür zwingt zur Begründung.

Bei einer Gleichheitsprüfung muss erklärt und geklärt werden, welches der unterschiedlichen Merkmale, an die angeknüpft werden könnte so relevant ist, dass die Vergleichsgruppen im Hinblick darauf gleich oder ungleich sind. Denn jede Rechtsetzung oder Rechtsanwendung führt zwangsläufig zu Ungleichheiten oder Widersprüchen.[269] Deswegen ist jede Ungleichbehandlung begründungsbedürftig. Auch Willkür fragt – mit verschiedenen Varianten (dazu oben C II 2) – nach einem sachlichen Grund für eine Behandlung. Willkür zwingt zur Begründung, und der Gleichheitssatz zwingt zu einer plausiblen Begründung. Deshalb kann man sowohl den Gleichheitssatz als auch das Willkürverbot als **Begründungsgebot** oder **Argumentationslastregel**[270] ansehen. Das Willkürverbot hat sich hier als **Kurzformel** und **Minimalstandard** für einen Gleichheitsverstoß bzw. die Gleichheitsprüfung etabliert, ohne dass es diesem einen selbstständigen materialen Inhalt geben kann und ohne dass es den Inhalt des Gleichheitssatzes damit erschöpfen würde.[271] Als **negative Umschreibung** des Gleichheitssatzes macht Willkür aber zugleich dessen Grenzfunktion deutlich. Denn es lässt sich zwar ein *Begründungsschema* aufstellen, nicht aber festlegen wer entscheidet, ob die Begründung überzeugt und wann sie überzeugt.[272] Mehr kann man aus dem Willkürverbot aber nicht herlei-

---

[269] *Dürig* in MD Art. 3 Rn. 318. Siehe auch *Alexy* Theorie der Grundrechte S. 370.
[270] Die Begriffe werden meist **synonym** gebraucht. Nur vereinzelt wird versucht, sie zu unterscheiden. So etwa von *Krugmann* JuS 1998, 7, 8: das Verbot wolle eine unsachliche Behandlung ausschließen; ihm werde mit irgendeiner Begründung genüge getan. Das Gebot hingegen verlange nach einer Rechtfertigung. Das ist nicht überzeugend, weil es keinen qualitativen Unterschied zwischen einer Begründung und einer Rechtfertigung gibt, und es nur eine Behauptung ist, dass „irgendeine" Begründung ausreichen soll. Siehe zu „irgendein" auch oben S. 126.
[271] *Dürig* in MD Art. 3 Rn. 316; *Rüfner* in BK Art. 3 Rn. 16. Zum **Willkürverbot** als Begründungsgebot siehe etwa *Podlech* Gehalt und Funktion S. 191 f.; *Guy* JuS 1982, 30, 34; *Krugmann* JuS 1998, 7 (8); *Hartmann* Willkürverbot S. 46 – zum **Gleichheitssatz** als Begründungs- und Argumentationsgebot *Dürig* in MD Art. 3 Rn. 316; *Hartmann* Willkürverbot S. 47; *Böckenförde* Diskussionsbeitrag in VVDStRL 47 (1989) S. 95; *Krugmann* JuS 1998, 7, 8 ; *Kim* Konkretisierung S. 51, 95. Zum Gleichheitssatz als **Argumentationslastregel** *Alexy* Theorie der Grundrechte S. 363, 370 f.; ausführlich *Podlech* Gehalt und Funktion S. 79, 87, 89, 198; *Kim* Konkretisierung S. 51, 95 – vom Gleichheitssatz als **Begründungslast** sprechen *Böckenförde* Diskussionsbeitrag in VVDStRL 47 (1989) S. 95 sowie *Stern* in Festschrift Dürig S. 207, 214. Zum **Begründungsgebot** auch *Gubelt* in von Münch Art. 3 Rn. 32; *Zippelius* Diskussionsbeitrag in VVDStRL 47 (1989) S. 67 f. – unklar *Böckenförde* Diskussionsbeitrag in VVDStRL 47 (1989) S. 95, er sieht den Gleichheitssatz als Begründungslast an, worin eine Abkehr vom Willkürverbot liegen soll.
[272] *Starck* in Link (Hg.) Verfassungsstaat S. 51, 60 f.; zur Grenzfunktion auch *ders.* in vM Art. 3 Rn. 10. Zur Gefahr und der Verlagerung der Gleichheitsprüfung auf die kompetenzrechtliche / funktionelle Frage, wer prüft, ob die Behandlung ausreichend begründet wurde – so durch die sogenannte **Trennungslehre** – siehe unten C IV 1 b.

ten.[273] Zwar können weder Willkür noch der Gleichheitssatz das Wertungsproblem bei der Gleichheitsfrage lösen. Durch den Zwang zur Argumentation können sie es aber **strukturieren** und bilden so eine Art **Argumentationsschema**.[274] Es ist deshalb zwar nicht erforderlich, am Willkürverbot festzuhalten. Als Kurzformel für eine Gleichheitsverletzung, die auf ein Begründungsgebot hinausläuft hat sich das Willkürverbot aber bewährt, so dass es unschädlich ist, den Begriff mit der Maßgabe zu verwenden, dass er keinen materialen Inhalt hat. Die Arbeit spricht der größeren Klarheit halber gleich von einem Gleichheitsverstoß anstatt von Willkür und vermeidet den Begriff möglichst.

3) Ergebnis

Der Willkürbegriff wurzelt im Rechtsstaatsgebot. Er hat eine langen Entwicklung erlebt und ist Teil der Ermessensfehlerlehre. Unter dem Grundgesetz – aber auch schon in der Zeit der Konstitutionalismus und der Weimarer Republik – wurde der Willkürbegriff mit dem Gleichheitssatz verbunden. Dabei traten verschiedene Varianten auf, die jedoch nicht darüber hinwegtäuschen können, dass es nur einen einheitlichen Willkürbegriff gibt. Obwohl das von Teilen der Literatur angedeutet wird, hat Willkür mit der Verhältnismäßigkeit im weiteren Sinn nichts zu tun. Allerdings kommt der übergreifende Gedanke der Angemessenheit auch in der Willkür zum Ausdruck. Willkür hat keinen eigenständigen Inhalt sondern ist eine Argumentationslastregel, die zur Begründung zwingt. Damit ist sie eine Kurzformel für Gleichheitsverletzungen, die allerdings nur das zum Ausdruck bringt, was sich schon aus dem Gleichheitssatz selbst ergibt. In der Funktion als Kurzformel ist Willkür aber unschädlich und kann auch weiterhin verwendet werden, wenngleich dieser Begriff möglichst vermieden wird.

---

[273] Ähnlich *Kim* Konkretisierung S. 51, 95, 232; siehe auch *Hesse* AöR 77 (1951/52) S. 167, 215 f. Anders *Bleckmann* Struktur S. 70, der die eigenständige Bedeutung des Willkürverbots hervorhebt; anders auch *Stettner* BayVBl 1988, 545, 548. Zur Willkür als **Mindest- oder Minimalstandard** *Heun* in Dreier Art. 3 Rn. 31 m.w.N.; *Sachs* JuS 1997, 124, 125; *Hesse* in Festschrift Lerche S. 121, 127; *ders.* AöR 109 (1984) S. 174, 191, 193 er argumentiert aber eher in Richtung der Trennungslehre (dazu S. 209).
[274] *Alexy* Theorie der Grundrechte S. 370 f., 373; *Starck* in Link (Hg.) Verfassungsstaat S. 51, 61; ähnlich, aber mit der Betonung des Willkürverbotes *Bleckmann* Struktur S. 37, 42. Ausführlich zu den Anforderungen an die Begründung *Podlech* Gehalt und Funktion S. 87, 89, 198 siehe aber auch S. 45 ff., 79, 88.

III) Weitere Kriterien zur Inhaltsbestimmung

Da der Begriff der Willkür nicht ausreicht, um eine Gleichheitsprüfung nachvollziehbar zu begründen, haben Rechtsprechung und Literatur Hilfskriterien entwickelt. Diese Kriterien wurden nicht für das Willkürverbot allein, sondern allgemein für den Gleichheitssatz entwickelt. Sie beanspruchen daher auch unabhängig von diesem Geltung. Da aber Rechtsprechung und Literatur die Willkürprüfung und die Gleichheitsprüfung oft identisch behandeln oder vermengen, werden die Hilfskriterien hauptsächlich in Zusammenhang mit dem Willkürverbot genannt.[275]

Die Willkürprüfung wird mit den weiteren Kriterien verwoben und nicht unterscheidbar – die **Wertungen**, die für den Gleichheitssatz relevant sind, werden auch für die Willkür relevant und umgekehrt.

1) Gesamtrechtsordnung

Das Gesamtsystem der Verfassung ist mit den in ihm zum Ausdruck kommenden Grundentscheidungen der Hauptbezugspunkt für den Gleichheitssatz. Durch die **Gesamtverfassung** wird der Gleichheitssatz vorstrukturiert und zum Teil entlastet, weil bestimmte Gleichheitskonstellationen schon anderweitig vorentschieden sind (so z.B. in den Differenzierungsverboten des Art. 3 III 1 GG).[276] Darauf wurde schon oben, C I 5, näher eingegangen. Als **Erstinterpret** der Verfassung bewertet der Gesetzgeber die Wirklichkeit und wählt die für den Vergleich relevanten Merkmale aus. Er muss sich dabei aber an den durch das Grundgesetz vorgegebenen Rahmen halten und kann den Gleichheitssatz einfachgesetzlich nur im Rahmen der in der Verfassung zum Ausdruck kommenden Wertungen und Prinzipien konkretisieren – mit denen er sich nicht in Widerspruch setzen darf. Rechtsprechung und Verwaltung haben damit als Zweitinterpreten die gesetzgeberischen Wertungen und damit Konkretisierungen des Gleichheitssatzes im Rahmen des geltenden Rechts nachzuvollziehen und auszulegen.[277] Die grundgesetzliche Wertordnung liefert damit zwar die *letztentscheidenden* Kriterien für die Interpretation des Gleichheitssatzes.[278] Da dieser aber auf die Konkretisierung durch den Gesetzgeber

---

[275] Zu den weiteren Anforderungen siehe bereits oben C I 4.
[276] Siehe zur Entlastungsfunktion auch *Kirchhof* in Festschrift Geiger S. 82, 108; *ders.* Verschiedenheit S. 37.
[277] *Kirchhof* Verschiedenheit S. 21, 30; siehe auch *Leibholz* S. 245.; ähnlich aber mit anderem Akzent *Zippelius* VVDStRL 47 (1989) S. 7, 24 ff; *Gusy* NJW 1988, 2505 (2508).
[278] Ähnlich *Rink* JZ 1963, 521, 524; *Müller* VVDStRL 47 (1989) S. 37, 45; siehe auch *Kim* Konkretisierung S. 43, allerdings ohne Bezug auf die Rechtsanwendung.

angewiesen ist wird die Wertordnung für **Verwaltung und Rechtsprechung** häufig erst durch das sie ausfüllende einfache Gesetzesrecht mit einem handhabbaren Inhalt versehen, da sich die jeweilige Anwendung des Gleichheitssatzes in einem rechtlich (und tatsächlich) vorgeprägten Raum abspielt.[279] Deshalb sollte statt vom Gesamtsystem der Verfassung, umfassender von der **Gesamtrechtsordnung** gesprochen werden, deren Wertungen den Gleichheitssatz mit Inhalt füllen können.[280]

Aus dieser Überlegung heraus ist es richtig, wenn man bei der Prüfung einer Gleichheitsfrage vom durch den Gesetzgeber oder die Verwaltung geschaffenen Vergleichsmaßstab ausgeht, weil sie den Gleichhcitssatz, der selbst keine Maßstäbe liefert, erst in eine bestimmte Richtung hin ausprägen müssen,.[281] Darüber darf aber nicht vernachlässigt werden, dass Grenze und Orientierungspunkt immer die Verfassungsordnung und nicht die einfache Rechtsordnung bleibt.

2) Realitätsbezug / Bereichsspezifik

Ein für die Konkretisierung des Gleichheitssatzes und auch der Willkür *wesentliches Element* ist das der Natur der Sache, Sachgerechtigkeit oder Bereichsspezifik. Da die Aussagekraft der Willkür gering ist, bemühte sich die Rechtsprechung und ihr folgend die Literatur um eine *kontextbezogene* Konkretisierung des Gleichheitssatzes.[282] Dieses Element bringt die dem Wesen des Vergleichs innewohnende Tatsache zum Ausdruck, dass sich jeder Vergleich nur in einem bestimmten Ausschnitt der Wirklichkeit bewegt. Die öffentliche Gewalt handelt in einem tatsächlich und rechtlich **vorgeprägten** Raum. Das spricht das Bundesverfassungsgericht deutlich aus, wenn es meint, dass der normative Gehalt seine Präzisierung jeweils im Hinblick auf die Eigenart des zu regelnden Sachbereichs erfahre. Das Bundesverwaltungsgericht kleidet diese Aussage in die schlichte Formulierung, der Gleichheitssatz sei **bereichsspezifisch** anzuwenden.[283]

---

[279] *Heun* in Dreier Art. 3 Rn. 32; *Zippelius* VVDStRL 47 (1989) S. 7, 27. Vgl. auch *Müller* VVDStRL 47 (1989) S. 37, 45; *Rüfner* in BK Art. 3 Rn. 79.
[280] *Bleckmann* Struktur S. 76; siehe auch *Kirchhof* in Festschrift Geiger S. 82, 108, der den Gleichheitssatz ob dieser Aufnahmefähigkeit als akzessorisch bezeichnet – siehe auch schon *Ipsen* in Die Grundrechte Bd. 2 S. 111, 183.
[281] *Gusy* NJW 1988, 2505, 2508; ähnlich *Bleckmann* Struktur S. 37, 42, 75.
[282] *Sachs* JuS 1997, 124, 125; *Kirchhof* in HdBStR V § 124 Rn. 205 f. spricht von der Sachgerechtigkeit als einem wesentlichen *Teilinhalt* des Gleichheitssatzes.
[283] BVerfG E 103, 310 (318); BVerwG E 92, 288 (294).

Je nach dem, für welchen Ausschnitt aus der Wirklichkeit man sich entscheidet, verengt sich der Fokus der Vergleichsbetrachtung auf einen bestimmten Lebensbereich. Will man in diesem Bereich etwas regeln, so muss man auch die Besonderheiten dieses Bereichs beachten. Das hat zur Folge, dass das für die Rechtsfolge relevante (Unterscheidungs-) Merkmal aus dem zu regelnden Bereich stammen muss. Denn nur so, kann die **Wirklichkeit** (dieses Bereichs) auch angemessen **berücksichtigt** werden. Eine Differenzierung muss die realen Verhältnisse der Personen, auf die sie sich bezieht, berücksichtigen.[284] Sie muss auf den konkreten Sachbereich bezogen, eben **sachgemäß** sein. Die Wirklichkeit muss präzise wahrgenommen und der Regelungsgegenstand **realitätsgerecht** gewertet und gewichtet werden.[285] Dies demonstriert die wechselseitige Beziehung zwischen tatsächlicher und rechtlich geschaffener Wirklichkeit. Die geschaffene soll nur die tatsächliche widerspiegeln. Das tatsächliche Merkmal begründet die rechtlichen Unterscheidung, und die rechtliche Unterscheidung erfolgt nur wegen des tatsächlichen Unterschiedes, an den sie anknüpft. Die Differenzierung muss daher in einem **Zusammenhang** mit dem zu regelnden Bereich stehen.[286] Durch den jeweiligen Sachbereich wird also die Frage nach Willkür und einem zureichenden Grund konkretisiert.[287]

a) Eigenart des Sachbereichs

Der Sachzusammenhang (dazu auch oben C I 3 d), findet sich von Anfang an in der Rechtsprechung und durchzieht sie bis heute. Das Bundesverfassungsgericht und ihm folgend die Verwaltungsgerichte betonen seit jeher die **Eigenart**, die **Natur** oder einfach die **Besonderheit** des jeweiligen Lebens- und Sachbereichs.[288]

---

[284] *Rüfner* in BK Art. 3 Rn. 29 – vgl. bereits *Leibholz* Gleichheit S. 47 f., 244; *Triepel* Diskussionsbeitrag in VVDStRL 3 (1927) S. 52 f.
[285] *Kirchhof* in HdBStR V § 124 Rn. 205, 220; *ders.* Verschiedenheit S. 34; *Osterloh* in Sachs Art. 3 Rn. 103; *Rinck* JZ 1963, 521, 522; VGH Mannheim VBlBW 1999, 70 (72) spricht von *wirklichkeitskonform*.
[286] Auf den sachlichen Zusammenhang mit dem zu regelnden Lebensverhältnis hob schon *Triepel* VVDStRL 3 (1927) S. 52 und 53 ab. Siehe auch *ders.* Goldbilanzen S. 29. Hiezu *Gassner* Heinrich Triepel S. 369. Siehe auch *Leibholz* Gleichheit S. 76.
[287] *Osterloh* in Sachs Art. 3 Rn. 103; *Kirchhof* in Festschrift Lerche S. 133, 141; *Kirchhof* Verschiedenheit S. 31; *Kölbel* Gleichheit im Unrecht Rn. 47 ff, 82; *Kim* Konkretisierung S. 106; *Rüfner* in BK Art. 3 Rn. 29; *Bleckmann* StaatsR II § 24 Rn. 22; *ders.* Struktur S. 72.
[288] **Eigenart** des Sachbereichs (Sachverhalts) BVerfG E 17, 122 (130); 26, 72 (76); 75, 108 (157); 76, 256 (329); 90, 226 (239); 99, 165 (178); 103, 316 (318); DVBl 1978, 208 (210); DVBl 1991, 633; DVBl 1996, 357 (361); DVBl 1996, 1122; NVwZ-RR 2000, 171 (172); NJW 2002, 1103; DVBl 2004, 698 (702) – BVerwG E 36, 361 (362); 103, 99 (102); DVBl 1986, 51 (53); NVwZ 2001, 689 (690); NVwZ 2001, 801 (803); DVBl 2005, 1145 (1146) – OVG Bautzen LKV 1994, 452 (453); Frankfurt/O LKV 1996, 208 (210);

Die Bedeutung des Sachbereichs kann schon in der Willkürformel erkannt werden, wenn von der „**Natur der Sache**" (dazu oben C I 3 d) und (verkürzt) einem **sachlichen Grund** die Rede ist. Auch wenn die Rechtsprechung eine Unterscheidung daraufhin untersuchen möchte, ob sie **sachgemäß, sachangemessen, sachgerecht** oder **sachfremd** ist, oder diese sachbezogen oder sachbereichsbezogen sein müssen betont sie die Bedeutung der jeweiligen Sache, der Eigenart des zu regelnden Sachbereichs und damit die realitätsgerechte tatbestandliche Erfassung der Wirklichkeit.[289]

Gemeinsam ist all diesen Aussagen, dass der Gleichheitssatz und das Willkürverbot nur bereichsspezifisch konkretisiert werden können. Darauf weist schon die Verwendung des Wortteils „sach-„ hin.[290] Die **Bereichsspezfik**, die Sachgesetzlich-

---

OVG Greifswald LKV 2000, 161 (162); OVG Hamburg NVwZ 2001, 1311 (1312); OVG Koblenz NVwZ-RR 1993, 143; NVwZ-RR 1998, 312; OVG Lüneburg DVBl 1980, 487 (488); VGH Mannheim VBlBW 1998, 58 (60); VBlBW 1998, 349 (350); NVwZ-RR 2001, 159 (161); VBlBW 2002, 292 (294); OVG Münster NWVBl 1998, 14 (16); NJW 2000, 1968 (1969) – **Natur** des jeweiligen Sachbereichs BVerfG E 6, 84 (91); 25, 269 (292); 29, 402 (411); DVBl 1960, 632; DVBl 1972, 75 (77); DVBl 1976, 32; NVwZ 2002, 71 – BVerwG E 12, 140 (149); 42, 210 (215) – VGH Mannheim NVwZ-RR 1993, 83 (84); NVwZ-RR 1998, 312 (313); NVwZ-RR 1998, 366 (370) – **Besonderheit** des Sach- und Regelungsbereichs BVerfG NJW 2002, 1103 (1104) – des zu regelnden Lebensgebietes BVerfG E 18, 353 (363) – der jeweiligen Lebensbereiche/ Lebensverhältnisse BVerfG E 45, 376 (386); DVBl 1961, 818 (824); BVerwG E 25, 147 (148) – jeweiliger **Lebens- und Sachbereich** zu berücksichtigen BVerfG E 38, 225 (228); DVBl 1974, 120 (122) – OVG Schleswig NJW 2000, 3440 (3441). *Gassner* Heinrich Triepel S. 369 hält diese Rechtsprechung übrigens ein wenig einseitig für die Quintessenz der neuen Lehre der Weimarer Zeit, wie sie *Triepel* prägte.
[289] Eigenart des zu regelnden **Sachverhalts**: BVerfG E 99, 165 (178); 90, 226 (239); DVBl 2004, 761 – Eigenart der zu regelnden **Sachverhältnisse** BVerfG E 26, 72 (76) – Eigenart des **Gegenstands** BVerfG DVBl 1970, 354 (355); VGH Mannheim NVwZ-RR 1995, 517 (523); OVG Münster NVwZ 2002, 996 (999) – jeweils in Betracht kommender Zusammenhang zu beachten BVerfG E 1, 264 (276); DVBl 1959, 324 – Rechtfertigung aus sachlicher Verschiedenheit des **Einzelfalls** BVerwG E 5, 334 (338) – wesentliche Besonderheit des Einzelfalls BVerwG E 19, 48 (55) – aus dem Gegenstand der Regelung muss sich ein Grund für Differenzierung anführen lassen BVerwG 51, 226 (231) – **Natur** des zu regelnden Rechtsverhältnisses BVerwG E 77, 188 (193) – Eigenart des Sachverhalts VGH Mannheim NVwZ 1999, 1016 (1017) – Anknüpfen an **Regelfälle** des Sachbereichs VGH Kassel NVwZ-RR 1992, 505 (507). Siehe auch die weiteren Nachweise bei Fn. 288.
Zum **sachlichen Grund** siehe die Nachweise in Fn. 117 und Fn. 197 – zur Verwendung von **Natur der Sache** und sachlich einleuchtend siehe Nachweise in Fn. 117 und OVG Münster NWVBl 1996, 234 (235) – zu **sachgemäß** Nachweise bei Fn. 199 und BVerfG E 29, 402 (411); DVBl 1979, 774 (775) – BVerwG DVBl 1957, 274 (275); DVBl 1958, 280 (281); DöV 1982, 76; DöV 1984, 111 (112) – VGH Mannheim NVwZ 1999, 547; VGH München BayVBl 2001, 181; OVG Münster NWVBl 1992, 243 (245) – zur Verwendung von **sachgerecht** Nachweise bei Fn. 110 – zu **sachfremd** Nachweise bei Fn. 112 und BVerfG E 17, 122 (131).
Vgl. aus der **Literatur** *Osterloh* in Sachs Art. 3 Rn. 102; *Heun* in Dreier Art. 3 Rn. 22; *Kirchhof* Verschiedenheit S. 34, 35; *Kim* Konkretisierung S. 179. Siehe ferner *Michael* Methodennorm S. 242; *Kallina* Willkürverbot und Neue Formel S. 21.
[290] BVerwG E 61, 152 (157); BVerfG E 87, 1 (36): die rechtliche Unterscheidung muss in sachlichen Unterschieden eine ausreichende Stütze finden. Siehe auch *Herzog* in MD Anhang zu Art. 3 Rn. 49; *Kischel* AöR 124 (1999) S. 174 (178); *Maunz/Zippelius* Dt. StaatsR S. 213 – **ablehnend** *Dürig* in MD Art. 3

keit eines bestimmten Lebensbereichs nimmt deshalb beim Gleichheitssatz eine herausragende Rolle ein.²⁹¹ Der Begriff der Bereichsspezifik ist der neutralere und wird anderen in diesem Zusammenhang benutzten Begriffen, wie etwa der **Sachgerechtigkeit** oder der Natur der Sache, vorgezogen, weil er umfassender ist und den problematischen Bezug zur Gerechtigkeit meidet.²⁹²

aa) Formaler Maßstab

Die Bereichsspezifik knüpft an die **tatsächlich** vorhandenen Merkmale eines Sachbereichs an, die als so relevant erachtet werden, dass sie in Bezug auf die Rechtsfolge eine unterschiedliche Behandlung rechtfertigen.²⁹³ Erkenntnisquelle ist also die **vorgefundene Realität**.²⁹⁴ Die tatsächlichen Merkmale können von der rechtlichen Ordnung beeinflusst worden sein, weil sich aus ihr Wertungen für den jeweiligen Lebensbereich herleiten lassen, in dem eine Differenzierung erfolgen soll. Ob ein Merkmal ein rechtlich konstruiertes oder ein tatsächlich vorhandenes ist, lässt sich daher oft kaum auseinander halten.²⁹⁵ So ist die Eigenschaft als Kind eine tatsächliche, aber wann das Stadium des Kindes endet und das des Erwachse-

---

Rn. 306, 310 ff., Gegenstand des Vergleichs seien immer nur Personen, weshalb er eine „Verdinglichung" des Vergleichs ablehnt, wie sie in Begriffen wie „Natur der Sache" zum Ausdruck komme.

²⁹¹ In seiner neueren Rechtsprechung hebt vor allem der 2. Senat des Bundesverfassungsgerichts den Gesichtspunkt der Bereichsspezifik hervor, was sich auch in seiner Rezeption der neuen Formel beobachten lässt (dazu unten D IV 1). Vgl. auch *Hesse* in Festschrift Lerche S. 121, 125, 130; *ders.* Grundzüge Rn. 439 und dort Fn. 88. Zur Sachlichkeit und Sachbereichsbezogenheit in der jüngeren Verfassungsrechtsprechung *Martini* Prinzip absoluter Rechtsgleichheit S. 22. Zu den Verwaltungsgerichten siehe die Nachweise bei Fn. 289.

²⁹² Zur Sachgerechtigkeit und zur Natur der Sache siehe bereits oben S. .100 ff. Wie schon dort gesagt, geht es, wenn das Bundesverfassungsgericht von der Sachgerechtigkeit spricht, gerade nicht um Erwägungen der Gerechtigkeit, sondern um die dem Lebensbereich innewohnende tatsächliche Ordnung, welche es zu erfassen und abzubilden gilt. In diesem Sinne auch *Kirchhof* Verschiedenheit S. 35, 35 – anders *Klopefer* Gleichheit S. 34 f. nach dessen Meinung es gerade um verschiedene Gerechtigkeitsmaßstäbe geht. Die **Sachgerechtigkeit** als Oberbegriff verwenden etwa *Rüfner* in BK Art. 3 Rn. 29; *Klopefer* Gleichheit S. 34 f.; auch *Kirchhof* in HdBStR V § 124 Rn. 205 ff. – vgl. aber *ders.* Verschiedenheit S. 36, wo er von bereichsspezifisch spricht – von **Bereichsspezifik** oder bereichsspezifisch sprechen hingegen *Osterloh* in Sachs Art. 3 Rn. 37; *Huster* Rechte und Ziele S. 46, 215 f., 221 und auch BVerwG E 92, 288 (294) – *Kim* Konkretisierung S. 35 ff. 38 spricht zusammenfassend von **Sachgemäßheit** als bestimmendes Argumentationsmodell zur Konkretisierung der Willkür.

²⁹³ Ähnlich bereits *Leibholz* S. 47 f., 244 – *Kim* Konkretisierung S. 99 ff., 102, 106, 200 erklärt die Bereichsspezifik unter Bezugnahme auf F. *Müllers* strukturierende Normanalyse. Da der Gleichheitssatz eine semantisch offene Generalklausel sei, sei wegen des vagen Normtextes der Normbereich von Art. 3 I GG nicht bestimmbar. Der Normbereich werde durch seine Beziehung zum Tatsächlichen gekennzeichnet. Da er eben nicht aus dem Normtext folgt, müsse er erst für bestimmte Lebensverhältnisse entwickelt, im Hinblick auf die Eigenart des Sachbereichs falltypologisch konkretisiert werden.

²⁹⁴ *Kirchhof* Verschiedenheit S. 24.

²⁹⁵ *Kirchhof* in HdBStR V § 124 Rn. 205, 211. Demgegenüber meint *Kischel* AöR 124 (1999) S. 174, 178, dass es beim Begriff der Sachgerechtigkeit, Natur der Sache oder Eigenart des Sachverhalts nur um *tatsächliche* Gegebenheiten der sozialen Wirklichkeit, wie sie dem Recht vorgegeben sind.

nen beginnt, wird rechtlich festgelegt. Auch das Institut des Besitzes ist ein rechtliches, geht aber – zumindest beim unmittelbaren Besitz – von tatsächlichen Zuständen aus. Solange es darum geht, an *vorhandene* Merkmale anzuknüpfen, ohne die Merkmale selbst verändern zu wollen, kann man daher rechtliche und tatsächliche Merkmale gleich setzen. Da der jeweilige *normativ geprägte* Sachbereich im Hinblick auf den jeweiligen Fall die relevanten Fakten liefert kann man von einer **falltypologischen Konkretisierung** des Gleichheitssatzes und der Willkür durch die Rechtsprechung sprechen.[296]

Die Natur der Sache ist daher nur ein **formaler Maßstab**, ein formales **Auslegungskriterium**. Denn die jeweils relevanten Kriterien und Wertungen müssen für jeden Lebensbereich gesondert herausgearbeitet und konkretisiert werden. Alle Begriffe, die in diesem Zusammenhang erwähnt werden, wie sachgerecht oder bereichsspezifisch sind nur **Auslegungshilfen**, die den offenen Tatbestand des Gleichheitssatzes ausfüllen.[297] Zwar müssen die Gründe für eine Behandlung der jeweiligen Eigenart des konkreten Sachbereichs Rechnung tragen. Aber es steht nicht von vornherein fest, welche Wertung im Einzelfall die Besonderheit eines Bereichs ausmacht. Rechtsetzung und Rechtsanwendung treffen hier eine gewisse Vorauswahl und vermengen dadurch die Vergleichsperspektive. Einmal, indem sie nur einen bestimmten Bereich aus der Wirklichkeit herausgreifen, der geregelt werden soll und zum anderen, indem dies in der Regel in einer rechtlich vorgeprägten Wirklichkeit geschieht. Hieran kritisieren Teile der Literatur, dass sich damit die Kontrolle der Verwaltung oder des Gesetzgebers in einem Zirkelschluss verliere. Denn die Kriterien anhand derer kontrolliert werde, kommen ebenfalls vom Gesetzgeber.[298] Die Feststellung vernachlässigt aber, dass es einen qualitativen Unterschied zwischen dem einfachen Gesetzgeber und dem Verfassungsgesetzgeber gibt. Dass ein Sachverhalt auf verschiedene Normen rückführbar sein kann, wie kritisiert wird, und dass sich deshalb keine alleinige Begründung der Natur einer Sache fin-

---

[296] *Kim* Konkretisierung S. 35 ff, 38 und 106, 200; *Bleckmann* Struktur S. 72; *ders*. StaatsR II § 24 Rn. 22; zu weitgehend aber *Sachs* JuS 1997, 124, 125, der meint, dass Aussagen zum Gleichheitssatz sich nur noch für Teilbereiche der Rechtsordnung treffen lassen, dass es also nicht mehr den Satz, sondern nur noch die Sätze gibt. Siehe auch *Stettner* BayVBl 1988, 545, 548.
[297] So auch *Kirchhof* in HdBStR V § 124 Rn. 209; *Osterloh* in Sachs Art. 3 Rn. 37; *Kim* Konkretisierung S. 73, 88, der nicht vom Maßstab, sondern von der Kontrolldichte spricht und damit der Trennungslehre (dazu C IV 1 b) anzuhängen scheint.
[298] *Bleckmann* StaatsR II § 24 Rn. 15 ff., 44; *Schmidt* JZ 1967, 402, 404; vgl. auch *Dürig* in MD Art. 3 Rn. 314; *Rink* JZ 1963, 521,524.

den lassen kann, ist aber nichts neues. Es ist Ausdruck der Prozesshaftigkeit der Rechtsfindung und der Komplexität der Wirklichkeit. Aber auch wenn in vielen Fällen die Wertungen durch den Gesetzgeber vorgeprägt sein mögen, so negiert die Kritik doch die Bedeutung des Tatsächlichen. Der Gesetzgeber mag rechtlich ein Kind zum Erwachsenen machen können. Wenn es aber darum geht, einen Vertrag mit einem dreijährigen Kind abschließen zu wollen, würde diese rechtliche Konstruktion am Tatsächlichen scheitern, denn einem Kind in diesem Alter geht schon die nötige Einsichtsfähigkeit in den Vertrag und die Konsequenzen seiner Willenserklärung ab. Die Realität darf also nicht unbeachtet bleiben. Dieses Beispiel zeigt aber auch, dass die Kritik am Begriff der Natur der Sache zu weit geht, weil die Natur eben nicht nur durch den Gesetzgeber vorgegeben werden kann.

bb) *Verschiedene Lebensbereiche*

In verschiedenen Sachbereichen haben sich unterschiedliche Anforderungen an die Gleichheitsprüfung herausgebildet, so zum Beispiel beim **Wahlrecht**, beim **Prüfungsrecht** oder als geradezu klassischem Bereich beim **Abgabenrecht**.[299] Sie liefern die zusätzlichen Wertungen, die den Vergleichsmaßstab vervollständigen können. Das **Prüfungsrecht** ist beispielsweise von der Tatsache geprägt, dass zumindest gleiche Ausgangsbedingungen herrschen müssen und dass es bei einer Prüfung gerade darum geht, das Leistungsniveau zu ermitteln. Bringen die Prüflinge zwar unterschiedliche intellektuelle Voraussetzungen mit, so muss doch zumindest gewährleistet sein, dass jeder die gleichen Chancen hat, diese Voraussetzungen zu entfalten. Es muss also Chancen- aber nicht Ergebnisgleichheit herrschen.[300]

Die Rechtsprechung prägt den Gleichheitssatz unterschiedlich aus. Die Überprüfung anhand des Gleichheitssatzes bleibt in allen Bereichen die gleiche. Es sind nur bestimmte Prinzipien, Werte und Wertungen, Elemente und Institute zu berücksichtigen, die sich in den einzelnen Lebensbereichen durch die verfassungsrechtliche Vorprägung oder durch Besonderheiten des einfachen Rechts unterschiedlich herausgebildet haben. Diese prüfen die Gerichte und diese wirken sich auf die Auswahl der jeweiligen Vergleichsmerkmale aus.[301]

---

[299] Siehe zu den Beispielen auch *Zippelius* VVDStRL 47 (1989) S. 7, 24. Vgl. auch unten C I 3 b.
[300] Dazu *Starck* in vM Art. 3 Rn. 33 f. m.w.N.; *Osterloh* in Sachs Art. 3 Rn. 58; *Jarass* in JP Art. 3 Rn. 67.
[301] *Zippelius* VVDStRL 47 (1989) S. 7, 24; *Stettner* BayVBl 1988, 545, 548. Die Arbeit spricht, entgegen den gerade genannten Autoren, von unterschiedlichen Prinzipien und Wertungen statt von

Das Merkmal der Bereichsspezifik dient dazu, die Vorprägung zu erkennen und die Spezifik zu entwickeln. Das erleichtert die weiter Fallbearbeitung, da die entsprechenden Wertungen nicht mehr neu und gesondert entwickelt werden müssen, sondern auf die für den jeweiligen Sachbereich festgestellten Wertungen zurückgegriffen werden kann. Diese Tatsache könnte der Grund dafür sein, dass Teile der Literatur versuchen, pauschal von verschiedenen Gleichheitssätzen oder gar **Gerechtigkeitskategorien** zu sprechen, die für verschiedene Sachbereiche voneinander abgegrenzt werden müssten.[302] Eine spezielle Abgaben-, Wehr- oder Prüfungsgerechtigkeit gibt es genau so wenig wie eine spezielle Abgaben- Wehr- oder Prüfungsgleichheit (hierzu schon oben C I 3 b). Diese Begriffe dienen nur dazu, die in einem Bereich vorherrschenden Wertungen zu veranschaulichen und eine Systematisierung der Prüfung zu erleichtern. Es wird ihnen aber keine aus dem Gleichheitssatz folgende Rationalität verliehen, und es geht auch nicht darum, mittels des Gleichheitssatzes oder der Willkür vermeintlich als „gerecht" empfundene Normkomplexe zu verfestigen und zu perpetuieren. Diese Begriffe sind sinnvoll, weil sie auf bereichsspezifische Besonderheiten hinweisen. Sie dienen der Fallgruppenbildung und damit der erleichterten Bearbeitung von Regelfällen.[303]

b) Systemgerechtigkeit/Folgerichtigkeit – Systembindung

Geht die Bereichsspezifik von tatsächlich vorgefundenen Merkmalen und deren Besonderheiten aus, erweitern Rechtsprechung und Lehre die Betrachtung, indem sie nicht nur auf die vorgefundenen tatsächlichen, sondern auch auf die einem Rechtsgebiet innewohnenden **rechtlichen Merkmale** und ihre Beziehung zueinander abstellen.[304] Diese rechtlichen Merkmale stehen nicht für sich, sondern sind mit weiteren Merkmalen in ein System eingebunden. Es findet damit keine Einzel- sondern eine *Gesamtbetrachtung* des Merkmals im System statt. Der **Begriff des Systems** beschreibt die innere Ordnung solcher Merkmale. Die Merkmale können sich auf ein einzelnes Gesetz oder einen ganzen Gesetzesbereich beziehen. Oder es

---

Gerechtigkeitskategorien oder Gerechtigkeitsprinzipien, weil durch den Bezug zur Gerechtigkeit kein Erkenntnisgewinn verbunden ist. Zur Gerechtigkeit siehe schon oben C I 3.

[302] So aber *Kloepfer* Gleichheit S. 34 f., der allerdings von Sachgerechtigkeit und Gerechtigkeitsmaßstäben spricht. Etwas einschränkend *Sachs* JuS 1997, 124 (125) nach dessen Auffassung sich Aussagen zum Gleichheitssatz im Grunde nur noch bezogen auf Teilbereiche der Rechtsordnung treffen lassen. Hierzu *ders.* in HdBStR V § 127 Rn. 3, der a.a.O. eine Darstellung der Teilbereiche gibt. Unkritisch hierzu *Kallina* Willkürverbot und Neue Formel S. 22 f.

[303] Zu Gerechtigkeitskategorien siehe z.B. *Zippelius* VVDStRL 47 (1989) S. 7, 24 – zur Kritik etwa *Gusy* JuS 1982, 30, 35.

[304] Diese können, wie schon oben, S. 154, angemerkt auch Teil der vorgefundenen Realität sein.

wird ein Gesetz zu einem Gesetzesbereich in Beziehung gesetzt, zum Beispiel ein Buch des SGB zum System des Sozialrechts. Damit wird eine Norm an andere, das System tragende Normen gebunden.[305] Da es auch hier um eine Art von **Bereichsspezifik** geht, nämlich um das *rechtliche Umfeld* einer Norm, das in die Betrachtung einbezogen wird, kann man den Systemgedanken, als **Unterpunkt** der Bereichsspezifik ansehen.[306] Prägnant beschreibt die Rechtsprechung diesen Bereich, wenn sie von einer Verletzung der vom Gesetzgeber *selbst* statuierten Sachgesetzlichkeit spricht – es geht also um das selbst geschaffene, nicht um das vorgefundene System. Mit dem Systembegriff sollen Widersprüche innerhalb eines Regelungsbereichs, aber auch zwischen einem Teil und dem Gesamtsystem aufgezeigt werden. Die Rechtsprechung betont hier den auch in der Literatur vertretenen Gedanken der **Folgerichtigkeit** – andere sprechen auch von **Konsequenz**. Als übergreifenden Begriff verwenden Rechtsprechung und Literatur auch die Bezeichnung **Systemgerechtigkeit**. Regelungen sollen folgerichtig, logisch sein, eine selbst geschaffene Systematik also durchgehalten, eine einmal getroffene Wertentscheidung folgerichtig ausgestaltet werden. Insoweit beruhen alle diese Begriffe auf dem selben Gedanken, nämlich dem der **Selbstbindung**.[307]

---

[305] *Rinck* JZ 1963, 521, 522; *Kirchhof* in Festschrift Lerche S. 133, 142; *Kischel* AöR 124 (1999) S. 174, 178. In BVerfG E 60, 16 (40) spricht das Gericht davon, dass das selbst gesetzte System ein Wertungs- und Vernünftigkeitsraster bilde, an dem sich der Gesetzgeber orientieren müsse. Vgl. auch *Michael* Methodennorm S. 19, 66 f., 276 ff.; *Otto* JZ 2005, 473 f.

[306] Siehe hierzu auch *Kirchhof* in Festschrift Lerche S. 133, 142; *Kim* Konkretisierung S. 37/38. Umgekehrt will *Schoch* DVBl 1988, 863, 878 die Systemgerechtigkeit gerade als Oberbegriff für Sachgesetzlichkeit und Folgerichtigkeit verwenden. Wenn das Bundesverfassungsgericht von **Gesetzlichkeiten, die in der Sache selbst liegen** spricht, so etwa in E 13, 225 (228); 9, 338 (349); 42, 64 (72); 69, 161 (169); 103, 310 (318); DVBl 1959, 571 (572); DVBl 1996, 1122 – ähnlich NJW 2003, 335 (336) – dann weist dies auf die Verbindung zwischen Sachbereichsspezifik und Systembindung hin, denn es wird zwar von einer Gesetzlichkeit gesprochen, also eher an den Systembegriff angelehnt, gleichzeitig aber von einer Sache, was auf die Bereichsspezifik hinweist.

[307] Die Begriffe werden synonym verwendet – so auch *Kischel* AöR 124 (1999) S. 174, 179; anders *Kirchhof* in Festschrift Lerche S. 133, 142, *ders.* Verschiedenheit S. 41, *ders.* in HdBStR V § 124 Rn. 222 ff., der ausdrücklich zwischen Systemgerechtigkeit und Folgerichtigkeit trennt. Bei der Folgerichtigkeit reiche ein bloßer Verstoß gegen das System nicht aus. Verboten seien rechtslogische Widersprüche. Rechtsfolgenunterschiede dürfen sich nicht rechtfertigen lassen. Damit zieht er aber ein Element der Begründung in seine Definition hinein und entfernt sich nicht wirklich von anderen Autoren, die auf derartige Elemente erst in einem zweiten Schritt zurückgreifen, um eine Uferlosigkeit der Systemwidrigkeit vorzubeugen (siehe hierzu die Nachweise bei Fn. 314). Zu unterschiedlichen Bedeutungsgehalten auch *Müller* VVDStRL 47 (1989) S. 37, 52 und *Bleckmann* StaatsR II § 24 Rn. 74 ff. Siehe auch *Starck* in Link (Hg.) Verfassungsstaat S. 51, 70, 71; *ders.* in vM Art. 3 Rn. 14, 44 f.; *Maunz/Zippelius* Dt. StaatsR S. 216. Den Begriff der **Systemgerechtigkeit** verwenden etwa *Rinck* JZ 1963, 521, 522; *Erichsen* DVBl 1983, 289, 295; *Schoch* DVBl 1988, 863, 878; *Zippelius* VVDStRL 47 (1989) S. 7, 30; *Osterloh* in Sachs Art. 3 Rn. 91; *Starck* in vM Art. 3 Rn. 44 ff.; *Rüfner* in BK Art. 3 Rn. 38 – von **Folgerichtigkeit/Konsequenz** spricht etwa auch *Starck* in vM Art. 3 Rn. 44 ff.; *Heun* in Dreier Art. 3 Rn. 36 – **andere Begriffe** verwenden Begriffe: *Kischel*

Der hier oft benutzte Begriff der Systemgerechtigkeit bringt zwar gut zum Ausdruck, dass es darum geht, den Besonderheiten eines Systems gerecht zu werden. Wie oben (I 3 b) aber schon ausgeführt, ist der Bezug zur Gerechtigkeit, den dieser Begriff herstellt, problematisch. Da die meist synonym verwendeten Begriffe wie Folgerichtigkeit und Konsequenz nur Teilaspekte beleuchten, bevorzugt diese Arbeit den der **Systembindung**.[308]

Der Systembegriff erweitert die Vergleichsperspektive da nun auf ein System, eine Systematik abgestellt wird. Damit scheint er die Vergleichsbetrachtung scheinbar zu rationalisieren, wenn es nun darum zu gehen scheint, dass die behandelte Person nach dem gleichen System wie das auf die Vergleichsperson angewendete behandelt werden möchte.[309] Das Problem dabei ist, dass nicht so einfach festgestellt werden kann, ob die Voraussetzungen gleich sind. Würden sich diese Voraussetzungen schon aus den jeweiligen Normen ergeben, bräuchte man den Systemgedanken nicht. Des Weiteren stellt sich die Frage, auf welches System im konkreten Zusammenhang abgestellt werden muss – auf die einzelne Norm, auf Normkomplexe, Gesetze, Rechtsgebiete? Damit ist aber nicht rational erklärbar, welche Normen nun systembestimmend sind und welche nicht, wie also das System überhaupt gebildet wird.[310]

AöR 124 (1999) S. 174, 178 [Systembindung]; *Kim* Konkretisierung S. 37 f. [Systemgesetzlichkeit, Sachgemäßheit]. Zur **Rechtsprechung** vgl. VGH Mannheim DVBl 1999, 1366 (1368) wo alle Begriffe synonym verwendet werden. Sonst zur **selbst statuierten Sachgesetzlichkeit** und Willkür und/oder dem Gleichheitssatz: BVerfG E 13, 331 (340 f.); 15, 313 (318); 18, 366 (372 f.); 20, 374 (377); 34, 103 (115); 59, 36 (49); DVBl 1962, 174 (175); DVBl 1965, 438; DöV 1994, 516 (517) – BVerwG E 26, 153 (155); DVBl 2005, 1520 (1522) – VGH Mannheim DöV 1979, 755 (756); OVG Münster DVBl 1985, 75; NVwZ 1986, 134 (135); NVwZ-RR 1991, 452 (453); ähnlich auch DVBl 1991, 955 (958).
[308] Siehe hierzu *Kischel* AöR 124 (1999) S. 174, 178. Allgemein zum Systemgedanken und der Systemgerechtigkeit im Zusammenhang mit dem Gleichheitssatz oder der Willkür BVerfG E 11, 283 (239); 18, 315 (332): 43, 13 (21); DVBl 1967, 230 (231); DVBl 1978, 527 (530); NVwZ 1982, 95; NVwZ 1988, 911; DVBl 1989, 871 (872); NVwZ-Beilage 1997, 10 (11); DVBl 1998, 699 (701); NJW 2003, 3040 (3045) – BVerwG E 65, 292 (294); NVwZ-RR 1989, 496 (497); NVwZ 1990, 772 (774); DVBl 1991, 447 (449) DVBl 2005, 1520 (1522) – OVG Koblenz DVBl 1991, 649 (651); VGH Mannheim DVBl 1999, 1366 (1368); VGH München BayVBl 1983, 723 (727); BayVBl 2002, 210 (214); OVG Münster NVwZ 1985, 600 (602); NVwZ-RR 1990, 82 (83); NWVBl 2005, 275 (276); OVG Schleswig NVwZ-RR 1995, 664 (665).
[309] Siehe hierzu *Kirchhof* in HdBStR V § 124 Rn. 222; für *Kischel* AöR 124 (1999) S. 174, 194 ist dies schon ein Grund, den Systemgedanken abzulehnen, weil hier nur ein imaginärer Vergleich mit einer imaginären, dem System entnommenen Behandlung stattfinde, es dem Gleichheitssatz aber um keine fiktive, sondern eine reale Ungleichbehandlung gehe. Dies ist m.E. zu weit gegriffen, denn auch in dieser Situation lässt sich der Bezug zu bestimmten Vergleichspersonen herstellen. Außerdem ist dies bei abstrakt-generellen Regelungen immer so, dass der Vergleich sich auch auf einer abstrakten Ebene vorzieht.
[310] *Kischel* AöR 124 (1999) S. 174, 206.

Sieht der Gesetzgeber etwa eine bestimmte Versorgung für hinterbliebene Ehegatten mit Kindern vor, so könnte versucht werden zu argumentieren, dass die Hinterbliebenenversorgung keine Rücksicht auf die Kinder nehmen darf, weil diese u.U. eigene Ansprüche erwerben, so dass aus diesem Grund auch hinterbliebene Ehegatten ohne Kinder gleich behandelt werden müssten. Der Gesetzgeber hätte dann seine Regelung eben nicht folgerichtig und konsequent erweitert und verstößt gegen seine eigene Grundkonzeption.[311]

Betrachtet man die **Rechtsprechung** genauer, verwenden das Bundesverfassungsgericht und auch die Verwaltungsgerichte zwar den Gedanken der Systemgerechtigkeit oder Systemwidrigkeit als Argumentationsfigur. Ein Systembruch, eine Systemwidrigkeit oder ein Abweichen von der selbst statuierten Sachgesetzlichkeit führen für sich **allein** aber auch nach der Rechtsprechung noch **nicht** zu einem **Verstoß** gegen den Gleichheitssatz. Denn nach welchem System der Gesetzgeber eine Materie ordnen wolle, obliege ebenso wie die Zweckmäßigkeit einer Regelung seiner Entscheidung. Das Gericht könne eine Regelung nur nach den Maßstäben der Verfassung, nicht aber nach dem Gesichtspunkt der Systemwidrigkeit für verfassungswidrig erklären.[312] Die Gerichte begründen einen Verstoß gegen den Gleichheitssatz vielmehr damit, dass kein sachlicher, einleuchtender oder rechtfertigender Grund besteht. Das ist aber die geradezu klassische Begründung für Gleichheitsverstöße, indem nach einem fehlenden Grund gefragt wird. Der Systembruch oder die Systemwidrigkeit als solche haben – auch wenn dies manchmal anders erscheinen mag – keine eigenständige Bedeutung, um Gleichheitsverstöße zu erklären, da die Gerichte den Gesetzgeber und die normsetzende Verwaltung nicht übermäßig einschränken wollen und können.[313] Denn einerseits widerspricht eine Systembin-

---

[311] Siehe hierzu etwa BVerfG E 34, 163 (115); vgl. auch BVerfGE 11, 283 (293) – zur Verwaltungsrechtsprechung siehe BVerwG DVBl 1981, 1062; NVwZ 1988, 144 (146); NVwZ-RR 1989, 496 (497) – OVG Koblenz NVwZ-RR 1998, 246 (247); VGH Mannheim DVBl 1999, 1366 (1368); VGH München NVwZ-RR 2000, 811 (813); OVG Münster DVBl 1994, 416 (420 f.); NWVBl 1998, 189.
[312] So etwa BVerfG E 59, 36 (49). Siehe aber *Becker* NJW 2000, 3742, 3745.
[313] Dazu ausdrücklich: BVerfG E 59, 36 (49) – BVerwG NVwZ 1990, 772 (774) – siehe auch BVerfG E 9, 20 (28); 13, 331 (340 f.); 15, 313 (318); 18, 315 (334); 18, 366 (372 f.); 20, 374 (377); 30, 250 (270 f.); 34, 103 (115); 59, 36 (49); 102, 68 (89, 91); DVBl 1962, 174 (175); DVBl 1965, 438; DöV 1994, 516 (517); DVBl 2002, 189 (190) – BVerwG E 53, 314 (316 f.); 105, 110 (112, 113); DVBl 1984, 1071 (1072); DVBl 1984, 1072 (1073); NJW 1986, 1702 – OVG Hamburg NVwZ 1985, 51 (52); OVG Koblenz NVwZ-RR 1993, 99; VGH Mannheim VBlBW 1982, 295 (298); DVBl 1999, 1366 (1368); VBlBW 2001, 358 (360); VGH München BayVBl 1998, 81 (83); BayVBl 2002, 210 (214); OVG Münster DVBl 1985, 75; NVwZ-RR 1990, 589 (590); NVwZ-RR 1991, 452; DVBl 1991, 955 (958); NVwZ-RR 1996, 693 (694). Siehe auch die Entscheidungen in Fn. 308 , wo zwar von Systemwidrigkeit oder Systemgerechtigkeit gesprochen wird, die Begründung aber dann nicht darauf beruht. Zur Rechtsprechung *Martini* Prinzip absoluter Rechtsgleichheit S. 290, 294; allgemein auch *von Münch* StaatsR II Rn. 576; *Osterloh* in Sachs Art. 3 Rn. 98 will den Systemgedanken als den am stärksten prägenden Gedanken in der aktuellen Rechtsprechung ausgemacht

dung der grundsätzlichen Gestaltungsfreiheit des Normgebers. Sie zwingt zur Perfektion, indem scheinbare Lücken im System als vermeintliche Inkonsequenzen geschlossen werden. Der Gesetzgeber könnte dann nicht mehr frei entscheiden, die Rechtsentwicklung wäre abgeschnitten und würde verkrusten.[314] Andererseits widerspricht sie der Struktur des Gleichheitssatzes als wertungsoffener Generalklausel, weil es gerade Aufgabe des demokratisch legitimierten Normgebers ist, festzulegen, welche Merkmale relevant sein sollen. Aus diesem Grund billigen die Gerichte dem Normgeber einen **Gestaltungsspielraum** zu und betonen, nicht nach der vernünftigsten, gerechtesten oder zweckmäßigsten Lösung, sondern nur nach einem sachgerechten Grund für eine Behandlung zu suchen (dazu schon oben C I 3 a bb).[315]

Diesen Spielraum räumen die Gerichte zwar der rechtsanwendenden Verwaltung, vor allem der Eingriffsverwaltung nicht ein, so dass die Rechtsprechung hier

---

haben; *Kirchhof* in HdBStR V § 124 Rn. 231: das BVerfG spreche neuerdings statt von Systemgerechtigkeit auch von Folgerichtigkeit.

[314] Diesem Gedanken will etwa *Starck* in vM Art. 3 Rn. 45 dadurch entsprechen, dass das selbst geschaffene System aus verfassungsrechtlichen Gründen wieder **durchbrochen** werden darf. Damit wird aber der Systemgedanke von vornherein entwertet, weil nicht feststeht, wann denn eine Bindung vorliegen soll, es also um einen Systembruch geht und wann sie durchbrochen werden darf oder gar muss, das System also nur erweitert oder angepasst wird. Ebenso *Kischel* AöR 124 (1999) S. 174, 206. Vgl. auch *Michael* Methodennorm S. 283.

[315] Nicht die **vernünftigste, gerechteste oder zweckmäßigste Lösung** suchen etwa BVerfGE E 4, 144 (155); 9, 201 (206); 14, 221 (238); 17, 319 (330); 52, 277 (281); 33, 171 (189); 58, 68 (79); 68, 287 (301); 76, 256 (330); 78, 232 (248); 81, 108 (118); 84, 348 (359); 89, 132 (142); DVBl 1972, 144 (147); DVBl 1980, 835 (836); DVBl 1984, 216 (220); NVwZ 1991, 1171 (1172); DVBl 1995, 1232 (1233); DVBl 2000, 1176; NJW 2002, 3009 (3014); DVBl 2004, 761 – BVerwG E 3, 145 (149); 42, 309 (316); 51, 226 (231); 52, 145 (150); 77, 331 (335); 77, 345 (349); 80, 233 (245) – VGH Kassel NVwZ 1995, 509; NVwZ-RR 1997, 57 (61); OVG Lüneburg NVwZ-RR 1998, 728 (733); VGH Mannheim NVwZ 1983, 489; VBlBW 1989, 348; VBlBW 2002, 210 (211); VGH München BayVBl 1986, 470 (471); BayVBl 1987, 622; BayVBl 1993, 726 (727); BayVBl 1995, 432 (433); BayVBl 1999, 501; BayVBl 2002, 210 (213); OVG Münster DVBl 1969, 475; NWVBl 2001, 237 (238) – ähnlich auch VGH Mannheim DöV 1990, 666 (667). Zum **Spielraum** der normsetzenden Verwaltung vgl. BVerwG NVwZ-RR 2005, 844 (845) [Satzung]; OVG Lüneburg NVwZ-RR 2001, 749 (750) [VO]; VGH Mannheim VBlBW 1983, 408 [Satzung]; VBlBW 1998, 142 [Satzung]; NVwZ-RR 1993, 83 (84) [Gesetz]; VBlBW 1998, 58 (60) [Satzung]; NVwZ 2001, 940 (941) [VO]; VBlBW 2001, 194 (195) [Gesetz]; VBlBW 2005, 279 [VO]; VGH München DVBl 1982, 449 (460) [VO]; VBlBW 1992, 350 (354) [VV]; OVG Münster DVBl 1991, 955 (957) [Satzung]; NWVBl 1992, 60 (62) [Gesetz]; NWVBl 1992, 332 [Gesetz]; NWVBl 1998, 154 (155) [Satzung]. Zu dessen **Grenzen** vgl. VGH München DVBl 1982, 449 (460); VGH Mannheim VBlBW 1988, 142; VBlBW 1989, 348; OVG Münster NWVBl 1998, 154 (156). Aus der **Literatur**: *Gubelt* von Münch Art. 3 Rn. 23; *Hesse* Grundzüge Rn. 339 u. dort Fn. 89; *Bleckmann* Struktur S. 40; *ders.* StaatsR § 24 Rn. 149, 154, 161; *Gusy* JuS 1982, 30, 35; *ders.* NJW 1988, 2505, 2508; *Stein* in AK Art. 3 Rn. 42 f.; *Hesse* in Festschrift Lerche S. 121; *Von Münch* StaatsR II Rn. 576; *Martini* Prinzip absoluter Rechtsgleichheit S. 291, 293, 296; *Kischel* AöR 124 (1999) S. 174, 176, 204 ff.; siehe zur Gefahr der Nivellierung *Leisner* Gleichheitsstaat S. 81 ff, 132 ff. – anders offenbar *Kirchhof* Verschiedenheit S. 40 f., der allerdings einen etwas anderen Ansatz verfolgt. *Müller* VVDStRL 47 (1989) S. 37, 52 spricht sich dafür aus, eine Bindung des Gesetzgebers an ein System wenn überhaupt besser unter dem Gesichtspunkt des Vertrauensschutzes beim Rechtsstaatsgebot einzuordnen.

die Systembindung wieder aufzuwerten scheint. Ein geradezu klassisches Beispiel ist das Vorgehen gegen **Schwarzbauten** im Bauordnungsrecht. Hier muss das Vorgehen der Behörde ein System erkennen lassen. Bestimmte Bauten dürfen nicht willkürlich herausgegriffen werden. Betrachtet man die Entscheidungen aber genauer, so verstößt das Vorgehen der Behörde nicht ob seiner Systemwidrigkeit gegen den Gleichheitssatz, sondern weil sachliche Gründe für die ungleiche Behandlung fehlen (dazu auch oben C II 2 b bb β).[316] Auch bei anderen Entscheidungen findet sich diese Beobachtung wieder. Der Systemgedanke oder die Systemgerechtigkeit werden zwar oft bei Maßnahmen der Verwaltung bemüht. Erklärt werden ein Gleichheitsverstoß oder Willkür dann aber wiederum klassisch mit einem fehlenden sachlichen, einleuchtenden Grund.[317] Mit dem Systembegriff lässt sich ein Gleichheitsverstoß daher nicht erklären. Aus diesem Grund kann man eigentlich auch auf diesen Gedanken verzichten.

Die Systembindung kann keinen Gleichheitsverstoß begründen. Sie kann aber als Hinweis – **Indiz** – für einen Verstoß dienen, der dann eine sorgfältige Prüfung nach sich zieht. Denn die Begriffe der Systemtreue, Systemgerechtigkeit, Folgerichtigkeit oder Konsequenz können als **heuristische** Begriffe auf Brüche, Ungereimtheiten und Widersprüche aufmerksam machen und für mögliche Gleichheitsverstöße sensibilisieren. Das ist wegen der Einzelfallbezogenheit bei der rechtsanwendenden Verwaltung eher möglich als bei der abstrakt-generellen Normsetzung.[318] Denn eine Rechtfertigung erfolgt gleichwohl nur aufgrund sachlicher Gründe.[319]

---

[316] Siehe hierzu etwa OVG Greifswald NordÖR 2003, 168; VGH Kassel NJW 1984, 318 (319); NVwZ 1986, 683 (684); OVG Lüneburg NVwZ-RR 1994, 249; VGH Mannheim VBlBW 1982, 295 (298) VBlBW 1990, 267 (268); VGH München BayVBl 1983, 243 (244); VGH München BayVBl 1998, 81 (83); OVG Saarlouis DöV 1985, 1072. Vgl. auch die Nachweise bei Fn. 237.
[317] Siehe etwa BVerfG NJW 2003, 3044 – BVerwG DVBl 1984, 1071 (1072); DVBl 1984, 1072 (1073); NJW 1986, 1702; DVBl 2005, 1520 (1522) – OVG Berlin 2002, 1426 (1428); OVG Hamburg NVwZ 1985, 51 (52); OVG Koblenz NVwZ-RR 1993, 99 VGH Mannheim VBlBW 1982, 295 (298); DVBl 1999, 1366 (1368); VBlBW 2001, 358 (360); VGH München BayVBl 1998, 81 (83); BayVBl 2002, 210 (213 f.); OVG Münster DVBl 1985, 75; NVwZ-RR 1990, 589 (590); NVwZ-RR 1991, 452; DVBl 1991, 955 (958); NVwZ-RR 1996, 693 (694).
[318] Das erklärt vielleicht, warum die Verwaltungsrechtsprechung auffällig oft den Gedanken Systemwidrigkeit oder Systembindung heranzieht und in der Prüfung gesteigerten Wert auf diese Begriffe legt. Vgl. etwa BVerwG DVBl 1981, 1062; NJW 1988, 144 (146); NVwZ-RR 1989, 496 (497) – OVG Berlin 2002, 1426 (1428); OVG Koblenz NVwZ-RR 1998, 246 (247); VGH Mannheim DVBl 1999, 1366 (1368); VGH München NVwZ-RR 2000, 811 (813); OVG Münster DVBl 1994, 416 (420 f.); NWVBl 1998, 189.
[319] Zur Funktion als **Indiz** für einen Gleichheitsverstoß vgl. BVerfG E 9, 20 (28); 18, 315 (334); 30, 250 (270 f.); 34, 103 (115); 59, 36 (49); DöV 1994, 516 (517); DVBl 2002, 189 (190); NJW 2003, 3044 (3045) – siehe auch BVerwG E 105, 110 (112, 113); NVwZ 1990, 772 (774) – OVG Berlin 2002, 1426 (1428); VGH Mannheim DVBl 1999, 1366 (1368). Zu früheren, stärkeren Formulierungen vgl. aber BVerfG E

Der Systemgedanke ist damit zwar nicht unbedingt notwendig, aber für die Gleichheitsprüfung nützlich, da er auf mögliche Gleichheitsverstöße aufmerksam macht. Es kann deshalb an ihm festgehalten werden.

c) Selbstbindung der Verwaltung

Zwar kann der Systemgedanke als Bindung des Gesetzgebers im Verfassungsrecht nicht überzeugen. Der damit verbundene Gedanke der Folgerichtigkeit findet jedoch im Verwaltungsrecht seine Entsprechung in dem der **Selbstbindung** durch den Gleichheitssatz. Für das Bundesverfassungsgericht ist die Selbstbindung, kaum von Belang. Für die Verwaltungsgerichte und die Verwaltungspraxis hingegen ist die Selbstbindung ein **zentraler Bereich**, in dem der Gleichheitssatz unmittelbar bedeutend ist.[320] Daher werden die Rolle des Gleichheitssatzes und des Willkürverbots hier genauer betrachtet.

aa) *Begriff der Selbstbindung*

Selbstbindung bedeutet, im Gegensatz zur Fremdbindung, dass die Verwaltung selbst ein bestimmtes **Handlungsschema** oder **Handlungsmuster** entwickeln kann, sie ihr Handeln gewissermaßen eigenständig vorprogrammiert. Sie entwickelt ein bestimmtes Reaktionssystem oder Entscheidungsprogramm.[321] Dabei handelt sie im Rahmen der Gesetze und ist an den jeweiligen Zweck des Gesetzes gebunden, das sie ausführt. Das Gesetz und die Rechtsordnung nehmen dadurch immer eine gewisse Vorwertung vor.[322] Insofern könnte man verallgemeinernd jede Handlung der Verwaltung als **Fremdbindung** ansehen, als die Verwaltung ein gesetzliches Handlungsprogramm auszuführen hat. Sobald ihr aber Spielräume gewährt werden, dem Gesetzeszweck zu entsprechen, kann sie *selbst* ein Handlungsmuster

---

13, 331 (340 f.); 15, 313 (318); 18, 366 (372 f.); 20, 374 (377); 59, 36 (49); DVBl 1962, 174 (175). Vgl. aus der Literatur **allgemein** *Herzog* in MD Anhang zu Art. 3 Rn. 31; *Bleckmann* StaatsR II § 24 Rn. 81; *von Münch* StaatsR II Rn. 576. Den Indizcharakter **ablehnend** *Rüfner* in BK Art. 3 Rn. 38; pointierter *Kischel* AöR 124 (1999) S. 174, 195, 201 – **anders** *Osterloh* in Sachs Art. 3 Rn. 91 und wohl auch *Zippelius* VVDStRL 47 (1989) S. 7, 30 f. Zur Sensibilisierung *Starck* Diskussionsbeitrag in Link (Hg.) Verfassungsstaat S. 110 – Zur Rechtsprechung *Stettner* BayVBl 1988, 545, 549 – **offengelassen** *Huster* Rechte und Ziele S. 289.

[320] *Sachs* in Stelkens/Bonk/Sachs VwVfG § 40 Rn. 103 spricht von einer überragenden Bedeutung für die gerichtliche Kontrolle. Wenn das Bundesverfassungsgericht im Zusammenhang mit der Verwaltung und dem Gleichheitssatz die Selbstbindung erwähnt, etwa bei BVerfG E 76, 1 (73), dann gibt das Gericht die von ihm offenbar gebilligte herrschende Meinung wieder, ohne sich weiter mit ihr auseinander zu setzen.

[321] *Di Fabio* VerwArch 86 (1995) S. 214, 223; *Gusy* NJW 1988, 2505, 2510.

[322] So der etwas verkürzende Einwurf *Baduras* Diskussionsbeitrag in VVDStRL 40 (1982) S. 292. In die gleiche Richtung zielt *Schaumann* JZ 1966, 721, 723. Siehe zum Ganzen auch *Wallerath* Selbstbindung S. 16; *Gusy* NJW 1988, 2505, 2509 f.

bestimmen und den ihr eingeräumten **Freiraum** wertend **ausfüllen**, bzw. das gesetzliche Handlungsprogramm ausfüllen und ergänzen. Sie bildet – im Rahmen des Gesetzes – die Vergleichsmaßstäbe, das Differenzierungsschema selbst. Ihr Handeln ist also gerade nicht vollständig gesetzlich determiniert, so dass man durchaus von einer *Selbst-*Bindung als einer Art von **Selbstprogrammierung** sprechen kann. Denn die Verwaltung setzt die Ursache der Bindung selbst und bestimmt selbst über deren Inhalt.[323] So mag der Zweck eines Gesetzes, etwa von § 70 Abs. 1 GewO sein, den (gleichen) Zugang zu festgesetzten Märkten zu ermöglichen. Wenn der Platz nicht für alle Interessanten ausreicht, muss die Verwaltung zwangsläufig Kriterien entwickeln, nach denen sie die Bewerber auswählt. Das gibt ihr der Gesetzeszweck nur bedingt vor.

bb) *Relevante Bereiche*

Eine Selbstbindung ist in den Bereichen möglich, in denen die Verwaltung Freiräume hat, wo ihr eine gewisse Handlungsfreiheit eingeräumt wurde oder wo nur wenige normative Vorgaben existieren. Da Selbstbindung deswegen immer nur in dem der Verwaltung zugestandenen Rahmen möglich ist, kann sie sich auch nicht über die Gesetzesbindung hinweg setzen. Innerhalb des ihr gesetzlich eröffneten Spielraums kann die Verwaltung dann aber eigene Maßstäbe setzen Daher ist eine Selbstbindung bei der strikt gesetzlich gebundenen Verwaltung eigentlich nicht möglich. Durch **unbestimmte Rechtsbegriffe** können der Verwaltung aber ebenfalls Spielräume gegeben werden. Allerdings werden hier aufgrund der Auslegungsprärogative der Rechtsprechung der Verwaltung nur in bestimmten Sachbereichen, etwa im Prüfungsrecht, Spielräume zugestanden, so dass auch nur dann eine Selbstbindung in Frage kommt.[324] Bei der gesetzesakzessorischen Verwaltung

---

[323] Siehe zur **Programmierung** des Verhaltens *Gusy* NJW 1988, 2505, 2510; *Scheuing* VVDStRL 40 (1982) S. 153, 157; *Hoffmann-Riem* VVDStRL 40 (1982) S. 186, 190, 199; *Wallerath* Selbstbindung S. 17. Vgl. dazu auch *Gubelt* in von Münch Art. 3 Rn. 39. Zur **Selbst- und Fremdbindung** *Dürig* in MD Art. 3 Rn. 431; *Burmeister* Diskussionsbeitrag in VVDStRL 40 (1982) S. 300 f., 321 f.; *Pietzcker* NJW 1981, 2087, 2088; *Ossenbühl* DVBl 1981, 857, 858; *Stern* StaatsR III/1 S. 1331; *Wallerath* Selbstbindung S. 20 f.; kritisch *Schaumann* JZ 1966, 721, 723. Zum Verhältnis zwischen **Grundrechten** und **einfachem Recht** siehe *Badura* in Festschrift Odersky S. 159, 161.
[324] Keine Selbstbindung bei **gebundener Verwaltung** – BVerwG NVwZ-RR 1990, 365 (368); OVG Bautzen LKV 2004, 272 (275). Ein Beurteilungsspielraum wird etwa ausdrücklich zuerkannt (**prüfungsspezifische Wertungen**) BVerwG E 53, 314 (316); DVBl 1967, 661 (662); DVBl 1981, 1062 f.; DVBl 1982, 195 (196) – VGH Mannheim VBlBW 1985, 462 f. (464); OVG Münster DVBl 1990, 543 (544); NWVBl 1993, 211 (214); VG Mainz NJW 2003, 1545 (1547). Das lässt sich nicht verallgemeinern, denn generell wird bei **unbestimmten Rechtsbegriffen** eine Selbstbindung abgelehnt, so etwa von VGH

kommt die Selbstbindung vor allem im Bereich der Ermessensverwaltung vor. Der **Ermessensbereich**, als Gebiet von Spielräumen auf der Rechtsfolgenseite, ist gewissermaßen der klassische Raum der Selbstbindung.[325] Eine Selbstbindung kann es schließlich vor allem bei der **nicht-gesetzesakzessorischen** oder freien Verwaltung geben, etwa bei Subventionen oder anderen Leistungen, auf die kein Anspruch besteht.[326]

cc) Gleichheitssatz, Willkür und Selbstbindung

Literatur und **Rechtsprechung** nehmen oft unspezifisch an, der Gleichheitssatz verpflichte die Verwaltung dazu, ihr Ermessen **gleichmäßig**, systemgerecht, willkürfrei, also sachgerecht auszuüben. Die Verwaltung könne sich daher durch eine länger andauernde, rechtmäßige Verwaltungspraxis selbst binden, weil sie aufgrund des Gleichheitssatzes von der etablierten Praxis nicht ohne sachlichen Grund wieder abweichen dürfe. Ein Abweichen stelle einen Ermessensfehler dar.[327] An dieser recht allgemeinen Feststellung hat sich im Grunde bis heute nichts geändert. Die

---

München BayVBl 1981, 50 (51); ähnlich OVG Münster NWVBl 1998, 62 (63) [zu norminterpretierenden Verwaltungsvorschriften]. Gegen sog. Beurteilungsspielräume aus methodenrechtlicher Sicht *Michael* Methodennorm S. 171.
[325] So auch *Dicke* VerwArch 59 (1968), S. 293, 296; *Bleckmann* StaatsR II § 24 Rn. 11, 42
[326] Ein gutes Beispiel für eine solche Konstellation ist VGH Mannheim NVwZ 1986, 396 f. Hier geht es um eine Subvention im Sozialrecht, nämlich ein freiwilliges Erziehungsgeld des Landes. Das Gericht führt an, dass das Ermessen zwar mangels gesetzlicher Regelung umfassend und nicht durch einen gesetzlichen Rahmen eingeschränkt sei, es finde seine Grenzen aber durch das Willkürverbot des Gleichheitssatzes und dessen Auslegung im Lichte der übrigen Grundrechte.
[327] **Zur Literatur** vgl. bereits *Leibholz* Gleichheit S. 161. Siehe allgemein *Wolff/Bachof/Stober* VerwR Bd. 1 § 31 Rn. 50, § 33 Rn. 68; *Sachs* in Stelkens/Bonk/Sachs VwVfG § 40 Rn. 105 ff.; *Wahl* in Festgabe 50 Jahre BVerwG S. 571, 573 m.w.N.; *Jarass* in JP Art. 3 Rn. 35; *Stern* StaatsR III/1 S. 1358; *Isensee* Diskussionsbeitrag in VVDStRL 40 (1982) S. 296; *Erichsen* VerwArch 71 (1980) S. 289, 293; *Ossenbühl* DVBl 1981, 857, 858; *Osterloh* in Sachs Art. 3 Rn. 118 f.; *Stein* in AK Art. 3 Rn. 59 ff.; *Dicke* VerwArch 59 (1968), S. 293, 297; *Heun* in Dreier Art. 3 Rn. 57; *Kloepfer* Gleichheit S. 28; *Kirchhof* in HdBStR V § 125 Rn. 17; *Starck* in vM Art. 3 Rn. 268; *Stern* StaatsR III/1 S. 1358. Zur historischen Entwicklung *Wallerath* Selbstbindung S. 27 ff.; *Leibholz* Gleichheit S. 160. **Kritisch** zu einer Selbstbindung über den Gleichheitssatz, da sie die Gesetzesbindung nicht überspielen könne: *Raschauer* VVDStRL 40 (1982) S. 240, 244, 256 sowie *ders.* Diskussionsbeitrag a.a.O. S. 323. *Papier* Diskussionsbeitrag in VVDStRL 40 (1982) S. 288 f. Ablehnend – aus anderen Gründen – auch *Bettermann* Der Staat 1 (1962) S. 72, 83; *Leisner* Gleichheitsstaat S. 124 f.; *Schaumann* JZ 1966, 721, 726.
Zur Rechtsprechung siehe BVerwG E 33, 233 (239); DVBl 1964, 191 (192); DVBl 1968, 155 (157); DVBl 1978, 607 (608); DVBl 1979, 592 (593); DVBl 1982, 795 (797); DVBl 1986, 108 (109); NVwZ 1988, 628 (629); NVwZ 1989, 762 (765); DVBl 2004, 131 (132) – OVG Bautzen LKV 2002, 417 (418); OVG Hamburg DVBl 1979, 235 (237); VGH Kassel NVwZ 1987, 902 (904); DöV 1988, 1020 (1022); NVwZ 1997, 615 (616); VGH Mannheim VBlBW 1982, 238 (240); DöV 1987, 650 (651); DöV 1988, 522; NVwZ 1991, 1199; NVwZ-RR 1994, 111 f.; DVBl 1995, 362 (363); VGH München DöV 1980, 610 (611); NVwZ 1988, 83 (86); NJW 1989, 2491; BayVBl 1988 403 (404); NVwZ-RR 1989, 423 (425); BayVBl 1998, 536 f.; BayVBl 1999, 590 (593); BayVBl 2001, 211; OVG Münster DöV 1975, 205 f.; NVwZ 1982, 572 (574); NVwZ 1987, 518; DöV 1987, 113; NVwZ-RR 1989, 169 (170); NWVBl 1996, 429 (432); NVwZ 2002, 614 – KreisG Chemnitz/Stadt LKV 1992, 174 (175).

Tagung der Vereinigung der Staatsrechtslehrer, diskutierte bereits 1981 über alle denkbaren rechtlichen und faktischen (Selbst-) Bindungen der Verwaltung. Die Bindung durch den Gleichheitssatz und die damit zusammen hängenden Phänomene wurde hingegen als **dogmatisch durchdrungen** angesehen. Sie war kein Thema der Beiträge und tauchte in der Ausspreche nur am Rande auf.[328] Die Selbstbindung der Verwaltung an den Gleichheitssatz scheint uninteressant. Ihre Grundaussagen wurden schon im Konstitutionalismus, hauptsächlich jedoch in der Weimarer Republik entwickelt und dort teilweise schon mit dem Gleichheitssatz in Verbindung gebracht.[329] Denn die Rechtsprechung praktiziert sie seit langem, und die Literatur konnte ihr seit der Monografie *Walleraths* auch nicht mehr viel Neues abgewinnen. Die ständige Rechtsprechung der Verwaltungsgerichte hierzu hat sich seit den 1960er Jahren kaum geändert.[330]

α) Über diese oft pauschale Betrachtung wird der konkrete Bezug zum Gleichheitssatz vernachlässigt. Wenn die Verwaltung eine Person behandelt, muss sie sie wie die Vergleichsgruppe behandeln, wenn beide Fälle im Hinblick auf das relevante Vergleichsmerkmal gleich sind. Im Rahmen des ihr eingeräumten Spielraums legt sich die Verwaltung in ihrem Handeln auf bestimmte Vergleichskriterien fest. Sie

---

[328] Siehe zu den Selbstbindungen Burmeister DöV 1981, 503, 506. Zur Tagung der Staatsrechtslehrer zu den Selbstbindungen siehe den Tagungsband VVDStRL 40 (1982) mit den Beiträgen von *Scheuing* a.a.O. S. 153 ff., *Hoffmann-Riem* a.a.O. S. 187 ff. und *Raschauer* a.a.O. S. 240 ff. sowie die Ausspreche zu diesem Thema a.a.O. S. 273 ff. Es wurde kritisiert, dass durch die Referenten die „normalen" Selbstbindungskonstellationen nicht ausreichend gewürdigt wurde, etwa von *Schmidt-Aßmann* a.a.O. S. 277, *Badura* a.a.O. S. 292; siehe auch *Burmeister* a.a.O. S. 301. Siehe ebenfalls *Isensee* a.a.O. S. 295 f., der das Ganze auf den Punkt bringt.

[329] **Ermessen** und Gleichheitssatz im Konstitutionalismus *Aldag* Gleichheit S. 2; *Held-Daab* Ermessen S. 220 – in der Weimarer Republik *Leibholz* Gleichheit S. 31 f., 77, 166 Fn. 2; *Triepel* Goldbilanzen S. 28; *Fleiner* VerwR S. 140, 145 ff.; *Hatschek* StaatsR I S. 243, ders. VerwR S. 460; *Nawiasky* VVDStRL 3 (1927) S. 25, 37 f.; *Poetzsch-Heffter* WRV S. 401 – **Selbstbindung** und Gleichheitssatz im Konstitutionalismus *Jellinek* Gesetz 323 ff, 348 f. – in Weimarer Zeit *Leibholz* Gleichheit S. 161; *Jellinek* VerwR S. 446 f. und dort Fn. 3, 164.; *Fleiner* VerwR S. 140 Fn. 23 – zur ermessensleitenden und –beschränkenden Wirkung der Grundrechte in der WRV *Stern* StaatsR III/1 S. 494.
Angesichts der Positivierung des Gleichheitssatzes in **Art. 109 I WRV** wunderte sich schon *Jellinek* VerwR S. 447, dass zur Begründung einer Selbstbindung immer noch auf rechtsstaatliche Begriffe statt auf den nahe liegenden Bezug auf den Gleichheitssatz zurück gegriffen werde.

[330] Siehe etwa Burmeister DöV 1981, 503, 508, der davon spricht, dass die Selbstbindung der Verwaltung über den Gleichheitssatz keine spezifischen verfassungsdogmatischen Probleme aufwerfe. Vgl. auch *Michael* Methodennorm S. 214. Umfassend *Wallerath* Selbstbindung – siehe hierzu auch die Besprechung von *Schmidt-Salzer* DVBl 1969 S. 223. Schon *Ipsen* in Neumann/Nipperdey (Hg.) Die Grundrechte S. 111, 148 und dort auch Fn. 117 sah die Selbstbindung der Verwaltung über den Gleichheitssatz als allgemein anerkannten Grundsatz. **Aus neuerer Zeit** *Wahl* in Festgabe 50 Jahre BVerwG S. 571, 573 f., der von der auffälligen Problemlosigkeit verwaltungsrechtlicher Selbstbindungsschriften spricht und dies anscheinend auch generell auf die Selbstbindungslehre münzt. Siehe allgemein zur Rolle des Bundesverwaltungsgerichts bei der Entwicklung der Selbstbindung *Ossenbühl* DVBl 1993, 753, 757.

bestimmt also die Vergleichsmaßstäbe selbst, die sich in der Verwaltungspraxis niederschlagen und damit Entscheidungsmaßstäbe werden, an denen sich die Gleichheitsbetrachtung ausrichtet.[331]

Ist zum **Beispiel** das Ziel die Subventionierung der Fischerei und sollen nur Betriebe ab einer bestimmten Größe eine Förderung erhalten, sehr große hingegen nicht, so könnte ein Kriterium sein, die Förderung von der Gesamttonnage der Fangschiffe oder von der Größe der Fangmenge abhängig zu machen.

Die Verwaltung übt ihr Ermessen dann gleich aus, wenn sie in gleich gelagerten Fällen dasselbe Handlungsschema zugrunde legt. Bei einer Prüfung geht es in erster Linie darum, das von der Behörde entwickelte (**Differenzierungs-**) **Schema** aus der Verwaltungspraxis zu erkennen, zu untersuchen und festzustellen, ob die Fälle anhand des Schemas vergleichbar sind. Die Praxis liefert also nur die Vergleichskriterien für die Gleichheitsbetrachtung. Hierzu werden, wie bei jeder Gleichheitsprüfung auch der Normzweck und die Wertentscheidungen der Verfassung herangezogen. Diese Vorprägung ist bei der gesetzesakzessorischen Verwaltung naturgemäß größer als bei der nicht gesetzesakzessorischen. Sind die Fälle vergleichbar, dann muss die Verwaltung – aufgrund des Gleichheitssatzes, nicht der Praxis – auch das gleiche Schema auf sie anwenden.[332]

β) Die Verwaltungspraxis und die Selbstbindung an sie ist damit in erster Linie eine **abstrakt-generelle** Bindung an ein aus ihr extrapoliertes (allgemeines) Muster. Dieses Muster lässt sich bereits aus dem ersten Vergleichsfall gewinnen, je mehr Fälle die Verwaltung entscheidet, um so mehr kann es verfeinert werden. Eine **Vielzahl von Fällen** ist aber nicht unbedingt notwendig, denn es kommt für die Gleichheitsbetrachtung nur darauf an, wie eine Person behandelt wird und ob die Fälle vergleichbar sind oder nicht. Dafür reicht ein weiterer Fall aus, wenngleich dieser in der Regel nicht so ausdifferenziert betrachtet werden, kann wie bei einer

---

[331] *Ossenbühl* DVBl 1981, 857, 858; *Burmeister* DöV 1981, 503, 508, 510; *Kölbel* Gleichheit im Unrecht Rn. 91; *Bleckmann* Struktur S. 37, 42. Zur **kontinuierlichen Praxis** als Gebot des Gleichheitssatzes BVerwG DVBl 1979, 592 (593); DVBl 1999, 315 – OVG Berlin NVwZ 1987, 440 (441). Vgl. auch VGH Mannheim NVwZ-RR 1991, 254 f.; OVG Münster NVwZ-RR 1997, 585 (588).
[332] Siehe *Heun* in Dreier Art. 3 Rn. 57; *Hain/Schlette/Schmitz* AöR 122 (1997) S. 32, 55 f.; *Ossenbühl* DVBl 1981, 857, 860; *Wallerath* Selbstbindung S. 43 ff, 51; *Mertens* Selbstbindung S. 41; *Stein/Götz* StaatsR S. 395; *Erichsen* VerwArch 71 (1980) S. 289, 298.

längeren Praxis. Der Vergleich fällt also grober aus, und die Bindung wird mit jedem weiteren Fall enger.[333]

γ) Da es sich um ein selbstgesetztes Muster handelt, das die Verwaltung verfolgt, kann sie es aber wieder **ändern**, wenn sie ihre Praxis aufgibt. Was sie nicht kann und wogegen der Gleichheitssatz schützt, ist in einem vergleichbaren Fall von ihrem Muster abzuweichen, die Praxis aber weiter zu verfolgen. In der **Literatur** wird häufig angenommen, dass für eine Änderung sachliche Gründe ausreichen, bzw. dass diese nicht willkürlich sei, da die Änderung der Praxis eine Rechtsänderung bewirke und diese Verschiedenbehandlung damit zu begründen sei.[334] Die **Rechtsprechung** prüft bei einem Abweichen von der Praxis auf Willkür oder sachliche Gründe oder verwendet die anderen üblichen Formulierungen zum Gleichheitssatz (dazu schon oben II 2 a aa).[335] Die Verwaltung behandelt dadurch, dass sie ihre Praxis ändert, den neuen Fall anders als die vorherigen. Der Grund liegt hier aber nicht darin, dass dieser anders als die Vergleichsfälle wäre. Der Grund liegt darin, dass die Verwaltung ihr Vergleichsschema neu ausrichtet und nunmehr andere Kriterien in den Vordergrund stellt. Ist dies möglich, was anhand des Gleichheits-

---

[333] *Wallerath* Selbstbindung S. 95; *Ossenbühl* DVBl 1981, 857, 859; *ders.* in Festgabe BVerwG S. 433, 441. Kölbel Gleichheit im Unrecht Rn. 117, 120; *Seibert* in Festgabe 50 Jahre BVerwG S. 535, 540. Zweifelnd *Bleckmann* StaatsR II § 24 Rn. 134. Anders *Mertens* Selbstbindung S. 31. Dies generell ablehnend *Bettermann* Der Staat 1 (1962) S. 72, 83.
[334] Dazu *Di Fabio* VerwArch 86 (1995) S. 214, 224; *Gusy* NJW 1988, 2505, 2510; *Wallerath* Selbstbindung S. 58, 63, 65, 67; *Bleckmann* StaatsR II § 24 Rn. 135 f., 102; *Maunz/Zippelius* Dt StaatsR S. 218; *Stein/Götz* StaatsR S. 395; *Sachs* in Stelkens/Bonk/Sachs VwVfG § 40 Rn. 124a. Enger *Mertens* Selbstbindung S. 21, 79 f.; *Lademann* Schl-H-Anzeiger 1966, 209, 211. Siehe bereits *Leibholz* Gleichheit S. 161. Vgl. auch *Dürig* in MD Art. 3 Rn. 449 f. Vgl. auch *Rüfner* in BK Art. 3 Rn. 117, 174; *Stern* StaatsR III/1 S. 1358. Ablehnend *Bettermann* Der Staat 1 (1962) S. 72, 83, der dies als Beleg für seine Kritik an der Herleitung über den Gleichheitssatz nimmt, weil jede Änderung der Praxis einen Gleichheitsverstoß darstelle.
[335] **Allgemein** zum Abweichen von der Praxis BVerwG E 33, 233 (239); 75, 86 (93); NVwZ-RR 1989, 370 (371); NVwZ 1994, 581 (582); DVBl 2004, 131 (132) – VGH Kassel DVBl 1963, 443 (445); VGH Mannheim VBlBW 1985, 337 (340); VBlBW 1986, 657 (659); NVwZ 1986, 396 f.; VBlBW 2002, 122 (123); VGH München BayVBl 1985, 565 (566); BayVBl 1993, 185 (186); OVG Münster NVwZ-RR 1991, 452 (453); NWVBl 1996, 429 (434); NWVBl 2001, 145 (146); NVwZ 2002, 614. **Weitere** Begründungstermini, die einen Gleichheitsverstoß beschreiben oder eben ausschließen: **willkürlich**: OVG Bremen NJW 1987, 3024 f.; NVwZ 2002, 216 (217); OVG Koblenz NVwZ-RR 1998, 95 f.; VGH Mannheim NVwZ 1986, 396; NVwZ 1998, 312; VGH München BayVBl 2001, 562 (564); OVG Münster NVwZ-RR 1989, 169 (170); DVBl 1990, 161 (162); NWVBl 1992, 243 (245); NVwZ-RR 1993, 318; NVwZ-RR 1997, 585 (588) – VG Frankfurt/M DVBl 1961, 52 (53) – **sachliche (einleuchtende) Gründe**: BVerwG E 34, 278 (281); 53, 314 (317); 104, 55 (58); DVBl 1963, 65 (66) – OVG Lüneburg NVwZ-RR 1993, 393 (395); VGH Mannheim NVwZ 1986, 396 f.; VGH München DöV 1980, 610 (611); OVG Münster NVwZ-RR 1989, 657 (658); NWVBl 2002, 236 (237) [ähnlich] – **sachgerechte Erwägung**: BVerwG DVBl 1968, 155 (157); DVBl 1982, 795 (797); OVG Münster NWVBl 1997, 274 (275) – **sachgemäß**: OVG Münster NWVBl 1992, 243 (245) – **sachfremd**: BVerwG DVBl 1978, 607 (608) – nicht ohne **zureichenden / ausreichenden Grund** – OVG Koblenz DöV 1982, 250; VGH München BayVBl 1985, 565 (566).

satzes geprüft werden muss, liegt im Hinblick auf das neue Schema, verglichen mit dem alten keine Ungleichbehandlung.

Hat zum **Beispiel** die Verwaltung zu einem festgesetzten Markt immer ein großes Kontingent an Fahrgeschäften zugelassen und merkt nun, dass dies dem Publikum nicht mehr gefällt und die Menschen wegbleiben, kann sie dieses Kontingent verkleinern und nun andere Kontingente vergrößern, wenn das ihrem neuen Konzept entspricht.

dd) *Leistungsansprüche*

Wenn die Verwaltung nach einem Schema handelt, das die behandelte Person einschließt, kann diese aufgrund des Gleichheitssatzes beanspruchen, dass dieses **Schema** auf sie **ebenfalls angewandt** wird. Das kann das **Entschließungsermessen** der Verwaltung betreffen, also die Frage etwa, **ob** die Ordnungsbehörde gegen einen Schwarzbau vorgeht. Es kann aber auch das **Auswahlermessen** berührt sein, wenn sich zum Beispiel die Zahl der anzuwendenden Mittel reduziert. Das vermittelt dem Einzelnen aber noch keinen **Anspruch** auf eine Leistung oder Maßnahme, denn es geht, wie gesagt, nur darum, nach dem gleichen Schema behandelt zu werden. Der Gleichheitssatz hält die Verwaltung nur an der Art und Weise ihrer Ermessensausübung fest. Ein **konkreter Leistungsanspruch** ist nur dann denkbar, wenn sich das Ermessen der Verwaltung so weit reduziert, dass aufgrund ihres Schemas nur noch eine bestimmte rechtmäßige Handlung in Frage käme, ohne gegen den Gleichheitssatz zu verstoßen. Es liegt dann ein Fall der **Ermessensreduzierung** auf Null vor.[336] Die Ermessensreduktion auf Null kann, muss aber nicht durch den Gleichheitssatz vermittelt werden, da er nur fordert, dass der betroffene Fall in der gleichen Art und Weise wie der Vergleichsfall behandelt wird, also das gleiche Handlungsschema angelegt wird. Durch eine vorangegangene Verwaltungspraxis kann sich dieses Handlungsschema insoweit veren-

---

[336] Zur Ermessensreduzierung und dem Gleichheitssatz ausführlich und m.w.N. *Hain/Schlette/Schmitz* AöR 122 (1997) S. 32, 39, 55 sowie *Di Fabio* VerwArchiv 86 (1995) S. 214, 215, 223. Siehe ebenfalls *Maunz* DöV 1981, 497, 498; *Mertens* Selbstbindung S. 80; *Burmeister* DöV 1981, 503, 508, 510; *Sachs* in Stelkens/Bonk/Sachs VwVfG § 40 Rn. 125. Zu einem Anspruch aufgrund des Gleichheitssatzes *Kölbel* Gleichheit im Unrecht Rn. 90, 92, 110, 112; *Maunz* a.a.O. S. 496 f.; *Martens* VVDStRL 30 (1972) S. 7, 24; Zu undifferenziert *Dicke* VerwArch 59 (1968), S. 293, 307. Vgl. allgemein auch *Bleckmann* StaatsR II § 24 Rn. 134. Aus der **Rechtsprechung** vgl. etwa BVerwG NVwZ 1989, 762 (765) – VGH Kassel NJW 1993, 2331; NJW 2005, 1963 (1964); VGH Mannheim NVwZ-RR 1993, 83 f.; VBlBW 2001, 407 (409); VGH München BayVBl 2004, 147 (149); OVG Münster DVBl 1980, 648 (649); NVwZ 1982, 572 (574); NVwZ-RR 1993, 318 – VG Berlin DVBl 1968, 714 (715); VG Köln NJW 1988, 1995. Zur Rechtsprechung allgemein *Erichsen* VerwArch 71 (1980) S. 289, 290.

gen, dass nur noch eine bestimmte Handlung möglich bleibt. Dann kann auch der Gleichheitssatz einen konkreten Anspruch auf eine Leistung vermitteln. Allerdings hängt ein solcher Anspruch auch davon ab, wie knapp das nachgefragte Gut ist. Ist das Gut nur eingeschränkt vorhanden, z.b. bei Rundfunkfrequenzen, können zum einen die Anforderungen an die Verwaltung hoch sein, wenn sie zwischen den Konkurrenten auswählen muss. Zum anderen **begrenzt** die Knappheit des Gutes auch die Möglichkeit der Verwaltung, das Gut zu verteilen.[337]

ee) Selbstbindung, Verwaltungsvorschriften und Gleichheitssatz

Die Beschreibung der Selbstbindung der Verwaltung aufgrund einer Verwaltungsübung und des Gleichheitssatzes ist unvollständig ohne den in der Praxis am meisten relevanten Fall, nämlich den der (mittelbaren) Selbstbindung über Verwaltungsvorschriften und den Gleichheitssatz.

Verwaltungsvorschriften sind abstrakt-generelle Regelungen, die von einer in der Hierarchie übergeordneten Stelle der öffentlichen Verwaltung aufgrund ihrer **Organisations- und Geschäftsleitungsgewalt** an nachgeordnete Behörden erlassen werden. Die Bindung an Verwaltungsvorschriften erfolgt nach außen über den **Gleichheitssatz**. Darin sind sich, zumindest bei den meisten Arten der Verwaltungsvorschriften und in den meisten Fällen Rechtsprechung und herrschende Lehre einig.[338] Das Bundesverwaltungsgericht hat schon früh die Bindung an über längere Zeit angewendete Verwaltungsvorschriften unter dem Gesichtspunkt des

---

[337] Dazu ausführlich *Badura* in Festschrift Friauf S. 529, 531; *Martens* VVDStRL 30 (1972) S. 7, 25, 35 f.
[338] Allgemein zur Bindung an Verwaltungsvorschriften BVerwG E 34, 278 (280 f.); 67, 222 (229); 100, 335 (339 f.); 113, 373 (376); DVBl 1968, 80 (81); DVBl 1981, 1062 f.; DVBl; DVBl 1982, 195 (196); 1986, 110 (111); NVwZ 1988, 734 (735); NVwZ 1989, 759 (760); DVBl 1997, 361 (362 f.); DVBl 2004, 131 (132); NJW 2005, 1525 (1526) – OVG Bautzen LKV 2002, 417 (418); VGH Kassel DVBl 1963, 443 (445); NJW 1993, 2888; OVG Koblenz DVBl 1962, 757; NVwZ-RR 1993, 305 (306); NVwZ-RR 1995, 456; NVwZ-RR 2005, 451 (452); OVG Magdeburg LKV 2002, 283 (284); NVwZ-RR 2004, 465; VGH Mannheim NVwZ 1987, 253 (254); DöV 1989, 30 f.; NVwZ-RR 1991, 254 ff.; NVwZ-RR 1993, 83 f.; NVwZ 1998, 312 f.; VBlBW 2001, 407 ff.; VBlBW 2002, 122 (123); VGH München DöV 1980, 610 (611); BayVBl 2003, 154; OVG Münster DVBl 1976, 883 (884); DVBl 1980, 648 (649); NJW 1987, 169 (170); DVBl 1990, 543 f.; NWVBl 1993, 211 (213); NWVBl 1998, 62 (63) – VG Dresden NVwZ 1999, 1137; VG Düsseldorf NVwZ 1996, 204; VG Karlsruhe NVwZ-RR 2001, 691 (692). Aus der **Literatur** vgl. *Maurer* VerwR § 24 Rn. 21 ff. m.w.N. zu Literatur und Rechtsprechung; *Wolff/Bachof/Stober* VerwR Bd. 1 § 24 Rn. 25; *Wahl* in Festgabe 50 Jahre BVerwG S. 571, 573 m.w.N.; *Raschauer* VVDStRL 40 (1982) S. 240, 243; *Schröder* in Hill (Hg.) Verwaltungsvorschriften S. 1, 2 f., 16 ff.; *Ossenbühl* DVBl 1981, 857, 862. Siehe auch die Nachweise oben bei Fn. 343.

Gleichheitssatzes als **allgemeinen Grundsatz** des Verwaltungsrechts bezeichnet.[339]

Es gibt sehr unterschiedliche und auch kontrovers diskutiere **Arten** von Verwaltungsvorschriften. Man denke nur an die sogenannten normkonkretisierenden Verwaltungsvorschriften, um die es mittlerweile aber ein wenig stiller geworden zu sei scheint. Sie werden in dieser Arbeit allerdings nicht behandelt. Die Verwaltungsvorschriften lassen sich grob in solche unterteilen, die die Organisation und solche, die das Verhalten betreffen, sei es bei der Auslegung von Normen oder bei deren Ausführung. Es gibt sie sowohl bei der gesetzesakzessorischen als auch bei der nicht-akzessorischen Verwaltung.[340] Im Zusammenhang mit dem Gleichheitssatz interessieren hier vor allem **ermessenlenkende Verwaltungsvorschriften**, weil sie in einem Bereich ergehen, in dem die Verwaltung kraft Gesetzes Spielräume hat. Daneben sind auch Verwaltungsvorschriften im nicht-gesetzesakzessorischen Bereich interessant, etwa Subventions- oder Förderrichtlinien, welche ebenfalls das Ermessen[341] steuern können.

Hat eine Norm der Verwaltung Ermessen eingeräumt, so muss sie diesen Spielraum in einer dem Normzweck entsprechenden Weise ausfüllen. Bei der nicht-gesetzesakzessorischen Verwaltung ist die Behörde insofern freier. Ermessenslenkende Verwaltungsvorschriften engen den Spielraum der Verwaltung ein, denn sie legen Kriterien fest, die bei der Ermessensausübung zu berücksichtigen sind. Das enthebt die Verwaltung aber im Einzelfall nicht von der Pflicht, selbst und eigenständig zu entscheiden. Denn sonst würde sie ihr Ermessen gerade nicht gebrauchen und einen **Ermessensfehler** begehen. Zum anderen würde sie gegen Sinn und Zweck der das Ermessen einräumenden Norm verstoßen, da der Normgeber der Verwaltung ein Ermessen gerade eingeräumt hat, damit sie die besonderen Umstände des Einzelfalls berücksichtigt, die eine abstrakt-generelle Norm nicht be-

---

[339] BVerwG 8, 4 (10); ebenso VGH Kassel DVBl 1963, 443 (445). Siehe auch VGH Mannheim DöV 1988, 522. Siehe dazu *Wolff/Bachof/Stober* VerwR Bd. 1 § 25 Rn. 6.
[340] Zu den Arten der Verwaltungsvorschriften *Guckelberger* Die Verwaltung 35 (2002) S. 61, 63 ff.; *Erbguth* DVBl 1989, 473, 475; *Saurer* DöV 2005, 587 f.; *Wolff/Bachof/Stober* VerwR Bd. 1 § 24 Rn. 24. Speziell zur Problematik von **normkonkretisierenden Verwaltungsvorschriften** und Europarecht *Guckelberger* a.a.O. S. 70 ff.; *Wahl* in Festgabe 50 Jahre BVerwG S. 571, 589 ff.; *Saurer* DöV 2005, 587, 588 f.; *Wolff/Bachof/Stober* VerwR Bd. 1 § 24 Rn. 32 f.
[341] Die Bezeichnung **Ermessen** wird hier nicht allein auf gesetzlich eingeräumtes Ermessen bezogen, sondern auch dort gebraucht, wo die Verwaltung bei der gesetzesfreien Verwaltung selbständig Rechtsfolgen setzen kann.

achten kann. Die Ermächtigung zur Ermessensbetätigung ist also auch eine Pflicht, dies zu tun.[342]

α) Durch eine Verwaltungsvorschrift wird das **Entscheidungsprogramm** der Verwaltung gelenkt und vorgeprägt. Da sie aber gleichzeitig der Verwaltung ermöglicht (bzw. ermöglichen muss), im Einzelfall von ihr abzuweichen, kann sie nicht die gleiche Verbindlichkeit wie eine Rechtsnorm einnehmen, denn diese muss immer befolgt werden. Die Verwaltungsvorschrift wirkt im Innen- aber **nicht im Außenbereich**, weswegen sie **keine Rechtsnorm** ist und selbst auch keine unmittelbaren Rechte und Pflichten für die Bürger begründen kann.[343] Faktisch besteht zwar eine Außenwirkung, da sich die Verwaltungspraxis an den Vorschriften ausrichtet. Rechtlich kann eine solche Bindung nicht bestehen, denn dann wäre ein Abweichen nicht möglich und es würde eine Norm geschaffen, die in der Normenpyramide nicht vorgesehen ist. Wenn die Verwaltung eine Rechtsnorm erlassen will, dann stehen ihr die Formen der **Rechtsverordnung** und Satzung in den dafür gesetzlich vorgesehen Fällen zur Verfügung. Dies darf sie nicht dadurch umgehen, über Verwaltungsvorschriften Quasi-Normen einzuführen, ohne sich an deren formelle Entstehungsvoraussetzungen und vor allem verfahrensrechtliche Sicherungen halten zu müssen. Eines weiteren Verwaltungs-Rechtssatzes bedarf es nicht. Er ist auch nicht notwendig, weil sich über den Gleichheitssatz eine Außenwirkung an die tatsächliche Verwaltungspraxis herleiten lässt. Das ist auch bei der nicht-gesetzesakzessorischen Verwaltung so, denn hier darf die Verwaltung nicht etwas regeln, was aufgrund des Gesetzesvorbehalts eigentlich der Legislative zu regeln ob-

---

[342] *Bachof* Diskussionsbeitrag in VVDStRL 40 (1982) S. 312. Siehe zu diesem Gedanken auch OVG Münster DVBl 1985, 532 (533); NVwZ-RR 1989, 169 (170).
[343] **Allgemein** *Wolff/Bachof/Stober* VerwR Bd. 1 § 24 Rn. 22, 25; *Guckelberger* Die Verwaltung 35 (2002) S. 61, 62, 65 jeweils m.w.N.; *Wahl* in Festgabe 50 Jahre BVerwG S. 571, 573; *Schröder* in Hill (Hg.) Verwaltungsvorschriften. S. 1, 4 f. Siehe auch *Bachof* Diskussionsbeitrag in VVDStRL 40 (1982) S. 312; *Stein/Götz* StaatsR S. 395. Anderer Ansicht etwa *Wahl* in Festgabe 50 Jahre BVerwG S. 571, 578 ff. 585 ff.; *Schröder* in Hill (Hg.) Verwaltungsvorschriften S. 1, 15 f., der davon ausgeht, dass nur die (übergeordnete) Stelle, die die Verwaltungsvorschrift erlassen hat, auch über ein Abweichen von der Verwaltungsvorschrift entscheiden darf. Damit wäre aber der einzelne Sachwalter strikt gebunden worin schon ein Ermessensfehler läge.
Für **Innenwirkung und gegen Normcharakter** *Bachof* Diskussionsbeitrag in VVDStRL 40 (1982) S. 311 f.; *Schenke* Diskussionsbeitrag in VVDStRL 40 (1982) S. 313; *Seibert* in Festgabe 50 Jahre BVerwG S. 535, 543. – Dagegen für **Normcharakter und Außenwirkung** offenbar *Raschauer* VVDStRL 40 (1982) S. 240, 245; *Schröder* in Hill (Hg.) Verwaltungsvorschriften S. 1, 3, 17 f.; *Ossenbühl* in Festgabe 50 Jahre BVerwG S. 433, 437, 442 (jeweils mit Hinweisen auf seine grundlegende Arbeit: Verwaltungsvorschriften und Grundgesetz, 1968); die Kritik zusammenfassend *Wahl* in Festgabe 50 Jahre BVerwG S. 571, 582 ff. Siehe auch *Scheuing* VVDStRL 40 (1982) S. 153, 158 **Differenzierend** *Erbguth* DVBl 1989, 473, 476 ff., 480 f.

legen hätte.[344] Ob dies für **normkonkretisierende** Verwaltungsvorschriften einer anderen Betrachtung bedarf, sei dahingestellt, denn diese sind nicht Gegenstand dieser Arbeit.[345]

β) Kommt der Verwaltungsvorschrift aber keine Außenwirkung zu, fragt es sich, wie sich das für die Betroffenen rechtlich auswirkt, die sich einer Behörde gegenüber sehen, welche sich faktisch an Verwaltungsvorschriften hält. Hier ist wiederum der **Gleichheitssatz** das Vehikel oder die „**Transformationsnorm**", um Ansprüche durchzusetzen. Hält sich die Verwaltung an eine Verwaltungsvorschrift, so äußert sich dies **nach außen** in einer bestimmten **Verwaltungspraxis**, die befolgt wird. *Diese Praxis* und nicht die Verwaltungsvorschrift ist über die Sphäre der Verwaltung hinaus sichtbar und damit nach außen **ausschlaggebend**. Hält sich die Verwaltung an die Verwaltungsvorschriften, lässt sich mit ihrer Hilfe das Handlungsmuster besser bestimmen – die Vorschriften sind insofern ein (starkes) **Indiz** für die Praxis, die sie in der Regel ja aufgrund ihrer internen Wirkung ausgelöst haben. Da sie aber nach außen letztverbindlich nicht sein können und dürfen, bleibt die Praxis der Punkt, an dem der Gleichheitssatz rechtlich ansetzt, wie im vorhergehenden Abschnitt schon gezeigt. Eine „Bindung" an Verwaltungsvorschriften ergibt sich also erst dadurch, dass sie in der Praxis befolgt werden und der Gleichheitssatz einen Anspruch darauf **vermittelt**, entsprechend der Praxis behandelt zu

---

[344] Zur fehlenden Normqualität und zur Bindung über den Gleichheitssatz BVerwG E 34, 278 (280 f.); NVwZ 1989, 761; DVBl 1995, 627; DVBl 1996, 814 – OVG Bautzen LKV 2002, 417 (418); VGH Kassel DVBl 1963, 443 (445); OVG Koblenz DVBl 1962, 757; OVG Magdeburg NVwZ-RR 2004, 465; VGH Mannheim VBlBW 2001, 491; OVG Münster DVBl 1985, 532 (533) – VG Dresden NVwZ 1999, 1137. Siehe **demgegenüber** aber BVerwG DöV 2005, 605 (606 f.) sowie VGH Mannheim VBlBW 1992, 350 (351), VBlBW 2002, 122 (123) die bei bestimmten Verwaltungsvorschriften eine Normenkontrolle nach § 47 VwGO für zulässig erachten. Vgl. auch OVG Münster NWVBl 1995, 148, das bestimmten Verwaltungsvorschriften aufgrund der gesetzlichen Ermächtigung ausdrücklich den Charakter als Rechtssätze zuspricht. Vgl. ferner (unscharf) VG Bremen NVwZ-RR 1989, 249 (252).
Aus der **Literatur** *Schenke* Diskussionsbeitrag in VVDStRL 40 (1982) S. 313; *Pietzcker* NJW 1981, 2087, 2090; *Wallerath* Selbstbindung S. 103; *Dicke* VerwArch 59 (1968), S. 293, 303 f. **Anderer Ansicht** etwa *Schröder* in Hill (Hg.) Verwaltungsvorschriften S. 1, 11 f. Beachte auch den Gedanken, den *Maunz* DöV 1981, 497, 500 erwähnt: wenn Verwaltungsvorschriften etwas Wesentliches betreffen, dann dürfen sie gar nicht als Verwaltungsvorschriften ergehen, sondern den Gesetzgeber muss das leisten – in diesem Sinne auch BVerwG NVwZ 2005, 713 f. sowie NVwZ 2005, 710 zu Beihilfevorschriften (siehe dazu die Besprechungen von *Battis* JZ 2005, 250 und *Saurer* DöV 2005, 587, 590 ff.).
[345] Zur Problematik **normkonkretisierender** Verwaltungsvorschriften *Guckelberger* Die Verwaltung 35 (2002) S. 61, 66, 85; *Erbguth* DVBl 1989, 473, 477, 480 ff.; Saurer DöV 2005, 587, 588 ff. Ablehnend unter Hinweis auf die Rechtsprechung des EuGH *Wahl* in Festgabe 50 Jahre BVerwG S. 571, 589 ff. Siehe dazu aber auch BVerwG NVwZ 2000, 440. Zum Beitrag des BVerwG zu normkonkretisierenden Verwaltungsvorschriften siehe auch *Ossenbühl* DVBl 1993, 753, 758.

werden.[346] Die Bedeutung des Gleichheitssatzes ist also dieselbe, als wenn es nur eine Verwaltungspraxis ohne Verwaltungsvorschriften gäbe. Verwaltungsvorschriften – zumindest den hier interessierenden ermessenslenkenden – kommt also eine **mittelbare Außenwirkung** über den Gleichheitssatz zu.[347] Die Selbstbindung an Verwaltungsvorschriften wie die Selbstbindung an sich über den Gleichheitssatz scheint keine spezifisch verfassungsdogmatischen Probleme aufzuwerfen, wie *Burmeister* schon 1981 in Vorbereitung auf die Tagung der Staatsrechtslehrer zum Thema Selbstbindungen meinte.[348] Auch bei der Tagung selbst wurde über sie praktisch nicht gestritten, sondern nur die bekannten Argumente ausgetauscht (dazu oben Seite 166). Daran hat sich bis heute auch angesichts einer **ständigen Rechtsprechung**[349] zu Verwaltungsvorschriften nichts geändert.

γ) Hält man daran fest, dass ermessenslenkende Verwaltungsvorschriften nicht nach außen binden können, sondern eine Bindung nur aufgrund des Gleichheitssatzes und der Verwaltungspraxis erfolgt, dann beantwortet sich die Frage schnell, was geschieht, wenn es zwar Verwaltungsvorschriften gibt, diese aber noch nicht angewandt wurden: nichts. Mangels Verwaltungspraxis und mangels Vergleichsfällen kann der Gleichheitssatz keine Bindungswirkung vermitteln. Das ist dann erst durch die Folgeentscheidungen und das sich (durch die Verwaltungsvorschriften) etablierende Vergleichssystem möglich.[350] Demgegenüber versucht die Rechtspre-

---

[346] *Maurer* VerwR § 24 Rn. 21 ff. m.w.N. zu Literatur und Rechtsprechung; *Wallerath* Selbstbindung S. 106; *Guckelberger* Die Verwaltung 35 (2002) S. 61, 82; *Dürig* in MD Art. 3 Rn. 432 f.; *Starck* in vM Art. 3 Rn. 269, 273; *Rüfner* in BK Art. 3 Rn. 174. Aus der **Rechtsprechung**: BVerwG DVBl 1981, 1149, DVBl 1982, 447 (448f.); DVBl 1986, 110 (111); NVwZ 1989, 761; DVBl 2004, 131 (132) – OVG Greifswald NVwZ-RR 2002, 406; VGH Kassel DVBl 1963, 443 (445); OVG Magdeburg LKV 2002, 283 (284); NVwZ-RR 2004, 465. Vgl. auch VGH Mannheim NVwZ 1998, 312; VGH München BayVBl 1981, 50 (51); OVG Münster DVBl 1985, 75; NWVBl 1993, 211 (213); NVwZ-RR 1997, 585 (588); DVBl 1997, 1286 – VG Frankfurt/M NVwZ-RR 1991, 144 (145); NVwZ-RR 2001, 738; VG Karlsruhe NVwZ-RR 2001, 691 (692); VG Potsdam LKV 2001, 430.

[347] So zumindest die herrschende Lehre und die Rechtsprechung. Zur **mittelbaren Bindung** über den Gleichheitssatz BVerwG E 104, 55 (58); DVBl 1982, 195 (196) – VGH Mannheim NVwZ 1987, 253 (254); VGH München DöV 1980, 610 (611); OVG Münster DVBl 1985, 532 (533) – VG Karlsruhe NVwZ-RR 2001, 691 (692). Vgl. dazu *Guckelberger* Die Verwaltung 35 (2002) S. 61, 65 f., 80; *Gubelt* in von Münch Art. 3 Rn. 39. *Wallerath* Selbstbindung S. 105; *Dicke* VerwArch 59 (1968), S. 293, 305; *Breuer* in Festgabe BVerwG S. 89, 101; *Stern* StaatsR III/1 S. 1331; *ders.* StaatsR III/2 S. 1186 (Gleichheitssatz als dogmatische Brücke); *Wolff/Bachof/Stober* VerwR Bd. 1 § 24 Rn. 27; wohl auch *Kirchhof* in HdBStR V § 125 Rn. 17. **Ablehnend** *Wahl* in Festgabe 50 Jahre BVerwG S. 571, 580, 587. **Offen** gelassen *Heun* in Dreier Art. 3 Rn. 57.

[348] *Burmeister* DöV 1981, 503, 508.

[349] Siehe dazu die Nachweise bei Fn. 338.

[350] Vgl. dazu auch die unter einem etwas anderen Aspekt geführte Argumentation des VGH Mannheim in NVwZ 1991, 1199, der zeigt, dass sich ein Verwaltungspraxis unter dem Gesichtspunkt des Gleichheits-

chung und ein Großteil der Lehre über eine sogenannte **antizipierte Verwaltungspraxis** (vorweggenommene Übung) eine Bindung zu konstruieren, nach der die Verwaltungsvorschriften das in der Praxis künftig anzulegende Vergleichsschema vorwegnehmen und sich die Vergleichsbetrachtung daher an diesem Schema orientieren könne, da die Vorschriften eine Vermutung für die tatsächliche Praxis seien.[351] Die Schwierigkeit, eine antizipierte Übung zu konstruieren zeigt sich etwa in einer Entscheidung des Bundesverwaltungsgerichts aus dem Jahre 1981. Dort hatte der Dienstherr zwar Verwaltungsvorschriften erlassen, er wendete aber eine andere Praxis an. Das Gericht muss erst begründen, dass die erlassenen Vorschriften nicht durchgesetzt wurden und sich eine andere Praxis gebildet habe, um dann auf die Bindung durch diese andere Praxis zu kommen.[352] Würde man von vornherein davon ausgehen, dass es alleine auf die Praxis ankommt und schon deshalb nicht umgesetzte Verwaltungsvorschriften keine Relevanz haben, wäre man einiger Erklärungsversuche enthoben. Zu Recht weisen Kritiker darauf hin, dass man dann auch direkt auf die Verwaltungsvorschriften zugreifen könne und nicht des hier konstruiert wirkenden Umweges über den Gleichheitssatz bedürfe.[353] Handelt es sich um *veröffentlichte* Verwaltungsvorschriften, von denen noch nicht Gebrauch gemacht wurde, hilft der Gleichheitssatz nicht weiter. Eine Bindung lässt sich in diesem Fall eher mit dem Grundsatz des **Vertrauensschutzes** begründen. Im Übrigen verfährt die Rechtsprechung bei veröffentlichten Verwaltungsvorschriften teilweise anders und wendet sie direkt an oder lässt, wie etwa der VGH Mannheim, sogar eine Normenkontrolle zu.[354] Auch in anderen Fällen werden ver-

---

satzes nur herausbilden könne, wenn auch **Vergleichsfälle** existieren (hier hatte Behörde immer nur dasselbe Institut gefördert und sonst kein weiteres). Den Aspekt der fehlenden Vergleichsfälle übersieht *Seibert* in Festgabe 50 Jahre BVerwG S. 535, 543 völlig.
[351] Siehe etwa BVerwG DVBl 1982, 195 (197); DöV 1982, 76; DVBl 1995, 627 – VGH Kassel DöV 1992, 121 (122); OVG Münster DVBl 1990, 543 (544). Vgl. auch *Rüfner* in BK Art. 3 Rn. 174; *Guckelberger* Die Verwaltung 35 (2002) S. 61, 66; *von Münch* StaatsR II Rn. 577; *Kölbel* Gleichheit im Unrecht Rn. 119 vgl. aber auch Rn. 62 f. *Seibert* in Festgabe 50 Jahre BVerwG S. 535, 543. Kritisch *Wolff/Bachof/Stober* VerwR Bd. 1 § 24 Rn. 28 f.; *Sachs* in Stelkens/Bonk/Sachs VwVfG § 40 Rn. 112. Zu undifferenziert *Bleckmann* StaatsR II § 24 Rn. 132. Weitergehend und allgemeiner *Scheuing* VVDStRL 40 (1982) S. 153, 157: bereits die erste Entscheidung einer Verwaltung müsse durch einen Grundsatz gerechtfertigt sein, der fortan als Handlungsprogramm dienen könne. Hierzu zwingt aber der Gleichheitssatz gerade nicht, da sich erst an der zweiten Entscheidung zeigt, welches Handlungsprogramm die Verwaltung ausführen will.
[352] BVerwG DVBl 1981, 1062 f.
[353] *Schröder* in Hill (Hg.) Verwaltungsvorschriften S. 1, 17; *Pietzcker* NJW 1981, 2087, 2091; *Ossenbühl* in Festgabe BVerwG S. 433, 442 f. Ähnlich OVG Magdeburg LKV 2002, 283 (284).
[354] Zur Bindung an veröffentlichte Verwaltungsvorschriften vgl. BVerwG E 61, 15 (18); DöV 2005, 605 (606 f.) – OVG Koblenz DVBl 1962, 757; OVG Münster NWVBl 1995, 148. Siehe dazu auch *Breuer* in Festgabe BVerwG S. 89, 102 f.; *Sachs* in Stelkens/Bonk/Sachs VwVfG § 40 Rn. 113. Vgl. auch schon *Lademann* Schl-H-Anzeiger 1966, 209, 211, der allerdings auf die Veröffentlichung in Verbindung mit dem

schiedene Typen von Verwaltungsvorschriften nicht wie bloßes Binnenrecht behandelt. Allerdings zeigen auch die jüngsten Entscheidungen des Bundesverwaltungsgerichts zu **Beihilfevorschriften**, dass es mittlerweile – aufgrund des Gesetzesvorbehalts – solchen unmittelbar verbindlichen Verwaltungsvorschriften skeptisch gegenüber steht und nur echten Rechtsnormen diese Qualität zubilligt.[355]

ff) Selbstbindung und Systembindung

Eine Selbstbindung durch den Gleichheitssatz wird bei der Verwaltung angenommen, beim Gesetzgeber hingegen nicht. Diese Unterscheidung kann man in verschiedener Hinsicht erklären. Einerseits besteht schon einen andere Ausgangssituation. Die Verwaltung verfügt nicht über die gleiche Legitimation wie der Gesetzgeber. Der Gesetzgeber ist durch Wahlen unmittelbare demokratisch legitimiert und damit auch näher am Volkswillen. Je weiter man sich von diesem entfernt, um so mehr nimmt die Bindung an das Recht und damit auch die Rechtskontrolle zu.[356] Die Funktion der Verwaltung ist – in der Regel – die der Rechtsanwendung, nicht die der Rechtsetzung. Andererseits ist Normsetzung abstrakt-generell. In der Allgemeinheit des Gesetzes kommt der Gleichheitssatz schon zum Ausdruck (dazu schon oben A II 1). Bei der Verwaltung geht es meist um konkret-individuelle Regelungen. Hier ist der Ansatz für eine Vergleichsbetrachtung viel genauer. Zum Dritten muss man beachten, dass es hier nicht um eine Bindung aufgrund eines wie auch immer gearteten Systemgedankens, sondern aufgrund des Gleichheitssatzes selbst geht. Selbstbindung ist keine Systembindung, weil sie keine ganzheitliche, übergreifende Betrachtung anstellt, sondern sich an konkreten Handlungen orientiert. Sie ist in dem Sinne aber „Systembindung", als die von der Verwaltung selbst gewählten Kriterien, das „Entscheidungssystem", zugrunde gelegt werden. Dabei wird aber nur das Phänomen beschrieben. Erklären lässt es sich aber durch den Gleichheitssatz, ohne dass dem Systembegriff hierbei eine eigenständige Bedeutung zukäme. Es werden nicht Normen in Bezug zu verschiedenen Normkomplexen ge-

---

Gleichheitssatz abstellt. Allgemein zum Vertrauensschutz in der Rechtsprechung *Pieroth* JZ 1990, 279 ff.; *Sachs* in Stelkens/Bonk/Sachs VwVfG § 40 Rn. 83, 104. Für eine generelle Veröffentlichung *Fischer* Dogmatik des Allgemeinen Verwaltungsrechts S. 32 f. Kritisch zur Veröffentlichung *Michael* Methodennorm S. 218 f.

[355] Nachweise zu Rechtsprechung und Literatur etwa bei *Wahl* in Festgabe 50 Jahre BVerwG S. 571, 576, der auf die Inkonsequenzen der Rechtsprechung aufmerksam macht. Zu den Beihilfevorschriften siehe BVerwG NVwZ 2005, 713 f. sowie NVwZ 2005, 710. Vgl. auch die Besprechung von *Battis* JZ 2005, 250 und *Saurer* DöV 2005, 587, 590 ff.

[356] *Bleckmann* StaatsR II § 24 Rn. 149, 158 ff., 161.

setzt, sondern eine Handlung, die sich an bestimmten Kriterien orientiert, wird mit einer anderen Handlung vergleichen. Es geht nicht darum, dass die Kriterien, die Programmierung, die sich die Verwaltung gegeben hat, weiterentwickelt werden soll, sondern darum, dass die einmal etablierten Kriterien, das Programm auch eingehalten werden, weil ansonsten eine Ungleichbehandlung vorliegen könnte. Eine Differenzierung wird aus sachlichen Gründen gerechtfertigt. Das liegt dann aber nicht am System, sondern an den *dahinterstehenden* Wertungen und Interessenabwägungen, die in die Rechtfertigung einfließen. Systemtreue ist nur eine Art von Sammelbezeichnung dafür.[357]

d) Fallgruppen der Bereichsspezifik

Versucht man, typische Gleichheitskonstellationen in bestimmte Gruppen einzuordnen, so bilden sich dadurch Fallgruppen aus, an denen sich die Gleichheitsprüfung in vielen Bereichen orientieren kann, weil der Gleichheitssatz von diesen Merkmalen bereichsspezifisch konkretisiert wird.[358] Es geht hier um eine Darstellung übergreifender Merkmale. In diesem Zusammenhang ist für die Arbeit nicht von Belang, wie der Gleichheitssatz im Steuerrecht oder Prüfungsrecht im Detail ausgeprägt wird, da diese Bereiche nicht monografisch abgehandelt werden sollen.[359]

aa) *Typisierung / Pauschalierung*

Eine besondere Fallgruppe der Bereichsspezifik ist die der Typisierung oder Generalisierung.[360] Wenn der Normgeber **typisiert**, dann orientiert er sich nicht an den Besonderheiten des Einzelfalls, sondern stellt auf die Regelfälle eines Sachbereichs ab. Geht es um rechnerische Grundlagen, Geldbeträge, Fristen oder Stichtage, die verallgemeinert werden, so spricht man statt von Typisierung auch von **Pauscha-**

---

[357] Dazu auch *Kischel* AöR 124 (1999) S. 174„ 195 f.).
[358] Zur bereichsdogmatischen Aufgliederung des Gleichheitssatzes *Kim* Konkretisierung S. 190, 199. Vgl. auch *Bleckmann* Struktur S. 72; *ders.* StaatsR II § 24 Rn. 13 f.; *Heun* in Dreier Art. 3 Rn. 31 ff. Zu hierbei leitenden Gesichtspunkten *Starck* in vM Art. 3 Rn. 14, 23, 27, 33, 44.
[359] Zum Steuerrecht und dem Gleichheitssatz *Arndt* NVwZ 1988, 787, 789 ff.; *Schoch* DVBl 1988, 863, 881; *Seiler* JZ 2004, 481, 482. Zum Prüfungsrecht siehe ebenfalls *Schoch* DVBl 1988, 863, 881.
[360] *Gubelt* in von Münch Art. 3 Rn. 26 unterscheidet die Typisierung von der jeder Norm eigenen Abstrahierung und Generalisierung, ohne aber überzeugend zu erklären, worin der Unterschied liegen soll. *Kirchhof* würde die Typisierung wahrscheinlich seiner Kategorie der Folgerichtigkeit zuordnen: die von der Rechtsordnung gesetzte Sachgesetzlichkeit muss aufgenommen und Regelungen müssen folgerichtig aufeinander abgestimmt werden, vgl. *Kirchhof* Verschiedenheit S. 38. Siehe auch *Kloepfer* Gleichheit S. 34, der einen Trend zu abgegrenzter Differenzierung für unterschiedliche Sachbereiche beobachtet haben will.

lierung.[361] Geldleistungen, z.B. bei der Sozialhilfe werden etwa nach einem Durchschnittswert gezahlt, der regelmäßig den Bedarf deckt. In diesem Zusammenhang spricht die Rechtsprechung oft (v.a. im Abgabenrecht) von einer **Typengerechtigkeit** (als Anknüpfen an den typischen Regelfall), die beachtet werden müsse.[362] An den Anforderungen, die von ihr gestellt werden, ändert das allerdings nichts. Der Bezug zur Gerechtigkeit wurde schon oben S. 98 in Frage gestellt, so dass sich weitere Ausführungen erübrigen.[363]

Die Typisierung orientiert sich an bestimmten **Regelfällen**, die für einen Merkmalstyp stehen, der den Sachbereich noch am ehesten repräsentiert, ihn prägt. Sie werden daher zum Leitbild für die Typisierung gemacht. Einzelne Besonderheiten, die sich dem Typ entziehen – *atypische Fälle* also – werden ausgeblendet.[364] Das ist eigentlich ein ganz normaler Vorgang, wie er mit jeder Rechtsetzung notwendig einhergeht und jeder Rechtsnorm eigen ist. Denn jede Rechtsnorm ist abstrakt und schematisiert, da sie eine allgemeine, also für alle gültige Regelungen darstellen muss. Damit muss **notwendig** vom jeweiligen Einzelfall abstrahiert werden. Typisierungen sind deshalb oft unvermeidbar.[365] Dieses Phänomen trifft auf den Gesetzgeber zwar besonders zu, kann aber auch bei der **Verwaltung** beobachtet werden, wenn sie durch Satzungen oder Verordnungen ebenfalls abstrakt-generelle Re-

---

[361] *Herzog* in MD Anhang zu Art. 3 Rn. 28. *Gubelt* in von Münch Art. 3 Rn. 26. Vgl. auch allgemein *Fischer* Dogmatik des Allgemeinen Verwaltungsrechts S. 79. Siehe zur Pauschalierung aus der **Verwaltungsrechtsprechung** etwa BVerwG NVwZ 1985, 422 (423); NVwZ 1987, 231 (232); DVBl 1995,198 (199); BVerwG NVwZ-RR 1996, 525 (528); DVBl 2002, 60 (66); NVwZ-RR 2005, 592 (594) – OVG Greifswald NVwZ-RR 2004, 165 (166); VGH Kassel NVwZ 1990, 396 (397); OVG Lüneburg NVwZ 1987, 157 (158); NVwZ 2004, 755 (756).
[362] BVerfG DVBl 1962, 406 (411); DVBl 1978, 527 (530) – BVerwG E 25, 147 (148); 78, 275 (278 f.); NJW 1981, 2314; DVBl 1982, 76; NVwZ 1982,434; DVBl 1983, 46 (47); NVwZ 1987, 231 (232); NVwZ 1989 566 (568); DöV 1995, 826 (827) – VGH Kassel NVwZ-RR 1992, 505 (507); OVG Koblenz DöV 1987, 34; NVwZ 1996, 470 (471); OVG Lüneburg NVwZ 1985, 441; NVwZ 1987, 157 (158); NVwZ-RR 2001, 184 (185); VGH Mannheim DVBl 1974, 201 (203); VBlBW 1988, 142; VBlBW 1989, 348; NVwZ 2002, 220 (223); VGH München BayVBl 1986, 470 (471); BayVBl 1993, 726 (727); BayVBl 1995, 432 (433); BayVBl 1999, 48 (49); BayVBl 1999, 272; OVG Münster NWVBl 1998, 445 (446); NWVBl 1998, 361 (363); NWVBl 2001, 399 (400) – siehe auch die Nachweise oben auf S. 98. Das BVerfG relativiert den Begriff der Gerechtigkeit auch selbst, indem es etwa in E 102, 254 (344) von *scheinbaren* Ungerechtigkeiten spricht.
[363] Sehr kritisch zur Typengerechtigkeit auch *Schoch* DVBl 1988, 863, 879.
[364] Siehe die gute Erklärung bei BVerwG DVBl 1982, 76; siehe auch BVerfG NJW 2005, 2448 (2449); VGH Kassel NVwZ-RR 1992, 505 (507); VGH Mannheim DVBl 1974, 201 (203); OVG Münster NWVBl 2001, 399 (400). Vgl. ferner *Starck* in Link (Hg) Verfassungsstaat S. 51, 66 und dort auch Fn. 73. Aus methodenrechtlicher Sicht *Michael* Methodennorm S. 46 f., 273.
[365] *Herzog* in MD Anhang zu Art. 3 Rn. 24; *Arndt* NVwZ 1988, 787, 789; *Jarass* in JP Art. 3 Rn. 31; *von Münch* StaatsR II Rn. 581; *Maunz/Zippelius* Dt. StaatsR S. 216; *Zippelius* VVDStRL 47 (1989) S. 7, 20; allgemein auch *Heun* in Dreier Art. 3 Rn. 33; *Kloepfer* Gleichheit S. 18.

gelungen trifft. Die Anforderungen, die die **Rechtsprechung** dabei an die Verwaltung stellt, sind aber dieselben wie die an den Gesetzgeber.[366]

α) **Vorgang der Typisierung**

Der Vorgang der Typisierung scheint also der Normgebung an sich, sei es durch die Gesetzgebung oder die Verwaltung eigen zu sein. Er bringt damit auch das Dilemma des Gleichheitssatzes zum Ausdruck, der sich zwischen den Polen Einzelfallbetrachtung (Besonderheit des Einzelfalls) und Allgemeingültigkeit bewegt (dazu oben B IV 1).[367] Das ist aber keine Besonderheit der Typisierung, sondern eine Tatsache, die jeder Gleichheitsbetrachtung eigen ist, weil es immer darum geht, die im konkreten Fall relevanten Vergleichsmerkmale zu bestimmen. Dieses Phänomen hat die Rechtsprechung z.T. veranlasst, von einer **Durchbrechung** des Gleichheitssatzes durch notwendige Typisierungen zu sprechen.[368] Auch in der Literatur wird teilweise vertreten, der Gesetzgeber dürfe, zumindest punktuell, gegen den Gleichheitssatz verstoßen.[369] Diese Sicht ist aber schief, denn bei einer Typisierung

---

[366] Dass eine Typisierung, Generalisierung, Pauschalierung oder Schematisierung, so die verschiedenen Begriffe, alle in gewissem Umfang notwendig sind, wird von der Rechtsprechung anerkannt. Die Anforderungen an Gesetzgebung und Verwaltung sind dieselben. Vgl. etwa **BVerfG** E 102, 68 (93); 102,127 (145); 103, 272 (290 f.); DVBl 1976, 38 (39); DVBl 1988, 952 (957); NVwZ 1990, 356; DVBl 1991, 205 (206); DVBl 1992, 362 (363); DVBl 1995, 290 (293); DVBl 1997, 1053 (1054); NJW 2000, 572 (573); DVBl 2001, 896 (897); NJW 2002,1103 (1109); NVwZ 2005, 319 (320) – **BVerwG** E 54,124 (132); 58, 230 (243); 79, 54 (60); 89, 145 (149);101, 86 (96); 110, 237 (237); 110, 265 (272); DVBl 1969, 33 (34); DöV 1977, 244; NJW,1981, 2314; DVBl 1982, 76; DVBl 1983, 502 (503); NVwZ 1986, 921 (922); NJW 1987, 1961 (1963); NJW 1988, 1804 (1805); NJW 1989 2962 (2963); NVwZ-RR 1990 311; NVwZ 1991, 480; NJW 1992,3052 (3053); DVBl 1994, 1300 (1301); DöV 1995, 466 (467); NVwZ-RR 1996, 525 (528); DVBl 1997, 1058 (1059); DVBl 2000, 913 f.; DVBl 2005, 1208 (1214) – **OVG** Berlin NJW 1997, 28; OVG Bremen DöV 1993, 576; OVG Frankfurt/O NVwZ 2001, 223 (225); OVG Greifswald NVwZ-RR 1997, 61 (62); VGH Kassel NVwZ-RR 1992, 505 (506); OVG Koblenz NJW 1986, 1058; NVwZ-RR 1990, 199 (200); OVG Lüneburg DVBl 1968, 562 (565); NVwZ-RR 1995, 468 (469); NVwZ-RR 2001, 749 (751); NVwZ-RR 2003, 664 (665); VGH Mannheim DVBl 1974, 201 (203); VBlBW 1985, 462 (464); VBlBW 1988, 142; VBlBW 1989, 348; NVwZ-RR 1990, 257 (259); NVwZ-RR 1990, 461 (463); NVwZ-RR 1991, 254 (255); NJW 1991, 1193 (1195); NVwZ-RR 1993, 509; NVwZ-RR 1999, 35 (36); DVBl 1999, 1366; NVwZ 2002, 359 (360); VBlBW 2002, 210 (211); VGH München BayVBl 2000, 626 (628); BayVBl 2000, 724 (726); OVG Münster NVwZ 1985, 600 (602); NVwZ-RR 1990, 82; NWVBl 1990, 307 (309); DVBl 1994, 416 (419); NWVBl 1994, 268 (269); NVwZ 1995, 191 (193); DöV 2001, 647 (649); NWVBl 2004, 320 (323); KreisG Chemnitz/Stadt LKV 1992, 61 (63); KreisG Leipzig/Stadt LKV 1991,318 (320); VG Wiesbaden NVwZ 1983, 630 (631). Siehe auch *Osterloh* in Sachs Art. 3 Rn. 112.

[367] Siehe hierzu auch *Zippelius* VVDStRL 47 (1989) S. 7, 20, der a.a.O. von einer Paradoxie der Gleichheit spricht.

[368] Etwa BVerwG 110, 237 (237); 110, 265 (272); NVwZ-RR 1999, 64; VGH Mannheim VBlBW 2002, 423 (425); VG Berlin LKV 2006, 140 (142) – differenzierender VGH Mannheim NVwZ-RR 2000, 716 (718).

[369] So *Bleckmann* StaatsR II § 24 Rn. 104. Ungenau *von Münch* StaatsR II Rn. 581. Siehe auch *Maunz/Zippelius* Dt. StaatsR S. 215. Nach *Martini* Prinzip absoluter Rechtsgleichheit S. 282 ff, 286 handelt es sich sogar um schwerwiegende Eingriffe in den Gleichheitssatz.

werden nur unterschiedliche Vergleichsperspektiven angelegt. Es werden zwei Gleichheitsbetrachtungen angestellt und jeweils die Perspektive vom Generellen zum Einzelfall gewechselt, indem entweder mehr, weniger oder andere Merkmale als relevant erachtet werden. Die Typisierung durchbricht also nicht den Gleichheitssatz, sie erklärt nur bestimmte Merkmale des Einzelfalls für irrelevant – wie das jede Vergleichsbetrachtung macht.

Die Kontrolle anhand des Gleichheitssatzes setzt an einem anderen Punkt an, nämlich bei der Frage, ob die als relevant erachteten Kriterien für eine Typisierung **realitätsgerecht, wirklichkeitskonform** ausgewählt wurden. In den Merkmalen müssen die für die Rechtsfolge maßgeblichen Fälle auch regelhaft auftreten, sonst können sie gerade keinen Bezug zur Rechtsfolge herstellen.[370] Es ist aber meist nicht einfach, die für eine Typisierung relevanten Merkmale zu bestimmen. Denn eine Typisierung setzt sich in der Regel aus einer Kombination verschiedener Merkmale zusammen. Zudem kommt ist die rechtlich geschaffene Wirklichkeit hier von Bedeutung. Das sieht man gerade bei Pauschalierungen deutlich. Dafür, ob etwa eine Gebühr in 5er Schritten oder in 6er Schritten gestaffelt wird, lassen sich keine tatsächlichen Gründe finden. Dadurch wird der Gedanke der Bereichsspezifik wichtig. Denn wenn Rechtsprechung und Literatur Kriterien und Fallgruppen entwickeln, um die Grenzen einer Typisierung aufzuzeigen, dann versuchen sie letztlich zu bestimmen, wann Merkmale der Wirklichkeit (bereichsspezifisch) hätten beachtet werden müssen und wann nicht.

In bestimmten Bereichen ist eine größere Typisierung eher angezeigt, als in anderen. Das ist v.a. im **Abgaben- und Sozialrecht** der Fall, wo es um die Verwaltung von **Massenvorgängen** geht. Es müssen viele Vorgänge in kurzer Zeit bearbeitet werden, weswegen der Verwaltung eine umfangreiche Einzelfallprüfung erspart werden soll. Müsste hier jedes Detail beachtet werden, wäre die Verwaltung überfordert. So sieht z.B. das Steuerrecht Freibeträge für Werbungskosten vor, damit nicht jeder Posten einzeln vom Finanzamt geprüft und eingerechnet werden

---

[370] VGH Mannheim NVwZ-RR 1990, 257 (259) – zur Notwendigkeit des Sachbezugs und der Berücksichtigung tatsächlicher Verhältnisse siehe auch BVerfG E 100, 59 (93); 100, 138 (179); NJW 2003, 737 (739); NJW 2005, 2448 (2449). Aus der Literatur *Gubelt* in Münch Art. 3 Rn. 26; *Starck* in Link (Hg) Verfassungsstaat S. 51, 66 und dort auch Fn. 73.

muss.[371] Ein Massenvorgang als solcher begründet zwar keine Ungleichbehandlung, wie das manchmal in der **Literatur** aber anklingt.[372] Er kann aber auf die Notwendigkeit hinweisen, in bestimmten Sachbereichen einen weiteren Maßstab anzuwenden.[373] In die gleiche Richtung zielt die auch in der Rechtsprechung anzutreffende Argumentation, dass eine Typisierung durch Gesichtspunkte der **Verwaltungspraktikabilität** oder **–vereinfachung** (regelmäßig) gerechtfertigt sei, weil solche praktischen Erwägungen in der Regel vernünftige Gründe darstellen, die einen Gleichheitsverstoß rechtfertigen können – die also begründen können, dass gar keine Ungleichheit vorliegt. Die Verwaltungspraktikabilität kann also regelmäßig ein legitimes Ziel darstellen, das der Gesetzgeber verfolgen darf.[374] Sie ist dabei aber nur ein Argument unter anderen und wird von der Rechtsprechung schon dadurch wieder relativiert, dass eine Rechtfertigung nur „in der Regel" oder nur gelingen könne, wenn eine Ungleichbehandlung nicht „erheblich" (dazu auch B II 3 b) sei; daran schließt sich eine normale Gleichheitsprüfung an.[375] Damit ist das Argument der Verwaltungspraktikabilität bloßgestellt und einer eigenständigen Bedeu-

---

[371] *Arndt* NVwZ 1988, 787, 789 f.; *Osterloh* in Sachs Art. 3 Rn. 104; *Starck* in vM Art. 3 Rn. 23; *Kloepfer* Gleichheit S. 18.

[372] *Jarass* in JP Art. 3 Rn. 30; *Gubelt* in von Münch Art. 3 Rn. 26. Siehe dagegen *Müller* VVDStRL 47 (1989) S. 37, 51, der a.a.O. betont, dass den Gründen der Praktikabilität und Verwaltungsökonomie kein all zu großer Stellenwert beigemessen werden dürfe, als im die Harmonisierung verschiedener Verfassungsnormen mit dem GHS gehe und nicht darum, der Verwaltung den Gesetzesvollzug zu vereinfachen.

[373] Siehe die Erklärung bei BVerfG E 9, 20 (32); BVerwG E 101, 86 (95). Vgl. generell zu Massenvorgängen und der Typisierungsbefugnis BVerfG E 9, 20 (32); 45, 376 (390); 63, 119 (128); 98, 365 (385); 100, 59 (90); 103, 272 (290 f.); 103, 310 (319); 103, 392 (397); NJW 2000, 572 (573); NJW 2002, 742 (743); NJW 2005, 2448 (2449) – BVerwG E 89, 145 (149); 101, 86 (95); NVwZ 1986, 921 (922); NJW,1992,3052 (3053); DVBl 1994,1300 (1301); DVBl 2005, 1208 (1214) – VGH Mannheim NVwZ-RR 1991, 254 (255); VBlBW 2002, 423 (425); OVG Münster NVwZ-RR 1990, 82; NWVBl 1994, 268 (269).

[374] Zum Ganzen *Herzog* in MD Anhang zu Art. 3 Rn. 26; *Gubelt* in von Münch Art. 3 Rn. 26; *Hesse* Grundzüge Rn. 439 und dort auch Fn. 88. Zu Typisierung und **Praktikabilität**, bzw. Verwaltungspraktikabilität und Vereinfachung vgl. BVerfG E 9, 20 (31 ff.); 63, 119 (128); DVBl 1984,216 (220) – BVerwG 79, 54 (60); 110, 237 (237); 110, 265 (272); NJW,1981, 2314; BVerwG DVBl 1982, 76; DVBl 1983, 46 (47); NVwZ 1986, 921(922); NJW,1987, 1961 (1963);NJW 1988, 1804 (1805); NVwZ-RR 1990 311; NJW 1992, 3052 (3053); NVwZ-RR 1999, 64; NVwZ-RR 2005, 592 (594) – VGH Kassel NVwZ 1990, 396 (397); VGH Kassel NVwZ-RR 1992, 505 (506); OVG Koblenz DöV 1987, 34 (35); OVG Lüneburg NVwZ 1985, 441; NVwZ-RR 1995, 468 (469); NVwZ-RR 2001, 184 (185); NVwZ 2004, 755 (756); VGH Mannheim NVwZ-RR 1993, 509; NVwZ-RR 1999, 35 (36); NVwZ 2002, 359 (360); VGH München BayVBl 1986, 470 (471); BayVBl 1993, 726 (727); BayVBl 1995, 432 (433); BayVBl 1999, 48 (49); BayVBl 2000, 724 (726); OVG Münster NVwZ 1985, 600 (602); NWVBl 1990, 307 (309); NWVBl 1994, 268 (269); NWVBl 1996, 234 (235); NWVBl 1998, 361 (363); NWVBl 2001, 399 (400); DöV 2001, 647 (649); VG Köln NJW,1988, 1995 (1996); NVwZ 1994, 199 (200). **Aber**: nach BVerwG DöV 1995, 826 (827) kann auch der Grundsatz der Verwaltungspraktikabilität eine erhebliche Ungleichbehandlung nicht rechtfertigen.

[375] Zu solchen Relativierungen siehe etwa BVerwG E 79, 54 (60); 101, 86 (96); 110, 265 (272); DVBl 1982, 76; NJW 1987, 1961 (1963); DöV 1995, 826 (827); NVwZ 1986, 921 (922); NVwZ-RR 1999, 64; VGH Mannheim NVwZ 2002, 220 (223); OVG Münster NWVBl 1996, 429 (433).

tung beraubt. Es dient nur dazu, die eigentliche Prüfung einzuleiten, indem es auf die Notwendigkeit einer Typisierung hinweist.[376]

β) **Intensität = Erforderlichkeit?**

Den Besonderheiten und Notwendigkeiten einer Typisierung entsprechend, hat die Rechtsprechung bestimmte Kriterien entwickelt, die sie nur auf eine Typisierung anzulegen scheint. Eine Typisierung sei dann noch zulässig, wenn

1. die Ungleichheiten oder Ungerechtigkeiten, bzw. Härten, die bei der Typisierung entstehen, unvermeidbar sei;
2. nur eine verhältnismäßig kleine Anzahl von Personen hiervon betroffen sei und
3. der Verstoß gegen den Gleichheitssatz in diesen Fällen nicht sehr intensiv sei.[377]

Ausgangspunkt dieser Kriterien ist die Frage nach der **Wirkung**, den Folgen einer Typisierung für die Betroffenen. Es ist also zu fragen, wie die Vergleichsgruppe, wie die behandelte Gruppe betroffen wird, das heißt, welche Kriterien für ihre Behandlung relevant sind. Insoweit verläuft die Prüfung normal.[378] Als wertendes Kriterium betont die Rechtsprechung zwar, dass die Folgen, Härten der Typisierung **unvermeidbar** sein, oder zumindest nur unter Schwierigkeiten vermeidbar sein müsse. Sie fragt aber letztlich nur, ob die Härte die notwendige, zwangsläufige Folge der Typisierung ist, welche in Kauf genommen werden muss, um das Ziel der Verwaltungsvereinfachung zu erreichen.[379] Eine Härte ist immer eine Folge, die

---

[376] Ebenfalls kritisch *Schoch* DVBl 1988, 863, 879, der die Verwaltungspraktikabilität als Leerformel bezeichnet. Zur Praktikabilität und der Rechtsprechung siehe auch *Martini* Prinzip absoluter Rechtsgleichheit S. 282. Vgl. auch *Rüfner* in BK Art. 3 Rn. 308.

[377] Siehe etwa BVerfG E 45, 376 (390); 63, 119 (128); 98, 365 (385); 100, 59 (90); 102, 254 (344); 103, 310 (319) – BVerwG 79, 54 (60); NVwZ 1986, 921 (922); NVwZ 1987, 231 (232); NJW 1987, 1961 (1963); NVwZ-RR 1995,582 (583); DöV 1995, 826 (827) – OVG Greifswald NVwZ-RR 1997, 61 (62); OVG Münster NWVBl 1994, 268 (269); NWVBl 1996, 429 (433); NWVBl 1998, 445; NWVBl 1998, 361 (363); NVwZ-RR 2003, 273 (274) – VG Bremen; VG Wiesbaden NVwZ 1983, 630 (631).

[378] Sehr anschaulich zur Frage der Wirkung BVerwG E 79, 54 (60). Siehe auch BVerfG NVwZ 2004, 1109 (1110); OVG Greifswald NVwZ-RR 1997, 61 (62); VGH Mannheim VBlBW 2002, 423 (426); OVG Münster NWVBl 1994, 268 (269); NWVBl 1998, 445 (446); NWVBl 1998, 361 (363); VG Bremen NVwZ 1986, 785 (788).

[379] BVerfG E 45, 376 (390); 63, 119 (128); 98, 365 (385); 100, 59 (90); 102, 254 (344); 103, 310 (319) – BVerwG 79, 54 (60); NVwZ 1987, 231 (232); NJW 1987, 1961 (1963); NVwZ-RR 1995,582 (583) – OVG Greifswald NVwZ-RR 1997, 61 (62); OVG Münster NWVBl 1994, 268 (269); NWVBl 1998, 445 (446); NWVBl 1998, 361 (363); VG Bremen NVwZ 1986, 785 (788); VG Ansbach NVwZ 2002, 501 (503).

sich dabei nicht vermeiden lässt. Sonst wäre sie nämlich gar keine Härte, sondern der Normalfall.[380]

In der Literatur wird die Frage nach unvermeidbaren Härten zum Teil als Hinweis auf eine Prüfung der **Erforderlichkeit** gesehen. Unvermeidbar sei eine Regelung dann, wenn kein milderes Mittel, ebenso praktikables Mittel gefunden werde, das Ziel der Regelung – die **Verwaltungs- oder Vollzugsvereinfachung** – zu erreichen.[381] Dieser Zweck ist aber allenfalls ein Nebenziel. Hauptzweck etwa eines Abgabengesetzes dürfte hingegen die Einnahmenerzielung sein. Es bestehen zwar große Ähnlichkeiten. Allerdings ist die Erforderlichkeitsprüfung auf einen Eingriff ausgerichtet, was beim Gleichheitssatz am Ende der Prüfung steht (dazu schon oben B II 5). Es geht hier darum, die **Wirkung**, die **Belastungsintensität** der Behandlung zu bewerten. Die Rechtsprechung spricht in diesem Zusammenhang (meist im Abgabenrecht) von der Gleichheit der Belastung oder der unterschiedlichen **Belastung** in den **wirtschaftlichen Folgen** einer Behandlung.[382] Gefragt wird, ob A intensiver belastet wird als B. Eine solche qualitative Wertung ist der Gleichheitsbetrachtung eigentlich fremd. Normalerweise wird nur gefragt, *ob* und nicht *wie* jemand behandelt wird. Die Art und Weise der Behandlung ist gleichgültig. Es geht hier also um ein außerhalb des Gleichheitssatzes liegendes Hilfskriterium. Damit ist aber noch keine Eingrenzung darauf erfolgt, welche Folgen überhaupt betrachtet werden und ab welchem Grad, ab welcher Intensität der Belastung diese überhaupt für die Gleichheitsbetrachtung relevant wird. Es muss deshalb eine bestimmte Folge als für den Vergleich relevant definiert werden. In einem ersten Schritt kann man somit nur feststellen, *dass* die Person im Hinblick auf diese Folge unterschiedlich behandelt wurde, z.B. wenn Kindergartenbeiträge in Abhängigkeit zum elterlichen Vermögen erhoben werden.

Zur weiteren Orientierung greifen Rechtsprechung und Literatur auf ein **quantitatives Element** zurück. Sie fragen, ob die Folgen bei vielen oder nur bei weni-

---

[380] Wenn BVerfG 102, 254 (344) z.B. von *scheinbaren* Ungerechtigkeiten spricht, stellt es damit klar, dass es sich eigentlich nicht um Ungerechtigkeiten oder Härten handelt, sondern diese nur behauptet werden.
[381] *Bleckmann* StaatsR II § 24 Rn. 109; *Martini* Prinzip absoluter Rechtsgleichheit S. 283.
[382] BVerfG E 98, 365 (385) – BVerwG E 79, 54 (60); 110, 265 (272); NVwZ-RR 1999, 64 – OVG Lüneburg NVwZ-RR 2001, 742 (748); VGH Mannheim VBlBW 1989, 348; VBlBW 2002, 210 (211). Zur Belastungsintensität siehe auch *Jarass* in JP Art. 3 Rn. 31. Wenn *Martini* Prinzip absoluter Rechtsgleichheit S. 286 f. nach seiner Theorie der absoluten Gleichheit bei Typisierungen von schwerwiegenden Eingriffen in den Gleichheitssatz von hohem Gewicht spricht, so kann das nicht erklären, warum einfache Belange der Verwaltung diese hohe Hürde überwinden können und zeigt nur die Widersprüche dieser Theorie auf.

gen Personen vorkommen, ob es sich daher um aus dem Rahmen fallende Sonderfälle handelt.[383] Dass nur wenige Personen betroffen sind, ist aber beim Gleichheitssatz ein gefährliches Argument, dient er doch auch und gerade dem Minderheitenschutz.[384] Eine Ungleichbehandlung ist nicht dadurch gerechtfertigt, dass sie nur eine Minderheit betrifft. Deshalb ist es nicht gut, wenn die Rechtsprechung gerade im Abgabenrecht den Eindruck erweckt, eine Ungleichbehandlung sei dort noch gerechtfertigt, solange weniger als 10 % der Fälle stärker belastet werden.[385] Die Aussage ist nicht, dass ein Verstoß gerechtfertigt ist. Die Aussage muss sein, dass nur so wenige Menschen betroffen sind spricht dafür, dass das Merkmal, welches zu einem Betroffensein dieser Personen führt, nicht relevant ist. Die Zahl kann ein Indiz für die Relevanz sein – mehr aber nicht. Denn die Gleichheitsbetrachtung muss sich an den tatsächlichen Gegebenheiten orientieren, gleichzeitig aber auch die Notwendigkeit einer Typisierung beachten.[386]

Das Hauptaugenmerk richten Rechtsprechung und Literatur auf die Frage wie **intensiv** die ***Belastung*** ist. Die Frage ist nicht, wie intensiv der Verstoß gegen den Gleichheitssatz ist, obwohl dies einige Entscheidungen und auch Stimmen in der Literatur suggerieren.[387] Der Gleichheitssatz kann ob seiner Struktur hierauf gar keine Antwort geben. Eine Person wird gleich oder ungleich behandelt. Ein „Gleicher" oder „Ungleicher" gibt es nicht. Es geht vielmehr darum, dass die Belastung nicht so intensiv ist, dass das Merkmal hätte beachtet werden müssen und dass deswegen ein Gleichheitsverstoß vorliegt. Wenn nach der **Belastungsintensität** gefragt wird oder nach den wirtschaftlich ungleichen Wirkung einer Behandlung,

---

[383] BVerfG DVBl 1991, 205 (206) – BVerfG E 45, 376 (390); 63, 119 (128); 98, 365 (385); 100, 59 (90); 102, 254 (344); 103, 310 (319) – BVerwG E 79, 54 (60); NVwZ 1986, 921 (922); NVwZ 1987, 231 (232); NJW 1987, 1961 (1963); NVwZ-RR 1995,582 (583); DöV 1995, 826 (827) – OVG Greifswald NVwZ-RR 1997, 61 (62); OVG Münster NWVBl 1996, 429 (433); VG Wiesbaden NVwZ 1983, 630 (631). *Rüfner* in BK Art. 3 Rn. 112; *Starck* in vM Art. 3 Rn. 23; *Osterloh* in Sachs Art. 3 Rn. 104; *Herzog* in MD Anhang zu Art. 3 Rn. 26.
[384] Ähnlich kritisch *Schoch* DVBl 1988, 863, 879: durch die Typisierung sollen in Wahrheit Benachteiligungen gerechtfertigt werden.
[385] BVerwG DöV 1995, 826 (827); VGH Mannheim NVwZ 2002, 220 (223); OVG Münster NWVBl 2001, 399 (400); ähnlich BVerfG DVBl 1982, 76 (77).
[386] Allerdings schränkt die Rechtsprechung das Quantitätsargument meist im selben Atemzug wieder ein, indem sie fordert, dass dieser Minderheit nicht intensiv betroffen sein dürfe – siehe die Nachweise bei Fn. 383.
[387] Siehe etwa die folgenden Entscheidungen, die sich alle mit den bei Typisierungen/Pauschalierungen auftretenden Härten befassen: BVerfG 45, 376 (390); 63, 119 (128); 98, 365 (385); 100, 59 (90); 102, 254 (344); 103, 310 (319) – BVerwG 79, 54 (60); NVwZ 1986, 921 (922); NVwZ 1987, 231 (232); NVwZ-RR 1995,582 (583) – VGH Mannheim VBlBW 2002, 423 (426); OVG Münster NWVBl 2002, 239 (242); NVwZ-RR 2003, 273 (274). Aus der Literatur vgl. *Rüfner* in BK Art. 3 Rn. 112 ff.

dann wird, wie schon gerade gesagt, auf ein außerhalb des Gleichheitssatzes liegendes **Hilfskriterium** zurückgegriffen, um feststellen zu können, dass verschiedene Personen unterschiedlich behandelt (belastet) werden.[388]. Ob eine Person etwa durch die wirtschaftlichen Folgen einer Regelung belastet wird, ist eigentlich eine Frage, die Art. 2 I GG beantworten müsste. Zur Frage nach der Belastung kommt die nach der *ungleichen* Belastung hinzu. Eine Person wird z.b. stärker als eine andere belastet und gerät dadurch in eine ungünstige Wettbewerbslage zu Konkurrenten.[389] Hier wäre Art. 2 I oder 12 I GG zu prüfen. Diese Prüfung wäre aber auf einen bestimmten Eingriff bezogen (vertikal), während bei Art. 3 I GG andere Fälle vergleichend herangezogen werden könnten (die Prüfung also horizontal verläuft). Es liegt daher nahe, dass die Rechtsprechung, um die Folgen einer Behandlung zu bestimmen und damit festzulegen, welche Merkmale relevant sind und welche nicht, auf die bei der Prüfung von Eingriffen in Freiheitsgrundrechten bewährten Kriterien zurückgreift. Das macht sie in der Regel nicht offen, sondern spricht nur von den Folgen einer Behandlung. Teilweise werden aber Freiheitsrechte ebenfalls genannt (z.B. Art. 12).

Wenn, wie oben schon gesagt, das Ähnlichkeiten zur Prüfung der Erforderlichkeit aufweist, steckt in der Frage nach der Intensität der Folgen auch eine Prüfung der **Angemessenheit**. In die gleiche Richtung zielt die Frage, ob die (wirtschaftlichen) Folgen einer Regelung nicht in einem **Missverhältnis** zu den mit der Typisierung verbundenen Vorteilen stehen oder die, ob die ungleiche Belastung noch in einem angemessenen Verhältnis mit den durch die Typisierung erreichten (verwaltungsökonomischen) **Vorteilen** steht.[390] Es findet also eine Prüfung der Angemessenheit *der Belastung* (!) statt. Dazu wird aber nicht die behandelte Gruppe zur Vergleichsgruppe in Beziehung gesetzt. Vielmehr wird versucht, festzustellen, wie intensiv die behandelte Gruppe belastet ist, was wiederum zu den Vorteilen der Regelung in Beziehung gesetzt wird. Das ist keine Gleichheitsprüfung. Hier ist der Bezug zu einer Verhältnismäßigkeitsprüfung sehr deutlich, und der Verdacht drängt

---

[388] Siehe die Nachweise bei Fn. 382.
[389] Sehr anschaulich BVerwG E 79, 54 (60).
[390] BVerfG E 21, 12 (27 f.); 48, 227 (229); 98, 365 (385) – BVerwG 79, 54 (60) – BVerwG 79, 54 (60); 110, 237 (237); 110, 265 (272); NVwZ-RR 1999, 64; DVBl 2005, 1208 (1214) – OVG Lüneburg NVwZ-RR 2001, 742 (748); NVwZ-RR 2003, 664 (665); VGH Mannheim VBlBW 1989, 348; VBlBW 2002, 210 (211); ähnlich VG Köln NVwZ 1988, 570 (571); NVwZ 1994, 199 (200). Bezeichnend auch BVerfG DVBl 2004, 705 (707), wo das Gericht statt von angemessen davon spricht, dass die Vorteile zur Ungleichbehandlung „im rechten Verhältnis" stehen müssen.

sich auf, dass auch eine solche durchgeführt wird.[391] Ist die Belastung unangemessen, bedeutet das, dass bei der Typisierung bestimmte Elemente der Wirklichkeit nicht genügend berücksichtigt wurden. Werden sie berücksichtigt, dann liegt eine Ungleichbehandlung und damit auch ein Verstoß gegen den Gleichheitssatz vor. Die Prüfung der Angemessenheit ist aber kein originärer Teil der Gleichheitsprüfung, sondern eine mit dieser vermengte Eingriffsprüfung in andere Rechte, i.d.R. in Art. 2 I GG, welcher aber nicht genannt wird und nur als Hilfskriterium verwendet wird.[392]

bb) *Eingriff – Leistung*

Eine weitere Fallgruppe, bei der die Rechtsprechung versucht, die Anforderungen an die Gleichheitsprüfung bereichsspezifisch unterschiedlich zu gestalten liegt vor, wenn zwischen Eingriff und Leistung, zwischen eingreifender und gewährender Staatstätigkeit unterschieden wird. Dies ist zwar keine spezifisch den Gleichheitssatz betreffende Aussage. Sie kommt aber häufig im Zusammenhang mit Fallgruppen vor, bei denen auch der Gleichheitssatz eine große Rolle spielt, beispielsweise wenn Subventionen gewährt werden. Bei gewährender Staatstätigkeit sollen der Gesetzgeber oder die eine Leistung gewährende Verwaltung – schon aus der Natur der Sache – einen **größeren Spielraum** oder eine größere Gestaltungsfreiheit haben, als wenn sie in Rechte eingreifen, es sich um Eingriffsverwaltung handelt.[393]

Das scheint auf den ersten Blick unmittelbar einzuleuchten. Wenn der Staat etwas freiwillig gibt, dann mag ob dieser Freiwilligkeit die Prüfung großzügiger ausfallen. Nimmt er hingegen den Bürgern etwas weg, so muss er demgegenüber strenger überprüft werden. Diese Betrachtung ist aber falsch und wird auch von der Rechtsprechungspraxis so **nicht** gestützt, geschweige denn von ihr oder von Stim-

---

[391] So *Bleckmann* StaatsR II § 24 Rn. 105, 109. *Martini* Prinzip absoluter Rechtsgleichheit S. 283 f. Siehe auch den ausdrücklichen Hinweis auf die Verhältnismäßigkeit bei BVerfG E 103, 310 (319).
[392] Das wird etwa bei BVerwG E 79, 54 (60) deutlich, wo das Gericht zwar von der wirtschaftlich ungleichen Wirkung spricht, dann aber die Wirkung und nicht die Ungleichheit prüft.
[393] BVerfGE 17, 210 (216); 23, 74 (82), 38, 154 (167); 49, 280 (283); 99, 165 (178); DVBl 1959, 281 (282); DVBl 1960, 512; NVwZ-RR 2001, 166 (167); NVwZ 2005, 1416 (1417) – BVerwG NVwZ-RR 1995,582 (583) – VGH Mannheim NVwZ-RR 1993, 83 (84); NVwZ 1998, 312; VGH München BayVBl 1999, 501 (502); OVG Münster NVwZ 1995, 191 (193). Zum Argument **Natur der Sache** in diesem Zusammenhang sieh BVerfG DVBl 1960, 512. Aus der **Literatur** siehe etwa *Herzog* in MD Anhang zu Art. 3 Rn. 58; *Starck* in vM Art. 3 Rn. 77; *Rüfner* in BK Art. 3 Rn. 109, 121; *Gubelt* in von Münch Art. 3 Rn. 24; *von Münch* StaatsR II Rn. 579; *Brüning* JZ 2001, 669, 673. *Kokott* in Festschrift 50 Jahre BVerfG S. 127, 145 f.; *Kallina* Willkürverbot und Neue Formel S. 68 f. **Kritisch** *Schoch* DVBl 1988, 863, 868 f. m.w.N. auf S. 869 und *Wendt* NVwZ 1988, 778, 779; siehe hierzu auch *Dürig* in MD Art. 3 Rn. 461.

men aus der Literatur plausibel **begründet**. Die Rechtsprechung argumentiert hier in den gängigen Kategorien der Gleichheitsprüfung. Das Bundesverfassungsgericht betont in solchen Fällen manchmal sogar ausdrücklich, dass, auch wenn Leistungen gewährt werden, der Gesetzgeber „selbstverständlich [...] an die Verfassung, insbesondere an den Gleichheitssatz gebunden" bleibe.[394] Wenn die Bindung sich nicht ändert, dann kann sich aber auch nicht der Kontrollumfang ändern, will man nicht zu Widersprüchen kommen.[395] Das Gericht relativiert also seine ursprüngliche Aussage zur Gestaltungsfreiheit wieder. Häufig stellt die Rechtsprechung zwar **apodiktisch** fest, dass der (Gestaltungs-) Spielraum des Gesetzgebers aber auch der Verwaltung bei der Leistungsgewährung größer sei. Die sich daran anschließende Prüfung unterscheidet sich aber nicht von anderen Prüfungen des Gleichheitssatzes, bei denen nicht ausdrücklich auf die Unterscheidung zwischen Eingriff und Leistung abgehoben wird. Gefragt wird nach Willkür.[396]

Das zeigt, dass diese Unterscheidung viel zu **pauschal** und unpräzise ist. Beim Gleichheitssatz geht es gerade nicht um die Unterscheidung zwischen Eingriff und Leistung. Vielmehr wird nur danach gefragt, ob eine Person gleich oder ungleich behandelt wird. Damit spielen wiederum *andere* Rechte eine Rolle als Kriterien für die Gleichheitsprüfung. Es geht um die *weiteren* Folgen einer Behandlung, um die Wirkung, die **Belastungsintensität**, so wie sie beim Punkt Typisierung schon angesprochen wurde (siehe oben Seite 183). Anders als dort vergleicht die Rechtsprechung aber nicht im Hinblick auf die Belastungsintensität der Behandlung, also danach, ob eine Person intensiver belastet ist als eine andere. Vielmehr soll die Belastungsintensität allgemein den Prüfungsrahmen bestimmen: ist die Behandlung die Folge von Leistungen, so soll der Prüfungsrahmen größer sein, als wenn sie die Folge von Belastungen ist. Es wurde schon oben (C I 4; III 1) gezeigt, dass der

---

[394] BVerfG E 17, 210 (216); vgl. auch BVerfG E 23, 74 (82); 38, 154 (167); 49, 280 (283) – BVerwG NVwZ 1986, 921; NJW 1987, 1961 (1963); LKV 1998, 61 (62) – OVG Berlin DVBl 1967, 92 (93); VGH Mannheim NVwZ-RR 1993, 83 (84); NVwZ 1998, 312; OVG Münster NWVBl 2002, 239 (240).
[395] In diesem Zusammenhang siehe zur sog. Trennungslehre unten C IV 1 b.
[396] BVerfG DVBl 1959, 281 (282); DVBl 1960, 512; NVwZ-RR 2001, 166 (167); DVBl 2004, 705 (707) – BVerwG 101, 86 (95); NVwZ 1986, 921; NJW 1987, 1961 (1963); NVwZ-RR 1995,582 (583); LKV 1998, 61 (62) – OVG Berlin DVBl 1967, 92 (93); OVG Koblenz NJW 1986, 1058 (1059); VGH Mannheim NVwZ 1986, 938 (939); NVwZ-RR 1990, 257 (259); NVwZ 1991, 1199; NVwZ 1998, 312; VGH München BayVBl 1985, 561 (563); BayVBl 1986, 494 (497); BayVBl 1999, 501 (502); OVG Münster NVwZ 1982, 381; NVwZ 1995, 191 (193). Siehe auch *Rüfner* in BK Art. 3 Rn. 108; *Kirchhof* in Festschrift Lerche S. 133, 143; *Dürig* in MD Art. 3 Rn. 465. **Ablehnend** *Wendt* NVwZ 1988, 778, 779; *Schoch* DVBl 1988, 863, 868 f. m.w.N. S. 869; *Stein/Götz* StaatsR S. 389; *Bleckmann* Struktur S. 82; vgl. jedoch *ders.* StaatsR II § 24 Rn. 88. Vgl. auch *Stern* StaatsR III/1 S. 1356.

Gleichheitssatz Wertungen auch aus dem Kontext der Verfassung und gerade auch aus den **Wertentscheidungen anderer Grundrechte** empfängt. Insofern ist es nicht erstaunlich, wenn sich aus dem Eingriff in ein anderes Grundrecht Rückwirkungen auf die Gleichheitsprüfung ergeben.[397] Es ist aber immer eine Sache des Einzelfalls, wie der Gleichheitssatz beeinflusst wird. Die pauschale Unterscheidung zwischen Eingriffen und Leistungen stimmt jedenfalls so nicht.[398]

Diese Aussage blendet außerdem aus, dass es auch bei sog. freiwilligen Leistungen zu Eingriffen kommen kann – in die **Rechte Dritter** nämlich. Wird etwa ein Unternehmen subventioniert und dadurch das Marktgeschehen stark verfälscht, kann damit gleichzeitig in die Wettbewerbsfreiheit von Konkurrenzunternehmen eingegriffen werden. Aber auch bei Sozialleistungen, auf die die Betroffenen angewiesen sind, kann eine Störung der Leistung zu erheblichen Beeinträchtigungen führen.[399] Ein weiterer Bereich ist die Zuteilung (begrenzter) lebensnotwendiger Güter oder Leistungen (z.B. Wasserversorgung) oder anderer **knapper Güter**, deren Zahl endlich ist, auf deren Bereitstellung aber andere für ihre Berufsausübung angewiesen sind (z.B. Landerechte auf Flughäfen). Diese Güter müssen allen gleichmäßig gewährleistet werden. Da die Güter aber meist durch eine staatliche Handlung nicht weiter vermehrt werden können, muss jeder der Bewerber, der die Voraussetzung erfüllt, die gleiche Chance bekommen, wenn er auch keinen Anspruch auf die Leistung haben kann. Solche Bereiche sind schon deswegen sensibel, weil auch andere Grundrechte wie etwa die Berufsfreiheit mit betroffen sind. Hier ist daher sogar ein eher ein strenger Maßstab angezeigt.[400]

Das Argument, dass die Gestaltungsfreiheit bei gewährender Tätigkeit größer ist als bei Eingriffen ist also so nicht haltbar. Die Unterscheidung weist nur darauf hin, dass der Gesetzgeber oder die Verwaltung oft durch die Verfassung oder die Gesetze weniger strikt gebunden sind, wenn sie Leistungen gewähren, da **weniger** (gesetzliche) **Anhaltspunkte** für die Prüfung vorhanden sind, so dass daraus ein grö-

---

[397] Zu Abstufungen des Gleichheitssatzes durch die Freiheitsrechte *Starck* in vM Art. 3 Rn. 58; *Jarass* NJW 1997, 2545, 2547. Zur Abstufung nach der Eingriffsidentität *Heun* in Dreier Art. 3 Rn. 37. Zum Unterschied zwischen Eingriff und Leistungsgewährung siehe auch *Kirchhof* in HdBStR V § 124 Rn. 207; *Rüfner* in BK Art. 3 Rn. 108.
[398] Ebenfalls *Rüfner* in BK Art. 3 Rn. 108; *Schoch* DVBl 1988, 863, 868 f.
[399] So auch *Rüfner* in BK Art. 3 Rn. 108. Vgl. ferner *Oldiges* NVwZ 2001, 280, 286.
[400] Siehe dazu schon *Hesse* (AöR 77 (1951/52) S. 167, 220 f. Ausführlich ferner *Badura* in Festschrift Friauf S. 529, 536 f., 540. Siehe auch *Breuer* in Festgabe BVerwG S. 89, 111, 114; *Rechenbach* NVwZ 1987, 383, 386. Allgemein *Martens* VVDStRL 30 (1972) S. 7, 24 ff.

ßerer Spielraum folgt.[401] Es geht um bestimmte sachliche Eigengesetzlichkeiten bestimmter Bereiche und Maßstäbe selbst, nicht um eine pauschale, vom jeweiligen Sachbereich abgehobene Feststellung des Prüfungsumfangs. Gerade die Verfassung ist mit den meisten Grundrechten primär auf die Vermeidung von Eingriffen ausgerichtet. Die verfassungsrechtlichen Vorgaben für Leistungen fallen demgegenüber geringer aus. Leistungsrechte sind häufig auf die weitere Ausgestaltung durch die Gesetzgebung angewiesen, um überhaupt praktikabel zu sein. Das ist bei Rechten, die vor Eingriffen schützen sollen grundsätzlich nicht der Fall. Bei Leistungen lassen sich auch oft die Ziele staatlichen Handelns schlechter bestimmen als bei Eingriffen. Bei Leistungen geht es oft um Geld – die genaue Bestimmung der Mittelverwendung obliegt aber dem Haushaltsgesetzgeber, so dass auch aus dieser sachlichen Eigengesetzlichkeit ein größerer Gestaltungsspielraum herleitbar ist.

Die Unterscheidung Eingriff-Leistung kann daher auf eine größere oder verminderte Gestaltungsfreiheit hinweisen, sie begründet sie aber nicht. Man kann also eher von einer **Faustregel** sprechen – die aber nicht von der Einzelfallprüfung enthebt.[402]

cc) Bundesstaat

Ein weiteres Argument, um zu begründen, dass der Gleichheitssatz nicht verletzt ist, ist das des Föderalismus. Man kann hier von einer Differenzierungserlaubnis[403] sprechen. Rechtsprechung und Literatur verwenden das Bundesstaatsargument auch und gerade im Zusammenhang mit einer unterschiedlichen Behandlung durch die Verwaltung, um zu begründen, dass der Gleichheitssatz nicht die Grenzen verschiedener Gesetzgebungsbereiche und Zuständigkeiten überbrücken kann.

Unterschiedliche Gesetzgeber dürfen auch unterschiedliche Regeln einführen, das ist Ausdruck des föderalen Systems des Grundgesetzes, wie es sich aus Art. 20 I, 28, 30, 70 I GG ergibt. *Schoch* spricht hier verkürzend vom Föderalismus

---

[401] Dazu schon *Dürig* in MD Art. 3 Rn. 465 f.
[402] *Herzog* in MD Anhang zu Art. 3 Rn. 58.; *Dürig* in MD Art. 3 Rn. 465 f.; *Jarass* NJW 1997, 2545, 2547; *ders.* AöR 120 (1995) S. 345, 368 f. Siehe zur Abstufung nach der Eingriffsidentität *Heun* in Dreier Art. 3 Rn. 37. Vgl. auch die Erklärungsversuche bei *Bleckmann* Struktur S. 83, 84; *ders.* StaatsR II § 24 Rn. 45, 88 und bei *Kirchhof* in Festschrift Lerche S. 133, 143. Generell ablehnend, aber nicht ausdrücklich auf den Gleichheitssatz bezogen *Jakobs* Grundsatz der Verhältnismäßigkeit S. 153 ff, 162. Zum Indiziencharakter *Bleckmann* StaatsR II § 24 Rn. 88, 95.
[403] Hierzu *Kirchhof* Verschiedenheit S. 37 f. m.w.N. Etwas befremdlich *Kallina* Willkürverbot und Neue Formel S. 29, der diesen Aspekt nicht zu sehen scheint.

als der offenen Flanke der Gleichheit.[404] In dieser Konsequenz können aber auch unterschiedliche Verwaltungen anders handeln und behandeln. Unterschiedliche Satzungen von verschiedenen Gemeinden oder unterschiedliche Verwaltungspraktiken verschiedener Verwaltungsbehörden sind möglich, ohne dass gegen den Gleichheitssatz verstoßen würde. Der Gleichheitssatz ist im und für den jeweiligen Hoheits- oder Zuständigkeitsbereich zu beachten – nicht aber darüber hinaus.[405] Deswegen ist die Bezeichnung „Bundesstaatsargument" verkürzend. Denn der dahinter stehende **Kompetenzgedanke** gilt auch, wenn es um unterschiedliche Behörden oder Verwaltungsträger geht. Der Gleichheitssatz greift noch gar nicht, denn es fehlt schon an der Behandlung. Wenn ein Träger öffentlicher Verwaltung nur in einem bestimmten Bereich handeln darf, dann kann er nur für diejenigen Bürger verbindliche Regelungen treffen, die in diesen Zuständigkeitsbereich fallen. Das ergibt sich aus der Natur der Sache. Die Verteilung der Staatsgewalt ist dem System des Grundgesetzes immanent.

Hat sich in einer Gemeinde etwa die Praxis herausgebildet, für Neugeborene ein „Begrüßungsgeld" zu zahlen, so muss dies die Nachbargemeinde nicht tun. Einwohner der Nachbargemeinde werden von der großzügigeren Gemeinde gar nicht behandelt, da diese für sie keine Regelungsbefugnis hat. Von der Nachbargemeinde werden sie aber ebenfalls nicht behandelt, indem diese ihnen kein Geld zahlt, denn sie ist frei darüber zu entscheiden, wie sie ihre Mittel vergibt.

Die Schwierigkeit dieser Fallgruppe liegt darin zu untersuchen, ob eine für den Gleichheitssatz **relevante Behandlung** vorliegt. Die jeweilige Befugnis beeinflusst hier die Vergleichsperspektive. Nur wenn eine Behörde auch für die behandelte Gruppe und die Vergleichsgruppe zusammen zuständig wäre, wenn also eine übergreifende Befugnis besteht, gibt es die Möglichkeit einer unterschiedlichen Behandlung – dann durch die übergeordnete Verwaltungseinheit mit der übergeordneten Handlungsbefugnis. So könnte man an den Fall denken, dass eine Aufsichts-

---

[404] *Schoch* DVBl 1988, 863, 870. Vgl. auch *Osterloh* EuGRZ 2002, 309, 312 f. Kritisch *Becker* DÖV 2002, 397, 401 ff. Siehe aus der **Rechtsprechung** BVerfG DVBl 1976, 840 (841); DVBl 1979, 464 (466); NVwZ 1985, 259; NJW 2001, 3323 (3324); NVwZ 2003, 720 (723); ähnlich NVwZ 1999, 1328 – BVerwG E 3, 145 (148); DVBl 1966, 146 (150); DVBl 1971, 512 (513); DVBl 1987, 681 (684); DVBl 1998, 969 (971); NVwZ-RR 2000, 503 (504) –VGH Mannheim NJW 2003, 2113 (2115); VGH München NJW 1987, 727 (728); BayVBl 1990, 469 (472); OVG Saarlouis DVBl 1997, 963 (964); KreisG Chemnitz/Stadt LKV 1992, 142; VG Aachen NVwZ-RR 1998, 200 (201).
[405] BVerwG E 86, 55 (59) spricht vom gleichen Regelungsbereich, der vorliegen müsse. Vgl. ferner BVerfG NVwZ 1985, 259 f.; NJW 2001, 3323 (3324); BVerwG E 70, 127 (132); E 86, 55 (59); DVBl 1966, 146; OVG Hamburg DöV 1991, 513. VGH Mannheim VBlBW 2002, 534 (535); VGH München NVwZ-RR 2002, 114 (115); VG Aachen NVwZ-RR 1998, 200 (201).

behörde unterschiedliche Verwaltungspraktiken ihr unterstellter Behörden duldet, die zu unterschiedlichen Behandlungen führen.[406] Auch hier wird aber das Argument eher als **Sammelbezeichnung** für bestimmte Konstellationen benutzt, die man auch aus der Natur der Sache selbst herleiten könnte.

e) Fazit

Die übergreifenden Fallgruppen, die genannt wurden zeigen, dass sie bei der bereichsspezifischen Ausprägung des Gleichheitssatzes hilfreich sein können, es aber auf den Einzelfall ankommt. Man sollte daher nicht zu vorschnell mit bestimmten Kriterien argumentieren.

3) Innerer Zusammenhang und Entsprechensprüfung

Ein scheinbar eigenständiger Punkt neben der Bereichsspezifik ist der des inneren Zusammenhangs. Zwar entpuppt er sich bei näherer Betrachtung nur als eine weitere Umschreibung der Bereichsspezifik. Die Figur des inneren Zusammenhangs wurde aber von der Literatur zu einem Verständnis weiter entwickelt, das über die Bedeutung der Eigenart des Sachbereichs für die Gleichheitsprüfung hinausgeht. Ausgehend von der zutreffenden Beschreibung der Gleichheits- und damit auch der Willkürprüfung als einer Entsprechensprüfung, versucht die Literatur teilweise, die Prüfung zu einer Untersuchung einer Zweck-Mittel-Relation, wie sie bei den Freiheitsrechten zu finden ist, weiter zu entwickeln. Diese Betrachtung ist nicht richtig, denn die Struktur des Gleichheitssatzes lässt eine solche Beziehung nicht zu. Die Prüfung ist vielmehr auf eine Entsprechensprüfung zu reduzieren, wobei der jeweilige Gesetzeszweck durchaus die Prüfung leiten kann. Das zeigt aber nur, dass weitere Kriterien erforderlich sind, um anhand des Gleichheitssatzes zu prüfen.

---

[406] Vgl. zum Ganzen sehr ausführlich *Dittmann* in Festschrift Dürig S. 221, 226 ff., 235 ff. Siehe auch *Rüfner* in BK Art. 3 Rn. 162, 178 ff.; *Herzog* in MD Anhang zu Art. 3 Rn. 38; *Starck* in vM Art. 3 Rn. 81; *Gubelt* in von Münch Art. 3 Rn. 8; *Heun* in Dreier Art. 3 Rn. 48; *Schoch* DVBl 1988, 863, 870 f.; *Sachs* NWVBl 1988, 295, 298; *Kirchhof* in HdBStR V § 124 Rn. 176 ff., 180 ff.; *ders.* Verschiedenheit S. 37 f.; *von Münch* StaatsR II Rn. 582. Kritisch *Bleckmann* Struktur S. 19 f.; siehe auch *ders.* StaatsR II § 24 Rn. 9. Das Phänomen allgemeiner erklärend *Kloepfer* Gleichheitssatz S. 15.

a) Innerer Zusammenhang

Häufig fragt die Rechtsprechung, wenn sie anhand des Gleichheitssatzes oder des Willkürverbotes prüft, ob zwischen der vorgefundenen Verschiedenheit und der differenzierenden Regelung ein **innerer Zusammenhang** besteht. Ähnlich betonte schon *Triepel* in der Weimarer Zeit den inneren Zusammenhang der für eine Differenzierung entscheidenden Gesichtspunkte mit dem geregelten Rechtsverhältnis.[407] Die differenzierende Regelung ist die Norm, welche die Unterscheidung schafft und damit letztlich das gewählte Differenzierungskriterium. Die rechtliche Unterscheidung wird an der **vorgefundenen** – rechtlichen oder tatsächlichen (dazu schon oben S. 154) – Verschiedenheit gemessen. Die Verschiedenheit ist vorgefunden. Sie bestand vor der Regelung. Vorgefunden kann die relevante Eigenschaft aber nur in dem Bereich sein, in dem geregelt wird. Damit ist der Zusammenhang zwischen der Verschiedenheit und der Differenzierung ein Zusammenhang zwischen der Differenzierung und dem Sachbereich, aus dem die Verschiedenheit stammt. Das Unterscheidungskriterium muss dem jeweiligen Sachbereich entsprechen, auf ihn bezogen, ihm angemessen sein. Dass diese Beziehung ein „innerer" Zusammenhang sein muss, soll nur die Bedeutung dieses Zusammenhangs hervorheben. Hier mehr hineinzudeuten wäre Wortklauberei. Wenn es einen inneren Zusammenhang geben soll, dann könnte man auch als Gegenteil an einen äußeren denken, was bisher noch niemand vertreten hat. Damit ist der innere Zusammenhang nur eine andere Umschreibung der Bereichsspezifik. Der Zusammenhang zwischen dem zu regelnden Sachbereich und der Regelung an sich wird hier nur besonders betont. Die Prüfung ist die gleiche.[408]

---

[407] BVerfG E 17,122 (130) [angedeutet]; 19, 1 (8) [angedeutet]; 29, 402 (411) [angedeutet]; 42, 374 (388); 71, 39 (58); 93, 386 (401); NVwZ 2005, 319 (320) – BVerwG E 88, 354 (361) – OVG Koblenz NVwZ-RR 2002, 50 (51); VGH Mannheim NVwZ 1992, 1105 (1106); VBlBW 1998, 58 (60); NVwZ 1999, 1016 (1017); VBlBW 2002, 292 (294); OVG Münster NVwZ-RR 1990, 589 (590); VG Ansbach NVwZ 2002, 501 (502). In die gleiche Richtung weist auch die Formulierung, dass der **normative Gehalt** einer Regelung seine Präzisierung in Hinblick auf die Eigenart des Sachbereichs erfährt, etwa bei BVerfG E 103, 310 (318); DVBl 1996, 357 (361); BVerwG DVBl 2005, 1145 (1146). Aus der **Weimarer Zeit**: *Triepel* Diskussionsbeitrag VVDStRL 3 (1927) S. 52 und v.a. S. 53; *ders.* Goldbilanzen S. 29; siehe ebenfalls *Gassner* Heinrich Triepel S. 369 und auch *Leibholz* Gleichheit S. 47, 48, 244.

[408] Zur Einordnung des inneren Zusammenhangs *Stettner* BayVBl 1988, 545, 547. *Wendt* NVwZ 1988, 778, 780 scheint in der Formulierung hier eine andere Qualität zu sehen, erklärt aber nicht, warum sie sich von der üblichen Prüfung unterscheiden soll.

b) Entsprechensprüfung

Die gerade geschilderte Beziehung zwischen Sachbereich und Regelung ist charakteristisch für die Gleichheitsprüfung. Sie lässt sich abstrakt auch so beschreiben, dass die beabsichtigte Differenzierung einem bestimmten, vorausgesetzten Maßstab entsprechen muss. Der Maßstab wird nicht selbst gesetzt, sondern ist schon da. Er wird aus dem jeweiligen Sachbereich entwickelt. An diesem hat sich die Prüfung zu orientieren, ihm muss die Unterscheidung entsprechen. *Huster* prägte für die Willkürprüfung den Begriff einer **Entsprechensprüfung**, während seiner Meinung nach die Gleichheitsprüfung zusätzlich noch eine Prüfung der Verhältnismäßigkeit sein könne (dazu schon oben C II 2 c und ausführlich unten D III 3). Eine Entsprechensprüfung erfolge, wenn die Regelung interne Zwecke verfolge, bei externen Zwecken sei die Prüfung weiter. Interne Zwecke liegen der Tätigkeit selbst zugrunde und sind von ihr nicht unterscheidbar. Sie erschöpfen sich in der Regelung also in der Ungleichbehandlung. Externe Zwecke gehen darüber hinaus. Sie werden von außen herangetragen, und mit ihnen wird mehr verfolgt.[409]

Eine strikte Trennung zwischen internen und externen Zwecken ist nicht möglich. Zum einen müssen die Zwecke gar nicht von vornherein alle feststehen. Außerdem kann es Haupt- und Nebenzwecke geben, die mit einer Regelung verfolgt werden. Welche Zwecke dann zählen sollen, sagt *Huster* nicht. Es dürfte zum anderen eine Frage der Formulierungskunst sein, ob eine Regelung mit internen oder externen Zwecken begründet wird. Fast jede Regelung dürfte sich daher sowohl internen als auch externen Zielen zuordnen lassen. Das ist aber gerade die Schwierigkeit bei der Gleichheitsprüfung, dass der Gesetzgeber ein ganzes Bündel an Zwecken verfolgen kann und mit keinem dieser Zwecke eine Gleich- oder Ungleichbehandlung erstreben muss, diese sich aber durchaus hineininterpretieren ließe. Deswegen müssen das Differenzierungsziel und das Regelungsziel auseinander gehalten werden (dazu schon B II 2 c und sogleich). Richtig an *Husters* Ansatz ist aber, dass die Regelung an einem bestimmten Maßstab gemessen wird und die-

---

[409] Zur Entsprechensprüfung *Huster* Rechte und Ziele S. 140 ff., 142, 195, 216, 226; siehe auch *ders.* JZ 1994, 541, 547 f. Zur Entsprechensprüfung auch *Sachs* JuS 1997, 124, 129; *Kischel* AöR 124 (1999) S. 174, 191 f.; *Kallina* Willkürverbot und Neue Formel S. 59 ff. Siehe auch *Stein/Götz* StaatsR S. 388, 393. Zur Unterscheidung zwischen internen und externen Zwecken *Huster* Rechte und Ziele S. 148 f., 175, 195 f. Vgl. dazu auch *Möckel* DVBl 2003, 488, 491, 494 f.; *Paehlke-Gärtner* in Umbach/Clemens Art. 3 Rn. 132 f.

sem entsprechen muss, wobei die Kriterien hierfür aus der Eigenart des Sachbereichs entwickelt werden.[410]

c) Zweck-Mittel-Relation

Die Formel vom inneren Zusammenhang und der Versuch, Zwecke mit dem Gleichheitssatz zu verknüpfen führt zu einer Erweiterung der Gleichheitsprüfung, die bereits zu Zeiten der Weimarer Reichsverfassung angelegt war. *Leibholz* betonte schon, dass eine Entscheidung willkürlich sei, wenn zwischen Regelung und dem Zweck kein *innerer Zusammenhang* bestehe. Hier geht es um den inneren Zusammenhang zwischen der Regelung und dem Regelungszweck. Manchmal sprechen Literatur und Rechtsprechung auch von einem **Legitimationszusammenhang** zwischen der Differenzierung und dem Zweck oder zwischen der Ungleichbehandlung und dem rechtfertigenden Grund.[411]

aa) Es müssen hier zwei Begriffe voneinander geschieden werden, die oft in der Literatur und Rechtsprechung vermengt oder undifferenziert gebraucht werden. Auf der einen Seite gibt es den Regelungszweck oder das Ziel einer Regelung, auf der anderen den Differenzierungszweck. Der **Regelungszweck** ist der Zweck, welcher mit der Gesamtregelung verfolgt wird, also nicht nur mit dem oder den jeweiligen Paragraphen, welche eine unterschiedliche Behandlung verursachen – das ist der **Differenzierungszweck**.[412] Beide Zwecke müssen sich nicht decken und tun dies in der Regel auch nicht. Das ist oft schon deshalb nicht der Fall, weil der Gesetzgeber die Differenzierung meist gar nicht intendiert hat. Er will eine Begünstigung oder Belastung schaffen oder Einnahmen erzielen und nicht eine unterschiedliche Behandlung verursachen. Diese ist meist entweder nur eine nicht beab-

---

[410] Ablehnend zu Husters Unterscheidung zwischen internen und externen Zwecken *Bryde/Kleindiek* Jura 1999, 36, 39; *Kischel* AöR 124 (1999) S. 174, 191 Fn. 80; *Brüning* JZ 2001, 669, 671 Fn. 32; *Gubelt* in von Münch Art. 3 Rn. 2, 15; *Heun* in Dreier Art. 3 Rn. 29; etwas fadenscheinig lehnt *Michael* JuS 2001, 148, 153 Huster ab. Huster folgend *Sachs* JuS 1997, 124, 129; mit teilweise anderen Schlüssen *Kim* Konkretisierung S. 226. Zustimmend zur Entsprechensprüfung als solcher *Kischel* AöR 124 (1999) S. 174, 191 ff.; ders. a.a.O. S. 190: eine Entsprechensprüfung ohne Zweck-Mittel-Relation war in Willkürprüfung schon immer angelegt.
[411] Zur Weimarer Zeit *Leibholz* Gleichheit S. 76. Zum Legitimationszusammenhang siehe *Martini* Prinzip absoluter Rechtsgleichheit S. 52 und BVerfG E 82, 126 (146).
[412] In gewisser Weise ähnelt die Unterscheidung der gerade unter 3 b angesprochenen *Husters* zwischen externen und internen Zwecken. Interne Zwecke wären dann die Differenzierungsziele und externe die Ziele des Gesetzes. *Huster* trennt zwischen den Zwecken. Es liegen entweder die einen oder die anderen vor, und beide können eine Ungleichbehandlung begründen. Differenzierungsziel und Gesetzesziel können nun durchaus beide vorliegen, da sie unabhängig voneinander sind. Für die Gleichheitsprüfung ist aber nur das Differenzierungsziel einschlägig. Es mag also Gemeinsamkeiten geben. Diese überwiegen aber nicht.

sichtigte oder doch zumindest in Kauf genommene **Nebenfolge** oder nur ein Reflex der Gesamtregelung. Die Ungleichbehandlung ist i.d.R. **kein Selbstzweck** und wird nicht um ihrer selbst willen erstrebt.[413]

Wenn beispielsweise ein Subventionsgesetz erlassen wird, dann kann dies etwa darauf zielen, einen bestimmten Wirtschaftszweig zu fördern, weil der Gesetzgeber beispielsweise heimische Werften im Wettbewerb mit dem Ausland stärken will. Er will Werften begünstigen. Er möchte damit aber nicht Unternehmen anderer Wirtschaftszweige schlechter stellen oder gar ungleich behandeln. Der Gesetzeszweck begründet daher keine Differenzierung. Der Differenzierungszweck schon, denn er könnte an das Kriterium „Werften, die mit dem Ausland im Wettbewerb stehen" anknüpfen und nicht an das allgemeine Ziel der Wirtschaftsförderung.

Diesen Unterschied zwischen Regelungsziel und Differenzierungsziel sehen Teile der Literatur nicht. Sie sprechen generell vom Regelungsziel, ohne klar zu stellen, was damit konkret meinen. Deswegen ist es falsch, wenn in der **Literatur** und teilweise auch der **Rechtsprechung** suggeriert wird, dass der Gesetzeszweck oder ein (legitimes) Regelungsziel eine Ungleichheit „**rechtfertigen**" können und die Differenzierung hieran zu messen sei. Gesetzeszweck und Differenzierungsgrund müssen auseinander gehalten werden. Dabei versteht sich von selbst, dass das Ziel **legitim** sein muss. Denn dies ist eine Grundforderung der Verfassung und der Rechtsstaatlichkeit. Rechtswidrige Ziele dürfen nicht verfolgt werden.[414]

bb) Die Differenzierung kann nicht am Gesetzeszweck, sondern nur am **Differenzierungszweck** gemessen werden. Zweck der Differenzierung kann aber – wie schon gezeigt (B II 2 d, 3 a) nur sein, die jeweilige Verschiedenheit des Sachbereichs abzubilden. Mehr lässt die Struktur des Gleichheitssatzes nicht zu. Damit ist aber noch nichts darüber gesagt, welche Merkmale im jeweiligen Zusammenhang von Bedeutung sind. Das muss man begründen, so dass man statt von Differenzie-

---

[413] *Bryde/Kleindiek* Jura 1999, 36, 38; ebenso *Brüning* JZ 2001, 669, 670; *ders.* JA 2001, 611, 613.
[414] Die Begriffe **trennen** *Ipsen* StaatsR II Rn. 771 ff.; *Kischel* AöR 124 (1999) S. 174, 191; *Brüning* JZ 2001, 669, 670; *Michael* JuS 2001, 148, 153. Die Begriffe **vermischt** etwa *Martini* Prinzip absoluter Rechtsgleichheit S. 25, 27. Zur **Rechtsprechung**: Rechtfertigung wird bezogen auf **Regelungsziel**: BVerfG E 102, 254 (333); NVwZ 1993, 878 (880) – OVG Berlin NVwZ-RR 1990, 144 (147); VGH Mannheim VBlBW 1988, 29; DVBl 2002, 207; VG Braunschweig NJW 1988, 1229. Rechtfertigung wird bezogen auf den (unterstellten) **Zweck** der Gesamtregelung BVerfG DVBl 1979, 774 (775); DVBl 2002, 189 (190); NVwZ 2005, 319 (320 f.) – BVerwG DÖV 1984, 111 (112); NVwZ 1986, 380 (381); DVBl 2000, 64 (66) – VGH Mannheim VBlBW 1998, 468 (472); OVG Münster NVwZ 2002, 614. Zum rechtsstaatlichen Gebot, nur ein **legitimes Ziel** zu verfolgen *Rüfner* in BK Art. 3 Rn. 30.

rungszweck besser von **Differenzierungsgrund** sprechen sollte.[415] Welche Kriterien bedeutend sind, muss man aus dem jeweiligen Sachbereich und dem Gesetzeszweck ableiten. Insoweit – aber nur insoweit – ist der Gesetzeszweck von Belang. Wie schon oben (B II 2 b) angemerkt, hängt die Gleichheitsfrage von der jeweiligen **Perspektive** ab. Im oben gebildeten Beispiel will der Gesetzgeber nur solche Werften subventionieren, die mit dem Ausland im Wettbewerb stehen. Der Regelungszweck verengt den Fokus des Vergleichs. Für die Vergleichsbetrachtung sind damit die Kriterien „Wettbewerb mit Ausland" und „Werften" von Bedeutung. Das könnte dafür sprechen, Werften, die nur im Inland verkaufen nicht zu subventionieren. Hinsichtlich der Kriterien „Werften, die nur im Wettbewerb mit dem Ausland stehen" besteht dann keine Ungleichbehandlung. Der Gesamtzweck oder Zweck der Regelung als solcher gibt also die Perspektive vor und kann damit auch die Gleichheitsprüfung beeinflussen. Er kann eine Differenzierung aber nicht begründen. Diese fehlende Unterscheidung könnte erklären, warum die **Rechtsprechung** bei der Prüfung des Gleichheitssatzes in teilweise verwirrender Weise und vollkommen undifferenziert auf unterschiedlich geartete Zwecke und Ziele zurückgreift, ohne diese sauber voneinander abzugrenzen.[416]

cc) Der Gesetzgeber beeinflusst den Fokus des Vergleichs, indem er den Gesetzeszweck festlegt. Die Differenzierungskriterien sind aber keine **Mittel** diesen Zweck zu erreichen. Denn wenn die Differenzierung gar nicht beabsichtigt, also nicht vom Gesetzeszweck umfasst war, dann können die Differenzierungskriterien auch keine Mittel sein, mit denen dieser Zweck erreicht werden soll. Außerdem kann sich der Blickwinkel ändern, so dass es je nach Perspektive unterschiedliche Differenzierungskriterien und damit auch Mittel geben kann, die den Zweck erreichen können. Die Kriterien müssen natürlich in einem weiteren Sinne dem Gesetzeszweck dienen, sonst wären sie nicht Teil der gesetzlichen Regelung geworden. Und als Teil einer Gesamtregelung dürfen sie sich nicht zu deren Zweck in Widerspruch setzen. Sie sind aber nicht das Mittel, um den vermeintlichen Zweck „Ungleichbehand-

---

[415] Ähnlich *Stein/Götz* StaatsR S. 388, 392: es gehe um die Betrachtung des Verhältnisses zwischen dem Differenzierungskriterium und dem Differenzierungsziel. Ähnlich ebenfalls *Brüning* JZ 2001, 669, 672; *ders.* JA 2001, 611, 613. Siehe auch *Michael* Jus 2001, 148, 153 f. mit einem teilweise anderen Akzent. Siehe ebenfalls *Gusy* JuS 1982, 30, 34 – anders aber *ders.* in NJW 1988, 2505, 2507.
[416] Siehe die Nachweise oben in Fn.414. Anderer Ansicht in Bezug auf die Rechtsprechung *Martini* Prinzip absoluter Rechtsgleichheit S. 26, 27, 52, 374, 388. Siehe aber andererseits BVerfG NJW 2003, 737 (738) hier zeigt sich deutlich, dass das Gesetzesziel nicht die Ungleichbehandlung sein muss, sondern auch etwas anderes bezweckt werden kann.

lung" oder „Gleichbehandlung" zu erreichen, denn das ist in der Regel gar nicht beabsichtigt. Im Beispiel zur Subvention soll die Wirtschaftförderung nicht dadurch erreicht werden, dass nicht exportierende Firmen ausgenommen werden, sondern gerade durch die Exportförderung. Die Ausnahme anderer Firmen ist aber kein Mittel, die Wettbewerbsfähigkeit exportierender Unternehmen zu steigern. Eine Zweck-Mittel-Relation herstellen zu wollen, wie dies Teile der Literatur versuchen, geht deshalb fehl. Es geht bei der Gleichheitsbetrachtung nicht darum, ob die Differenzierungsmerkmale Mittel sind einen wie auch immer gearteten Gesetzeszweck zu erreichen, sondern darum, ob sie der jeweiligen – durch den Gesetzeszweck allerdings vorgeprägten – Bereichsspezifik entsprechen. Nicht ein Zweck wird auf ein Mittel bezogen, sondern verschiedene Tatbestände werden hinsichtlich eines Merkmals miteinander verglichen. Im Übrigen könnte durch eine Zweck-Mittel-Relation nur die Abwehr einer Ungleichbehandlung erklärt werden. Der Gleichheitssatz kann aber auch Teilhabeansprüche verleihen. Der Gleichheitssatz lässt sich nicht in ein Zweck-Mittel-Schema wie bei den Freiheitsrechten pressen. Das verbietet seine Struktur. Autoren, die eine Zweck-Mittel-Relation durchführen wollen, vermengen das Gesetzesziel und das Differenzierungsziel, also den Differenzierungsgrund.[417]

dd) Aus den gleichen Gründen geht der Versuch fehl, das Willkürverbot als eine Art von **Geeignetheitsprüfung** im Rahmen einer Zweck-Mittel-Prüfung aufbauen zu wollen. Danach müsse das Differenzierungskriterium als Mittel geeignet sein, das Ziel des Gesetzes zu erreichen. Dieser Versuch wird zwar hauptsächlich im Zusammenhang mit der **neuen Formel** unternommen (dazu unten D III 3 cc). Er wird aber auch unabhängig von ihr beim Gleichheitssatz gemacht.[418]

---

[417] *Ipsen* StaatsR II Rn. 771 ff.; *Bryde/Kleindiek* Jura 1999, 36, 38; *Kischel* AöR 124 (1999) S. 174, 191 f.; allgemeiner und auch weiter gehend *Brüning* JZ 2001, 669, 670, der findet, dass aus der Beziehung zwischen Regelungszweck und Differenzierungsgrund gar nichts für die Frage der Rechtfertigung einer Ungleichbehandlung hergeleitet werden könne. Vgl. auch *Kallina* Willkürverbot und Neue Formel S. 61. Eine Zweck-Mittel-Relation zur Rechtfertigung einer Ungleichbehandlung wollen etwa vornehmen *Stein* in AK Art. 3 Rn. 53; *Kloepfer* Gleichheit S. 62 f.; *Zippelius* VVDStRL 47 (1989) S. 7, 23, 35. Auch BVerfG E 100, 59 (93) bezeichnet die Differenzierungsmerkmale allerdings ebenfalls als Mittel.
[418] Prüfung, ob Ungleichbehandlung geeignetes Mittel ist, den Normzweck zu erreichen *Zippelius* VVDStRL 48 (1989) S. 7, 23, 35, aus neuerer Zeit etwa *Jarass* NJW 1997, 2545, 2549; *Martini* Prinzip absoluter Rechtsgleichheit S. 268 f. Siehe auch *Michael* JuS 2001, 148, 152 f., der zwar zwischen Gesetzesziel und Differenzierungsziel unterscheid, jedoch dennoch versucht, dies in das Schema einer Zweck-Mittel-Prüfung zu pressen.

Ist das Differenzierungskriterium schon kein Mittel bei der Gleichheitsprüfung, weil es hier keine Zweck-Mittel-Relation gibt, dann kann auch keine Prüfung der Geeignetheit im Sinne einer Zweck-Mittel-Relation vorgenommen werden. Es geht deswegen auch nicht darum, ob das Regelungsziel erreicht werden kann, oder ob die Unterscheidung geeignet ist, dieses Ziel zu erreichen. Denn die Differenzierung ist nicht das Mittel, das Gesetzesziel zu erreichen. Beim Gleichheitssatz geht es um das Differenzierungsziel, den Differenzierungsgrund. Diesem hat das Kriterium zu dienen. Das ist Gegenstand der Gleichheitsprüfung. Wenn gesagt wird, dass das Kriterium **ungeeignet** sei, das Gesetzesziel zu erreichen, so meint dies keine Geeignetheit im Sinne einer Verhältnismäßigkeitsprüfung. Natürlich muss das Differenzierungskriterium, dazu dienen, das Ziel des Gesetzes zu erreichen. Als Teil der gesetzlichen Regelung würde es sich sonst zu ihr in Widerspruch stellen. Diese Frage hat aber nichts mit dem Gleichheitssatz zu tun. Das Differenzierungsmerkmal muss auf den jeweiligen Sachbereich bezogen werden. Es muss so wesentlich sein, dass die beiden Vergleichspersonen hinsichtlich dieses Merkmals verschieden sind. Gelingt es nicht, angesichts der Eigenart des Sachbereichs die Bedeutung des Merkmals zu begründen, dann liegt eine Ungleichbehandlung und damit ein Verstoß gegen den Gleichheitssatz vor. Damit ist das Merkmal **gleichzeitig** auch ungeeignet, die tatsächliche Ungleichheit richtig abzubilden. Hierdurch kann dann *auch* das Gesetzesziel nicht erreicht werden, aber das ist nicht eine Frage des Gleichheitssatzes, obwohl dies manche Entscheidungen suggerieren. Andererseits gibt es aber auch Entscheidungen, die den Zusammenhang besser erfassen. Wenn *Michael* versucht das Differenzierungskriterium nicht auf das Gesetzesziel, sondern auf das **Differenzierungsziel** zu beziehen, hilft das ebenso wenig weiter. Denn es geht nicht darum, dass das Differenzierungskriterium einem Differenzierungsziel dienen soll, sondern darum, dass mit seiner Hilfe begründet werden soll, dass die beiden Vergleichsgruppen ungleich sind, so dass kein Verstoß gegen den Gleichheitssatz vorliegt.[419]

---

[419] Gleichheitssatz als Geeignetheit: *Rüfner* in BK Art. 3 Rn. 30; *Martini* Prinzip absoluter Rechtsgleichheit S. 26, 52, 56, 275. Geeignetheit bei Trennung zwischen Differenzierungs- und Gesetzesziel *Michael* JuS 2001, 148, 152 f. Siehe zur Rechtsprechung etwa BVerfG DVBl 2002, 189 (191) wo das Gericht gerade keine Prüfung der Geeignetheit wie bei den Freiheitsrechten vornimmt, sondern darauf abstellt, dass der jeweilige Umstand als Rechtfertigungsgrund ungeeignet sei, weil er die Unterschiede nicht richtig erfasse.

d) Zwischenergebnis

Wenn die Rechtsprechung den inneren Zusammenhang zwischen der tatsächlichen Verschiedenheit und der Differenzierung hervorhebt, dann ist das nur eine andere Umschreibung für die Bereichsspezifik. Der Zusammenhang lässt sich auch so beschreiben, dass geprüft wird, ob die Behandlung einem bestimmten Maßstab – der jeweiligen Eigenart des Sachbereichs – entspricht. Dies wird auch als Entsprechensprüfung beschrieben. Einige Autoren versuchen, die Entsprechensprüfung zu einer Zweck-Mitte-Relation weiter zu entwickeln indem sie die Differenzierung und das Differenzierungskriterium am Gesetzeszweck der Gesamtregelung messen. Der Zweck der Differenzierung und der der Gesamtregelung decken sich aber nicht, obwohl der Gesetzeszweck die Vergleichsperspektive vorprägen und insoweit die Prüfung beeinflussen kann. Eine Zweck-Mittel-Relation ist aufgrund der Struktur des Gleichheitssatzes nicht möglich. Es findet auch keine Prüfung der Geeignetheit, wie bei den Freiheitsrechten statt.

4) Ergebnis

Der Gleichheitssatz ist eine wertungsoffene Generalklausel, die ihre Konkretisierung vor allem durch die Gesamtrechtsordnung und damit in erster Linie durch die Ordnung des Grundgesetzes erfährt. Die Eigenart des jeweiligen Sachbereichs wirkt außerdem prägend auf die Vergleichsbetrachtung. Andere Elemente und Versuche eignen sich nicht und erschöpfen sich letztlich nur in Leerformeln.

IV) Kontrolle der Rechtsanwendung

In diesem Teil wurde bisher beschrieben, wie der Inhalt des Gleichheitssatzes bestimmt werden kann und wie sein Verhältnis zum Willkürverbot ist. Dabei sind immer wieder, entsprechend der Zielstellung dieser Arbeit, Erkenntnisse zum Gleichheitssatz und der Verwaltung gewonnen worden. So scheint etwa die Verwaltungsrechtsprechung in der Regel das Willkürverbot vorzuziehen, obwohl sich dessen Gehalt, wie ebenfalls gezeigt, inhaltlich und auch in der Prüfungspraxis nicht vom Gleichheitssatz unterscheidet. Aussagen des Bundesverfassungsgerichts zum Gleichheitssatz und der Verwaltung sind demgegenüber naturgemäß spärlich. Es kontrolliert in der Regel nicht die Verwaltungsentscheidung, sondern eher das Gerichtsurteil, das die Verwaltungsentscheidung überprüft oder die Norm, die der Entscheidung zugrunde liegt.

Es gibt nur wenige Entscheidungen, in denen das Bundesverfassungsgericht Verwaltung und Rechtsprechung gleichzeitig in seine Prüfung einbezieht.[420] Diese lassen vermuten, dass es hinsichtlich des Umfangs der Bindung an den Gleichheitssatz keinen Unterschied bei der Prüfung zwischen den verschiedenen Staatsgewalten gibt. Art. 1 III, 20 II GG sprechen vielmehr dafür, dass die rechtsanwendende Verwaltung und die Rechtsprechung den gleichen Bindungen unterliegen (dazu auch A I).[421] Denn beide müssen Normen vollziehen und auslegen – letztverbindlich aber nur die Gerichte. Deswegen können möglicherweise aus der Art und Weise, wie das Bundesverfassungsgericht den Gleichheitssatz anwendet, wenn es deren Entscheidungen überprüft Erkenntnisse für die Prüfung und die Bindung der Verwaltung an den Gleichheitssatz gewonnen werden. Da es nicht Ziel dieser Arbeit ist, ausführlich das Verhältnis der Verfassungsgerichtsbarkeit zur einfachen Gerichtsbarkeit zu untersuchen, soll im Folgenden nur ein kurzer Überblick zu diesem Bereich gegeben werden.

1) Kontrolle der Gerichte durch das Bundesverfassungsgericht

Bei der Kontrolle einer Gerichtsentscheidung anhand des Gleichheitssatzes sind zwei **Grundkonstellationen** denkbar, die alle in der Rechsprechung erscheinen. Entweder verstößt schon die Norm, welche das Gericht oder die Verwaltung anwendet gegen den Gleichheitssatz. Oder die Norm ist zwar verfassungsgemäß, ihre Anwendung verstößt aber gegen den Gleichheitssatz. Ist die Norm selbst verfassungswidrig wird auch sie selbst überprüft. Verstößt die Normanwendung gegen den Gleichheitssatz, hängt es – wie bei der Verwaltung – davon ab, ob die Gerichte einen Spielraum haben oder nicht, ob der Gleichheitssatz hier relevant ist. Um diese „gleichheitsrelevanten" Fälle geht es im Folgenden. Als dritten Fall könnte man speziell bei den Gerichten noch den Verstoß gegen Prozessrecht ansehen, wenn die Gleichwertigkeit der prozessualen Stellung der Parteien vor dem Richter

---

[420] Entscheidungen zu Gerichte und zur Verwaltung BVerfG E 1, 332 (345); 42, 64 (72); 69, 161 (168 ff.); 76, 1 (73); 101, 132 (138); NJW 2003, 3335 (3336). Zu Befugnis der Gerichte zur Rechtsfortbildung vgl. BVerfG E 34, 269 (287 f.); 49, 304 (318); 65, 182 (190 f.); 71, 354 (362).
[421] Zur Bindung an den Gleichheitssatz BVerfGE 12, 180 (186); 42, 64 (72); vgl. auch BVerfG E 9, 137 (149), 19, 38 (47); 34, 325 (328). Aussagen direkt zum Gleichheitssatz und der Verwaltung : BVerfG E 1, 82 (85); 1, 332 (345); 9, 20 (32); 9, 137 (147); 12, 180 (186); 12, 281 (296); 13, 248 (253); 16, 332 (338); 17, 210 (216); 18, 353 (363); 23, 62 (73); 42, 64 (72); 48, 210 (226); 58, 68 (79); 69; 161 (168); 76, 1 (73); 101, 132 (138); NJW 2003, 3335 (3336); DVBl 2004, 761 – Zur Verwaltung als Normgeberin: BVerfG E 13, 248 (253); 16, 332; (338); 23, 62 (73); 58, 68 (79); NJW 2003, 3335 (3336); DVBl 2004, 761.

gefährdet wird. Aber dies beruht wiederum nur auf einem der beiden Grundtypen.[422] Weiterhin könnte man noch an den Verstoß gegen eine bestimmte Norm denken. Bei einem **reinen Gesetzesverstoß** dürfte zwar in der Regel auch gegen den Gleichheitssatz verstoßen werden, weil die betroffene Person anders behandelt wird als die Personen, bei denen die Norm richtig angewandt wird. Nach dem Bundesverfassungsgericht gebietet die Rechtsanwendungsgleichheit, das bestehende Recht ausnahmslos und ohne Ansehen der Person zu verwirklichen, so dass es den Gerichten verwehrt sei, bestehendes Recht zugunsten oder zu Lasten einer Person nicht anzuwenden.[423] Darauf kommt es aber nicht an. Denn verstoßen wird bei diesem Fall in erster Linie gegen Art. 20 III GG. Dessen Verletzung kann über Art. 2 I GG gerügt werden. Für Konstellationen, in denen kein Spielraum für die Gerichte besteht, sind diese beiden Normen spezieller und verdrängen deswegen den Gleichheitssatz. Ebenso können auch andere Grundrechte, wenn sie spezieller sind, die Anwendung des Gleichheitssatzes verdrängen. Dieser ist aber *zusätzlich* verletzt.[424] Denkbar ist schließlich noch der Fall, dass eine Norm von verschiedenen Gerichten unterschiedlich ausgelegt wird. Dies verstößt aber nicht gegen den Gleichheitssatz, denn die Rechtspflege ist aufgrund der Unabhängigkeit der Richter aus Art. 97 I GG **konstitutionell uneinheitlich**.[425]

---

[422] Die beiden **Grundkonstellationen** schildert anschaulich StGH Hessen DVBl 1991, 104 (105). Zur Verletzung von Verfassungsrecht durch die angewendete **Norm selbst** BVerfG 31, 145 (179). Zur Verletzung des Gleichheitssatzes durch das **Auslegungsergebnis** BVerfG E 71, 354 (362); 101, 132 (138); 101, 239 (269); DVBl 1967, 415 (416 ff.); NVwZ 1985, 731; NVwZ-RR 1999, 453; NJW 2000, 2187; DVBl 2000, 976 f.; DVBl 2000, 1765. Zur gleichwertigen **prozessualen Stellung** BVerfG E 54, 117 (125); siehe in diesem Zusammenhang auch zur **Rechtsanwendungsgleichheit** BVerfG 55, 324 (336); 71, 354 (362); NVwZ 2005, 81 (82). Aus der **Literatur** zu den Grundkonstellationen *Stern* StaatsR III/2 S. 1355 f. Siehe auch dessen Typisierungsversuch a.a.O. S. 1358 f. Eine andere Typisierung nimmt vor *Dürig* in MD Art. 3 Rn. 384 ff, 393, 394, 398. Ein weiterer Versuch der Typisierung findet sich bei *Zuck* MDR 1986, 723 ff.
[423] BVerfG E 66, 324 (335 f.)
[424] *Jarass* in JP Art. 3 Rn. 34, 38; *ders*. NJW 1997, 2545, 2548. *Kirchberg* NJW 1987, 1988, 1995 ff.; *Starck* in vM Art. 3 Rn. 282 der Gleichheitsverstoß bei unrichtiger Gesetzesanwendung gehe im Gesetzesverstoß auf. Siehe auch *Gubelt* in von Münch Art. 3 Rn. 43; *Heun* in Dreier Art. 3 Rn. 61. Siehe auch *Maunz/Zippelius* Dt. StaatsR S. 217.
[425] Dieser Gedanken wurde für die Verwaltung schon oben, C III 2 d cc, unter dem Stichwort „Föderalismus" erörtert. Zur Uneinheitlichkeit der Rechtspflege BVerfG E 87, 273 (278); DVBl 2000, 1458 (1460). Zum – verworfenen – Gedanken einer Selbstbindung eines Gerichts an seine frühere Rechtsprechung sehr deutlich OVG Münster DVBl 1962, 415 (417). Siehe allgemeiner auch *Kunig* in Festschrift 50 Jahre BVerfG S. 421, 438.

a) Kontrolle der Gesetzesauslegung

Kann eine Norm ausgelegt werden – und dazu sind die Gerichte gerade berufen – dann ist es schwierig, zu einem eindeutigen Ergebnis zu kommen, wenn das Auslegungsergebnis überprüft werden soll. In der Regel gibt es – sieht man von Extremfällen ab – keine richtige oder falsche Auslegung. Vielmehr existiert eine Grauzone innerhalb derer verschiedene Lösungen möglich erscheinen. Gegen den Gleichheitssatz kann dann verstoßen werden, wenn eine Person durch das **Auslegungsergebnis** ohne sachgerechten Grund anders als eine vergleichbare Person behandelt wird. Die Norm wird falsch ausgelegt. Oder dann, wenn schon das **Grundrecht** falsch ausgelegt bzw. dessen **Bedeutung verkannt** wird.[426]

Wird ein **Grundrecht unrichtig ausgelegt** oder dessen Bedeutung für den Fall verkannt, dürfte es offensichtlich sein, dass das Bundesverfassungsgericht zur Prüfung berufen ist. Denn es geht hier unmittelbar um Verfassungsrecht. Geht es hingegen um die Auslegung von Nicht-Verfassungsrecht, müsste das Bundesverfassungsgericht praktisch *jede* Normauslegung daraufhin kontrollieren, ob durch sie Grundrechte verletzt, genauer, ob eine Person ohne sachgerechten Grund anders behandelt wird. Das Gericht befindet sich in einem **Dilemma**. Prüft es zu viel, was es nach dem gerade genannten Grundsatz eigentlich machen müsste, dann besteht die Gefahr, dass sich das Gericht damit zu einer „**Superrevisionsinstanz**" macht und jede als unrichtig erachtete Entscheidungen nachprüft. Das wird ihm teilweise auch vorgeworfen.[427] Sachnäher und eigentlich zur Rechtsauslegung berufen sind die Fachgerichte. Prüft es zu wenig, hält es sich also zu sehr zurück, könnte ein effektiver Grundrechtsschutz darunter leiden.

---

[426] Vgl. BVerfG DVBl 1969, 544; DVBl 1990, 926 (927); DVBl 2001, 1748 (1749); ähnlich NVwZ-Beilage 1997, 10 (11).
[427] So schon 1954 von *Ipsen* in Die Grundrechte Bd. 2 S. 111, 126. Ipsen warnt a.a.O. davor, dass die Rechtsprechung des BVerfG nicht zu einer „Super-Berufung" entarten dürfe. Zu diesem Dilemma des BVerfG *Rennert* NJW 1991, 12. Kritisch zur Rechtsprechung auch *Heun* in Dreier Art. 3 Rn. 61. Kritisch auch *Hesse* JZ 1995, 265, 268, der davor warnt, dass das BVerfG seine Funktion übersteigere. Siehe ferner das Sondervotum von *Geiger* in BVerfG E 42, 79 (81 ff.); Geiger zustimmend *Kirchberg* NJW 1987, 1988, 1992, 1994; er sieht a.a.O. S. 1995 das BVerfG als Superrevisionsgericht und den Gleichheitssatz mit dem Willkürverbot als Super- und Auffanggrundrecht. Zurückhaltend *Rüfner* in BK Art. 3 Rn. 22. Ablehnend, BVerfG sei gerade keine Superrevisionsinstanz *Starck* in vM Art. 3 Rn. 284; *Stern* StaatsR III/2 S. 1356.

aa) Hecksche Formel

Dieser Situation versuchte das Bundesverfassungsgericht anfangs mit der so genannten **Heckschen Formel** zu begegnen. Danach sei es nicht Aufgabe des Gerichts, die Gestaltung des Verfahrens, die Richtigkeit der tatsächlichen Feststellungen, die Auslegung des **einfachen Rechts** und seine Anwendung auf den einzelnen Fall zu kontrollieren. Nur wenn die Gerichte **spezifisches Verfassungsrecht** verletzt hätten, könne das Bundesverfassungsgericht eingreifen.[428] Mit einfachem Recht ist das Nicht-Verfassungsrecht gemeint, das vom einfachen, also nicht vom Verfassungs-Gesetzgeber erlassen wurde. Diese Formel besticht auf den ersten Blick durch ihre Einfachheit: hier der Bereich der Verfassung den das Bundesverfassungsgericht überprüft – dort der des Gesetzgebers, der Gesetze, zu deren Auslegung die Fachgerichte berufen sind. Sie lässt auch eine Tendenz erkennen: grundsätzlich kontrolliert das Gericht nicht die Entscheidung an sich, sondern die ihr zugrunde liegende Gesetze.[429] Die Formel versagt aber in der Praxis. Einfaches Recht und Verfassungsrecht sind keine voneinander unabhängigen Blöcke, die sich beliebig auseinander halten lassen. Vielmehr sind beide aufeinander bezogen. Verfassungsrecht ist auf seine Konkretisierung durch das einfache Gesetzesrecht angewiesen. Umgekehrt spielen gerade bei der Auslegung von einfachem Gesetzesrecht die Wertungen der Verfassung hinein. Man denke etwa nur an die zivilrechtlichen Generalklauseln als weit offene Einfallstore für die Wertungen der Grundrechte. Es ist also **kaum möglich**, für die Nachprüfung Verfassungsrecht und einfaches Recht **auseinander zu halten**.[430] Deswegen taugt die Formel auch nicht

---

[428] Zur Heckschen Formel BVerfG E 18, 85 (92 f.); 28, 151 (160); DVBl 1968, 415 (416); NVwZ 1982, 96; NJW 2002, 2308 (2309); NVwZ 2005, 1416 (1417); ähnlich E 1, 418 (420). Ausführlich zur Entwicklung *Bender* Befugnis S. 55 und *Herzog* in Festschrift Dürig S. 431, 433 ff., 438; *ders.* in MD Anhang zu Art. 3 Rn. 17 f. Siehe auch *Gubelt* in von Münch Art. 3 Rn. 43; *Osterloh* in Sachs Art. 3 Rn. 124; *Paehlke-Gärtner* in Umbach/Clemens Art. 3 Rn. 241 f.; *Roth* AöR 121 (1996) S. 544, 548 f. Die Hecksche Formel hat ihre Bezeichnung vom Berichterstatter von E 18, 85 – dazu *Rennert* NJW 1991, 12, dort Fn. 10.
[429] *Herzog* in Festschrift Dürig S. 431, 433, 441.
[430] Die Hecksche Formel ablehnend *Stern* StaatsR III/2 S. 1339; *Rennert* NJW 1991, 12, 13. Ebenfalls ablehnend *Bender* Befugnis S. 63 f., 78 ff., 96 ff., dessen eigener Ansatz will zwischen grundrechtlichen Recht und dienendem Recht trennen (a.a.O. S. 208, 342 ff., 361 f.). Im Ergebnis läuft dieser Ansatz aber auf die gleiche Trennung wie die zwischen einfachem Recht und spezifischem Verfassungsrecht hinaus – nur wird sie anders bezeichnet. Eine etwas andere Unterscheidung findet sich bei *Stein* AK Art. 3 Rn. 68. Anderer Ansicht *Herzog* in Festschrift Dürig S. 431, 441. Vgl. auch *Kenntner* NJW 2005, 785, 788 sowie *ders.* DöV 2005, 269, 279 f., der für eine saubere Trennung zwischen Fachgerichten und Verfassungsgericht eintritt. Das BVerfG solle sich eher auf die abstrakte, vom Einzelfall losgelöste Erörterung verfassungsrechtlicher Fragen beschränken. Damit vernachlässigt er aber, dass die individuelle Verfassungsbeschwerde gerade an einem konkreten Einzelfall ansetzt.

dafür, das Verhältnis des Bundesverfassungsgerichts zu Verwaltungsentscheidungen zu beschreiben.[431]

Das Gericht verwendet die Formel in neueren Entscheidungen kaum mehr. Vielmehr betont es den Kerngedanken, dass nämlich die **Auslegung** und **Anwendung** des einfachen Rechts **Sache der (Fach-) Gerichte** sei, weswegen ihre Entscheidung eigentlich der Nachprüfung des Bundesverfassungsgerichts entzogen sei. Dieses könne nur eingreifen, wenn Verfassungsrecht verletzt sei. Das Verfassungsgericht geht dabei sogar so weit zu betonen, dass selbst eine **zweifelsfrei fehlerhaft** Auslegung des einfachen Rechts noch **keinen Verstoß** gegen den allgemeinen Gleichheitssatz darstelle. Vielmehr müssen weitere Kriterien hinzukommen. Dies ähnelt der Unterscheidung Leibholz', der eine bloße Unrichtigkeit einer Regelung Willkür als einen besonderen Grad der Fehlerhaftigkeit gegenüberstellte.[432] Ob das Bundesverfassungsgericht eine Entscheidung überprüft hängt also von weiteren Kriterien ab, auf die noch zurück zu kommen sein wird. Fest steht aber, dass das Bundesverfassungsgericht versucht, die **Kompetenz** der spezialisierten **Fachgerichte zu wahren**. Eine andere Frage, auf die hier allerdings nicht eingegangen werden soll ist, ob es ihm auch gelingt.[433]

bb) *Schumannsche Formel*

Ein weiterer Versuch, die Beziehungen zwischen Verfassungsgericht und Fachgerichten klarerer zu scheiden, ist die sogenannte **Schumannsche Formel**. Danach dürfen die Gerichte im Wege der Auslegung nicht zu einer dem Gesetzgeber verwehrten Differenzierung gelangen. Was der Gesetzgeber nicht darf, dürfen die Ge-

---

[431] So aber *Herzog* in Festschrift Dürig S. 431, 441; *ders.* in MD Anhang zu Art. 3 Rn. 17.
[432] Zur **Verwendung** der Formel *Bender* Befugnis S. 97; *Kenntner* DöV 2005, 269, 273. Zur Betonung des **Kerngedankens** *Stein* AK Art. 3 Rn. 68. Die Trennung zwischen Verfassungs- und Fachgerichtsbarkeit ablehnend *Robbers* NJW 1998, 935, 936. Aus der **Verfassungsrechtsprechung**: BVerfG E 18, 85 (93); 30, 173 (196 f.); 57, 250 (272); 70, 93 (97); 74, 102 (127); DVBl 1983, 173; NVwZ 1987, 786; DVBl 2001, 1748 (1749); NJW 2002, 1486; NVwZ 1987, 786; NJW 2002, 1486; NJW 2004, 1236; NJW 2004, 1789 – ähnlich DVBl 2001, 892 (893); DVBl 2001, 1748 (1749) – **zweifelsfrei fehlerhaft** Anwendung des einfachen Rechts noch kein Gleichheitsverstoß BVerfG E 70, 93 (97); ähnlich E 96, 173 (203). Zu den Möglichkeiten bei der Auslegung siehe auch die Nachweise bei Fn. 426. Zu **weiteren Ansätzen** siehe *Bender* Befugnis S. 96 ff., allgemeiner S. 22, 24 f. Zur Unterscheidung **Leibholz'** siehe *Leibholz* Gleichheit S. 76. Diese Unterscheidung verwendet auch *Kirchhof* in HdBStR § 124 Rn. 92 ff., 236 ff., 240.
[433] Zur Wahrung der Kompetenz der Fachgerichte *Stern* StaatsR III/2 S. 1356; *Maunz/Zippelius* Dt. StaatsR S. 217. Kritisch *Hesse* JZ 1995, 265, 268, der meint, das Gericht übersteigere seine Funktion. Sehr kritisch ebenfalls *Kirchberg* NJW 1987, 1988, 1996, der a.a.O. S. 1989 f. darauf hinweist, dass zwar die Definition der Willkür gleich geblieben, ihr Anwendungsbereich auf Gerichtsentscheidungen aber kontinuierlich ausgeweitet worden sei. Siehe auch *Hartmann* Willkürverbot S. 45.

richte erst Recht nicht. Dies ähnelt der schon oben wiedergegebenen Aussage, dass das Auslegungsergebnis nicht gegen Grundrechte verstoßen darf und die Bedeutung der Grundrechte in der Auslegung erfasst werden muss. Wann es das tut, ist allerdings damit nicht gesagt. Der Kontrollbereich wird dadurch nicht eingeschränkt. Eigentlich sagt diese Formel nur aus, dass der Maßstab der Kontrolle bei Gesetzgebung und Gerichten gleich ist.[434] Deswegen hilft die Schumannsche Formel auch nicht für die Kontrolle der Verwaltung.[435]

cc) Willkür und Sachfremdheit

Da das Bundesverfassungsgericht nicht alle Entscheidungen der Fachgerichte genau überprüfen will und kann versucht es, **nur bestimmte Fälle** herauszugreifen, bei denen Willkür und ein Gleichheitsverstoß vorliegen. Es sucht weitere Kriterien, um die Besonderheit dieses Verstoßes zu kennzeichnen. Das Gericht greift hier häufig auf Wörter zurück, die Extremfälle, grobe Rechtsanwendungsfehler bezeichnen sollen. Damit soll deutlich gemacht werden, dass es nur um wenige und gewissermaßen aus der Reihe fallende Entscheidungen handelt, die überprüft werden.[436] So soll nur kontrolliert werden, ob eine Auslegung bei verständiger Würdigung der das Grundgesetz beherrschenden Gedanken nicht mehr verständlich ist, das heißt sich unter keinem denkbaren Gesichtspunkt rechtlich vertreten lässt und sich deshalb der Schluss aufdrängt, dass die Entscheidung auf **sachfremden Erwägungen** beruht.[437] Das Gericht kann mit seiner „Urteilsschelte" noch deutlicher werden. Eine fehlerhaft Auslegung sei erst dann willkürlich, wenn sie die Rechtlage in krasser Weise verkannt habe, es sich um eine **krasse Fehlentscheidung** han-

---

[434] Diese **Formel** wurde durch *Ekkehard Schumann* geprägt; dazu *ders.* Verfassungs- und Menschenrechtsbeschwerde gegen richterliche Entscheidungen, Berlin 1963 S. 205 – zitiert nach *Bender* Befugnis S. 73 f., 367, 408. Aus der **Rechsprechung**: BVerfG E 40, 65 (81); 47, 168 (177); 58, 369 (374); 59, 52 (59); 65, 377 (384); 70, 230 (239 f.); 74, 129 (149); 84, 197 (199); 99, 129 (139); 101, 239 (269); DVBl 1993, 786 (787); DVBl 1996, 1122; NJW 2000, 3341 (3342); NJW 2001, 2160; NVwZ-RR 2003, 354 – BVerwG DVBl 1993, 786 (787). Nach *Starck* in vM Art. 3 Rn. 284 ist diese Prüfung der Grund dafür, dass das BVerfG gerade keine Superrevisionsinstanz sei. Für diese Formel tritt ein *Heun* in Dreier Art. 3 Rn. 61. Im Ergebnis ebenfalls *Rennert* NJW 1991, 12, 13, obwohl er sie nicht ausdrücklich so benennt. Differenzierend *Jestaedt* DVBl 2001, 1309, 1321 und dort auch Fn. 115. Zum Ganzen *Bender* Befugnis S. 73 f., 367, 408; *Gubelt* in von Münch Art. 3 Rn. 44. Zur gleichen Bindung an den Gleichheitssatz und die Schumannsche Formel siehe auch *Herzog* in Festschrift Dürig S. 431, 442 und dort auch Fn. 28.
[435] Anderer Ansicht wohl *Herzog* in Festschrift Dürig S. 431, 443 soweit es um die Gesetzesauslegung durch die Verwaltung geht.
[436] *Jarass* in JP Art. 3 Rn. 34, 38; *ders.* NJW 1997, 2545, 2548. Allgemein *Roth* AöR 121 (1996) S. 544, 574 f. Kritisch zu diesem „Zungenschlag" *Kenntner* NJW 2005, 785, 787 f.
[437] Nach *Starck* in vM Art. 3 Rn. 284 drückt sich hierin aus, dass gegen Differenzierungskriterien des GG sowie gegen die Systemgerechtigkeit verstoßen werde.

dele. Schließlich finden sich auch Formulierungen, nach denen eine Gesetzesauslegung als schlechterdings unhaltbar, unter keinem rechtlichen Gesichtspunkt mehr vertretbar oder nicht mehr nachvollziehbar bezeichnet wurde.[438] Hier finden sich dann auch Bezüge zur Angemessenheit und zur Willkür im **objektiven Sinn** (dazu bereits oben C II 2 b bb α, II 2 c). Eine schlechterdings unhaltbare, unter keinem Gesichtspunkt mehr vertretbare Auslegung oder eine eindeutig **unangemessene** Entscheidung sei objektiv willkürlich, ohne dass dies einen Schuldvorwurf bedeute.[439] Wie aber ebenfalls schon oben festgestellt wurde, ändern diese Begriffe nichts an der Art und Weise der Prüfung. Es gibt keine verschiedenen Willkürprüfungen. Gleichwohl fällt es auf, dass das Bundesverfassungsgericht, wenn es Gerichtsentscheidungen überprüft, häufig auf das Willkürverbot mit dem (oder ohne den) Gleichheitssatz zurückgreift und auch oft bei Gerichten von Willkür im objektiven Sinn spricht, ohne dass sich dadurch die Prüfung ändern würde. Denn letztlich wird in allen Entscheidungen auch nur nach einem sachlichen Grund ge-

---

[438] **Unter keinem denkbaren Gesichtspunkt vertretbar** BVerfGE 4, 1 (7); 18, 85 (96); 34, 325 (328 f.); 42, 64 (74, 78); 54, 117 (125); 62, 189 (192); 66, 199 (206); 67, 90 (94); 69, 248 (254); 70, 93 (97); 75, 329 (347); 80, 48 (51); 86, 59 (62 f.); 89, 1 (13); 96, 172 (203); NVwZ 1989, 1052 (1053); NVwZ 1992, 360; DVBl 1993, 1002; NVwZ-Beilage 1994, 49 (50); NVwZ-RR 1996, 373; DVBl 1996, 1190; NJW 2004, 1236 – ähnlich **BVerwG** NJW 1988, 722. **Krasse Fehlentscheidung** etc. BVerfG E 89, 1 (13 f.); 96, 172 (203); NJW 2001, 1200; NJW 2002, 2859 (2860) ähnlich E 87, 273 (278 f.); NJW 2005, 1103 (1104). **Schlechterdings unhaltbar...** BVerfG DVBl 1983, 173; DVBl 1986, 457 (458); DVBl 1993, 1002 – ähnlich BVerfG NVwZ-Beilage 1997, 10 (11); NVwZ 1996, 1199 (1200); NJW 2001, 1125 (1126); NJW 2002, 814; NJW 2003, 196.

[439] **Schlechterdings unhaltbar / unter keinem Gesichtspunkt mehr vertretbar** BVerfG DVBl 1983, 173; DVBl 1986, 457 (458); DVBl 1993, 1002 – ähnlich BVerfG NVwZ 1996, 1199 (1200); NJW 2001, 1125 (1126); NJW 2002, 814; NJW 2003, 196. **Unangemessenheit / objektive Feststellung / kein Schuldvorwurf** BVerfG E 31, 145 (179); 42, 64 (73); 59, 98 (101); 62, 189 (192); 66, 199 (206); 70, 93 (97); 80, 48 (51); 83, 82 (84); 86, 59 (62 f.); 87, 273 (279); 89, 1 (13); 93, 386 (400); 112, 185 (215 f.) NVwZ-Beilage 1994, 49 (50); DVBl 1996, 1190; DVBl 1999, 165 – Beachte zur Unangemessenheit auch die **Klarstellung** in BVerfG E 89,1 (14 f.), dass es hier nicht um eine Angemessenheitsprüfung geht. Demgegenüber aber BVerwG DVBl 1993, 786 (787). Zur Kontrolle von Gerichtsentscheidungen auf objektive Willkür siehe auch **BVerwG** DVBl 1986, 624 (626); NVwZ-RR 1993, 355.

fragt.⁴⁴⁰ Wenn die Prüfung nicht intensiv erfolgt, so liegt dies nicht am Willkürverbot, sondern am spezifischen Sachbereich.⁴⁴¹

In neuerer Zeit spricht das Bundesverfassungsgericht oft vom Gleichheitssatz **in seiner Bedeutung als Willkürverbot**. Aufgrund dieser sprachlichen Unterscheidung könnte man versucht sein, hier eine **Trennung** zwischen einem allgemeinem, vergleichsunabhängigen und einem klassischem, vergleichsbezogenen Willkürverbot (dazu oben C II 2 b bb α)hinein zu interpretieren und zu behaupten, es komme bei der Kontrolle von Gerichtsentscheidungen auf einen Vergleich nicht mehr an. Mit Hilfe des Willkürverbotes werde hingegen eine allgemeine **Gerechtigkeitskontrolle** zur Kontrolle grober Rechtsanwendungsfehler eröffnet, so dass das Willkürverbot hier eine Art von **Auffangtatbestand** oder Notbehelf sei. In dieser Bedeutung kann entweder eine positive Wertung liegen, dass sich nämlich das Gericht auf Notfälle beschränkt. Sie kann aber auch negativ gemeint sein, dass sich das Gericht eine Art **Hintertür** oder Einfallstor offen hält, um nicht genehme Urteile kassieren zu können.⁴⁴² Auf eine Trennung verschiedener Willkürbegriffe wurde oben (dazu oben C II 2 b bb γ) schon eingegangen. Dort wurde auch gezeigt, dass eine solche **Trennung** zum einen nicht möglich, zum anderen auch nicht nötig ist, um den Gleichheitssatz zu beschreiben. Die Entscheidungen praktizieren auch keine wirkliche Trennung, sondern greifen auf die **üblichen Kriterien** zurück, um einen Gleichheitsverstoß zu prüfen.⁴⁴³ Ein solches übliches Kriterium,

---

⁴⁴⁰ *Odendahl* JA 2000, 170, 171; *Zuck* MDR 1986, 723, 724. Siehe auch *Wendt* NVwZ 1988, 778, 779; *Kirchhof* Verschiedenheit S. 43. Mit anderer Intention *Geiger* Diskussionsbeitrag in Link (Hg.) Verfassungsstaat S. 101. Zum **BVerfG** siehe etwa E 2, 266 (281); 4, 144 (155); 18, 85 (96); 34, 325 (328 f.); 42, 64 (73); 54, 117 (125); 59, 98 (101); 62, 189 (192); 66, 199 (206); 70, 93 (97); 80, 48 (51); 86, 59 (62); 89, 1 (14); 96, 172 (203); 89, 1 (14 f.); 96, 172 (203); 98, 1 (13); DVBl 1983, 173; DVBl 1986, 457 (458); DVBl 1993, 1002; DVBl 1996, 1190; NVwZ 1996, 1199 (1200); NVwZ-Beilage 1997, 10 (11); NJW 2001, 1125 (1126); NJW 2002, 814; NVwZ 2005, 1294 (1300 f.). Zur **Verwaltungsrechtsprechung** siehe OVG Bautzen NVwZ 2002, 615; VGH Mannheim VBlBW 1998, 269; VBlBW 1998, 349 (350)VBlBW 2002, 292 (294 f.); widersprüchlich OVG Koblenz DVBl 1986, 249 (252).
⁴⁴¹ Teilweise a.A. zur Kontrolle anhand des Willkürverbots *Bender* Befugnis S. 22, 31 f. 44, 398. Siehe vor allem die Nachweise oben bei Fn. 211. Siehe schon *Hesse* AöR 77 (1951/52) S. 167, 219: Willkür könne nur eine erste Orientierung bieten.
⁴⁴² Zum Ganzen *Bender* Befugnis S. 22, 24 f., 31 f., 398; *Rüfner* in BK Art. 3 Rn. 21, 44, 185; *Kirchhof* in Festschrift Geiger S. 82, 92, 108 f.; *Krugmann* JuS 1998, 7, 9; *Stern* StaatsR III/1 S. 1496; *ders.* StaatsR III/2 S. 1361. *Gubelt* in von Münch Art. 3 Rn. 45; *Osterloh* in Sachs Art. 3 Rn. 125; *Hesse* Grundzüge Rn. 440; *Zuck* MDR 1986, 723 ff. Eher abwertend *Huster* Rechte und Ziele S. 50 f., der Fälle „willkürlicher Rechtsanwendung" über Art. 2 I GG lösen möchte; ebenso *Kirchberg* NJW 1987, 1988, 1989 ff.
⁴⁴³ Kontrolle einer Gerichtsentscheidung anhand des Gleichheitssatzes auf Willkür (in neuer Zeit häufig auch Gleichheitssatzes in seiner Bedeutung als Willkürverbot **BVerfG** E 2, 336 (340); 18, 85 (96); 42, 64 (72); 86, 59 (62); 96, 172 (203); 112, 185 (215); DVBl 1972, 270; BVerfG DVBl 1973, 784 (786); DVBl 1978, 367 (369); DVBl 1980, 833 (833); DVBl 1981, 1053 (1054); NVwZ 1982, 96; NVwZ 1984, 301;

ja gar ein Haupttopos ist die Frage, ob die Auslegung, die überprüft wird, auf sachgerechten bzw. **sachfremden Erwägungen** beruht.[444] Die Frage ist hier eigentlich nicht, ob die Auslegung auf sachfremden Erwägungen beruht, sondern aufgrund welcher Kriterien das Gericht zu einer bestimmten Auslegung und damit zu einer bestimmten Behandlung der betroffenen Person gelangt ist. Damit wird eine Gerichtsentscheidung aber nach denselben Kriterien überprüft, wie eine Entscheidung des Gesetzgebers – und auch der Verwaltung.

Da davon abgesehen eine größere Einschränkung nicht möglich ist, kann das Gericht zwar praktisch jede Entscheidung überprüfen. Es versucht aber, nur **krasse Fälle** herauszugreifen.[445] Insofern, und nur insofern ist es richtig, dass das Bundesverfassungsgericht bei der Nachprüfung von Gerichtsentscheidungen eine Art von **Notkontrolle** für extreme Fälle vornimmt. Nicht richtig ist aber, wie von etlichen Autoren versucht, diese Art der Kontrolle mit dem Willkürverbot zu verknüpfen und Willkür mit einer Notkontrolle gleich setzen.[446] Hier greift der *Leib-*

NVwZ 1985, 647 (649); DVBl 1986, 457 (458); NVwZ 1987, 879; NVwZ 1990, 1064 (1065); DVBl 1992, 1215 (1216); NVwZ 1995, 680 (681); NVwZ-RR 1996, 373; NVwZ 1998, 271 (272); NVwZ 1999, 1104 (1105); NJW 2000, 2187 (2188); DVBl 2001, 1583; NJW 2002, 815 (816); NJW 2003, 196; NJW 2005, 2138 (2139) – siehe auch **BVerwG** NJW 1988, 722. Die sprachliche Trennung wird **sehr deutlich** bei BVerfG NVwZ 2001, 1148 (1149). Eine Trennung ebenfalls nicht vornehmend *Podlech* Gehalt und Funktion S. 96. Vehement für die Trennung spricht sich aus *Kirchberg* NJW 1987, 1989, 1990.
[444] **sachfremde** (häufig auch: und damit willkürliche) **Erwägungen** BVerfG E 4, 1 (7); 18, 85 (96); 34, 85 (96); 34, 325 (328 f.); 42, 64 (74, 78); 54, 117 (125); 62, 189 (192); 66, 199 (206); 69, 248 (254); 70, 93 (97); 75, 329 (347); 80, 48 (51); 86, 59 (62 f.); 89, 1 (13); 96, 172 (203); DVBl 1978, 367 (369); NVwZ 1989, 1052 (1053); NVwZ-RR 1991, 365 (366); NVwZ 1992, 360; DVBl 1993, 1002; DVBl 1996, 1190; NVwZ 1998, 271 (272); NVwZ 1999, 1104 (1105); DVBl 2000, 1458 (1460); NJW 2001, 1200; NJW 2002, 1486; NJW 2003, 196; NJW 2004, 1236; NJW 2005, 2138 (2139) – ähnlich **BVerwG** NJW 1988, 722; NVwZ 2005, 598 (599). **Sachliche Gründe** BVerfG E 2, 336 (340); 65, 377 (384); DVBl 1996, 1122; LKV 2003, 421 – BVerwG DVBl 1993, 786 (787); DVBl 2000, 1779 (1780); DVBl 2001, 64; DVBl 2005582 (587). *Kirchberg* NJW 1987, 1988, 1990 f. weist darauf hin, dass seit 1980 die Fälle zugenommen haben, in denen das Gericht von sachfremden Erwägungen spricht. *Heun* in Dreier Art. 3 Rn. 61 kritisiert diese Art der Überprüfung als allgemeine Gerechtigkeitskontrolle. *Hesse* AöR 109 (1984) S. 174, 192 findet, dass hiermit eine vom Vergleich gelöste Kontrolle stattfinde. Siehe auch *Maunz/Zippelius* Dt. StaatsR S. 217; *Pieroth/ Aubel* JZ 2003, 504, 506.
[445] *Jarass* in JP Art. 3 Rn. 34, 38; *ders.* NJW 1997, 2545, 2548. *Rennert* NJW 1991, 12, 16. *Fischer* Dogmatik des Allgemeinen Verwaltungsrechts S. 166 f. Anderer Ansicht *Kenntner* NJW 2005, 785, 787 f.; *ders.* DöV 2005, 269, 277 f.
[446] Vgl. die Nachweise oben bei Fn. 442. Zu Willkür als äußerste Grenze und ultima ratio für staatliches Handeln, das abseits jedweder rechtlich vertretbaren Erwägung liegt vgl. etwa *Rüfner* in BK Art. 3 Rn. 19, 24; *Stern* StaatsR III/1 S. 1496, 1361; *Müller* VVDStRL 47 (1989) S. 38, 42; *Ipsen* in Die Grundrechte Bd. 2 S. 111, 186 f.; *Starck* in vM Art. 3 Rn. 12.

holzsche Gedanke, dass es auf den Grad der Fehlerhaftigkeit ankommt – oder anders gewendet, auf die Bedeutung des Verstoßes.[447]

b) Trennung von Handlungs- und Kontrollnorm (Trennungslehre)?

Der Versuch, Willkür auf eine Art von Mindestkontrolle zu reduzieren wird von einigen Autoren als Beschränkung der Kontrollkompetenz des Bundesverfassungsgerichts gedeutet. Das Willkürverbot sei bei der Kontrolle von Gerichtsentscheidungen der **Kontrollmaßstab** auf den der Gleichheitssatz reduziert werde. Der Sache nach sei das Willkürverbot ein Auffangtatbestand für schwerwiegende Rechtsverletzungen, der die richterliche Kontrollbefugnis einschränke. Dieser Maßstab, also das Willkürverbot, erreiche nicht den vollen materiellen Gehalt des Gleichheitssatzes als Handlungsmaßstab. Der **Handlungsmaßstab** hingegen sei viel weiter als der Kontrollmaßstab und für alle gleich. Dies soll darin zum Ausdruck kommen, dass das Bundesverfassungsgericht nicht schon jede unrichtige Entscheidung als einen Verstoß gegen den Gleichheitssatz ansehe, was es eigentlich müsste. Vielmehr werde ein Verstoß erst angenommen, wenn die Entscheidung nicht mehr vertretbar, sachfremd, also willkürlich sei. Das Bundesverfassungsgericht kontrolliere damit nicht alles, was der Gleichheitssatz eigentlich gebiete und führe mit dem Willkürverbot daher nur eine Minimalprüfung durch. Deswegen sei der Kontrollmaßstab vom Gleichheitssatz als Handlungsmaßstab zu trennen.[448] Dieser Ansatz wird unterschiedlich bezeichnet. Teils wird er funktionell-rechtlicher Ansatz genannt, weil er mit den unterschiedlichen Funktionen oder Kompetenzen, die Gesetzgebung und Judikative wahrnehmen begründet wird. Die Aufgabe der Gesetzgebung bedinge funktionell, ihr einen gewissen Gestaltungsspielraum zuzubilligen, der nicht kontrolliert werden könne. Umgekehrt folge daraus, dass das Grundgesetz neben einem Verfassungsgericht eine ausdifferenzierte Fachgerichtsbarkeit vorsehe, dass das Verfassungsgericht funktionell gerade keine „Superrevi-

---

[447] *Kirchhof* in HdBStR V § 124 Rn. 92 ff., 236. *Leibholz* Gleichheit S. 76, 248 – qualifizierte Rechtswidrigkeit dazu *Hesse* AöR 109 (1984) S. 174, 192 und dort Fn. 69; siehe auch *ders.* Diskussionsbeitrag in Link (Hg) Verfassungsstaat S. 77.
[448] *Dürig* in MD Art. 3 Rn. 294, 297 ff, 331 ff., 394 ff.; zusammenfassend *ders.* in Staatslexikon der Görres Gesellschaft Beitrag „Gleichheit" II 4 (S. 1072). *Hesse* in Festschrift Lerche S. 121, 127, 130 f.; *ders.* AöR 109 (1984) S. 174, 191, 193; *Robbers* NJW 1998, 935, 937, 940; *Michael* Methodennorm S. 162 f., 173 f., 230 ff. .Wohl auch *Krugmann* JuS 1998, 7, 9 sowie *Schuppert* Diskussionsbeitrag VVDStRL 47 (1989) S. 97; *Heun* in Dreier Art. 3 Rn. 61. Unklar *Bryde/Kleindiek* Jura 1999, 36, 37, die vom Willkürverbot als Kontrollbeschränkung sprechen. Unklar ebenfalls *Starck* in Link Verfassungsstaat S. 51, 61.

sion" betreibe.[449] Diese Arbeit verwendet die eingängigere Bezeichnung **Trennungslehre**. Dieser Begriff macht deutlich, dass zwischen einer Handlungs- und einer Kontrollnorm *getrennt* wird. Darauf baut die ganze These auf.[450]

Die These der Trennungslehre, dass Handlungs- und Kontrollnorm auseinander gehalten werden können **geht fehl**.[451] Sie wird weder von der Verfassung noch von der Rechtsprechung gestützt. Die **Kontrollbefugnisse** des Bundesverfassungsgericht ergeben sich **eindeutig** aus Art. 93 I und Art. 100 I GG. Diese sehen keine Reduzierung der Kontrolle vor. Maßstab sind und bleiben die Grundrechte. Soweit die Bindung nach Art. 1 III GG reicht, ist diese auch aus Art. 93 I GG einforderbar.[452] Gesetzgeber und Rechtsprechung sind gleichermaßen an den Gleichheitssatz gebunden. Wäre dies nicht der Fall, so müsste man sich zudem fragen, welche Wirk- und vor allem Durchsetzungskraft das Grundgesetz haben soll, wenn nicht voll kontrolliert werden kann, ob die Grundrechte auch eingehalten werden. Die Grundrechte wären letztlich wertlos, weil nicht durchsetzbar. Würden Handlungs- und Kontrollmaßstab getrennt, dann **liefe** der Handlungsmaßstab letztlich **leer**, denn es käme auf ihn praktisch nicht an. Der Handlungsmaßstab wäre eine „dogmatische Hohlform", wie es *Jestaedt* treffend beschreibt. Außerdem impliziert die Einrichtung eines Verfassungsgerichts gerade, dass auch die Entscheidungen des Gesetzgebers überprüft werden können.[453] Das Bundesverfassungsgericht verdoppelt daher seine Maßstäbe nicht und differenziert auch beim Gleichheitssatz nicht zwischen Handlungs- und Kontrollnorm. Vielmehr geht es von einem **einheitlichen Maßstab** aus. Der justiziable Inhalt des Gleichheitssatzes ist immer mit sei-

---

[449] *Dürig* in MD Art. 3 Rn. 395 f. Siehe auch *Martini* Prinzip absoluter Rechtsgleichheit S. 33 ff., der im Ergebnis die Lehre aber ablehnt (S. 203, 218). siehe auch *Stettner* BayVBl 1988, 545, 549 f., der Willkür als funktionale Grenze der Verfassungs- und Fachgerichtsbarkeit zur Legislative/Exekutive ansieht. Siehe auch *Michael* Methodennorm S. 232.
[450] Dazu *Schoch* DVBl 1988, 863, 876. Siehe auch *Sachs* JuS 1997, 124, 125; *Hesse* in Festschrift Lerche S. 121, 127, 130 f.; *ders.* AöR 109 (1984) S. 174, 191, 193; *ders.* JZ 1995, 265, 268. Siehe auch schon oben S. 148.
[451] Ablehnend ebenfalls *Jestaedt* DVBl 2001, 1309, 1312 f., 1315; *Kim* Konkretisierung S. 148; *Starck* in HdBStR VII § 164 Rn. 14; *Sachs* JuS 1997, 124, 125. *Kischel* AöR 124 (1999) S. 174, 186. Wohl auch *Schoch* DVBl 1988, 863, 877.
[452] Das übersieht etwa *Michael* Methodennorm S. 233, wenn er argumentiert, Art. 93 GG sei im Gegensatz zu § 13 GVG gerade keine Generalklausel, so dass der Prüfungsumfang des Bundesverfassungsgerichts beschränkt sei. Prüfungsumfang bei einer Grundrechtsverletzung sind aber die Grundrechte – daraus folgt also gerade keine Einschränkung der Kontrollbefugnis.
[453] *Kim* Konkretisierung S. 147 f.; *Jestaedt* Grundrechtsentfaltung S. 195; *ders.* DVBl 2001, 1309, 1315 f.; *Sachs* JuS 1997, 124, 125; *Schoch* DVBl 1988, 863, 877; *Kischel* AöR 124 (1999) S. 174, 187. *Martini* Prinzip absoluter Rechtsgleichheit S. 203, 218. Siehe auch *Alexy* Theorie der Grundrechte S. 375 f.

nem Verpflichtungsgehalt identisch. Es finden sich keine Entscheidungen, die eine Maßstabsverdoppelung nahe legen würden. Das Gericht geht von *einem* (oder keinem) Verstoß gegen den Gleichheitssatz aus.[454] Würde es aber der Trennungslehre folgen, so würde es praktisch immer feststellen müssen, dass gegen das Handlungsgebot verstoßen worden sei, nicht aber gegen die Kontrollnorm. Im Übrigen ist das Willkürverbot, wie oben, C II 2 d, schon gezeigt, keineswegs ein starrer (Mindest-) Maßstab. Sein Inhalt kann je nach der Eigenart des Sachbereichs unterschiedlich ausfallen.

c) **Kontrolle als teleologische Reduktion?**

Ein interessanter **Ansatz**, der Gedanken der Trennungslehre verwendet, findet sich bei *Jestaedt*. Er unterscheidet zwar begrifflich zwischen einem Kontrollmaßstab (was *gebietet* des Grundrecht) und der Kontrolldichte (was darf kontrolliert werden). Beide sind aber aufeinander bezogen und fallen letztlich zusammen. Denn reduziert sich der Kontrollmaßstab, vermindert sich auch die Kontrolldichte. Es wird nur das kontrolliert, was das Grundrecht im konkreten Fall auch gebietet. Zu einer Reduktion kommt *Jestaedt*, indem er im jeweiligen Fall das betroffene Grundrecht aufgrund von funktionell-rechlichen Argumenten **teleologisch reduziert**.[455] Richtig an seinem Ansatz ist, dass der Kontrollmaßstab und die Kontrolldicht nicht auseinander fallen können. Kontrolliert wird das, wozu das Grundrecht verpflichtet. Richtig ist auch, dass sie nicht immer gleich sind, sondern variieren. Dies aber alleine aufgrund einer teleologischen Reduktion mit funktionell-rechlichen Argumenten zu begründen, ist zu kurz gegriffen. Der Gleichheitssatz ist eine **wertungsoffene Generalklausel** (dazu oben C I 1) Er wird bereichsspezifisch angewendet. Die jeweilige Besonderheit des Sachbereichs bedingt also gerade unterschiedliche Anforderungen. Daneben fließen die Wertungen der anderen Grundrechte und der Ordnung des Grundgesetzes in den Gleichheitssatz ein. Dadurch ergeben sich zwangsläufig unterschiedliche Anforderungen durch den Gleichheits-

---

[454] So auch ausführlich *Jestaedt* Grundrechtsentfaltung S. 186 f., 190, 191 und dort auch Fn. 243. Zusammenfassend *ders.* DVBl 2001, 1309, 1312 ff. Siehe auch *Kischel* AöR 124 (1999) S. 174, 187 dort Fn. 56; *Sachs* JuS 1997, 124, 125. Anderer Ansicht *Martini* Prinzip absoluter Rechtsgleichheit S. 33 ff., er will auf S. 42 aus der Formulierung „wesentlich gleich" die Unterscheidung zwischen Handlungs- und Kontrollnorm festmachen.

[455] *Jestaedt* Grundrechtsentfaltung S. 190, 195, 201; *ders.* DVBl 2001, 1309, 1315 ff., 1318 f. *Kim* Konkretisierung S. 148, 151 nennt dieses Zusammenfallen von Handlungs- und Kontrollnorm in Abgrenzung zur Trennungslehre **Identitätsthese**.

satz. Wenn die konkreten Anforderungen im Rahmen der **Auslegung** bestimmt werden, können auch funktionell-rechtliche Argumente einfließen. Vor allem die Gestaltungsfreiheit des Gesetzgebers kann ein solches Argument sein.[456] Diese können aber nicht ausschlaggebend sein, weil die Anforderungen, die der Gleichheitssatz stellt, nicht davon abhängen, ob ein (sachnäheres) Fachgericht kontrolliert oder dessen Entscheidung überprüft wird. Entscheidend ist, welche Anforderungen der Gleichheitssatz im konkreten Fall stellt. Diese müssen auch vom Fachgericht beachtet werden und können deswegen auch vom Bundesverfassungsgericht kontrolliert werden.

d) Grundsätzlich umfassende Kontrolle

Wie oben gezeigt, findet sich bisher noch keine These, welche überzeugend erklären kann, wie und warum die Kontrollkompetenz des Bundesverfassungsgerichts eingeschränkt werden kann. Das Bundesverfassungsgericht kann Entscheidungen umfassend prüfen. Dies mag zwar insoweit unbefriedigend erscheinen, als sich das Gericht dann, wie es ihm manchmal vorgeworfen wird, in die Rechtsprechung der Fachgerichte „einmischen" könnte. Die oben dargestellten Versuche aus Literatur und Rechtsprechung helfen aber ebenso wenig weiter. Dieses Ergebnis ist jedoch gar nicht so unbefriedigend, wie es erscheinen mag. Es folgt aus dem **umfassenden Grundrechtsschutz** des Grundgesetzes und der oben schon erwähnten Tatsache, dass Verfassungsrecht und einfaches Recht nicht unabhängig voneinander bestehen, sondern beide zusammenwirken und sich gegenseitig ergänzen. Dies übersehen gerade Kritiker, die dem Gericht vorwerfen, dass es auf einfaches Recht „durchgreife".[457] Ein umfassender Grundrechtsschutz ist nur möglich, wenn das Verfassungsgericht grundsätzlich immer prüfen *kann*. Es *braucht* aber nicht immer zu prüfen, weil die Fachgerichte die Grundrechte achten und ihnen zur Wirksamkeit verhelfen. Wenn aber *prima facie* kein Anlass für eine strengere Kontrolle besteht, weil die Entscheidung der sach- und fachnäheren Gerichte vertretbar erscheint, dann braucht das Bundesverfassungsgericht auch nicht eingreifen.[458]

---

[456] So auch *Kim* Konkretisierung S. 148, 151, 156. Vgl. ferner *Osterloh* in Sachs Art. 3 Rn. 10. Siehe auch den Ansatz *Bleckmanns*, der die einzelnen Gewalten je nach „Demokratienähe" also der Länge der demokratischen Legitimationskette unterschiedlich intensiv prüfen will – *ders.* Struktur S. 40, StaatsR II § 24 Rn. 161. Siehe zur Gestaltungsfreiheit schon oben B II 3 c.
[457] So etwa *Hesse* JZ 1995, 265, 268.
[458] Dazu auch *Pieroth/ Aubel* JZ 2003, 504, 507 ff. m.w.N. zur Vertretbarkeitskontrolle.

Das „Dilemma" des Verfassungsgerichts besteht darin, dass letztlich in jeder unrichtigen Gesetzesanwendung ein Gleichheitsverstoß liegen kann. Die betroffene Person wird anders behandelt als die übrigen Normunterworfenen.[459] Es müsste eigentlich untersucht werden, im Hinblick auf welches Merkmal die Personen sich unterscheiden oder anders gewendet: es müsste nach dem Grund für die andere Behandlung gefragt werden. Da der Gleichheitssatz ein wertungsoffenes Grundrecht ist, und er bereichsspezifisch angewendet wird, spielen bei seiner Auslegung und Anwendung immer viele Aspekte hinein. Liegt die Ungleichbehandlung darin, dass eine Norm unterschiedlich ausgelegt wird, ist aber die Auslegung des sachnäheren Gerichts nachvollziehbar, folgerichtig und vertretbar, so kann dies ein Grund dafür sein, dass gar keine Ungleichbehandlung vorliegt. Die Vertretbarkeit einer solchen fachgerichtlichen Entscheidung kann insbesondere durch eine ständige Rechtsprechungspraxis gefestigt sein. Deswegen braucht das Gericht in den meisten Fällen in keine vertiefte Prüfung einzusteigen, sondern kann sich auf den *prima facie* Eindruck verlassen – sofern es keine weiteren Anhaltspunkte hat. Dieser pragmatische Ansatz wird der Rechtswirklichkeit eher gerecht und berücksichtigt außerdem die Tatsache, dass die Grundrechte umfassend geschützt sind. Dem Bundesverfassungsgericht muss damit auch die Möglichkeit offen stehen, bei konkreten Anhaltspunkten auf einen Gleichheitsverstoß einzugreifen.

2) Folgerungen für die Kontrolle der Verwaltung

Der Maßstab, den das Bundesverfassungsgericht bei der Kontrolle von Gerichtsentscheidungen anlegt unterscheidet sich grundsätzlich nicht von dem Maßstab, der beim Gesetzgeber angelegt wird.[460] Das Verfassungsgericht versucht zwar, sich zurück zu halten, wenn es um einfaches Recht geht, weil es die größere Sachnähe der Fachgerichte akzeptiert. Alle unterschiedlichen Formeln, dies auch dogmatisch zu untermauern, taugen aber nichts. Denn das Gericht muss grundsätzlich immer eingreifen können, wenn Grundrechte und speziell, wenn der Gleichheitssatz verletzt

---

[459] So auch *Starck* in vM Art. 3 Rn. 282; *Maunz/Zippelius* Dt. StaatsR S. 217.
[460] Einen **gleichen Ansatz** für die Kontrolle der Gerichte und der Verwaltung wählen etwa *Herzog* in Festschrift Dürig S. 431, 433; *Jarass* in JP Art. 3 Rn. 34, 38 und NJW 1997, 2545, 2548; *Jestaedt* Grundrechtsentfaltung S. 197; *ders.* DVBl 2001, 1301, 1309, 1316 dort Fn. 69; siehe auch *Dürig* in MD Art. 3 Rn. 414 zur gleichen Bindungsintensität an den Gleichheitssatz zwischen Gesetzgeber und Verwaltung. Dazu auch *Stern* StaatsR III/1 S. 1358. **Weitergehend** *Bleckmann* StaatsR II § 10 Rn. 7 Grenzen der Prüfungsbefugnis beim Gesetzgeber könnten nicht auf die Verwaltung übertragen werden; die Prüfung hier sei daher vollumfänglich.

ist. Deswegen kontrolliert es eine Entscheidung in der Regel nicht näher, wenn *prima facie* dazu keine Anhaltspunkte bestehen.

Für die Bindung und die Kontrolle der Verwaltung gilt die Grundaussage, dass die Bindung an den Gleichheitssatz für alle Staatsgewalten gleich ist. Gerichte, Gesetzgebung oder Verwaltung werden nicht nach anderen Kriterien beurteilt. Es gibt auch für sie keine unterschiedliche Kontrolldichte. Denn die Bindung an den Gleichheitssatz und die daraus folgende Kontrolldichte sind gleich.[461] Die Intensität der Bindung und damit auch der Kontrolldichte kann aber unterschiedlich sein. Hier können *auch* funktionsspezifische Argumente mit einfließen. Wenn dem Gesetzgeber in bestimmten Bereichen ein Gestaltungsspielraum zugestanden wird, dann muss das zwar nicht unbedingt auch für die gesetzesgebundene Verwaltung gelten. Wenn aber schon eine gewisse Bindung für den Gesetzgeber gilt, dann muss das erst Recht für die vollziehende Gewalt der Fall sein, zumal sie nicht, wie der Gesetzgeber, unmittelbar demokratisch legitimiert ist.[462]

3) Ergebnis

Die Kontrolle der Rechtsanwendung durch Gerichte und Verwaltung erfolgt nach den gleichen Kriterien. Formeln und Entscheidungen, die dem Bundesverfassungsgericht eine besondere Zurückhaltung nahe legen wollen, wenn es Gerichtsentscheidungen überprüft, überzeugen nicht. Sie liefern keine eindeutigen Kriterien. Die Bindung aller Staatsgewalten an den Gleichheitssatz ist gleich. Da der Gleichheitssatz aber bereichsspezifisch angewendet wird, kann im konkreten Fall die Bindungsintensität und damit auch die Kontrolldichte unterschiedlich ausfallen. Die Bindung an den Gleichheitssatz und die Kontrolldichte können aber nicht auseinander fallen, sondern sind immer gleich.

---

[461] Deswegen ist der Ansatz *Herzogs* in MD Anhang zu Art. 3 Rn. 17, die Hecksche Formel (dazu oben S. 203) auch auf die Kontrolle der Verwaltung anzuwenden, nicht richtig. Denn zum einen passt die Formel schon auf die Kontrolle der Rechtsprechung nicht, zum anderen ist die Kontrollbefugnis und Bindung umfassend.

[462] Zu dieser Gedankenführung *Bleckmann* StaatsR II § 24 Rn. 161, § 10 Rn. 6 f.; *ders.* Struktur S. 40. Vgl. ferner *Gubelt* in von Münch Art. 3 Rn. 47 ff.; *Rüfner* in BK Art. 3Rn. 154.

V) Zusammenfassendes Ergebnis

Der Gleichheitssatz ist nicht inhaltsleer. Er ist eine wertungsoffene Generalklausel, aus der sich ein Recht auf gleiche Behandlung ergeben kann. Für den Bürger kann daraus ein Recht auf ermessensfehlerfreie Behandlung gegenüber der Verwaltung abgeleitet werden, sofern ein Individualbezug besteht. Der Gleichheitssatz ist kein bloßes Abwehrrecht. Man kann ihn treffend als *status relativus* bezeichnen. Die gesamte Verfassungsordnung, v.a. die Menschenwürde, die besonderen Gleichheitssätze und die Freiheitsrechte konkretisieren den Gleichheitssatz.

Gleichheit und Gerechtigkeit sind aufeinander bezogen. Die Rechtsprechung prüft aber nicht anders, wenn sie Gerechtigkeitswertungen anspricht, als wenn sie sich nur auf den Gleichheitssatz bezieht. Auf den Begriff der Gerechtigkeit sollte man daher besser verzichten.

Das Willkürverbot ist der Zentralbegriff der eine Gleichheitsverletzung umschreiben soll. Als Element des Rechtsstaatsdenkens und der Ermessensfehlerlehre verband sich der Begriff mit dem Gleichheitssatz. Es gibt nur einen Willkürbegriff. Willkür ist letztlich eine wertungsbedürftige Leerformel, die aber auf die Begründungsbedürftigkeit einer Behandlung hinweist. Mit weiteren Kriterien versuchen Rechtsprechung und Literatur den Inhalt der Willkür und des Gleichheitssatzes zu bestimmen. Hauptelement ist die Bereichsspezifik, unter die diese Arbeit auch die Systemgerechtigkeit und die Selbstbindung der Verwaltung fasst. Auch wenn die Rechtsprechung von einem inneren Zusammenhang spricht, ist das nur ein Fall der Bereichsspezifik und weist weder auf eine dem Gleichheitssatz fremde Zweck-Mittel-Relation noch auf eine Prüfung der Verhältnismäßigkeit hin. Die Gleichheitsprüfung ist vielmehr eine Entsprechensprüfung.

Aus der Kontrolle der Rechtsprechung durch das Bundesverfassungsgericht lässt sich schließen, dass die Prüfung anhand des Gleichheitssatzes für alle Gewalten gleich vorgenommen wird. Formeln, die den Prüfungsumfang einschränken oder die zwischen Handlungs- und Kontrollnorm trennen wollen, helfen nicht weiter.

D) Neue Formel und Bundesverfassungsgericht

I) Aufkommen und Aufnahme der neuen Formel

Der Gleichheitssatz hat in der Rechtsprechung des Bundesverfassungsgerichts einen anhaltend hohen Stellenwert eingenommen. Auch die Literatur hat ihm immer schon – beginnend mit der Weimarer Republik – besonders beachtet. Seit den grundlegenden Arbeiten von *Triepel* und *Leibholz* (dazu schon oben C II 1 b bb) haben Rechtsprechung und Literatur den Inhalt des Gleichheitssatzes im Prinzip stets auf dieselbe Art und Weise bestimmt – nämlich durch das Willkürverbot. Das änderte sich mit der Entscheidung des Bundesverfassungsgerichts vom 7.10.1980 im 55. Band seiner Entscheidungssammlung und der dort entwickelten und im Nachhinein so bezeichneten neuen Formel[1]. Mit dieser Formel verwendete das Gericht einen anderen Ansatz als bisher mit der Willkürformel, um einen Verstoß gegen den Gleichheitssatz zu kennzeichnen. Die neue Formel rückte den Gleichheitssatz – von der Verwaltungsrechtsprechung nahezu zehn Jahre unbemerkt – schlagartig wieder in das Interesse der Wissenschaft. Das zeigt sich etwa daran, dass die Vereinigung der Staatsrechtslehrer den Gleichheitssatz 1988 zum zweiten Mal nach 1926 zum Thema einer Veranstaltung machte. Entsprechend groß war auch die Resonanz. Nach ihrer kontroversen Aufnahme durch die Literatur hielt das Bundesverfassungsgericht zwar an der neuen Formel fest, griff daneben aber auf die von ihm bisher schon verwendeten Formulierungen zurück. Das ist bis heute noch der Fall. Im Laufe der Zeit entwickelte es die neue Formel weiter, hob bestimmte Aspekte hervor und relativierte andere. Mit der Entscheidung vom 26.1.1993 im 88. Band stufte das Gericht den von ihm entwickelten Maßstab weiter ab und differenzierte ihn besser aus. Die neue Formel hat sich heute in Wissenschaft und Rechtsprechung etabliert, wenngleich sie sich noch nicht vollständig durchgesetzt hat. Das zeigt sich besonders in der Verwaltungsrechtsprechung, die die neue Formel zwar mittlerweile auch bei der Kontrolle von Verwaltungsentscheidungen verwendet,

---

[1] *Von Münchs* Vorschlag in *ders.* StaatsR II Rn. 571, die neue Formel, die es immerhin schon mehr als 20 Jahre gebe und deswegen nicht mehr als neu bezeichnet werden könne, als **Rechtfertigungsformel** umzubenennen hat sich bisher nicht durchsetzen können. Zur neuen Formel als Rechtfertigungsgebot siehe auch *Zuck* MDR 1986, 723, 724.

dies jedoch so selten, dass man nicht von einer wirklichen Durchsetzung sprechen kann.

Die neue Formel fand in der Wissenschaft enormen Widerhall. Die Ansichten zu ihr waren und sind sehr extrem. Einerseits wurde die Formel sehr begrüßt. Auf der anderen Seite vehement abgelehnt. Dazwischen bewegen sich etliche Fehldeutungen und Überinterpretationen der neuen Rechtsprechung, die es erschweren, sich einen eingängigen Eindruck zu verschaffen. Die schwer wiegendste Überinterpretation dürfte sein, dass die neue Formel mit einer Prüfung der **Verhältnismäßigkeit** oder mit Elementen der Verhältnismäßigkeit verbunden sei.[2] Darauf wird unten, D III 3, zurückgekommen werden.

Von großen Teilen der Wissenschaft wurde die neue Formel **begrüßt**, obwohl man häufig ihre Inhalte nicht als neu empfand. Die Literatur hob hauptsächlich hervor, dass die Formel im Gegensatz zur Willkürrechtsprechung den **Vergleich** wieder in den Vordergrund rücke und sie die Prüfung klarer, rationeller und besser nachvollziehbar mache; *Sachs* spricht gar von einer Rückbesinnung auf den Vergleich.[3] Dann wird das Meinungsbild aber diffuser. Einige sehen die neue Formel als wesentliche **Änderung** der Rechtsprechung, die eine erhöhte Kontrolldichte und einen inhaltlich klareren und auch **strengeren** Maßstab für die Gleichheitskontrolle liefere. Deswegen sind manche überzeugt, dass man zu unterschiedlichen Ergebnissen nach der neuen Formel und der Willkürformel kommen könne. Andere Autoren zweifeln diese Ansichten gerade an und sehen in der neuen Formel höchstens eine Akzentverschiebung in der Rechtsprechung. Es werden Elemente aufgegriffen, die es auch schon in früheren Entscheidungen gegeben habe. Die Unterschiede seien so geringfügig, dass sich nach beiden Formeln ein Fall immer

---

[2] So etwa von *Bleckmann* StaatsR II § 24 Rn. 84. *Hesse* AöR 109 (1984) S. 174, 189; ders. in Festschrift Lerche S. 121, 122; *Zuck* MDR 1986, 723, 724 dort Fn. 26;
[3] **Begrüßen** neue Formel: *Zuck* MDR 1986, 723, 724; *Stettner* BayVBl 1988, 545, 550 ; *Vogel* Diskussionsbeitrag in VVDStRl 47 (1989) S. 64; *Schoch* DVBl 1988, 863, 875 ; *Schuppert* Diskussionsbeitrag in VVDStRl 47 (1989) S. 98; *Wendt* NVwZ 1988, 778, 781; *Ipsen* StaatsR II Rn. 762. Siehe auch *Kim* Konkretisierung S. 169; *Odendahl* JA 2000, 170, 173. Vollkommen unkritisch dagegen und unklar *Ulrich* Phänomen der Gleichheit S. 92, 94, 106 f. Ebenfalls vollkommen unkritisch und unverständlich *Kölbel* Gleichheit im Unrecht Rn. 59, 60 und dort auch Fn. 52. Die neue Formel ignorierend *Stein/Götz* StaatsR S. 386 ff., 391. Empfinden sie **nicht** als **neu**: etwa *Kirchhof* in HdBStR V § 124 Rn. 196, 217; ders. in Festschrift Geiger S. 82, 105. *Osterloh* in Sachs Art. 3 Rn. 15; *Bryde/Kleindiek* Jura 1999, 36, 44. Heben die **Rückbesinnung** auf den **Vergleich** hervor: *Sachs* NWVBl 1988, 295, 299; *Gubelt* in von Münch Art. 3 Rn. 14; ähnlich *Böckenförde* Diskussionsbeitrag in VVDStRl 47 (1989) S. 97; *Stettner* BayVBl 1988, 545, 550; *Schoch* DVBl 1988, 863, 875; *Maaß* NVwZ 1988, 14.

„so oder so" entscheiden lassen könne.⁴ Gerade das Verhältnis zur Willkürformel wird sehr unterschiedlich eingeschätzt. Während einige die **Willkürformel** schon als **überwunden** betrachten, lehnen andere diese Abkehr gerade ab und halten umgekehrt die neue Formel für entbehrlich, weil die Willkürformel ausreiche. *Von Münch* möchte gar pathetisch wieder zur „guten alten Willkürformel" zurückkehren (Zur Relevanz der Willkürformel siehe unten D III 4 und IV 2).⁵ Dieser kurze Überblick erklärt, dass die neue Formel teilweise sehr starke **Ablehnung** erfahren hat und noch heute erfährt.⁶

Die Ansichten, welche die neue Formel ablehnen oder für überflüssig halten sparen nicht an Kraftausdrücken und werfen dem Bundesverfassungsgericht Beliebigkeit oder Begriffsverwirrung vor. Die neue Formel sei keine Problemlösung, sondern verschleiere durch ihre Formulierung nur, dass es keine Unterschiede zur bisherigen Rechtsprechung gebe; sie sei gerade keine große Neuerung und bringe nicht mehr Erkenntnisse als das, was schon zu Weimarer Zeiten diskutiert worden sei. Ist die Kritik teilweise recht scharf, so sparen auch manche Befürworter nicht an Worten und sehen in der neuen Formel eine wesentliche Änderung der Rechtsprechung, ja eine kopernikanische Wende. Die Vorherrschaft der Leibholzschen Lehre neige sich dem Ende zu. Andere sind nüchterner und stellen nur heraus, dass die neue Formel zu größerer Rationalität und Nachvollziehbarkeit der Wertungen führe, die bei einer Gleichheitsprüfung anzustellen seien.⁷

Die Einführung zeigt, dass die neuere Rechsprechung des Bundesverfassungsgerichts zum Gleichheitssatz sehr umstritten ist. Das Folgenden soll deswegen ein

---

⁴ Änderung der Rechtsprechung und **klarerer Maßstab**: *Gubelt* in von Münch Art. 3 Rn. 14; *Kim* Konkretisierung S. 170. **Strengerer Maßstab** *Hesse* AöR 109 (1984) S. 174, 189; *ders.* in Festschrift Lerche S. 121, 122; *Schoch* DVBl 1988, 863, 875; *Martini* Prinzip absoluter Rechtsgleichheit S. 59, 68. **Unterschiedliche Ergebnisse** bei den Formeln möglich *Maaß* NVwZ 1988, 14 ff.
Diese Ansichten ausdrücklich **ablehnend** *Heun* in Dreier Art. 3 Rn. 22. Von **Akzentverschiebung** spricht *Ipsen* StaatsR II Rn. 762; siehe auch *Bryde/Kleindiek* Jura 1999, 36, 44. Ablehnend auch *Bleckmann* StaatsR II § 24 Rn. 169; von Münch StaatsR II Rn. 575. Zweifelnd *Herzog* in MD Anhang zu Art. 3 Rn. 7.
⁵ **Abkehr/ Überwindung** der Willkürformel *Böckenförde* Diskussionsbeitrag in VVDStRl 47 (1989) S. 96; *Maaß* NVwZ 1988, 14, 16; *Wendt* NVwZ 1988, 778, 781. Diese Ansicht **ablehnend**: *Rüfner* in BK Art. 3 Rn. 27; von Münch StaatsR II Rn. 575. **Willkür ausreichend**: *Starck* in vM Art. 3 Rn. 11; ähnlich *Heun* in Dreier Art. 3 Rn. 22. Wohl auch *Herzog* in MD Anhang zu Art. 3 Rn. 7.
⁶ So etwa von *Huster* Rechte und Ziele S. 62 f., 193 f., 302; *Gassner* Heinrich Triepel S. 370; *von Münch* StaatsR II Rn. 575; *Starck* in vM Art. 3 Rn. 11, 17, 22, 300.
⁷ Die ablehnenden Zitate stammen in der Reihenfolge von: *Huster* Rechte und Ziele S. 62 f., 193 f.; *Heun* in Dreier Art. 3 Rn. 22; *Gassner* Heinrich Triepel S. 370; *von Münch* StaatsR II Rn. 575; Die **zustimmenden** Zitate sind von *Gubelt* in von Münch Art. 3 Rn. 14; *Zuck* MDR 1986, 723, 724; *Vogel* Diskussionsbeitrag in VVDStRl 47 (1989) S. 64; *Wendt* NVwZ 1988, 778, 781.

wenig mehr Klarheit in das Dunkel der Interpretationsmöglichkeiten bringen. Denn nur wenn der Inhalt und die Folgen der neuen Formel geklärt sind, kann auch der Frage dieser Arbeit nachgegangen werden, ob und wie die Formel auf die Verwaltung übertragen werden kann.

II) Inhalt der neuen Formel

Die sogenannte neue Formel wurde vom Bundesverfassungsgericht in seiner Entscheidung vom 7.10.1980 erstmals verwendet und in ständiger Rechtsprechung beibehalten. Auf die wesentliche Aussage reduziert, besagt die Formel, dass der Gleichheitssatz verletzt ist,

„wenn eine Gruppe von Normadressaten im Vergleich zu anderen Normadressaten anders behandelt wird, obwohl zwischen beiden Gruppen keine Unterschiede von solcher Art und solchem Gewicht bestehen, dass sie die ungleiche Behandlung rechtfertigen könnten."[8]

Hierbei fällt zum einen auf, dass das Gericht von Normadressaten und Gruppen spricht, zum anderen, dass die Unterschiede und deren Art und Gewicht betont werden. Auf diese und weitere Aspekte wird im Folgenden eingegangen.

1) Rückbesinnung auf den Vergleich

Hauptverdienst der neuen Formel ist es, den Vergleich wieder in den Vordergrund der Prüfung gerückt zu haben. Der dem Gleichheitssatz eigene Vorgang des Vergleichens war in der Vergangenheit in der Rechtsprechung teilweise in Vergessenheit geraten. Sehr oft wurde die Prüfung nur noch darauf verkürzt, ob es Gründe für die Behandlung einer Person gab, ohne das Augenmerk darauf zu legen, ob und welche Unterschiede bestehen und hinsichtlich welcher Merkmale überhaupt wer mit wem verglichen wird. Dadurch übersieht die Rechtsprechung, dass sich gerade

---

[8] BVerfG E 55, 72 (88) st. Rspr. 57, 107 (115); 58, 369 (373 f.); 60, 123 (133 f.); 60, 329 (346); 64, 229 (239); 65, 377 (384); 66, 234 (242); 68, 287 (301); 71, 39 (58 f.); 74, 9 (24); 76, 256 (329); 78, 232 (247); 80, 59 (66); 81, 108 (118); 82, 126 (146); 84, 133 (157); 84, 348 (359); 85, 238 (244); 87, 1 (36); 88, 5 (12); 88, 87 (96); 91, 346 (362); 91, 389 (401); 92, 277 (318); 93, 99 (111); 93, 386 (397); 94, 241 (260); 95, 267 (316 f.); 96, 315 (325); 98, 1 (12); 98, 365 (389); 99, 129 (139); 99, 165 (177); 99, 367 (389); 100, 1 (38); 100, 59 (90); 100, 195 (205); 101, 239 (269); 101, 275 (290 f.); 102, 41 (54); 102, 68 (87); 103, 272 (289); 103, 225 (235); 103, 310 (319); 103, 392 (397); 106, 166 (167); 107, 27 (46); 110, 412 (432) – BVerfG NVwZ 1984, 31; NVwZ 1985, 731; NVwZ 1986, 369 (370); NVwZ-RR 1989, 358 (359); DVBl 1987, 618 (619); DVBl 1988, 911; DVBl 1991, 310 (323); DVBl 1992, 610 (614 f.); DVBl 1993, 995 (997); NVwZ 1995, 989 (990); DVBl 1996, 1122; NVwZ 1998, 836 (837); DVBl 1999, 910 (913); NVwZ 2000, 309 (311); NJW 2001, 2786 (2786); NVwZ 2002, 197 (198); NJW 2002, 1103 (1104); NJW 2003, 737; NJW 2005, 2213 (2215).

aus den Unterschieden und den Vergleichsmerkmalen Anforderungen an die Begründung der Behandlung ergeben (allgemein zur Gleichheitsprüfung oben B 2, 5). Die Neue Formel strukturiert die Prüfung besser. Es wird wieder sichtbar, dass es sich um eine Gleichheitsprüfung handelt, bei der auch wirklich verglichen werden muss. Deshalb ist es durchaus nachvollziehbar, wenn Teile der Literatur geradezu euphorisch von einer Renaissance des Vergleichs sprechen; der Vergleich werde wieder betont.[9]

Als **Beispiel** für eine Entscheidung des Bundesverfassungsgerichts, die den Vergleich sehr betont, sei E 57, 107 angeführt. Hier ging es um die konkrete Normenkontrolle einer Entschädigungsregelung des BSeuchenG a.F., nach der abgesondert Geschädigte günstiger standen, als andere. Das Gericht vergleicht alle in Frage kommenden Gruppen und kommt zu dem Schluss, dass eine Gruppe stärker beeinträchtigt sei als andere, die Unterschiede zwischen den Gruppen also von solcher Art und solchem Gewicht seien, dass das Gesetz ihr eine Entschädigung zu Recht zubillige. Im Normalfall seien die Unterschiede daher so erheblich, dass deshalb auch eine unterschiedliche Behandlung der Gruppen möglich sei.[10]

a) Bildung von Vergleichsgruppen

Die neue Formel zwingt dazu, verschiedene **Gruppen** von Normadressaten zu bilden, was eigentlich bei jeder Vergleichsprüfung üblich sein sollte.[11] Sie analysiert die Unterschiede zwischen den beiden Gruppen, also der des Betroffenen und der Vergleichsgruppe. Der Begriff der „Gruppe" ist im Übrigen nicht neu, sondern wurde vom Bundesverfassungsgericht auch schon in der Vergangenheit im Zusammenhang mit dem Gleichheitssatz erwähnt.[12] Es genügt nicht mehr, dass nur der Betroffene einer anderen Vergleichsperson gegenübergestellt wird, sondern beide müssen in Gruppen eingeordnet werden. Das vergleichende Beurteilen des Gleichheitssatzes zieht eine **abstrakte** Betrachtung nach sich und hat zur Folge, dass Vergleichsgruppen gebildet werden müssen und nicht allein Einzelpersonen verglichen werden können. Die Vergleichswertung erfolgt also nicht allein im Ver-

---

[9] *Gubelt* in von Münch Art. 3 Rn. 14; ähnlich *Böckenförde* Diskussionsbeitrag in VVDStRl 47 (1989) S. 97; *Maaß* NVwZ 1988, 14; *Sachs* NWVBl 1988, 295, 299; ders. in Festschrift Friauf S. 308, 317. Siehe auch *Stettner* BayVBl 1988, 545, 550, der hervorhebt, dass es bei der neuen Formel hauptsächlich um die ordnungsgemäße Durchführung des **Vergleichsprozesses** gehe. Siehe ferner die Nachweise oben bei Fn. 7.
[10] BVerfG E 57, 107 (116)
[11] Dazu oben B 2 a.
[12] *Odendahl* JA 2000, 170, 172. Zum Begriff der Gruppe vgl. BVerfG E 22, 387 (415) und E 52, 277 (280), auf die E 55, 72 (88) ausdrücklich verweist. BVerfG E 22, 387, 415 spricht wörtlich von der „klageführenden Person (und ihrer Gruppe)".

hältnis zur behandelten Person, denn das wäre, worauf *Kirchhof* zutreffend hinweist, Neid. Damit kommt nicht der atypische Einzelfall, sondern nur die relevante, ins Gewicht fallende Gruppe für den Vergleich in Frage.[13] Dies macht die Prüfung besser nachvollziehbar und kontrollierbar. Wie die Gruppe des Betroffenen und die Vergleichsgruppe gebildet werden ist jedoch schon eine **Vorentscheidung** der weiteren Prüfung. Denn hier werden bestimmte Merkmale als relevant erachtet, andere hingegen nicht. Es ist aber nicht richtig, wenn die Ansicht vertreten wird, dies sei eine der Schwierigkeiten der neuen Formel, und außerdem bilde das Bundesverfassungsgericht die Gruppen ohnehin selbst.[14] Jede Vergleichsprüfung hängt von der Vorentscheidung darüber ab, wie die Vergleichsgruppen gebildet werden (dazu schon B 2). Die neue Formel macht diesen Vorgang nur noch einmal bewusst. Es ist in diesem Zusammenhang ebenfalls übertrieben, wenn der **Begriff der Gruppe** insgesamt als untauglich kritisiert wird, weil er nicht fassbar sei und man ihn sehr weit, von Berufsgruppen bis hin zu gesellschaftlichen Gruppen verstehen könne.[15] Ob man hier den Begriff „Gruppe" oder „Betroffene" oder einen anderen Begriff verwendet ist einerlei. Entscheidend ist, dass der jeweilige Personenkreis nicht abstrakt fest steht, sondern anhand der Differenzierung des konkreten Falles gebildet werden muss und kann. Die Bezeichnung Gruppe dient hier als Vehikel, um alle möglichen Fälle abzudecken. Das Bundesverfassungsgericht bildet bei seiner Prüfung die Vergleichsgruppen selbst. Es muss sie selbst bilden, weil der Gesetzgeber die Vergleichsfälle in der Regel nicht bedacht hat. Das Gericht bildet sie aber nicht aus eigener Machtfülle, sondern orientiert sich an der gesetzgeberischen Wertung und der Wertung des Grundgesetzes. Das ist Ausdruck der bereichsspezifischen Anwendung des Gleichheitssatzes. Dadurch ist auch die Gruppenbildung vorgeprägt.

---

[13] *Kirchhof* Verschiedenheit S. 9; siehe auch *Radbruch* Rechtsphilosophie S. 122. Zur relevanten Gruppe *Osterloh* in Sachs Art. 3 Rn. 29, in die gleiche Richtung zielt *Heun* in Dreier Art. 3 Rn. 25, der allerdings meint, die neue Formel verfeinere nur den Begriff des wesentlich Gleichen, mehr nicht.
[14] So aber *Robbers* DöV 1988, 749 (751); siehe zur Kritik auch *Gubelt* in von Münch Art. 3 Rn. 14.
[15] So aber die Kritik von *Herzog* in MD Anhang zu Art. 3 Rn. 9, 12 und *Gubelt* in von Münch Art. 3 Rn. 14. Interessant ist auch der Ansatz *Gusys* in NJW 1988, 2505, 2507, der von unterschiedlichen Rollen spricht.

b) Analyse der Unterschiede

Die neue Formel fragt, ob die Unterschiede zwischen den Gruppen von solcher Art und solchem Gewicht sind, dass sie die Ungleichbehandlung rechtfertigen. Es geht also darum die Unterschiede zu analysieren, aufzuzeigen und zu gewichten,[16] um sie dann mit der Ungleichbehandlung ins Verhältnis zu setzen. Die festzustellenden Unterschiede – der **Grad** der Ungleichbehandlung[17] also – müssen für die Differenzierung von Bedeutung sein.[18] Indem die Unterschiede gewichtet werden, wird gleichzeitig festgelegt, welche konkreten Anforderungen an die Begründung zu stellen sind, denn die Unterschiede müssen eine unterschiedliche Behandlung „rechtfertigen", also begründen. Daraus können sich je nach dem Grad der Behandlung strengere oder weniger strenge Anforderungen an die „Rechtfertigung" ergeben.[19] Das Gewichten bedeutet ein **Bewerten**. Damit wird schon festgelegt, welche Unterschiede bedeutsam sind. Mit anderen Worten: es werden die Vergleichsmerkmale bestimmt, also die Kriterien, die für die Vergleichsbetrachtung wichtig, die für eine Gleich- oder Ungleichbehandlung maßgeblich, relevant sind.[20] Ausgangspunkt dabei ist die jeweils in Frage stehende Norm, denn es werden ja die *Norm*adressaten verglichen.[21] Indem dann die Beziehung zwischen der Behandlung und den Unterschieden untersucht wird,[22] ähnelt der Ansatz dem einer Entsprechensprüfung.[23]

2) Personenbezug und Sachbezug

Das Bundesverfassungsgericht verwendet die neue Formel, wenn eine Gruppe von Normadressaten anders als eine Vergleichsgruppe behandelt wird. Untersucht werden die Unterschiede zwischen den Gruppen. Daneben erwähnt es in der gleichen Entscheidung, dass der Gleichheitssatz dem Gesetzgeber

---

[16] Zum Begriff „Art und Gewicht" unten S. 266.
[17] Zu diesem Begriff *Herzog* in MD Anhang zu Art. 3 Rn. 6; *Michael* JuS 2001, 148, 152.
[18] *Rüfner* in BK Art. 3 Rn. 25; *Odendahl* JA 2000, 170, 172.
[19] *Herzog* in MD Anhang zu Art. 3 Rn. 6 und Rn. 10 Dazu, dass beim Gleichheitssatz eigentlich nicht von einer Rechtfertigung gesprochen werden kann, weil eine Ungleichbehandlung sich nicht rechtfertigen lässt schon in B II 5 a, III 1. Siehe in diesem Zusammenhang auch *Zuck* MDR 1986, 723, 724, der von der neuen Formel als Rechtfertigungsverbot spricht. Zur Willkür als Begründungsgebot bereits oben C II 2c bb.
[20] *Maaß* NVwZ 1988, 14, 16; *Michael* JuS 2001, 148, 152.
[21] Zu diesem normativ-analytischen Ansatz *Maaß* NVwZ 1988, 14, 16.
[22] *Maaß* NVwZ 1988, 14, 20.
[23] Dazu schon oben C III 3 b; ausführlicher unten D III 1

„außerhalb des Verbots einer ungerechtfertigten Ungleichbehandlung mehrerer Personengruppen weitgehende Freiheit [lasse], **Lebenssachverhalte** und das **Verhalten** einer Person je nach Regelungszusammenhang verschieden zu behandeln". Eine Seite später spricht es von der Regelung von **Sachverhalten**.[24] Diese eigentlich recht differenzierte Betrachtung haben anfangs einige Entscheidungen und vor allem einige Stimmen in der Literatur darauf reduziert, dass die neue Formel bei Personen gelte, bei Sachverhalten hingegen nicht. An der strikten Unterscheidung zwischen Personen und Sachverhalten hielt das Bundesverfassungsgericht anfangs auch fest, bis es seine Prüfung weiter ausdifferenzierte, ohne allerdings diesen Gegensatz ausdrücklich aufzugeben. Die Formulierung taucht aber vereinzelt auch in späteren Entscheidungen auf. Für die anfängliche Verwendung und auch das spätere Verständnis der neuen Formel ist es also wichtig, diese Unterscheidung zu verstehen und die Gründe für sie nachzuvollziehen.

a) **Normadressaten**

Die neue Formel zwingt dazu, Gruppen zu bilden und zwar Gruppen von Normadressaten. Der Begriff des Normadressaten ist etwas ungewöhnlich, würde man doch eher von Betroffenen, Personen oder Menschen sprechen. Mit dem Gleichheitssatz hat das BVerfG diesen Begriff zuvor zwar vereinzelt schon verwendet, sich jedoch nicht weiter mit ihm auseinander gesetzt.[25] Die Bezeichnung ist möglicherweise von *Leibholz* entlehnt, worauf *Kirchhof* aufmerksam macht. *Leibholz* spricht im Zusammenhang mit dem Gleichheitssatz und dem Willkürverbot vom „ an die Adresse von Rechtssubjekten gerichteten" Recht.[26] Es sind also, anders gewendet, die Adressaten einer Norm gemeint, also die Personen oder Rechtssubjekte, an die eine Norm gerichtet, an die sie „adressiert" ist. Der **Ausgangspunkt** wird vom Bundesverfassungsgericht selbst treffend durch den Wortlaut von Art. 3 I GG beschrieben. Der Satz „alle Menschen sind vor dem Gesetz gleich" mache zum einen den Bezug zum Menschen, zum anderen den zum Gesetz deutlich.[27] Die Menschen

---

[24] BVerfG E 55, 72 (89 und 90) – Hervorhebung durch den Verfasser.
[25] Nämlich in BVerfG E 34, 103 (115), wo es im Zusammenhang mit der Kontrolle einer Vorschrift des KStG von Normadressaten spricht. Mehr dazu unten E II 2 b.
[26] *Leibholz* Gleichheit S. 87; siehe auch *Kirchhof* in HdBStR V § 124 Rn. 218, der übrigens vorschlägt, den Begriff durch Personen, Betroffene oder schlicht Menschen zu ersetzen.
[27] Zu diesem Ausgangspunkt der Betrachtung vgl. BVerfG E 94, 241 (260), wo, nachdem der Gesetzeswortlaut zitiert wird, gleich von Gruppen von Normadressaten die Rede ist. Siehe zu diesem Ausgangspunkt auch *Rüfner* in BK Art. 3 Rn. 45. Vgl. auch *Kirchhof* in Festschrift Geiger S. 82, 105; *ders.* Verschiedenheit S. 8.

werden im Hinblick auf eine Norm verglichen, die Vergleichsmerkmale müssen damit auch aus der Norm kommen. Aus der Beziehung Mensch-Gesetz kann man daher zum Begriff **Normadressat** gelangen, als demjenigen, der vom Gesetz betroffen ist, an den das Gesetz regelnd anknüpft. Was alles unter einer Norm zu verstehen ist, ist eine andere Frage und soll später erläutert werden. Es genügt festzustellen, dass mit einer **Norm** auf jeden Fall die Rechtssätze gemeint sind, die der Bundesgesetzgeber in einem förmlichen Verfahren erlassen hat, also **Gesetze im formellen Sinn**.[28]

Adressat einer Norm ist zunächst die Person, an welche die Norm gerichtet ist, auf die sie zielt und ihrem Wortlaut auch zielen soll. Dafür sprich schon der Begriff „Adressat". Die Person fällt in den **personalen Anwendungsbereich** der Norm.[29] Auffällig ist dabei, dass das Bundesverfassungsgericht den Begriff „Normadressat" zwar benutzt, um die neue Formel einzuleiten. In der darauf folgenden Prüfung definiert es den Begriff weder noch verwendet es ihn weiter. Vielmehr spricht das Gericht von Personengruppen. Deutlich wird das etwa in BVerfG E 78, 232 (247), wo das Gericht ausdrücklich sagt, nachdem es die neue Formel referiert hat, dass der **maßgebliche Bezugspunkt** der Prüfung die Frage sei, wie eine **Personengruppe** *behandelt* werde. Entscheidungen, die den Begriff Normadressat auch in der folgenden Prüfung verwenden sind hingegen äußerst selten. Sie legen aber gerade nicht nahe, dass der Begriff der Normadressaten einen eigenständigen, von dem der Personengruppe geschiedenen Gehalt haben soll.[30] Das hängt damit zusammen, dass das Gericht in der neuen Formel und seiner sich daraus entwickelnden Rechtsprechung die **Person in den Vordergrund** stellt. Das wird in der oben gerade schon genannten Entscheidung BVerfG E 78, 232 (247) besonders deutlich. Da der Gleichheitssatz die Gleichheit des Menschen vor dem Gesetz regelt ist es gleichgültig, ob ihn der Gesetzgeber gleich, ungleich oder gar nicht behandeln

---

[28] Unten, E II 2 wird im Zusammenhang mit der Verwaltung der Begriff ausführlicher erläutert.
[29] Das BVerfG spricht in ähnlichem Zusammenhang in NVwZ 2000, 309 (312) vom (hier räumlichen und sachlichen) **Geltungsbereich** einer Norm. Siehe auch BVerfG E 83, 1 (23), wo davon die Rede ist, eine Regelung *ziele* nicht auf eine bestimmte Gruppe von Normadressaten. Vgl. auch BVerfG E 82, 126 (146), hier spricht das Gericht davon, dass eine Regelung auf eine Gruppe von Normadressaten **erstreckt** werde. Nach *Brüning* JA 2001, 611, 612 belege die Bezeichnung Normadressat die eingeschränkte Anwendbarkeit der neuen Formel auf Personengruppen.
[30] Entscheidungen, welche die neue Formel referieren, im Weiteren aber nur noch von Personengruppen sprechen: BVerfG E 58, 369 (374); 60, 329 (346); 65, 377 (384); 78, 232 (247); 99, 129 (139); NVwZ 2005, 1416 (1417). Entscheidungen, die den Begriff Normadressat auch in der weiteren Prüfung noch verwenden: BVerfG E 82, 126 (146); 83, 1 (23); NJW 2005, 2213 (2215).

möchte. Relevant ist, dass ein Mensch durch das Gesetz *behandelt* wird, also (irgendwie) in dessen Anwendungsbereich fällt. Die Art und Weise der Behandlung interessiert zunächst nicht. Fällt er – oder die Vergleichsgruppe – aber in den Anwendungsbereich so ist er auch Adressat der jeweiligen Norm. Dies spricht dafür, den Begriff weit zu verstehen. Der Normadressat wird damit ein **Normbetroffener**, jemand, der in irgend einer Weise von den Auswirkungen einer Norm betroffen wird und deswegen, zumindest implizit ihr Adressat ist.[31] Streng genommen müsste das Gericht – gemäß dem Wortlaut der neuen Formel – immer zuerst klären, ob die behandelte Person auch Normadressat ist. Das nimmt es aber an, wenn eine Personengruppe durch die fragliche Norm behandelt wird. Gefragt wird damit nicht nach dem Normadressaten, sondern danach, ob und wie eine Personengruppe durch den Normgeber behandelt wird.[32] Relevant ist also der Begriff der Personengruppe. Auch die Frage nach der Art und dem Gewicht der Unterschiede ist auf diesen Begriff bezogen. Diese und nicht die Frage nach dem Normadressaten sind von Bedeutung. Das könnte auch erklären, dass der Begriff des Normadressaten in der Literatur praktisch keinen Widerhall gefunden hat.

b) Personenbezug

Wie oben erwähnt, beginnt das Bundesverfassungsgericht seine Prüfung meist mit der Frage der neuen Formel, ob eine Gruppe von Normadressaten unterschiedlich behandelt wurde. Es prüft dann weiter, ob und wie Personengruppen durch eine Regelung behandelt wurden. Damit fragt es, um einen in der Literatur verwendeten Ausdruck zu gebrauchen, ob die fragliche Norm einen **Personenbezug** hat.[33]

aa) Ein Personenbezug kann vorliegen, wenn der Normgeber gezielt von bestimmten **Personengruppen** spricht, also zum Beispiel von Soldaten und Beamten, und daran unterschiedliche Rechtsfolgen knüpft, etwa unterschiedlich hohe Auslandsbezüge für dieselbe Tätigkeit.[34] Denkbar sind auch Fälle, in denen direkt **personenbezogene Eigenschaften** zum Anknüpfungspunkt für unterschiedliche

---

[31] Ähnlich *Robbers* DöV 1988, 749 (751). Von **Normbetroffenen** spricht BVerfG E 93, 386 (397); NVwZ-RR 2004, 1 (2).
[32] Den Begriff der Personengruppe als unklar ablehnend *Osterloh* in Sachs Art. 3 Rn. 29.
[33] Siehe hierzu auch *Kallina* Willkürverbot und Neue Formel S. 101 f. *Osterloh* in Sachs Art. 3 Rn. 32 lehnt das Kriterium des Personenbezugs als zu allgemein ab.
[34] Vgl. hierzu etwa BVerfG E 93, 386 (397). Zu eng fasst *Paehlke-Gärtner* in Umbach/Clemens Art. 3 Rn. 68 den Personenbezug, wenn sie nur auf Merkmale abstellt, die nicht zur Disposition des Einzelnen stehen.

Rechtsfolgen gemacht werden, etwa das Alter. Der Regelfall dürfte aber eher sein, dass eine Regelung einen **personellen Ansatzpunkt** hat und deswegen für verschiedene Personengruppen, auf die dieser personelle Ansatzpunkt zutrifft, unterschiedliche Regelungen gelten. **Beispiele** für personenbezogene Differenzierungen sind sehr vielseitig. So kann eine Regelung zwischen verschiedenen Altergruppen unterscheiden, zwischen gesetzlich und privat Versicherten, zwischen freiberuflicher und nicht freiberuflicher Tätigkeit, zwischen Wertpapier- und Grundstücksbesitzern, zwischen Arbeitern und Angestellten, auch Stichtage können darunter fallen, wenn sie etwa an das Alter anknüpfen.[35] Als Beispiel sei ferner eine fast schulbuchmäßige Prüfung in einer Entscheidung des Bundesverfassungsgerichts vom 8.4.1998 genannt.

Personeller Anknüpfungspunkt einer Regelung sind hier Frauen, die sich ihre Rentenversicherungsbeiträge wegen ihrer Heirat haben ausbezahlen lassen und später wieder arbeiten. Nur diejenigen dürfen nach der gesetzlichen Regelung Beträge nachentrichten und damit ihre Versorgungsanwartschaften reaktivieren, die im selben Versicherungssystem geblieben sind, also nach ihrem Austritt wieder in dieses zurückkehren (Systemrückkehrer). Frauen, die das Versicherungssystem gewechselt haben (Systemwechsler) wurde die Möglichkeit zur Nachentrichtung der Beiträge verwehrt. In dieser Entscheidung setzt sich das Gericht eingehend mit der Gruppenbildung auseinander und zeigt, wie ein Personenbezug hergestellt wird: eine Regelung knüpft an Merkmale an, anhand derer sich eine Personengruppe (Systemwechsler und Systemrückkehrer) bestimmen lässt.[36]

Liegt ein Personenbezug vor, dann lässt sich im Umkehrschluss daraus herleiten, wann ein **Sachbezug** (dazu im nächsten Abschnitt) gegeben ist. Das soll dann der Fall sein, wenn eine Regelung ausdrücklich keine Unterscheidung zwischen bestimmten Personen oder Personengruppen trifft und nicht gezielt an bestimmte Merkmale anknüpft, die auf Personen bezogen sind.[37] Dass dies nicht so einfach ist,

---

[35] Beispiele: BVerfG E 106, 166 (176) [Ehe – nicht eheliche Lebensgemeinschaft]; 103, 172 (193) [unterschiedliche Altersgruppen – Altersgrenze für Ärzte]; E 102, 68 (87) [gesetzlich Versicherte und privat Versicherte]; E 101, 132 (138) [freiberufliche und nicht freiberufliche Tätigkeit]; E 100, 195 (205) Wertpapier- und Grundstückbesitzer; E 99, 165 (177 f.) [Unterhaltsberechtigte]; (98, 365 (385) [vorzeitig und normal ausscheidende Arbeitnehmer]; E 94, 241 (260) [Stichtag, Rente]; E 84, 348 (359) [Stichtag Steuer]; E 66, 234 (242, 247) [Stichtag Rente]; E 88, 87, 96 [Stichtag Alter – Transsexuellengesetz]; E 93, 386 (397) [Soldaten und Beamte]; E 90, 226 (239) [Kirchensteuer Pflichtige]; E 82, 126 (146 ff.) [Arbeiter und Angestellte]; E 78, 232 (247) [Zwangsversicherte]; E 71, 39 (51 f.) [Teilzeitbeschäftigte und Vollzeitbeschäftigte]; E 58, 369 (373 f.) [anerkannte und nicht anerkannte Berufskrankheit].
[36] BVerfG E 98, 1 (11 f.) – auf S. 12 spricht das Gericht auch ausdrücklich vom „**personellen Anknüpfungspunkt**" der fraglichen Regelung.
[37] Vgl. dazu, den Personenbezug ablehnend: BVerfG E 78, 104 (121). Siehe auch BVerfG E 83, 1 (23) – das Gericht spricht hier davon, dass die fragliche Regelung nicht auf eine bestimmte Gruppe von Norm-

wie es scheint, zeigt etwa BVerfG E 88, 5 (12). Dort führt das Gericht aus, dass die Regelung zwar ihrem Wortlaut nach nicht zwischen verschiedenen Personengruppen differenziere, es sich **der Sache nach** aber um eine Sonderregelung für Arbeitnehmer und Arbeitgeber handele. Es kommt also darauf an, wie sich eine Regelung **auswirkt**.[38]

bb) Liegt ein Personenbezug vor, dann wendet das Bundesverfassungsgericht die neue Formel an. Liegt keiner vor, will es auch nur einen weniger strengen Maßstab zugrunde legen. Der Grund dafür, warum bei einem Personenbezug die Anforderungen des Gleichheitssatzes strenger sind, ist vor allem im Wortlaut des Art. 3 I GG zu finden. Wie oben S. 224, schon beschrieben, ist der **Ausgangspunkt** der Prüfung der Wortlaut des Art. 3 I GG und damit der Mensch. Es kommt auf die Gleichbehandlung von Menschen an. Gegenstand eines Vergleichs sind Personen oder Personengruppen.[39] Kern ist die gleiche **Würde** und der gleiche Wert des Menschen, so wie ihn schon *Dürig* vertrat. Jedem Menschen kommt die gleiche Würde zu, sie müssen daher auch die gleichen Rechte haben.[40] Die Menschen sind in ihrer persönlichen Rechtsstellung, ihrem persönlichen **Status** gleich. Je stärker dieser personale Bezug ist, je stärker der Mensch als Person betroffen ist, um so stärker ist auch die Bindung an den Gleichheitssatz. Denn hier ist der Mensch ungeschützt dem staatlichen Zugriff ausgeliefert, ohne dass er sich dem entziehen könnten. Der Wortlaut des Gleichheitssatzes gibt damit dessen **personalen Schutzzweck** vor.[41] Deswegen sehen viele Autoren in der neuen Formel eine Betonung der **persönlichen Rechtsgleichheit**.[42] Das Bundesverfassungsgericht er-

---

adressaten ziele. Siehe auch *Sachs* JuS 1997, 124, 128 f. Siehe zu diesem Umkehrschluss auch *Kallina* Willkürverbot und Neue Formel S. 90 f.
[38] Siehe dazu aber BVerfG E 83, 1 (23), wo das Gericht noch anders entschieden hatte, obwohl man hier auch über die Auswirkung einer Norm zu einem Personenbezug hätte gelangen können.
[39] So schon *Dürig* in MD Art. 3 Rn. 306, der a.a.O. Rn. 309 vom **personalen Vergleich** spricht. *Kirchhof* in HdBStR V § 124 Rn. 196; *ders.* Verschiedenheit S. 8.
[40] BVerfG E 5, 85 (205); *Dürig* in MD Art. 3, 21; zusammenfassend *ders.* in Staatslexikon der Görres-Gesellschaft Stichwort „Gleichheit" II 1 (S. 1068), II 3 (S. 1070). Zu Dürigs Ansatz und der neuen Formel siehe *Vogel* Diskussionsbeitrag in VVDStRL 47 (1989) S. 64; *Paehlke-Gärtner* in Umbach/Clemens Art. 3 Rn. 67 f. Siehe auch *Benda* in HdBVerfR § 6 Rn. 12. Zur rechtlichen Gleichwertigkeit der Person ausführlich bereits *Hippel* AöR 49 (1926) S. 124, 143 ff., 145.
[41] *Rüfner* in BK Art. 3 Rn. 45 ff., 107; *Kirchhof* in HdBStR V § 124 Rn. 196; *ders.* Verschiedenheit S. 8, 14. Vom **personalen Schutzzweck** spricht etwa *Osterloh* in Sachs Art. 3 Rn. 29 sowie *Gubelt* in von Münch Art. 3 Rn. 14. Siehe auch *Dürig* in MD Art. 3 Rn. 307, der vom personalen Vergleich spricht. Etwas anderer Ansatz *Sachs* in Stern StaatsR III/1 S. 652, der Gleichheitsrechte als Anwendungsfälle des Persönlichkeitsrechts auffasst, weil jede Ungleichbehandlung den gleichen Geltungsanspruch der Person und damit ihre Gleichheit als abwehrrechtlichen (!) Schutzgegenstand beeinträchtige.
[42] *Sachs* in Stern StaatsR III/2 S. 516 f.; *Kim* Konkretisierung S. 180.

klärt in späteren Entscheidungen[43] die stärkere Bindung ebenfalls mit dem Wortlaut:

„Da der Grundsatz, dass alle Menschen vor dem Gesetz gleich sind, in erster Linie eine ungerechtfertigte Verschiedenbehandlung von Personen verhindern soll, unterliegt der Gesetzgeber bei einer Ungleichbehandlung von Personengruppen regelmäßig einer strengeren Bindung."[44]

Der Topos der persönlichen Rechtsgleichheit war schon den Autoren der **Weimarer Zeit** ein Begriff. Bei der persönlichen Rechtsgleichheit wird an in der Person liegende Merkmale (z.b. Staatsangehörigkeit) angeknüpft. Teilweise wurde das auch – enger verstanden – als Verbot einer „Klassengesetzgebung" bezeichnet, als Ausschluss der Bevorzugung oder Benachteiligung gesellschaftlicher Gruppen – denn dann wäre nicht mehr alle Deutschen vor dem Gesetz gleich und hätten nicht mehr den gleichen Personenwert. So verstanden ist diese persönliche Rechtsgleichheit streng und formal zu handhaben. Persönliche Gleichheit lässt sich aber auch weiter verstehen.[45]

Einige Autoren bezeichnen den – eng verstanden – Kernbereich der persönlichen Rechtsgleichheit, in dem es um persönliche Eigenschaften, das gleiche Recht auf Würde und Existenz aller Menschen geht, heute als **Statusgleichheit**. Hier sei der Mensch in seinem Status als Person und Persönlichkeit betroffen. Es gehe um Eigenschaften, die den Menschen oder Menschengruppen von anderen unterscheiden. Solche Merkmale liegen unabhängig von einer zu prüfenden Regelung vor. Die Gleichheit sei in diesem Bereich formal zu verstehen und dulde grundsätzlich keine Differenzierungen, die an das Tatbestandsmerkmal Mensch anknüpfen und allein in der Existenz des Menschen oder seiner persönlichen Eigenschaften ihre Rechtfertigung suchen. Als Beispiel nennt *Kirchhof* die gleiche Teilhabe am Recht, die gleiche Entfaltung der Persönlichkeit in Würde, den gleichen Zugang zur Rechtsordnung, die gleiche körperliche wie seelische Unverletzlichkeit und die glei-

---

[43] Zum sogenannten abgestuften Maßstab siehe unten D II 3.
[44] Ständige Rechtsprechung, vgl. BVerfG E 88, 87 (96); 91, 346 (62); 91, 389 (401); 95, 267 (316); 99, 367 (388); 102, 68 (87).
[45] Zur rechtlichen Gleichwertigkeit der Person ausführlich *Hippel* AöR 49 (1926) S. 124, 143 ff., 145. Siehe auch *Nawiasky* VVDStRL 3 (1927) S. 25, 29, 36, 40; *Triepel* Goldbilanzen S. 27; *ders.* Diskussionsbeitrag in VVDStRL 3 (1927) S. 51; *Stier-Somlo* Gleichheit S. 192 ff., 196; *Mainzer* Gleichheit S. 60. Einen etwas anderen Ansatz verfolgt *Rümelin* Gleichheit S. 59 ff., 62. Zum Ganzen zusammenfassend und mit weiteren Nachweisen *Zeus* S. 41 ff., 44 ff. Siehe auch *Sachs* JuS 1997, 124, 128; *Kirchhof* in HdBStR V § 124 Rn. 369. Einen geschichtlich-philosophischen Abriss hierzu bei *Kallina* Willkürverbot und Neue Formel S. 104 f.

che Ausübung von Elementarfreiheiten wie Religion, Meinungsfreiheit.[46] Dieser Ansatz geht zu weit, wenn er im Gleichheitssatz Kernaussagen und Inhalte verortet, die es schon in anderen Grundrechten oder Verfassungsbestimmungen gibt, etwa die Religionsfreiheit oder das Rechtsstaatsgebot. Dies sind keine selbständigen Inhalte des Gleichheitssatzes, sondern solche, die aus der Wertordnung des Grundgesetzes gewonnen und hergeleitet werden. Im Zusammenspiel mit diesen können sich die Anforderungen damit so verstärken, dass sie formal werden und kein Abweichen dulden. Allerdings dürften sich solche formalen Aussagen schon aus den betroffenen Grundrechten selbst herleiten lassen. Dass jemand seine Religion genau so ausüben darf wie andere ergibt sich schon aus der Religionsfreiheit und muss aus ihr nicht erst im Zusammenwirken mit dem Gleichheitssatz hergeleitet werden.[47] Richtig weist dieser Ansatz aber auf **sensible Bereiche** hin, die eine strengere Prüfung bedingen, weil sich die Anforderungen an den Gleichheitssatz so verdichten, dass schon das Differenzierungsmerkmal an sich verboten sein kann. Denn die Betroffenen können die Merkmale in ihrer Person nicht oder kaum erfüllen und die Verwirklichung einer Regelung auch nicht beeinflussen – sie sind ihr ausgeliefert. Ein Beispiel dafür sind die speziellen Tatbestände in Art. 3 III GG, die solche Fälle nennen (dazu unten D II 5).[48]

Das Bundesverfassungsgericht verwendet statt des engeren – ihm aber geläufigen[49] – Begriffs der persönlichen Rechtsgleichheit den weiteren des Personenbezugs. Die neue Formel ist damit weiter und nicht auf persönliche Eigenschaften eingeengt. Gleichwohl würde in einem Bereich, den man als Statusgleichheit bezeichnen kann, die Prüfung strenger sein, als in anderen Bereichen, weil es um verhaltensunabhängige Eigenschaften der Menschen geht oder andere Grundrechte betroffen sind (dazu D II 5,6).

---

[46] Ausführlich *Kirchhof* in HdBStR V § 124 Rn. 199; *ders.* in Festschrift Lerche S. 133, 141; *ders.* in Festschrift Geiger S. 82, 105; *ders.* Verschiedenheit S. 14, 18. Ihm teilweise folgend *Kim* Konkretisierung S. 219. Siehe auch *Jarass* NJW 1997, 2545, 2547 und dort auch Fn. 35. Kritisch *Kallina* Willkürverbot und Neue Formel S. 95, 104.
[47] Zum Einfluss der Wertordnung des Grundgesetzes auf den Gleichheitssatz siehe allgemein schon oben C I 4, III 1. Zu den Grundrechten und der neuen Formel siehe unten D II 6.
[48] Siehe auch *Jarass* in JP Art. 3 Rn. 19.
[49] Siehe dazu etwa BVerfG E 78, 104 (121).

c) Personenbezug und Sachbezug

Geht das Bundesverfassungsgericht in seiner Prüfung von der Frage aus, ob eine Personengruppe durch das Gesetz behandelt wird, so stellt sie dem den Fall gegenüber, bei dem die fragliche Norm gerade nicht an personenbezogene Merkmale anknüpft, sondern nur Lebenssachverhalte regelt. Auch hier könnte man eigentlich wieder vom Begriff des Normadressaten ausgehen.[50] Denn wenn im konkreten Fall keine Normadressaten betroffen sind, brauchen die Anforderungen an den Gleichheitssatz auch nicht so hoch zu sein, weil gerade keine Menschen vor dem Gesetz behandelt werden. Wann das Gesetz nur Sachverhalte regelt und nicht Personengruppen betrifft ist indes schwierig abzugrenzen. Das Bundesverfassungsgericht scheint in erster Linie darauf abzustellen, ob die fraglich Norm überhaupt anhand ihrer Tatbestandsmerkmale zwischen Personen unterscheidet, an personenbezogene Merkmale anknüpft. Damit kommen in erster Linie technische Regelungen, Sachstandards, Verfahrens- oder Organisationsregelungen in Frage, die – zumindest auf den ersten Blick – Menschen nicht unterschiedlich behandeln wollen und auch keine unmittelbar personenbezogenen Unterscheidungskriterien verwenden oder denen, wie das Gericht in einer früheren Entscheidung formulierte, ein **unmittelbarer menschlicher Bezug** fehlt.[51]

aa) Eine Unterscheidung, die einerseits an der Person und andererseits an Sachverhalten ansetzt ist nicht neu. Sie findet sich schon bei Autoren aus der Zeit der **Weimarer Republik**. Dort wurde im Zusammenhang mit dem Gleichheitssatz unter anderem diskutiert, ob er nur die persönliche oder auch die sachliche Rechtsgleichheit beinhalte. Bei der sachlichen werden im Gegensatz zur persönlichen Gleichheit (dazu schon oben S. 228) nur Tatbestände unterschiedlich geregelt (gleichartige Tatbestände mit unterschiedlichen Rechtsfolgen).[52] Das Bundesverfas-

---

[50] So nimmt etwa *Martini* Prinzip absoluter Rechtsgleichheit S. 49 das Kriterium der Normadressaten zum Ausgangspunkt der Unterscheidung zwischen Personen- und Sachbezug. Er meint, dass das BVerfG damit ausdrücken wolle, dass sich die ungleich behandelten Personengruppen auch in personenbezogenen Merkmalen unterscheiden müssen.
[51] BVerfG E 38, 225 (228). Beispiele für **Entscheidungen** zur neuen Formel, in denen ein Personenbezug ausdrücklich abgelehnt wurde finden sich in BVerfG E 83, 1 (23); 91, 118 (123 f.); 93, 99 (111); NVwZ 2000, 309 (312); NVwZ 2001, 1148 (1149).Siehe auch BVerfG E 78, 104 (121); 95, 267 (317); 98, 365 (385). Aus der Literatur *Jarass* NJW 1997, 2545, 2547; *ders.* in JP Art. 3 Rn. 20. Siehe ferner zum Ansatz des BVerfG und zu seinem eigenen Ansatz *Kirchhof* in Festschrift Geiger S. 82, 105; *ders.* Verschiedenheit S. 31 ff.
[52] Siehe zu den möglichen Deutungen ausführlich und apodiktisch *Nawiasky* VVDStRL 3 (1927) S. 25, 29, 36, 40, der aber im Ergebnis die Deutung als sachliche Rechtsgleichheit ablehnt (S. 36). Ablehnend eben-

sungsgericht knüpft an diese Denktradition an und erwähnt etwa in E 78, 104 (121) ausdrücklich die Unterscheidung zwischen sachlicher und persönlicher Rechtsgleichheit.

Als **Beispiel** aus der Rechtsprechung des Bundesverfassungsgerichts sei eine konkret Normenkontrolle genannt, bei der es um die Frage ging, ob § 127 III 5 ZPO gegen den Gleichheitssatz verstößt. Danach werden Entscheidungen über die Bewilligung von Prozesskostenhilfe der Staatskasse nicht mitgeteilt. Das führt dazu, dass sich der Bezirksrevisor bei der Kontrolle von Prozesskostenhilfe-Entscheidungen auf Stichproben beschränken kann. Er muss nicht alle Entscheidungen nachprüfen. Damit kann es vorkommen, dass einige Entscheidungen beanstandet werden, andere hingegen nicht. Die Prozesskostenhilfeberechtigten, deren Antrag einer Überprüfung unterzogen wird, unterliegen damit, so die Meinung des vorlegenden Gerichts, einem größeren Risiko, dass die Entscheidung geändert wird als diejenigen, die zufälligerweise nicht von der Stichprobe betroffen werden. Eine unterschiedliche Behandlung liege also vor. Indem man auf die Prozesskostenhilfeberechtigten abstellt, ließe sich ein Personenbezug konstruieren. Einen solchen lehnt das Bundesverfassungsgericht aber ab. Die Regelung als solche stelle in keiner Weise direkt auf persönliche Unterscheidungsmerkmale ab. Sie regele die Bekanntgabe einer Entscheidung und in Verbindung mit den vorhergehenden Sätzen auch ihre Überprüfung. Die Regelung verwende weder direkt noch indirekt, unterschwellig personenbezogene Elemente. Das Gesetz lasse zwar zu, dass Stichproben gemacht werden können, schreibe aber weder vor bei welcher Person noch nach welchen (personenbezogenen Kriterien):

„Hat aber der Gesetzgeber nicht nur in seiner Regelung selbst, sondern hinsichtlich ihrer intendierten Wirkungsweise auf einer wie auch immer definierte Differenzierung verzichtet, so scheidet das allgemeine Gleichbehandlungsgebot als verfassungsrechtlicher Prüfungsmaßstab aus."[53]

Das Gericht scheint hier also darauf abzustellen, ob eine Regelung zwischen Personen differenziert oder nicht. Es erscheint aber mehrdeutig, wenn das Gericht auf die intendierte Wirkungsweise abstellt. Denn es zeichnet Gleich- oder Ungleichbehandlungen gerade aus, dass sie in der Regel gerade nicht bezweckt sind (dazu schon C III 3 b, c). Man kann diesen Satz aber auch so verstehen, dass untersucht

---

falls – allerdings polemisch – *Mainzer* Gleichheit S. 60. Zur sachlichen Rechtsgleichheit auch *Triepel* Goldbilanzen S. 27, der aber findet, dass sich beide Begriffe nicht trennen lassen; ebenso *ders.* Diskussionsbeitrag in VVDStRL 3 (1927) S. 51. Wie Triepel auch *Stier-Somlo* Gleichheit S. 192 ff., 196. Siehe auch *Rümelin* Gleichheit S. 59 ff., 62, der eher eine sachliche Gleichheit zu vertreten scheint.. Zur rechtlichen Gleichwertigkeit der Person ausführlich *Hippel* AöR 49 (1926) S. 124, 143 ff., 145. Zum Ganzen zusammenfassend und mit weiteren Nachweisen *Zeus* S. 41 ff., 44 ff.; *Kallina* Willkürverbot und Neue Formel S. 92 f. Zur Übernahme der Weimarer Erkenntnisse durch das Bundesverfassungsgericht *Hesse* AöR 109 (1984) S. 174, 189 und dort Fn. 54/55; *ders.* in Festschrift Lerche S. 121, 124, 128 f. und dort Fn. 37; *Kim* Konkretisierung S. 181, 183. Siehe auch *Sachs* JuS 1997, 124, 128; *Kirchhof* in HdBStR V § 124 Rn. 369.

[53] BVerfG E 91, 118 (123 f.) – stattdessen wird die Willkürformel herangezogen.

wird, ob eine Regelung Personen in einer bestimmten Art und Weise behandeln will. Damit fragt man aber eigentlich, ob es Normadressaten gibt. Dies verträgt sich scheinbar nicht mit der oben schon genannten Sichtweise, dass Normadressaten alle Personen sind, die von einer Norm betroffen sind. Direkt betroffen sind die Rechtssuchenden durch § 127 III 5 ZPO nicht. Seinem Wortlaut nach nimmt er keine Unterscheidung zwischen Personen vor. Er wirkt sich nur indirekt auf sie aus, so dass allenfalls eine mittelbare Betroffenheit angenommen werden könnte (dazu unten D II 4). Aber selbst dann müsste man sich fragen, wo eine unterschiedliche Betroffenheit liegen soll. Denn alle Antragsteller unterliegen demselben Zufallsrisiko, dass ihre Entscheidung überprüft wird. Es fehlt also an der Ungleichbehandlung. Das zeigt, dass es durchaus Fälle geben kann, bei denen ein Personenbezug fraglich ist.

Es gibt aber nur sehr **wenige Entscheidungen**, die dies wirklich problematisieren.[54] Betrachtet man diese Entscheidungen näher, so scheint das Bundesverfassungsgericht mit einer sachbezogenen Regelung einen **weniger strengeren Maßstab** für die Gleichheitsprüfung zu verbinden. Es fragt hier nicht nach Art und Gewicht der Unterschiede, denn es geht ja gerade nicht um Unterschiede zwischen Personengruppen, Normadressaten, sondern nur um unterschiedliche Sachverhaltsregelungen. *Sachs* spricht treffend von einer **tatbestandlichen Zweiteilung** des Gleichheitssatzes, die das Gericht anfangs verfolgt habe. Gehe es nur um Sachverhalte, dann sei das **Willkürverbot** einschlägig, sonst die neue Formel.[55] Diese tatbestandliche Zweiteilung hat das Gericht in der Folgezeit aber, wenn nicht ausdrücklich, so doch faktisch aufgegeben. Das zeigt sich schon an der sehr geringen Zahl von Entscheidungen, die diesen Argumentationstopos überhaupt bemühen.[56]

---

[54] Siehe BVerfG E 78, 104 (121); 83, 1 (23); 93, 99 (111); 98, 365 (385); BVerfG NVwZ 2001, 1148 (1149). Siehe auch BVerfG E NVwZ 2000, 309 (312) wo vom räumlichen und sachlichen Geltungsbereich einer Norm gesprochen wird. Vgl. auch BVerfG E 83, 1 (23) wo nur von „nicht personenbezogen" die Rede ist; das kann aber sowohl Sachbezug als auch Verhaltensbezug (dazu D II 5) meinen. Die Aufzählung bei *Kallina* Willkürverbot und Neue Formel S. 91 Fn. 326 ist daher zu weit.
[55] *Sachs* JuS 1997, 124, 126. Siehe auch *Bryde/Kleindiek* JuS 1999, 36, 39; *Kirchhof* in Festschrift Geiger S. 82, 105; *Jarass* NJW 1997, 2545, 2547; *ders.* in JP Art. 3 Rn. 20.. Die Unterscheidung zwischen Personengruppen und Sachverhalten vollkommen ignorierend *Wendt* NVwZ 1988, 778, 782.
[56] *Paehlke-Gärtner* in Umbach/Clemens Art. 3 Rn. 78. Siehe die Nachweise oben bei Fn. 54. *Martini* Prinzip absoluter Rechtsgleichheit S. 49, scheint die Trennung immer noch zu sehen. Seiner Ansicht nach verwende das BVerfG die neue Formel nur bei Personenbezug, während das Willkürverbot der sachlichen Gleichheit zugeordnet sei. Ebenso *Brüning* JA 2001, 611, 614. Diese Ansicht verwundert und ist widersprüchlich, denn *Martini* erkennt a.a.O. S. 63, dass sich mit BVerfG E 88, 87 die Prüfungsintensität

bb) Die Abgrenzung wird deswegen kaum mehr verwendet, weil sie zu grob ist, um die Differenziertheit der Lebenswirklichkeit im Gleichheitssatz richtig abzubilden. Die Unterschiede lassen sich nicht gut in das Schwarz-Weiß-Schema Personenbezug-Sachbezug pressen. In den meisten Fällen dürfte es nämlich äußerst schwierig sein, eine Regelung als rein sachbezogen zu qualifizieren. Die beiden Maßstäbe lassen sich kaum voneinander trennen. Das erkannten auch schon die meisten Autoren der **Weimarer Zeit**, die sich dazu äußerten.[57] Es lassen sich bei fast allen sachbezogenen Regelungen Bezüge zu Normadressaten herstellen. Jede Entscheidung wirkt sich letztlich auf Personen aus. Die Frage ist nur, wie „entfernt" die Auswirkungen sind und ob sich hieraus Folgerungen für den Prüfungsmaßstab herleiten lassen. Dazu liefert aber die ursprüngliche Unterscheidung nicht genügend Kriterien. Sie ist zu undifferenziert. Es sind also **weitere Kriterien** erforderlich. Eine sachbezogene Entscheidung kann, auch wenn das gar nicht beabsichtigt ist, in eine personenbezogene umschlagen, wenn plötzlich ein weiteres Element hinzukommt und die Vergleichsperspektive dadurch wechselt. So schlägt in einer Entscheidung des Bundesverfassungsgerichts zu unterschiedlichen Strahlenschutzgrenzwerten in Ost und West beim Uranabbau der vom Gericht konstatierte Sachbezug der Normen in einen (mittelbaren)[58] Personenbezug um, weil durch unterschiedliche Normen, die primär raum- und sachbezogene Differenzierungen enthalten, auch die Gesundheit der Menschen betroffen sein könnte.[59] Das zeigt, dass sich in der Regel ein Personenbezug herleiten lässt.[60] In den meisten Fällen wird es daher kaum möglich sein, einen reinen Sachbezug zu konstruieren und dies auch durchzuhalten. Sach- und Personenbezug und damit sachliche und persönliche Gleichheit lassen sich **kaum trennen**. Ein Personenbezug lässt sich in der Regel bei sachlichen Regelungen dadurch konstruieren, indem man auf die Personen abstellt, welche die sachlichen Kriterien erfüllen. Stellt man etwa nur auf die praktischen Auswirkungen einer Norm ab, so ist ein solcher Bezug immer da.

ändert. Mit dieser Entscheidung wurde aber auch die Willkürformel in die Prüfung integriert. Vgl. auch *Kallina* Willkürverbot und Neue Formel S. 95 f.
[57] *Triepel* Goldbilanzen S. 27; *ders.* Diskussionsbeitrag in VVDStRL 3 (1927) S. 51; *Stier-Somlo* Gleichheit S. 192 ff., 196. Siehe auch *Hippel* AöR 49 (1926) S. 124, 143 ff., 145. Zusammenfassend und mit weiteren Nachweisen *Zeus* S. 41 ff., 44 ff. Siehe auch *Sachs* JuS 1997, 124, 128; *Kirchhof* in HdBStR V § 124 Rn. 369.
[58] Dazu unten D II 4.
[59] BVerfG NJW 2000, 309 (311 f.). Siehe auch BVerfG NVwZ 2001, 1148 (1149).
[60] Kritisch zum Rückgriff auch das Element der Mittelbarkeit *Bryde/Kleindiek* Jura 1999, 36, 40 dort Fn. 40.

Deswegen wird dieses Unterscheidungsmerkmal von der **Literatur** als untauglich abgelehnt.[61]

cc) Auch wenn eine strenge Trennung zwischen Sach- und Personenbezug nicht möglich ist, bleibt noch der Gedanke, dass bei sachbezogenen Unterscheidungen die Anforderungen und die Prüfungsintensität geringer als bei personenbezogenen sind. Das Bundesverfassungsgericht hat diesen Topos zudem nicht aufgegeben. Richtig an diesem Gedanken ist nämlich, dass die Schutzbedürftigkeit dort geringer ist, wo nicht Menschen betroffen werden oder wo sie zwar betroffen werden, aber so gering, dass sie dem auch ausweichen könnten.[62] Damit kann der Sachbezug ein Element sein, den richtigen Prüfungsmaßstab zu finden.[63] Das ergibt sich aus der Überlegung – um die Gedankenführung *Kirchhofs* aufzugreifen – dass der Mensch von vornherein dem Einfluss von Staat und Gesellschaft unterliegt. In diesem Bereich ist er mit anderen Menschen konfrontiert, die ebenfalls ihre Freiheiten ausüben wollen. Zwischen den einzelnen Interessen muss deshalb von der Rechtsordnung ein Ausgleich vorgenommen werden. Dieses – von *Kirchhof* so bezeichnete – (gesellschaftliche) **Umfeld**, in dem sich der Mensch bewegt, hängt gerade von der rechtlichen Zuordnung von Gütern, Handlungsmöglichkeiten und Einflusssphären ab. Damit unterliegt es von vornherein der Herrschaft von Staat und Recht. In diesem Bereich sind Einschränkungen des Einzelnen notwendig, um das Zusammenleben aller zu sichern. Die Gleichheitsanforderungen sind damit weniger streng, als wenn die individuelle Rechts- und Lebensstellung betroffen ist.[64] Hier hat der de-

---

[61] Bereits *Dürig* in MD Art. 3 Rn. 309. Siehe auch *Gubelt* in von Münch Art. 3 Rn. 14, 108; *Heun* in Dreier Art. 3 Rn. 21; *Paehlke-Gärtner* in Umbach/Clemens Art. 3 Rn. 63; Sachs JuS 1997, 124, 126 f., 128; *Hesse* AöR 109 (1984), 174, 189 und dort Fn. 54/55; ders. in Festschrift Lerche S. 121, 124, 128 f. und dort Fn. 37; *Gassner* Heinrich Triepel S. 370; *Bryde/Kleindiek* JuS 1999, 36, 40; *Brüning* JZ 2001, 669. Differenzierter *Kim* Konkretisierung S. 183. Siehe auch *Kirchhof* in HdBStR V § 124 Rn. 198, der eine ähnliche Unterscheidung verfolgt, jedoch erkennbar, dass sich nicht trennscharf durchführen lässt. **Anderer Ansicht** *Eyermann* in Festschrift BayVerfGH S. 45, 48, der in Anlehnung an *Nawiasky* VVDStRL 3 (1927) S. 25, 36 nur die persönliche Rechtsgleichheit im Gleichheitssatz verorten möchte, die sachliche hingegen im Willkürverbot. Das setzt aber voraus, dass sie die Begriffe trennen lassen. Diesen Nachweis bleibt *Eyermann* aber schuldig. Wie *Eyermann* wohl auch *Martini* Prinzip absoluter Rechtsgleichheit S. 49. Eine Trennung für möglich hält offenbar auch *Kallina* Willkürverbot und Neue Formel S. 95 f., obwohl sie S. 100, 107 ablehnt.
[62] Zum Verhaltensbezug unten S. 245.
[63] Ähnlich *Kim* Konkretisierung S. 184.
[64] *Kirchhof* in HdBStR V § 124 Rn. 197; ders. Verschiedenheit S. 14 ff. Dieser Bereich wird von *Kirchhof* in HdBStR V § 124 Rn. 199 auch mit Sachverhalten in Verbindung gebracht. Das trifft die Bezeichnung durch das Bundesverfassungsgericht aber nicht ganz, denn dessen Begriff ist weit enger als der Kirchhofs. Er sollte deshalb besser nicht in diesem Zusammenhang benutzt werden. Interessant ist auch der Gedanke *Gusys* in NJW 1988, 2505, 2507 der darauf hinweist, dass die Anforderungen an die Begründung

mokratisch legitimierte Gesetzgeber einen größeren Spielraum als anderswo. Jedoch räumt auch *Kirchhof* ein, dass dieser Bereich sich nicht von dem personenbezogenen scharf trennen lasse, weswegen er weitere Kriterien einfließen lassen möchte.[65] Das zeigt zum einen, dass die **Übergänge fließend sind**.[66] Zum anderen zeigt es, dass der Gedanke eines Bereiches, in dem der Gesetzgeber einen weiten Spielraum haben muss, weil er das Zusammenleben der Menschen regeln muss, durchaus beschreibbar ist. Nur nicht apodiktisch. Deswegen sollte der Topos des Sachbezugs auch weiterhin in die Prüfung einfließen, als ein Element, diese besser zu strukturieren und die konkreten Anforderungen des Gleichheitssatzes bereichsspezifisch zu bestimmen.

d) Ergebnis

Wenn der Begriff Personenbezug (und auch Normadressat) verwendet wird geht es nicht nur darum, ob ein Tatbestands- und damit Differenzierungsmerkmal personenbezogen ist, sondern darum, ob und wie ein Personenbezug bei einer Regelung festzustellen ist.

Das Hauptelement, Kernstück und Ausgangspunkt der Prüfung des Gleichheitssatzes ist die Frage nach einem **Personenbezug**.[67] Dies folgt schon daraus, dass der Gleichheitssatz bereits nach seinem Wortlaut von der Gleichheit der Menschen spricht. Der Mensch ist im Mittelpunkt der Gleichheitsbetrachtung. Hier kann von dem in der Zeit der Weimarer Republik ebenfalls schon eingeführten Gedanken der **persönlichen Rechtsgleichheit** ausgegangen werden. Dies muss unter dem Grundgesetz mit den Erwägungen *Dürigs* von der gleichen **Würde** aller Menschen angereichert werden. Alle Menschen sind vor dem Gesetz gleich und alle Menschen haben die gleiche Würde. Dieser absolute Maßstab[68] hilft aber bei der Prüfung von Gleichheitskonstellationen nicht weiter. Denn mit ihm kann nicht auf die bereichsspezifisch unterschiedlichen Anforderungen an den Gleichheitssatz reagiert werden. Hiermit lässt sich nicht bestimmen, welches konkrete Kriterium für einen

---

unterschiedlich sind, je nach dem, welche Rolle des Menschen betroffen werde. Das kann man mit *Kirchhofs* Ansatz verbinden (Rolle in der Gesellschaft, Rolle als Privatperson etc.).
[65] *Kirchhof* Verschiedenheit S. 15, 31.
[66] So auch *Jarass* NJW 1997, 2545, 2547.
[67] So auch *Sachs* NWVBl 1988, 295, 299; *ders.* in Stern StaatsR III/2 S. 516; *Kirchhof* in Festschrift Geiger S. 82, 105; *Martini* Prinzip absoluter Rechtsgleichheit S. 46. Vgl. ferner *von Münch* StaatsR II Rn. 573, der neben (beeinflussbaren) personenbezogenen Merkmalen (unentrinnbare) personengebundene setzt.
[68] Dazu auch *Paehlke-Gärtner* in Umbach/Clemens Art. 3 Rn. 67. Zum Begriff der absoluten Gleichheit bereits oben B II 4.

Vergleich wesentlich ist und damit Vergleichskriterium wird. Den Personenbezug als eine absolute Gleichheit aufzufassen kann also auch nur eine äußerste Grenze sein, auf die unten, D II 5, noch zurückzukommen sein wird. Je mehr eine Regelung hingegen einen Sachbezug hat, um so eher ist ein weiterer Maßstab für die Prüfung möglich. Dieser Bereich wird oft mit dem Willkürverbot in Verbindung gebracht.

3) Weitere Ausdifferenzierung mit dem abgestuften Maßstab

Die starre Unterscheidung zwischen Personen und Sachverhalten ist unbefriedigend und kaum praktikabel. Die Begriffe lassen sich in der Regel nicht strikt auseinander halten, so dass ein unklarer Mittelbereich offen bleibt, für den ein handhabbarer Maßstab fehlt. Das Bundesverfassungsgericht bemühte sich in seiner Rechtsprechung, die verschiedenen, in der neuen Formel, aber auch in seiner bisherigen Rechtsprechung angelegten Ansätze besser auszuformen und auszudifferenzieren. Das gelang ihm mit seiner Entscheidung vom 26. Januar 1993 (BVerfGE 88, 87). Diese Rechtsprechung ist so wichtig und erklärt sich teilweise selbst, dass die wesentliche Passage hier wörtlich zitiert wird:

"Aus dem allgemeinen Gleichheitssatz ergeben sich je nach Regelungsgegenstand und Differenzierungsmerkmalen unterschiedliche Grenzen für den Gesetzgeber, die vom bloßen Willkürverbot bis zu einer strengen Bindung an Verhältnismäßigkeitserfordernisse reichen. Die Abstufung der Anforderungen folgt aus Wortlaut und Sinn des Art. 3 Abs. 1 GG sowie aus seinem Zusammenhang mit anderen Verfassungsnormen.

Da der Grundsatz, dass alle Menschen vor dem Gesetz gleich sind, in erster Linie eine ungerechtfertigte Verschiedenbehandlung von Personen verhindern soll, unterliegt der Gesetzgeber bei einer Ungleichbehandlung von Personengruppen regelmäßig einer strengeren Bindung (vgl. BVerfGE 55, 72 [88]). Diese Bindung ist um so enger, je mehr sich die personenbezogenen Merkmale den in Art. 3 Abs. 3 GG genannten annähren und je größer deshalb die Gefahr ist, dass eine an sie anknüpfende Ungleichbehandlung zur Diskriminierung einer Minderheit führt. Die engere Bindung ist jedoch nicht auf personenbezogene Differenzierungen beschränkt. Sie gilt vielmehr auch, wenn eine Ungleichbehandlung von Sachverhalten mittelbar eine Ungleichbehandlung von Personengruppen bewirkt. Bei lediglich verhaltensbezogenen Unterscheidungen hängt das Maß der Bindung davon ab, inwieweit die Betroffenen in der Lage sind, durch ihr Verhalten die Verwirklichung der Merkmale zu beeinflussen, nach denen unterschieden wird (vgl. BVerfGE 55, 72 [89]). Überdies sind dem Gestaltungsspielraum des Gesetzgebers um so engere Grenzen gesetzt, je stärker sich die Ungleichbehandlung von Personen oder Sachverhalten auf die Ausübung grundrechtlich geschützter Freiheiten nachteilig auswirken kann (vgl. BVerfGE 60, 123 [134]; 82, 126 [146]).

Der unterschiedlichen Weite des gesetzgeberischen Gestaltungsspielraums entspricht eine abgestufte Kontrolldichte bei der verfassungsgerichtlichen Prüfung. Kommt als Maßstab nur das Willkürverbot in Betracht, so kann ein Verstoß gegen Art. 3 Abs. 1 GG nur festgestellt werden, wenn die Unsachlichkeit der Differenzierung evident ist (vgl. BVerfGE 55, 72 [90]). Dagegen prüft das Bundesverfassungsgericht bei Regelungen, die Personengruppen verschieden behandeln oder sich auf die Wahrnehmung von Grundrechten nachteilig auswirken, im einzelnen nach, ob für die vorgesehene Differenzierung Gründe von solcher Art und von solchem Gewicht bestehen, dass sie die ungleiche Rechtsfolgen rechtfertigen können (vgl. BVerfGE 82, 126 [146])."[69]

Dieser Prüfungsansatz wird vom Bundesverfassungsgericht in **ständiger Rechtsprechung** verwendet.[70] Er ist umfassend und nimmt die wesentlichen Elemente der bisherigen Rechtsprechung in sich auf. Der Ansatz geht vom **Regelungsgegenstand** und den Differenzierungsmerkmalen aus Mit dem Regelungsgegenstand bezieht er damit zum einen die Wertungsoffenheit des Gleichheitssatzes ein, welcher bereichsspezifisch und durch die Wertordnung des Grundgesetzes ausgeformt wird (dazu unter 5 und 7). Zum anderen greift er mit den **Differenzierungsmerkmalen** Elemente auf, die mit der Unterscheidung zwischen Personen- und Sachbezug schon zuvor diskutiert wurden.[71] Der Ansatz unterscheidet zwar auf den ersten Blick immer noch zwischen Personen und Sachverhalten. Er stellt aber den **Personenbezug** deutlich in den Vordergrund. Indem das Gericht zusätzlich den **Verhaltensbezug** erwähnt, führt es ein Element ein, das es zwar schon zuvor gab, das jedoch bisher kaum beachtet wurde (dazu unter 5). Am möglichen Sachbezug einer Regelung hält es zwar fest, schwächt diesen aber dadurch weiter ab, indem es hier von einem **mittelbaren Personenbezug** spricht. Dieses Element ist neu und findet sich in der bisherigen Rechtsprechung so nicht (dazu unter 4). Schließlich fasst dieser Ansatz des Bundesverfassungsgerichts das Verhältnis zwischen Gleichheitssatz und den Freiheitsgrundrechten zusammen, indem der anzulegende Maßstab verschärft wird, wenn andere Grundrechte berührt werden (dazu unter 6). Die

---

[69] BVerfGE 88, 87 (96 f.).
[70] BVerfG E 88, 87 (96 f.); 89, 15 (22 f.); 89, 365 (375); 90, 46 (56); 91, 346 (363); 91, 389 (401); 92, 26 (51 f.); 92, 53 (68 f.); 92, 365 (407 f.); 93, 99 (111); 95, 267 (316 f.); 97, 169 (180 f.); 97, 271 (290 f.); 98, 365 (389); 99, 129 (139); 99, 341 (355 f.); 99, 367 (388); 101, 54 (101); 101, 275 (291); 103, 172 (193 f.); 107, 27 (45); 110, 412 (431 f.); NJW 2000, 572 (573); NVwZ 2002, 197 (198); NJW 2002, 1103 (1104); NJW 2003, 3335 (3336); NJW 2005, 2448.
[71] Zu dieser Unterscheidung ausführlich *Bryde/Kleindiek* Jura 1999, 36, 41.

im letzten zitierten Absatz angesprochenen Folgen für die Prüfung und den Gestaltungsspielraum des Gesetzgebers sowie das Verhältnis der neuen Formel zur Willkürformel und zum Grundsatz der Verhältnismäßigkeit behandelt Abschnitt D III.

Diese Formel wurde von der Verwaltungsrechtsprechung praktisch nicht bemerkt. Es finden sich kaum Entscheidungen die den mit BVerfG E 88, 87 aufgestellten Maßstab aufnehmen.[72] Auch die **Literatur** hat diesen Ansatz erst spät bemerkt und mit unterschiedlichen Attributen versehen. Sie reichen von „jüngste Modifikation des Gleichheitssatzes", „neueste Formel", „neueste Rechtsprechung", „abgestufte Anforderungen" abgestufte Gestaltungsfreiheit und Kontrolldichte" „Abstufung der Prüfungsmaßstäbe" bis zur Beschreibung als „gleitender Prüfungsmaßstab". Zum Teil wurde sie **nicht als neu erkannt** oder anerkannt (wobei merkwürdigerweise bei allen neuen Erkenntnisse diese Entscheidung zitiert wird).[73] Die Formel wird im Folgenden als **abgestufter Maßstab** bezeichnet. Denn die gestufte, fließende, gleitende Bindungswirkung bzw. Prüfungsdichte kennzeichnet diesen Ansatz und seinen Inhalt am besten. Außerdem spricht das Bundesverfassungsgericht selbst von abgestuften Anforderungen an den Gesetzgeber bzw. abgestufter Kontrolldichte.

---

[72] So etwa BVerwG DöV 2002, 393 [nur angedeutet]; VGH Mannheim VBlBW 2002, 447; VGH München BayVBl 1997, 111 (113); OVG Münster NWVBl 1998, 189. Siehe auch das VerfGH Berlin DVBl 2001, 1586 (1587).
[73] Zum **abgestuften Maßstab**: *Herzog* in MD Anhang zu Art. 3 Rn. 69 [neueste Formel]; *Paehlke-Gärtner* in Umbach/Clemens Art. 3 Rn. 65 [neueste Formel]; *Kirchhof* Verschiedenheit S. 32 mit Fn. 38; *Sachs* JuS 1997, 124, 126 mit Fn. 27 und 127 mit Fn. 51 [letzter selbständiger Differenzierungsansatz]; *Kim* Konkretisierung S. 168, 195 (168 [Fn. 246: jüngste Modifikation der neuen Formel]; S. 195: neueste Formel]; *Krugmann* JuS 1998, 7; *Martini* Prinzip absoluter Rechtsgleichheit S. 63 [neueste Rechtsprechung]; *Michael* JuS 2001, 148, 153; *Kallina* Willkürverbot und Neue Formel S. 78 ff. [zweite Leitentscheidung]. **Kritisch** *Osterloh* in Sachs Art. 3 Rn. 90 und 30. **Ausführlich** zu der Entscheidung *Bryde/Kleindiek* Jura 1999, 36, 37, 39. **Keine** ausdrückliche **Bedeutung** beigemessen, obwohl (zumindest teilweise) bei grundsätzlichen Ausführungen zitiert: *Heun* in Dreier Art. 3 Rn. 21, 31, 37; *Gubelt* in von Münch Art. 3 Rn. 14; *ders.* StaatsR II Rn. 572; *Jarass* NJW 1997, 2545, 2546 [abgestufte Anforderungen]; *Odendahl* JA 2000, 170, 174 (mit Fn. 42) [Abstufungen der Prüfungsmaßstäbe]; wohl auch *Kischel* AöR 124 (1999) S. 174 (190) [gleitender Prüfungsmaßstab]. BVerfGE 88, 87 **ignorierend** und die daraus gewonnenen Erkenntnisse merkwürdigerweise E 90, 46 zuschreibend *Ulrich* Phänomen der Gleichheit S. 92 f. (dort Fn. 343) – *Ulrich* scheint hier möglicherweise unkritisch *Maunz/Zippelius* Dt. StaatsR zu folgen, die a.a.O. S. 216 die gleiche Entscheidung zitieren [abgestufte Gestaltungsfreiheit und Kontrolldichte]. Zu **Abstufungen** in der Rechtsprechung des BVerfG mit Bezug zur ursprünglichen **neuen Formel** *Maaß* NVwZ 1988, 14, 21 [abgestufte Prüfungsintensität]; *Wendt* NVwZ 1988, 778, 780 f. [gestufte Prüfung] – mit allgemeinem Bezug zum **Gleichheitssatz**: *Hesse* AöR 109 (1984) S. 174, 190 f.; *ders.* in Festschrift Lerche S. 121, 127, 130 [Abstufungen in der Prüfungsintensität]. Den abgestuften Maßstab ebenfalls ignorierend *Möckel* DVBl 2003, 488, 492.

Der abgestufte Maßstab ist in der Tat **kein neuer**, eigenständiger Ansatz, sondern Teil der neueren Rechtsprechung zum Gleichheitssatz. Sämtliche Elemente – bis auf die mittelbare Gleichheitsverletzung – finden sich schon in vorhergehenden Entscheidungen zum Gleichheitssatz und zur neuen Formel. Schon in seiner Entscheidung vom 2. Dezember 1992 (**BVerfGE 88, 5**) hat das Bundesverfassungsgericht versucht, die Rechtsprechung zusammen zu fassen und zu einer abgestuften Prüfungsdichte zu gelangen.[74] Dort verwendete Formulierungen finden sich im abgestuften Maßstab teilweise wortwörtlich wieder. Das Verdienst des abgestuften Maßstabs ist es aber, im Rahmen der neuen Formel die bisherigen Ansätze und Prüfungskriterien zusammen gefasst und in ständiger Rechtsprechung in einen Zusammenhang gestellt zu haben.[75] Mit ihm wird eine handhabbare Prüfung, fast ein Prüfungsschema entwickelt. Der abgestufte Maßstab bewegt sich von der eher starren Unterscheidung zwischen Personen und Sachverhalten weg zu einer **fließenden Differenzierung** der Prüfungsanforderungen beim Gleichheitssatz. Er ist daher ein Versuch, die neue Formel abzurunden und genauer zu akzentuieren.

4) Mittelbarkeit

Der abgestufte Maßstab knüpft an die bisherige Rechtsprechung zum Gleichheitssatz und die neue Formel an und versucht, sie ein Einklang zu bringen. Die verschiedenen Elemente werden nachvollziehbar geordnet. Ein Element, das oben S. 233, schon erwähnt wurde, wird aber mit dem Maßstab **neu** eingeführt. Es ist das der mittelbaren Gleichheitsverletzung.[76] In E 88, 87 führt das Bundesverfassungsgericht aus, dass die strengere Bindung an den Gleichheitssatz durch die neue Formel „nicht auf personenbezogene Differenzierungen beschränkt [ist]. Sie gilt vielmehr auch, wenn eine Ungleichbehandlung von Sachverhalten **mittelbar** eine Ungleichbehandlung von Personengruppen bewirkt." In anderen Entscheidungen wird auch davon gesprochen, dass die Regelungen Personengruppen **betrifft**.[77]

---

[74] So auch *Kim* Konkretisierung S. 189. Siehe auch allgemeiner dazu *Bryde/Kleindiek* Jura 1999, 36, 43 ff.
[75] So auch *Bryde/Kleindiek* Jura 1999, 36, 39; *Herzog* in MD Anhang zu Art. 3 Rn. 69. Den neuen Ansatz begrüßt ausdrücklich *Kokott* in Festschrift 50 Jahre BVerfG S. 127, 162. Kritisch *Osterloh* in Sachs Art. 3 Rn. 90.
[76] Der Topos der Mittelbarkeit erscheint erst mit dem abgestuften Maßstab (dazu oben S. 237) in BVerfG E 88, 87 (96) in der Rechtsprechung, etwa in BVerfG E 99, 367 (388); 101, 275 (291). Zur Neuheit *Osterloh* in Sachs Art. 3 Rn. 27; *Gubelt* in von Münch Art. 3 Rn. 14; *Sachs* JuS 1997, 124, 128.
[77] BVerfG E 88, 87 (96) – Hervorhebung vom Verfasser; st. Rspr. vgl. E 89, 15 (23); 89, 365 (375); 90, 46 (56); 91, 346 (363); 91, 389 (401); 92, 26 (51 f.); 92, 53 (69); 92, 365 (407 f.); 93, 99 (111); 93, 386 (397); 95,

Als **Beispiel** für einen mittelbaren Personenbezug sei ein Entscheidung aus dem Jahre 1999 angeführt. Dort ging es darum, welche Strahlenschutzvorschriften für den Uranabbau bzw. die Sanierung von Abbauflächen in Ostdeutschland (Stichwort: Wismut) anwendbar sind. Der Einigungsvertrag sah hier vor, dass für die Sanierung die Strahlenschutzvorschriften der DDR anwendbar blieben. Diese entsprachen internationalen Standards, waren aber weniger streng als die der Bundesrepublik. Das Bundesverfassungsgericht führt hier aus, dass die angegriffene Regelung des Einigungsvertrages zu einer Ungleichbehandlung führe, weil aufgrund der Regelung unterschiedliche Strahlenschutzvorschriften angewandt werden. Der sächliche und räumliche Anwendungsbereich der Strahlenschutzvorschriften sei verschieden. Es handele sich um eine „raum- und sachbezogene" Differenzierung. Es liegt also kein Personenbezug vor, denn es geht hier nur um technische Grenzwerte beim Abbau. Gleichwohl wirke sich die Regelung aber mittelbar auf die Bewohner der vom frühren Uranabbau betroffenen Gebiete unterschiedlich aus. Wie sie sich auswirkt, klärt das Gericht nicht weiter. Es hatte aber vor dem Gleichheitssatz Art. 2 II GG geprüft. Daher kann man hier annehmen, dass eine unterschiedliche Auswirkung vor allem über das Recht auf körperliche Unversehrtheit erfolgt.[78]

a) Die Figur des mittelbaren Eingriffs ist aus der Dogmatik der **Freiheitsgrundrechte** bekannt. Ebenso das Problem, einen solchen Eingriff herzuleiten. Je weiter man sich vom finalen Eingriffsbegriff entfernt, um so mehr verschwimmen die Grenzen, wann der Schutzbereichs eines Grundrechts noch berührt ist und wann nicht mehr. Als Kriterium führen manche Autoren etwa den Grad der Belastung des einzelnen Grundrechts durch den Eingriff auf. Sie stellen also auf die Wirkung, die Intensität ab.[79] Beim Gleichheitssatz ist aufgrund seiner Struktur aber keine Eingriffsprüfung möglich. Denn eine Gleichheitsverletzung ist meist nicht das Resultat einer darauf gerichteten Handlung. In der Regel will der Gesetzgeber oder die Verwaltung nicht um ihrer selbst willen ungleich oder gleich behandeln (dazu schon oben C III 3 b, c). Die Behandlung ist vielmehr oft nur eine (in Kauf genommene) **(Neben-) Folge** einer Regelung. Wenn ein Bundesland die Ansiedlung eines Automobilwerkes subventioniert, dann will es nicht andere Autofirmen benachteiligen oder die Herstellung von Eisenbahnen erschweren. Es will eine Industrieansiedlung fördern, weil es sich davon Arbeitsplätze verspricht. Damit wird es aber schwierig, den Gedanken einer mittelbaren Verletzung auf den Gleichheits-

---

143 (155); 97, 169 (180 f.); 98, 365 (389); 99, 129 (139); 99, 341 (356); 99, 367 (388); 101, 54 (101); 103, 310 (318 f.); 110, 412 (431 f.); NVwZ 2000, 309 (312); NVwZ 2001, 1148 (1149); DVBl 2005, 498 (499).
[78] BVerfG NVwZ 2000, 309 (312).
[79] Zur Mittelbarkeit bei den Freiheitsgrundrechten vgl. etwa *Jarass* in JP Vorb. vor Art. 1 Rn. 27; *Lerche* in HdBStR V § 121 Rn. 50; *Pieroth/Schlink* Grundrechte Rn. 273 ff. sowie *Bleckmann* Struktur S. 60 f., der allerdings einen etwas anderen Ansatz verfolgt (siehe dazu auch Fn. 84). Vgl. ferner *Lindner* DöV 2004, 765 f., 767 ff.

satz zu übertragen. Denn wenn begründet werden muss, warum überhaupt eine Behandlung vorliegt, so könnte man über diese Begründung auch gleich eine unmittelbare Verletzung annehmen.

b) Wenn das Bundesverfassungsgericht davon spricht, dass eine Ungleichbehandlung von Sachverhalten mittelbar eine Ungleichbehandlung von Personen bewirkt, so kann daraus zweierlei geschlossen werden. Zum einen scheint das Bundesverfassungsgericht davon auszugehen, dass **klar zwischen Sachverhalten und Personen unterschieden** werden kann. Damit lehnt es sich an seine ursprüngliche Unterscheidung bei der neuen Formel an (dazu oben D II 2 c). Eine mittelbare Behandlung von Personen anzunehmen ist aber erst dann möglich und macht erst dann Sinn, wenn sie nicht schon unmittelbar erfolgt. Es müssen also Sachverhalte betroffen sein. Die Regelung, ihr personaler Anwendungsbereich, erstreckt sich nicht auf die in Frage kommenden Personen. Es gibt entweder keine Normadressaten oder diese sind nicht nachteilig betroffen. Eine Betroffenheit von Personen wird erst in einem zweiten Schritt festgestellt, der dann eine mittelbare Behandlung von Personen begründet. Eine Behandlung von Sachverhalten kann dadurch doch zu einer von Personen und der Maßstab damit strenger werden als bei der reinen Regelung von Sachverhalten. Auf diese Weise soll gewissermaßen eine Lücke bei der Bindung an den Gleichheitssatz in der vorhergehenden Unterscheidung zwischen Personen und Sachverhalten geschlossen werden. Allerdings zeigt sich hier auch, dass letztlich eine strenge **Abgrenzung** zwischen Personen und Sachverhalten **zweifelhaft** und kaum durchzuhalten ist, wenn mit dem Begriff der Mittelbarkeit eigentlich wieder versucht wird, diese Grenzen aufzuweichen. Sie setzt sich daher der gleichen **Kritik** aus, wie die Unterscheidung zwischen Personen und Sachverhalten selbst.[80]

c) Die Regelung von Sachverhalten **bewirkt**, und das ist die zweite Erkenntnis, eine Behandlung von Personen. Es kommt auf die **Auswirkung** einer Norm und nicht auf ihre Tatbestandsmerkmale an.[81] Ohne auf das Wirken / Bewirken einer Regelung abzustellen ist der Begriff der Mittelbarkeit nicht denkbar. Problematisch ist dabei aber, dass bei der Gleichheitsbetrachtung schon immer die Auswirkungen

---

[80] Dazu oben D II 2 c; siehe auch *Bryde/Kleindiek* Jura 1999, 36, 40 und dort auch Fn. 40; ähnlich *Odendahl* JA 2000, 170, 174; *Kallina* Willkürverbot und Neue Formel S. 128.
[81] Siehe dazu unten D II 6. Vgl. auch *Kim* Konkretisierung S. 221; *Sachs* JuS 1997, 124, 128; *Odendahl* JA 2000, 170, 174.

einer Regelung relevant waren. Denn es wird gefragt, wie eine Person **behandelt** wird. Da der Begriff des Personenbezugs außerdem so allgemein gehalten ist und das Bundesverfassungsgericht ihn weit versteht, könnte generell jede irgendwie geartete Behandlung von Personen darunter gefasst werden. Dann bräuchte man den Begriff der Mittelbarkeit nicht. Relevant ist nicht, **ob** sich eine Regelung auf Personengruppen auswirkt (ob sie irgendwie behandelt wird), sondern **wie** sie sich auswirkt. Dazu sind wiederum **weitere Kriterien** erforderlich. Erst durch diese wird der Bezug zu Personengruppen hergestellt. Die Strenge des Maßstabes hängt nicht von der Mittelbarkeit ab.[82] Der Gleichheitssatz kann als wertungsoffene Generalklausel (dazu oben C I 1) nämlich aus sich heraus keine Aussage darüber treffen, wie eine Personengruppe behandelt wird. Er ist gewissermaßen blind für die Auswirkungen einer Norm und muss mit Kriterien angefüllt werden, um bereichsspezifisch zu einen Maßstab zu gelangen. Erst der Maßstab kann angeben, wie sich eine Regelung auswirkt. Eine mittelbare Behandlung kann also aus sich heraus nicht angenommen werden – könnte sie dies, würde sie sich über die ansonsten bereichsspezifisch gewonnenen Kriterien hinwegsetzen und das Wertungssystem des Gleichheitssatzes sprengen.[83]

d) Das Bundesverfassungsgericht scheint als Gradmesser für die Auswirkung einer Regelung die anderen **Grundrechte** und sonstige Verfassungswerte heranzuziehen, wenn es fragt, ob sich die Behandlung nachteilig auf die Ausübung anderer grundrechtlich geschützter Freiheiten auswirkt. Relevant ist die Auswirkung. Sie muss spürbar sein. Ist der Kernbereich berührt oder nur der Randbereich gestreift?[84] Hierbei sei auf das oben genannte Beispiel mit den Uranabbauflächen verwiesen. Eine eigentlich rein technische Regelung kann das Recht auf körperliche Unversehrtheit berühren und sich damit, da die Regelung verschiedene Anwendungsbereiche hat, auch unterschiedlich auswirken.

---

[82] Vgl. BVerfG E 91, 346 (363) wo dies deutlich wird. Ähnlich auch *Sachs* JuS 1997, 124, 128.
[83] Ähnlich *Sachs* JuS 1997, 124, 127, 128.
[84] Dazu *Kim* Konkretisierung S. 221, siehe auch dessen These 30 auf S. 241; *Sachs* JuS 1997, 124, 127, 128. Siehe zum Ganzen auch *Bleckmann* Struktur S. 60 f., der allerdings einen etwas anderen Ansatz beim Gleichheitssatz vertritt, wonach dieser selbst keine Interessen schützt, sondern nur auf die Verletzung anderweitig geschützter Interessen reagieren kann. Es muss daher immer erst die Verletzung von Interessen beschrieben werden. Damit erklärt sich aber nicht, wie in dieser Konstellation überhaupt Fälle einer mittelbaren Benachteiligung erklärbar sind. Denn wenn man die Interessen definiert hat, würde die Benachteiligung doch gleich in eine unmittelbare umschlagen. Ähnlicher Gedanke bei *Pietzcker* JZ 1989, 305, 309.

Allerdings hat das Bundesverfassungsgericht den Fall, dass neben dem Gleichheitssatz auch andere Grundrechte verletzt sind und dadurch die Prüfungsanforderungen strenger werden schon vor der neuen Formel herangezogen.[85] Im abgestuften Maßstab (dazu oben D II 3) wird dies nunmehr ausdrücklich in ein Schema eingefügt. Die Mittelbarkeit und die Verletzung von Grundrechten werden nebeneinander als unterschiedliche Maßstäbe verwendet.[86] Führt schon die Verletzung von Grundrechten zu verschärften Anforderungen an die Gleichheitsprüfung, dann fragt es sich aber, welchen Sinn daneben noch der Topos der Mittelbarkeit macht. Deswegen wollen einige **Autoren** diesen Begriff zugunsten des Grundrechtsbezugs **aufgeben** falls sie ihn nicht schon generell wegen der unklaren Unterscheidung zwischen Personen und Sachverhalten ablehnen. Das Bundesverfassungsgericht **hält** indes an ihm **fest** und nennt beim abgestuften Maßstab den Topos des mittelbaren Personenbezug neben dem der Berührung von Grundrechten. Allerdings gibt es kaum Entscheidungen, bei denen wirklich ein mittelbarer Personenbezug angenommen wird.[87]

Betrachtet man die Rechtsprechung genau, so ist es gerechtfertigt, am Kriterium der Mittelbarkeit festzuhalten. Voraussetzung dabei ist aber, dass bei einer Regelung ein Sachbezug festgestellt, ihr Anwendungsbereich ohne Personenbezug bestimmt werden kann.[88] Ein mittelbarer Personenbezug ist nur dann denkbar, wenn, wie schon erwähnt, eine Regelung den (unmittelbar) in Frage kommenden Personenkreis nicht erfasst, weil sie einen eindeutigen Sachbezug hat. Das kann etwa bei technischen Regelungen der Fall sein. Dieser Sachbezug wirkt sich aber auf die Ausübung anderer Grundrechte aus und bewirkt *dadurch,* aufgrund dieser Auswirkungen, mittelbar einen Personenbezug. Dem gegenüber ist der Fall zu stellen, dass sich eine Regelung von vornherein unmittelbar auf Personengruppen auswirkt und *zusätzlich* andere Grundrechte berührt. Bei beiden Fällen sind andere Grundrechte

---

[85] So etwa in BVerfG E 60, 123 (134); 62, 256 (274); 82, 126 (146); DVBl 2001, 1583 f. Siehe dazu unten D II 6.
[86] Auch *Odendahl* JA 2000, 170, 174.
[87] Neuere Entscheidungen, die von einer mittelbaren Ungleichbehandlung sprechen: BVerfG NVwZ 2000, 309 (311 f.); NVwZ 2001, 1148 (1149); NJW 2003, 2733 (2733, 2736); DVBl 2005, 498 (501). Zu mittelbar bei anderen Grundrechten NJW 2002, 3459. Den Ansatz des BVerfG als unklar **ablehnend**: *Gubelt* in von Münch Art. 3 Rn. 14. Kritisch auch *Sachs* JuS 1997, 124, 128 sowie *Bryde/Kleindiek* Jura 1999, 36, 40 und dort auch Fn. 40. Dem Ansatz **zustimmend** oder ihn zumindest nicht ablehnend: *Jarass* NJW 1997, 2545, 2547; *Bleckmann* Struktur S. 60 f.; *Odendahl* JA 2000, 170, 174.
[88] Zur Schwierigkeit einer solchen Unterscheidung schon oben S. 231 ff.

berührt und indizieren eine strengere Prüfung. Der Grundrechtsbezug ist im letzten Fall nicht rechtsbegründend für den Gleichheitssatz, im ersten Fall schon. In einem kleinen Bereich ist ein mittelbarer Personenbezug also möglich. Das hilft aber nicht über die schon öfter angesprochene Schwierigkeit hinweg, dass es kaum oder zumindest höchst selten nur möglich ist, einen reinen Sachbezug bei einer Regelung herzustellen. Für den Bereich, in dem sich doch solche Fälle finden, kann der Begriff des mittelbaren Personenbezugs aber eine Lücke schließen. Wie streng der anzuwendende Maßstab dann ist, bestimmt sich letztlich aber nicht einfach danach ob ein mittelbarer Personenbezug vorliegt, sondern nach den im Einzelfall festgestellten Auswirkungen.[89] Da der Begriff des Personenbezugs weit zu verstehen ist, verwendet das Bundesverfassungsgericht hier, wie der abgestufte Maßstab zeigt, eine variable Skala von Kriterien. In diese Skala ist auch der mittelbare Personenbezug einzuordnen.

e) Es findet sich also ein schmaler Anwendungsraum für den mittelbaren Personenbezug. Deswegen sollte man ihn nicht ablehnen. Praktische Bedeutung erlangt er aber trotzdem kaum.

5) Eigenschaften und Verhaltensbezug

Der abgestufte Maßstab spricht davon, dass die Anforderungen an die Prüfung des Gleichheitssatzes je nach Regelungszusammenhang und Differenzierungsmerkmalen unterschiedlich sein können. Die Abstufung der Anforderungen folge aus Wortlaut und Sinn des Art. 3 Abs. 1 GG sowie aus seinem Zusammenhang mit anderen Verfassungsnormen.[90] Das Gericht stützt seine Argumentation damit auf drei der klassischen **Auslegungsmethoden**: die grammatikalische, teleologische und systematische.[91]

---

[89] So auch *Sachs* JuS 1997, 124, 127, 128; *Kim* Konkretisierung S. 221, siehe auch dessen These 30 auf S. 241. Vgl. ferner *Gubelt* in von Münch Art. 3 Rn. 14. Siehe hierzu auch BVerfG NVwZ 2001, 1148 (1149) hier stellt das Gericht eine mittelbare Auswirkung auf einen Verein fest, lehnt jedoch eine strengere Prüfung ab, weil die Auswirkungen sachbezogen bleiben. Das liegt wahrscheinlich daran, dass nur der Verein selbst und nicht die hinter ihm stehenden Personen betroffen sind, also der personale Bezug fehlt.
[90] Siehe dazu die Nachweise bei Fn. 77
[91] Dazu auch *Martini* Prinzip absoluter Rechtsgleichheit S. 64; *Starck* in HdBStR VII § 164 Rn. 18, 21 ff. Zu den klassischen, auf Savigny zurückgehenden Methoden *Rüthers* Rechtstheorie § 22 Rn. 699; ausführliche zu den Methoden *Larenz/Canaris* Methodenlehre S. 141 ff., 145 ff., 149 ff., 153 ff., 159 ff.; zu ihrem unterschiedlichen Gewicht *dies.* a.a.O. S. 163 ff. Kritisch zu diesen Methoden *Bleckmann* StaatsR II § 8 Rn. 50 ff.; *Kriele* in HdBStR V § 110 Rn. 19, 27; *Sendler* in Festschrift Kriele S. 457, 464, 467, *Starck* hingegen hält sie a.a.O. Rn. 18.470 für unverzichtbar auch bei der Verfassungsinterpretation; ebenso *Larenz/Canaris* a.a.O. S. 183 f.

Ausgangspunkt der Prüfung und aller Überlegungen zu einem abgestuften Gleichheitsmaßstab ist der **Mensch**. Denn alle Menschen sind nicht nur vor dem Gesetz gleich, wie Art. 3 I GG formuliert, alle Menschen haben auch die gleiche **Würde**, den gleichen **Wert** und die gleichen **Rechte**.[92] Dieser Gedanke ist der Gleichheitsrechtsprechung nicht fremd und wurde auch früher schon verfolgt. Der Gleichheitssatz als wertungsoffene Generalklausel ist auf die Konkretisierung durch andere Normen angewiesen (dazu bereits oben C I).[93] Wird der Mensch zum Ausgangspunkt einer Unterscheidung genommen – zum **Differenzierungsmerkmal** – so muss der Maßstab daher strenger sein, als wenn nur Sachverhalte ohne unmittelbaren personalen Bezug geregelt werden. Diese grundsätzliche Unterscheidung zwischen Personen und Sachverhalten wurde oben D II 2 c, näher behandelt. Dort wurde ebenfalls darauf hingewiesen, dass diese Unterscheidung zu einseitig und für die Lebenswirklichkeit nicht differenziert genug ist. In den meisten Fällen lassen sich Unterscheidungskriterien auf den Menschen zurückführen, ein Sachbezug kommt also praktisch nur äußerst selten vor. Dass die Unterscheidung irgendwie an den Menschen anknüpft, reicht also nicht aus, um das Kriterium handhabbar zu machen. Sie muss den Menschen **in bestimmter Weise**, nämlich in seinem Status als Mensch, in den Eigenschaften treffen, die ihn ausmachen. Die Differenzierungsverbote des Art. 3 III GG bieten hierbei – in systematischem Zusammenhang mit Absatz 1 – eine wertvolle Auslegungshilfe.

Neben dem Begriffspaar Mensch – Sachbezug knüpft die neue Formel als weiteres Prüfungselement aber auch an das **Verhalten** einer Person an. Der Mensch hat nicht nur die gleiche Würde. Er hat auch die gleiche **Freiheit** und handelt im öffentlichen Raum der Gesellschaft. Das unterschiedliche Handeln verschiedener Menschen muss der Normgeber indes zum Ausgleich bringen. Deswegen kann die Bindung an den Gleichheitssatz in Bereichen, in denen der Mensch in der Gesellschaft handelt weniger streng sein, als wenn er in seinem persönlichen, ihn ausma-

---

[92] Zur gleichen Menschenwürde schon oben C I 4. Zur rechtlichen Gleichwertigkeit der Person ausführlich schon *Hippel* AöR 49 (1926) S. 124, 143 ff., 145. Zum Zusammenhang mit der Menschenwürde *Dürig* in MD Art. 3 Rn. 3; *ders.* in Staatslexikon der Görres-Gesellschaft Stichwort „Gleichheit" II 1 (S. 1068). Hierzu auch *Frowein* Diskussionsbeitrag in VVDStRL 1989 (47) S. 105; *Paehlke-Gärtner* in Umbach/Clemens Art. 3 Rn. 67 f.
[93] Hierzu auch *Bryde/Kleindiek* Jura 1999, 36, 43.

chenden (Menschenwürde-) Gehalt betroffen wird.[94] Die neue Formel bringt in ihrem abgestuften Maßstab diese einzelnen Elemente in einen besseren Zusammenhang und stellt die Eigenschaften des Menschen und seine Verhaltensmöglichkeiten in den Vordergrund.[95] Damit hat das Bundesverfassungsgericht sein Grundprogramm für die Prüfung aufgezeigt: Mensch – Eigenschaften – Verhalten.

a) Eigenschaften

Knüpft man an den vom Bundesverfassungsgericht schon verwendeten Begriff des Personenbezugs an, so lässt sich für die Prüfung ein engerer und ein weiterer Bereich unterscheiden. Bei dem engeren geht es um Merkmale, die der Person an sich anhaften. Bei dem weiteren geht es generell um Merkmale mit (irgendeinem) Personenbezug (dazu oben D II 2 und unten D II 5 b). Dieser Abschnitt behandelt den Bereich des Personenbezugs im engeren Sinne.

Das Bundesverfassungsgericht prüft am strengsten, wenn der Normgeber Kriterien für eine Differenzierung heranzieht, die dem Menschen an sich anhaften und derer er sich nicht oder zumutbarer Weise nicht entledigen kann. Der anzulegende Maßstab hängt davon ab, wie weit das Differenzierungskriterium den Menschen in seinen **vorgegebenen** unbeeinflussbaren **Merkmalen** betrifft und deshalb den geschützten **Kern** seiner Individualität erfasst – vor allem, wenn dieser Kern unter besonderem grundrechtlichen Schutz, in erster Linie der Menschenwürdegarantie, steht.[96] Für die engere Betrachtung ist der Begriff der **persönlichen Rechtsgleichheit** und der von *Kirchhof* geprägte der **Statusgleichheit** mit ihrem Bezug zur Menschenwürde erhellend (zu beidem schon oben S. 229).[97] Um diesen Bereich weiter auszuformen zieht das Bundesverfassungsgericht eine Parallele zu den besonderen Differenzierungsverboten des **Art. 3 III GG**, die alleine schon systematisch eng mit Art. 3 I GG verbunden sind. Diese Kriterien stellen auf bestimmte Eigenschaften eines Grundrechtsinhabers ab, wie Geschlecht, Abstammung, Rasse, Sprache usw. Das Gericht spricht in diesem Zusammenhang manchmal auch davon, dass der

---

[94] Hierzu *Kirchhof* in HdBStR V § 124 Rn. 197, 199; *ders.* Verschiedenheit S. 15 ff. Zum Menschenwürdegehalt des Gleichheitssatzes grundlegend *Dürig* in MD Art. 3 Rn. 3; *ders.* in Staatslexikon der Görres-Gesellschaft Stichwort „Gleichheit" II 1 (S. 1068). Siehe auch *Benda* in HdBVerfR § 6 Rn. 7, 12 ff.
[95] Dazu auch *Sachs* JuS 1997, 124, 129.
[96] *Kischel* AöR 124 (1999) S. 174, 190.
[97] Vgl. dazu *Bryde/Kleindiek* Jura 1999, 36, 40 f.; *Kim* Konkretisierung S. 208, 215, 219; *Sachs* JuS 1997, 124, 127. *Kirchhof* in HdBStR V § 124 Rn. 199. Zu persönlicher Gleichheit und persönlichen Eigenschaften *Sachs* NWVBl. 1988, 296, 299.

Gleichheitssatz jede Benachteiligung oder Bevorzugung wegen **persönlichkeitsbedingten Eigenheiten** verbiete.[98] In Anlehnung an die übliche Wortwahl spricht diese Arbeit von Eigenschaften. Relevant bei einer Prüfung des Gleichheitssatzes ist also, ob ein **Eigenschaftsbezug** vorliegt.

aa) **Eigenschaften** gehören zum Wesen einer Person, haften ihr auf Dauer an und kennzeichnen sie. Sie machen den Menschen aus und sind seinem Einfluss in der Regel entzogen. Eigenschaften kann man nur haben oder nicht; sie schließen sich gegenseitig aus. Beispielsweise Vater und Nicht-Vater. Werden sie zum Ausgangspunkt einer Differenzierung genommen, hat die betroffene Person keine Chance, nicht der Regelung zu entgehen. Sie ist ihr ausgeliefert, kann nicht ausweichen oder könnte nur ausweichen, indem sie sich und damit ihren Personenwert selbst verleugnet.[99] Deswegen gibt es in **Art. 3 III GG** einen Katalog von Differenzierungskriterien, die von vornherein verboten sind. Aber auch außerhalb dieses Katalogs sind Eigenschaften denkbar, die mit dem Wesen einer Person eng verbunden sind oder deren Bedeutung sich im Zusammenhang mit anderen Vorschriften v.a. der **Menschenwürde**, ergeben. Werden diese Eigenschaften als Differenzierungskriterium verwendet, so kann schon dadurch – ähnlich wie bei Art. 3 III GG – der Gleichheitssatz verletzt sein. Eine Eigenschaft kann aber nur sein – darauf weist *Sachs* zutreffend hin –, was unabhängig von der überprüften Regelung für einen abgrenzbaren Personenkreis kennzeichnend ist und ihr **nicht** gerade erst durch die fragliche Regelung (**gruppenkonstituierend**) zugeschrieben wird. Denn sonst würde der Gestaltungsspielraum des Gesetzgebers immer weiter eingeengt, weil alle von ihm eingeräumten Rechte sich zu Eigenschaften entwickeln könnten. Sie ist also gewissermaßen an die Person gebunden.[100] Zu denken ist bei einer Eigenschaft etwa an das Alter. Als Gegenprobe muss aber auch gefragt werden, ob die Ver-

---

[98] So in BVerfG E 96, 1 (6); NJW 2000, 572 (573).
[99] Zur Unterscheidung nach Eigenschaften siehe bereits *Ipsen* in Neumann/Nipperdey (Hg.) Die Grundrechte S. 111, 185 und 180 Fn. 226. Siehe ebenfalls *Sachs* NWVBl. 1988, 296, 299. Zu Ipsens Ansatz und der neuen Formel siehe *Vogel* Diskussionsbeitrag in VVDStRL 47 (1989) S. 64, generell zu Eigenschaften a.a.O. S. 65. Zur Unterscheidung zwischen einer Individualsphäre und einem Umfeldbereich *Kirchhof* in HdBStR V § 124 Rn. 197, 199; *ders.* Verschiedenheit S. 15 ff. Ihm folgend *Kim* Konkretisierung S. 219. Ähnlich ebenfalls *Rüfner* in BK Art. 3 Rn. 45 ff.
[100] *Sachs* JuS 1997, 124, 128 f.; *Kirchhof* in HdBStR V § 124 Rn. 199; *Brüning* JA 2001, 611, 612. Siehe auch *Rüfner* in BK Art. 3 Rn. 68 m.w.N. zu weiteren Wertungen. Vgl. zu Art. 3 II und III *Jarass* AöR 120 (1995) S. 345, 365. Vgl. ferner *von Münch* StaatsR II Rn. 573 mit einer etwas anderen Terminologie, der von (unentrinnbaren) **personengebundenen** Merkmalen im Gegensatz zu bloß (beeinflussbaren) **personenbezogenen** Merkmalen spricht. Ähnlich *Michael* JuS 2001, 148, 152; *ders.* JuS 2001, 866, der ebenfalls den Begriff personengebunden verwendet. Vgl. fernern *Kallina* Willkürverbot und Neue Formel S. 111 ff.

wirklichung wirklich unentrinnbar ist oder nicht. Dieser sensible Bereich bedarf daher einer feinfühligen Behandlung durch den Gesetzgeber. Der Gleichheitsmaßstab ist hier streng und er wird strenger, je weiter man in die Nähe zu den Differenzierungsverboten gelangt. Das Gericht formuliert hier anschaulich:

„Der Gleichheitssatz ist umso strikter, je mehr eine Regelung den Einzelnen als Person betrifft [...], und umso offener für gesetzgeberische Gestaltungen, je mehr allgemeine, für rechtliche Gestaltungen zugängliche Lebensverhältnisse geregelt werden."[101]

Die Prüfung ist deswegen so streng, weil kraft ausdrücklicher Festlegung der Verfassung mit Art. 3 III GG prinzipiell besonders sensible Merkmalen aufgezeigt werden. Andere Merkmale, die sich auf diese hin orientieren, sind daher ähnlich problematisch und damit auch ähnlich streng zu beurteilen. Denn zum einen soll die Nähe zu Art. 3 III GG gerade vor der Diskriminierung einer **Minderheit** schützen,[102] zum andern ist es kaum zu beeinflussen, ob persönliche Eigenschaften vorliegen oder nicht.[103]

In der Prüfung muss also festgestellt werden, an welche Kriterien die Behandlung anknüpft und ob diese in ihrer Wirkung an die der Differenzierungsverbote des Art. 3 III GG herankommen, bzw. ob die betroffene Person unausweichlich in ihrer – durch die Wertungen des Grundgesetzes zu konkretisierenden – Statusgleichheit betroffen ist. Wird an den Tatbestand Mensch, Person, Persönlichkeit angeknüpft, so kann zum einen die Menschenwürde betroffen sein, zum anderen kann es dadurch zu erheblichen Auswirkungen auf das allgemeine Persönlichkeitsrecht kommen. Diese Wertungen führen zu einem strengen Maßstab. Je näher eine Differenzierung den Merkmalen des Art. 3 III GG kommt, um so höher werden die Prüfungsanforderungen. Durch die Nähe zu Art. 3 III GG lassen sich also „ver-

---

[101] BVerfG E 96, 1 (5 f.); 101, 132 (128); 101, 151 (159); vgl. auch BVerfG E 82, 60 (87 f.); 87, 153 (170); 99, 88 (94); NJW 2000, 572 (573).

[102] Der Gedanke des Minderheitenschutzes kann aber, worauf *Michael* Jus 2001, 148, 152 zutreffend hinweist, unterschiedlich verstanden werden. Wenn es nämlich um Typisierungen geht (dazu schon C III 2 d aa), werde dort betont, dass wichtig sei, dass nur eine verhältnismäßig kleine Gruppe benachteiligt werde. *Michael* zeigt aber auch die Lösung auf, denn bei den Typisierungen ist es eine rein quantitative Frage nach der Zahl der benachteiligten Fälle, während es bei der Annäherung an die Differenzierungsverbote eine qualitative Bewertung ist.

[103] *Martini* Prinzip absoluter Rechtsgleichheit S. 65; *Sachs* JuS 1997, 124, 127; *Michael* Jus 2001, 148, 152; *Kallina* Willkürverbot und Neue Formel S. 115 f.. Zum personalen Ansatz beim Gleichheitssatz und der Beziehung auf die Menschenwürde gerade bei Art. 3 II, III GG *Frowein* Diskussionsbeitrag in VVDStRL 1989 (47) S. 105.

dächtige" Kriterien erkennen, denen man nicht mehr entgehen kann.[104] Das ist ein wichtiges, aber nur ein Element der neuen Formel. Sie auf den Eigenschaftsbezug zu reduzieren, wie dies in der Literatur teilweise versucht wird,[105] greift aber zu kurz. Denn die Ausführungen haben gezeigt, dass verschiedene Elemente den Prüfungsmaßstab bestimmen können.

bb) In diesem Zusammenhang ist ein kleiner **Exkurs** zum Obersten Gericht der Vereinigten Staaten angebracht. Denn nicht nur das Bundesverfassungsgericht prüft den Gleichheitssatz mit unterschiedlichen Anforderungen und unterschiedlicher Prüfungsintensität. Ein kurzer Blick auf die Rechtsprechung des **Supreme Court** zum Gleichheitssatz, zur Equal Protection Clause im 14. Verfassungszusatz (Amendment) der Verfassung der USA ist hier ebenfalls erhellend.[106] Das Gericht legt ebenfalls verschieden strenge Prüfungsmaßstäbe an. Bei sogenannten *verdächtigen* Klassifizierungen durch Normen (*suspect classifications*) sind die Anforderungen des Gleichheitssatzes besonders hoch. Verdächtig ist eine Klassifizierung etwa, wenn sie an bestimmte Eigenschaften anknüpft, etwa nach rassischen Merkmalen oder nationaler Herkunft unterscheidet oder wenn Minderheiten betroffen sind. Hier fällt die Nähe zu den besonderen Gleichheitssätzen des Art. 3 III GG auf. Es werden ebenfalls bestimmte Unterscheidungsmerkmale von vornherein als „verdächtig" angesehen.[107] Auf eine weitere Übereinstimmung wird unten, D II 6 b bb, eingegangen werden.

b) Verhaltensbezug

Der Gestaltungsspielraum des Gesetzgebers wird um so breiter, je mehr er sich von den Differenzierungsverboten entfernt. Die Anforderungen, die der Gleichheitssatz stellt nehmen ab. Das liegt daran, dass nicht mehr die Menschenwürde und die Statusgleichheit im Vordergrund stehen. Vielmehr geht es jetzt um den Menschen als soziales, mit gleicher Freiheit ausgestattetes Wesen, das in der Gesellschaft mit

---

[104] *Kim* Konkretisierung S. 216; *Bryde/Kleindiek* Jura 1999, 36, 41, 43.
[105] So etwa von *Vogel* Diskussionsbeitrag in VVDStRL 47 (1989) S. 65.
[106] Der relevante Wortlaut des 14. Amendments lautet: „no state shall deny to any person within its jurisdiction the equal protection of the laws" die Regelungen gilt für die Einzelstaaten. Der Supreme Court leitet aber aus der sog. Due Process Clause des 5. Amendment für die Bundesgewalt fast exakt die gleichen Kontrollmaßstäbe ab; dazu und zum Ganzen *Heun* EuGRZ 2002, 319, 320 m.w.N.
[107] *Heun* EuGRZ 2002, 319, 321/322 m.w.N.; *Maaß* NVwZ 1988, 14, 17; *Bryde/Kleindiek* Jura 1999, 36, 43; *Sachs* JuS 1997, 124, 127; *Schuppert* DVBl 1988, 1191, 1192 f.; *Kallina* Willkürverbot und Neue Formel S. 118 ff.; *Empt* DöV 2004, 239, 240 f.

anderen Menschen handelt. Der Mensch ist aus seiner Privatsphäre gewissermaßen in die Sphäre der **Gesellschaft** eingetreten. Dort ist er von vornherein dem Einfluss von Staat und Gesellschaft ausgesetzt, vor allem dem anderer Menschen, die ebenfalls ihre Freiheit ausüben möchten. Um hier zu einem Ausgleich zu gelangen ist es nötig, die Beziehungen der Menschen untereinander zu regeln und auch einzuschränken. Das Bundesverfassungsgericht hat zu diesem Verhältnis schon früher ausgeführt, dass das Menschenbild des Grundgesetzes kein isoliertes auf das Individuum ausgerichtetes sei, sondern dass die Spannung Individuum – Gemeinschaft im Sinne der **Gemeinschaftsbezogenheit** und **Gemeinschaftsgebundenheit** der Person zu entscheiden sei, ohne dabei deren Eigenwert anzutasten. Der Mensch müsse daher Einschränkungen seiner Handlungsfreiheit hinnehmen, wenn damit das soziale Zusammenleben ermöglicht werde.[108] Der Gestaltungsspielraum des Gesetzgebers ist hier weiter, wenn er nur das Verhalten im sozialen Raum regelt.

aa) Im Zusammenhang mit dem Gleichheitssatz spricht das Bundesverfassungsgericht davon, dass dieser offener für gesetzgeberische Regelungen sei, je mehr allgemeine, für rechtliche Gestaltungen zugängliche Lebensverhältnisse geregelt werden.[109] Je mehr es um das Verhalten einer Person im gesellschaftlichen Raum und nicht mehr in ihrer Privatsphäre geht, um so eher darf der Gesetzgeber also regelnd eingreifen. Um so mehr ist es dem Menschen dann zuzumuten, sein **Verhalten anzupassen**. Denn wird nicht mehr an Eigenschaften angeknüpft, ist die Verwirklichung des Differenzierungskriteriums nicht mehr unausweichlich.[110] Das hat das Bundesverfassungsgericht schon in der neuen Formel zum Ausdruck gebracht, wenn es – allerdings eher am Rande – betont:

„Außerhalb des Verbots einer ungerechtfertigten Verschiedenbehandlung mehrerer Personengruppen lässt der Gleichheitssatz dem Gesetzgeber weitgehende Freiheit, Lebenssachverhalte und das Verhalten einer Person je nach Regelungszusammenhang verschieden zu behandeln. Es ist dann grundsätzlich Sache des Betroffenen,

---

[108] BVerfG E 4, 7 (15); 8, 274 (329); 27, 1 (7); 27, 344, (351 f.); 33, 303 (334); 50, 290 (353); 56, 37 (49); 65, 1 (44). Siehe dazu auch *Benda* in HdBVerfR § 6 Rn. 5 m.w.N.; *Kriele* in HdBStR V § 110 Rn. 46.
[109] BVerfG E 96, 1 (5 f.); 101, 132 (128); 101, 151 (159); vgl. auch BVerfG E 82, 60 (87 f.); 87, 153 (170); 99, 88 (94); NJW 2000, 572 (573); BVerwG NVwZ 2004, 861 (863).
[110] Grundlegend zur Unterscheidung zwischen einer Individualsphäre und einem Umfeldbereich sowie zur unterschiedlichen Weite des gesetzgeberischen Gestaltungsspielraums *Kirchhof* in HdBStR V § 124 Rn. 197, 199; *ders.* Verschiedenheit S. 15 ff. Ähnlich *Rüfner* in BK Art. 3 Rn. 45 ff. Siehe auch *Bryde/Kleindiek* Jura 1999, 36, 40; *Kokott* in Festschrift 50 Jahre BVerfG S. 127,133. Vgl. ferner *Ulrich* Phänomen der Gleichheit S. 106 f., der sich allerdings mit den Merkmalen nicht näher auseinander setzt.

sich auf diese Regelung einzustellen und nachteiligen Auswirkungen durch eigenes Verhalten zu begegnen."[111]

Der Verhaltensbezug ist etwas anderes als der Personenbezug. Er enthält aber auch personale Elemente, weil er kein Sachbezug ist, sondern im Grunde den unscharfen Bereich zwischen einem strengen Personenbezug im engeren Sinne und einem strengen Sachbezug ausfüllt. Man könnte ihn also mit einem **Personenbezug im weiteren Sinne** gleich setzen, weil er personenbezogene Merkmale gewissermaßen auffüllt.[112] In der Rechtsprechung zur neuen Formel bleibt der Verhaltensbezug anfangs aber im Hintergrund. Spricht das Gericht ursprünglich nur allgemein vom Verhalten, so stellt es in späteren Entscheidungen die Möglichkeit der Betroffenen in den Vordergrund, sich auf die Regelungen einzustellen – ihnen auszuweichen. Das wird in der Entscheidung vom 2.12.1992 deutlich, in der das Bundesverfassungsgericht die Aussage aus dem 55. Band ein wenig abwandelte:

„Die Gestaltungsfreiheit des Gesetzgebers geht am weitesten, wenn er Lebenssachverhalte verschieden behandelt und die Betroffenen sich durch eigenes Verhalten auf die unterschiedliche Regelung einstellen können [...] Dabei sind ihm engere Grenzen gesetzt [...] je weniger der Einzelne nachteilige Folgen durch eigenes Verhalten vermeiden kann."[113]

Mit seiner Entscheidung zum abgestuften Maßstab schließlich präzisierte das Gericht die Anforderungen weiter und fasst die Formulierung noch prägnanter zusammen:

„Bei lediglich verhaltensbezogenen Unterscheidungen hängt das Maß der Bindung [an den Gleichheitssatz] davon ab, inwieweit die betroffenen in der Lage sind, durch ihr Verhalten die Verwirklichung der Merkmale zu beeinflussen, nach denen unterschieden wird [...]."[114]

Ein Verhaltensbezug ist dann gegeben, wenn es um ein Unterscheidungskriterium geht, dessen Verwirklichung die Betroffenen **beeinflussen** können. Wenn etwa eine Verordnung das Halten bestimmter Hunderassen verbietet, dann liegt ein Verhaltensbezug vor, weil an den Vorgang des Haltens angeknüpft wird. Eine zum Wesen der Person gehörende Eigenschaft „Hundehalter" gibt es nicht. Das Verbot

---

[111] BVerfG E 55, 72 (89).
[112] *Sachs* JuS 1997, 124, 129. Siehe auch *von Münch* StaatsR II Rn. 573, der allerdings eine andere Terminologie benutzt und zwischen den Art. 3 III GG ähnlnden (unentrinnbaren) **personengebundenen** Merkmalen im Gegensatz zu bloß (beeinflussbaren) **personenbezogenen** Merkmalen spricht. Den Begriff personengebunden benutzt auch *Michael* JuS 2001, 148, 152; *ders.* JuS 2001, 866.
[113] BVerfG E 88, 5 (12).
[114] BVerfG E 88, 87 (96); 91, 346 (363); 95, 267 (316); 99, 367 (388).

kann umgangen werden, indem in Zukunft andere Hunde gehalten werden. Der Verhaltensbezug einer Regelung trifft die Anforderungen der Wirklichkeit damit besser und stellt sich flexibler auf sie ein, als die starre Unterscheidung Person – Sache.[115] Indem auf den Verhaltensbezug abgestellt wird, berücksichtigt dieser Ansatz ferner die **Selbstautonomie** und damit die Freiheit des Menschen. Als autonome, selbstbestimmte Wesen können die Betroffenen selbst entscheiden, wie sie sich verhalten. Lässt der Gesetzgeber bei einer Regelung mehrer Alternativen offen, und können die Betroffenen dadurch den Auswirkungen des Gesetzes entgehen, diese umgehen, so sind sie weniger schutzbedürftig und auch schutzwürdig als wenn sie einer Regelung quasi ausgeliefert sind. Dies setzt allerdings voraus, dass die Betroffenen der Regelung auch wirklich ausweichen können.

bb) Beim Verhaltensbezug ist der Maßstab deshalb nicht von vornherein **weniger streng** als beim Eigenschaftsbezug. Denn dieser ist ebenfalls nur Teil des fließenden Prüfungsmaßstabes des Gleichheitssatzes. Hier müssen erst im Einzelfall alle relevanten Kriterien bestimmt werden. Kann sich der Betroffene auf eine Differenzierung einrichten, ihre Verwirklichung oder ihre Folgen durch eigenes Verhalten vermeiden oder beeinflussen, ist der Maßstab weniger streng, als wenn die Folgen für ihn **unentrinnbar** sind. Es ist aber denkbar, dass ein **Ausweichen** dem betroffenen zwar möglich, aber nicht **zumutbar** ist. Differenzierungen werfen immer dann besondere Legitimationsbedürfnisse auf, wenn sie die Betroffenen mit für sie zumindest praktisch und zumutbarer Weise **unausweichlichen** Konsequenzen konfrontieren, denn dann ist er der Regelung ausgeliefert.[116] Die Frage, ob es zumutbar oder überhaupt möglich ist, auszuweichen, ist aber eine Wertungsfrage, die der Gleichheitssatz nicht beantworten kann. Die **Wertung** muss von außen einfließen. Ist die Verwirklichung unentrinnbar, fragt es sich auch, ob nicht eine Eigenschaft geregelt und damit an Merkmale angeknüpft wird, die denen des Art. 3 III GG ähneln (dazu schon oben unter a). Oder es liegt zwar ein Verhaltenbezug vor, das Verhalten, das geändert werden soll ist jedoch **grundrechtlich** besonders ge-

---

[115] Vgl. dazu etwa BVerfG E 99, 367 (391) wo das Gericht in seiner Prüfung das Paar Personenbezug – Verhaltensbezug und nicht Personenbezug – Sachbezug hervorhebt. Siehe auch *Bryde/Kleindiek* Jura 1999, 36, 40.
[116] *Sachs* JuS 1997, 124, 129; *Martini* Prinzip absoluter Rechtsgleichheit S. 65; *Kim* Konkretisierung S. 220 ff., 225. Strenger *Paehlke-Gärtner* in Umbach/Clemens Art. 3 Rn. 108.

schützt (dazu unten D II 6), so dass es deswegen nicht verlangt werden kann, das Verhalten anzupassen.

cc) Ausgehend von der Frage, wie weit es der betroffenen Person zumutbar ist, ihr Verhalten anzupassen oder nicht, hält der Gleichheitssatz ein ganzes Spektrum an Reaktionsmöglichkeiten bereit und kann sich damit flexibel an alle Lebenslagen und Lebensbereiche anpassen.

c) **Nähe zur Drei-Stufen-Lehre**

Die Kriterien „Eigenschaften" und „Verhaltensbezug" sind eng miteinander verbunden. Denn das eine kann den Maßstab strenger, das andere den Maßstab weiter werden lassen. Wenn das Gericht diese Elemente aufeinander bezieht, fühlt man sich an die vom Bundesverfassungsgericht zu Art. 12 I GG entwickelte sogenannte „Drei-Stufen-Lehre" erinnert. Dort hat das Gericht drei Stufen entwickelt, um die Eingriffsintensität in die Berufsfreiheit zu bestimmen. Wird die Berufsausübung geregelt, ist der Spielraum des Gesetzgebers in der Regel größer als bei subjektiven oder objektiven **Berufsausübungsschranken**. **Subjektive** Schranken knüpfen an in der Person liegende Merkmale, an persönliche Eigenschaften, Fähigkeiten, Fertigkeiten an. Ihre Verwirklichung kann vom Betroffenen beeinflusst werden. Insoweit könnte man also von einem Verhaltensbezug sprechen. **Objektive** Schranken können hingegen nicht beeinflusst werden und unterliegen daher einer strengern Kontrolle. Hier wäre eine Parallele mit Eigenschaften zu ziehen. Die Rangfolge der Stufen ist aber nur eine relative. Denn auch subjektive Schranken können faktisch wie objektive wirken, wenn ein Ausweichen nicht zumutbar ist. Ähnlich verhält es sich mit den Kriterien Personenbezug und Verhaltensbezug. Beim einen ist ein Ausweichen nicht möglich, denn die Merkmale liegen gerade in der Person des Betroffenen. Beim andern kann die Wirkung grundsätzlich umgangen werden.[117]

---

[117] Grundlegend zu subjektiven und objektiven Berufsausübungsschranken BVerfG E 7, 377 (406 f.); aus jüngerer Zeit BVerfG E 80, 257 (264 f.). Dazu auch *Pieroth/Schlink* Grundrechte Rn. 921,927; *Jarass* in JP Art. 12 Rn. 24 ff. m.w.N.; *Richter/Schuppert/Bumke* Casebook Verfassungsrecht S. 217 ff; *Hesse* Grundzüge Rn. 422; *Heintzen* DVBl 2004, 721, 724; allgemeiner *Jakobs* DVBl 1985, 97, 100; *ders.* Grundsatz der Verhältnismäßigkeit S. 115 ff.; *Brüning* JA 2000, 728, 734; *Krebs* Jura 2002, 228, 375 f. Zur Parallele mit der Drei-Stufen-Theorie auch *Bryde/Kleindiek* Jura 1999, 36, 41, 43; *Michael* Methodennorm S. 291 f.; *ders.* JuS 2001, 148, 152, 866. *Kokott* in Festschrift 50 Jahre BVerfG S. 127, 132. Zur Drei-Stufen-Lehre und neueren Entwicklungen in der Rechtsprechung *Sodan* NJW 2003, 257 f., 260.

d) Ergebnis

Die Prüfung wird grundsätzlich bei einem personalen Bezug strenger. Hier ist aber weiter zu differenzieren, ob an den Menschen an sich, den Mensch als Person und damit an persönliche Eigenschaften angeknüpft wird oder nur das Verhalten des Menschen geregelt werden soll. Die Nähe zu den Merkmalen des Art. 3 III GG kann hier als Richtschnur dienen. Das Gericht knüpft stärker als zuvor an den Wortlaut und die Systematik des Gleichheitssatzes an und stellt den Menschen wieder in den Mittelpunkt der Prüfung. Umgekehrt ist die Prüfung weniger streng, wenn es um den Menschen geht, der in der Gesellschaft handelt. Dort muss der Gesetzgeber die verschiedenen Interessen ausgleichend regeln, so dass er hier eine größere Gestaltungsfreiheit haben muss. Knüpft er nur an das Verhalten einer Person an, ist der anzulegende Maßstab weniger streng, wenn die betroffene Person der Regelung zumutbarer Weise ausweichen kann. Ob das Ausweichen zumutbar ist, kann nicht der Gleichheitssatz, sondern müssen erst weitere Wertungen beantworten.

6) Intensität und Auswirkung auf Grundrechte

Der abgestufte Maßstab fasst noch weitere als die gerade genannten Kriterien zusammen, die eine bessere Feinabstimmung der Gleichheitsprüfung ermöglichen. Das Gericht spricht davon, dass

„[...] dem Gestaltungsspielraum des Gesetzgebers um so engere Grenzen gesetzt [sind], je stärker sich die Ungleichbehandlung auf die Ausübung **grundrechtlich geschützter** Freiheiten nachteilig **auswirken** kann [...]".[118]

Das ist nicht neu. Das Bundesverfassungsgericht hat schon immer strenger geprüft, wenn andere Grundrechte mit berührt waren. Dieses Element wird aber nun in den allgemeinen Prüfungszusammenhang gestellt. Dabei sind zwei Aussagen hervor zu heben: Ein strengerer Maßstab ist *unabhängig* davon anzuwenden, ob Personengruppen oder Sachverhalte (dazu oben D II 2) betroffen sind. Maßgeblich ist, wie sich die Behandlung auf andere Grundrechte *auswirkt*.

---

[118] BVerfG E 88, 87 (96) – Hervorhebung vom Verfasser.

a) Intensität

Als erste Prüfungsfrage stellt sich die nach der Auswirkung einer Regelung. Diese könnte möglicherweise unabhängig von der sich daran anschließenden sein, ob und wie andere Grundrechte berührt sind. Das Bundesverfassungsgericht hat schon immer in seinen Entscheidungen – wenn es nötig war – nach der Wirkung, der Auswirkung, den Folgen oder der Intensität einer Behandlung gefragt. Bezeichnend dafür ist etwa seine Rechtsprechung zu Typisierungen/Pauschalierungen (dazu schon oben C III 2 d aa). Eine noch hinzunehmende Typisierung setzt danach voraus, dass nur eine verhältnismäßig kleine Zahl von Personen durch die Härten/Ungerechtigkeiten betroffen wird und der Verstoß gegen den Gleichheitssatz nicht sehr **intensiv** ist.[119] In anderen Entscheidungen fragt das Gericht nach den **Folgen** oder der **Wirkung** einer Behandlung.[120]

Fragt das Gericht generell nur nach der Wirkung, den Folgen einer Behandlung, könnte man sagen, die Folge liege in der Ungleichbehandlung selbst. Aber das greift zu kurz. Denn dass eine Gleich- oder Ungleichbehandlung vorliegt, wurde bereits festgestellt. Gefragt wird hier nach den *weiteren* Folgen. Doch dazu kann auch die neue Formel nichts sagen, denn das Bundesverfassungsgericht hat schon in einer früheren Entscheidung ausgeführt, dass es bei Art. 3 I GG nicht auf eine Benachteiligung, also auf negative Auswirkungen ankomme, sondern die Ungleichheit der Behandlung genüge.[121] Ob eine Person Abgaben über 1.000 € entrichten muss und eine andere 1.500 € ist ein Unterschied. Ob damit die Person, welche mehr Geld bezahlt auch intensiver belastet wird, ist eine andere Frage. Diese lässt sich aus dem Gleichheitssatz heraus **nicht beantworten**.[122] Der Gleichheitssatz ist **wirkungsneutral**. Er fragt nur, *ob* eine Person ungleich belastet wird und gibt sich damit zufrieden, dass eine Behandlung vorliegt. Hierbei ist nicht von Bedeutung, *wie* die Ungleichbehandlung geschieht, wie intensiv die Behandlung ist. Damit geht es nicht um die Intensität des Gleichheitsverstoßes – letzterer muss erst noch ge-

---

[119] Vgl. dazu BVerfG E 26, 265, (275 f.); 70, 1 (34); 79, 87 (100); 82, 126 (152); 84, 348 (360); 91, 93 (115); 98, 365 (385); 100, 59 (90).
[120] Dazu schon BVerfG E 49, 148 (165) [sachlicher Gehalt, Wirkung, praktische Auswirkung einer Vorschrift]; 51, 1 (28) [Ausmaß der Ungleichbehandlung]. Vgl. auch etwa BVerfG E 98, 365 (385) [wirtschaftliche Folgen] oder BVerfG E 102, 68 (88) [finanzielle Folgen]. Siehe zur Frage der Intensität auch schon oben D 4 c.
[121] BVerfG E 18, 38 (46).
[122] Zur den Schwierigkeiten, die Eingriffsintensität zu bestimmen *Heun* in Dreier Art. 3 Rn. 30.

prüft werden – sondern darum, wie intensiv andere, **weitere** Bereiche betroffen sind. Wenn einige **Autoren** von einem intensiven oder weniger intensiven Gleichheitsverstoß sprechen, ist das deswegen ungenau[123]. Gleichwohl kann man verkürzend diesen Topos bemühen, da die Prüfung der Intensität im Rahmen des Gleichheitssatzes erfolgt.

Der Gleichheitssatz ist aber nicht nur wirkungs- er ist auch **wertneutral** (dazu bereits oben C I 1). Erst **weitere Kriterien** bestimmen die für den Vergleich erheblichen Elemente. Damit können Wertungen und Kriterien einfließen, mit denen festgestellt werden kann, wie relevant eine Behandlung ist. Hierdurch auch ihre Wirkung beurteilt werden. Erst der Vergleich mit anderen, ebenfalls belasteten Personen anhand der im Einzelfall relevanten Kriterien ergibt, wer weniger intensiv belastet ist. Indem man die für den Vergleich relevanten Kriterien bestimmt (also etwa den Grad der Abgabenbelastung), werden auch die Elemente oder **Indikatoren** festgelegt, im Hinblick auf die die Auswirkungen einer Behandlung bestimmt werden können. Die Wertordnung des Grundgesetzes füllt den Inhalt des Gleichheitssatzes auf und bestimmt die für den Vergleich relevanten Kriterien (dazu C I 4, III 1). Deswegen kann die Frage nach der Wirkung einer Behandlung letztlich auch nur mit und aus dieser Wertordnung heraus beantwortet werden. Denn nur in der Wertordnung des Grundgesetzes und vor allem den in ihr verkörperten Grundrechten lassen sich Kriterien mit Verfassungsrang finden. Nur diese können ob ihres Ranges bei einer Abwägung mit anderen Kriterien bestehen.[124] Deswegen ist es richtig, wenn der abgestufte Maßstab fragt, wie sich die Behandlung auf die Ausübung grundrechtlich geschützter Freiheiten auswirkt. Dadurch werden die anderen Grundrechte als Indikatoren für die Gleichheitsprüfung benannt. Sie können die Wirkung des Behandlung deutlich machen und kennzeichnen geschützte und weniger geschützte Bereiche.

---

[123] *Kim* Konkretisierung S. 222 will etwa die Intensität eines Gleichheitsverstoßes durch die Nähe zum Kernbereich der Statusgleichheit bestimmen und fragt, wie erheblich die Auswirkungen auf diese und die damit in Zusammenhang stehenden Grundrechte ist. Damit stützt er seine Frage aber nicht allein auf den Gleichheitssatz, sondern auf weitere Kriterien. Die Frage lässt sich also aus dem Gleichheitssatz selbst nicht beantworten.
[124] Dazu auch *Heun* in Dreier Art. 3 Rn. 30, 37; *Kallina* Willkürverbot und Neue Formel S. 129 f. Etwas unklar *Kim* Konkretisierung S. 220 ff. der die Grundrechte eher als Indikatoren für eine mittelbare Verletzung des Gleichheitssatzes aufzufassen scheint.

b) Auswirkung auf Grundrechte

Das Bundesverfassungsgericht fragt in ständiger Rechtsprechung mit dem abgestuften Maßstab danach, ob sich eine Behandlung auf die Ausübung grundrechtlich geschützter Freiheiten nachteilig auswirken kann – **unabhängig** davon, ob es sich um einen Personen- oder einen Sachbezug handelt. Damit wird diese scheinbar strenge Unterscheidung (dazu schon oben D II 2 c) weiter relativiert.[125] Der Maßstab wird aus anderen Grundrechten gewonnen. Es kommen alle **Freiheitsrechte** in Betracht aber auch andere **grundrechtsgleiche Rechte**, wie etwa die Rechtsschutzgarantie.[126] Das ist weder für die neue Formel noch für die Rechtsprechung zum Gleichheitssatz neu. Es handelt sich hierbei um kein zusätzliches Element neben der Frage nach der Intensität, wie einige Autoren und auch Entscheidungen nahe legen.[127] Vielmehr kann die Frage nach der Intensität nur mit weiteren Kriterien beantwortet werden. Deswegen fragt das Gericht nicht allgemein nach irgendwelchen Auswirkungen, sondern nach der Wirkung auf die Grundrechte. Der Hauptgesichtspunkt sind hier also erstens die anderen Grundrechte und zweitens die Auswirkungen auf sie als Indikatoren für den beim Gleichheitssatz anzulegenden Maßstab.

aa) Das Bundesverfassungsgericht hat schon in seiner **älteren Rechtsprechung** betont, dass Differenzierungen in durch andere Grundrechte geschützte Bereiche problematisch sein können. Der anzulegende Prüfungsmaßstab wird dadurch strenger. Der Gleichheitssatz wurde in Entscheidungen zusammen mit anderen Grundrechten geprüft, die mit berührt waren. Häufig waren das Art. 12 I und Art. 14 I GG. Es finden sich aber Entscheidungen, bei denen der Gleichheitssatz im Zusammenhang mit sämtlichen anderen Grundrechten eine Rolle spielt – und umgekehrt diese auch bei ihm (dazu oben C I 4 c). Oben, C I 4, wurde gezeigt, dass

---

[125] *Odendahl* JA 2000, 170, 174; *Sachs* JuS 1997, 124, 128. Nachweise zur Rechtsprechung zum abgestuften Maßstab siehe oben bei Fn. 70.
[126] So auch *Gubelt* in von Münch Art. 3 Rn. 14. Siehe auch *Heun* in Dreier Art. 3 Rn. 30, 37.
[127] So etwa *Kim* Konkretisierung S. 222 (zu ihm siehe auch Fn. 123).Vgl. etwa BVerfG E 98, 365 (385); 102, 68 (88), wo das Gericht nur nach den wirtschaftlichen oder finanziellen Folgen einer Regelung fragt, damit aber letztlich auch wiederum nur die Auswirkungen auf Art. 2 I GG zu bestimme sucht (zu diesem sogleich D II 6 b dd).

die **Wertordnung** des Grundgesetzes den Gleichheitssatz weiter konkretisiert und die Grundrechte diese Wertordnung mit am besten ausdrücken.[128]

Die **neue Formel** nimmt diesen Ansatz auf. Sie verstärkt den Bezug und bringt ihn in einen besseren systematischen Zusammenhang.[129] Die Prüfung wird **verschärft**, wenn es um Auswirkungen auf konkret benannte Einzelgrundrechte geht. In E 74, 9 (24) fasst das Bundesverfassungsgericht diesen Ansatz zusammen und stellt ihn unter einen abstrakten Obersatz: dem (Gestaltungsraum des) Gesetzgeber(s) seien engere Grenzen gezogen, wenn die nach dem Gleichheitssatz zu beurteilende Regelung *zugleich* auch andere *grundrechtlich verbürgte Positionen* berühre. Es wird allgemein von anderen Grundrechten gesprochen und nicht mehr das konkrete Grundrecht im Obersatz benannt, wie in früheren Entscheidungen. Später spricht das Gericht auch von Auswirkungen auf *grundrechtlich gesicherte* Freiheiten. Eingebürgert hat sich schließlich, von grundrechtlich **geschützten Freiheiten** zu sprechen.[130] Es geht in dem hier zu besprechenden Zusammenhang nur darum, dass zusätzlich zum Gleichheitssatz andere Grundrechte verletzt werden und zwar durch diesen. Davon zu scheiden ist der Fall des **mittelbaren** Gleichheitsverstoßes (dazu oben D II 4). Hier sind zwar auch andere Grundrechte betroffen. Doch erst durch die Verletzung anderer Grundrechte wird ein mittelbarer Gleichheitsverstoß überhaupt begründet, während es hier um einen unmittelbaren Gleichheitsverstoß geht, der gleichzeitig andere Grundrechte verletzt.[131]

bb) Die Grundrechte haben bei einem unmittelbaren Gleichheitsverstoß **zwei Funktionen.** Zum einen verschärfen sie generell den Maßstab der Gleichheitsprüfung, wenn sie berührt sind. Zum anderen zeigen sie die Intensität der Behandlung und damit die weiteren Anforderungen an den Prüfungsmaßstab an.[132] Daneben ist noch der Fall zu erwähnen, dass andere Grundrechte schon das Differenzierungs-

---

[128] *Bryde/Kleindiek* Jura 1999, 36, 43; *von Münch* StaatsR II Rn. 573; *Kokott* in Festschrift 50 Jahre BVerfG S. 127, 136; siehe ferner die Nachweise oben bei C I 4.
[129] *Sachs* NWVBl 1988, 295, 300 m.w.N.
[130] BVerfG E 60, 123 (124); 62, 256 (274); 74, 9 (24) [grundrechtlich verbürgte Positionen]; 82, 126 (146) [grundrechtlich gesicherte Freiheiten]; 88, 5 (12); 88, 87 (96) [grundrechtlich geschützte Freiheiten]; 93, 99 (111); 98, 364 (385); 103, 172 (193); NVwZ 2005, 319 (320). Siehe dazu *Sachs* JuS 1997, 124, 126; *von Münch* StaatsR II Rn. 573; kritisch *Bryde/Kleindiek* Jura 1999, 36, 43.
[131] Siehe zum Ganzen schon oben S. 240 ff. und zu den Fallgruppen S. 244. Anderer Ansicht offenbar *Kim* Konkretisierung S. 220 ff., der immer eine mittelbare Gleichheitsverletzung anzunehmen scheint, wenn andere Grundrechte betroffen sind. Da sich die beiden Fallgruppen trennen lassen und keineswegs eine einheitliche bilden, ist dieser Ansatz abzulehnen.
[132] Ähnlich *Sachs* JuS 1997, 124, 126 f.

ziel oder das Differenzierungskriterium verbieten. Dann würde man aber den Gleichheitssatz gar nicht weiter prüfen.[133] In diesem Zusammenhang ist, wie schon oben, D II 5a bb, ein kleiner Blick auf den **Obersten Gerichtshof** der Vereinigten Staaten erhellend. Er nimmt ebenfalls eine strengere Prüfung vor, wenn durch eine Behandlung die Ausübung von Grundrechten (*fundamental rights*) oder Quasi-Verfassungsrechten (*fundamental interests*) betroffen werden. Hierdurch wird etwa der Schutz der Privatsphäre besonders betont. Der Prüfungsmaßstab und damit die Anforderungen, die der Gleichheitssatz stellt werden intensiver, wenn weitere Rechte berührt oder beeinträchtigt werden.[134] Genau diesen Gedanken verfolgt das Bundesverfassungsgericht bei seiner Prüfung ebenfalls.

Indikatoren für die Auswirkung einer Behandlung sind in erster Linie die Freiheitsrechte. Denn die Freiheitsrechte definieren, welche Tätigkeiten *grundsätzlich* und *grundgesetzlich* erlaubt sind. Sie drücken die grundgesetzliche Wertordnung am besten aus. Allerdings ist diese Wertordnung auch durch andere Normen gekennzeichnet (dazu schon oben C I 4 d). Was durch die grundrechtlichen Wertentscheidungen erlaubt ist, muss auch in *gleicher Weise* erlaubt sein, denn jeder hat einen Anspruch auf die **gleiche Freiheit**. Gleichzeitig formen diese Wertentscheidungen den Gleichheitssatz aus. Ist ein Sachbereich besonders durch grundrechtliche Vorschriften geschützt, so berechtigt dies zu dem Schluss, dass auch eine Gleich- oder Ungleichbehandlung in diesem Bereich besonders schwer wiegt. Daher sind dann besonders gewichtige Sachgründe notwendig, die Behandlung zu begründen. Die Prüfungsintensität wird dichter und die Anforderungen an die Gestaltungsfreiheit des Gesetzgebers nehmen zu. Indem auf die Wirkung auf grundrechtlich geschützte Freiheiten abgestellt wird, wird der Zusammenhang zwischen Freiheit und Gleichheit anschaulich zum Ausdruck gebracht und diese Verbindung wieder besonders betont. *Herzog* begreift die neue Formel deswegen auch als Reaktion auf die Aufwertung der Freiheitsrechte in der Judikatur des Bundesverfassungsgerichts um der Diskrepanz zwischen Freiheits- und Gleichheitsjudikatur entgegen zu wirken.[135]

---

[133] Dazu *Wendt* NVwZ 1988, 778, 784; *Rüfner* in BK Art. 3 Rn. 71 f.
[134] *Heun* EuGRZ 2002, 319, 322 m.w.N; *Maaß* NVwZ 1988, 14, 17; *Sachs* JuS 1997, 124, 127; *Bryde/Kleindiek* Jura 1999, 36, 43; *Kallina* Willkürverbot und Neue Formel S. 131 f. Zum Ganzen auch *Hesse* AöR 109 (1984) S. 174, 192; *ders.* in Festschrift Lerche 121, 130 f.
[135] *Herzog* in MD Anhang zu Art. 3 Rn. 6, 50 f.; *Osterloh* in Sachs Art. 3 Rn. 33; *dies.* EuGRZ 2002, 309 311; *Sachs* NWVBl 1988, 295, 299; *Rüfner* in BK Art. 3 Rn. 66; *Maaß* NVwZ 1988, 14, 15; *Kim* Konkretisierung S. 222. Zur Wechselwirkung zwischen Gleichheits- und Freiheitsrechten *Kloepfer* Gleichheit S. 48 f.; *Kom-*

cc) Die Gleich- oder Ungleichbehandlung muss zu „Auswirkungen" auf die Freiheiten führen. Das Gericht verwendet hier unterschiedliche Begriffe. Zum einen fragt es, ob andere Grundrechte **berührt** werden. Zum anderen spricht es beim abgestuften Maßstab und auch in früheren Entscheidungen davon, ob und wie sich die Behandlung auf die Grundrechte **auswirkt**. In anderen Entscheidungen wird schlicht nach den (wirtschaftlichen) Folgen für die Betroffenen gefragt.[136] Durch die Auswirkung auf ein geschütztes Verhalten wird ein Zusammenhang zum Gleichheitssatz hergestellt. Dadurch kann ermittelt werden **im Hinblick worauf**, auf welches Kriterium, verglichen wird. Denn, wie schon oben, D II 5 a, erwähnt, ist der Gleichheitssatz eigentlich für Auswirkungen blind. Um eine Auswirkung auf ein anderes Grundrecht überhaupt feststellen zu können, muss aber erst eine gewisse Eingriffsschwelle überwunden sein. Die Behandlung muss eine gewisse Bedeutung, ein gewisses Gewicht – für das betroffene Grundrecht – haben. Davon zu sprechen, dass das Grundrecht (irgendwie) berührt sein muss, wie dies die Literatur das Bundesverfassungsgericht referierend macht, ist zu schwach und nichtssagend (dazu schon oben C II 2 b) . Es muss zu einem **Eingriff** in den **Schutzbereich** eines anderen Grundrechts kommen. Der Schutzbereich ist durch den jeweiligen Normtext und durch Rechtsprechung und Lehre definiert. Er bietet die fassbare Kriterien für die Gleichheitsprüfung. Der Schutzbereich des jeweiligen Grundrechts muss **durch** die Behandlung verletzt sein. Erst hierdurch kann die Bedeutung des in Frage stehenden Rechtes für den Betroffenen sowie umgekehrt die Intensität und die Tragweite des Eingriffs besser abgeschätzt werden oder, um einen Begriff *Hesses* zu verwenden, so kann das **materielle Gewicht** der Behandlung bestimmt werden.[137] Der Eingriff **indiziert** die Verfassungswidrigkeit. Deswegen kann dieser auch eine strengere Prüfung durch den abgestuften Maßstab indizieren. Ein an sich geschütztes (grundrechtliches) Verhalten wird durch die Differenzierung beeinträchtigt – unabhängig davon, ob dies letztlich gerechtfertigt ist oder

---

mers in Link (Hg.) Verfassungsstaat S. 31, 34 f.; *Sachs* JuS 1997, 124, 127. Vgl. auch *Kallina* Willkürverbot und Neue Formel S. 112 f.

[136] Davon, dass andere grundrechtliche Positionen berührt werden spricht das BVerfG in E 74, 9 (24). Von den Auswirkungen auf Grundrechte redet es in E 60, 123 (124); 62, 256 (274); 82, 126 (146); 88, 87 (96) und in den folgenden Entscheidungen zum abgestuften Maßstab (siehe dazu die Nachweise oben bei Fn. 70). Zu weiteren Entscheidungen, die nach der Wirkung oder den Folgen fragen siehe die Nachweise bei Fn. 120.

[137] *Hesse* in Festschrift Lerche 121, 130 f.; *ders.* AöR 109 (1984) S. 174, 192. Vgl. auch *Michael* Methodennorm S. 290 f.; *Kallina* Willkürverbot und Neue Formel S. 130 f. Kritisch *Böckenförde* Der Staat 2003, 165 f.

nicht.[138] Das ist eher eine Frage des Konkurrenzverhältnisses zwischen Gleichheitssatz und Freiheitsrechten (dazu weiter unten). Kim möchte statt an den Schutzbereich nur an den jeweiligen **Kernbereich** des betroffenen Grundrechts anknüpfen und fragt, wie erheblich dieser betroffen sei.[139] Die Nähe zum Kernbereich kann ein Kriterium sein, um die Eingriffsintensität zu bestimmen. Es reicht aber nicht aus, denn auch im Umfeld des Kernbereichs sind Behandlungen denkbar, die intensiv sein können. Deswegen sollte der gesamte Schutzbereich eines Grundrechts herangezogen werden.

Gelangt man zu einer strengeren Prüfung, wenn in andere Grundrechte eingegriffen wird, so ist umgekehrt auch denkbar, dass der Maßstab wieder **weniger streng** wird. Wenn nämlich die betroffene Person den Auswirkungen durch eine Verhaltensänderung entgehen könnte (dazu schon oben D II 5 b).[140] Allerdings schließt sich daran die Frage an, wie schutzwürdig das jeweilige Verhalten ist, ob es dem Betroffenen also zuzumuten ist, auszuweichen. Dazu muss dann wiederum das jeweilige Freiheitsgrundrecht ausgelegt werden. Das zeigt, wie eng verbunden Freiheit und Gleichheit sind.

dd) Dass eine strengere Prüfung deswegen notwendig erscheint, weil ein Eingriff in den Schutzbereich die Verfassungswidrigkeit der Behandlung indiziert, erklärt aber noch nicht das Verhältnis zur allgemeinen Handlungsfreiheit. Wenn man nämlich den strengeren Maßstab beim Gleichheitssatz alleine davon abhängig machen würde, dass der Schutzbereich eines andern Grundrechts berührt wird, dann wären eigentlich fast immer strengere Maßstäbe anzulegen. Denn **Art. 2 I GG** dürfte in den meisten Fällen durch eine Behandlung berührt sein. Anders aber als die anderen Freiheitsrechte enthält die allgemeine Handlungsfreiheit, weil sie unbestimmt und auslegungsbedürftig ist, gerade keine ausgeprägte **Wertentscheidung**, die indizieren könnte, dass ein Eingriff verfassungswidrig ist. Ein quasi in jeder Behandlung liegender Eingriff in die allgemeine Handlungsfreiheit kann daher nicht per se zu einem strengeren Prüfungsmaßstab für die Gleichheitsprüfung führen. Vielmehr müssen hier erst zusätzliche, weitere Wertungen das jeweilige Gewicht des Eingriffs

---

[138] Ähnlich *Jarass* NJW 1997, 2545, 2547; *ders.* in JP Art. 3 Rn. 21. Siehe auch *Bleckmann* Struktur S. 57, 59, der allerdings einen anderen Ansatz verfolgt und den Gleichheitssatz nur als einen Rechtssatz des objektiven Rechts ansieht (dazu a.a.O. S. 54).
[139] *Kim* Konkretisierung S. 222.
[140] *Kim* Konkretisierung S. 220 f.

verdeutlichen.[141] Das zeigt sich auch bei der richterrechtlichen Figur des **allgemeinen Persönlichkeitsrechts**, bei dem das Bundesverfassungsgericht in einer Entscheidung zusätzlich zu begründen versucht, warum sich eine Behandlung erheblich – eine Seite später spricht es von empfindlich – auf dieses Recht auswirkt.[142] Die Indizwirkung kann aber erst dann greifen, wenn der Schutzumfang ermittelt wurde, indem man die Auswirkungen konkret beschreibt.

ee) Wenn man auf andere Grundrechte und Wertentscheidungen zurück greift, um die Intensität eines Eingriffs in den Gleichheitssatz zu bestimmen, dann schließt sich daran die Frage an, in welchem **Konkurrenzverhältnis** der Gleichheitssatz zu diesen Grundrechten steht. Einige **Autoren** sind der Auffassung, der abgestufte Maßstab belasse das Verhältnis im Unklaren.[143] In der Tat, wenn man darauf abstellt, dass in den Schutzbereich eines anderen Grundrechts eingegriffen werden müsse, dann wäre dieses Grundrecht eigentlich, weil spezieller, vor dem Gleichheitssatz zu prüfen. Das grundsätzliche Verhältnis des Gleichheitssatzes und des jeweiligen Freiheitsrechts muss im konkreten Fall aber anhand des jeweiligen Schwerpunkts der Behandlung ermittelt werden. In der Regel sind Freiheitsrechte vor den Gleichheitsrechten zu prüfen. Aber das ist kein Automatismus.[144] Der abgestufte Maßstab stellt aber klar, dass es **durch** die Gleich- oder Ungleichbehand-

---

[141] Siehe dazu *Jarass* NJW 1997, 2545, 2547; *ders.* in JP Art. 3 Rn. 21; *ders.* AöR 120 (1995) S. 345, 371; *von Münch* StaatsR II Rn. 573; *Kokott* in Festschrift 50 Jahre BVerfG S. 127, 136 f. Vgl. auch *Pietzckers* JZ 1989, 305, 308 – wenn man dessen Ansatz verfolgt, könnte man Art. 2 I GG als Basis- oder Ausgangsgrundrecht auffassen, bei dem es nicht ausreicht, dass es irgendwie betroffen ist (er äußert sich allerdings zu bsp. Drittbegünstigungsfällen im Verwaltungsrecht). **Andere Ansicht** *Martini* Prinzip absoluter Rechtsgleichheit S. 72, 272, der wegen der immer auch gegebenen Auswirkungen auf Art. 2 I GG immer zu einem strengeren Maßstab kommen will, wenn der Betroffene gezwungen werden, sein Verhalten zu ändern. Siehe auch *Bleckmann* Struktur S. 57, 59 (zu dessen anderem Ansatz aber auch oben Fn. 138). Siehe allgemein auch *Kube* JuS 2003, 111, 112 f.; *Lücke* DöV 2002, 93, 95 f., 99. Zur „Substratlosigkeit" von Art. 2 I GG kritisch *Hochhuth* JZ 2002, 743, 745 f., 747.
[142] BVerfG E 88, 87 (97).
[143] Ablehnend gerade zum abgestuften Maßstab *Michael* JuS 2001, 148, 153; *ders.* JuS 2001, 866, 869. Kritisch ebenfalls *Rüfner* in BK Art. 3 Rn. 67; *Schoch* DVBl 1988, 863, 872; *Kokott* in Festschrift 50 Jahre BVerfG S. 127, 138. *Kim* Konkretisierung S. 222 will nach der Nähe zum Kernbereich des jeweils anderen Grundrechts fragen und so die Intensität bestimmen. Damit klärt er aber das Konkurrenzverhältnis gerade nicht.
[144] Allgemein dazu *Paehlke-Gärtner* in Umbach/Clemens Art. 3 Rn. 30 ff. Anders *Michael* JuS 2001, 148, 153; *ders.* JuS 2001, 866, 869, der gegen eine Vermengung der Prüfungskriterien eintritt und grundsätzlich die Freiheitsrechte vor dem Gleichheitssatz prüfen, so dass eine saubere Trennung möglich sei. Widersprüchlich *Starck* in vM Art. 3 Rn. 11, 17, 300, nach dessen Ansicht Gleichheits- und Freiheitsrechte unabhängig voneinander verletzt sein können, die Freiheitsrechte aber den Gleichheitssatz ausformen und diesen verdrängen, wenn sie verletzt sind. Wenn sie ihn aber ausformen lässt sich nicht vermeiden, dass sie mit ihm verletzt werden. Dann müssten sie ihn aber auch verdrängen, so dass im Ergebnis beide Rechte nach dieser Ansicht doch nicht nebeneinander stehen können.

lung zu einem Eingriff in den Schutzbereich eines anderen Grundrechts kommen muss. Das weist auf die unterschiedlichen Ansatz- und Ausgangspunkte der Freiheits- und Gleichheitsrechte hin. Bei den Freiheitsrechte wird der jeweilige Einzelfall isoliert betrachtet. Beim Gleichheitssatz wird er in den Zusammenhang gestellt.[145] Deswegen ist es möglich, dass eine Regelung zwar gerechtfertigt in den Schutzbereich eines Freiheitsrecht eingreift und den Gleichheitssatz dennoch verletzt. Ein gutes Beispiel ist die oben, D II 4, schon erwähnte Entscheidung zu unterschiedlichen Strahlenschutzvorschriften (Fall Wismut). Durch die Strahlenschutzvorschriften wurde nicht in den (zuerst geprüften) Art. 2 II GG eingegriffen. Durch *unterschiedliche* Strahlenschutzvorschriften im Hinblick auf die durch Art. 2 II GG geschützte menschliche Gesundheit aber in Art. 3 I GG. Erst durch Art. 2 II GG wurde aber die ausschlaggebende Vergleichsperspektive eröffnet. Hier wurde also das Freiheitsrecht vor dem Gleichheitssatz geprüft. Der Eingriff war jedoch gerechtfertigt. Das Konkurrenzverhältnis lässt sich nur im jeweiligen Einzelfall dadurch lösen, indem der Schwerpunkt der Behandlung ermittelt wird. Eine Patentlösung gibt es nicht.

c) Ergebnis

Die Anforderungen, welche der Gleichheitssatz an eine Behandlung stellt, werden strenger, wenn durch sie andere Grundrechte berührt werden. Da der Gleichheitssatz selbst wirkungsblind ist, müssen andere Indikatoren die Intensität einer Behandlung angeben. Das sind die Freiheitsgrundrechte. Ist ihr Schutzbereich berührt, wird der Gleichheitsmaßstab strenger, denn sie schärfen die Perspektive für eine Gleichheitsprüfung. Wie streng die Anforderungen sind hängt wiederum von der Intensität des Grundrechtseingriffs ab.

---

[145] Zu den unterschiedlichen Perspektiven siehe schon C II 2 c bb.

7) Die neue Formel als Ausprägung der Bereichsspezifik

Der Gleichheitssatz war schon immer darauf angewiesen, bereichsspezifisch ausgeprägt zu werden. Denn er spiegelt nur die Wirklichkeit wider und wird gleichzeitig durch sie vorgeprägt (dazu bereits oben C III 2). In ihrer ursprünglichen Fassung spricht die neue Formel von Unterschieden zwischen **Normadressaten**.[146] Sie betont also die Unterschiede und damit allenfalls indirekt die Bereichsspezifik, indem die Unterschiede je nach Sachbereich unterschiedlich relevant sein können und Normadressaten je nach Normbereich unterschiedlichen Regelungen ausgesetzt sein können. Der zweite Senat ist hier deutlicher und verwendet im Zusammenhang mit der neuen Formel eher eine Terminologie, die auf Bereichsspezifik und Sachbereichsbezogenheit abstellt.[147]

Mit dem abgestuften Maßstab ändert sich das. Die Bereichsspezifik wird zum ausdrücklichen Teil der Prüfungsformel. Wenn das Gericht beim abgestuften Maßstab davon spricht, dass sich „je nach Regelungsgegenstand und Differenzierungsmerkmalen unterschiedliche Grenzen für den Gesetzgeber ergeben"[148], so hebt es die entscheidenden Elemente hervor. Regelungsgegenstand und Differenzierungskriterien bestimmen den anzulegenden Maßstab. Von den Differenzierungskriterien war oben, D II 3, schon die Rede. Hinter dem **Regelungsgegenstand** verbirgt sich die Bereichsspezifik. Der konkret anzulegende Prüfungsmaßstab hängt vom Regelungsgegenstand, vom Regelungszusammenhang ab. Es geht also darum, welcher Bereich geregelt wird, in welchem Lebens- und Sachbereich behandelt wird. Damit kann der Gestaltungsspielraum des Normgebers enger oder weiter sein. Die Bereichsspezifik kommt bei der neuen Formel und dem abgestuften Maßstab schon dadurch zum Ausdruck, dass es sich um einen **gestuften** Maßstab handelt. Die verschiedenen Stufen stellen unterschiedliche Anforderungen, je nach dem, welcher Lebenssachverhalt geregelt wird, ob durch Verhalten auf ihn reagiert werden kann, ob andere Grundrechte betroffen sind, usw. Das sagt das Gericht beim

---

[146] BVerfG E 55, 72 (88) in ständiger Rechtsprechung – weitere Nachweise bei Fn. 8.
[147] Zum **zweiten Senat** BVerfG E 76, 256 (329); 93, 386 (397); 101, 275 (290); 103, 310 (318); 107, 27 (46); 110, 412 (432); NVwZ 1995, 989 (990); DVBl 1995, 1232, 1233 ff.; NJW 2002, 1103, 1104. Zur **Bereichsspezifik** bei der neuen Formel: *Schoch* DVBl 1988, 863, 875, *Schuppert* Diskussionsbeitrag in VVDStRL 47 (1989) S. 98. Vgl. dazu aber auch *Maaß* NVwZ 1988, 14, 18 und *Bryde/Kleindiek* Jura 1999, 36, 44, die beide die Tradition bereichsspezifischer Entscheidungen hervorheben, in der die neue Formel steht.
[148] So schon BVerfG E 88, 5 (12) und dann BVerfG E 88, 87 (96) in ständiger Rechtsprechung – siehe die Nachweise bei Fn. 77.

abgestuften Maßstab an gleicher Stelle deutlich, wenn es im Zusammenhang mit der Bindung des Gesetzgebers betont, dass bei der Bestimmung des Kontrollmaßstabs „insbesondere die Eigenart des jeweiligen **Sachbereichs** und die Bedeutung der auf dem Spiel stehenden Rechtsgüter zu berücksichtigen" seien.[149] Auch an anderer Stelle klingt dies an, wenn das Bundesverfassungsgericht im Zusammenhang mit der neuen Formel hervorhebt: „die rechtliche Unterscheidung muss aber in sachlichen Unterschieden ihre Stütze finden".[150]

Wesentliches Kennzeichen der neuen Formel ist damit, dass sie die Bedeutung der jeweiligen Eigenart des Sachbereichs für den Gleichheitssatz und damit den bereichsspezifischen Vergleich wieder stärker in den Mittelpunkt der Prüfung rückt.[151]

III) Folgen

Die Folge des jeweils bereichsspezifisch bestimmten Maßstabes ist auch ein bereichsspezifisch abgestufter Prüfungs- oder Kontrollmaßstab durch das Bundesverfassungsgericht. Je nach dem, welche Anforderungen der Gleichheitssatz stellt, kann auch der Umfang der Prüfung unterschiedlich ausfallen. Dieser einheitliche Maßstab des Gleichheitssatzes (dazu im Folgenden unter D III 2) differenziert in den Anforderungen an den Normgeber genauso wie im Prüfungsumfang der Gerichte. Er geht von der Art und dem Gewicht der Unterschiede aus und kommt zu bereichsspezifisch differenzierten und differenzierenden Maßstäben.

1) Art und Gewicht der Unterschiede – neue Formel als Entsprechensprüfung?

Vergleicht man, welche Anforderungen die neue Formel an die Begründung einer Behandlung stellt und welche Terminologie die Rechtsprechung bisher verwendete, so fällt eine Aussage sofort ins Auge. Gefragt wird, ob zwischen den verschiedenen

---

[149] Siehe die Nachweise bei Fn. 148.
[150] BVerfG E 87, 234 (255); 94, 241 (260). Zum abgestuften Maßstab und Bereichsspezifik vgl. *Kim* Konkretisierung S. 190, 197, zu dessen eigenem, bereichsspezifischem Ansatz S. 202 ff. Siehe ferner *Bryde/Kleindiek* Jura 1999, 36, 41, 44; *Sachs* JuS 1997, 124, 127 m.w.N. Vgl. ferner *Gubelt* in von Münch Art. 3 Rn. 30.
[151] *Kirchhof* Verschiedenheit S. 31, 32. Siehe auch *Wendt* NVwZ 1988, 778, 783.

Gruppen von Normadressaten „Unterschiede von solcher **Art** und solchem **Gewicht** bestehen, dass sie die ungleiche Behandlung rechtfertigen könnten".[152]

a) Neue Formel

Der gerade zitierte Satz lässt sich auch kürzer fassen. Die Unterschiede müssen die Behandlung rechtfertigen. **Kennzeichnend** hierfür ist die Beschreibung durch das Bundesverfassungsgericht: „die rechtliche Unterscheidung muss aber in sachlichen Unterschieden ihre Stütze finden".[153] Dies weist nicht nur auf die Bereichsspezifik, denn die tatsächlichen Anforderungen können bereichsspezifisch unterschiedlich sein. Es deutet direkt darauf hin, dass Unterscheidung und Unterscheidungsobjekt aufeinander bezogen sind. Art und Gewicht der **tatsächlichen** Unterschiede müssen die rechtliche Unterscheidung begründen. Die Prüfung kann sich wie folgt strukturieren lassen:

1. Woran knüpft der Normgeber an (Differenzierungskriterien)?
2. Welche Folge hat das für die Vergleichsgruppen (Gleich- oder Ungleichbehandlung, Art der Unterschiede)?
3. Bestehen tatsächlich Unterschiede oder nicht (1 und 2 werden aufeinander bezogen – Gewichtung der Unterschiede)?

Eine Ungleichbehandlung ist nur zulässig, wenn Unterschiede bestehen, eine Gleichbehandlung umgekehrt, wenn keine vorliegen. Die Prüfung wird sich daher damit befassen, ob die angeführten Kriterien relevant sind und die Vergleichsgruppen daher tatsächlich gleich oder ungleich sind. Die rechtliche Unterscheidung wird an der tatsächlichen überprüft – umgekehrt beeinflusst die rechtliche aber die tatsächliche. Beide Elemente sind aufeinander bezogen.[154]

Diese Prüfung, ob die Behandlung einem bestimmten Maßstab – der Eigenart des Sachbereichs – entspricht, findet schon immer beim Gleichheitssatz statt. Die rechtliche Behandlung wird an der vorgefundenen Verschiedenheit gemessen. Die Beziehung zwischen der Behandlung und den tatsächlichen Unterschieden wird relevant. Dies wurde oben C III 3 b, als **Entsprechensprüfung** bezeichnet (siehe

---

[152] BVerfG E 55, 72 (88) und ständige Rechtsprechung – weitere Nachweise dazu bei Fn. 8.
[153] BVerfG E 87, 234 (255); 94, 241 (260).
[154] Siehe dazu auch *Kim* Konkretisierung S. 186 f.

auch D II 1 b).¹⁵⁵ Neu ist bei dieser Prüfung allerdings die Frage nach dem Gewicht der Unterschiede, so dass man von einer **modifizierten** Entsprechensprüfung sprechen müsste.

Bei der Frage nach der **Art** der Unterschiede untersucht man die tatsächlichen Unterschiede, bzw. die Auswirkung der Behandlung und die rechtliche Unterscheidung, also die **Differenzierungskriterien**. An welche Unterschiede knüpft der Gesetzgeber an? Zu welcher Behandlung führt dies?¹⁵⁶ Die Frage nach dem **Gewicht** der Unterschiede enthält hingegen ein wertendes Element. Es kommen für die Prüfung – und die Begründung – nicht irgendwelche Unterschiede in Betracht. Ihnen muss im Hinblick auf den konkreten Fall eine bestimmte Relevanz zukommen.¹⁵⁷ Das ist auch nicht wirklich neu, denn bei der Gleichheitsprüfung wird immer untersucht, wie **relevant** die vom Gesetzgeber angeführten Unterschiede im Hinblick auf die tatsächlichen Auswirkungen und damit die tatsächlichen Unterschiede sind, welche **Bedeutung** ihnen zukommt. Das schwang zwar schon immer in der Gleichheitsprüfung mit, wurde aber in der Regel nicht ausdrücklich angesprochen. Am besten kommt dies noch im – unbestimmten – Begriff der **wesentlichen Gleichheit** zum Ausdruck (zum Ganzen oben B II 3 b).¹⁵⁸ Durch die neue Formel wird dies aber nun ausdrücklich festgeschrieben und nicht mehr nur implizit verstanden.

Ob die tatsächlichen Unterschiede ihrer Art und ihrem Gewicht nach eine Behandlung rechtfertigen – also begründen, dass keine Ungleichbehandlung (oder Gleichbehandlung) vorliegt – erfordert, dass die Unterschiede gewichtet und den Folgen der Behandlung abwägend gegenüber gestellt werden. Der festzustellende Unterschied muss für die Differenzierung relevant sein. Abweichungen von der Gleichheit müssen nach Art und Umfang durch die Ungleichheit der Person ge-

---

¹⁵⁵ Ähnlich *Kallina* Willkürverbot und Neue Formel S. 74 f.; 149 f. Siehe auch *Wendt* NVwZ 1988, 778, 781, der hier von einem **inneren Zusammenhang** zwischen den Rechtsfolgen und der vorgefundenen Verschiedenheit.
¹⁵⁶ Zur Art der Unterschiede siehe auch *Martini* Prinzip absoluter Rechtsgleichheit S. 50 ff.; *Kallina* Willkürverbot und Neue Formel S. 137 ff., die beide dieses Element allerdings isoliert als Betonung eines Legitimationszusammenhangs und einer Prüfung der Geeignetheit auffassen.
¹⁵⁷ Zum Gewicht der Unterschiede siehe auch *Martini* Prinzip absoluter Rechtsgleichheit S. 53 ff.; *Kallina* Willkürverbot und Neue Formel S. 139 ff., der hier allerdings unterschiedliche Fallgruppen auszumachen scheint.
¹⁵⁸ So auch *Heun* in Dreier Art. 3 Rn. 25. Siehe ebenfalls *Wendt* NVwZ 1988, 778, 781, der von einem inneren Zusammenhang spricht – dazu schon oben C III 3.

rechtfertigt sein.[159] Wie die Unterschiede bzw. die Gründe bestimmt und gewichtet werden, die dafür sprechen, dass bestimmte Unterschiede relevant sind, ist eine Wertungsfrage. Hier spielen die schon oben (C I 4, III 2) festgestellten bereichsspezifischen Kriterien herein wie etwa auch die Wertordnung des Grundgesetzes. Diese können das Gewicht der jeweiligen Gründe beeinflussen.

b) Abgestufter Maßstab

Der **abgestufte Maßstab** strukturiert den Wertungsprozess bei der neuen Formel besser. Im Vorfeld wird durch den eingängigen Kriterienkatalog (Personenbezug, Verhaltensbezug, Eigenschaftsbezug usw.) die Art und Weise der Behandlung und damit auch schon deren Begründung vorstrukturiert. Daraus lassen sich dann die weiteren Anforderungen an die Prüfung ableiten. Neben dem strengeren Maßstab der neuen Formel zeigt der abgestufte Maßstab aber auch, dass geringere Anforderungen an die Prüfung möglich sind (dazu unter 4). Mit der Frage nach der Art und dem Gewicht der Unterschiede verfügt die Prüfung aber über flexibel einsetzbare Instrumente

Das Bundesverfassungsgericht spricht teilweise statt von **Unterschieden** von solcher Art und solchem Gewicht von **Gründen**. Daraus haben einige Autoren gefolgert, es komme nicht mehr auf die Unterschiede, sondern auf das jeweilige Regelungsziel an, dessen Verwirklichung die Differenzierung diene. Damit werde eine Zweck-Mittel-Relation ermöglicht (dazu bereits C III 3 c).[160] Betrachtet man die Rechtsprechung aber genauer, so zeigt sich, dass das Bundesverfassungsgericht von „Gründen" eher selten spricht und die Art und Weise der Prüfung nicht davon abhängig macht, ob von Gründen oder Unterschieden gesprochen wurde.[161] Die Bezeichnung „Gründe" könnte vielmehr darauf hindeuten, dass es – wie bei der Frage nach einem hinreichenden Grund – letztlich immer auf die Differenzierungs-

---

[159] *Rüfner* in BK Art. 3 Rn. 25; *Gubelt* in von Münch Art. 3 Rn. 14; *Kim* Konkretisierung S. 227/228; *Wendt* NVwZ 1988, 778, 781. Siehe allgemeiner *Osterloh* in Sachs Art. 3 Rn. 15, 22.

[160] *Martini* Prinzip absoluter Rechtsgleichheit S. 68. Ähnlich *Michael* JuS 2001, 866, 869 (siehe auch *ders.* JuS 2001, 148, 153), der aus dieser unterschiedlichen Verwendung schließt, dass das Gericht die Prüfung mit Aspekten der Freiheitsrechte anreichere und vermenge. Mit anderen Schlüssen *Kallina* Willkürverbot und Neue Formel S. 80, 148.

[161] Im Zusammenhang mit der neuen Formel und dem abgestuften Maßstab sprechen von **Gründen** BVerfG E 88, 87 (97); 91, 346 (363); 93, 99 (111); 95, 267 (317); 99, 367 (389); 102, 68 (87); NVwZ 2000, 309 (311); NVwZ 2005, 319 (320). Von **Unterschieden** sprechen hingegen BVerfG E 93, 386 (397); 94, 241 (260); 98, 1 (12); 99, 165 (177); 100, 59 (90); 101, 275 (291); 103, 392 (397); DVBl 1998, 699; NJW 2000, 2187; NJW 2000, 3341 (3342); DVBl 2001, 896 (897); NJW 2001 (2160); NJW 2001, 1716; DVBl 2001, 1204; NJW 2001, 2786; NJW 2003, 2733; NVwZ 2004, 1109 (1110); NJW 2005, 2213 (2215).

gründe ankommt.[162] Diese sind nicht mit dem Gesetzeszweck identisch, können dies aber sein (dazu unter 3). So spricht etwa das Bundesverfassungsgericht in E 55, 72 (91) davon, dass sich die fragliche Differenzierung durch einleuchtende Gründe rechtfertigen lasse, die sich aus dem Zweck der Regelung ergeben. Eine Ungleichheit lässt sich nicht rechtfertigen. Es lässt sich aber begründen, dass im konkreten Fall tatsächliche Unterschiede vorliegen die so wesentlich sind, dass sie zum Ausgangspunkt einer rechtlichen Unterscheidung genommen werden konnten. Um die relevanten Kriterien zu bestimmen, muss auf den Differenzierungsgrund und letztlich auf den Gesetzeszweck geblickt werden (dazu unter 3).

c) Fazit

Neue Formel und abgestufter Maßstab nehmen eine Entsprechensprüfung vor, wie sie schon vorher kennzeichnend für die Gleichheitsprüfung war. Diese wird aber insoweit modifiziert, als ausdrücklich auch nach dem Gewicht der Unterschiede und der für sie sprechenden Gründe gefragt wird. Dies ist zwar letztlich auch nur eine Frage nach den relevanten Unterscheidungsmerkmalen. Die Frage wird aber nunmehr ausdrücklich bei der Gleichheitsprüfung gestellt und ist in diese eingebunden.

2)   Einheitlicher Maßstab – keine Trennungslehre

Durch die neue Formel und vor allem ihrer weitere Ausgestaltung im abgestuften Maßstab wird die Gleichheitsprüfung sehr differenziert und ausgewogen. Mit verschiedenen Kriterien kann auf verschiedene Sachbereiche flexibel reagiert werden. Bedeutet das, dass es sich um ein unter der Überschrift „neue Formel" zusammengesuchtes Sammelsurium unterschiedlicher Maßstäbe handelt, die angewandt werden, wo es gerade passt? Den Verdacht legen in der Tat manche Entscheidungen nahe. Oder handelt es sich um einen einheitlichen Maßstab? Daran schließt sich die Frage an, ob der Maßstab (oder die Maßstäbe) auch für die Kontrolle durch das Bundesverfassungsgericht gelten oder ob die neue Formel für den Gleichheitssatz zwischen Handlungs- und Kontrollnorm trennt.

---

[162] Darauf weisen etwa BVerfG E 76, 256 (329); 101, 275 (291); DVBl 2001, 1204 hin. Das Gericht spricht erst von Unterschieden, um dann fortzufahren, dass sich die gesetzliche Differenzierung sachbezogen auf einen vernünftigen oder sonstwie einleuchtenden Grund zurückführen lassen müsse.

a) Einheitlicher Maßstab

Nach der neuen Formel ist der Gleichheitssatz verletzt, wenn eine Gruppe von Normadressaten im Vergleich zu anderen Normadressaten anders behandelt wird, obwohl zwischen den beiden Gruppen keine Unterschiede von solcher Art und solchem Gewicht bestehen, dass sie die ungleiche Behandlung rechtfertigen könnten. Das Bundesverfassungsgericht führt hierzu aber weiter aus, dass sich der Gleichheitssatz nicht in dem Verbot einer ungerechtfertigten Ungleichbehandlung von Normadressaten erschöpfe, sondern dass in ihm ein **Willkürverbot** als fundamentales Rechtsprinzip zum Ausdruck komme, dessen Kriterien das Gericht auch und gerade bei Beurteilung der Regelung von Sachverhalten anwenden möchte.[163] Das Gericht scheint damit neben die neue Formel den Willkürmaßstab zu stellen. Verbunden wird beides durch die anfängliche Unterscheidung zwischen Personen und Sachverhalten (dazu schon oben D II 2). Werden nur Sachverhalte geregelt, greift das Gericht auf die Willkürformel zurück, sonst auf die neue Formel. Dafür könnten solche Entscheidungen zur neuen Formel angeführt werden, bei denen das Gericht die Willkürformel anwendet und dabei deutlich sagt, dass diese und nicht die neue Formel als Prüfungsmaßstab in Betracht komme, weil die Unterscheidungsmerkmale nicht personenbezogen seien.[164] Obwohl es nur relativ wenige solcher Entscheidungen gibt, könnte man aus ihnen schließen, dass das Gericht daher zwei verschiedene Maßstäbe beim Gleichheitssatz verwendet. Davon ausgehend spricht *Sachs* etwa von der **tatbestandlichen Zweiteilung** des Gleichheitssatzes.[165] In der Tat scheint es anfangs so, als ob neue Formel (für personenbezogene Unterscheidungen) und Willkürformel (für sachbezogene Unterscheidungen) sich gegenseitig ausschließen. Auch andere Autoren gehen deswegen davon aus, dass sich mit der neuen Formel **unterschiedliche Maßstäbe** zur Prüfung des Gleichheitssatzes herausgebildet haben.[166]

Wie aber oben, D II 2 c, bereits gezeigt, lässt sich eine strenge Trennung zwischen Personen und Sachverhalten nicht durchhalten. Damit lässt sich aber auch

---

[163] BVerfG E 55, 72 (88, 89, 90); 60, 329 (346 f.); 78, 232 (247, 248)
[164] BVerfG E 83, 1 (23); weitere Nachweise oben bei Fn. 54.
[165] *Sachs* JuS 1997, 124, 126. Siehe auch *ders.* in Stern StaatsR III/2 S. 516 f. Siehe zum Ganzen schon oben S. 233.
[166] Von einem unterschiedlichen Maßstäben (neue Formel und Willkürverbot sind voneinander getrennt) gehen aus *Maaß* NVwZ 1988, 14, 19; *Osterloh* in Sachs Art. 3 Rn. 25 siehe aber Rn. 33; *Sachs* JuS 1997, 124, 126; *Kim* Konkretisierung S. 194, 197 [zum BVerfG]; wohl auch *Odendahl* JA 2000, 170, 174 und *Michael* Methodennorm S. 285.

die vorgebliche Maßstabstrennung nicht begründen. Das indizieren auch Entscheidungen, bei denen das Gericht mit der Terminologie der neuen Formel beginnt, dann aber gleich zu der der Willkürformel umschwenkt und nur nach einem sachlich einleuchtenden Grund fragt.[167] Dem Gericht scheint hier entweder das Verhältnis der Formeln nicht klar zu sein oder sie werden als Teil derselben Formel angesehen und deswegen vermischt. Im **abgestuften Maßstab** wird aber deutlicher gezeigt, dass es um einen **gleitenden Maßstab**, eine **gleitende Skala** geht, bei dem jeweils die richtige Prüfungsstufe mit den jeweils anzuwendenden Prüfungskriterien bestimmt werden müssen.[168] Das kann man daran sehen, dass das Bundesverfassungsgericht von unterschiedlichen Grenzen für den Gesetzgeber spricht, die vom bloßen Willkürverbot bis zu einer strengen Bindung an Verhältnismäßigkeitserfordernisse reichen. Spiegelbildlich dazu betont es, dass der unterschiedlichen Weite des gesetzgeberischen Gestaltungsspielraums eine abgestufte Kontrolldichte bei der verfassungsgerichtlichen Prüfung entspreche. Es handelt sich also um *einen* Maßstab, der allerdings abgestuft ist.[169] Unklar scheint es zwar zu werden, wenn das Bundesverfassungsgericht dann teilweise fort fährt „kommt *als Maßstab* [zur Überprüfung] lediglich das Willkürverbot in Betracht [...]"[170] Das könnte unterschiedliche Maßstäbe suggerieren. Andererseits spricht das Gericht öfter auch vom Gleichheitssatz *in seiner Bedeutung* als Willkürverbot.[171] Das weist in die richtige Richtung. Es kommt darauf an, was der Gleichheitssatz im konkreten Sachzusammenhang bedeutet. Bei der Diskussion über einen Maßstab oder verschieden Maßstäbe sollte man eins nicht aus den Augen verlieren: Maßstab der Prüfung ist nicht irgendeine Formel. Maßstab der Prüfung ist der Gleichheitssatz. Es kann sich also

---

[167] So etwa in BVerfG E 66, 234 (242, 247); 71, 39 (58 f.); 98, 1 (11, 12).
[168] Schon zur neuen Formel *Osterloh* in Sachs Art. 3 Rn. 26, 30; *Krugmann* JuS 1998, 7, 11.; *Jarass* NJW 1997, 2545, 2547.
[169] Von einem **einheitlichen Maßstab** gehen aus: *Jestaedt* Grundrechtsentfaltung S. 190; *Heun* in Dreier Art. 3 Rn. 21, 31, 37; *Kischel* AöR 124 (1999) S. 174, 189 f.; *von Münch* StaatsR II Rn. 572; *Gubelt* in von Münch Art. 3 Rn. 14; *Maunz/Zippelius* Dt. StaatsR S. 216; unklar aber wohl auch *Jarass* NJW 1997, 2545, 2546 und ders. JP Art. 3 Rn. 17. Zu **Abstufungen** in der Prüfungsintensität beim Gleichheitssatz bereits allgemein und mit Hinweisen auf die frühere Rechtsprechung *Hesse* AöR 109 (1984) S. 174, 191 f.; ders. in Festschrift Lerche S. 121, 127, 130; dazu auch *Wendt* NVwZ 1988, 778, 780 ff.; siehe ferner *Maaß* NVwZ 1988, 14, 15, 21.
[170] Vgl. dazu etwa BVerfG E 88, 87 (96 f.); 91, 389 (401); 99, 367 (389) – *Hervorhebung* vom Verfasser. Weitere Nachweise zum abgestuften Maßstab siehe Fn. 70. Die Abstufung wird im Übrigen bereits in BVerfG E 88, 5 (12 f.) deutlich.
[171] Zum Beispiel in BVerfG E 102, 254 (29); NJW 2005, 409.

immer nur um einzelne Elemente des bereichsspezifisch anzuwendenden Maßstabs handeln.

Die einzelnen Maßstäbe **greifen** ineinander, **überschneiden** sich, und ihre Grenzen verschwimmen. Deshalb ist es gerade nicht möglich, verschiedene Maßstäbe streng voneinander zu trennen. Es gibt daher nur **einen**, allerdings sehr differenzierten Maßstab mit einzelnen Unter/Teilmaßstäben oder Schutzzonen. Die Anforderungen an die Begründung sind jeweils bereichsspezifisch zu bestimmen und sind fließend, der Prüfungsmaßstab ist daher ein gleitender.[172] Das wird im abgestuften Maßstab besonders deutlich, der keine exakte Grenzziehung kennt, sondern bei dem im jeweiligen Einzelfall die Wertigkeit und Bedeutung der Kriterien bestimmt werden muss. Die neue Formel und auch die Willkürformel helfen nur, den Maßstab im Einzelfall zu konkretisieren. Ob Willkür in diesem einheitlichen Maßstab überhaupt einen sinnvollen Platz hat, soll gesondert erörtert werden (siehe unten D III 4).

b) Keine Trennungslehre

Auf die Trennungslehre also der vermeintlichen Trennung zwischen Handlungs- und Kontrollnorm beim Gleichheitssatz wurde bereits oben, C IV 1 a b, eingegangen. Dort wurde die These abgelehnt. Die neue Formel knüpft an Art und Gewicht der Unterschiede an. Der abgestufte Maßstab fächert Art und Gewicht der Unterschiede noch einmal auf, spricht von unterschiedlichen Grenzen für den Gesetzgeber und geht ausführlich auf diese ein. Dies hat einige Autoren zu dem Schluss verleitet, der abgestufte Maßstab belege, dass das Bundesverfassungsgericht mit der neuen Formel die **Trennungslehre** verfolge.[173] Auf den ersten Blick gesehen trennt das Gericht deutlich zwischen dem (Handlungs-) Maßstab für den Gesetzgeber, wenn es beispielsweise in BVerfG E 88, 87 (96 f.) betont, dass die Anforderungen an eine Ungleichbehandlung nach Regelungsgegenstand und Differenzierungsmerkmalen sich unterscheiden und es erst danach auf den (Kontroll-) Maßstab für die Rechtsprechung eingeht und von der abgestuften Kontrolldichte bei

---

[172] *Jestaedt* Grundrechtsentfaltung S. 190; *Heun* in Dreier Art. 3 Rn. 21, 31, 37; *Kischel* AöR 124 (1999) S. 174, 189; ähnlich *Krugmann* JuS 1998, 7, 11; wohl auch *Kim* Konkretisierung S. 189, 202 f., 227. Im Ergebnis ähnlich *Kallina* Willkürverbot und Neue Formel S. 149 f. Siehe auch die Nachweise bei Fn. 169.
[173] *Robbers* NJW 1998, 935, 939; *Michael* Methodennorm S. 78, 286 f.; schon zur neuen Formel *Müller* in VVDStRL 47 (1989) S. 37, 44 f.; wohl auch *Martini* Prinzip absoluter Rechtsgleichheit S. 46, 56 f. Für die neue Formel dies eher bezweifelnd *Kallina* Willkürverbot und Neue Formel S. 82, 87, 184.

der verfassungsgerichtlichen Prüfung spricht. Doch diese beiden Maßstäbe sind gerade aufeinander bezogen. Das ergibt sich deutlich, wenn man den Satz ganz liest:

„Der unterschiedlichen Weite des gesetzgeberischen Gestaltungsrahmens *entspricht* eine abgestufte Kontrolldichte bei der verfassungsgerichtlichen Prüfung.[174]"

Handlungs- und Kontrollmaßstab sind als aufeinander bezogen, entsprechen sich. Der Kontrollmaßstab ist akzessorisch zum Handlungsmaßstab. Ändern sich die Anforderungen an den Gleichheitssatz, dann ändern sich auch die an seine Kontrolle. Denn wo die materiell-rechtlichen Anforderungen niedriger sind ist auch weniger zu kontrollieren. Das wird gerade im abgestuften Maßstab besonders deutlich, so dass er nicht dazu taugt die Trennungslehre mit der Rechtsprechung zu belegen.[175]

3) Angemessenheit oder Verhältnismäßigkeit?

Auf das Verhältnis zwischen dem Gleichheitssatz, der Willkürformel und dem Grundsatz der Verhältnismäßigkeit bzw. dem der Angemessenheit wurde oben, C II 2 c, schon eingegangen. Angesichts der verwirrenden und nicht immer streng durchgehaltenen **Begriffsvielfalt** bei der Angemessenheit wurden oben auch die in dieser Arbeit verwendeten Begriffe klar gestellt.[176] Zum einen ist das die **Verhältnismäßigkeit** im weiteren Sinn mit den Bestandteilen Geeignetheit, Erforderlichkeit und Verhältnismäßigkeit im engeren Sinn, wie sie von Rechsprechung und Literatur zur Kontrolle von Eingriffen in Freiheitsgrundrechte entwickelt wurden. Zum anderen ist das der Begriff der **Angemessenheit**, der als **Oberbegriff** für eine Abwägung, ein Ins-Verhältnis-Setzen verwendet wird. Zum Gleichheitssatz wurde oben gezeigt, dass diesem ein Abwägen, Ins-Verhältnis-Setzen also der Gedanke der Angemessenheit immanent ist. Es findet aber keine Prüfung der Verhältnismäßigkeit statt.

---

[174] BVerfG E 88, 87 (96 f.) – Hervorhebung vom Verfasser.
[175] Dezidiert *Jestaedt* Grundrechtsentfaltung S. 190 f., 200 f.; *ders.* DVBl 2001, 1309, 1316 ff.; *Kim* Konkretisierung S. 89 f.
[176] Die unterschiedlichen Ansätze und Begriffe zur Verhältnismäßigkeit/Angemessenheit sind bei *Jakobs* Grundsatz der Verhältnismäßigkeit S. 8 ff., 15, 102 f. systematisch dargestellt und geordnet. Er zeigt, dass es in Rechtsprechung und Literatur gerade **keine einheitliche Terminologie** gibt. Vgl. auch zusammenfassend *ders.* DVBl 1985, 97 ff.

a) Änderung durch die neue Formel?

Durch die neue Formel hat die Diskussion Auftrieb erfahren, ob das Prinzip der Verhältnismäßigkeit (im weitern Sinn) endlich beim Gleichheitssatz Einzug gehalten habe. Das ist eine wesentliche Frage für die Auslegung der neuen Formel.

Die neue Formel fragt nach einem angemessenen Verhältnis zwischen den tatsächlichen Unterschieden und der jeweiligen Regelung. In späteren Entscheidungen spricht das Gericht auch von einer Kontrolle auf Verhältnismäßigkeits*erfordernisse*. Einige Autoren sehen sich durch die neuere Rechtsprechung darin – zu Unrecht – bestätigt, dass es beim Gleichheitssatz zu einer Prüfung der Verhältnismäßigkeit im weiteren Sinn, wie bei den Freiheitsgrundrechten komme. In der Prüfung kommt zwar der übergeordnete Gedanke der Angemessenheit zum Ausdruck. Angemessenheit und Verhältnismäßigkeit sind aber verschiedene Begriffe.

aa) *Art und Gewicht der Unterschiede*

Die neue Formel fragt in ihrer ursprünglichen Fassung, ob zwischen den Gruppen von Normadressaten Unterschiede von solcher Art und solchem Gewicht bestehen, dass sie die ungleiche Behandlung rechtfertigen könnten.[177] Art und Gewicht der tatsächlichen Unterschiede werden mit der rechtlichen Unterscheidung ins Verhältnis gesetzt. Deutlich wird diese Verbindung, wenn das Gericht in einer Entscheidung davon spricht, dass eine Grenze für den Gesetzgeber dann erreicht sei,

„wenn sich für eine Ungleichbehandlung kein in angemessenem Verhältnis zu dem Grad der Ungleichbehandlung stehender Rechtfertigungsgrund finden lässt."[178]

Das Verhältnis muss angemessen, ausgewogen sein. Es geht nicht um eine Zweck-Mittel-Relation, die für die Verhältnismäßigkeitsprüfung die Behandlung ins Verhältnis setzt. Die neue Formel **analysiert** zum einen die Unterschiede und setzt sie zum anderen mit der vorgenommenen Behandlung **ins Verhältnis**.[179] Diese Art der Prüfung ist, wie oben unter D III 1, schon gezeigt, eine **Entsprechensprüfung**.

---

[177] Vgl. nur BVerfG E 55, 72 (88), st. Rspr., weitere Nachweise siehe oben Fn. 8.
[178] BVerfG E 102, 68 (87). Siehe ebenfalls BVerfG E 82, 126 (146); 99, 165 (178); NVwZ 2005, 1416 (1417).
[179] Siehe dazu auch *Odendahl* JA 2000, 170, 172; *Bryde/Kleindiek* Jura 1999, 36, 37 ff.; *Ipsen* StaatsR II Rn. 769, 774.

Zahlreiche **Autoren** sehen allerdings in der neuen Formel und in dem „angemessenen Verhältnis" eine Prüfung der Verhältnismäßigkeit im weiteren Sinne – zumindest deute die Formel ihrer Ansicht nach darauf hin oder enthalte doch „Elemente" von ihr.[180] Dabei merken einige aber auch zu Recht an, dass dies nichts Neues sei.[181] Dass dies offensichtlich nicht nur Teilen der Literatur, sondern auch Mitgliedern des Bundesverfassungsgerichts selbst so ging, zeigt etwa ein Sondervotum des Richters *Katzenstein*, der der Senatsmehrheit vorwirft, mit der neuen Formel die verfassungsgerichtliche Kontrolle auf die Einhaltung des Verhältnismäßigkeitsgrundsatzes ausdehnen zu wollen.[182] Die Meinungen in der Literatur haben des Bundesverfassungsgericht in einer späteren Entscheidung zu einer **Klarstellung** veranlasst. Es erklärte – allerdings im Zusammenhang mit der Willkürformel – dass, wenn von einer tatsächlichen eindeutigen Unangemessenheit die Rede sei, damit keine weitergehende Prüfung im Sinne einer Angemessenheitsprüfung gemeint sei.[183] Das ist zum einen terminologisch nicht richtig. Denn natürlich kommt in der Prüfung der Gedanke der Angemessenheit zum Ausdruck – nicht aber der Verhältnismäßigkeitsgrundsatz. Zum anderen betraf die Entscheidung das Willkürverbot, so dass sie zur neuen Formel gerade nichts klarstellte.

---

[180] *Gubelt* in von Münch Art. 3 Rn. 14; *Zippelius* VVDStRL 47 (1989) S. 7, 23; *Badura* Diskussionsbeitrag in VVDStRL 47 (1989) S. 93 f.; *Maunz/Zippelius* Dt. StaatsR S. 212 f.; *Maaß* NVwZ 1988, 14, 16; *Wendt* NVwZ 1988, 778, 786; *Leisner* NJW 1995, 1513, 1516. *Koenig* JuS 1995, 313, 314; *Krugmann* JuS 1998, 7; *Martini* Prinzip absoluter Rechtsgleichheit S. 56; *Kim* Konkretisierung S. 53, 169; *Pauly* JZ 1997, 647, 650, 653; *Brüning* JZ 2001, 669; *Michael* JuS 2001, 148, 152; *Möckel* DVBl 2003, 488, 490. Kryptisch *Herzog* in MD Anhang zu Art. 3 Rn. 6. Undifferenziert und ohne weitere Erklärung *Kölbel* Gleichheit im Unrecht Rn. 86 f. Etwas unklar *Hesse* AöR 109 (1984) S. 174, 189, *ders.* in Festschrift Lerche S. 121, 123, der den Gleichheitssatz um „Elemente" des Grundsatzes der Verhältnismäßigkeit erweitert ansieht, eine reine Verhältnismäßigkeitsprüfung nicht durchführen will, letztlich aber doch S. 131 die Geeignetheit, Erforderlichkeit und Angemessenheit prüfen will. Schon zum Gleichheitssatz *Alexy* Theorie der Grundrechte S. 100 f, 390 dort auch Fn. 91, nach dessen Prinzipienlehre schon der Prinzipiencharakter jedes Grundrechte – auch des Gleichheitssatzes – eine Verhältnismäßigkeitsprüfung im weiteren Sinn impliziere. *Kirchhof* in HdBStR V § 124 Rn. 300 warnt angesichts der neueren Rechtsprechung des Bundesverfassungsgerichts vor einer Vermengung von Gleichheit und Verhältnismäßigkeit. *Starck* in vM Art. 3 Rn. 11, 22, 300 findet, dass angesichts der neuen Formel die Grundrechtsdogmatik nicht geändert werden müsse, denn die Verhältnismäßigkeit sei eine Anleihe aus den Freiheitsrechten, die fast immer involviert seien, so dass aus schon aus *diesen* die Verhältnismäßigkeitsprüfung folge. Widersprüchlich *Ulrich* Phänomen der Gleichheit S. 89, 94, 112 ff.
[181] *Rüfner* in BK Art. 3 Rn. 96 f, 114 Gericht habe schon immer eine Prüfung der Verhältnismäßigkeit praktiziert, dies jedoch nie richtig herausgearbeitet; *Robbers* DöV 1988, 749, 751 f.
[182] BVerfG E 74, 9 (28 ff., 30). Vgl. auch die früheren Sondervoten der Richter Hans Faller und Gisela Niemeyer in BVerfGE 51, 1 (37 ff., 42 f.). Zum Katzensteinschen Sondervotum siehe auch *Badura* Diskussionsbeitrag in VVDStRL 47 (1989) S. 93.
[183] BVerfG E 89, 1 (14).

bb) Verhältnismäßigkeitserfordernisse

Der vom Bundesverfassungsgericht entwickelte **abgestufte Maßstab** trug leider ebenso wenig dazu bei, die Begriffe zu klären. Hier führte das Gericht sogar einen neuen Begriff ein, wenn es zu den unterschiedlichen Grenzen aus dem Gleichheitssatz meint, diese reichen vom bloßen Willkürverbot, bis zu einer strengen Bindung an **Verhältnismäßigkeits*erfordernisse*.**[184] Das ist neu. Das Gericht spricht vom Verhältnismäßigkeitsgrundsatz, von der Angemessenheit, aber von **Erfordernissen** der Verhältnismäßigkeit? Diese Bezeichnung ist kein Zufall, sonst hätte das Gericht gleich vom Verhältnismäßigkeits*grundsatz* oder der Verhältnismäßigkeit als solcher sprechen können. Von Erfordernissen spricht es, um eine abgestufte Prüfungsintensität sicher stellen zu können.[185] Die Bezeichnung soll verdeutlichen, dass es sich gerade nicht um eine Prüfung der Verhältnismäßigkeit wie bei den Freiheitsrechten handelt, sondern um etwas anderes. Dass es nämlich nur um bestimmte Elemente geht, die auch der Verhältnismäßigkeitsprüfung inne wohnen. Dies ist aber der **Gedanke der Angemessenheit**. Es verwirrt aber mehr, als es klärt, dass das Gericht hier von Verhältnismäßigkeit spricht. Das Bundesverfassungsgericht scheint hier terminologisch nicht festgelegt zu sein. Das zeigt sich auch in einer späteren Entscheidung, wo es im Zusammenhang mit der neuen Formel durch eine Gewichtung an „**Verhältnismäßigkeit**" ermitteln möchte, ob und inwieweit eine Ähnlichkeit oder Verschiedenheit rechterheblich ist.[186] Mit anderen Worten: es fragt, ob die angeführten Kriterien relevant sind. Wenn es an anderer Stelle im gleichen Prüfungszusammenhang wieder nach einem **angemessenen Verhältnis** fragt,[187] zeigt sich, dass das Bundesverfassungsgericht die Begriffe der Angemessenheit und der Verhältnismäßigkeit **synonym** verwendet. Bei den Entscheidungen geht immer um ein

---

[184] BVerfG E 88, 87 (96); 99, 367 (388 ff., 390 f.); 102, 172 (193); 103, 172 (193); NJW 2002, 1103 (1104). Deswegen scheint etwa *Krugmann* JuS 1998, 7 zu finden, dass das Gericht spätestens mit dieser Entscheidung die Gleichheitsprüfung auf den Verhältnismäßigkeitsgrundsatz ausgedehnt habe – wobei er darunter eher das Übermaßverbot oder die Angemessenheit zu verstehen scheint (siehe a.a.O. S. 8 und dort auch Fn. 11); ebenso *Hesse* Grundzüge Rn. 439, der allerdings auch zuvor von *Elementen* der Verhältnismäßigkeit spricht.
[185] So auch *Bryde/Kleindiek* Jura 1999, 36, 37 f. Dass das Gericht dabei vom Verhältnismäßigkeitsgrundsatz spricht unterstellt *Jarass* AöR 120 (1995) S. 343, 376 und dort auch Fn. 129, wobei die von ihm zitierte Rechtsprechung gerade nicht vom Verhältnismäßigkeits*grundsatz*, sondern eben von Verhältnismäßigkeits*erfordernissen* spricht. In NJW 1997, 2545, 2549 scheint *Jarass* davon offensichtlich wieder ein wenig abzurücken. Die Rechtsprechung ebenfalls falsch interpretierend *Brüning* JZ 2001, 669.
[186] BVerfG E 101, 275 (290 f.).
[187] Siehe die Nachweise bei Fn. 178.

Gewichten, ein Ins-Verhältnis-Setzen verschiedener Gründe und Kriterien zu einer Behandlung. Nicht aber um eine Zweck-Mittel-Relation wie bei den Freiheitsrechten (dazu unten D III 3 b cc). Der Klarheit wegen sollte der Begriff der Verhältnismäßigkeit beim Gleichheitssatz deswegen vermieden werden.[188]

b) Gleichheit und Verhältnismäßigkeit

Gleichheit und Verhältnismäßigkeit sind zwei unterschiedliche Prinzipien. Sie beruhen aber beide auf dem Gedanken der Angemessenheit. Deswegen ist es nicht verwunderlich, dass beide auf den ersten Blick oftmals vermischt werden und auch das Bundesverfassungsgericht die Begriffe nicht einheitlich verwendet. Auf das Verhältnis zwischen Gleichheit und Verhältnismäßigkeit wurde schon oben unter C II 2 c, eingegangen. Da mit der neuen Formel die Diskussion wieder entfacht wurde, soll an dieser Stelle das Verhältnis zwischen Gleichheit und Verhältnismäßigkeit eingehender betrachtet werden, da es sich um eine wesentliche Weichenstellung bei der Auslegung des Gleichheitssatzes handelt.

aa) Unterschiedliche Prinzipien

Gleichheit und Verhältnismäßigkeit liegt der Gedanke der Angemessenheit zugrunde. Sie unterscheiden sich aber bei dessen Anwendung.

α) Gemeinsamkeiten

Freiheit und Gleichheit sind aufeinander bezogen und haben eine gemeinsame Wurzel. Sie bedingen und vervollständigen sich gegenseitig. Genauso haben **Gleichheit** und **Verhältnismäßigkeit** eine gemeinsame Wurzel als Kerninhalte des Rechtsstaatsprinzips. Dieses fordert eine Abwägung unter Rückgriff auf die vom Grundgesetz festgelegt Wertordnung.[189] Den Prinzipien gemeinsam ist der Gedanke der **Angemessenheit**, der Proportionalität oder des Übermaßverbots. Gleichheit und Verhältnismäßigkeit wollen Maß halten, wollen ein Gleichgewicht herstellen. Beide werten und gewichten bestimmte Kriterien – es kommt also bei beiden letztlich zu einer **Abwägung**. Allerdings bezieht sie sich beim Gleichheits-

---

[188] So auch *Bryde/Kleindiek* Jura 1999, 36, 38.
[189] Grundlegend *Lerche* Übermaß und Verfassungsrecht S. 28 ff., 211. Siehe auch *Stern* StaatsR III/2 S. 762, 765, 771 ff.; *Gentz* NJW 1968, 1600, 1601, 1606; *Gubelt* in von Münch Art. 3 Rn. 15; *Bleckmann* Struktur S. 36; *Kirchhof* in Festschrift Lerche S. 133, 137, 141; *ders.* in Festschrift Geiger S. 82, 101; *Sommermann* in vM Art. 20 Rn. 299 f.; *Zuck* MDR 1986, 723; *Stettner* BayVBl 1988, 545, 551. Siehe auch *Osterloh* in Sachs Art. 3 Rn. 18. Zum Verhältnismäßigkeitsgrundsatz im Europarecht siehe *Pache* NVwZ 1999, 1033.

satz auf Dritte (horizontale Betrachtung zur Vergleichsgruppe), während sie sich bei der Verhältnismäßigkeit am Verhältnis zwischen Betroffenem und Eingreifendem orientiert, also bipolar ist (vertikale Ebene). Der Gedanke der Angemessenheit kommt in diesem Verhältnis auch als Gedanken der Güter*abwägung* zum Ausdruck. Die Güterabwägung ist allgemeinem Bestandteil der juristischen Methodenlehre und Methode im Prozess der Rechtsgewinnung; dass Abwägungen vorgenommen werden ist für *jede* juristische Entscheidung typisch.[190] Wie schon oben, C II 2 c aa, erläutert, verwendet die Arbeit den Begriff der Angemessenheit einheitlich als Oberbegriff. In diesem ist der Abwägungsgedanke enthalten.

Den Gedanken der Angemessenheit hat das Bundesverfassungsgericht in seiner Rechtsprechung zum Gleichheitssatz **schon immer** verfolgt. Das kann man schon rein begrifflich daran sehen, dass das Gericht von tatsächlicher eindeutiger Unangemessenheit oder (bei Typisierungen) von **unverhältnismäßigen** Ergebnissen oder Härten oder von einem angemessenem Verhältnis zu der mit der Typisierung verbundenen Ungleichheit spricht (dazu schon oben C III 2 aa β).[191] Mit der neuen Formel wird deutlicher gemacht, dass Ungleichheit und rechtfertigender Grund in einem **angemessenem Verhältnis** zueinander stehen müssen. Gerade bei der neuen Formel und dem abgestuften Maßstab fallen Ähnlichkeiten zu Elementen der Verhältnismäßigkeit besonders auf, wenn etwa von der *Intensität* und der *Einwirkung* auf Freiheitsrechte die Rede ist. Das heißt aber nicht, wie manche **Autoren** meinen, dass deswegen ein Zweck-Mittel-Prüfung der Verhältnismäßigkeit im weiteren Sinn durchgeführt werde müsse, weil das Gericht nun den Verhältnismäßig-

---

[190] Auf den Gedanken der Güterabwägung führt *Jakobs* Grundsatz der Verhältnismäßigkeit S. 13, 23, 25 sowie 105, 108, 110 das von ihm als Oberbegriff gewählte Verhältnismäßigkeitsprinzip zurück; zusammenfassend *ders.* DVBl 1985, 97, 98. Er folgt hier *Lerche* mit dessen grundlegender Arbeit Übermaß und Verfassungsrecht S. 22, 224. Siehe zur Güterabwägung und dem Gedanken der Abwägung und des Vergleichs auch *Stern* StaatsR III/2 S. 815.; *Bleckmann* Struktur S. 36; *Gentz* NJW 1968, 1600, 1604; *Ossenbühl* DVBl 1995, 904 f.; *Osterloh* in Sachs Art. 3 Rn. 14, 15; *Kim* Konkretisierung S. 71; *Ipsen* StaatsR II Rn. 769; *Michael* JuS 2001, 148, 154; *Kirchhof* in HdBStR V § 124 Rn. 163. Zum Gedanken der Angemessenheit auch *Kirchhof* in Festschrift Lerche S. 133, 136, der allerdings das generelle Prinzip als **Übermaßverbot** bezeichnet und S. 138 vom **Proportionalitätsgedanken** spricht, der beiden gemein sei. Zum Verhältnismäßigkeits-„Substrat" der Freiheitsrechte instruktiv *Heintzen* DVBl 2004, 721 ff.
[191] Nachweise zur Rechtsprechung schon oben bei C III 2 aa β. Dazu schon *Lerche* Übermaß und Verfassungsrecht S. 22, 29 f., 224. Vgl. ferner *Stern* StaatsR III/2 S. 765, 788; *Stettner* BayVBl 1988, 545, 548; *Wendt* NVwZ 1988, 778, 786; *Stein* in AK Art. 3 Rn. 34, 36; *Arndt* NVwZ 1988, 787, 789; *Kirchhof* in HdBStR V § 124 Rn. 300; *Robbers* DöV 1988, 749, 751 f.; *Kim* Konkretisierung S. 53.

keitsgrundsatz beim Gleichheitssatz anwende.[192] Hier werden die Angemessenheit und die Verhältnismäßigkeit nicht richtig auseinander gehalten. Denn Gleichheit und Verhältnismäßigkeit basieren zwar auf dem Gedanken der Angemessenheit, sie sind aber verschieden.

β) **Unterschiede**

Möchten einige Autoren die neue Formel zum Anlass nehmen, eine Verhältnismäßigkeitsprüfung beim Gleichheitssatz vorzunehmen, so räumen aber auch viele ein, dass Gleichheit und Verhältnismäßigkeit verschieden sind und zwischen ihnen **qualitative** und **strukturelle Unterschiede** bestehen, so dass sie gerade nicht gleich gesetzt werden können, obwohl sie auf ähnlichen Erwägungen beruhen.[193] Gleichheit und Verhältnismäßigkeit haben **unterschiedliche Bezugsrahmen**

Gleichheit ist verhältnismäßige Gleichheit, keine absolute. Die Prüfung erfolgt immer bereichsspezifisch hinsichtlich des jeweiligen Vergleichsgesichtspunkts. Beim **Gleichheitssatz** geht es um die Beziehung zwischen den Eigenarten des Sachverhalts im Verhältnis zu *anderen* Tatbeständen (Vergleichssachverhalte). Der Gleichheitssatz ist damit **regelorientiert**, am Vergleichssachverhalt ausgerichtet. Er stimmt sich auf das rechtliche/tatsächliche Umfeld ab (Bereichsspezifik), fragt nach der verallgemeinerungsfähigen Regel und bestimmt den Kreis der Betroffenen. Es werden also **mehrere** Sachverhalte hinsichtlich ihrer Gemeinsamkeiten und Unterschiede verglichen und beide am Rechtfertigungsgrund und der gemeinsamen Rechtfertigung gemessen. Maßstab ist dabei die **Gesamtheit** der Fälle, eine Mehrheit vergleichbarer Tatbestände. Indem Gleichheit auf verschiedene Sachverhalte abstellt schafft sie ein **horizontales** Verhältnis, denn es werden nur vergleichbare Fälle, also gewissermaßen Fälle gleicher Ebene betrachtet.

Solcher vergleichbaren Tatbestände bedarf es bei der **Verhältnismäßigkeit** gerade nicht. Diese hat **punktuellen** Charakter und geht auf verschiedene Aspekte

---

[192] So aber *Zippelius* VVDStRL 47 (1989) S. 7, 23; *Maunz/Zippelius* Dt. StaatsR S. 212 f. Siehe auch *Bleckmann* StaatsR II § 24 Rn 105, 109; *Wendt* NVwZ 1988, 778, 786. Zur neuen Formel auch *Sachs* Jus 1997, 124, 129; *Jarass* AöR 120 (1995) S. 345, 376; *ders.* NJW 1997, 2545, 2549.
[193] *Kirchhof* in HdBStR V § 124 Rn. 161, 163, 290; *ders.* in Festschrift Lerche S. 133, 144; *Stettner* BayVBl 1988, 545, 548; *Lerche* Übermaß und Verfassungsrecht S. 29 f., 52; *Jakobs* Grundsatz der Verhältnismäßigkeit S. 40; *Bleckmann* Struktur S. 65; *Müller* VVDStRL 47 (1989) S. 37, 41, 51; *Vogel* Diskussionsbeitrag in VVDStRL 47 (1989) S. 66.; *Robbers* DöV 1988, 749, 752; *Sachs* Jus 1997, 124, 129; *Krugmann* JuS 1998, 7 f.; *Jarass* AöR 120 (1995) S. 345, 376; *ders.* NJW 1997, 2545, 2549; *Michael* Methodennorm S. 263; *ders.* JuS 2001, 148, 153; *Bryde/Kleindiek* Jura 1999, 36, 37.

ein und *desselben* Sachverhalts ein. Es geht um die Perspektive eines Betroffenen. Dessen individuelle Belastung und die Intensität des Eingriffs in seine Rechte sind maßgeblich. Man könnte hier – um im Bilde zu bleiben – statt von einem horizontalen von einem **vertikalen** oder **bipolaren** Verhältnis sprechen. Es werden nur Ziel und Aufwand für den konkreten Fall betrachtet; unter mehreren Mitteln wird das schonendste für den Einzelnen ausgewählt.[194] Aus diesen Gründen ist die Prüfung bei Gleichheit und Verhältnismäßigkeit unterschiedlich strukturiert.

bb) *Struktur der Prüfung*

Der Ursprung der Verhältnismäßigkeit liegt im **Polizeirecht**. Sie war auf Eingriffe des Staates in die Rechtsgüter der Bürger bezogen, also auf die Freiheitsrechte ausgerichtet. An diesem **Eingriff** orientiert sich die Prüfung. Der tatsächliche Eingriff, die Eingriffswirkung und die Mittel, die sie bewirkt haben, wird mit dem sie verfolgenden Zweck abgewogen. Dies setzt voraus, dass ein Schutzbereich und eine Schranke bestimmt wurden. Die Verhältnismäßigkeit hat sich bei der Prüfung einer Verletzung der Freiheitsrechte entwickelt und stellt die sogenannte **Schranken-Schranke** für einen Eingriff in den Schutzbereich eines Freiheitsrechts dar. Damit ist die Prüfung eines Freiheitsrechts **dreistufig**. Nachdem man einen Eingriff in den Schutzbereich festgestellt hat, sucht man in einem zweiten Schritt nach dessen Rechtfertigung aus dem Gesetzeszweck. Dieser wiederum wird in einem Dritten Schritt in der Schranken-Schranke mit der Eingriffswirkung abgewogen. Hauptelement der Schranken-Schranke ist die Verhältnismäßigkeit im weiteren Sinn.[195]

Die Prüfung des Gleichheitssatzes ist, wie oben B II 5, schon gezeigt, **zweistufig**. Das Wesen des Gleichheitssatzes lässt keine andere Prüfung zu, denn die Gleichheit ist schrankenlos gewährleistet. Als wertungsoffene Generalklausel geht es hier nicht um die Frage nach einem Eingriff in den Schutzbereich. Dieser lässt

---

[194] *Lerche* Übermaß und Verfassungsrecht S. 30, 52, 197; ähnlich *Rüfner* in BK Art. 3 Rn. 96; *Kischel* AöR 124 (1999) S. 174, 192; *Ipsen* StaatsR II Rn. 769; *Brüning* JZ 2001, 669, 670. Umfassend *Jakobs* Grundsatz der Verhältnismäßigkeit S. 40. Siehe auch *Kirchhof* in HdBStR V § 124 Rn. 163 f.; *ders.* in Festschrift Lerche S. 133, 139, 143 ff.; *Müller* VVDStRL 47 (1989) S. 37, 41.

[195] *Kirchhof* in Festschrift Lerche S. 133, 143; *Lerche* Übermaß und Verfassungsrecht S. 24; *Stern* StaatsR III/2 S. 789 f., 792; *Schlink* in Festschrift 50 Jahre BVerfG S. 445 f., 448; *Müller* Diskussionsbeitrag in VVDStRL 47 (1989) S. 89; *Vogel* Diskussionsbeitrag in VVDStRL 47 (1989) S. 66; *Ossenbühl* DVBl 1995, 905. Siehe auch *Michael* JuS 2001, 148, 153; *Brüning* JA 2000, 728, 729 ff. Ausführlich zu Inhalt und Schranken der Freiheitsrechte *Lerche* in HdBStR V § 121 v.a. Rn. 11 ff., 45 ff. und § 122 v.a. Rn. 8 ff., 16 ff., 20 ff. Siehe zu den Schranken und Schranken-Schranken auch *Jarass* in JP Vorb. vor Art. 1 Rn. 14 ff.; *Hesse* Grundzüge Rn. 310 ff., 317 ff.; *Pieroth/Schlink* Grundrechte Rn. 225 ff., 239 ff.; *Stern* in Festschrift 50 Jahre BVerfG S. 1, 8 ff., 26 ff.

sich ohne Weiteres gar nicht feststellen, weil er erst bereichsspezifisch und durch Wertungen bestimmt werden muss. Ist der Gleichheitssatz aber verletzt, dann kann dies auch nicht gerechtfertigt werden. Es geht um die Frage, ob eine Ungleichbehandlung vorliegt. Deswegen wird bei der Gleichheitsprüfung in einem *ersten Schritt* untersucht, ob, wer und wie behandelt wird – es werden also die Vergleichsgruppen bestimmt. In einem *zweiten Schritt* prüft man, ob eine Ungleichbehandlung vorliegt, die Gründe für die Behandlung der tatsächlichen Verschiedenheit entsprechen oder nicht – ob also die Behandlung „gerechtfertigt" ist, um eine oft verwendete aber nicht zutreffende Formulierung zu verwenden (zum Ganzen bereits oben B II 5).[196] An der zweistufigen Prüfung ändert sich auch durch die **neue Formel** nichts. Bei der neuen Formel werden zum einen die Unterschiede analysiert und diese zum anderen ins Verhältnis zur vorgenommenen Behandlung gesetzt, wobei es zu einer Abwägung zwischen tatsächlichen Unterschieden und der Behandlung kommt (dazu sogleich).[197] Gleichheit und Verhältnismäßigkeit beruhen also auf einer unterschiedlichen Prüfungsstruktur.

cc) *Zweck-Mittel-Relation und Entsprechensprüfung*

Die unterschiedliche Prüfungsstruktur beeinflusst auch die Anwendung des Gedankens der Angemessenheit. Beim Gleichheitssatz müssen die tatsächlichen Unterschiede mit den für sie sprechenden Gründen und die Behandlung in einem angemessenen Verhältnis zueinander stehen. Bei der Verhältnismäßigkeit der Freiheitsrechte geht es um eine Zweck-Mittel-Relation.

---

[196] *Stern* StaatsR III/2 S. 789 f., 792; *Gubelt* in von Münch Art. 3 Rn. 14; *Müller* VVDStRL 47 (1989) S. 37, 40. Anderer Ansicht *Badura* Diskussionsbeitrag in VVDStRL 47 (1989) S. 94. *Möckel* DVBl 2003, 488, 492, 495 f., der einen Schutzbereich aus konkurrierenden Regelungszwecken konstruiert, in die bei Abweichen von einem Zweck eingegriffen werden soll, was aber erst im Rahmen einer Prüfung der Verhältnismäßigkeit im weiteren Sinne ausgeglichen werden soll. Diese Ansatz wirkt sehr konstruiert. Er ignoriert die Struktur des Gleichheitssatzes. Der Schutzbereich bleibt schwammig und wird letztlich erst in der Rechtfertigung bestimmt.

[197] Siehe auch *Odendahl* JA 2000, 170, 172; *Bryde/Kleindiek* Jura 1999, 36, 37 ff. Vgl. ferner *Stern* StaatsR III/2 S. 789 f., 792; *Kischel* AöR 124 (1999) S. 174, 191 f.

Der der Angemessenheit eigene Gedanke der **Abwägung** erscheint in **zwei Konstellationen:**

1. Bei einem **Eingriff** in Grundrechtspositionen; hier werden Eingriffsschwere und Eingriffsziel zueinander ins Verhältnis gesetzt.
2. Als verhältnismäßige **Gewichtung** einander gegenüber stehender Verfassungsgüter nach dem Übermaßverbot.

Eine Zweck-Mittel-Relation ist nur bei Eingriffen im Bereich der klassischen Verhältnismäßigkeit möglich.[198]

α) **Voraussetzung bei der Verhältnismäßigkeit**
Die Prüfung der Verhältnismäßigkeit setzt einen **Zweck** voraus, der mit bestimmten Mitteln verfolgt wird. Die Verhältnismäßigkeit ist ein Regulativ für den Bürger belastende Maßnahmen des Staates. Für **Eingriffe** in die Rechtsgüter der Bürger also. Das erklärt sich historisch aus dem oben, S. 281, schon erwähnten Bezug zum Polizeirecht. Sie zwingt zur Rationalisierung des Handelns. Bei jedem Verwaltungshandeln muss ein ausgewogenes Verhältnis zwischen Anlass, Zweck und Ausmaß der Maßnahme bestehen.[199]

Ausgangspunkt der Prüfung der Verhältnismäßigkeit ist ein **Eingriff** in einen Schutzbereich. Die Belastungswirkung dieses Eingriffs wird nach dem Handlungsziel, das ist der erreichte Erfolg, gewertet. Sie stimmt sich also gerade nicht wie der Gleichheitssatz bereichsspezifisch auf das rechtliche/ tatsächliche Umfeld ab, sondern ist auf das **Ziel** des staatlichen Handelns hin orientiert. Ein bestimmtes Instrument (Mittel) soll diesen Zweck erreichen und darf dazu nicht unangemessen sein. Zu diesem Ziel wird das Mittel in Beziehung gesetzt. Es findet also eine **Zweck (Ziel)-Mittel-Betrachtung** statt. Dies setzt die Ermittlung eines Schutzbereichs, von Schranken und Schranken-Schranken voraus, denn nur so kann die Eingriffswirkung bestimmt werden. Die Verhältnismäßigkeit fragt nach der Vertretbarkeit der **Belastungsintensität** und dem je nach Handlungsziel **vertretbaren Mittel**. Hat der Gleichheitssatz eine Verallgemeinerungstendenz, indem verschiedene Tatbestände verglichen werden, so geht es bei der Verhältnismäßigkeit wegen ihrer Auswirkung auf die Freiheitsrechte gerade individualisierend-isolierend um

---

[198] Zum Ganzen *Ossenbühl* DVBl 1995, 907. Siehe auch *Krebs* Jura 2002, 228, 231.
[199] *Jarass* NJW 1997, 2545, 2549; *Robbers* DöV 1988, 749, 752; *Ipsen* StaatsR II Rn. 769 ff.; *Sommermann* in vM Art. 20 Rn. 299 f., 308; *Stern* StaatsR III/2 S. 767 allgemein das übergreifende Übermaßverbot beschreibend.

eine Einzelfallbetrachtung. Die Umstände des Einzelfalls müssen ermittelt werden, um den Weg des geringst möglichen Eingriffs zu finden.[200]

β) **Unterschiede beim Gleichheitssatz**

Im Gegensatz zur Prüfung der Verhältnismäßigkeit setzt der Gleichheitssatz gerade keine Zweck-Mittel-Relation voraus. Das liegt in erster Linie daran, dass bei einer Ungleichbehandlung aufgrund der Struktur des Gleichheitssatzes nicht dieselben Zwecke wie bei einem Eingriff in Grundrechte verfolgt werden. Fehlt es aber an einem vergleichbaren Zweck ist auch eine Zweck-Mittel-Relation nicht möglich.

αα) Die Verhältnismäßigkeit bei den Freiheitsrechten setzt **Ziel** und **Zweck** voraus, die mit einem bestimmten **Mittel** verfolgt werden und damit eine Zweck-Mittel-Relation. Der Einsatz des Mittels muss im Hinblick auf das staatlich vorgestellte Ziel angemessen sein. Das Regelungsziel determiniert Regelungsgegenstand, Regelungsadressat sowie das Mittel. Dies lässt sich nicht auf den Gleichheitssatz übertragen, denn die Ungleichbehandlung ist oft gerade nicht bezweckt(dazu bereits oben C III 3 b, c).[201] Bei den Freiheitsrechen ist der **Gesetzeszweck** für den Eingriff entscheidend. Er steuert ihn. Es besteht ein unmittelbarer Zusammenhang zwischen dem Ziel und dem Eingriff. Das Mittel dient der Verwirklichung des Ziels und wird im Hinblick darauf überprüft. Eine solche unmittelbare Finalbeziehung fehlt aber zwischen Regelungsziel und Ungleichbehandlung. Wie oben, C III 3 b, c, schon gezeigt, beeinflusst das Regelungsziel zwar die Vergleichbetrachtung, denn es kann die Vergleichsperspektive vorprägen und damit auch mittelbar die Auswahl der Sachverhalte und Vergleichsgruppen beeinflussen. Das heißt aber nicht, dass eine Ungleichbehandlung auch bezweckt wird. Der relative Charakter des Gleichheitssatzes verträgt sich nicht mit einer Zweck-Mittel-Relation. Je nach Blickwinkel der Betrachtung kann es nämlich ein Mittel zum Zweck geben oder nicht – die Verhältnismäßigkeit hat hingegen keine wechselnde Perspektive, da hier der Geset-

---

[200] *Lerche* Übermaß und Verfassungsrecht S. 19, 52; *Kirchhof* in Festschrift Lerche S. 133, 139 f., 143; *Müller* VVDStRL 47 (1989) S. 37, 41; *Sachs* Jus 1997, 124, 129; *Stern* StaatsR III/2 S. 789 f., 79; *Ipsen* StaatsR II Rn. 769; *Brüning* JZ 2001, 669, 670; *Bryde/Kleindiek* Jura 1999, 36, 37; *Michael* JuS 2001, 148, 149, 153 f.; *Kallina* Willkürverbot und Neue Formel S. 39. **Anders** *Jakobs* Grundsatz der Verhältnismäßigkeit S. 16, der eine Zweck-Mittel-Relation bei der Verhältnismäßigkeit ablehnt, weil die Bestimmung der Zwecksetzung subjektive Elemente enthalte und daher letztlich die Frage erheblich sei, wer legitimiert sei, den Zweck zu setzen. Er kommt letztlich a.a.O. S. 105, 108, 110 zu einer Güterabwägung im Sinne von wertender Gewichtung kolligierender Rechtsgüter.
[201] *Ipsen* StaatsR II Rn. 769; *Robbers* DöV 1988, 749, 752; *Brüning* JZ 2001, 669, 670; *Bryde/Kleindiek* Jura 1999, 36, 37 f.; *Brüning* JA 2001, 611, 613. Das verkennt *Möckel* DVBl 2003, 488, 491, 494.

zeszweck alles bestimmt. Die Ungleichbehandlung ist in der Regel nicht durch das Ziel des Gesetzes gefordert, sondern nur zwangsläufige Folge oder Reflex der Umsetzung des Ziels. Der Gesetzgeber kann zwar mit der Differenzierung ein bestimmter Ziel verfolgen, muss es aber nicht. Die Ungleichbehandlung Dritter ist also oft nur unbeabsichtigte **Nebenfolge** einer Regelung, die ganz andere Zwecke verfolgt, so dass die Behandlung nicht final als Mittel eingesetzt wird, den Gesetzeszweck zu erreichen. Auch wenn eine Ungleichbehandlung scheinbar intendiert ist, so ist sie doch nur das Ergebnis einer unmittelbaren Begünstigung oder Belastung, auf die es eigentlich ankommt. Oben, C III 3 c aa, wurde schon das Beispiel der Wirtschaftsförderung gegeben: Zweck des Gesetzes ist die Förderung eines bestimmten Wirtschaftszweiges. Zweck ist nicht, ähnliche oder andere Wirtschaftszweige nicht zu fördern. Die Differenzierung an sich ist selten Selbstzweck. Damit lässt sich aber oft ein Differenzierungsziel gar **nicht finden** und kann auch nicht unmittelbar von einem Gesetzeszweck hergeleitet werden, der eine Ungleichbehandlung gar nicht intendiert. Der Gesetzeszweck erfasst daher die Ungleichbehandlung gar nicht in erster Linie. Der vom Gesetzgeber verfolgte Zweck und das **Differenzierungsziel** oder der **Differenzierungsgrund** sind daher in der Regel verschieden. Eine Zweck-Mittel-Relation ist nicht möglich.[202]

ββ) Ist das Differenzierungsziel nicht mit dem Gesetzeszweck identisch, so kann auch das bei einer Zweck-Mittel-Relation verwendete **Mittel** nicht mit dem Differenzierungskriterium bei der Gleichheitsprüfung gleich gesetzt werden. Das Mittel soll den gesetzlichen Zweck verwirklichen. Seine Anwendung verursacht den Eingriff in den Schutzbereich. Beim Gleichheitssatz kann aber weder ein Eingriff in einen Schutzbereich festgestellt werden, noch ist der Gesetzeszweck mit dem Differenzierungsgrund identisch. Die Differenzierungskriterien dienen der Differenzierung. Durch sie erfolgt die Behandlung. Sie sind nicht unmittelbar auf den Gesetzeszweck bezogen, denn diesem geht es nicht in erster Linie um die Ungleichbehandlung. Würde man die Ungleichbehandlung als Differenzierungsziel ansehen, das gleichzeitig aber auch Mittel wäre, dieses Ziel zu erreichen, so käme man zu

---

[202] *Kischel* AöR 124 (1999) S. 174, 191 f.; *Brüning* JZ 2001, 669, 670; *Bryde/Kleindiek* Jura 1999, 36, 37 ff.; *Ipsen* StaatsR II Rn. 769, 771 f.; *Odendahl* JA 2000, 170, 172. Siehe auch *Michael* JuS 2001, 148, 153 f.; *Brüning* JA 2001, 611, 613. **Anders** *Müller* VVDStRL 47 (1989) S. 37, 49, 51; *ders.* Diskussionsbeitrag a.a.O. S. 89; *Möckel* DVBl 2003, 488, 494 f.

einem Zirkelschluss[203] Am ehesten könnte man die Differenzierungskriterien als Mittel bezeichnen, die Differenzierung zu erreichen. Doch dieser Vergleich trügt. Denn da es dem Gesetzgeber in der Regel nicht auf die Differenzierung ankommt, sind auch die Kriterien nicht primär auf diese ausgerichtet. Zwischen den Kriterien und dem Differenzierungsgrund findet außerdem auch keine Zweck-Mittel-Beziehung, statt. Sie sind vielmehr Teil einer Entsprechensprüfung. Um keine Missverständnisse aufkommen zu lassen: wie alle anderen Elemente des jeweiligen gesetzlichen Tatbestandes dürfen die Differenzierungskriterien diesem nicht widersprechen. Insofern sind sie natürlich auch auf den Gesetzeszweck bezogen.

γγ) Die Prüfung beim Gleichheitssatz ist vielmehr eine **Entsprechensprüfung**, bei der geprüft wird, ob ein vorgegebener oder entwickelter Maßstab eingehalten, ob ihm entsprochen wird. Das hat sich auch mit der neuen Formel nicht geändert.[204] Bei der bei der **neuen Formel** werden zum einen die Unterschiede analysiert und diese zum anderen ins Verhältnis mit der vorgenommenen Behandlung gesetzt. **Art und Gewicht** der gesetzlichen Differenzierung und der tatsächlichen Unterschiede werden verglichen. Die Unterschiede und die Behandlung werden abgewogen. Die unterschiedlichen Rechtsfolgen müssen der Verschiedenheit des Regelungsgegenstandes entsprechen. Letztlich werden so Wertungen verglichen, während bei der Verhältnismäßigkeit unterschiedliche Rechtsgüter abgewogen werden. Dies ist gerade keine klassische Verhältnismäßigkeitsprüfung mit einer Zweck-Mittel-Relation. Denn es geht nicht darum eine Gleichheitsbeeinträchtigung aus dem Gesetzeszweck zu begründen, sondern darum, dass eine Beeinträchtigung in ihrem Gewicht durch entsprechende sachliche Gründe im Hinblick auf bestimmte Eigenschaften aufgewogen wird.[205] Wenn das Bundesverfassungsgericht teilweise von einem **inneren Zusammenhang** (dazu schon oben, C III 3 a) zwischen den vorgefundenen Verschiedenheiten und der differenzierenden Regelung spricht,[206] dann ist das ein

---

[203] *Ipsen* StaatsR II Rn. 774; Siehe ferner *Kischel* AöR 124 (1999) S. 174, 191 f.; *Odendahl* JA 2000, 170, 172; *Brüning* JZ 2001, 669, 670; *Bryde/Kleindiek* Jura 1999, 36, 37 ff.; *Müller* VVDStRL 47 (1989) S. 37, 40. Anders offenbar *Michael* JuS 2001, 148, 153 und *Paehlke-Gärtner* in Umbach/Clemens Art. 3 Rn. 132 f. und dort auch Fn. 137, die sie als Mittel zur Differenzierung ansehen.
[204] Dazu schon oben D III 1 m.w.N.
[205] *Huster* Rechte und Ziele S. 140 ff., 142. So auch *Kischel* AöR 124 (1999) S. 174, 191 f.; *Sachs* JuS 1997, 124, 129; *Heun* in Dreier Art. 3 Rn. 27 f.; *Odendahl* JA 2000, 170, 173. Siehe auch *Michael* JuS 2001, 148, 153, der im Ergebnis eine Entsprechensprüfung durchführt, dies aber als Prüfung der Geeignetheit darstellt. Vgl. ferner *Kallina* Willkürverbot und Neue Formel S. 147 f.
[206] Dazu *Stettner* BayVBl 1988, 545, 547; *Wendt* NVwZ 1988, 778, 780 f.

guter Hinweis auf die Art und Weise der Entsprechensprüfung, so wie sie früher und auch heute erfolgt.

Auch bei der neuen Formel geht es um **keinen Eingriff** in einen Schutzbereich, dessen Eingriffswirkung analysiert wird. Der Prüfungsaufbau bleibt zweistufig und daran ändert sich in späteren Entscheidungen zum abgestuften Maßstab (dazu oben D II 3 und unten D IV 4) nichts. Zwar spielt beim abgestuften Maßstab die Intensität der Behandlung eine Rolle. Das ist aber keine Prüfung der Eingriffswirkung in den Gleichheitssatz. Bereits oben D II 6 a, wurde gezeigt, dass der Gleichheitssatz wirkungsblind ist und damit andere Grundrechte als Indikatoren dienen müssen. Die Verhältnismäßigkeit als klassische Schranken-Schranke für Eingriffe in den Schutzbereich eines Grundrechts passt daher auch auf den Gleichheitssatz in seiner Auslegung durch die neue Formel nicht. Eine **Zweck Mittel-Relation** ist beim Gleichheitssatz **nicht möglich**.[207] Das zeigt sich auch bei den einzelnen Elementen, welche die Verhältnismäßigkeitsprüfung bei den Freiheitsrechten kennzeichnen.

γ) **Einzelne Elemente nicht vergleichbar**

Vergleicht man die einzelnen Elemente, welche die Prüfung der Verhältnismäßigkeit ausmachen (Verhältnismäßigkeit, Erforderlichkeit, Verhältnismäßigkeit im engeren Sinn) mit der Prüfung des Gleichheitssatzes so zeigt sich, dass diese nicht übereinstimmen.

αα) **Geeignetheit**

Die Geeignetheit fragt, ob das eingesetzte Mittel dazu in der Lage ist, den mit dem Gesetz verfolgten Zweck zu erreichen.[208] Daran setzen einige Autoren an und möchten beim Gleichheitssatz eine Prüfung der Geeignetheit durchführen, wie sie das Bundesverfassungsgericht gerade mit der neuen Formel vornehmen solle. Die Geeignetheit wird damit oft mit der **Willkürprüfung** als vermeintlich erster Prüfungsstufe der neuen Formel gleichgesetzt. Das Differenzierungskriterium müsse

---

[207] *Robbers* DöV 1988, 749, 752; *Kischel* AöR 124 (1999) S. 174, 191 f.; *Odendahl* JA 2000, 170, 172; *Brüning* JZ 2001, 669, 670; *Bryde/Kleindiek* Jura 1999, 36, 37 ff.; *Ipsen* StaatsR II Rn. 769 ff.; *Müller* VVDStRL 47 (1989) S. 37, 40. Anderer Ansicht *Badura* Diskussionsbeitrag in VVDStRL 47 (1989) S. 94; *Michael* Methodennorm S. 263 f.; *Möckel* DVBl 2003, 488, 49; *Paehlke-Gärtner* in Umbach/Clemens Art. 3 Rn. 133, 138. Siehe auch *Kallina* Willkürverbot und Neue Formel S. 145 f.
[208] Siehe dazu umfassend *Jakobs* Grundsatz der Verhältnismäßigkeit S. 59 ff.; zusammenfassend *ders.* DVBl 1985, 97, 99.

geeignet sein, den Gesetzeszweck – andere sprechen hier zutreffender vom Differenzierungszweck – zu erreichen.[209] Dieser – teilweise vollzogene – Wechsel vom Gesetzeszweck auf den Differenzierungsgrund zeigt aber das Dilemma der Gleichsetzung von Geeignetheit und Gleichheit. Der Gesetzeszweck ist genauso wenig mit dem Zweck der Differenzierung identisch wie das Mittel mit dem Differenzierungskriterium. Man könnte also nur noch versuchen, diese methodischen Einwände ignorierend, Differenzierungskriterium und Differenzierungsgrund im Sinne einer Art von Geeignetheitsprüfung aufeinander zu beziehen. Dann verfängt man sich aber in einem Zirkelschluss, denn das Differenzierungskriterium verursacht erst die Ungleichbehandlung. Dazu kann es also nicht geeignet sein. Die rechtliche Ungleichbehandlung muss der tatsächlichen Ungleichheit entsprechen. Bei dieser Entsprechensprüfung (dazu D III 1) geht es aber nicht einfach darum, dass das Kriterium die tatsächliche Ungleichheit abbilden kann oder nicht. Vielmehr muss erst durch eine Wertung und Abwägung ermittelt werden, welche Kriterien so relevant sind, dass gerade keine Ungleichbehandlung vorliegt. Das ist keine Prüfung der Geeignetheit.

Das **Bundesverfassungsgericht** hat dazu in einer ältern Entscheidung sehr deutlich gesagt, dass die Frage, ob eine gesetzliche Regelung zwecktauglich sei, keine Frage des Gleichheitssatzes sei, da sich die Zwecktauglichkeit gerade nicht im Wege des Vergleichs feststellen lasse, da sie eine Frage der Regelung jeweils eines Sachverhalts sei.[210] In die gleiche Richtung zielen in ständiger Rechtsprechung wiederholte Erwägungen beim Gleichheitssatz, dass es nicht Aufgabe des Gerichts sei die **vernünftigste, gerechteste oder zweckmäßigste** Lösung zu finden.[211] Dies impliziert, dass es gerade nicht prüft, ob eine Lösung geeignet ist, eine Differenzierung zu erreichen. Gleichwohl spricht es selbst manchmal im Zusammen-

---

[209] **Unspezifisch** *Bleckmann* Struktur S. 67; *ders.* StaatsR II § 24 Rn. 60; *Hesse* AöR 109 (1984) S. 174, 189; *ders.* in Festschrift Lerche S. 121, 129 f., 131; *Wendt* NVwZ 1988, 778, 784 ff.; *Jarass* NJW 1997, 2545, 2549. Auf das **Willkürverbot** beziehend *Kirchhof* in Festschrift Geiger S. 82, 102; *ders.* in HdBStR V § 124 Rn. 161, 163. Undifferenziert vom **Gesetzeszweck** sprechend *Zippelius* VVDStRL 47 (1989) S. 7, 23; *Maunz/Zippelius* Dt. StaatsR S. 213; *Martini* absolute Rechtsgleichheit S.50, 52, 275. **Differenzierter** vom Zweck der Differenzierung ausgehend *Gubelt* in von Münch Art. 3 Rn. 29; *Michael* JuS 2001, 148, 153; *Brüning* JA 2001, 611, 613.
[210] BVerfG E 47, 109 (115).
[211] BVerfGE E 4, 144 (155); 9, 201 (206); 14, 221 (238); 171 (189); 58, 68 (79); 76, 256 (330); 78, 232 (248); 81, 108 (118); 84, 348 (359); 89, 132 (142) – DVBl 1972, 144 (147); DVBl 1980, 835 (836); DVBl 1984, 216 (220); DVBl 1991, 661 (662); NVwZ 1991, 1171 (1172); DVBl 1995, 1232 (1233); NVwZ 2000, 1036; DVBl 2000, 1176; NJW 2003, 3335 (3336); DVBl 2004, 761.

hang mit dem Gleichheitssatz und der neuen Formel von der Geeignetheit einer Maßnahme.[212] Doch dies entpuppt sich bei genauerer Betrachtung als eine Entsprechensprüfung oder eine Vermengung mit anderen Prüfungselementen. Wenn das Gericht teilweise vermeintliche Maßstäbe des Gesetzes und Ziele prüft, so ist es ungenau, da es hier gerade nicht um Differenzierungskriterien geht, sondern daraus die Vergleichsperspektive erst noch ermittelt werden muss.[213]

ββ) Erforderlichkeit

Steht ein geeignetes Mittel nach der Verhältnismäßigkeitsprüfung fest, so wird in einem zweiten Schritt gefragt, ob dieses die am wenigsten einschneidenden Folgen hervorruft – ob es, anderes gewendet, das mildeste Mittel ist. Dazu werden verschiedene (zur Zweckerreichung geeignete) Mittel miteinander verglichen. Kann der Gesetzeszweck auch mit anderen Mitteln erreicht werden, ist die Maßnahme nicht erforderlich. Da von vornherein nur zur Zweckerreichung geeignete Mittel miteinander verglichen werden, kommt es für die Verhältnismäßigkeit nicht auf den Gesetzeszweck an. Worauf es ankommt ist die **Eingriffswirkung**.[214] Der Erforderlichkeit wohnt also der Gedanke des **Vergleichens** inne. Verschiedene Mittel werden im Hinblick auf ihre Eingriffswirkung verglichen. Die Erforderlichkeit will einen Ausgleich für die durch einen Eingriff veränderte Güterwelt, bis hin zu einer möglichsten individualistischen Anpassung bewirken. Dieser Ausgleichsgedanke ist Gleichheitssatz und Erforderlichkeit gemein.[215] Das ist womöglich der Grund, dass einige **Autoren** auch beim Gleichheitssatz eine Prüfung der Erforderlichkeit durchführen wollen. Andere möchten zwar eine Prüfung der Verhältnismäßigkeit im weiteren Sinne vornehmen, räumen aber ein, dass es dieses Element auf den Gleichheitssatz nicht passe.[216]

---

[212] Zum Beispiel in BVerfG E 100, 59 (93 ff.); NJW 2001, 2786 (2787); NJW 2002, 1103 (1105); NVwZ 2005, 319 (321).
[213] Besonders deutlich wird das in BVerfG NJW 2002, 1103 (1105) wo es umfassend die gesetzgeberischen Zwecke und die Instrumente untersucht, diese auszugestalten. Dies sind nicht primär Fragen des Gleichheitssatzes. Ein Bezug wird darüber hergestellt, als die Differenzierungskriterien natürlich nicht dem Gesetzeszweck widersprechen dürfen.
[214] Ausführlich *Lerche* Übermaß und Verfassungsrecht S. 19. Aus neuerer Zeit umfassend *Jakobs* Grundsatz der Verhältnismäßigkeit S. 66 ff.; zusammenfassend *ders*. DVBl 1985, 97, 99. Vgl. ferner *Rüfner* in BK Art. 3 Rn. 96.
[215] *Lerche* Übermaß und Verfassungsrecht S. 164, 184.
[216] *Jarass* NJW 1997, 2545, 2549; *Hesse* AöR 109 (1984) S. 174, 189; *ders*. in Festschrift Lerche S. 121, 129 f., 131; *Krugmann* JuS 1998, 7, 11; *Brüning* JA 2001, 611, 613; *Zippelius* VVDStRL 47 (1989) S. 7, 23; *Maunz/Zippelius* Dt. StaatsR S. 213; *Wendt* NVwZ 1988, 778, 784 ff.; *Kallina* Willkürverbot und Neue For-

In der Tat ist eine Prüfung der Erforderlichkeit beim Gleichheitssatz nicht möglich. Das liegt zum einen an der oben schon getroffenen Feststellung, dass beim Gleichheitssatz keine Zweck-Mittel-Relation möglich ist – auch nicht mit der neuen Formel. Zwar ist der Gesetzeszweck für die Erforderlichkeit grundsätzlich nicht von Belang, weil nur die Eingriffswirkung untersucht wird. Es werden aber nur Mittel verglichen, die gleich geeignet sind, den Gesetzeszweck zu erreichen. Insofern spielt der Gesetzeszweck auch hier eine Rolle über die Frage des geeigneten Mittels. Ein solches kann aber beim Gleichheitssatz nicht wie bei den Freiheitsrechten bestimmt werden (siehe oben, D III 3 b cc α). Es geht nicht um die Frage, welches Kriterium weniger belastend ist. Es geht darum, welches Kriterium der als relevant erachteten Ungleichheit entspricht, bzw. ob die gewählten Kriterien für eine Ungleichbehandlung relevant sind. Diese Art der Bewertung erfolgt aber erst bei der Abwägung. Auch ein Gesetzeszweck liegt nicht vor, so dass man dem Gesetzgeber auch nicht aufgeben kann, ein weniger einschneidendes Mittel zu verfolgen – um einen Zweck zu erreichen, der die Ungleichbehandlung gar nicht vorsieht. Viel gravierender ist aber, dass der Gleichheitssatz, wie schon gezeigt **wirkungsblind** ist (dazu oben, D II 6 a). Die Wirkung eines Eingriffs ist für den Gleichheitssatz irrelevant. Es geht nur darum, ob eine Person gleich oder ungleich behandelt wird. Eine Person kann nicht intensiver oder weniger intensiv gleich behandelt werden. Eine weniger belastende oder gar eine „gleichmäßigere" Differenzierung gibt es aufgrund der Struktur des Gleichheitssatzes nicht. Geht es etwa um eine Typisierung, von der atypische Fälle nicht beachtet wurden, so dürfte es „besser" sein, dass es möglichst wenige solcher Restfälle gibt. Eine Regelung, die möglichst wenige Menschen belastet ist aber kein milderes Mittel für diese, denn sie werden immer noch ungleich behandelt. An der Ungleichbehandlung dieser Personen ändert das nichts. Deswegen taugt eine Prüfung der Erforderlichkeit insofern nichts, als man anhand des Gleichheitssatzes gar kein milderes Mittel feststellen kann.[217]

---

mel S. 145; *Martini* Prinzip absoluter Rechtsgleichheit S. 70, der allerdings einräumt, das BVerfG gehe in der neuen Formel nicht auf die Erforderlichkeit ein. Zu pauschal *Koenig* JuS 1995, 313, 317. *Gubelt* in von Münch Art. 3 Rn. 29 will die Erforderlichkeit nicht verwenden, da sonst der Gesetzgeber zu weit eingeschränkt werde.
[217] *Heun* in Dreier Art. 3 Rn. 30; *Michael* JuS 2001, 148, 154; *Osterloh* in Sachs Art. 3 Rn. 21. Anderer Ansicht *Brüning* JZ 2001, 669 (672), der von unterschiedlicher Belastung spricht, dabei aber das Kriterium zu deren Bestimmung schuldig bleibt. Anderer Ansicht auch *Pählke-Gärtner* in Umbach/Clemens Art. 3

Nun hat die **Rechtsprechung** aber in wenigen Entscheidungen auch schon von weniger einschneidenden Maßnahmen im Hinblick auf den Gleichheitssatz gesprochen.[218] Bei **Typisierungen/Pauschalierungen** fragt es nach der Intensität einer Belastung (dazu schon oben C III 2 d aa β). Allerdings untersucht es hier gerade nicht, ob es weniger intensive Regelungen gibt. Das müsste das Gericht aber tun, wenn es sich um eine Prüfung der Erforderlichkeit handeln würde.[219] Die **neue Formel** fragt ebenfalls nach der **Intensität** der Behandlung, nach der Belastungswirkung.[220] Dazu ist oben, D II 6 a, bereits ausgeführt worden, dass der Gleichheitssatz diese Wertung nicht ausfüllen kann, sondern selbst der Wertung durch andere Grundrechte oder Rechtsgüter bedarf. Hierdurch können sich die Anforderungen an die Rechtfertigung erhöhen. Das ist aber dann eher eine Frage der **Angemessenheit** und nicht der Erforderlichkeit. Denn es geht bei der Gleichheitsprüfung nicht darum, mit welchen Mitteln sich eine qualitativ oder quantitativ geringere Ungleichbehandlung erreichen ließe. Es geht darum, ob eine Ungleichbehandlung vorliegt, unabhängig davon, wie viele Menschen sie trifft und wie intensiv sie sich auswirkt. Außerdem deutet dieselbe **Rechtsprechung** an, dass eine Erforderlichkeitsprüfung nicht möglich ist, wenn sie von **sachgerecht** oder **vertretbar** spricht, denn eine Regelung mag sachgerecht oder vertretbar sein, sie kann aber immer noch intensiver sein als andere. Hier spielt auch die im vorhergehenden Abschnitt zitierte Auffassung des Bundesverfassungsgerichts hinein, dass es nicht seine Aufgabe sei die **vernünftigste, gerechteste oder zweckmäßigste** Lösung für ein Gleichheitsproblem zu finden. Im Zusammenhang mit der neuen Formel führt das Gericht aus, dass es ohne Belang für den Gleichheitssatz sei, ob es andere Lösungsmöglichkeiten gebe, die dem Gleichheitssatz genau so gut oder sogar bes-

---

Rn. 92, die in Rn. 92, 109 sogar von einer „gleichmäßigeren Belastung" spricht ohne sich des Widersinns dieser Bezeichnung bewusst zu sein.
[218] So etwa mit der neuen Formel in BVerfG E 91, 389 (403). Ansatzweise könnte man eine Prüfung der Erforderlichkeit etwa aus BVerfG NJW 2001, 1716 oder E 85, 238 (245) herleiten. Vollkommen aus der Reihe fallend allerdings BVerfG NVwZ 1999, 638, wo das Gericht den Gleichheitssatz in Verbindung (!) mit dem Grundsatz der Verhältnismäßigkeit prüfen möchte, die beiden Prinzipien aber dann doch in der Prüfung trennt.
[219] Zu Typisierung/Pauschalierung im Zusammenhang mit der neuen Formel vgl. etwa BVerfG E 71, 39 (50); 103, 310 (319); NJW 2002, 742 (743); NJW 2005, 2448 f.
[220] Entscheidungen aus neuer Zeit, bei denen dies besonders auffällt: BVerfG NJW 2002, 742, 743. Vgl. auch BVerfG E 91, 389 (403) aus der *Brüning* JZ 2001, 669, 672 und dort Fn. 43,44 eine Prüfung der Erforderlichkeit herausließe. Das BVerfG spricht a.a.O. davon, dass weniger einschneidende Maßnahmen zur Verfügung gestanden hätten. Das erinnert in der Tat stark an eine Prüfung der Erforderlichkeit, knüpft aber an das Kriterium der Intensität an, um einen Wertungsgesichtspunkt für die Angemessenheit zu bekommen.

ser entsprechen. Der Gesetzgeber könne nicht zu sachgerechter*en* Modellen gezwungen werden. Dies schließt die Erforderlichkeit aus, denn der Gesetzgeber – und die Wertungen der Verfassung – wählt die Vergleichsmerkmale aus, nicht das Gericht. Bei der Erforderlichkeit sucht man nach dem Optimum, um die Eingriffswirkung so gering wie möglich zu halten. Beim Gleichheitssatz ist diese Herangehensweise nicht möglich.[221] Eine Prüfung der Erforderlichkeit findet beim Gleichheitssatz nicht statt – auch nicht mit der neuen Formel und ihrem abgestuften Maßstab.

γγ) Verhältnismäßigkeit im engeren Sinn
Bei der Verhältnismäßigkeit im engeren Sinne wird untersucht, ob das zur Zielerreichung geeignete und erforderliche Mittel angesichts der Eingriffswirkung im Hinblick auf den Gesetzeszweck noch – um den allgemeineren Begriff zu verwenden – angemessen ist. Das Verhältnis von Mittel und Zweck muss angemessen sein.[222] Auf die Gemeinsamkeiten und Unterschiede zwischen Verhältnismäßigkeit und Gleichheit wurde oben, D III 3 b aa, schon eingegangen.

Eine Prüfung der Verhältnismäßigkeit im engeren Sinne wie bei den Freiheitsrechten ist beim Gleichheitssatz nicht möglich, da die Zwecke und Mittel der Verhältnismäßigkeitsprüfung nicht dem Differenzierungskriterium und dem Differenzierungszweck entsprechen. Eine Zweck-Mittel-Relation ist daher nicht durchführbar. Als wertungsoffenes und schrankenloses Grundrecht ist eine Eingriffsprüfung wie bei den Freiheitsgrundrechten beim Gleichheitssatz nicht machbar. Die Verhältnismäßigkeit als klassische Schranken-Schranke für Eingriffe in einen Schutzbereich liefe damit leer. Die Frage, ob der Gleichheitssatz verletzt ist, ist vielmehr der zentrale Prüfungspunkt (dazu schon D III 3 b bb). Beiden Prinzipien gemein ist der Gedanke der Abwägung. Dieser wird aber bei beiden aber unterschiedlich umgesetzt. An dieser Bewertung ändert sich durch die **neue Formel** nichts. Sie analysiert die Unterschiede und fragt nach einem **angemessenen Verhältnis** zwischen den rechtlichen und den tatsächlichen Unterschieden. Die Prüfung bleibt also im Sinne einer Entsprechensprüfung auf den Regelungsgegenstand bezogen. Die Unterschiede müssen aufgrund einer Wertung gewichtet (Art und Gewicht) werden

---

[221] BVerfG NVwZ-RR 1992, 384 (385). Nachweise zur übrigen Rechtsprechung bei Fn. 211. Siehe ferner *Michael* JuS 2001, 148, 154; *Bryde/Kleindiek* Jura 1999, 36, 38. Vgl. auch *Osterloh* in Sachs Art. 3 Rn. 21.
[222] Allgemein dazu *Lerche* Übermaß und Verfassungsrecht S. 19; *Jakobs* Grundsatz der Verhältnismäßigkeit S. 13 f.; *ders.* DVBl 1985, 97.

und der tatsächlichen Behandlung gegenüber gestellt werden. Eine Wertung muss ergeben, ob die jeweiligen Kriterien relevant sind und daher eine Ungleichheit vorliegt oder eben nicht. Personen dürfen nur ungleich behandelt werden, wenn sie auch ungleich sind. Das bedeutet aber gerade nicht, wie viele **Autoren** meinen,[223] dass deswegen Prüfung der Verhältnismäßigkeit im engeren Sinne durchgeführt werden kann, denn diese ist ohne eine Zweck-Mittel-Relation nicht möglich. Es ist deswegen falsch, die neue Formel als Ausdehnung der Kontrolle auf die Verhältnismäßigkeit zu interpretieren.[224] Diese Autoren halten nicht ausreichend auseinander, dass Verhältnismäßigkeit und Angemessenheit nicht dasselbe sind, so dass beim Gleichheitssatz sehr wohl der Gedanke der Angemessenheit zum Ausdruck kommen kann, nicht aber der der Verhältnismäßigkeit.

c) Andere Interpretationsversuche

Gleichheit und Verhältnismäßigkeit sind unterschiedliche Prinzipien, wenngleich sie beide auf dem Gedanken der Angemessenheit beruhen. Einige Autoren versuchen aber trotz dieser strukturellen Unterschiede auch beim Gleichheitssatz eine Prüfung der Verhältnismäßigkeit im weiteren Sine durchzuführen. Im Folgenden sollen nur einige wesentliche Ansätze kurz dargestellt werden.[225] Die meisten Ansätze beruhen darauf, dass versucht wird, eine Zweck-Mittel-Relation auf den Gleichheitssatz zu übertragen, um so eine Prüfung der Verhältnismäßigkeit gelangen zu können. Einen anderen Weg gehen nur wenige.

---

[223] So etwa *Maaß* NVwZ 1988, 14, 16, 20 f.; *Zippelius* VVDStRL 47 (1989) S. 7, 23; *Maunz/Zippelius* Dt. StaatsR S. 212 f.; *Krugmann* JuS 1998, 7 und auch 8 sowie dort auch Fn. 11; *Michael* JuS 2001, 148, 152; *Brüning* JZ 2001, 699, 672; *Martini* Prinzip absoluter Rechtsgleichheit S.53 f.; *Jarass* AöR 120 (1995) S. 345, 372; *ders.* NJW 1997, 2545, 2549; *Gubelt* in von Münch Art. 3 Rn. 29; *Osterloh* in Sachs Art. 3 Rn. 22; *Kim* Konkretisierung S. 169, 225 f.; *Schoch* DVBl 1988, 863, 875 ; *Schlink* in Festschrift 50 Jahre BVerfG S. 445, 459; *Schuppert* Diskussionsbeitrag in VVDStRL 47 (1989) S. 98; *Möckel* DVBl 2003, 488, 491.
[224] So auch *Huster* Rechte und Ziele S. 62 f., 193 f., 302; *Bryde/Kleindiek* Jura 1999, 36, 37 ff.; *Gubelt* in von Münch Art. 3 Rn. 14; *Sachs* Jus 1997, 124, 129; *Odendahl* JA 2000, 170, 172; *Ipsen* StaatsR II Rn. 769, 774; *Heun* in Dreier Art. 3 Rn. 29; *Kischel* AöR 124 (1999) S. 174, 190; *Kallina* Willkürverbot und Neue Formel S. 145, 149. Vgl. auch *Vogel* Diskussionsbeitrag in VVDStRL 47 (1989) S. 66. Siehe ferner *Paehlke-Gärtner* in Umbach/Clemens Art. 3 Rn. 92 f., 138, die von einer „gleichheitsrechtlichen Verhältnismäßigkeit" spricht und sich hier offenbar *Huster* nähert.
[225] Im Übrigen wird auf die umfangreiche Darstellung etwa bei *Kallina* Willkürverbot und Neue Formel S. 155 ff. verwiesen.

aa) Zweck-Mittel-Relation wird konstruiert

Einige Autoren sehen zwar, dass eine Prüfung der Verhältnismäßigkeit im weiteren Sinne nur möglich ist, wenn auch eine Zweck-Mittel-Relation hergestellt werden kann. Ansatzpunkt ist hier der Zweck, denn alle Prüfungselemente – mittelbar auch das Kriterium der Erforderlichkeit – sind auf den Zweck bezogen. Deswegen wird versucht, einen Zweckbezug herzustellen. Das kann zum einen ein Bezug auf den Gesetzeszweck sein, zum anderen ein Bezug auf den Zweck der Differenzierung. Dies endet aber in einem Zirkelschluss.

α) *Huster,* dem das Verdienst gebührt, die Entsprechensprüfung beim Gleichheitssatz ergründet zu haben, (dazu schon oben C III 3 b) will neben dieser Prüfung eine Verhältnismäßigkeitsprüfung durchführen, wenn – in seiner Terminologie – einen Regelung externe Zwecke verfolge. Dann sei die Interessenlage nämlich mit der der Freiheitsgrundrechte zu vergleichen, bei denen die Verhältnismäßigkeitsprüfung Interessenkonflikte zwischen verschiedenen Zielen regeln solle. Von **externen Zwecken** spricht Huster, wenn der Gesetzgeber Ziele verfolgt, die über die jeweilige Maßnahme selbst hinausgehen. Bei rein internen Zwecken verbleibe es bei einer Entsprechensprüfung. Diesem Ansatz haben sich auch andere Autoren angeschlossen. Der Gesetzgeber bezweckt aber in den meisten Fällen eine Ungleichbehandlung gar nicht, sondern verfolgt andere Zwecke als die Behandlung. Dann müsste aber, wenn man Husters Ansatz konsequent verfolgt, praktisch jede Ungleichbehandlung eine Prüfung der Verhältnismäßigkeit nach sich ziehen. Praktikable und nachvollziehbare Kriterien, wie zwischen internen und externen Zwecken getrennt werden könnte nennt Huster darüber hinaus nicht.[226]

Kim knüpft an die neue Formel und ihren abgestuften Maßstab an und will eine komplette Prüfung der Verhältnismäßigkeit im weiteren Sinne in **eingriffsnahen** Konstellationen durchführen, da auch bei den Freiheitsrechten eine Zweck-Mittel-Relation nur bei Eingriffen vorgenommen werde. Dies sei auch möglich, da die Auswahl des Differenzierungskriteriums immer im Hinblick auf ein bestimmtes

---

[226] *Huster* Rechte und Ziele S. 97, 107 f., 164 f., 175, 195 ff., 225 ff. Ihm folgend *Rüfner* in BK Art. 3 Rn. 93 f., 95, der von intendierten und nicht intendierten Eingriffen spricht und dabei auch interne und externe Zweck meint. Huster ebenfalls folgend *Sachs* Jus 1997, 124, 129; *Kim* Konkretisierung S. 219 f., 226; *Michael* Methodennorm S. 263 f.; wohl auch *Martini* Prinzip absoluter Rechtsgleichheit S. 76, der da aber nicht ausdrücklich sagt. Ihn **ablehnend** *Heun* in Dreier Art. 3 Rn. 28 f.; *Gubelt* in von Münch Art. 3 Rn. 2, 15; *Bryde/Kleindiek* Jura 1999, 36, 39; *Michael* JuS 2001, 148, 153; *Kischel* AöR 124 (1999) S. 174, 191 und dort auch Fn. 80; *Brüning* JZ 2001, 669, 671 und dort auch Fn. 32; *Jarass* NJW 1997, 2545, 2549.

Ziel erfolge. Eingriffsnah sei eine Konstellation, wenn externe Zwecke verfolgt werden oder wenn es um die Statusgleichheit (dazu schon oben, D II 2 b bb) gehe. Er räumt allerdings ein, dass er sich damit nicht auf das Bundesverfassungsgericht stützen könne, weil die Prüfung der Geeignetheit und Erforderlichkeit dort „keine so große Rolle" spielen würde.[227]

β) Andere wollen die Prüfung am **Regelungsziel** ausrichten, schließlich würden die zu vergleichenden Sachverhalte und Normadressaten im Hinblick auf dieses Ziel ausgewählt. Sie würden daher auch im Hinblick darauf beurteilt, ob sie dieses Ziel erreichen.[228] Diese Ansichten vernachlässigen, wie schon oben, D III 3 b cc β αα, gezeigt, dass Differenzierungsziel und Gesetzesziel unterschiedlich sind und nicht einfach vermengt und in ein gleiches Schema gepresst werden können.

Diesem Problem wollen manche Autoren dadurch begegnen, dass sie eine Zweck-Mittel-Relation auf eine Beziehung zwischen **Differenzierungskriterium** und **Differenzierungsziel** ummünzen, welches letztlich aus dem Gesetzeszweck entnommen werde. Richtig daran ist, dass das Gesetzesziel dabei hilft, das Differenzierungsziel zu bestimmen welches ersterem nicht widersprechen darf. Es ist außerdem selbstverständlich und folgt bereits aus dem Rechtsstaatsgebot, dass sowohl das Gesetzesziel als auch das Differenzierungsziel legitim sein müssen. Jedoch ist der Grundansatz nicht richtig. Denn es geht beim Gleichheitssatz nicht darum, dass Differenzierungsziel und Differenzierungskriterium miteinander ins Verhältnis gesetzt werden müssen. Geht es dem Ansatz nur darum, dass das jeweilige Kriterium der tatsächlichen Verschiedenheit entsprechen muss, so geht er nicht über die Entsprechensprüfung hinaus. Bei der Gleichheitsprüfung muss festgestellt werden, ob die behandelte Gruppe und die Vergleichsgruppe im Hinblick auf ein bestimmtes Kriterium gleich oder ungleich sind. Die Gründe für eine Behandlung und die tatsächliche Ungleichheit werden verglichen. Hier spielen die Differenzierungskriterien insoweit herein, als sie die Behandlung bewirken und nun geprüft werden muss ob die durch die Kriterien in den Vordergrund gerückten tatsächlichen Merkmale wirklich relevant sind oder nicht. Insofern sind die Kriterien auf das Differenzie-

---

[227] Konkretisierung S. 85 f., 219 ff., 225 f.
[228] *Zippelius* VVDStRL 47 (1989) S. 7, 23; *Maunz/Zippelius* Dt. StaatsR S. 213; *Müller* VVDStRL 47 (1989) S. 37, 49, 51; *ders.* Diskussionsbeitrag a.a.O. S. 89. Undifferenziert und ohne weitere Erklärung *Kölbel* Gleichheit im Unrecht Rn. 86 f. Unscharf *Ulrich* Phänomen der Gleichheit S. 94, 105 ff., 112 ff., der von variablen Zwecken spricht. Siehe auch *Pauly* JZ 1997, 647, 650, 653.

rungsziel und die Differenzierungsgründe bezogen. Es hilft aber für die Prüfung angesichts der Struktur des Gleichheitssatzes nicht weiter.[229]

γ) Etwas anders geht *Kloepfer* vor. Er will nicht Kriterium und Ziel sondern Eingriff (als Ungleichbehandlung) und Ziel vergleichen. Dazu weitet er durch eine „immanente Schranke" des Gleichheitssatzes dessen zweistufige Prüfung zu einer dreistufigen aus. Dabei vernachlässigt er aber das Wesen des Gleichheitssatzes. Dieser beruht doch gerade auf einem Vergleich mehrerer Tatbestände. Durch eine Eingriffsprüfung wird er hingegen künstlich auf eine individualisierte Betrachtung reduziert.[230]

Keinem der genannten Ansätze gelingt es, überzeugend zu begründen, warum an der zweistufigen Prüfung des Gleichheitssatzes und der dort durchgeführten Entsprechensprüfung etwas geändert werden sollte.

bb) Methodisch andere Ansätze (Alexy, Bleckmann)

Einen vollkommen anderen Ansatz verfolgt *Alexy* mit seiner Strukturtheorie oder Prinzipienlehre (dazu schon oben, B II 4). Seiner Ansicht nach haben alle Grundrechte – auch der Gleichheitssatz – den Charakter von Prinzipien, die bei einer Kollision durch Abwägung ausgeglichen werden. Diese Abwägung strukturiert er durch eine Prüfung der Verhältnismäßigkeit im weiteren Sinn – auch für den Gleichheitssatz und nimmt eine Zweck-Mittel-Relation vor. Die oben schon geäußerten grundsätzlichen Einwände gegen eine Zweck-Mittel-Relation beim Gleichheitssatz werden nicht dadurch widerlegt, dass man dem Gleichheitssatz einen Prinzipiencharakter verleiht. Die Art und Weise der Prüfung bleibt letztlich dieselbe.[231]

---

[229] *Brüning* JZ 2001, 669, 672; siehe auch *Osterloh* in Sachs Art. 3 Rn. 19 ff.; *Gubelt* in von Münch Art. 3 Rn. 15, 16a f., 22. m.w.N. *Martini* Prinzip absoluter Rechtsgleichheit S. 56. Gegen diesen Ansatz *Bleckmann*. StaatsR II § 24 Rn. 60, 166; *Heun* in Dreier Art. 3 Rn. 26 f.; allgemeiner *Vogel* Diskussionsbeitrag in VVDStRL 47 (1989) S. 66.
[230] *Kloepfer* Gleichheit S. 56 ff., 62. Zu Kloepfer *Thiele* DöV 1982, 466; *Möckel* DVBl 2003, 488, 495. **Gegen** Kloepfer Ansatz *Kirchhof* in Festschrift Lerche S. 133, 144 und dort auch Fn. 40; *Gubelt* in von Münch Art. 3 Rn. 14 a.E.; *Hesse* in Festschrift Lerche S. 121, 129 und dort Fn. 42; *ders.* AöR 109 (1984) S. 174, 189 und dort Fn. 57; *Alexy* Theorie der Grundrechte S. 390 und dort Fn. 91 a.E.; *Müller* VVDStRL 47 (1989) S. 37, 41, 51; *Kim* Konkretisierung S. 58 ff.
[231] *Alexy* Theorie der Grundrechte S. 100 f, 390 dort auch Fn. 91. Gegen Alexy *Kim* Konkretisierung S. 65 – Für Alexy hingegen *Bleckmann* StaatsR II § 11 Rn. 295. Siehe auch *Martini* Prinzip absoluter Rechtsgleichheit S. 157 ff.

Ähnlich wie Alexy geht *Bleckmann* vor. Da der Gleichheitssatz seiner Ansicht nach keinen Schutzbereich habe und primär keine subjektiven Interessen schütze, könne dieser nur beeinträchtigt sein, wenn gleichzeitig andere subjektive Interessen verletzt seien. Zwar solle beim Gleichheitssatz aufgrund dessen Struktur eigentlich keine Prüfung der Verhältnismäßigkeit im engeren Sinn vorgenommen werden. Im Ergebnis gelangt Bleckmann aber doch dazu, indem er die Verhältnismäßigkeit bei der gleichzeitigen Prüfung des ebenfalls mit dem Gleichheitssatz verletzten anderen Grundrechts prüft.[232] Dieser Ansatz setzt sich dem Einwand aus, dass der Gleichheitssatz sehr wohl einen Schutzbereich hat – nur keinen feststehenden, sondern einen wertungsbedürftigen und der Gleichheitssatz auch ein subjektives Recht darstellt, das verletzt sein kann, ohne dass zugleich andere Grundrechte verletzt sein müssen (dazu bereits B II 5 a, C I 2). Im Übrigen klärt dieser Ansatz gerade nicht abschließend, ob eine Verhältnismäßigkeitsprüfung möglich ist oder nicht, denn sie soll sich zum einen mit der Struktur des Gleichheitssatzes nicht vertragen, wird zum anderen aber mittelbar doch durchgeführt. Das ist widersprüchlich.

d) Ergebnis

Dem Gleichheitssatz wohnt ebenso wie der Verhältnismäßigkeit im weiteren Sinne der Gedanke der Angemessenheit inne. Sprachlich sollten aber Gleichheit und Verhältnismäßigkeit getrennt werden. Letztere sollte nur bei einer Zweck-Mittel-Relation verwendet werden, wie sie sich aus den Eingriffsprüfungen der Freiheitsrechte entwickelt hat. Eine solche Zweck-Mittel-Beziehung ist beim Gleichheitssatz aufgrund seiner Struktur nicht möglich. Versuche, dies dadurch zu umgehen, dass eine Beziehung zum Gesetzeszweck hergestellt wird oder die Differenzierungskriterien auf die Differenzierungsgründe bezogen werden werden dem Wesen des Gleichheitssatzes ebenfalls nicht gerecht. Auch mit der neuen Formel hat sich an diesen Erwägungen nichts geändert.

---

[232] *Bleckmann* Struktur S. 54, 57, 59, 67; siehe auch *ders.* StaatsR II § 24 Rn. 100. Zu Unterschieden und Gemeinsamkeiten mit Alexy *Bleckmann* StaatsR II § 11 Rn. 295 ff.

4) Willkür weiter relevant?

Die Willkürformel war schon immer in der Literatur umstritten. Bei der neuen Formel zeigte sich die Kontroverse von Neuem. Während einige die Willkürformel als durch die neue Formel endlich und endgültig überholt ansahen hielten andere ausdrücklich an ihr fest. Die Rechtsprechung schien sich um diese Kontroversen nicht näher zu kümmern, sondern verwendete die Willkürformel mit der neuen Formel und später dem abgestuften Maßstab. Vor allem bei den oft sehr knapp begründeten Kammerentscheidungen, die Entscheidungen der Gerichte überprüfen, wird die Willkürformel meist kurz einbezogen.

Oben C II 2 d wurde bereits gezeigt, dass das Willkürverbot als **Kurzformel** und **Mindeststandard** die Gleichheitsprüfung vorstrukturieren kann, so dass darauf – zumindest begrifflich – nicht verzichtet werden sollte – wenngleich ein Verzicht möglich wäre. Daran ändert sich durch die neue Formel nichts.[233] Da die neue Formel einen umfassenden Anspruch erhebt und alle denkbaren Konstellationen im gesamten Anwendungsbereich des Gleichheitssatzes abdecken kann, wurde die Willkürformel als – zumindest dort – nicht mehr relevant und **überflüssig** erachtet.[234] Deswegen sahen einige Autoren in der neuen Formel schon eine Abkehr, zumindest eine Verabschiedung von der Willkürformel.[235] Die Konsequenz, Willkür auch generell nicht mehr zu verwenden, ziehen die meisten dieser Autoren allerdings nicht. Vielmehr soll Willkür eine eigenständige Bedeutung zumindest als **äußerste Grenze** und **Auffangnorm** für Extremfälle zukommen. In dieser Funktion wird Willkür dann entweder beim Gleichheitssatz oder – eigentlich schlüssiger – beim Rechtsstaatsgebot verortet.[236]

a) Das Bundesverfassungsgericht hält auch mit der neuen Formel am Willkürverbot fest und verwendet das Willkürverbot weiterhin – auch nach der neuen

---

[233] Ebenso *Herzog* in MD Anhang zu Art. 3 Rn. 8, 10.
[234] *Martini* Prinzip absoluter Rechtsgleichheit S. 72, 275; *Osterloh* in Sachs Art. 3 Rn. 25, 33; *Krugmann* JuS 1998, 7, 11; *Brüning* JZ 2001, 669, 672, der die „Kultivierung des Reservats der Willkürprüfung" wie es das BVerfG betreibe dezidiert ablehnt.
[235] *Maaß* NVwZ 1988, 14, 16 f.; *Schoch* DVBl 1988, 863, 875; *Böckenförde* Diskussionsbeitrag in VVDStRL 47 (1989) S. 96.
[236] Willkür weiter aus dem **Gleichheitssatz** hergeleitet: *Gubelt* in von Münch Art. 3 Rn. 14; *Hesse* AöR 109 (1984) S. 174, 191; *ders.* in Festschrift Lerche S. 121, 129 f. Im **Rechtsstaatsgebot** verortet: *Maaß* NVwZ 1988, 14, 21; *Krugmann* JuS 1998, 7, 11; ähnlich auch *Kirchhof* Verschiedenheit S. 44; *ders.* in Festschrift Geiger 108/109. Differenzierend *Michael* Methodennorm S. 285. Siehe in diesem Zusammenhang auch die Ausführungen zur sogenannten **Willkür im objektiven Sinn** oben, C II 2 b bb α.

Formel – in ständiger Rechtsprechung.[237] Die Mehrheit der Literatur hält ebenfalls die Willkürformel weiterhin für **relevant**.[238] Bei der neuen Formel markiert die Willkürformel ursprünglich den Bereich sachbezogener Unterscheidungen und damit einen **Randbereich** der Prüfung.[239] Der **abgestufte Maßstab** macht aber deutlich, dass die Willkürformel in diesen **integriert** ist und mit ihm einen **einheitlichen Maßstab** bildet (dazu bereits oben, D III 2 a). Die Willkürformel mag zwar in die neue Formel und den abgestuften Maßstab integriert sein, es fragt sich aber, ob es überhaupt Fälle gibt, wo Willkür wirklich **noch relevant** ist.

Das Bundesverfassungsgericht hält Willkür jedenfalls als Kennzeichnung einer **äußersten Grenze** noch für erforderlich, wenn es im Zusammenhang mit der neuen Formel betont:

"Nach der Rechtsprechung des Bundesverfassungsgerichts erschöpft sich allerdings der Gleichheitssatz nicht in dem Verbot einer ungerechtfertigten Ungleichbehandlung von Normadressaten. Vielmehr kommt in ihm ein Willkürverbot als fundamentales Rechtsprinzip zum Ausdruck, das nicht nur der Rechtsprechung, sondern auch der Gesetzgebung gewisse äußerste Grenzen setzt [...]."[240]

Betrachtet man alleine das **Volumen** der Entscheidungen, die zur Willkür ergehen, dann müsste sich die Frage erübrigen. Die im Rahmen dieser Arbeit untersuchten Entscheidungen des Bundesverfassungsgerichts seit dem 7.10.1980, also seit der neuen Formel, belaufen sich auf 435. Davon befassen sich mit der neuen Formel lediglich 116 Entscheidungen, also knapp ein Viertel. Die restlichen Entscheidungen beschäftigen sich allgemein mit dem Gleichheitssatz und vor allem dem Willkürverbot. Gerade Kammerentscheidungen zu Gerichtsentscheidungen bemühen kurz und knapp das Willkürverbot, ohne die neue Formel überhaupt zu erwähnen.[241] Angesichts dessen müssten man eigentlich fragen, ob die neue Formel über-

---

[237] In den folgenden beispielhaft genannten Entscheidungen prüft das Bundesverfassungsgericht anhand des Willkürverbots, ohne die neue Formel überhaupt zu erwähnen: BVerfG E 56, 192 (215); 59, 36 (49); 61, 119 (128); 70, 93 (97); 80, 48 (51); 86, 59 (62 ff.); 89, 1 (13 ff.); 90, 226 (239); 91, 118 (123); 96, 172 (203); 102, 254 (299); 112, 185 (215); NJW 2005, 2138 (2139).
[238] *Sachs* JuS 1997, 124; *Stern* StaatsR III/2 S. 1829 f.; *ders.* in Festschrift Dürig S. 207, 212; *Hesse* AöR 109 (1984) S. 174, 191; *ders.* in Festschrift Lerche S. 121, 129 f.; *Huster* Rechte und Ziele S. 233; *ders.* JZ 1994, 541, 544, 547. Wohl auch *Kim* Konkretisierung S. 227. Vgl. ferner – etwas widersprüchlich – *Odendahl* JA 2000, 170, 171 und 174.
[239] So sah etwa *Sachs* in Stern StaatsR III/2 S. 516 f. die neue Formel nur als einen auf die persönliche Rechtsgleichheit bezogenen Ausschnitt aus dem Gleichheitssatz an.
[240] BVerfG E 55, 72 (89).
[241] Vgl. Entscheidungen des Bundesverfassungsgerichts (die meisten sind Kammerentscheidungen), die Gerichtsentscheidungen anhand des Willkürverbots aus dem Gleichheitssatz überprüfen BVerfG DVBl

haupt relevant ist. Und in der Tat **zweifeln** sie einige Autoren an, weil sie nicht mehr besage als die bisherige Willkürrechtsprechung.²⁴² Die neue Formel ist wichtig, denn sie strukturiert die Prüfung weitaus besser und nachvollziehbarer, als die Willkürformel. Wie schon oben (C II 2 d aa) gezeigt, ist der Willkürbegriff eigentlich überflüssig. Dass auch seit der neuen Formel an ihm festgehalten wird zeugt aber davon, dass offensichtlich die Rechtsprechung im Regelfall mit dem eingespielten Willkürbegriff besser arbeiten kann und auf die umfänglichere und in der Anwendung aufwändigere neue Formel nur bei problematischeren Fällen zurück greift. Bezeichnend ist hier auch das Resümee *Vogels*, wenn er eingesteht, dass er das Geheimnis, wann die alte und wann die neue Formel herangezogen werde, noch nicht habe durchdringen können.²⁴³

b) Geht man allein von den Fallzahlen aus, kommt das Willkürverbot als Ausgangspunkt oder Grundregel der Prüfung in Frage, um den Gestaltungsspielraum des Gesetzgebers nicht zu sehr einzuengen, so wie dies Teile der Literatur sehen. Andere sehen im Willkürverbot auch nach der neuen Formel eine **Regel-** oder **Basiskontrolle**, einen **Minimalstandard** der Prüfung.²⁴⁴ Dieser Ausgangspunkt hat etwas für sich, denn er erklärt, warum in der Praxis in den meisten Fällen nicht auf die neue Formel zurückgegriffen wird. Handelt es sich um einen Normal- oder Regelfall, so würden auch nach dem Maßstab der neuen Formel die Anforderungen an Normgeber nicht hoch sein und umgekehrt sein Gestaltungsspielraum groß. Die Rechtsprechung kann dann guten Gewissens und praktisch-pragmatisch darauf

---

1972, 270; BVerfG DVBl 1973, 784 (786); DVBl 1978, 367 (369); DVBl 1980, 833 (833); DVBl 1981, 1053 (1054); DVBl 1982, 255; NVwZ 1984, 301; NVwZ 1985, 647 (649); DVBl 1986, 457 (458); NVwZ 1987, 786; NVwZ 1990, 1064 (1065); NVwZ-RR 1991, 365 (366); DVBl 1992, 1215 (1216); NVwZ-Beilage 1994, 49 (50); NVwZ 1995, 680 (681); NVwZ-RR 1996, 373; NVwZ 1998, 271 (272); NVwZ 1999, 1104 (1105); NJW 2000, 2187 (2188); NJW 2001, 1200; NJW 2002, 814; NJW 2002, 815 (816); NJW 2003, 196; NJW 2005, 2138 (2139). Siehe allgemein zur Kontrolle von Gerichtsentscheidungen anhand von Willkür trotz neue Formel *Rüfner* in BK Art. 3 Rn. 21.
²⁴² So etwa *Starck* in vM Art. 3 Rn. 11; dezidiert *von Münch* StaatsR II Rn. 575, der zur „guten alten Willkürformel" zurückkehren will, da er die neue Formel als keine überzeugende Fortentwicklung der Rechtsprechung ansieht.
²⁴³ *Vogel* Diskussionsbeitrag in VVDStRL 47 (1989) S. 64. Allgemein zum Vorherrschen der Willkürformel *Bryde/Kleindiek* Jura 1999, 36 ff., 44. Eine etwa merkwürdig anmutende Erfolgsbetrachtung nimmt *Kallina* Willkürverbot und Neue Formel S. 143 vor, nach der es zu einer Maßstabsverschärfung durch die neue Formel kommt, dabei aber die geringe Zahl der Entscheidungen zur neuen Formel im Vergleich zu denen mit der Willkürformel vernachlässigt, unabhängig davon, dass Willkürformel nicht per se weniger streng und die neue Formel nicht per se strenger bedeutet.
²⁴⁴ **Ausgangspunkt** oder **Grundregel:** *Hesse* AöR 109 (1984) S. 174, 191; *ders.* in Festschrift Lerche S. 121, 129 f.; ähnlich *Kim* Konkretisierung S. 180 und *Bryde/Kleindiek* Jura 1999, 36 ff., 38, 44. **Regel-, Basiskontrolle, Minimalstandard:** *Kim* Konkretisierung S. 180; *Heun* in Dreier Art. 3 Rn. 31. Ähnlich *Huster* Rechte und Ziele S. 233; *ders.* JZ 1994, 541, 544, 547.

verzichten, die neue Formel zu zitieren und unter sie zu subsumieren. Denn sie wendet gleich den passenden Maßstab an. Diese Vorgehensweise ist aus Sicht der Rechtspraxis verständlich. Dogmatisch sauber ist sie es allerdings nicht. Denn sowohl die neue Formel als auch der abgestufte Maßstab stellen klar, dass die Willkürformel Teil dieses Maßstabes ist. Gerade die Begründung des anzuwendenden Maßstabs dient der Erklärung der Prüfung und damit auch dem Rechtsfrieden. Deshalb dürfen sie nicht einfach ignoriert werden.

Angesichts der Rechtsprechung zum abgestuften Maßstab ist es deswegen systematisch richtiger, nicht vom Gestaltungsspielraum des Gesetzgebers auszugehen, sondern vom Wortlaut des Gleichheitssatzes und dem in der neuen Formel und dem abgestuften Maßstab angelegten Schema. **Ausgangspunkt** für die Prüfung ist nicht irgendein Maßstab oder Standard. Ausgangspunkt sind Regelungsgegenstand und Differenzierungskriterien. Erst wenn feststeht, ob und in welcher Weise eine Person betroffen ist und wie groß der bereichsspezifische Gestaltungsspielraum des Gesetzgebers ist, können die Anforderungen bestimmt werden, die der Gleichheitssatz im konkreten Fall stellt. Erst dann steht fest, ob nur eine Basiskontrolle vorgenommen wird oder ob strengere Maßstäbe anzulegen sind. Innerhalb dieses Maßstabes hat die Willkürformel ihren Platz, weil sie sich als Beschreibung von **Mindestanforderungen** etabliert hat und die Rechtsprechung sich an ihr ausgerichtet hat – obwohl eigentlich auf sie verzichtet werden könnte (dazu schon oben C II 2 d aa).[245]

c) Legt man die Kriterien der neuen Formel und des abgestuften Maßstabes an, so ist für Willkür bereichsspezifisch ein **eigenständigen Anwendungsbereich** bei sachbezogene Differenzierung denkbar, die sich weder unmittelbar noch mittelbar auf Personen oder auf andere Grundrechte auswirken. Hier wäre an technische Normen zu denken. Daneben sehen einige Autoren einen Anwendungsbereich bei der Gleichbehandlung von wesentlich Ungleichem, wenn überhaupt keine Differenzierungskriterien genannt werden und die Ungleichbehandlung dem Zufall überlassen bleibe und bei Fällen willkürlicher Rechtsanwendung (also bei Willkür im objektiven Sinn dazu schon oben, C II 2 b bb α).[246] Es gibt nicht viele Entschei-

---

[245] *Herzog* in MD Anhang zu Art. 3 Rn. 8. Zum Verzicht etwa *Osterloh* in Sachs Art. 3 Rn. 33.
[246] *Jarass* NJW 1997, 2545, 2548; *ders.* in JP Art. 3 Rn. 25; *Gubelt* in von Münch Art. 3 Rn. 14. Anders *Martini* Prinzip absoluter Rechtsgleichheit S. 72, der meint, dass jede Behandlung sich zumindest immer auf

dungen, die die neue Formel oder Kriterien von ihr verwenden und dann ausdrücklich erklären, nur eine Willkürkontrolle vorzunehmen. Eine solche ist BVerfG E 102, 254 (299 f.):

Das Gericht führt ausdrücklich aus, dass nur die Willkürformel einschlägig sei, weil zum einen keine anderen Grundrechte betroffen seien und es sich zum anderen um Recht der Wiedergutmachung und der Kriegsfolgen handele, wo der Gesetzgeber einen sehr weiten Gestaltungsspielraum habe.

Hier wird also aus bereichsspezifischen Argumenten der Maßstab des Gleichheitssatzes maßgeblich bestimmt und eine Willkürkontrolle durchgeführt. Diese Argumentation wäre auch in anderen Fällen möglich. Die neue Formel ist deshalb **kein Bruch** mit der Willkürformel, sondern sie **entwickelt** die alte Rechtsprechung und die bereits dort zu findenden **Ansätze** zu einer differenzierten Prüfung **weiter** und steht in deren Tradition, weshalb etwa *Jörn Ipsen* in ihr etwa nur eine Akzentverschiebung zur Willkürformel sieht.[247]

d) Trotz der Diskussion um die neu Formel hat das Bundesverfassungsgericht immer an der Willkürformel festgehalten und verwendet sie auch noch in den meisten Entscheidungen. Die Willkürformel wurde sogar ausdrücklich in den abgestuften Maßstab integriert. Die Willkürformel bringt begrifflich einen Mindeststandard zum Ausdruck, so dass deswegen an ihr festgehalten werden kann.

IV) *Weitere Entwicklung*

Betrachtet man die weitere Entwicklung der neuen Formel, gilt es zuerst zu klären, ob es sich überhaupt um eine Formel des gesamten Bundesverfassungsgerichts handelt und ob sich die Formel nicht mittlerweile überholt hat (dazu unter 1) und 2) bzw. 3)). Zur weiteren Entwicklung gehört auch, wie die Formel bei der Prüfung verwendet wird. In einem kleinen Exkurs wird ihre Anwendung bei der Kontrolle der Fachgerichtsbarkeit betrachtet (unter 3)), bevor abschließend auf neuere Tendenzen eingegangen werden soll, die sich mit der Entscheidung des Bundesverfassungsgerichts zur Montanmitbestimmung abzeichnen könnten.

Art. 2 I GG auswirke, so dass immer ein strenger Prüfungsmaßstab anzulegen sei. Dies zu weit gehend; dazu schon oben S. 262.
[247] *Ipsen* StaatsR II Rn. 762; *Rüfner* in BK Art. 3 Rn. 27; *Kim* Konkretisierung S. 177; ähnlich *Kischel* AöR 124 (1999) S. 174, 189 f. Zur Tradition *Jarass* NJW 1997, 2545 (2549).

1) Differenz der Senate?

Die neue Formel wurde vom ersten Senat des Bundesverfassungsgerichts, dem sogenannten „Grundrechtssenat" eingeführt. Auch der abgestufte Maßstab ging von diesem Senat, als dem für Verfassungsbeschwerden und damit in erster Linie für die Grundrechte zuständigen Senat des Bundesverfassungsgerichts aus. Der zweite Senat nahm die neue Formel nur zögerlich auf und betonte und betont vor allem die **Bereichsspezifik**. Insgesamt geht er weniger dogmatisch als vielmehr pragmatisch mit den Formeln um.[248] Die neue Formel wird von ihm oft als eine Art Regelbeispiel zitiert, nach dem der Gleichheitssatz „**vor allem**" oder „**beispielsweise**" verletzt ist, wenn die Voraussetzungen der neuen Formel vorliegen. Auch nimmt er häufiger den jeweiligen Sachbereich zum Ausgangspunkt der Argumentation, um dann auf die neue Formel überzuleiten.[249] Dadurch bleibt er in seiner Argumentation flexibler.

Das sieht man zum Beispiel in BVerfG E 103, 310 (318) wo der zweite Senat seine Prüfung mit einer am Gerechtigkeitsgedanken orientierten Betrachtungsweise anfängt und dann fortfährt, dass eine Verletzung „anders formuliert" auch vorliege, wenn Gründe von solcher Art und solchem Gewicht bestehen.

Dieses Vorgehen hat einige Autoren veranlasst von einer **Differenz** der Senate, einer Spaltung der Rechtsprechung oder gar von einem Kampf der Senate zu sprechen, nach der der zweite Senat der Willkürformel verhaftet bleibe.[250]

Diese Ansichten sind mittlerweile überholt, auch wenn sie teilweise noch heute vertreten werden. Der zweite Senat geht in **ständiger Rechtsprechung** von der neuen Formel aus.[251] Mag er zwar die Bereichsspezifik stärker hervorheben, als der erste Senat, so wurde dies spätestens mit dem in E 88, 87 eingeführten abgestuften

---

[248] *Osterlohn* in Sachs Art. 3 Rn 35; *Kim* Konkretisierung S. 171, 175 f. Siehe auch *Hesse* Grundzüge Rn. 439 dort Fn. 88; *ders.* in Festschrift Lerche S. 121, 123, 125, der daraus allerdings den Schluss zieht, der zweite Senat würde die neue Formel nicht richtig umsetzen; ihm folgend offenbar *Martini* Prinzip absoluter Rechtsgleichheit S. 61 und *Kallina* Willkürverbot und Neue Formel S. 151 f.

[249] Entscheidungen, in denen der zweite Senat die neue Formel verwendet: BVerfG E 65, 377 (384); 71, 39 (59); 76, 256 (329); 80, 59 (66); 92, 277 (318); 93, 386 (397); 101, 275 (290); 103, 310 (318 f.); 107, 25 (45 f.); 110, 412 (432); NJW 2005, 1923 (1924).

[250] So etwa *Schoch* DVBl 1988, 863, 876 [„Kampf der Senate"]; *Stettner* BayVBl 1988, 545, 550; *Maaß* NVwZ 1988, 14 f.; *Von Münch* StaatsR II Rn. 575 [„Spaltung der Rechtsprechung"]; *Hesse* Grundzüge Rn. 439 dort Fn. 88; *ders.* in Festschrift Lerche S. 121, 123, 125 und ihm folgend *Martini* Prinzip absoluter Rechtsgleichheit S. 63 sind der Auffassung, der zweite Senat habe die neue Formel nie wirklich rezipiert und sei mittlerweile wieder zur Willkürrechtsprechung zurück gekehrt. Reserviert auch *Kallina* Willkürverbot und Neue Formel S. 154.

[251] Seit BVerfG E 76, 256 (320) spricht er von „ständiger Rechtsprechung" zur neuen Formel. Weitere Nachweise zur Rechtsprechung siehe oben Fn. 249.

Maßstab angeglichen, der die Bereichsspezifik stärker hervorhebt. Auch der **abgestufte Maßstab** wurde mittlerweile, wenn auch bisher sehr zurückhaltend und zögerlich, vom zweiten Senat aufgenommen.[252] Wie schon bei der ursprünglichen neuen Formel legt er hier eine eher pragmatische, unkonventionelle Sichtweise der Formeln an den Tag und setzt einzelne Aussagen verschiedener Formeln zu einer Gesamtaussage zusammen. Das ändert aber nichts daran, dass er sich der Auslegung des ersten Senates angeschlossen hat. Er setzt allenfalls unterschiedliche Akzente. Es geht jedoch immer um dieselbe Sache, nämlich den Gleichheitssatz des Art. 3 I GG. Was die Willkürformel angeht, so wird sie weiter von beiden Senaten verwendet, so dass hierin auch keine Besonderheit der Rechtsprechung des zweiten Senates erblickt werden kann.[253] Es handelt sich daher um eine Auslegung der Gleichheitssatzes durch des Bundesverfassungsgericht – allenfalls mit unterschiedlicher Akzentsetzung durch die Senate.

2) Ist die neue Formel neu?

An vielen Stellen dieser Arbeit wurde betont, dass die neue Formel in der Tradition der bisherigen Rechtsprechung zum Gleichheitssatz steht und **keinen Bruch** mit ihr darstellt. Alle Elemente, welche die neue Formel und ihr abgestufter Maßstab gebündelt aufführen, gab es – sieht man vielleicht von dem zweifelhaften der mittelbaren Gleichheitsverletzung einmal ab (dazu bereits oben, D II 4) – schon vorher. Deshalb drängt sich die Frage auf, was an der neuen Formel überhaupt neu ist. Wie kann man sie als *neue* Formel bezeichnen, wenn sie nur Altes – gewissermaßen neu verpackt – zusammengefasst präsentiert?

Der positive Grundton, mit dem die neue Formel von vielen in der Literatur aufgenommen wurde (dazu oben, D I – dort auch schon zur Ablehnung), schlägt bei dieser Frage in sein Gegenteil um. Hier überwiegen die **kritischen** Stimmen. Die Literatur geht zu einem Großteil davon aus, dass die neue Formel nichts wirk-

---

[252] So etwa in BVerfG E 101, 275 (291); 110, 412 (431 f.); NJW 2000, 572 (573); NJW 2002, 1103 (1104); NJW 2005, 2448.
[253] *Kim* Konkretisierung S. 171, 175 f.; *Robbers* DöV 1988, 749, 751; *Rüfner* in BK Art. 3 Rn. 26 f.; *Böckenförde* Diskussionsbeitrag in VVDStRL 47 (1989) S. 96. *Gubelt* in von Münch Art. 3 Rn. 14. *Heun* in Dreier Art. 3 Rn. 22; *Herzog* in MD Anhang zu Art. 3 Rn. 6; *Osterloh* in Sachs Art. 3 Rn. 35; *Odendahl* JA 2000, 170, 175. **Kritisch** *Bender* Befugnis S. 402 und dort auch Fn. 828 spricht von „Formelpotpourris" der Senate, die die Konturen des Gleichheitssatzes gefährden.

lich Neues bringe, was sich nicht auch mit der Willkürformel hätte begründen lassen. Die Formel erscheint damit als überflüssig.[254]

Wie schon oben (D III 2 a) angemerkt, bedeutet die neue Formel gerade **keinen Bruch** mit der alten Rechtsprechung. Sonst wäre die Willkürformel gerade nicht in die Prüfung integriert worden (dazu bereits oben D III 4). Sie steht vielmehr in deren **Tradition** und entwickelt sie weiter.[255] Auch Kritiker müssen zumindest eingestehen, dass die Formel ein nützliches **Argumentationsmuster** liefert, das die Prüfung erleichtert.[256] Und darum geht es gerade. Es ist richtig, dass es alle Elemente, die zu einer Verschärfung der Prüfung führen schon vorher gab.[257] Sie wurden von der Rechtsprechung je nach Bedarf herangezogen – oder auch nicht. In der neuen Formel sind all diese Elemente aber **integriert** und vor allem **sichtbar**. Neu und geradezu beispielgebend ist nämlich, dass mit der neuen Formel und vor allem dem abgestuften Maßstab die Gleichheitsprüfung transparenter wurde und mit nachprüfbaren und nachvollziehbaren Kriterien versehen ist. Die Formel zwingt dazu, Vergleichsgruppen zu bilden und rückt damit den **Vergleich** wieder in das Zentrum der Prüfung. Sie betont mit der Rückbesinnung auf den Wortlaut des Gleichheitssatzes den Wert und die Bedeutung des Menschen wieder stärker. Das wird auch in der Literatur positiv hervorgehoben.[258] Dadurch **strukturiert** sie die Gleichheitsprüfung besser. Sie schafft keine neue Gleichheitsprüfung und interpretiert den Gleichheitssatz auch nicht neu. Vielmehr fasst sie die einzelnen Elemente, welche bei der Gleichheitsprüfung von Bedeutung sein können und mal in der einen, mal in der anderen Entscheidung verwendet wurden, zusammen. Die Prüfung wird **nachvollziehbar, transparent** und – mehr oder weniger – **berechenbar**

---

[254] *Kirchhof* in HdBStR V § 124 Rn. 196, 217; *Osterloh* in Sachs Art. 3 Rn. 15; *Gassner* Heinrich Triepel S. 370; *Bryde/Kleindiek* Jura 1999, 36, 44 [auch zum abgestuften Maßstab]; *Starck* in vM Art. 3 Rn. 11; dezidiert *von Münch* StaatsR II Rn. 575. Differenzierend aber kritisch: *Heun* in Dreier Art. 3 Rn. 21 f. und dort auch Fn. 104; ebenfalls differenzierend *Kim* Konkretisierung S. 177. Siehe aber auch *Wendt* NVwZ 1988, 778, 781; *Schoch* DVBl 1988, 863, 875; *Sachs* JuS 1997, 124, 127; *Kallina* Willkürverbot und Neue Formel S. 141 ff.
[255] *Kim* Konkretisierung S. 177; *Sachs* JuS 1997, 124, 127. Siehe auch *Gassner* Heinrich Triepel S. 370, der den Bogen von der neuen Formel sogar zu Heinrich Triepel schlägt.
[256] So etwa *Starck* in vM Art. 3 Rn. 11.
[257] *Bryde/Kleindiek* Jura 1999, 36, 44. Vgl. insbesondere zum Argument, dass es die in der neuen Formel angelegte Prüfung der Angemessenheit schon in der Willkürformel gab *Stettner* BayVBl 1988, 545, 548; *Wendt* NVwZ 1988, 778, 786; *Rüfner* in BK Art. 3 Rn. 114; *Kischel* AöR 124 (1999) S. 174, 190.
[258] Siehe dazu schon oben D II 1, vor allem die Nachweise bei Fn. 9. Zum personalen Bezug siehe auch *Kirchhof* in HdBStR V § 124 Rn. 196, 217.

gestaltet und damit auch erleichtert. Sie gewinnt an Rationalität.[259] Das ist nicht nur ein Gewinn für Gerichte, die anhand der neuen Formel prüfen wollen – oder müssen. Es ist auch ein Gewinn für Verfahrensbeteiligte, da der Prüfungsmaßstab und das Prüfungsschema für sie offen gelegt wird. Wo vorher teilweise nur relativ pauschal von Willkür gesprochen wurde, werden jetzt deutlich mehr Kriterien verlangt – wenn man die Prüfung ernst nimmt, was aber auch beim Bundesverfassungsgericht nicht immer der Fall zu sein scheint.

Ob im Ergebnis die neue Formel **strenger** ist und es Fälle gibt, bei denen nach neuer Formel und Willkürformel unterschiedliche Ergebnisse erzielt worden wären, kann man nicht sagen. Auf diese hypothetische Frage kommt es nicht an. Entscheidend ist die bessere, transparentere und rationellere Prüfungsstruktur und die Tatsache, dass durch die neue Formel wieder der Mensch, die Person und damit der Vergleich zwischen Personen in den Mittelpunkt der Prüfung rückt. An der neuen Formel und ihrer Bezeichnung sollte daher festgehalten werden, schon um sie begrifflich von der Willkürformel zu scheiden.

3) Exkurs: Kontrolle der Rechtsprechung

Oben, C IV 1, wurde gezeigt, wie das Bundesverfassungsgericht bisher Gerichtsentscheidungen anhand des Gleichheitssatzes überprüft hat. Dabei muss von einer umfassenden und nicht eingeschränkten Kontrollbefugnis des Verfassungsgerichts ausgegangen werden. Alle in diesem Zusammenhang bisher diskutierten Formeln helfen nicht weiter und können das Dilemma des Verfassungsgerichts nicht lösen, dass es eigentlich immer umfassend kontrollieren müsste, dies aber schon rein praktisch nicht kann. Die oben vorgeschlagene pragmatische Lösung geht den Weg über eine *prima facie*-Betrachtung. Sofern keine ernsthaften Zweifel und Anhaltspunkte vorliegen, wird die Richtigkeit einer Entscheidung unterstellt, weil diese schon durch die Fachgerichte überprüft wurde. Hier reicht eine weniger intensive Kontrolle auf sachgerechte Gründe. Eine ausführlichere Gleichheitskontrolle ist daher nur eher selten notwendig. Die meisten Fälle können kurz abgehandelt werden. Hierfür eignet sich das traditionell verwendete und in der Rechtsprechung ausdifferenzierte Willkürverbot. Und in der Tat sind es meist Kammer-Entscheidungen, die auf diesen Weg zurückgreifen.

---

[259] *Wendt* NVwZ 1988, 778, 781; *Schoch* DVBl 1988, 863, 875; *Sachs* JuS 1997, 124, 127; siehe auch *Kim* Konkretisierung S. 179.

An diesem Befund hat sich mit der neuen Formel nichts geändert. Die Rechtsprechung hält bei der Kontrolle von Gerichtsentscheidungen an der Willkürformel fest. Die **neue Formel** wird aber immerhin auch verwendet, wenn es um die Nachprüfung von Gerichtsentscheidungen geht. Das ist zwar eher selten, verglichen mit Entscheidungen – meist der Dreier-Kammern – bei denen knapp und meist als Kurzformel auf das **Willkürverbot** zurück gegriffen wird. Die Auffassung aber, wonach die neue Formel bei der Kontrolle von Gerichtsentscheidungen **nicht** verwendet werde, dürfte hingegen durch die Praxis überholt sein. Sie **widerspricht** im Übrigen, wie bereits oben, C IV 2 d, angemerkt, dem Wesen des Gleichheitssatzes, der allgemein und für alle drei Gewalten gleich gilt.[260]

Auch der **abgestufte Maßstab** oder zumindest Elemente dieses Maßstabs finden sich – sehr selten – im Zusammenhang mit der neuen Formel bei der Kontrolle von Gerichtsentscheidungen.[261] Entscheidungen, die die neue Formel heranziehen, sind oft grundsätzlicher Art oder beschäftigen sich intensiv mit der Auslegung des durch das Fachgericht anzuwendenden Rechts. Daraus kann aber nicht geschlossen werden, die neue Formel werde nur bei der **Schumannschen Formel** (dazu oben C IV 1 a bb) angewendet.[262] Denn es gibt auch Entscheidungen, die die falsche Auslegung von Normen rügen und dies mit dem Willkürverbot

---

[260] So aber *Osterloh* in Sachs Art. 3 Rn. 123 ff. Demgegenüber: Nachprüfung von Gerichtsentscheidungen mit **neuer Formel** BVerfG E 58, 369 (374); 65, 377 (384); 70, 230 (240); 84, 197 (199); 99, 129 (139); 101, 239 (269); NVwZ 1985, 731; NVwZ 1995, 989 (990); DVBl 1996, 1122; NVwZ 1998, 836 (837); NJW 2000, 2187; NJW 2000, 3341 (3342); NJW 2001, 2160; NVwZ 2001, 1148 (1149); DVBl 2002, 400 (402); NVwZ 2005, 1416 (1417) – mit **Willkürprüfung** bei BVerfG E 59, 36 (49); 66, 199 (206); 70, 93 (97); 71, 354 (362 f.); 80, 48 (51 f.); 86, 59 (62 f.); 89, 1 (13 f.); 96, 172 (203); 112, 185 (215) und hauptsächlich bei **Kammerentscheidungen** – siehe dazu die Nachweise oben bei Fn. 241. Zur **neuen Formel** bei Gerichtsentscheidungen *Bender* Befugnis S. 399 f.; *Sachs* JuS 1997, 124, 126; *Krugmann* JuS 1998, 7, 12; *Maaß* NVwZ 1988, 14 (15); *Kokott* in Festschrift 50 Jahre BVerfG S. 127, 143. Zur umfassenden Geltung des Gleichheitssatzes **für alle Gewalten** *Gubelt* in von Münch Art. 3 Rn. 44 ff. mit Rn. 14 ff.; *Maaß* NVwZ 1988, 14 (15).
[261] Vgl. etwa BVerfG E 99, 129 (139); 101, 275 (291); DVBl 2002, 400 (402); NJW 2003, 961. Bezeichnend ist hier auch die Entscheidung BVerfG E 103, 172 (193 f.) wo der Erste Senat die Prüfung mit Elementen des abgestuften Maßstabs beginnt, dann aber einschränkt, dass Auslegung und Anwendung der angegriffenen Normen Sache der Fachgerichte seien und hier wieder das Willkürverbot zitiert.
[262] So aber wohl *Jarass* in JP Art. 3 Rn. 37 f.; *ders.* NJW 1997, 2545, 2548: für Auslegung und Lückenfüllung seien Gleichheitssatz und neue Formel zuständig, sonst die dem Vergleich enthobene Willkürformel. Einen gänzlich **anderen Ansatz** wählt *Krugmann* JuS 1998, 7, 12, der die Zulässigkeitsanforderungen einer Klage strenger fassen möchte, weil materielle Kriterien zur Unterscheidung zwischen Willkür und der neuen Formel nichts taugen würden.

begründen.²⁶³ Damit ändert sich an dem oben schon festgestellten Befund zur Kontrolle von Gerichtsentscheidungen und der *prima facie*-Vermutung zugunsten der Fachgerichte nichts.²⁶⁴ Dass aber auch bei der Kontrolle von Gerichtsentscheidungen die neue Formel und seltener auch der abgestufte Maßstab herangezogen werden zeigt aber, dass die neue Formel hier durchaus ihren Platz hat und auch für Gerichte verwendet wird. Diesen Befund gilt es auch für die im nächsten Kapitel folgende Untersuchung zur Verwaltung im Gedächtnis zu halten.

4) Ausblick

Wie entwickelt sich die Rechtsprechung zum Gleichheitssatz weiter? Überholt oder erledigt wie manche Stimmen in der Literatur vermuten,²⁶⁵ ist die neue Formel nicht. Sie wird in der Rechtsprechung bis heute verwendet. Ist mit der neuen Formel und dem abgestuften Maßstab ein „differenzierungstechnischer" Endstand erreicht? Davon sollte man schon deswegen nicht ausgehen, als Rechtsprechung nie statisch ist, sondern sich und das durch sie interpretierte Recht immer weiter entwickelt.

a) Ein solcher Versuch der Weiterentwicklung kann möglicherweise in der Entscheidung des ersten Senats des Bundesverfassungsgerichts vom 2.3.1999 zur **Montanmitbestimmung** (BVerfG E 99, 367) gesehen werden. In der Sache ging es darum, dass die besonderen Mitbestimmungsvorschriften der Montanindustrie in Aufsichtsräten von Gesellschaften (paritätische Beteiligung der Arbeitnehmer) durch eine Gesetzesänderung auch auf Konzernobergesellschaften erstreckt wurde. Das Gericht nimmt zum Teil eine fast lehrbuchmäßige Prüfung vor und wendet die

---

[263] Kontrolle von Gerichtsentscheidungen anhand der neuen Formel, bei denen es um die Normauslegung geht: BVerfG E 99, 129 (139); 101, 132 (138); 101, 239 (269); NVwZ 2005, 1416 (1417) – demgegenüber etwa BVerfG E 96, 172 (203) wo von willkürlicher Rechtsanwendung die Rede ist.
[264] Die Rechtsprechung ist nach Ansicht *Benders* in Befugnis S. 399, 402 dort Fn. 828 in der Anwendung der neuen Formel bei Gerichtentscheidungen **nicht einheitlich** und unsicher. Er sieht a.a.O. S. 401 f. die Willkürkontrolle als subsidiäre **Grundkontrolle** gerichtlicher Entscheidungen an, auf deren Basis eine Intensivierung der Prüfung zu erfolgen habe; wohingegen die neue Formel bei einem personalen Bezug oder allgemein – und wenig präzise – dann einschlägig sei, wenn eine Behandlung für die Betroffenen von ganz besonderer Bedeutung seien.
[265] *Starck* in vM Art. 3 Rn. 11, 17 hält die neue Formel nach BVerfG E 93, 121 (133 f.) für erledigt, da das BVerfG den Gleichheitssatz nun auch im verfassungsrechtlichen Kontext interpretiere; sie befinde sich seiner Ansicht nach schon auf dem Rückzug. Damit ignoriert er aber die weitere Entwicklung. Siehe auch die Nachweise oben bei Fn. 254.

von ihm aufgestellten Kriterien zur neuen Formel und ihrem abgestuften Maßstab an.[266]

Nachdem das Gericht sehr ausführlich den abgestuften Prüfungsmaßstab und die damit korrespondierende Kontrolldichte sowie den gesetzlichen Einschätzungsspielraum dargestellt hat, ermittelt es den im konkreten Fall anwendbaren Prüfungsmaßstab. Aufgrund des weniger stark ausgeprägten personalen Bezuges sei kein sehr strenger Maßstab anzuwenden. Ausreichend seien *hinreichend sachbezogene, nach Art und Gewicht vertretbare Gründe*. Der Gesetzgeber habe nicht „den strengen Bindungen an Verhältnismäßigkeitserfordernisse" unterlegen[267]. Danach prüft das Gericht als erstes das legitime **Ziel**, den **Zweck** der Regelung und stellt fest, dass ein sachlicher Zusammenhang zwischen dem Zweck der Regelung und dem als „Mittel gewählten Differenzierungsmerkmal" bestehe.

Die Begriffswahl ist nicht richtig. Es meint hier nicht das gesetzliche Differenzierungsmerkmal, sondern den vom Gesetzgeber als relevant erachteten Bezugspunkt, also das Unterscheidungskriterium für die Gleichheitsprüfung. Geht das Gericht hier von einer Zweck-Mittel-Relation beim Gleichheitssatz aus? Das muss schon aufgrund der Formulierung „sachlicher Zusammenhang" bezweifelt werden, denn dies weist eher auf eine **Entsprechensprüfung** hin (dazu schon oben, C III 3 b). Klarer wird es durch den zweiten Prüfungspunkt.

Dort untersucht das Gericht, ob die durch den Gesetzgeber in der Norm konkret gewählten Differenzierungsmerkma*l*e einen ausreichenden Montanbezug aufweisen. Das ist eine klassische **Entsprechensprüfung**. Es wird geprüft, ob, das Merkmal dem als relevant eingestuften rechtlich/tatsächlichen Kriterium „Montanbezug" entspricht. Der „Montanbezug" steht damit als tatsächliches Unterscheidungsmerkmal und Bezugspunkt der Prüfung fest.

Wie aber kam man auf den Montanbezug? Dieser wurde zuvor anhand der **Gesetzeszwecks** ermittelt – und das ist auch die Bedeutung des ersten Prüfungspunktes. Der legitime **Zweck** „Sicherung der Mitbestimmung in der Montanindustrie" ist nur dann zu erreichen, wenn die Unterscheidung spezifisch für die Montanindustrie ist, einen Montanbezug hat. In Hinblick *darauf* wird verglichen. Dieses Kriterium als Mittel zu bezeichnen, das in sachlichem Zusammenhang mit dem Zweck der

---

[266] Zu dieser Entscheidung auch *Gubelt* in von Münch Art. 3 Rn. 14, der in ihr einen ersten Ansatz zu einer weiteren Konkretisierung der Prüfung bei einer Regelung mit geringem personalen Gehalt („hinreichend sachbezogen, nach Art und Gewicht vertretbare Gründe") sieht. Zur neueren Rechtsprechung auch *Brüning* JZ 2001, 699, 672; *Michael* JuS 2001, 866, 869; ders. JuS 2001, 148, 153.

[267] BVerfG E 99, 367 (388 ff., 390 f.) – Zur Formulierung „Verhältnismäßigkeitserfordernisse" siehe bereits oben, S. 274 ff.; dort wurde auch dargelegt, dass damit keine Prüfung der Verhältnismäßigkeit im Sinne der Prüfung bei den Freiheitsrechten gemeint ist.

Regelung stehen müsse, ist aber für zu weit gehend und eher verwirrend als klärend. Denn es weist begrifflich auf eine Zweck-Mittel-Relation hin, wie es sie bei den Freiheitsrechten gibt, hier aber nicht. Der Montanbezug ist nicht das Mittel, um die Mitbestimmung in der Montanindustrie zu schützen. Es kommt auf den **Zusammenhang** zwischen dem Differenzierungskriterium und dem Differenzierungsgrund oder –ziel und nicht primär mit dem Gesetzesziel an.[268] Der Montanbezug ist der Grund, der eine Unterscheidung rechtfertigt, bzw. der begründet, dass gerade keine Ungleichbehandlung in diesem Bereich vorliegt. Der Gesetzeszweck ist hier insofern von Bedeutung, als er die Vergleichsperspektive lenkt und vorprägt und so letztlich das relevante Unterscheidungskriterium (mit) bestimmt.

b) Es gibt noch weitere Entscheidungen, die nach diesem Schema verfahren. Sie weisen mit erfreulicher Klarheit auf die Möglichkeiten der neuen Formel mit dem abgestuften Maßstab hin und zeigen sehr gut und sehr nachvollziehbar wie differenziert eine Prüfung aussehen kann. Störend ist aber, dass das Gericht dabei häufig Begriffe einer Zweck-Mittel-Relation und aus der Prüfung der Freiheitsrechte einflicht, obwohl es sich um ein Entsprechensprüfungen handelt. *Michael* kritisiert deswegen eine Vermengung mit der Prüfung der Freiheitsrechte. Hier wird zumindest terminologisch, letztlich aber nicht der Sache nach vermengt. Es handelt sich um ausgeprägte Entsprechensprüfungen. Die Entscheidungen betonen das Gesetzesziel stark. Das ist aber, wie ebenfalls gerade angemerkt, nicht falsch. Denn das Gesetzesziel lenkt die Vergleichsbetrachtung. In Sachbereichen, die sehr stark durch den Gesetzgeber vorgeprägt sind, in denen er einen großen Gestaltungsspielraum hat, ist dieser Bezug stärker ausgeprägt als in anderen.[269]

c) Ob diese Tendenz anhält, lässt sich anhand der wenigen Entscheidungen nicht sagen. Es scheint aber gut möglich. Zu begrüßen ist daran, dass die Bedeutung der Entsprechensprüfung und auch die des Gesetzeszwecks für die Gleichheitsprüfung besser dargestellt werden. Allerdings sollte das Gericht hier zum einen begrifflich die Eigenständigkeit des Gleichheitssatzes besser betonen. Zum anderen sollte es dabei klarer fassen, dass für die Gleichheitsprüfung nicht der Gesetzeszweck, son-

---

[268] Siehe dazu auch *Brüning* JZ 2001, 699, 672; *Rüfner* in BK Art. 3 Rn. 29.
[269] So etwa in BVerfG E 99, 367 (388 ff.); 100, 59 (90 ff., 93 ff.); 100, 138 (181); 102, 68 (87 ff., 89 ff.); 103, 392 (397 ff., 399 ff.). Siehe auch *Michael* JuS 2001, 866, 869; *ders.* JuS 2001, 148, 153.

dern der Grund der Differenzierung ausschlaggebend ist, wenngleich der Gesetzeszweck diesen maßgebend beeinflusst.²⁷⁰

5) Fazit

Die neue Formel ist ein einheitlicher, von beiden Senaten des Bundesverfassungsgerichts angewendeter, ausgewogener Maßstab der Gleichheitsprüfung. In ihrem abgestuften Maßstab vereinigt sie alle für die Gleichheitsprüfung relevanten Kriterien. Dass sie in der Mehrheit der Entscheidungen nicht angewandt wird, liegt daran, dass die meisten Fälle Standardsituationen betreffen, bei denen der Maßstab von vornherein nicht sehr streng ist, so dass man pragmatischer Weise in der alten Rechtsprechung bleiben kann. Das ist zwar eigentlich nicht korrekt, denn die neue Formel wirkt umfassend, vom Ergebnis her jedoch hinzunehmen.

Die neue Formel steht in der Tradition der bisherigen Rechtsprechung. An diese knüpft sie an.²⁷¹ Sie ist insofern neu und trägt diesen Namen zu Recht, als sie die Prüfung besser strukturiert und nachvollziehbar macht, indem sie alle hierfür relevanten Kriterien nennt und auch die Beziehung zu den Freiheitsrechten und dem Wortlaut des Gleichheitssatzes besser herstellt. Deswegen und um sie von der Willkürformel zu scheiden, sollte sie auch weiterhin als neue Formel bezeichnet werden.

Die neue Formel – auch in der Form des abgestuften Maßstabs – wird vom Bundesverfassungsgericht bei der Kontrolle von Entscheidungen der Fachgerichte herangezogen. Allerdings genau so selten, wie zuvor Erwägungen zum Gleichheitssatz im Vergleich zur Willkürformel. Festzuhalten bleibt aber, dass sie verwendet wird.

Neuere Tendenzen in der Rechtsprechung lassen eine teilweise stärkere Betonung der Entsprechensprüfung erkennen, bei der der Zweck des Gesetzes hervorgehoben wird. Bedenklich an dieser Tendenz ist eine Vermengung mit Begrifflichkeiten der Freiheitsrechte. Insgesamt ist sie aber zu begrüßen, weil sie zeigt, dass das Gericht die neue Formel auch weiterhin verwenden möchte.

---

[270] Auf einen anderen, hier nicht weiter verfolgten Aspekt der neueren Judikatur im Steuerrecht machen *Seiler* JZ 2004, 481 ff. und *Meyer* DöV 2005, 551 ff. aufmerksam. Es geht um die Auswirkung von in Normen angelegten Vollzugsdefiziten auf die Norm selbst (*Seiler* a.a.O. S. 484, 485 f.; *Meyer* a.a.O. S. 554, 556 f.). Allerdings erwähnen beide die neue Formel dabei mit keinem Wort.
[271] Dazu auch *Sachs* JuS 1997, 124, 127.

V) Ergebnis

Mit der neuen Formel hat das Bundesverfassungsgericht den Inhalt des Gleichheitssatzes besser strukturiert und die Prüfung transparenter gestaltet. Sie ist zwar nicht wirklich neu, denn alle Elemente, die in ihr zum Ausdruck kommen, finden sich in der Rechtsprechung des Bundesverfassungsgerichts wieder. Neu ist aber, dass diese vereinzelten Elemente nunmehr durch den abgestuften Maßstab in einer Formel zusammen gefasst und weiter ausdifferenziert werden. Die neue Formel geht bereichsspezifisch vor und ist eine Entsprechensprüfung. Auch durch die neue Formel ist die Prüfung von Gleichheit und den Freiheitsrechten verschieden. Eine Prüfung der Verhältnismäßigkeit im weiteren Sinne, wie bei den Freiheitsrechten, findet nicht statt. Die Prüfung bleibt zweistufig.

E) Neue Formel und Verwaltung

Im Laufe dieser Arbeit wurden im Hinblick auf die Bedeutung des Gleichheitssatzes für die Verwaltung und die Bindung der Verwaltung an diesen schon verschiedene Feststellungen getroffen. Diese sind gerade für die neue Formel und ihr Verhältnis zur Verwaltung von Bedeutung. Sie sollen deswegen noch einmal kurz zusammen gefasst werden.

1) Die **Bindung** an den Gleichheitssatz ist für alle Staatsgewalten **gleich**. Es wurde weder für den Gesetzgeber noch für die anderen Gewalten eine funktionell oder institutionell unterschiedliche Bindung festgestellt. Eine Trennung zwischen Rechtsanwendungs- und Rechtsetzungsgleichheit ist unzureichend (dazu oben A II 4). Ein Unterschied in der konkreten Gleichheitsprüfung besteht aber insofern, als die Rechtsanwendung *mehr* Bindungen unterliegt, weil sie an die Gesetze gebunden ist. Diese **weiteren Bindungen** können die Verwaltung *zusätzlich* einschränken und auch die Vergleichsprüfung stärker einengen und vorstrukturieren, weil etwa die Vergleichsfrage vom Gesetzgeber schon vorentschieden worden sein kann – aber nicht muss, wie die Einräumung von Ermessen zeigt. Es hängt daher immer davon ab, wie konkret die Vorgaben der anzuwendenden und zu beachtenden Normen sind. Pauschale Betrachtungen sind hier schwierig. Die weitere Einschränkung folgt dann aber nicht aus dem Gleichheitssatz, sondern **bereichsspezifisch** aus den zu beachtenden Normen. Die bereichsspezifische Vorprägung und Auswirkung auf den Gleichheitssatz ist keine Besonderheit für die Verwaltung, sondern tritt überall auf, wo die wertungsoffene Generalklausel des Gleichheitssatzes angewendet wird.

Die **Kriterien** und **Topoi**, anhand derer die Bindung an den Gleichheitssatz kontrolliert werden, sind ebenfalls für alle Gewalten **gleich**. Hauptformel ist hier das Willkürverbot, für das zwar bei der Verwaltung teilweise unterschiedliche Varianten diskutiert werden (z.B. subjektive Willkür und auch das allgemeine, dem Vergleich enthobene Willkürverbot – dazu C II 2 b bb α,γ). Die Rechtsprechung beurteilt aber letztlich alle Gewalten nach den gleichen Kriterien und Formeln.

2) Die bisherigen Aussagen zum Gleichheitssatz und der Verwaltung lassen darauf schließen, dass sich an dieser Bewertung durch die neue Formel nichts ändert, diese vielmehr in das bestehende System der Gleichheitskontrolle der Verwaltung eingefügt werden kann – und sollte. In diesem letzten Kapitel wird deshalb gefragt, ob die neue Formel ohne weiteres auf die Überprüfung von Verwaltungshandlungen übernommen werden kann, ob sie von Rechtsprechung und Literatur übernommen wurde und wie sich eine Übernahme praktisch auf die Art und Weise der Prüfung auswirkt. Das soll an Sachbereichen des Verwaltungsrechts geschehen, in denen dem Gleichheitssatz schon heute eine eigenständige Bedeutung zukommt, beispielsweise bei der Kontrolle des Ermessens oder bei der Selbstbindung der Verwaltung.

I) Aussagen zu Verwaltung und neuer Formel

Die neue Formel wurde vom Bundesverfassungsgericht zur Kontrolle des Gesetzgebers und von Gerichtsentscheidungen herangezogen. An den grundsätzlichen Erkenntnissen zur Bildung von Gesetzgebung und Gerichten an den Gleichheitssatz ändert sich aufgrund der neuen Formel nichts. Das Bundesverfassungsgericht äußert sich zum Verhältnis der neuen Formel und der Verwaltung nicht. Relevant ist die Kontrolle der Auslegung der Gesetze durch die Gerichte. Die Rolle der normanwendenden Verwaltung in der neuen Formel war bisher noch kein Thema für das Bundesverfassungsgericht. Ähnlich ist die Situation bei der verfassungsrechtlichen wie der verwaltungsrechtlichen Literatur. Die neue Formel ist, sofern sie überhaupt im Zusammenhang mit der Verwaltung erwähnt wird, in der Regel kein Thema in wissenschaftlichen Abhandlungen.

1) Bundesverfassungsgericht

Insgesamt sind die direkten Aussagen des Bundesverfassungsgerichts zur Verwaltung und dem Gleichheitssatz gering. Das Gericht muss sich nicht unmittelbar mit Verwaltungsentscheidungen auseinander setzen, weil gegen diese schon der Rechtsweg vor den Fachgerichten beschritten werden kann und angesichts der Subsidiarität der Verfassungsbeschwerde nach § 90 I 1 BVerfGG in der Regel auch beschritten werden muss.[1] Deswegen finden sich meist nur allgemeine Äußerungen zur Bindung der Verwaltung an die Grundrechte und den Gleichheitssatz (siehe oben A I 1, II). Höchst selten sind daher Entscheidungen wie die vom 26.2.1985,

---

[1] Zur Subsidiarität und neueren Entwicklungen der Rechtsprechung *O'Sullivan* DVBl 2005, 880 ff., 884 f.; kritisch *Linke* NJW 2005, 2190, 2191 f.

bei der es unmittelbar um die Praxis in einer Justizvollzugsanstalt bzw. deren Aufsichtsbehörde ging:

Die Aufsichtsbehörde weigerte sich über fünf Jahre hinweg und trotz mehrer verlorener Gerichtsverfahren, dem von der Justizvollzugsanstalt befürworteten Urlaubsantrag eines Strafgefangenen zuzustimmen. Das Bundesverfassungsgericht überprüft hier in der Kostenentscheidung – die Verfassungsbeschwerde hatte sich mittlerweile erledigt – die Sachbehandlung durch die Justizbehörden und stellt einen Verstoß gegen den Gleichheitssatz und das Willkürverbot fest, von dem eine Verwaltungsbehörde auch bei Ermessensentscheidungen nicht befreit sei.[2]

Diese Entscheidung setzte sich mit einer Behandlung durch die Verwaltung am Maßstab des Gleichheitssatzes und des Willkürverbots in ihrer bisherigen Form auseinander. Es fanden sich **keine** Entscheidungen des Bundesverfassungsgerichts zur **neuen Formel**, bei denen es sich mittelbar oder unmittelbar zu Entscheidungen von **Verwaltungsbehörden** äußern würde. Eine Andeutung der Bindung der Verwaltung an die neue Formel kann einer Entscheidung des Bundesverfassungsgerichts vom 8. April 1997 entnommen werden. Im Zusammenhang mit der Frage, in wie weit sich juristische Personen auf den Gleichheitssatz (und die neue Formel) berufen können führt das Gericht aus, dass das Ausmaß und die Betroffenheit juristischer Personen durch **hoheitliche Akte** unterschiedlich ausfallen könne.[3] Diese Formulierung ist sehr weit und umfasst auch und gerade Handlungen der Verwaltung, wenn sie ihre „Hoheitsgewalt" ausübt. Daraus könnte man den Schluss ziehen, dass das Gericht die Bindung der Verwaltung – auch an die neue Formel – wie selbstverständlich unterstellt und deswegen keine ausdrücklichen Erwähnung mehr für notwendig erachtet.

Wenn in der Literatur aber – sofern sie das Thema überhaupt behandelt – nahe gelegt wird, das Bundesverfassungsgericht habe sich deutlich zur Bindung der Verwaltung an die neue Formel geäußert, so ist das nicht richtig.[4] Es hat sich allerdings schon öfter mit der Bindung der **Rechtsprechung** an den Gleichheitssatz und die neue Formel auseinander gesetzt (dazu schon oben D IV 3). Die Rechtsprechung muss wie die Verwaltung die Normen anwenden. Deswegen gilt die Feststellung im

---

[2] BVerfG E 69, 161 (168 f.).
[3] BVerfG E 95, 267 (317).
[4] So aber *Seibert* in Festgabe 50 Jahre BVerwG S. 535, 539 und dort auch Fn. 24; in allen von ihm zitierten Entscheidungen ging es um die Kontrolle gerichtlicher Normauslegung (vgl. die angeführten Entscheidungen BVerfG E 58, 369 (373 f.); 70, 230 (239 f.); 74, 129 (149); 79, 106 (121); 84, 197 (199); Entscheidung vom 26.9.2001 – 1 BvR 1740/98, 69/99, 521/99) – von der Verwaltung war keine Rede.

Zusammenhang mit der neuen Formel, dass die Gerichte den Gleichheitssatz auch verletzen, wenn sie im Wege der **Auslegung oder Lückenfüllung** zu einer **dem Gesetzgeber verwehrten** Differenzierung gelangen,[5] auch für die Verwaltung. Das Gericht knüpft mit diesem Satz nur an seine alte Rechtsprechung zur Bindung an den Gleichheitssatz nach der sogenannten Schumannschen Formel (dazu oben C IV 1 a bb) an. In diesem Zusammenhang hatte es auch die Bindung der Verwaltung schon erwähnt. Es geht hier um die Gesetzesauslegung. Das dürfte der unproblematischste Bereich sein. Sowohl die Verwaltung als auch die Gerichte wenden Gesetze an und legen sie auch aus. Rechtsprechung und Verwaltung sind beides Normanwender. Wenn die neue Formel für den einen gilt, so liegt der Schluss nahe, dass sie für den anderen ebenfalls gilt. Dies gilt um so mehr als, wie oben (C IV 1 a aa, bb) schon erörtert, es praktisch nicht möglich ist, die Gesetzesauslegung (und -fortbildung) von der „reinen" Gesetzesanwendung zu trennen. Die Bereiche der Judikative und der Exekutive nähern sich so an. Sie unterscheiden sich aber maßgeblich darin, dass die eine Gewalt befugt ist, Entscheidungen der anderen Gewalt zu überprüfen und zu kassieren.[6] In der Möglichkeit der Bindung an die Verfassung und der Möglichkeit, diese Bindung nachzuprüfen erscheinen sie hingegen gleich.

Diese allgemeinen Ausführungen sollen an dieser Stelle genügen, denn mangels konkreter Aussagen des Gerichts kann hier eine Bindung nur unterstellt werden. Deswegen ist um so wichtiger, wie die Literatur diesen Komplex behandelt und was die Verwaltungsrechtsprechung, die unmittelbar mit Verwaltungsentscheidungen zu tun hat, die Bindung an die neue Formel behandeln.

2) Literatur und neue Formel (nach 1980)

Angesichts der Fülle der Abhandlungen zum Gleichheitssatz wie der allgemeinen verwaltungs- und verfassungsrechtlichen Literatur ist es nicht möglich, alle Werke abzubilden ohne dem Vorwurf ausgesetzt zu sein, einige übersehen zu haben. Diesen enzyklopädischen Überblick strebt diese Arbeit nicht an. Er wird auch keine anderen Ergebnisse zeitigen als ein Ausschnitt aus der wesentlichen Literatur und

---

[5] BVerfG E 58, 369 (373 f.); 59, 52 (59); 65, 377 (384); 70, 230 (239 f.); 74, 129 (149); 79, 106 (121); 84, 197 (199); 99, 129 (139); 101, 239 (269); DVBl 96, 1122; NJW 2000, 3341 (3342); NJW 2001, 2160; NVwZ-RR 2003, 354.
[6] Zur Trennung der Judikative von den übrigen Gewalten vgl. *Heyde* in HdBVerfR § 33 Rn. 6 f., 13 f.

einiger Werke zu Spezialthemen, wie etwa der Selbstbindung der Verwaltung. An dieser Stelle geht es zuerst darum, einen beispielhaften Überblick darüber zu gewinnen, wie die neue Formel nach ihrem Aufkommen 1980 von der Literatur in Bezug zur Verwaltung gesetzt wurde. Später wird bei bestimmten Einzelthemen noch einmal gesondert auf einige Autoren zurückzukommen sein.

Stellt man sich die Frage, wie das Verhältnis der neuen Formel zur Verwaltung in der Literatur aufgenommen und verarbeitet wurde, so lassen sich drei Gruppen von Autoren unterscheiden.

a) Keine Erwähnung bei der Verwaltung

Einige Autoren, häufig solche zu verwaltungsrechtlichen Themen, erwähnen die neue Formel in keinem Zusammenhang mit der Verwaltung, sondern gehen weiterhin von den eingespielten und bekannten Formulierungen zum Gleichheitssatz und der Willkürformel aus. Das trifft auch auf viele verfassungsrechtliche Autoren zu.

Ein bezeichnendes Beispiel für die **verwaltungsrechtliche** Literatur[7] ist *Kopp/Ramsauer* mit dem Standardkommentar zum Verwaltungsverfahrensgesetz. Hier sucht man Aussagen zur neuen Formel und der Verwaltung vergeblich. Im Bereich des § 40 VwVfG, der die Ermessensbindungen der Verwaltung und damit auch die Selbstbindung behandelt, wird der Gleichheitssatz an einigen Stellen erwähnt und diskutiert. Die verwendeten Begriffe sind aber die überkommenen der Willkür (sachfremde, zweckwidrige Erwägungen etc.).[8] Aus der **verfassungsrechtlichen** Literatur[9] kann man hier *Osterloh* im Grundgesetzkommentar von Sachs

---

[7] Weitere Beispiele: *Peine* Allgemeines VerwR Rn. 64, 185 allgemein zur Bindung an GHS [allgemein]; *Maurer* VerwR § 24 Rn. 21 ff. [Selbstbindung]; *Di Fabio* VerwArchiv 86 (1995) S. 214, 223, 233; *Hufen* Fehler im Verwaltungsverfahren Rn. 59 f. sowie dort Fn. 44. [Selbstbindung]; *Guckelberger* Die Verwaltung 35 (2002) S. 61, 66, 81 [Selbstbindung]; *Pietzcker* JZ 1989, 305, 307 [ermessensfehlerfreie Behandlung]; *Fischer* Dogmatik des Allgemeinen Verwaltungsrechts S. 163 [Kontrolle von Gerichtsentscheidungen]. Verwunderlich auch *Kölbel* Gleichheit im Unrecht Rn. 59/60 und Fn. 52, der sich intensiv mit den Bindungen der Verwaltung an den Gleichheitssatz auseinander setzt, ohne die neue Formel auch nur ansatzweise zu diskutieren. Verwunderlich auch *Gängel/Gansel* NVwZ 2001, 1208, 1214 und *Kunze* NJW 2001, 1608, 1610 f., die nur von Willkür sprechen, obwohl sie im Folgenden Rechtsprechung darstellen, die auch – allerdings nicht von ihnen zitiert – die neue Formel verwendet.

[8] *Kopp/Ramsauer* VwVfG § 40 Rn.24, 25, 31, 51, 55, 66.

[9] Weitere Beispiele: Keine Aussage zur neuen Formel bei **allgemeiner Darstellung** der Bindung der Verwaltung *Bleckmann* StaatsR II § 24 Rn. 132, 138; *Gusy* NJW 1988, 2505, 2509 f.; *Schoch* DVBl 1988, 863, 868; *Stein/Götz* StaatsR S. 392 ff.; *Brüning* JA 2001, 611f., 614 f. Auch *Hesse* scheint die Beziehung zwischen Gleichheit und Verwaltung nicht für problematisch zu erachten, denn er erwähnt in Grundzüge Rn. 430, 438 ff. hinsichtlich des materiellen Inhalts des Gleichheitssatzes nur den Gesetzgeber. Keine

nennen. Sie erwähnt im Zusammenhang mit der Kontrolle der Verwaltung durch den Gleichheitssatz etwa bei den Spielräumen der Verwaltung und bei der Selbstbindung die neue Formel nicht und sieht in der neuen Formel eine Effektuierung des Gleichheitssatzes gegenüber dem Gesetzgeber – ohne dabei die anderen Gewalten zu beachten. Erwähnt sie Maßstäbe bei der Verwaltung, nimmt sie die überkommenen und spricht etwa davon, dass die Verwaltung nach sachgerecht begründeten Kriterien folgerichtig handeln müsse.[10] Als neueren Autor einer Monografie zum Gleichheitssatz kann man hier auch *Kim* einordnen. Er folgt zwar weitgehend der Rechtsprechung des Bundesverfassungsgerichts zur neuen Formel und dem abgestuften Maßstab, bezieht aber die Verwaltung in seine Darstellung nicht ein. Seine Aussagen zur Verwaltung bleiben allgemein und werden vor allem im Zusammenhang mit dem Willkürverbot getroffen.[11]

b) Pauschaler Bezug auf Verwaltung

Die zweite Gruppe, oft Autoren zu verfassungsrechtlichen Themen, stellt die neue Formel im Zusammenhang mit der Gesetzgebung dar, so also, wie sie auch entwickelt wurde. Später wird dann darauf verwiesen, dass die Bindung bei der Verwaltung den gleichen Grenzen unterliege, oder es wird einfach pauschal auf die Ausführungen zum Gesetzgeber verwiesen, wenn es um die Bindung der Verwaltung geht. Damit ist aber nicht viel geholfen, weil diese pauschalen Aussagen nicht auf die konkrete Art und Weise der Bindung und die daraus möglicherweise entstehenden Probleme eingehen. In diese Gruppe fallen auch **verwaltungsrechtliche Autoren**,[12] wie etwa *Wolff/Bachof/Stober*, die in ihrem Verwaltungsrechtslehrbuch unter dem Punkt Rechtsanwendungsgleichheit die neue Forme zwar erwähnen und auch kurz behandeln, sie aber nicht weiter in Beziehung zu den Bereichen des Verwaltungsrechts setzen, bei denen der Gleichheitssatz von Bedeutung ist. Im Absatz,

---

Aussagen bei **Themen mit Verwaltungsbezug**: *Paehlke-Gärtner* in Umbach/Clemens Art. 3 Rn. 199; *Badura* in Festschrift Friauf S. 529, 531 [Teilhabeanspruch]; *Kirchhof* in HdBStR V § 125 Rn. 17 [Selbstbindung]; *von Münch* StaatsR II Rn. 577 [Selbstbindung]; *Stern* StaatsR III/1 S. 1350 ff. stellt die verschiedenen Bereiche dar, in denen der Gleichheitssatz für die Verwaltung relevant ist, ohne die neue Formel überhaupt zu erwähnen; bezeichnend auch *Gubelt* in von Münch Art. 3 Rn. 39, der etwa beim Punkt „Selbstbindung" nichts zur neuen Formel sagt, obwohl er sie eigentlich für alle Gewalten anwenden will. Bezeichnend auch *Michael* Methodennorm, der die neue Formel zwar erwähnt (z.B. S. 263 f., 285, 291), sie jedoch nie im Zusammenhang mit der Verwaltung setzt.
[10] *Osterloh* in Sachs Art. 3 Rn. 116, 118 f. [zur Kontrolle der Verwaltung], Rn. 14 [Effektuierung gegenüber dem Gesetzgeber], Rn. 117 [nach sachgerecht begründeten Kriterien, folgerichtig zu handeln].
[11] *Kim* Konkretisierung S. 126, 140, 157.
[12] Vgl. auch *Hain/Schlette/Schmitz* AöR 122 (1997) S. 32, 55 f. Sie gehen zwar auf die neue Formel ein, wenden sie dann aber gerade nicht auf den von ihnen behandelten Fall der Ermessensreduktion an.

der folgt, nachdem die neue Formel dargestellt wurde, ist auch schon wieder von zureichenden Gründen die Rede.[13] Die neue Formel ist damit ein **Fremdkörper** im Verwaltungsrecht, der zwar gesehen und geduldet wird, mit dem – vor allem: mit dessen Auswirkungen – man sich besser nicht beschäftigt. Bezeichnend für die **verfassungsrechtliche Literatur**[14] ist hier *Rüfner* im Bonner Kommentar. Er erwähnt, dass die neue Formel auch für die Verwaltung gelte. An den Stellen, an denen er dann aber konkret auf die Verwaltung eingeht, z.B. die Selbstbindung an eine Verwaltungspraxis behandelt oder sonst den Gleichheitssatz auf die Verwaltung bezieht, spricht er von Willkür oder verwendet die üblichen Formeln von hinreichenden oder sachgerechten Gründen.[15]

c) Beschäftigung mit der neuen Formel

Die letzte, kleine Gruppe erkennt an, dass die neue Formel auch für die Verwaltung gilt und will sie auch anwenden. Allerdings geschieht dies häufig ebenfalls in einer pauschalen Art und Weise, etwa, dass generell von einer strengeren Prüfung ausgegangen wird oder, dass die Formel falsch angewendet wird. Eine Prüfung oder Subsumtion unter die konkreten Kriterien wird hingegen kaum versucht.

Ein **Beispiel** hierfür ist der VwVfG-Kommentar von *Stelkens/Bonk/Sachs*. Bei den gesetzlichen Grenzen des Ermessens in der Kommentierung von § 40 VwVfG werden neben dem Kanon der Ermessensfehler aus der überkommenen Ermessensfehlerlehre auch die sonstigen Grenzen und darunter die aus den Grundrechten behandelt. In diesem Zusammenhang geht *Sachs* als Bearbeiter in erfreulicher Breite auf die neue Formel und auch den abgestuften Maßstab ein und moniert, dass bisher zuwenig beachtet werde, dass die neue Formel auch für Einzelfälle von Bedeutung sei. Er bezieht die neue Formel dann auf die Prüfung von Verwaltungsvorschriften. In der weiteren und auch vorhergehenden Bearbeitung erscheint der Gleichheitssatz unter sehr vielen unterschiedlichen Gesichtspunkten, jedoch nicht

---

[13] *Wolff/Bachof/Stober* VerwR Bd. 1 § 33 Rn. 66 ff. Vgl. auch § 24 Rn. 27, § 30 Rn. 7, §31 Rn 50.
[14] Siehe etwa auch *Odendahl* JA 2000, 170, 171 f. [neue Formel gelte grundsätzlich für alle Staatsgewalten gleich – sie erklärt aber nicht, was grundsätzlich heißt]; *Jarass* NJW 1997, 2545, 2548 will bei willkürlicher Rechtsanwendung die neue Formel nicht anwenden, weil es hier nicht zu einem Vergleich komme – meint offensichtlich das allgemeine Willkürverbot. Dazu, dass diese Trennung für den Gleichheitssatz nicht taugt schon oben C II 2 b bb; Unklar: *Herzog* in MD Anhang zu Art. 3 Rn. 18 [lässt offen, in wieweit Willkürformel durch neue Formel ersetzt wird]. Unklar ebenfalls *Gubelt* in von Münch Art. 3 Rn. 41 mit Verweis auf Rn. 36.
[15] Vgl. *Rüfner* in BK Art. 3 Rn. 80 [neue Formel und Verwaltung] sowie Rn. 50, 155, 176, 182, 190 [Willkür, hinreichende oder sachgerechte Gründe].

mehr – und das ist gerade das Verwunderliche – im Zusammenhang mit der neuen Formel. Vielmehr werden weiterhin die überkommen und bekannten Formulierungen der Willkürformel benutzt. Die von *Sachs* geäußerte Kritik an der Aufnahme der neuen Formel müsste also auch auf ihn selbst gemünzt werden.[16] Ein weiteres, bezeichnendes **Beispiel**[17] aus der verwaltungsrechtlichen Literatur ist ein Beitrag von *Seibert* zur Einwirkung des Gleichheitssatzes auf das Ermessen der Verwaltung. *Seibert* erkennt die neue Formel und stellt sie auch ausführlich dar, wenngleich er nicht immer die richtigen Schlüsse aus ihr zieht und ihr etwa eine Prüfung des Verhältnismäßigkeit im weiteren Sinne zu unterstellen scheint (dazu schon oben D III 3 b cc γ γγ). Weiterhin führt er aus, dass die (immer?) höheren Anforderungen der neuen Formel auch für die Gerichte und die Verwaltung bei Anwendung oder Auslegung von Normen gelten. Die Schlüsse und Anwendungsbeispiele, die er im Folgenden für den Gleichheitssatz bei der Rechtsanwendung entwickelt, haben dann aber nichts mehr mit der neuen Formel zu tun. Weder bei der Selbstbindung, noch bei der Bindung an Verwaltungsvorschriften ist von der neuen Formel die Rede. Sie wird beim Punkt Gleichheit im Unrecht am Schluss allgemein erwähnt. Lediglich in seiner Zusammenfassung des Abschnitts zur Rechtsanwendung kommt er auf die neue Formel zurück, die er ohne weitere Begründung auf „Handlungsprogramme" der Verwaltung für anwendbar hält. Sonst hält er sich aber, wie sich in anderen Punkten zeigt, an das Willkürverbot.[18]

d) Fazit

Als Fazit lässt sich sagen, dass die neue Formel von sehr vielen Autoren nicht in Beziehung auf die Verwaltung gesetzt wird. Wenn dies andere Autoren versuchen, so tun sie das oft so allgemein und pauschal, dass man daraus keine konkreten Schlüsse für einzelne Bereiche im Verwaltungsrecht, bei denen der Gleichheitssatz

---

[16] Die neue Formel erwähnt *Sachs* in Stelkens/Bonk/Sachs VwVfG § 40 Rn. 94 ff. Willkürverbot und der Gleichheitssatz als solcher werden hingegen a.a.O. Rn. 17a, 68, 91 ff., 96 ff.104, 137, 143 ff. behandelt. Vgl. ferner in der Kommentierung *Stelkens/Schmitz* a.a.O. § 9 Rn. 50, 59; *dies.* a.a.O. § 10 Rn. 4, 13; *dies.* a.a.O. § 22 Rn. 60.
[17] Auch *Ulrich* Phänomen der Gleichheit S. 89, 92 übernimmt – allerdings kritiklos – die neue Formel und wohl auch (S. 106 f.) den abgestuften Maßstab für die Verwaltung. Siehe ferner *Pauly* JZ 1997, 647, 649 – er wendet neue Formel wie selbstverständlich auf die Verwaltung an, ebenso *Kokott* in Festschrift 50 Jahre BVerfG S. 127, 146, die S. 142 lediglich die Kontrolle der Judikative einer Überschrift wert befindet.
[18] Zur neuen Formel *Seibert* in Festgabe 50 Jahre BVerwG S. 535 ff., 537 f., 539, 547. In der übrigen Darstellung argumentiert er mit den herkömmlichen Formulierungen zur Willkür und zu sachfremden Gründen.

wichtig ist, ziehen kann. Einige wenige Autoren versuchen in Ansätzen die neue Formel mit der Verwaltung zu verknüpfen. Doch auch dies gelingt meist nur unzureichend. In ihrem ganzen Umfang und ihrer vollen Bedeutung wurde die neue Formel für die Verwaltung bisher noch nicht erfasst.

3) Verwaltungsgerichtsbarkeit

Sind die Aussagen des Bundesverfassungsgerichts zum Gleichheitssatz und der Verwaltung eher gering, so finden sich, wie oben, E I 1, schon gezeigt, leider keine verwertbaren zur neuen Formel und der Verwaltung. Es kann daher nur versucht werden, die Kriterien aus der bisherigen Rechtsprechung abzuleiten. Hilfe bei der Auslegung vermag hier die Verwaltungsrechtsprechung zu bringen. Denn Verwaltungsrecht als **konkretisiertes Verfassungsrecht**, um den gerne zitierten Ausspruch *Fritz Werners* zu verwenden, muss die Grundrechte in der Praxis umsetzen.[19] Und in der Tat gibt es etliche **Bereiche**, in denen der Gleichheitssatz von Bedeutung ist. Zu nennen ist hier an erster Stelle das Phänomen der Selbstbindung der Verwaltung (dazu oben C III 2 c). Relevant sind auch Streitigkeiten um den Zugang zu Subventionen oder anderen Leistungen bis zu Stellen im öffentlichen Dienst (wobei hier Art. 33 IV GG spezieller ist). Überall wo die Verwaltung eine Person behandelt, ihr eine Leistung vorenthält, sie nicht zum Jahrmarkt zulässt, gegen bestimmte Schwarzbauten vorgeht, gegen andere nicht, nur bestimmte Hunderassen verbietet, berufen sich die Bürger auf den Gleichheitssatz, weil sie meinen, sie würden gegenüber anderen Konkurrenten, Bauherren, Hundebesitzern etc. ungleich behandelt. Und überall müssen die Verwaltungsgerichte darüber entscheiden. Dabei ist der Gleichheitssatz in vielen Fällen, da das Recht mittlerweile stark ausgeformt ist, Auslegungshilfe, die oft nur „im Hintergrund" einer Entscheidung eine Rolle spielt. Man denke etwa an die Rechtsprechung zum Zugang zu Jahrmärkten nach § 70 GewO. Hier liegt eigentlich immer eine Konkurrenzsituation zugrunde, indem ein Bewerber nicht zugelassen wurde, ein andere schon und die leer ausgegangene Person die Vergabepraxis rügt. Die Rechtsprechung hat sich hier zu § 70

---

[19] *Werner* DVBl 1959, 527, der S. 531 auch die Selbstbindung über den Gleichheitssatz als Beispiel für konkretisiertes Verfassungsrecht erwähnt. Zu Werners Ausspruch siehe auch *Wolff/Bachof/Stober* VerwR Bd. 1 § 18 Rn. 1.

GewO so sehr spezialisiert, dass der Gleichheitssatz in der Regel nur noch am Rande interessiert.[20]

a) In dieser Arbeit geht es um den Gleichheitssatz mit der neuen Formel und ihrem Verhältnis zur Verwaltung. Damit muss sich diese Arbeit auch und gerade mit der Rezeption der neuen Formel durch die Verwaltungsgerichte beschäftigen. Denn sie sind es, die in ihrer täglichen Entscheidungspraxis die Fälle liefern, an denen sich die neue Formel bewähren muss. Da nicht nur die Literatur zum Gleichheitssatz Legion ist, sondern auch die Rechtsprechung, habe wurde der Schwerpunkt der Untersuchung auf das **Bundesverwaltungsgericht** als dem für die Verwaltungsgerichte maßgeblichen Gericht gelegt. Untersucht wurden die Entscheidungen des Gerichts in den Entscheidungsbänden und in den gängigen[21] Zeitschriften. Gewissermaßen als Gegenkontrolle wurden auch die in den Zeitschriften veröffentlichen Entscheidungen der Obergerichte untersucht und auch Entscheidungen von Verwaltungsgerichten beachtet. Das Hauptaugenmerk lag hier beim VGH Mannheim, dem VGH München und dem OVG Münster. Diese Gerichte aus den größeren Bundesländern, haben alleine schon aufgrund ihrer höheren Fallzahlen öfter zum Gleichheitssatz entschieden als die „kleineren" Gerichte zweiter Instanz der übrigen Bundesländer. Insgesamt wurden für diese Arbeit 3.268 Entscheidungen untersucht. Seit Aufkommen der neuen Formel waren es 2.335. Von dem in diesem Bereich analysierten Entscheidungen zum Gleichheitssatz beschäftigten sich 221 mit der neuen Formel.[22] Die folgende Tabelle verdeutlicht die Relationen:

Gericht	Entscheidungen gesamt	davon vor 7.10.1980	nach 7.10.1980	mit neuer Formel	in Prozent
BVerfG	621	186	435	116	26,7
BVerwG	1.306	583	723	37	5,1
VerfG/VerfGH/StGH	139	24	115	11	9,6
OVG/VGH	1.064	120	944	49	5,2
VG	138	20	118	9	7,6
gesamt	***3.268***	***933***	***2.335***	***221***	***9,5***

---

[20] Vgl. allgemein *Tettinger* Gewerbeordnung § 70 Rn. 22. Siehe aus der Rechtsprechung etwa VG Gelsenkirchen NVwZ-RR 1988, 73 (75); OVG Lüneburg NJW 2003, 531 (532);VGH Mannheim VBlBW 1983, 37 (38)
[21] Es wurden herangezogen: BayVBl, DVBl, DöV, LKV, NJW, NVwZ, NVwZ-RR, NordÖR, NWVBl, VBlBW.
[22] Die letzte herangezogene Entscheidung ist vom **29.11.2005**.

b) Die neue Formel ist mittlerweile von den Verwaltungsgerichten erkannt worden. Sie wird auch von ihnen angewendet. Das geschieht aber so zögerlich, dass man sich teilweise fragen muss, ob die neue Formel als etwas wirklich Neues rezipiert und akzeptiert wurde, oder ob sie nicht vielmehr als eine weitere Formel aus dem Zitatenschatz des Bundesverfassungsgerichts angesehen wird, derer man sich beizeiten zu bedienen pflegt.[23]

a) Bundesverwaltungsgericht

Während die Rechtsprechung zum Gleichheitssatz schnell vom Bundesverwaltungsgericht und den Obergerichten aufgegriffen wurde (dazu oben A I), taten sich die Verwaltungsgerichte und darunter vor allem das Bundesverwaltungsgericht mit der neuen Formel des Bundesverfassungsgerichts – ähnlich der Literatur – schwer. Erst sieben Jahre nach der ersten Entscheidung des Bundesverfassungsgerichts zur neuen Formel findet sich die erste Entscheidung des Bundesverwaltungsgerichts, die die neue Formel erwähnt.[24] Danach hält sich die Rechtsprechung so sehr zurück, wenn es um die Anwendung der neuen Formel beim Gleichheitssatz geht, dass man sich fast fragen muss, ob es Zufall ist, wenn das Bundesverwaltungsgericht auf die neue Formel zurück greift. Von den untersuchten 723 Entscheidungen zum Gleichheitssatz seit Aufkommen der neuen Formel beschäftigen sich gerade einmal 37 oder 5 % mit der neuen Formel. Das ist zwar keine statistisch haltbare Aussage, da bei der Untersuchung wahrscheinlich auch einige Entscheidungen übersehen wurden, bzw. nicht alle zugänglichen Quellen ausgeschöpft wurden. Die wesentlichen Quellen, nämlich die Entscheidungssammlung und die gängigen juristischen Zeitschriften wurden aber ausgewertet.[25] Es geht hier darum, eine Tendenz aufzuzeigen. Diese ist aber deutlich.

---

[23] Insofern kann man auch Verwunderung teilen, die *Götz* in DVBl 1968, 93 äußerte, dass nämlich Rechtsprechung und Literatur sich eigentlich nur mit der Bindung des Gesetzgebers an den Gleichheitssatz befassen und die anderen Bereiche vernachlässigen oder die Formeln zum Gesetzgeber einfach übertragen. Daran hat sich auch mit der neuen Formel nichts geändert.
[24] BVerwG E 77, 188 (192).
[25] Vgl. die Entscheidungen zur **neuen Formel** BVerwG E 77, 188 (192); 77, 331 (335); 77,345 (349); 81, 68 (72); 91, 159 (164); 94, 53 (56); 95, 252 (260); 97, 255 (260); 100, 206 (210); 100, 287 (295); 103, 375 (380); 106, 85 (89); 106, 191 (195); 111,93 (99); NVwZ 1990, 1167 (1168); NVwZ-RR 1992, 175 (176); DVBl 1993, 786 (787); DVBl 1996, 513 (514); DVBl 1996, 1152; DVBl 2000, 1771 (1772); DöV 2002, 393; NJW 2002, 2193 (2195); DVBl 2005, 377 (379); NJW 2006, 711 (716)– neue Formel **nur angedeutet** (Art und Gewicht der Unterschiede): BVerwG E 80, 233 (243 f.); 85, 194 (199); 88, 354 (361); 96, 136

Unabhängig davon, ob einige Entscheidungen möglicherweise übersehen wurden, zeigt sich doch durch die Häufigkeit und die Streuung der Entscheidungen des Bundesverwaltungsgerichts, welche die neue Formel heranziehen weder, dass das Gericht die Formel oft, noch, dass es sie in letzter Zeit vermehrt anwendet – obwohl die Formel beim Bundesverfassungsgericht mittlerweile zur ständigen Rechtsprechung gehört. Die Verteilung der Entscheidungen lässt aber darauf schließen, dass das Bundesverwaltungsgericht die neue Formel kennt und sie auch anwendet. Vergleicht man das aber mit den Fällen, bei denen es sich allgemein auf den Gleichheitssatz oder – häufiger noch – auf das Willkürverbot bezieht, kann man nicht davon sprechen, dass sich die neue Formel wirklich durchgesetzt hätte.

Die wenigen Entscheidungen des Gerichts lassen kein einheitliches Muster erkennen, nach dem es die neue Formel anwendet. Die Anwendung erscheint eher zufällig. Beim Bundesverfassungsgericht sucht man nach solch einem Muster ebenfalls vergeblich.

aa) *Allgemein*

Das Bundesverwaltungsgericht rezipiert die Rechtsprechung des Bundesverfassungsgerichts zur neuen Formel insgesamt sehr **zurückhaltenden** bis zögerlich. Es fällt immer wieder in eingefahrene und bekannte Formeln und Formulierungen – vor allem der Willkürformel – zurück. Entscheidungen, bei denen die neue Formel nur oberflächlich im Obersatz erwähnt, dann aber in der weiteren Prüfung nicht mehr verwendet wird, stehen Entscheidungen gegenüber, bei denen das Gericht ernsthaft versucht, die neue Formel umzusetzen und unter sie zu subsumieren.

α)   **Oberflächliche Prüfung**

In einer Reihe von Entscheidungen prüft das Gericht die neue Formel nur oberflächlich oder kaum. Als **oberflächlich** kann eine Prüfung wie in **BVerwGE 77, 331 (335)** bezeichnet werden, bei der das Gericht die neue Formel lediglich im Obersatz erwähnt, dann jedoch in der konkreten Subsumtion nicht mehr auf sie

---

(146); DVBl 1990, 155 (157); LKV 1995, 325 (236); DVBl 2001, 664 (666); DVBl 2006, 256 (263) – neue Formel **fraglich** BVerwGE 92, 24 (28); 95, 188 (202); NVwZ 1989, 762 (765); DöV 1992, 1062; DVBl 1995, 202 f.; NVwZ 2004, 861 (862); DVBl 2000, 64 (65 f.); DVBl 2005, 1520 (1522). Eine sehr weite Andeutung der neuen Formel könnte man auch in BVerwGE 89, 30 (38 f.); 96, 372 (378); 97, 79 (86) sehen, wo das Gericht von gewichtigen Gründen oder gewichtigen Unterschieden – von mehr aber nicht – spricht.

zurück kommt.[26] Oberflächlich ist auch eine Entscheidung wie **BVerwGE 103, 375 (380)**, bei der Elemente der neuen Formel erwähnt werden (nämlich die Gruppen von Normadressaten), das Gericht im Ergebnis aber nur apodiktisch feststellt, dass der Gleichheitssatz nicht verletzt sei.

Viele der in diese Kategorie eingestuften Entscheidungen erwähnen zwar die neue Formel oder Elemente aus ihr, laufen jedoch nach dem Schema einer **Willkürprüfung** ab, indem letztlich ohne weitere Begründung des anzulegenden Maßstabs nur ein vernünftiger oder einleuchtender Grund gesucht wird, der die Maßnahme rechtfertigen soll. Als Beispiel einer Entscheidung, welche neue Formel und Willkürformel in der Prüfung nicht richtig auseinander hält soll **BVerwGE 81, 68** dienen.

In dieser Entscheidung aus dem Agrarrecht ging es um die Bescheinigung einer Milchreferenzmenge nach der Milchgarantiemengen-Verordnung. Die Referenzmenge entscheidet, wie viel Milch produziert und damit verkauft werden darf. Das Gericht legt die Verordnung aus und kommt zu dem Ergebnis, dass diese Auslegung mit dem Gleichheitssatz vereinbar sei. Sie sei nicht *willkürlich*, weil *sachlich gerechtfertigt*. Dann geht das Gericht darauf ein, wann der Gleichheitssatz verletzt sei und bedient sich hierzu der neuen Formel. Es geht auf die Ziele des Gesetzgebers ein, die sachliche Gründe darstellen würden. Schließlich bildet es Vergleichsgruppen und stellt sachliche Unterschiede zwischen den Gruppen fest. Die Prüfung enthält Elemente der neuen Formel. Diese sind aber mit Elementen der Willkürformel durchsetzt, indem auf *sachliche* Gründe und *sachliche* Unterschiede abgestellt wird. Dennoch scheint die Prüfung von der neuen Formel beeinflusst, wenn die Unterschiede zwischen den Gruppen herausgearbeitete werden, wobei keine Gewichtung der Gründe stattfindet und es das Gericht bei der Feststellung sachlicher Unterschiede belässt.[27] Die Affinität des Bundesverwaltungsgerichts zur **Willkürformel** zeigt sich nicht nur daran, dass es die weitaus meisten Entscheidungen zum Gleichheitssatz nach dieser Formel trifft. Es zeigt sich auch daran, wie gerade erwähnt, dass es häufig Elemente der neuen Formel mit denen der Willkürformel **vermengt**. Dies kann nicht nur innerhalb der Prüfung, sondern auch bereits im Obersatz der Fall sein. So beginnt etwa in **BVerwGE 95, 252 (260)** das Gericht seine Prüfung mit der neuen Formel, um dann auf das „allgemeine Willkürverbot

---

[26] Vgl. auch zu dieser Art der Prüfung BVerwGE 100, 287 (295); DVBl 2005, 582 (587); NJW 2006, 711 (715).
[27] Vgl. auch die Entscheidungen BVerwGE 77, 331 (335/336 f) BVerwGE 88, 354 (361); DVBl 2005, 1520 (1522).

als fundamentales Rechtsprinzip" überzuleiten, mit dem es die Prüfung dann fortsetzt. Ohne eine weitere Begründung verwundert dieser Übergang. Das Gericht hätte es sich auch sparen können, die neue Formel zu zitieren und die Prüfung gleich mit der Willkürformel beginnen können. Ähnlich widersprüchlich wird das Verhältnis von neuer Formel und Willkürverbot in anderen Entscheidungen behandelt, wenn es etwa mit der Willkürformel im Obersatz beginnt und daran die neue Formel anschließt oder wenn es umgekehrt zwar mit der neuen Formel beginnt, danach aber nahtlos – wie im oben genannten Beispiel – mit dem Willkürverbot fortfährt.[28] Daher kann der Aussage *Sachs'* nur beigepflichtet werden, dass das Bundesverwaltungsgericht sich der neuen Formel nur „im Rahmen seiner noch weitegehend allein am Willkürverbot orientierten Judikatur angeschlossen." hat. Daran hat sich bis heute nichts geändert. Die These *Seiberts*, das Bundesverwaltungsgericht habe die neue Formel weitgehend rezipiert, und die Anforderungen an untergesetzliche Normen seien dabei tendenziell dichter als bei Gesetzen kann hingegen angesichts der Rechtsprechung nicht nachvollzogen werden.[29]

Die nur sehr zögerliche Umsetzung wird gerade beim abgestuften Maßstab deutlich. Das Bundesverwaltungsgericht verwendet häufig nur einzelne Elemente daraus. Auf den abgestuften Maßstab selbst greift es hingegen kaum zurück (dazu sogleich).

β) **Ausführliche Prüfung**
Wurden etliche Entscheidungen als ungenau oder oberflächlich eingestuft, so finden sich allerdings auch Urteile, bei denen das Bundesverwaltungsgericht um eine **ausführlichere Prüfung** und eine intensiven Auseinandersetzung mit der neuen Formel bemüht war. Diese Entscheidungen sind aber vergleichsweise selten. Ausführlich geht etwa **BVerwGE 80, 233** auf die neue Formel ein.

Ein iranischer Staatsangehöriger, der mit einer Deutschen verheiratet ist, beantragte, ihm die deutsche Staatsangehörigkeit zu verleihen. Er erfüllt alle Anforderungen für die Einbürgerung. Der Iran entlässt ihn aber nicht aus seiner alten Staatsangehörigkeit. Deswegen hat er nach damaligem Recht keinen Anspruch auf die Verleihung der deutschen Staatsangehörigkeit. Es besteht aber noch die Mög-

---

[28] Vgl. etwa BVerwG E 81, 68 (72); 94, 53 (56); 95, 252 (260); NVwZ 1990, 1167 (1168); NVwZ-RR 1993, 786 (787); DVBl 1996, 513 (514); NJW 2002, 2193 (2195).
[29] *Sachs* in Stelkens/Bonk/Sachs (Hg.) VwVfG § 40 Rn. 94. Hingegen *Seibert* in Festgabe 50 Jahre BVerwG S. 535, 538.

lichkeit einer Einbürgerung nach Ermessen. Dies lehnt die Behörde jedoch ab, weil in einem völkerrechtlichen Abkommen zwischen dem deutschen Reich und dem Kaiserreich Persien beide Seiten einander versichert haben, nicht ohne Zustimmung des jeweils anderen Landes Einbürgerungen der jeweiligen Landesangehörigen vorzunehmen. Nachdem festgestellt wurde, dass dieses Abkommen immer noch verbindlich ist, wird es, d.h. das es transformierende Zustimmungsgesetz[30] inhaltlich überprüft. So auch am Grundgesetz und dessen Art. 3. Nachdem die speziellen Gleichheitssätze ausgeschieden wurden, geht das Gericht auf Art. 3 I GG ein und beginnt die Prüfung mit der neuen Formel. Ein Verstoß gegen den Gleichheitssatz liege nicht vor. Die unterschiedliche Behandlung von Ausländern rühre daher, dass mit dem Heimatstaat der einen Gruppe völkerrechtliche Verträge bestehen, mit dem der anderen dagegen nicht. Dieser Grund wird genau überprüft. Zuerst wird das Ziel der Regelung, herausgearbeitet, dann nach einem Mittel gefragt, das Ziel zu erreichen und schließlich werden die Auswirkungen dieses Mittels untersucht. Ziel sei es, Mehrstaatlichkeit zu vermeiden, Mittel hierzu, die Einbürgerung von der Aufgabe der eigenen Staatsangehörigkeit abhängig zu machen. Die konkrete Regelung bewirke, dass eine Einbürgerung nur zulässig sei, wenn die Mehrstaatigkeit vermieden oder von beiden Staaten hingenommen werde. Diese Lösung sei nicht sachlich unangemessen und rechtfertige deswegen die Unterscheidung nach der Staatsangehörigkeit. Die Staatsangehörigkeit aber sei ein „nach Art und Gewicht" angemessenes Unterscheidungskriterium. Es wird dann auf die Bindung zum Heimatstaat und die daraus erwachsene Loyalität und Treue abgehoben. Deswegen sei es „sachgerecht", dem Staatsangehörigen auch das Verhalten seines sich vertraglich die Zustimmung vorbehaltenden Heimatstaates zuzurechnen, so dass ohne dessen Zustimmung ein Wechsel nicht möglich werde. In einem Nachsatz wird noch erklärt, dass dies auch mit einer am Gerechtigkeitsgedanken orientierten Betrachtungsweise vereinbar sei.[31]

Diese Entscheidung beschäftigt sich ausführlich mit der neuen Formel. Es wird auf die Ziele, und Auswirkungen der Regelung eingegangen, und Art und Gewicht der Unterschiede werden betrachtet. Zwar tauchen bei der Prüfung Elemente auf, wie sie aus der Willkürprüfung bekannt sind, wenn etwa von „sachgerecht" gesprochen wird. Doch auch das Bundesverfassungsgericht nimmt oft keine „reine" Prüfung nach der neuen Formel vor (dazu schon oben D III 4, IV 2, 4). Zudem schließen sich neue Formel und die Willkürformel ja nicht aus, sondern ergänzen sich gegenseitig. Dass am Schluss noch einmal eine am Gerechtigkeitsgedanken orientierte Betrachtungsweise vorgenommen wird, kann als eine Art Rückversicherung ange-

---

[30] Zur Überprüfung völkerrechtlicher Verträge und zu ihrer Übernahme in deutsches Recht siehe *Schlaich* Das Bundesverfassungsgericht Rn. 119 ff.; *Geiger* Grundgesetz und Völkerrecht § 32; *Schweitzer* StaatsR III Rn. 313 ff.;
[31] BVerwGE 80, 233 (243/244 f)

sehen werden. An der Aussage der Prüfung ändert sich dadurch nichts. Das Gericht hat festgestellt, dass der Gleichheitssatz nicht verletzt wurde. Nun betont es noch, dass auch eine am Gedanken der Gerechtigkeit orientierte Betrachtungsweise zu keinem anderen Ergebnis käme.[32]

bb) *Einzelelemente der neuen Formel*

Das Bundesverwaltungsgericht hat die neue Formel, wie schon erwähnt, recht verzögert in seine Rechtsprechung aufgenommen und die einzelnen Elemente sehr zurückhaltend umgesetzt. Oft werden in einer Entscheidung nur einzelne Kriterien der neuen Formel benutzt.

α) Art und Gewicht

Es gibt eine Reihe von Entscheidungen, bei denen das Bundesverwaltungsgericht bei der Prüfung anhand des Gleichheitssatzes nur von **Art und Gewicht** der Unterschiede spricht, ohne den gesamten Wortlaut der neuen Formel zu wiederholen oder von Normadressaten zu sprechen.[33] So wiederholt das Gericht etwa in **E 88, 354 (361)** in seinem Obersatz zuerst Aussagen des Bundesverfassungsgerichts zur Bereichsspezifik, dann zum inneren Zusammenhang zwischen vorgefundenen Verschiedenheiten und differenzierender Regelung, um dann abschließend die neue Formel zu streifen. Das Bundesverwaltungsgericht führt aus, dass die Verschiedenheiten die differenzierende Regelung auch nach Art und Gewicht rechtfertigen müssten und zitiert dazu BVerfGE 55, 72 (88) und die beiden in dieser Entscheidung vom Bundesverfassungsgericht angeführten älteren Entscheidungen. Die Formulierung „Art und Gewicht" (der Unterschiede) kam erst mit der neuen Formel auf und wurde vom Bundesverwaltungsgericht davor auch nicht verwendet. Dass es nunmehr darauf zurück greift, wenn es anhand des Gleichheitssatzes prüft zeigt, dass es diese besondere Formulierung der neuen Formel erkannt hat. Das zeigt sich auch darin, dass es BVerfGE 55, 72 zitiert. Deswegen kann man diese Entscheidung und ähnliche, die nur von Art und Gewicht (der Unterschiede) spre-

---

[32] Weitere Beispiele für eine ausführlichere Beschäftigung mit der neuen Formel – wenngleich die Prüfungen zu, Teil auch mit Elementen der Willkürformel durchsetzt sind: BVerwGE 85, 194 (198 f.); 91, 159 (164); 94, 53 (56); 95, 252 (260); 96, 136 (146 f.); 97, 255 (260); 100, 206 (210); 106, 85 (89); 106, 191 (195 f.); DVBl 2005, 377 (379).
[33] Vgl. BVerwG E 80, 233 (243 f.); 85, 194 (199); 88, 354 (361); 96, 136 (146); DVBl 1990, 155 (157); LKV 1995, 325 (236); DVBl 2001, 664 (666); DVBl 2005, 582 (587). Eine sehr weite Andeutung der neuen Formel könnte man auch in BVerwGE 89, 30 (38 f.); 96, 372 (378); 97, 79 (86) sehen, wo das Gericht von gewichtigen Gründen oder gewichtigen Unterschieden – von mehr aber nicht – spricht.

chen, bei der neuen Formel einordnen, obwohl sie in diesen Entscheidungen nicht in ihrem vollen Wortlaut wiedergegeben wird.

β)   Personen und Sachverhalte

In eine ähnliche Richtung zielt die Unterscheidung zwischen **Personen und Sachverhalten**, die das Bundesverfassungsgericht ursprünglich bei der neuen Formel verwendete, dann aber langsam von ihr Abstand genommen hat. Diese Unterscheidung wird zu Recht kritisiert, weil sie nicht eindeutig ist (dazu schon oben D II 2). Das Bundesverwaltungsgericht greift diese Unterscheidung auf, tut sich dann aber schwer, sie wieder aufzugeben und scheint oft selbst nicht so genau zu wissen, ob nun nach Personen oder Sachverhalten unterschieden werden muss.

Die Unterscheidung zwischen Personen und Sachverhalten deutet das Bundesverwaltungsgericht etwa in **BVerwGE 88, 354** an. Dort beginnt es die Prüfung mit einer am Gerechtigkeitsgedanken orientierten Betrachtungsweise, um dann von der Behandlung zweier *Sachverhalte* zu sprechen und schließlich von Art und Gewicht der Unterschiede, wobei es hier ausdrücklich BVerfGE 55, 72 (88) zitiert. Offenbar geht es von einer Unterscheidung nach Sachverhalten aus, denn im Folgenden spricht es vom weiten Gestaltungsspielraum des Gesetzgebers und erwähnt die neue Formel nicht mehr.[34] Deutlicher ist hier schon **BVerwGE 95, 252**. Dort wird die Unterscheidung zwischen Personen und Sachverhalten ausdrücklich angesprochen. Jedoch zieht das Gericht in der anschließenden Prüfung nicht die notwendige Konsequenz, weil es einerseits von Willkür spricht, sich andererseits aber auf Normadressaten bezieht, was wiederum eher für Personen als Sachverhalte spricht. Richtig entschieden hat sich das Gericht damit nicht.[35] Es finden sich noch andere Entscheidungen, bei denen das Bundesverwaltungsgericht die neue Formel mit ihrer Unterscheidung von Personen und Sachverhalten **eher oberflächlich** behandelt, weil es nicht ausreichend begründet, warum es sich für die eine oder andere Kategorie entschieden hat.[36]

In anderen Entscheidungen bemüht es sich hingegen, mit den Kriterien zu arbeiten. Das geschieht aber **nicht immer überzeugend** und ist nur ein weiterer

---

[34] BVerwGE 88, 354 (361).
[35] BVerwGE 95, 252 (260 ff., 267).
[36] Vgl. dazu etwa BVerwGE 100, 287 (295); 103, 375 (380); 106, 85 (89 f); DVBl 2005, 1520 (1522).

Beleg dafür, dass die Trennung zwischen Personen und Sachverhalten nicht praxistauglich ist (dazu bereits oben D II 2 c). Ein Beispiel soll dies verdeutlichen.

In der Entscheidung BVerwGE 106, 191 geht es um die Aufnahme als Spätaussiedler im Vertriebenenrecht. Nach dem BVFG sind Volksdeutsche aus der früheren Sowjetunion und den baltischen Staaten „in der Regel" ohne weiteres Spätaussiedler, während aller übrigen Personen glaubhaft machen müssen, dass sie aufgrund ihrer Volkzugehörigkeit benachteiligt wurden. Die Klägerin stammte aus der ehemaligen Tschechoslowakei und konnte die verlangten Nachweise nicht führen. Das Gericht prüft die Regelung, nachdem es einen Verstoß gegen Art. 3 III 1 GG verneint hat, an Art. 3 I GG. Dabei will es anfangs offen lassen, ob es sich um eine unterschiedliche Behandlung von Personengruppen handele, was einen strengeren Maßstab erfordere oder um „Sachverhaltsgruppen", was nur bei evidenter Ungleichbehandlung einen Verstoß gegen den Gleichheitssatz bedeuten würde. Denn selbst nach dem strengeren Maßstab verstoße die Regelung nicht gegen Art. 3 I GG. Gleichwohl äußert es sich anschließend doch zur Unterscheidung und plädiert für Sachverhalte. Der Gesetzgeber knüpfe nicht an den Wohnsitz der Volkszugehörigen an, sondern stelle darauf ab, ob bzw. wie sich die allgemeinen Vertreibungsmaßnahmen auch heute noch auf die deutschen Volkszugehörigen auswirken würden.[37] Die Lebensumstände der Menschen in den übrigen Gebieten seien vergleichsweise besser gewesen, als die der Menschen in der ehemaligen Sowjetunion, die sich gerade in der Zeit des Stalinismus erheblicher und systematischer Benachteiligung, Deportation und anderer Maßnahmen ausgesetzt gesehen hätten. Es nennt noch mehr Gründe und sieht sie in ihrer Gesamtheit als hinreichende Gründe von einigem Gewicht für die unterschiedliche Behandlung an.[38]

Das mögen die ehernwerten Gründe des Gesetzgebers gewesen sein, aber hier macht das Gericht den zweiten Schritt vor dem ersten. Es kommt nicht darauf an, dass der Gesetzgeber das unterschiedliche Vertreibungsschicksal dazu bewogen hat, Volksdeutsche aus der ehemaligen Sowjetunion zu privilegieren. Sondern es kommt darauf an, wie sich die Regelung **konkret auswirkt** und wonach konkret unterschieden wird. Erst wenn die Auswirkungen der Regelung feststehen, der anzuwendende Maßstab feststeht, können die Motive zur Rechtfertigung herangezogen werden. Die Motive spielen zwar bei der Auslegung des Gesetzes im Rahmen des Auslegungskanons eine Rolle. Es kommt aber auf die tatsächlichen Auswirkungen an. Das Gericht hat argumentiert, die Volksdeutschen werden nicht privilegiert weil sie aus der ehemaligen Sowjetunion kommen, also nicht wegen ihrer Heimat oder Herkunft, sondern wegen ihres spezifischen dort erlebten Vertreibungsschick-

---

[37] BVerwGE 106, 191 (195).
[38] BVerwGE 106, 191 (195/196).

sals.[39] Das ist noch nachvollziehbar – so musste das Gericht auch argumentieren, weil es sonst zu einem Verstoß gegen Art. 3 III 1 GG gelangt wäre. Hier sind die Motive des Gesetzgebers wichtig. Aber die Frage nach den Auswirkungen ist eine andere. Wenn der Gesetzgeber nur nach bestimmten Schicksalen differenziert, so könnte man das vielleicht noch als eine Unterscheidung nach Sachverhalten ansehen. Diese Unterscheidung ist aber so gestaltet, dass de jure und nicht nur de facto zwischen den Volkszugehörigen unterschieden wird, die im Gebiet der ehemaligen Sowjetunion lebten und denen, die dort nicht lebten. Wenn das Gericht ausführt, dass nicht an den Wohnsitz, sondern an die Vertreibungsmaßnahmen angeknüpft werde, so übersieht es, dass diese Vertreibungsmaßnahmen anhand des Wohnsitzes pauschalierend zugeordnet werden, wenn man nur diejenigen in der ehemaligen Sowjetunion privilegiert. Daher handelt es sich um eine unmittelbare personenbezogene Regelung. Das Gericht hätte zumindest eine mittelbare Wirkung auf Personen feststellen müssen. Die Figur des **mittelbaren Personenbezugs** wurde, soweit ersichtlich, vom Bundesverwaltungsgericht aber **nie benutzt**. Eine reine Regelung von Sachverhalten anzunehmen, ist aber verfehlt.

Dieser Begründungsaufwand durch das Gericht zeigt doch nur, dass es sehr zweifelhaft ist, ob eine klare Unterscheidung nach Personen und Sachverhalten überhaupt überzeugend möglich ist. Die Entscheidungen des Bundesverwaltungsgerichts in diesem Bereich sind eher ein weiteres Indiz dafür, dass die Unterscheidung zwischen Personen und Sachverhalten sich in der gerichtlichen Praxis nicht bewährt und deswegen mit gutem Grund auch vom Bundesverfassungsgericht in dieser Form kaum mehr verwendet wird (dazu schon oben D II c, III 2 a). Das Bundesverwaltungsgericht greift allerdings auch noch fünf Jahre nach Aufkommen des abgestuften Maßstabs in **BVerwGE 106, 198** auf die strenge Unterscheidung zwischen Personen und Sachverhalten zurück. Dabei scheint ihm nicht bewusst zu sein, dass das Bundesverfassungsgericht die Unterscheidung in dieser begrifflichen Ausschließlichkeit bei der neuen Formel nicht mehr verwendet.

Gleichwohl erkennt das Bundesverwaltungsgericht aber auch schon früher, etwa in **BVerwGE 97, 255**, dass bei der neuen Formel noch weitere Gesichtspunkte, wie etwa die Auswirkungen oder der Verhaltensbezug einer Regelung, für den Prü-

---

[39] BVerwGE 106, 191 (194).

fungsmaßstab bedeutend sein können.[40] Leider geht das Gericht in der weiteren Prüfung darauf nicht ein. Indem es aber andererseits, wie gerade erwähnt, etwa in BVerwGE 106, 198 die Unterscheidung zwischen Personen und Sachverhalten aufrecht zu erhalten versucht, verhält es sich widersprüchlich und dokumentiert, dass sich ihm die neue Formel und ihr abgestufter Maßstab (dazu sogleich) noch nicht komplett erschlossen haben.

cc) abgestufter Maßstab

Seit BVerfGE 88, 87 aus dem Jahr 1993 hat das Bundesverfassungsgericht die Prüfung der neuen Formel intensiviert und mit dem abgestuften Maßstab genauer gestaltet (dazu oben D II 3). Diesen abgestuften Maßstab hat das Bundesverwaltungsgericht ebenfalls gesehen. Es deutet ihn in einigen wenigen Entscheidungen im Obersatz an. In der Regel erfolgt dies auf die Weise, dass einzelne Elemente hervorgehoben werden, die es schon vor dem abgestuften Maßstab gab, die dieser jedoch zusammenfassend darstellt. So betonen einige Entscheidungen den Verhaltensbezug, andere die Nähe zu Art. 3 III GG und damit den Eigenschaftsbezug, wieder andere die Auswirkung auf Grundrechte.[41]

Ein erster Ansatz findet sich in der Entscheidung **BVerwGE 95, 252** aus dem Jahr 1994. Das Gericht will hier – zumindest im Obersatz – der Frage, ob es um Personen oder Sachverhalte geht, eine unterschiedliche Prüfungsdichte folgen lassen, was es dann doch nicht tut. Ein weiterer Ansatz kann in der Entscheidung **BVerwGE 97, 255** aus dem gleichen Jahr gesehen werden. Wenn dort betont wird, dass nicht nur darauf geachtet werden müsse, dass Personengruppen benachteiligt oder bevorzugt werden, sondern auch darauf, ob sich die Personen durch ihr **Verhalten** auf die Regelung einstellen können, räumt das Gericht ein, dass eine Ungleichbehandlung unterschiedliche Auswirkungen haben kann. Diesen unterschiedlichen Auswirkungen steht dann auch ein unterschiedlicher Spielraum – hier des Gesetzgebers – gegenüber. Konsequenzen für die weitere Prüfung werden daraus aber nicht gezogen.[42] Erst die Entscheidung **BVerwGE 100, 287 (295)** beschäftigt sich 1996, also nur drei Jahre nach Aufkommen des abgestuften Maßstabs, wirklich

---

[40] BVerwGE 97, 255 (260 f).
[41] BVerwG E 97, 255 (260) [Verhaltensbezug]; 100, 206 (210) [Verhaltensbezug]; 100, 287 (295) [Verhaltensbezug; Nähe zu Art. 3 III GG]; NJW 2001, 1590 (1592) [Auswirkung Grundrechte]; DöV 2002, 393 [Auswirkung Grundrechte]; NVwZ 2004, 861 (863) [Personenbezug angedeutet].
[42] Auch in BVerwGE 100, 206 (210) wird der Verhaltensbezug betont.

mit diesem Ansatz – zumindest im Obersatz – und referiert eingehend aus BVerfGE 88, 87. Leider lassen die anschließenden Ausführungen jeden Bezug zu diesem Obersatz vermissen, denn es wird nicht weiter geprüft, sondern auf die vorhergehende Prüfung verwiesen und die Regelung als eine sachgerechte, gerechtfertigte angesehen. Spätere Entscheidungen nehmen diesen Ansatz aber nicht auf, sondern greifen sich, wie die vorherigen, nur einzelne Elemente heraus.

Bezogen auf den abgestuften Maßstab muss damit das Gleiche wie bezogen auf die neue Formel festgestellt werden. Das Bundesverwaltungsgericht hat den Ansatz gesehen, wirklich rezipiert und in der Prüfung konsequent verwendet hat es ihn aber nicht. Allerdings hat es den abgestuften Maßstab relativ schnell in seine Rechtsprechung aufgenommen.

dd) *Unterscheidung nach Senaten oder Sachgebieten*

Versucht man sich der Aufnahme der neuen Formel durch das Bundesverwaltungsgericht weiter zu nähern, so bietet sich an, zu versuchen, ein Muster in der Rechtsprechung zu entdecken. Dieses Muster kann sich etwa in der Umsetzung durch bestimmte Senate oder die Behandlung in nur bestimmten Sachgebieten ergeben. Weiter Betrachtungsmöglichkeiten sollen aufgrund der geringen Fallzahl erst im Zusammenhang mit den übrigen Verwaltungsgerichten erfolgen (dazu unten E II 1).

α) Unterscheidung nach Senaten?

Die neue Formel wird so selten verwendet, dass es schwierig ist, überhaupt treffende Aussagen zur Herangehensweise des Gerichts zu geben. Benutzen beim Bundesverfassungsgericht die zwei Senate die neue Formel mittlerweile beide in ständiger Rechtsprechung (dazu oben D IV 1), so gibt es **beim Bundesverwaltungsgericht Senate**, die sich bisher kaum mit der neuen Formel beschäftigt haben. Von anderen hingegen sind mehrere Entscheidungen mit der neuen Formel zu finden. Vor allem der erste, der zweite, der fünfte, sechste und auch der zehnte sowie der bisherige elfte Senat verwenden die neuen Formel häufiger als die anderen Senate des Gerichts, wenngleich auch sie die Formel insgesamt nicht sehr oft benutzen.[43]

---

[43] **1. Senat:** BVerwGE 77, 188 (192); 80, 233 (243 f.) [nur angedeutet]; 92, 24 (28) [fraglich]; 100, 287 (295); 103, 375 (380); NVwZ 1990, 1167 (1168); NVwZ-RR 1992, 175 (176); DVBl 2000, 1771 (1772);

Aus dieser Feststellung kann insoweit geschlossen werden, dass die neue Formel noch nicht bei allen Senaten des Bundesverwaltungsgericht gleichermaßen angekommen und angenommen ist. Zu einer weiteren Aussage eigenen sich diese Feststellungen nicht, denn die Anzahl der Fälle, bei welchen die neue Formel verwendet wurde, ist zu gering, als dass sich hieraus konkrete Schlüsse hinsichtlich bestimmter Senate ziehen ließen. Außerdem muss berücksichtigt werden, dass sowohl die Geschäftsverteilung zwischen den Senaten – ihre konkrete Zuständigkeit also – als auch ihre Anzahl sich ändern kann und geändert hat. Gab es beispielsweise im Geschäftsjahr 2000 noch elf Senate, sind es im Geschäftsjahr 2001 nur noch zehn.[44] Die numerische Bezeichnung der Senate hat also nur einen begrenzten Aussagewert. Insgesamt kann aber damit gezeigt werden, dass mittlerweile alle Senate des Bundesverwaltungsgerichts die neue Formel zumindest erkannt haben und sie – sehr zurückhaltend – verwenden. Von einer wirklichen Rezeption der Formel durch die einzelnen Senate kann man aufgrund der teilweise sehr geringen Fallzahlen allerdings nicht sprechen.

β) **Unterscheidung nach Sachgebieten**

Auch die **verschiedenen Sachgebiete**, bei denen die neue Formel verwendet wurden, sind so vielschichtig und unterschiedlich, dass hier keine bestimmten Sachbereiche herausgegriffen werden können, bei denen die Formel besonders oft oder besonders wenig verwendet wird. Zwar scheinen im Beamtenrecht, im Abgaben- und im Berufsrecht recht vergleichsweise mehr Entscheidungen zur neuen Formel ergangen zu sein, als in anderen Sachbereichen. Dies sind aber immer noch so wenige, dass hieraus keine belastbaren Schlüsse gezogen werden können. Entscheidungen zum Beamten- und Soldatenrecht, Kommunalrecht, Staatsangehörig-

---

DVBl 2001, 664 (666) – **2. Senat:** BVerwGE 77, 331 (335); 77, 345 (349 f); 111, 93 (99); DVBl 1996, 513 (514); DVBl 1996, 1152; DVBl 1995, 202 f. [fraglich]; DVBl 2005, 1145 (1146); DVBl 2005, 1520 (1522) [fraglich]; NVwZ-RR 2006, 40 (42) – **3. Senat:** BVerwGE 81, 68 (72) – **4. Senat:** BVerwGE 95, 188 (202) [fraglich]; NVwZ 2004, 861 (863) [angedeutet] – **5. Senat:** BVerwGE 85, 194 (199) [nur angedeutet]; DVBl 2000, 64 (65 f.) [fraglich]; NVwZ 2003, 611 (612); DVBl 2005, 377 (379); NJW 2005, 2938 (2940) – **6. Senat:** BVerwGE 88, 354 (361) [nur angedeutet]; 94, 53 (56); 96, 136 (146) [nur angedeutet]; NJW 2002, 2193 (2195); DVBl 2005, 582 (587); DVBl 2006, 256 (263) [angedeutet]; NJW 2006, 711 (715) – **7. Senat:** DVBl 1990, 155 (157) [nur angedeutet] – **8. Senat:** DöV 1992, 1062 [fraglich] – **9. Senat:** BVerwGE 106, 191 (195); DöV 2002, 393 – **10. Senat:** BVerwGE 91, 159 (164); 97, 255 (260); 100, 206 (210); 106, 85 (89) – **11. Senat:** BVerwGE 95, 252 (260); DVBl 1993, 786 (787); LKV 1995, 325 (236) [nur angedeutet].

[44] Vgl. die Geschäftsverteilungspläne des Bundesverwaltungsgerichts für das Geschäftsjahr 2000 und 2001, jeweils A I und B I, abgedruckt als Beilage zu NJW 2000 Heft Nr. 20 und 2001 Heft Nr. 21 und den aktuellen Geschäftsverteilungsplan unter www.bverwg.de/Geschäftsverteilungsplan2006.

keits- und Ausländerrecht, Agrarrecht, zur Ausbildungsförderung, zum Berufsrecht, Hochschulrecht, Abgaben- und Gebührenrecht, Planungs- und Zivilrecht sowie Wirtschaftsverwaltungsrecht und Vertriebenenrecht zeigen das sehr breite Spektrum der Entscheidungen.[45] Auch eine Unterscheidung nach verschiedenen Gebieten hilft nicht weiter und zeigt keinen Schwerpunkt in der Anwendung. Das spricht wiederum für den **umfassenden Geltungsbereich** der neuen Formel. Es könnte aber auch, angesichts der insgesamt nur geringen Zahl an Entscheidungen, als Zufall gedeutet werden.

ee) Zusammenfassung

Das Bundesverwaltungsgericht hat in der Rechtsprechung mittlerweile aller seiner Senate die neue Formel des Bundesverfassungsgerichts zum Gleichheitssatz erkannt und aufgegriffen. Auch der abgestufte Maßstab wurde in einigen wenigen Entscheidungen gesehen; von einer Rezeption kann man aber nicht sprechen. Insgesamt verwendet das Bundesverwaltungsgericht die neue Formel – oder einzelne davon – nur in sehr wenigen Entscheidungen. Ein einheitliches Muster ist darin nicht erkennbar. Die Prüfungen sind oft nur oberflächlich und lassen eine vertiefte Auseinandersetzung mit der neuen Formel und ihrem abgestuften Maßstab vermissen. Insgesamt überwiegt in seiner Rechtsprechung bis heute die Willkürformel bei Weitem. Die neue Formel wird nicht wirklich übernommen.

---

[45] **Abgaben, Gebühren, Beiträge:** BVerwGE 95, 188 (202); NVwZ 1990, 1167 (1168); NVwZ-RR 1992, 175 (176); DöV 1992, 1062; DVBl 2000, 1771 (1772); NJW 2002, 2193 (2195); DöV 2002, 393 – **Agrarrecht:** BVerwGE 81, 68 (72) – **Ausbildungsförderung:** BVerwGE 85, 194 (198 f); 95, 252 (260); DVBl 1993, 786 (787); DVBl 2005, 377 (379); LKV 1995, 325 (236); DVBl 2000, 64 (65 f.); DVBl 2005, 377 (379) – **Beamten- und Soldatenrecht:** BVerwGE 77, 331 (335); 77, 345 (349 f); 88, 354 (361); 91, 159 (164); 97, 255 (260); 100, 206 (210); 103, 375 (380); 106, 85 (89); DVBl 1995, 202 f.; DVBl 1996, 513 (514); DVBl 1996, 1152; DVBl 2005, 1145 (1146) – **Berufsrecht:** BVerwGE 89, 30 (38 f); 92, 24 (28); 96, 372 (378); DVBl 2005, 582 (587); NVwZ-RR 2006, 40 (42); NJW 2006, 711 (715) – **Hochschulrecht:** BVerwGE 94, 53 (56); 96, 136 (146); NVwZ 2003, 611 (612) – **Kommunalrecht:** DVBl 1990, 155 (157); NJW 2002, 2193 (2195) – **Planungsrecht** NVwZ 2004, 861 (863) – **Staatsangehörigkeits- und Ausländerrecht:** BVerwGE 77, 188 (192); 80, 233 (243); 100, 287 (295); NVwZ 1989, 762 (765); DVBl 2001, 664 (666) – **Vertriebenenrecht:** BVerwGE 106, 191 (195); DVBl 2001, 664 (666) – **Wirtschaftsverwaltungsrecht:** BVerwGE 97, 79 (86); DVBl 2006, 256 (263) – **Zivilrecht** NJW 2005, 2938 (2940).

b) Obergerichte der Länder

Um den Eindruck, der durch die Aufnahme der neuen Formel durch das Bundesverwaltungsgericht gewonnen wurde zu ergänzen, soll auch die Rechtsprechung einiger Obergerichte zur neuen Formel betrachtet werden.[46] Als **Obergerichte** werden hier die Verwaltungsgerichte bezeichnet, die in der Regel, in zweiter Instanz entscheiden, also die Oberverwaltungsgerichte und Verwaltungsgerichtshöfe der Bundesländer. Da es häufig auch um nicht revisibles Landesrecht geht (vgl. § 137 I VwGO), kommen gar nicht alle Fälle vor das Bundesverwaltungsgericht, so dass die Obergerichte insofern auch in letzter Instanz etwa im Bauordnungsrecht oder im Polizeirecht entscheiden können. Ein Blick auf ihre Entscheidungspraxis ist daher wichtig, wenn man die Frage untersucht, ob die neue Formel praxistauglich ist. Es geht hier also darum, einen Überblick über die Verwaltungsrechtsprechung der Ländergerichte allgemein zu gewinnen. Deswegen wurde auch nur die Rechtsprechung der Obergerichte betrachtet, die in den gängigen juristischen Zeitschriften veröffentlicht wurde. Hier dürften die bedeutenden Entscheidungen veröffentlicht worden sein. Entscheidungen in den amtlichen Sammlungen blieben insofern unberücksichtigt. Um aber ein etwas abgerundeteres Bild zur neuen Formel zu erhalten, wurde für die Verwaltungsgerichtsbarkeit der größeren Bundesländer Bayern, Baden-Württemberg und Nordrhein-Westfalen, deren Gerichte schon rein quantitativ mehr Fälle zu entscheiden haben, auch jeweils eine länderspezifische Zeitschrift in die Untersuchung aufgenommen.[47]

Die Betrachtung der Obergerichte geht einen etwas anderen Weg als die beim Bundesverwaltungsgericht. Hier sind zwar insgesamt fast mehr Entscheidungen zur neuen Formel ergangen, als beim Bundesverwaltungsgericht. Die einzelnen Gerichte haben sich aber höchst unterschiedlich mit der neuen Formel befasst. Das liegt zum einen, wie schon erwähnt, an der Größe der jeweiligen Bundesländer und damit dem „Fallaufkommen" der Gerichte. So ist es nicht verwunderlich, wenn sich mehr Entscheidungen zur neuen Formel von Obergerichten aus bevölkerungs-

---

[46] Siehe hingegen zur neuen Formel und den **Landesverfassungsgerichten**, die hier nicht näher behandelt werden VerfGH Bayern DVBl 1988, 576 (577); BayVBl 2003, 333 (334) – VerfGH Berlin DVBl 2001, 1586 (1587); LKV 2005, 212 – StGH Hessen DVBl 1991, 104 (106 f.); NVwZ 2000, 430 (432); NVwZ 2001,670 (671) – die neue Formel falsch verstehend VerfGH NRW DVBl 1993, 197 (200); DVBl 1997, 483 (485).

[47] Es wurden herangezogen: BayVBl, DVBl, DöV, LKV, NJW, NVwZ, NVwZ-RR, NordÖR, NWVBl, VBlBW.

reichen Bundesländern finden. Der VGH Mannheim, VGH München oder das OVG Münster beschäftigen sich häufiger mit dem Gleichheitssatz und damit auch mit der neuen Formel als etwa das OVG Greifswald. Um so verwunderlicher ist es allerdings, wenn sich etwa vom VGH Kassel kaum eine Entscheidung zur neuen Formel findet.[48] Die Aussagen in diesem Abschnitt können einerseits weniger verbindlich als im Abschnitt über das Bundesverwaltungsgericht sein, weil sie auf einer **geringeren Datengrundlage** für die einzelnen Obergerichte beruhen. So ist es zum Beispiel aufgrund der geringen Datenlage nicht möglich, eine Unterscheidung nach einzelnen Spruchkörpern der Gerichte zu treffen. Andererseits ergibt sich aus der Gesamtschau ein relativ **einheitliches Bild**. Die neue Formel scheint insgesamt von den Obergerichten besser als vom Bundesverwaltungsgericht aufgenommen und rezipiert worden zu sein.

aa) Eine **erste Entscheidung**, die sich mit der neuen Formel beschäftigt, findet sich im Jahr **1988** und damit etwa ein Jahr nach der ersten Entscheidung des Bundesverwaltungsgerichts zur neuen Formel. Das Bundesverwaltungsgericht hat die neue Formel damit nicht viel früher als die Obergerichte erkannt. Der VGH Mannheim deutet hier die Formel an, wenn er von Unterschieden von solcher Art und solchem Gewicht spricht. Das OVG Münster folgt 1989.[49] Auch die erstinstanzlichen Verwaltungsgerichte beschäftigen sich etwa seit 1989 mit der neuen Formel.[50] Ab Anfang/Mitte der 90er Jahre des 20. Jahrhunderts hat die neue Formel Eingang in die Rechtsprechung anderer Verwaltungsgerichte zweiter Instanz

---

[48] OVG **Bremen** NVwZ 2003, 122 (123) – OVG **Greifswald** NVwZ-RR 1997, 61 (62); LKV 2000, 161 (162) – OVG **Hamburg** DVBl 1993, 265 (266) – VGH **Kassel** NVwZ-RR 2002, 650 (652) – OVG **Koblenz** NVwZ-RR 1995, 291 (293) – OVG **Lüneburg** DVBl 1993, 266 (267); NVwZ-RR 1999, 654; NVwZ-RR 2001, 742 (748); NVwZ-RR 2002, 343 (345); NordÖR 2004, 446 (449) – VGH **Mannheim** NVwZ-RR 1993, 509; NJW 1996, 72 (73); NVwZ-RR 1998, 49 (51); DVBl 1997, 1186 (1188); VBlBW 2001, 194; VBlBW 2002, 447; VBlBW 2002, 423 (425); VBlBW 2005, 186 (187) – VGH **München** BayVBl 1995, 434; BayVBl 1996, 240 (242); BayVBl 1997, 111 (113); BayVBl 1999, 501 – OVG **Münster** NVwZ-RR 1990, 300; NVwZ-RR 1991, 452 (453); DVBl 1991, 955 (957); DVBl 1994, 416 (419); NVwZ 1998, 96 (98); NWVBl 1998, 188 (189); NWVBl 2001, 233; NWVBl 2001, 237 (238); NWVBl 2001, 233 – OVG **Schleswig** NJW 2000, 3440 (3441); NVwZ 2001, 1300 (1302) – OVG **Weimar** NJW 2004, 791 (795). Neue Formel **nur angedeutet**: OVG **Lüneburg** NVwZ-RR 1998, 728 (733); NVwZ-RR 2001, 749 (751); VGH **Kassel** NVwZ 1995, 509 ; VGH **Mannheim** NVwZ 1988, 168 (171); NVwZ-RR 1991, 192 (195); VBlBW 2002, 255 (257).
Siehe auch die Verwaltungsgerichte **erster Instanz** VG Berlin NJW 1989, 2413 (2414); KreisG Chemnitz/Stadt LKV 1992, 61 (63); VG Dessau LKV 1999, 282; VG Frankfurt/M NVwZ 1991, 296 (297); VG Köln NVwZ 1994, 199; KreisG Leipzig/Stadt LKV 1991, 318 (320); VG Siegmaringen NVwZ 2004, 634 (635); VG Potsdam LKV 2001, 330 (331).
[49] VGH Mannheim NVwZ 1988, 168 (171); OVG Münster NVwZ-RR 1990, 300.
[50] Vgl. etwa VG Berlin NJW 1989, 2413 (2414).

gefunden, so etwa beim OVG Hamburg, beim OVG Koblenz, beim OVG Lüneburg, oder beim VGH München.[51]

bb) Die **Spannweite** der Auseinandersetzung mit der neuen Formel ist bei den Obergerichten ähnlich weit und differenziert, wie beim Bundesverwaltungsgericht. Es finden sich Entscheidungen, welche die neue Formel nur andeuten, neben solchen, die sie und das Willkürformel miteinander vermengen oder sogar offen lassen, ob die neue Formel mit ihrem Maßstab anwendbar ist. Daneben stehen aber auch Entscheidungen, die sich intensiv mit der neuen Formel und ihren Kriterien auseinander setzen. Diese Auseinandersetzung erfolgt aber weniger dogmatisch als beim Bundesverwaltungsgericht. So vermeiden die Obergerichte es etwa, sich mit der wenig Erfolg versprechenden Unterscheidung zwischen Personen und Sachverhalten intensiver auseinander setzen zu müssen. Das Bundesverwaltungsgericht versucht hier hingegen vergebens eine sinnvolle Abgrenzung zu finden (siehe oben E I 3 a bb β). Den abstuften Maßstab schließlich scheinen die Obergerichte schneller und vor allem auch besser als das Bundesverwaltungsgericht erkannt und aufgenommen zu haben. Wenn sie die neue Formel verwenden, so orientieren sich die Obergerichte am klassischen **zweistufigen Prüfungsaufbau** der Gleichheitsprüfung, in den sich die Formel einpasst. Entscheidungen, die einen anderen Aufbau verfolgen und – fälschlicherweise – eine Eingriffsprüfung oder eine Prüfung des Verhältnismäßigkeit im weiteren Sinne vornehmen wollen, sind die Ausnahme.[52]

cc) Als eher **oberflächlich** kann man beispielsweise eine Entscheidung des VGH Mannheim aus dem Jahre 1998 bezeichnen.

Hier ging es um die Frage geht, ob Ethikunterricht im Fächerkanon mit dem Religionsunterricht gleich behandelt werden muss. Der Schwerpunkt dieser Entscheidung liegt bei den besonderen Grundrechten der Art. 4, 7 GG und bei Art. 3 III GG. Art. 3 I wird hingegen nur am Rande mit der neuen Formel erwähnt, um dann aber gleich einschränkend hinzuzufügen, dass hier (aufgrund von Art. 7 III GG)

---

[51] OVG Hamburg DVBl 1993, 265 (266); OVG Koblenz NVwZ-RR 1995, 291 (293); OVG Lüneburg DVBl 1993, 266 (267); VGH München BayVBl 1995, 434.
[52] **Zweistufiger Aufbau** und neue Formel deutlich bei OVG Lüneburg DVBl 1993, 266 (267); NVwZ-RR 2001, 742 (748 f.) [sehr deutlich]; VGH Mannheim NJW 1996, 72 (73); VGH München BayVBl 1997, 111 (113); BayVBl 1999, 501; OVG Münster NWVBl 1998, 188 (189 f.); NWVBl 2001, 237 (238) [sehr deutlich]; OVG Schleswig NJW 2000, 3440 (3441); NVwZ 2001, 1300 (1302) [deutlich]. **Anderer Prüfungsaufbau** bei der neuen Formel etwa von Hess. StGH NVwZ 2000, 430 (431); VGH Mannheim NJW 1996, 72 (73 ff.).

ein großer Gestaltungsspielraum des Gesetzgebers bestehe, so dass eine Bevorzugung des Religionsunterrichts nicht sachlich ungerechtfertigt sei.[53]
Dies mag im Ergebnis zwar zutreffen. Da hier aber auch andere Grundrechte, wie das der Religionsfreiheit mit hereinspielen, hätte das grundsätzlich für einen strengeren Maßstab und damit auch für eine intensivere Auseinandersetzung mit der Frage des gesetzgeberischen Gestaltungsspielraums gesprochen.

dd) Ähnlich verhält es sich bei Entscheidungen der Obergerichte, die **Willkür** und neue Formel nicht richtig auseinander halten, weil sie oft ihren Obersatz mit dem Willkürverbot beginnen und dann als weitere Erklärung die neue Formel erwähnen.[54] Das ist nicht nur ein Phänomen aus der Anfangszeit der neuen Formel. Es findet sich auch bei späteren Entscheidungen. Das ist ein Indiz dafür, dass die neue Formel noch nicht endgültig und bei allen Gerichten aufgenommen und rezipiert wurde.

Ein bezeichnendes Beispiel ist eine Entscheidung des **OVG Münster** aus dem Jahr 1996. Überprüft wird die Regelung einer differenzierten Kreisumlage in einer Satzung. Geklagt hat eine große kreisangehörige Stadt. Diese kann sich aber, die sie nicht grundrechtsberechtigt ist, gar nicht auf den Gleichheitssatz berufen.[55] Das OVG hätte also gar keine Gelegenheit gehabt, die neue Formel zu erwähnen. Es beginnt seine Prüfung richtig mit dem dem Gleichheitssatz immanenten Willkürverbot, das als objektives Gerechtigkeitsprinzip auch zwischen Hoheitsträgern untereinander gelte. Es stellt fest, dass zwischen den beiden Gruppen gleichbehandelter Fälle keine Unterschiede von solcher Art und solchem Gewicht bestehen, dass die ungleiche Behandlung nicht mehr zu rechtfertigen gewesen wäre. Später erklärt es dann, dass die unterschiedlichen Vorteilsziehung aus der Kreisumlage keinen Gesichtspunkt darstelle, der diese beiden Gemeindegruppen wesentlich ungleich im Sinne des Verbots willkürlicher Gleichbehandlung erscheinen ließe.[56]

Diese Entscheidung vermengt Elemente der Willkürformel und des Gleichheitssatzes. Abgesehen davon, dass nicht das Willkürverbot, sondern der Gleichheitssatz insgesamt als objektives Prinzip gilt (dazu oben C I 2 a aa α, C II 2 b bb α), hätte

---

[53] VGH Mannheim DVBl 1997, 1186 (1188).
[54] Siehe etwa OVG Greifswald LKV 2000, 161 (162); OVG Hamburg DVBl 1993, 265 f.; VGH Mannheim VBlBW 2001, 194; VGH München BayVBl 1996, 240 (242); OVG Münster NVwZ-RR 1990, 300; NVwZ 1998, 96 (97); NVwZ 2002, 996 (999). Siehe auch OVG Münster NVwZ-RR 1991, 452 (453), wo es die Anwendbarkeit der neuen Formel letztlich offen gelassen hat. Nur angedeutet wird die neue Formel hingegen bei VGH Kassel NVwZ 1995, 509; OVG Münster NVwZ 2002, 879 (880).
[55] Zur fehlenden Grundrechtsberechtigung von Gemeinden und anderen juristischen Personen des öffentlichen Rechts *Roellecke* in Umbach/Clemens Art. 19 Rn. 117, 128, 133; Krebs in von Münch Art. 19 Rn. 42 jeweils m.w.N.
[56] OVG Münster NVwZ 1998, 96 (98).

sich das Gericht eindeutig zum anzuwendenden Maßstab äußern müssen. Hier scheint es die neue Formel aber unter das Willkürverbot subsumieren zu wollen. Richtig wäre es hingegen gewesen – je nach Lesart – dass sich neue Formel und Willkürverbot entweder ausschließen oder dass, was richtig ist, die Willkürformel in die neue Formel integriert ist und mit ihr zusammen den Gleichheitssatz interpretiert. Die Vermengung durch das OVG löst diese Probleme hingegen nicht.

ee) Es gibt aber nicht nur Entscheidungen, die sich eher oberflächlich der neuen Formel annehmen. Die meisten der Entscheidungen, welche die neue Formel verwenden, scheinen sich vielmehr **intensiv** mit ihr und ihren Kriterien auseinander zu setzen und sie nicht bloß im Obersatz zu zitieren, sondern gerade den Vergleich durch die neue Formel stärker hervorzuheben.[57]

In einer Entscheidung des **OVG Schleswig** aus dem Jahre 1992 beispielsweise ging es um die Friedhofsgebührenordnung einer Kirchengemeinde. Die Gebührenordnung sah einen Zuschlag von 50 % für die Nutzung einer Grabstelle vor, wenn die verstorbene Person nicht Mitglied in einer der Arbeitsgemeinschaft christlicher Kirchen in Deutschland angehörenden Religionsgemeinschaft (sog. ACK-Klausel) ist. Der Friedhof der Kirchengemeinde war der einzige vor Ort. Die Verstorbene, deren Alleinerbe der Kläger ist, gehörte keiner ACK-Religionsgemeinschaft an, so dass die Kirchengemeinde für das Grab den Aufschlag verlangte.

Es handelt sich hier um eine Entscheidung aus dem Bereich des Abgabenrechts, zu dem es inzwischen eine sehr differenzierte Rechtsprechung gibt.[58] Das OVG Schleswig hätte also eigentlich die neue Formel nicht zu verwenden zu brauchen, sondern sich in den eingefahrenen Gleisen der Willkürrechtsprechung halten können, wie es vor allem das Bundesverwaltungsgericht so oft tut. Es beginnt aber seine Prüfung mit der neuen Formel und fügt daran an, dass dieser Grundsatz auch das gesamte Gebührenrecht durchziehe. Damit leitet es auf die gebührenrechtlichen Grundsätze über, dass bei gleichartigen Umständen eine gleichmäßige Belastung der Pflichtigen entsprechend dem Ausmaß ihrer Benutzung zu gewährleisten sei. Das Gericht geht nun auf die Besonderheiten des Sachverhalts ein, dass näm-

---

[57] Siehe beispielsweise VGH Kassel NVwZ-RR 2002, 650 (652); OVG Lüneburg DVBl 1993, 266 (267); VGH Mannheim NVwZ 1988, 168 (171); VBlBW 2002, 447 (448); VGH München BayVBl 1999, 501 f.; OVG Münster DVBl 1991, 955 (957); DVBl 1994, 416 (419); NWVBl 1998, 189; OVG Schleswig NJW 2000, 3440 (3441).
[58] Vgl. etwa BVerwG NVwZ-RR 2002, 599 wo das Gericht a.a.O. feststellt, dass zu den Anforderungen des Gleichheitssatzes eine umfangreiche höchstrichterliche Rechtsprechung vorliege – das Gericht bewegt sich also in den eingefahrenen (bereichsspezifischen) Bahnen, weswegen es auch gar nicht auf die Idee kommt, die neue Formel anzuwenden.

lich zum einen ein Friedhofs- und Bestattungszwang herrsche und dass zum anderen der Friedhof der Kirchengemeinde eine Monopolstellung einnehme, da es keinen gemeindlichen gebe. Hieraus erwachse ein Zulassungsanspruch. Dieser erfordere aber die Gleichbehandlung der Nutzer. Das sei gerade nicht der Fall, so dass gegen den Gleichheitssatz verstoßen werde. Denn *Art und Umfang* der Inanspruchnahme des Friedhofs der Beklagten werde durch die Zugehörigkeit der Toten zu einer in der ACK zusammengeschlossenen Religionsgemeinschaft nicht beeinflusst."[59] Damit verbindet das OVG seine Ausführungen zum Gebührenrecht mit der neuen Formel. Diese fügt sich hier nahtlos in die Entscheidung ein und rundet sie ab. Diese Entscheidung ist ein Beispiel dafür, dass es möglich ist, die bisherige bereichsspezifische Rechtsprechung in die neue Formel zu integrieren.

ff) Die Unterscheidung zwischen **Personen und Sachverhalten**, die das Bundesverfassungsgericht anfangs vornahm und an der sich auch das Bundesverwaltungsgericht vergeblich versuchte, scheinen die Obergerichte hingegen kaum aufgegriffen zu haben. Diese Unterscheidung wird allenfalls gestreift, wenn der abgestufte Maßstab verwendet wird (dazu sogleich). Entscheidungen aber, bei denen der vermeintliche Gegensatz zwischen Personen und Sachverhalten aufgegriffen wird, um hieraus dann den jeweiligen Prüfungsmaßstab abzuleiten finden sich zwar beim Bundesverfassungsgericht und auch beim Bundesverwaltungsgericht (siehe oben D II 2, E I 3 a bb β). Bei den Obergerichten waren keine auffindbar. In diesen Entscheidungen hätte das jeweilige Gericht erklären müssen, warum es im konkreten Fall von einer Unterscheidung nach Personen ausgeht und damit die neue Formel anwendet oder warum es umgekehrt von Sachverhalten ausgeht und damit der Maßstab weniger streng ist.

α) Die Obergerichte verwenden entweder die neue Formel oder die Willkürformel und erklären nicht, warum sie dies tun. Dass ihnen die Unterscheidung bewusst ist, lässt sich allenfalls daraus schließen, dass einige Gerichte, wenn sie die neue Formel anwenden, nur von Normadressaten und (Personen-) Gruppen sprechen und den Begriff Sachverhalte entweder gar nicht verwenden oder ihn höchstens im Obersatz streifen.

Eine solche Entscheidung ist etwa eine des **OVG Münster** aus dem Jahre 1991, bei der es um unterschiedliche Beiträge geht, welche eine Handwerkskammer von Per-

---

[59] OVG Schleswig DVBl 1993, 266 (267).

sonengesellschaften (gestaffelter Satz) und Kapitalgesellschaften (einheitlicher Satz) erhebt. Das Gericht spricht hier nur von Normadressaten und deren unterschiedlicher Behandlung und widmet sich dann eingehend den Unterschieden zwischen Personen- und Kapitalgesellschaften. Der Unterschied zwischen Personen und Sachverhalten wird nicht angesprochen. Vielmehr beginnt das Gericht gleich damit, zu untersuchen, welche Unterschiede zwischen den Normadressaten bestehen und wie diese begründet seien.[60]

Das ist im Ergebnis richtig. Hier hätte es sich aber durchaus angeboten, zu überlegen, wie die neue Formel bei juristischen Personen anzuwenden ist. Denn unmittelbar wird eine juristische Person behandelt. Diese ist allerdings, und deswegen ist es richtig, die neue Formel anzuwenden, bei Personengesellschaften in einer oder mehreren natürlichen Personen verkörpert.[61] Diese Ausführung zeigen, dass es durchaus sinnvoll gewesen wäre, hierauf einzugehen, wenn man die Unterscheidung zwischen Personen und Sachverhalten anerkennt. Immerhin hält es das Bundesverfassungsgericht noch in einer Entscheidung aus dem Jahre 1997 für erwähnenswert, dass eine Ungleichbehandlung juristischer Personen nicht von vornherein als sachverhaltsbezogen zu behandeln sei.[62] Das OVG macht das gerade nicht, sondern spricht nur von Personengruppen und Normadressaten. Das ist ein Muster, das sich auch in anderen Entscheidungen des OVGs und anderer Gerichte wiederfindet.[63]

β) Aus dieser Verfahrensweise lassen sich unterschiedliche Schlüsse ziehen. Rein praktisch muss ein Gericht nicht erklären, welchen Maßstab es anwendet, wenn sich daraus für die Prüfung keinen Unterschied ergibt. Eignet sich eine Unterscheidung nicht für die Praxis und lässt sich aus ihr auch kein verschiedenes Ergebnis ziehen, dann ist dies ebenfalls ein Grund, sie nicht zu verwenden. Diese Vorgehensweise erscheint aber auch dann konsequent, wenn man von vornherein gar keinen anderen Maßstab anwenden möchte, also die neue Formel nur bei der Unterscheidung von Personengruppen anwendet und/oder bei der Unterscheidung nach Sachverhalten von vornherein die Willkürformel verwendet. Das ist aber sehr

---

[60] OVG Münster DVBl 1991, 956 (957 f.)
[61] So dass ein personaler Bezug besteht. Vgl. BVerfG E 61, 82 (100); 95, 267 (317); *Roellecke* in Umbach/Clemens Art. 19 Rn. 107 f.; *Krebs* in von Münch Art. 19 Rn. 31
[62] BVerfGE 95, 267 (317).
[63] Vgl. etwa VGH Mannheim NVwZ 1988, 168 (171); VGH München BayVBl 1999, 501 f.; OVG Münster NVwZ-RR 1991, 452 (453); DVBl 1994, 416 (419 f.); NVwZ 1998, 96 (98); NWVBl 2001, 237 (238); NWVBl 2001, 233; OVG Schleswig NJW 2000, 3440 (3441); siehe auch VG Frankfurt/M. NVwZ 1991, 296 (297).

unwahrscheinlich. Denn angesichts der Tatsache, dass sowohl das Bundesverfassungsgericht als auch das Bundesverwaltungsgericht diese Unterscheidung verwendet haben wäre es sehr ungewöhnlich, wenn nicht zumindest eines der Obergerichte sie nicht auch heranziehen sollte.

γ) Die meisten der untersuchten Entscheidungen datieren aus der Mitte, dem Ende der 1990er Jahre. Zu dieser Zeit verwendete zwar das Bundesverwaltungsgericht die Unterscheidung zwischen Personen und Sachverhalten noch. Das Bundesverfassungsgericht zog sich hingegen davon zurück und löste diese Unterscheidung im abgestuften Maßstab (dazu oben D II 3) auf. Als Erklärung für die Entscheidungspraxis der Obergerichte ist es daher wahrscheinlich, dass sie zum einen eine für die Praxis nicht taugliche Unterscheidung nicht verwendeten, weil sich aus ihr auch keine anderen Erkenntnisse gewinnen lassen können. Zum anderen dürften die Schwierigkeiten, die das Bundesverfassungsgericht selbst mit der Unterscheidung hat und die langsame Distanzierung von ihr, die mit dem Aufkommen des abgestuften Maßstabs einsetzte, auch den Obergerichten nicht verborgen geblieben sein. Dies ist um so wahrscheinlicher, als etwa die Obergerichte differenzierter als das Bundesverwaltungsgericht auf den abgestuften Maßstab reagiert haben.

δ) Die Obergerichte scheinen also an den vermeintlichen Gegensatz zwischen Personen und Sachverhalten weitaus pragmatischer herangegangen zu sein, als etwa das Bundesverwaltungsgericht. Die Unterscheidung interessierte sie entweder nicht. Oder sie wendeten von vornherein nur das Willkürverbot an, wenn sie meinen, dass es sich nur um Sachverhalte handelt.

gg) Die letzte Entwicklung in der Rechtsprechung zum Gleichheitssatz, die sowohl vom Bundesverwaltungsgericht (dazu schon oben E I 3 a cc) als auch den Obergerichten aufgegriffen wurde, ist der **abgestufte Maßstab**.[64] Das Bundesverwaltungsgericht hat den abgestuften Maßstab relativ früh nach seinem ersten Aufkommen im Jahr 1993 gesehen und auch, wenngleich sehr selten, in Entscheidungen verwendet. Die Obergerichte stehen dem Bundesverwaltungsgericht hier nicht nach. Der VGH Mannheim etwa verwendete bereits in einer Entscheidung aus

---

[64] Siehe hingegen zu den **Landesverfassungsgerichten** (die hier nicht behandelt werden) etwa VerfGH Berlin DVBl 2001, 1586 (1587); LKV 2005, 212 (213); StGH Hessen NVwZ 2000, 430 (432); NVwZ 2001, 670 (671).

dem Jahr 1995 den abgestuften Maßstab.[65] Der VGH München verwendete ihn 1996 und das OVG Münster 1997. Auch von anderen Obergerichten, wie dem OVG Lüneburg oder dem OVG Schleswig finden sich solche Entscheidungen.[66]

α) Zur Veranschaulichung soll hier eine Entscheidung des **OVG Münster** aus dem Jahr 1997 dienen.

Der Kläger wendet sich gegen einen Gebührenbescheid, der den Elternbeitrag für den Kindergartenbesuch seiner Tochter festsetzt. Berechnungsgrundlage ist das klägerische Einkommen, das um 10 % erhöht wurde, weil er Beamter ist und deswegen – vereinfacht dargestellt – kein Sozialabgaben zahlen muss. Ermächtigungsgrundlage dafür ist das Gesetz über Tageseinrichtungen für Kinder. Das Gericht beginnt seine Prüfung mit der neuen Formel, um dann gleich den abgestuften Maßstab ausführlich mit dessen Begründung zu zitieren, dass bei der Ungleichbehandlung von Personengruppen deswegen ein strengere Maßstab anzuwenden sei, weil der Gleichheitssatz vom Menschen ausgehe und damit eine Ungleichbehandlung von Personen verhindern wolle. Dann versucht es, unter diesen Maßstab zu subsumieren. Es sei ein strenger Maßstab anzuwenden, da eine Gruppe von Einkommensbeziehern anders behandelt werde, als andere beitragspflichtige Eltern.[67]

Hier klingt wieder die Unterscheidung zwischen Personen und Sachverhalten an (dazu schon oben E I 3 a bb β). Die betroffenen Normadressaten werden gekennzeichnet. Eine Regelung von Sachverhalten erscheint fernliegend, so dass der Prüfungsmaßstab hier relativ einfach bestimmt werden kann. Ergänzend hätte das Gericht diskutieren können, dass es sich zwar nicht um eine eigenschaftsbezogene Regelung handelt, da es keine Eigenschaft ist, Sozialabgaben zu entrichten. Es ist aber auch keine rein verhaltensbezogene Regelung. Zwar könnten die Eltern der Beitragspflicht entgehen, indem sie ihr Kind nicht in eine Tageseinrichtung schicken oder indem sie eine sozialversicherungspflichtige Tätigkeit aufnehmen. Das sind aber keine ernstzunehmenden und zumutbaren Alternativen. Insofern muss auch deswegen der Maßstab der Prüfung streng sein.

β) Neben Entscheidungen, die den abgestuften Maßstab komplett rezipieren, sind solche anzusiedeln, die zwar nicht den abgestuften Maßstab, aber **Elemente** ver-

---

[65] VGH Mannheim NJW 1996, 72 (73) – auf S. 73 scheint er anzudeuten – lässt es aber offen – dass er beim abgestuften Maßstab eine Prüfung der Verhältnismäßigkeit für erforderlich hält. Zu dieser Fehlinterpretation des abgestuften Maßstabs siehe bereits oben D III 3 a bb.
[66] VGH Kassel NVwZ-RR 2002, 650 (652) [angedeutet]; OVG Lüneburg NVwZ-RR 2001, 742 (748); VGH Mannheim 1996, 72 (73); VBlBW 2002, 447; VBlBW 2002, 423 (425); VGH München BayVBl 1997, 111 (113); OVG Münster NWVBl 1998, 188 (189); OVG Schleswig NVwZ 2001, 1300 (1302).
[67] OVG Münster NWVBl 1998, 188 (189).

wenden, die dieser zusammenfasst und die jeweils Einfluss auf den Prüfungsmaßstab haben können, wie etwa der Verhaltensbezug oder die Nähe zu Grundrechten. So wendet der **VGH München** in einer Entscheidung, in der es um freiwillige Zuschüsse für ausbildende Handwerksbetriebe geht, die über Bedarf ausbilden, die neue Formel an. Er kommt dann zu einem weiten Gestaltungsspielraum des Gesetzgebers, weil es keine gesetzliche Verpflichtung zu einer Ausbildung über Bedarf gebe und es den Betroffenen daher frei stehe, ihr Verhalten auf die Rechtslage einzurichten oder nicht.[68]
Der VGH betont also das Einzelkriterium des Verhaltensbezugs deutlich, ohne weitere, im abgestuften Maßstab verwendete Elemente – oder diesen selbst – zu erwähnen. Das reicht aber aus, denn dies ist das ausschlaggebende Kriterium für den anzulegenden Prüfungsmaßstab.

γ) Diese Entscheidungen zeigen, dass sich die Obergerichte mit den Elementen des abgestuften Maßstabs auseinander setzen und sie dies durchaus als Argumentationstopoi begreifen, mit denen der Prüfungsmaßstab verschärft oder verringert wird. Insgesamt lassen die zugegebenermaßen nur wenigen Entscheidungen zum abgestuften Maßstab den Eindruck zu, dass sich die Obergerichte gründlicher und umfangreicher mit dem abgestuften Maßstab beschäftigt haben als das Bundesverwaltungsgericht. Das zeigt, dass der abgestufte Maßstab in der Praxis verwendet werden kann und verwendet wird.

hh) **Zusammenfassend** lässt sich feststellen, dass die Obergerichte die neue Formel aufgenommen und auch rezipiert haben. Sie bemühen sich mehrheitlich auch um eine Auseinandersetzung mit den Kriterien der neuen Formel. Auch der abgestufte Maßstab wird angenommen – besser sogar als vom Bundesverwaltungsgericht.

4) Ergebnis

Das Bundesverfassungsgericht wendet die neue Formel bisher nicht auf die Verwaltung, sehr wohl aber auf die Rechtsprechung an. Das geschieht meist in solchen Fällen, in denen es um die Gesetzesauslegung geht. Die Literatur hat sich so gut wie gar nicht mit der neuen Formel und der Verwaltung beschäftigt. Die Aussagen hierzu sind überwiegend pauschal. Das Bundesverwaltungsgericht hat die neue

---

[68] VGH München BayVBl 1999, 501 (502). Vgl. auch VGH Kassel NVwZ-RR 2002, 650 (653) [Verhalten, Auswirkung Grundrechte]; VGH Mannheim DVBl 1997, 1186 (1188) [Eigenschaften]; VBlBW 2002, 447 [Verhalten]; OVG Schleswig NJW 2000, 3440 (3441) [Auswirkung Grundrechte].

Formel erkannt, wendet sie aber nur selten und noch seltener mit dem abgestuften Maßstab an. Die Oberverwaltungsgerichte bzw. Verwaltungsgerichtshöfe der Länder haben die neue Formel hier besser erkannt und umgesetzt, wenngleich die Verwaltungsrechtsprechung insgesamt die neue Formel nicht oft verwendet.

Wie sich die Übernahme der neuen Formel im Einzelfall darstellt, zeigt der nächste Abschnitt.

II) Übernahme der Aussagen zur neuen Formel auf die Verwaltung

Im vorhergehenden Abschnitt wurde dargestellt, dass das Bundesverfassungsgericht die neue Formel bisher nicht in Bezug auf die Verwaltung angewendet hat. Bundesverwaltungsgericht und Obergerichte haben die neue Formel erkannt und in ihre Rechtsprechung aufgenommen, wenngleich man nicht überall von einer umfassenden Rezeption sprechen kann Dass die neue Formel aufgenommen und angewendet wurde spricht für die These, dass sie sich auch für die Verwaltung eignet. Denn sie wird de facto angewandt, ohne dass sich ein Gericht die Frage stellt, ob eine solche Übernahme angezeigt wäre oder nicht.

1) Vorgehensweise

Dass die Formel generell angewendet wird, heißt aber noch nicht, ob sie auch in allen für den Gleichheitssatz relevanten Konstellationen verwendet wird und sich überhaupt für alle Fallgestaltungen eignet. Die hier vertretene These, die im Folgenden überprüft werden soll, lautet, dass sich die neue Formel auf die Verwaltung übertragen lässt und dadurch die Prüfung vereinfacht wird.

Die neue Formel spricht von Normadressaten. Fallen darunter auch die Adressaten einer Satzung oder gar die, welche von einer Verwaltungsvorschrift bzw. der durch diese konkretisierten Verwaltungspraxis berührt werden? Und was geschieht in dem Bereich der gesetzesfreien Verwaltung, bei der es also gar keine „Norm" gibt, die Anknüpfungspunkt für die neue Formel sein könnte? Die Fragen zeigen, dass eine Einzelfallbetrachtung oder eine bereichsspezifische Untersuchung angebracht ist, um hierüber die These der allgemeinen Anwendbarkeit zu bestätigen oder nicht. Eine Einzelbetrachtung bedarf aber der Ordnung. Sie läuft sonst Gefahr, auszuufern und sich in Details des „Fallrechts" zu verlieren.

Für diese Betrachtung sollen deswegen zwei Raster zugrunde gelegt werden. Das **erste Raster** ist ein eher formelles. Es geht von der Rechtsprechung des Bundesverfassungsgerichts aus, das in erster Linie Gesetze kontrolliert. Das Raster fragt, wo zwischen den Entscheidungen des Bundesverfassungsgerichts und denen der Verwaltungsgerichte Ähnlichkeiten bestehen und wo nicht. Damit sollen die Fälle aufgezeigt und betrachtet werden, bei denen die Übernahme der neuen Formel auf die Verwaltung schwierig sein könnte und solche bei denen das unproblematisch erscheint. Hier spielt der Begriff der Normadressaten und die Unterscheidung zwischen **Normerlass** und **Normvollzug** eine Rolle. Das **zweite Raster** dient gewissermaßen der Feinkontrolle. Es will Fälle abdecken, die vom ersten Raster nicht erfasst wurden. Anhand bestimmter Sachbereiche soll hier untersucht werden, ob und wie die neue Formel verwendet wird und werden kann. In Frage kommen solche Sachbereiche, in denen der Gleichheitssatz bei der Verwaltung schon immer eine große Rolle gespielt hat, z.B. bei der Selbstbindung der Verwaltung. Es sollen aber auch Bereiche genannt werden, bei denen der neuen Formel eine besondere Bedeutung zukommen könnte, etwa, wenn man die (vereinfachende) Unterscheidung zwischen Eingriffs- und Leistungsverwaltung nimmt. Die im zweiten Raster angeführten Bereiche eignen sich, um exemplarisch aufzuzeigen, ob und wie die neue Formel auf die Verwaltung angewendet werden kann.

Mit den beiden Rastern kann erreicht werden, dass die Bereiche abgedeckt werden, die für die Verwaltung die größte Bedeutung haben. Damit kann umfassend geprüft werden, ob und wie sich die neue Formel auch für die Verwaltung eignet.

2) Normerlass und Normvollzug (Grad der Normbindung)

Das Bundesverfassungsgericht fragt in der neuen Formel, wie eine Gruppe von Normadressaten behandelt wurde. Die Bezeichnung Normadressat erscheint auf den ersten Blick eher ungewöhnlich, denn das Grundgesetz spricht nicht von Normen, sondern von **Recht** und **Gesetz**. Nach Art. 1 III GG sind die Grund*rechte* als unmittelbar geltendes Recht bindend. Art. 3 I GG spricht von der Gleichheit der Menschen vor dem *Gesetz*. Die Gesetzgebung ist nach Art. 20 III GG an die verfassungsmäßige Ordnung, die vollziehende Gewalt und die Rechtsprechung an *Gesetz* und *Recht* gebunden. Schließlich verwenden auch die Art. 93 und 100 GG, nicht den Begriff der Norm, sondern benutzen ebenfalls die Begriffe *Recht* und/oder *Gesetz* – obwohl sich für Art. 100 I GG und etwa Art 93 I Nr. 2 GG der Begriff der Normenkontrolle eingebürgert hat.

Der **Gesetzesbegriff** des Grundgesetzes ist kein einheitlich feststehender, sondern wird vom Grundgesetz in unterschiedlichen Zusammenhängen verwendet.[69] Gesetz kann in erster Linie ein Rechtssatz mit allgemein-verbindlicher Wirkung meinen, also ein Gesetz im **materiellen Sinn** – eine Rechtsnorm – sein (dazu sogleich). Darunter kann man etwa Verordnungen oder Satzungen fassen. Der Begriff kann aber auch, unabhängig davon, ob die Wirkung abstrakt-generell ist, einen Rechtssatz meinen, der in einem im Grundgesetz bestimmten parlamentarischen Verfahren zustande gekommen ist, ohne dass es darauf ankommt, ob der Inhalt abstrakt-generell ist. Ein solches reines Gesetz im **formellen Sinn** ist etwa ein Zustimmungsgesetz nach Art. 59 II 1 GG. Denn dort wird ausdrücklich auf eine Zustimmung zu völkerrechtlichen Verträgen in der Form eines Bundesgesetzes verwiesen. Alle vom Bundestag beschlossenen Gesetze sind damit zumindest Gesetze im formellen Sinn.[70]

a) Normgebung und Normadressaten

Um den Begriff des Gesetzes zu definieren wird häufig auf den der **Norm** oder auf den des Rechtssatzes zurückgegriffen. Es findet sich auch die Kombination *Rechtsnorm*. Der Begriff der Norm meint vom Sprachgebrauch her eine Regel, eine Anordnung oder Anweisung, nach der etwas geschehen soll. Der Begriff ist vielsagend und wird nicht nur im juristischen Sinne verwendet. Eine Norm ist der Inbegriff einer **abstrakt-generellen, allgemein verbindlicher** Anordnungen. Das Gegenteil dieser allgemein wirkenden Regelung ist die verbindliche Einzelanweisung, der konkret individuelle oder auch generelle Rechtsakt, wie etwa der Richterspruch oder der Verwaltungsakt.[71] Die neue Formel eignet sich schon aufgrund ihrer Formulierung für abstrakt-generelle Regelungen. Das entspricht, wie oben, B IV 1, er-

---

[69] Zu den unterschiedlichen Ausdrücken und zum unterschiedlichen Verständnis von Gesetz und Recht siehe *Ossenbühl* in HdBStR III § 61 Rn. 4. Vgl. auch *Bülow* in HdBVerfR § 30 Rn 2 ff., 7; *Bleckmann* DVBl 2004, 333 335 f. Kritisch zu den Begriffen *Wolff/Bachof/Stober* VerwR Bd. 1 § 24 Rn. 10 f.
[70] *Ossenbühl* in HdBStR III § 61 Rn. 9; *Bülow* in HdBVerfR § 30 Rn 3 f.
[71] Zum Begriff der Norm vgl. *Duden* Bedeutungswörterbuch, Stichwort „Norm"; *Köbler* Ethymologisches Rechtswörterbuch, Stichwort „Norm"; *Creifelds* Rechtswörterbuch Stichwort „Norm". Siehe auch *Wolff/Bachof/Stober* VerwR Bd. 1 § 24 Rn. 11; *Ossenbühl* in HdBStR III § 61 Rn. 11. Zum Problem des Begriffs der Norm *Alexy* Theorie der Grundrechte S. 40 f.

wähnt, gerade dem Wesen des Gleichheitssatzes, der auf Verallgemeinerung angelegt ist.

Inhalt und Bindung an den Gleichheitssatz muss für die Normsetzung gleich sein – unabhängig davon, wer Normsetzer ist (dazu schon oben A II 4 b). Oben, B II 6) wurde ebenfalls schon deutlich gemacht, dass zwischen der Gesetzgebung durch das Parlament und der Normgebung durch die Exekutive der grundsätzliche Unterschied besteht, dass die Exekutive durch die geltenden Gesetze zusätzlichen Bindungen unterliegt, die für den Gesetzgeber nicht gelten. Das ändert aber nichts an der Gleichheitsprüfung als solcher, sondern lässt hier noch mehr Aspekte in die Prüfung einfließen.

aa) Das Bundesverfassungsgericht verwendet bei der neuen Formel – gewissermaßen im Obersatz – den Begriff **Normadressat** (dazu auch oben D II 2 a). Es spricht nicht von *Gesetzes*adressaten. Diesen Begriff hatte es zwar schon vorher im Zusammenhang mit dem Gleichheitssatz erwähnt.[72] Aber erst durch die neue Formel wurde eine ständige Rechtsprechung daraus. Mit der Bezeichnung Normadressat vermeidet das Bundesverfassungsgericht die Frage, welche Art von Gesetz gemeint ist und geht von vornherein von der allgemeineren Bedeutung aus. Normadressaten sind also Personen, an die Gesetze im materiellen Sinn gerichtet sind, das heißt (Parlaments-) Gesetze, Verordnungen und Satzungen. Da alle abstrakt-generellen Regelungen mit Außenwirkung Normen sind, dürften damit die Kriterien, die das Bundesverfassungsgericht mit der neuen Formel für die Gesetzgebung entwickelt hat, ohne größere Probleme auf den Verordnungsgeber oder den Satzungsgeber übertragen werden können.

Im **abgestuften** Maßstab (ausführlich oben D II 3) der neuen Formel spricht das Gericht allerdings direkt von den Bindungen des Gesetzgebers und nicht des Normgebers, wenn es ausführt:

„Da der Grundsatz, dass alle Menschen vor dem Gesetz gleich sind, in erster Linie eine ungerechtfertigte Verschiedenbehandlung von Personen verhindern soll, un-

---

[72] In BVerfG E 34, 103 (115) wird bei der Kontrolle einer Vorschrift des Körperschaftssteuergesetzes im Zusammenhang mit dem Gleichheitssatz die Bezeichnung „Normadressat" verwendet und zwar mit dem vom Gericht zitierten Wortlaut des Art. 3 I GG, dass alle Menschen **vor dem Gesetz** gleich sind. Zur Unterscheidung zwischen Rechtssetzungs- und Rechtsanwendungsgleichheit und dazu, dass diese Unterscheidung keinen Erkenntnisgewinn bedeutet, siehe bereits oben A II 4.

terliegt der Gesetzgeber bei einer Ungleichbehandlung von Personengruppen regelmäßig einer strengeren Bindung."[73]

Auch an späterer Stelle spricht es von den unterschiedlichen Grenzen, denen der Gesetzgeber je nach Regelungsgegenstand und Differenzierungsmerkmal unterliege.[74] Man könnte sich hier zwar fragen, ob das Bundesverfassungsgericht den Begriff des Normgebers wieder relativieren möchte, da es nun ausdrücklich vom Gesetzgeber spricht. Das dürfte aber nicht der Fall sein. Vielmehr wendet das Gericht den Begriff auf den konkreten Fall an. In den fraglichen Entscheidungen ging es nämlich um Parlamentsgesetze und nicht um Satzungen oder Verordnungen. Deswegen konnte das Gericht die durch die Verfassung gebundene Gewalt auch beim Namen nennen.

Entscheidungen des **Bundesverfassungsgerichts** zum Gleichheitssatz, in denen es sich direkt mit Verordnungen oder Satzungen befasst sind selten. Entscheidungen zur neuen Formel, die Satzungen oder Verordnungen zum Gegenstand der Prüfung haben, gibt es praktisch nicht.[75] Das ist auch verständlich. Denn aufgrund der **Subsidiarität** der Verfassungsbeschwerde (dazu oben E I 1) und angesichts der **Verwerfungskompetenz** der Fachgerichte bei untergesetzlichen Normen, gelangen solche Entscheidungen erst gar nicht zum Bundesverfassungsgericht. Und wenn sie das Gericht erreicht, ist es in der Regel nicht die Auslegung dieser Norm, sondern die des ermächtigenden Gesetzes, die überprüft wird. Deshalb ist es bezeichnend, dass sich in den Entscheidungsbänden des Gerichts sehr viele Entscheidungen zur neuen Formel finden, die auf konkreten Normenkontrollanträgen der Fachgerichte nach Art. 100 I GG beruhen. Als Ausnahme wäre hier noch die abstrakte Normenkontrolle einzuordnen. Daneben gibt es Verfassungsbeschwerden gegen eine Norm (seltener) oder gegen eine die Norm auslegende Gerichtsent-

---

[73] Ständige Rechtsprechung, vgl. BVerfG E 88, 87 (96); 91, 346 (62); 91, 389 (401); 95, 267 (316); 99, 367 (388); 102, 68 (87); NVwZ 2004, 1109 (1110); NVwZ 2005, 1416 (1417).
[74] BVerfG E 88, 87 (96 f.); 89, 15 (22 f.); 89, 365 (375); 90, 46 (56); 91, 346 (363); 91, 389 (401); 92, 26 (51 f.); 92, 53 (68 f.); 92, 365 (407 f.); 93, 99 (111); 95, 267 (316 f.); 97, 169 (180 f.); 97, 271 (290 f.); 98, 365 (389); 99, 129 (139); 99, 341 (355 f.); 99, 367 (388); 101, 54 (101); 101, 275 (291); 103, 172 (193 f.); NJW 2000, 572 (573); NVwZ 2002, 197 (198); NJW 2002, 1103 (1104);
[75] Vgl. etwa BVerfG E 58, 68 (79) [Verordnung – nicht zur neuen Formel]; BVerfG NVwZ-RR 1992, 491 (492) [Satzung – nicht zur neuen Formel]; BVerfG DVBl 1998, 699 ff. [Satzung und neue Formel]; DVBl 2004, 761 [Gesetz und Verordnung und neue Formel]; NVwZ-RR 2005, 297 (298) [Satzung und neue Formel].

scheidung, so dass hierüber wiederum die Auslegung eines Gesetzes Gegenstand des Verfahrens ist.[76]

Das Bundesverfassungsgericht ging **in der Vergangenheit** davon aus, dass der Gleichheitssatz für den Verordnungs- oder Satzungsgeber – neben der Bindung an die Ermächtigungsgrundlage als solche – gilt und von Bedeutung ist, sofern die ermächtigende Norm einen Spielraum einräumt (dazu auch oben A II 4, B II 6).[77] Um diesen **Spielraum** geht es bei der Prüfung anhand des Gleichheitssatzes. Deswegen ist die normgebende Verwaltung genauso an den Gleichheitssatz gebunden, wie die Legislative, wenn ihr letztere einen normgeberischen Spielraum einräumt. Daran hat sich für die neue Formel nichts geändert. Die neue Formel, die für den Gesetzgeber angewendet wird, eignet sich also auch für die **Kontrolle anderer Normgeber**. Bezeichnend ist hier eine Entscheidung des Bundesverfassungsgerichts aus dem Jahre 1998.

Dort wurde die Entscheidung des VGH Kassel überprüft, die im Normenkontrollverfahren eine **Satzung** zum Gegenstand hatte, die eine gestaffelte Kindergartengebühr vorsah. Die Satzung beruhte auf einem **Abgabengesetz**. Das Bundesverfassungsgericht stellt fest, dass die im Normenkontrollverfahren überprüfte Satzung und die ihr zugrundeliegenden bundes- und landesrechtlichen Normen mit dem Grundgesetz im Einklang stehen. Es überprüft alle Normen gemeinsam anhand des Gleichheitssatzes mit der neuen Formel und spricht generell von *den* angegriffenen Normen. Steht auch das Abgabengesetz als Grundlage der Satzung im Vordergrund der Auslegung, so unterscheidet das Gericht nicht zwischen der normgebenden Exekutive und der Legislative sondern unterwirft alles den gleichen Kontrollgrundsätzen.[78]

bb) Die neue Formel wird vom **Bundesverwaltungsgericht** und den **Obergerichten** ebenfalls für abstrakt generelle Regelungen angewendet – ohne dies irgendwie zu problematisieren oder in Frage zu stellen. Dies ist auch einleuchtend, denn es besteht im Hinblick auf die Gleichheitsprüfung kein Unterschied zwischen

---

[76] Entscheidungen zur neuen Formel, bei denen ein Gesetz Prüfungsgegenstand war, unterschieden nach konkreten Normenkontrollen [KN], abstrakten Normenkontrollen [AN] sowie Verfassungsbeschwerden [VB]: BVerfG E 55, 72 (88) [KN]; 57, 107 (117) [KN]; 60, 329 (346) [KN]; 66, 234 (242, 247) [KN]; 71, 39 (50, 59) [KN]; 74, 9 (24) [KN]; 76, 256 (329 f.) [VB]; 78, 104 (121) [KN]; 78, 232 (247) [KN]; 81, 108 (118) [VB]; 82, 126 (146) [KN]; 83, 1 (23) [VB]; 84, 348 (359) [KN]; 87, 1 (36) [NK/VB]; 88, 5 (12) [VB]; 88, 87 (96) [KN]; 93, 99 (111) [VB]; 93, 386 (397 ff.) [KN]; 94, 241 (260) [VB]; 95, 267 (316 f.) [VB]; 98, 1 (11 ff.) [KN]; 99, 129 (139) [VB]; 99, 165 (177) [KN]; 99, 367 (388 f.) [KN]; 100, 195 (205) [VB]; 101, 239 (269) [AK]; 101, 275 (290 f.) [VB]; 102, 68 (87) [KN]; 103, 172 (193) [VB]; 106, 166 (176) [KN]; 107, 27 (45) [VB]; 110, 412 (432) [KN]; NJW 2002, 2543 (2549) [AK]; NJW 2005, 1923 (1924) [VB].
[77] Vgl. etwa BVerfG E 58, 68 (79); NVwZ-RR 1992, 491 (492).
[78] BVerfG DVBl 1998, 699 (700 f.).

abstrakt-generellen Normen des Gesetzgebers und der Verwaltung. Der Charakter der zu überprüfenden Norm ist gleich. Diesen Gedanken bringt auch das **VG Frankfurt/M** vorsichtig zum Ausdruck. Es argumentiert, dass der Gesetzgeber an den Gleichheitssatz gebunden sei, welcher insbesondere verletzt sei, wenn gegen die neue Formel verstoßen werde und zieht dann daraus den Schluss dass Gleiches auch für die Verwaltung gelten müsse, wenn sie abstrakt-generelle Regelungen erlasse.[79] Hier will ein Gericht die neue Formel also grundsätzlich bei allen abstrakt-generellen Normen anwenden. Betrachtet man die Entscheidungen des Bundesverwaltungsgerichts und der Obergerichte, so bestätigen sie dieses Bild. Es finden sich Entscheidungen zu allen Arten abstrakt-genereller Normen. Die neue Formel wird sowohl bei (Landes-) **Gesetzen**, **Verordnungen** wie auch bei **Satzungen** angewendet.[80] Bei der Kontrolle von Gesetzen ist zu beachten, dass es sich zum einen um Landesgesetze handelt, die das Bundesverwaltungsgericht kontrollieren darf. Zum anderen geht es um Bundesgesetze, die das betreffende Gericht auslegt bzw. bei dem sich die Frage einer konkreten Normenkontrolle nach Art. 100 I GG stellt. Bei der Normenkontrolle durch die Verwaltungsgerichte sind manche Entscheidungen zudem so konsequent, dass sie, wenn sie den Urheber der jeweiligen Norm erwähnen, den „Gesetzgeber" der neuen Formel in einen Verordnungs- oder Satzungsgeber oder neutral in einen **Regelungs- oder Normgeber** umzuwandeln und die Betroffenen zu **Regelungsadressaten** zu machen.[81]

---

[79] VG Frankfurt/M NVwZ 1991, 296 (297).
[80] Neue Formel und **Gesetz**: BVerwG 80, 233 (243 f.); 85 194 (199); 94, 53 (56); 95, 252 (260); 96, 136 (146); 97, 255 (260); 100, 287 (295); 103, 375 (380); 106, 85 (89); 106, 191 (195); 111, 93 (99); DVBl 1993, 786 (787); LKV 1995, 325 (326); DVBl 1996, 1152; DVBl 2001, 664 (666); NJW 2001, 1590 (1592); DöV 2002, 393; DVBl 2005, 377 (379) – VGH Mannheim VBlBW 2001, 194; VGH München BayVBl 1995, 434; OVG Münster NWVBl 1998, 188 (189); OVG Weimar NJW 2004, 791 (795).
Neue Formel und **Rechtsverordnung**: BVerwG 77, 331 (335); 77, 345 (349); 81, 68 (72); 100, 206 (210); DVBl 1996, 513 (514) – OVG Bremen NVwZ 2003, 122 (123); OVG Hamburg DVBl 1993, 265 (266); VGH Kassel NVwZ-RR 2002, 650 (653); OVG Lüneburg NordÖR 2004, 446 (449); VGH Mannheim NVwZ 1988, 168 (171); DVBl 1997, 1186 (1188); VBlBW 2002, 447; VBlBW 2002, 423 (425); VGH München BayVBl 1997, 111 (113); OVG Münster 2002, 996 (999); OVG Schleswig NVwZ 2001, 1300 (1302).
Neue Formel und **Satzung**: BVerwG DVBl 1990, 155 (157); NVwZ 1990, 1167 (1168); NVwZ-RR 1992, 175 (176); DVBl 2000, 1771 (1772); NJW 2002, 2193 (2195); NJW 2006, 711 (715) – VGH Kassel NVwZ 1995, 509; OVG Lüneburg DVBl 1993, 266 (267); VGH Mannheim VBlBW 2002, 255 (257); OVG Münster NVwZ-RR 1990, 300; DVBl 1991, 955 (957); DVBl 1994, 416 (419); NVwZ 1998, 96 (98); NWVBl 2001, 233; OVG Weimar NJW 2004, 791 (795).
[81] Vgl. beispielhaft BVerfG NVwZ-RR 1992, 384 (385) [Gesetz- und Normgeber] – BVerwG E 91, 159 (164) [Regelungsadressaten]; BVerwG NVwZ 1990, 1167 (1168) [spricht bei Satzung neutral von Regelung]; NJW 2006, 711 (715) [Satzung und Normgeber] – OVG Hamburg DVBl 1993, 265 [Verordnungs-

α) Als etwas ungewöhnliches Beispiel für die Kontrolle eines **Gesetzes** mag die Entscheidung des Bundesverwaltungsgericht vom 27.9.1988 dienen, die oben, E I 3 a aa β, zu einem anderen Aspekt schon beschrieben wurde. Die Entscheidung ist insofern ungewöhnlich, als es um einen völkerrechtlichen Vertrag geht. Das zeigt aber nur den breiten Anwendungsbereich der neuen Formel.

In der Entscheidung ging es um die Klage auf Einbürgerung eines schon lange Jahre in Deutschland lebenden und arbeitenden iranischen Staatsbürgers, der mit einer Deutschen verheiratet war und mit ihr auch Kinder hatte. Die Einbürgerung wurde ihm versagt, weil er nicht aus der iranischen Staatsangehörigkeit entlassen wurde. Das Schlussprotokoll zu einem deutsch-persischen Niederlassungsabkommen sah vor, dass eine Einbürgerung nur vorgenommen werden durfte, wenn die jeweils andere Regierung dem zustimmt und ihren Staatsangehörigen aus der Staatsangehörigkeit entlässt. Das völkerrechtliche Übereinkommen ist durch Vertragsgesetz des deutschen Reiches in deutsches Recht übernommen worden und gilt auch noch für die Bundesrepublik, wo es im Bundesgesetzblatt veröffentlicht wurde. Ein völkerrechtlicher Vertrag hat den **gleichen Rang** wie der Rechtsetzungsakt der die Transformation bzw. den Vollzug des Vertrags bewirkt.[82]

Damit hatte der Vertrag den Rang eines vorkonstitutionellen (Bundes-) Gesetzes, so dass das Bundesverwaltungsgericht ihn auch überprüfen durfte. Der Kläger sieht es als Verstoß gegen den Gleichheitssatz an, dass er, weil er eine iranische Staatsangehörigkeit hat und hier die Zustimmung der iranischen Regierung zur Einbürgerung in Deutschland erforderlich ist, anders behandelt wird, als andere Staatsangehörige, bei denen eine solche Zustimmung zur Einbürgerung nicht erforderlich ist. Das Gericht nimmt die Anknüpfung an die Staatsangehörigkeit zum Ausgangspunkt seiner Prüfung anhand der neuen Formel. Es bildet zwei Gruppen, nämlich die, deren Heimatstaaten völkerrechtliche Verträge mit Deutschland geschlossen haben, welche die Mehrstaatigkeit ausschließen und solche, die keine solche Abkommen geschlossen haben. Der Kern der Argumentation dreht sich damit um die Frage, ob das Ziel der Vermeidung der Mehrstaatigkeit eine unterschiedliche Behandlung begründet. Das Gericht setzt sich länger mit diesem Grund auseinander und kommt zu dem Schluss, dass deswegen das Anknüpfen an die Staatsangehörig-

---

geber und Normgeber]; OVG Münster DVBl 1991, 955 (957) [Satzungsgeber]; unklar: OVG Münster NVwZ-RR 1991, 452 (453) [Normadressat bei Verwaltungspraxis und Verwaltungsvorschriften].
[82] Bei der Frage des Rangs völkerrichterlicher Verträge spielt der Streit zwischen Vollzugs- oder Transformationstheorie keine Rolle. Vgl. dazu *Geiger* Grundgesetz und Völkerrecht § 32 II 4 (S. 177) A.A. Kimminich Einführung in das Völkerrecht Kapitel 6.1 (S. 269 f.). Siehe auch *Schweitzer* StaatsR III Rn. 335, 336.

keit ein nach Art und Gewicht angemessenes Unterscheidungskriterium sei.[83] Das ist zwar nicht ganz sauber argumentiert, denn der Unterschied, an den angeknüpft wird, ist nicht die Staatsangehörigkeit, sondern die Tatsache, dass ein Abkommen existiert, welches die Mehrstaatigkeit vermeiden soll. Ansonsten lässt sich aber die Argumentation des Gerichts vertreten, wenn man die restriktive Staatspraxis zum Einwanderungsrecht berücksichtigt.

β) Dass die neue Formel auch zur Kontrolle von **Verordnungen** dient, soll eine Entscheidung des OVG Hamburg vom 7.4.1992 verdeutlichen.

Darin ging es um eine Kostenverordnung, nach der zur Ausnüchterung aufgegriffene Betrunkene für ihre Unterbringung und Überwachung in der Zentralambulanz etwa 400 DM zahlen mussten. Eine Ausnüchterung in den übrigen Krankenhäusern der Stadt kostet hingegen nur 150 DM.

Das Gericht wendet die neue Formel an und fragt, ob Unterschiede von solcher Art und solchem Gewicht zwischen den beiden Gruppen von Auszunüchternden bestehen, dass sie eine unterschiedliche Behandlung rechtfertigen. Die von der Stadt angeführte bessere Überwachung in der Zentralambulanz sei kein geeigneter Unterschied. Denn es mache für den Auszunüchternden keinen Unterschied, wo dies geschehe, da in beiden Fällen eine ausreichende ärztliche Versorgung gewährleistet sei.[84] Diese Entscheidung verdeutlicht gut, dass die wesentliche Bedeutung der neuen Formel darin liegt, dass sie dazu zwingt, Vergleichsgruppen zu bilden und die Unterschiede herauszuarbeiten.

γ) Als Nachweis für die Kontrolle einer **Satzung** mag die bereits oben S. 340 schon ausführlich dargestellte Entscheidung des OVG Schleswig zu einer Friedhofsgebührensatzung dienen. Die Satzung galt für einen Friedhof, der eine Monopolstellung in der Gemeinde einnahm. Sie sah für Mitglieder bestimmter Religionsgruppen eine höhere Gebühr als für andere vor. Das Gericht setzt sich hier intensiv anhand der neuen Formel mit der Satzung ihrer Auswirkung und vermeintlichen Unterschieden bei den Normadressaten auseinander.[85]

cc) Die Entscheidungspraxis des Bundesverwaltungsgerichts und der Obergerichte zur neuen Formel zeigt, dass sie diese ohne weiteres zur Kontrolle von Landesgesetzen, Verordnungen und Satzungen anwenden und die neue Formel hierauf

---

[83] BVerwG E 80, 233 (243 f.).
[84] OVG Hamburg DVBl 1993, 265.
[85] OVG Schleswig DVBl 1993, 266 (267).

übertragen. Da es sich hier und bei den vom Bundesverfassungsgericht anhand der neuen Formel kontrollierten Normen um abstrakt-generelle Rechtssätze handelt, zeigt dies weiterhin, dass sich die Aussagen der neuen Formel auch auf die normsetzende Exekutive übertragen lassen.

b) Normvollzug und Normadressat

Eignet sich die neue Formel für die normsetzende Exekutive, so fragt es sich, was mit der normvollziehenden, der **gesetzesakzessorischen** Verwaltung ist. Die Frage beantwortet sich allerdings in gewisser Weise schon aus sich selbst heraus. Denn auch die normsetzende Verwaltung ist eine normvollziehende, da sie nur die Wertungen des Gesetzgebers innerhalb der Spielräume nachvollzieht, die er ihr einräumt. Wenn also die neue Formel sich für die rechtsetzende Exekutive eignet, dann müsste sie sich deswegen auch für die übrige Tätigkeit der Verwaltung eignen. Vor einer vorschnellen Übernahme dieser These muss aber bedacht werden, dass es bei der Rechtsetzung um abstrakt-generelle Normen bei der Rechtsanwendung hingegen in der Regel um konkret-individuelle Entscheidungen geht, deren Verbindung zum Gleichheitssatz erst noch hergestellt werden muss.

Die neue Formel wendet sich an Normadressaten. Gegensatz zur Norm ist der Rechtsakt, der die abstrakt-generelle Regelung auf den Einzelfall anwendet. Ist es überhaupt möglich, mit der neuen Formel eine Einzelfallentscheidung zu überprüfen, wenn die Entscheidung nur die Norm nachvollzieht? Anders gewendet: wo ist der **Normadressat** beim Adressaten einer Einzelfallentscheidung? Auf den ersten Blick scheint hier ein sprachlicher Widerspruch zu liegen. Denn die betroffene Person wird durch die konkrete Maßnahme oder etwa den erlassenen Verwaltungsakt behandelt. Dieser Widerspruch ist aber nur ein scheinbarer. Denn jede Norm ist darauf angewiesen, angewendet zu werden. Die Person wird *aufgrund* einer Norm behandelt, die dies anordnet. Wenn die Polizei oder die Ordnungsbehörde eine Platzverweisung[86] ausspricht, so ist die betroffene Person Adressat der behördlichen Entscheidung – und auch einer Norm, nämlich der jeweiligen Ermächtigungsgrundlage. Denn wie die Bezeichnung normvollziehende Verwaltung schon sagt, vollzieht die Verwaltung den abstrakten Gesetzesbefehl für den Einzelfall nach. Sie wandelt ihn gewissermaßen um, **transformiert** ihn. Die betroffene Per-

---

[86] Dazu *Friauf* in BesVerwR 2. Abschnitt Rn. 131; *Götz* Allgemeines Polizei- und Ordnungsrecht Rn. 287.

son ist also nicht nur Adressat der Einzelfallentscheidung, sondern auch Adressat der Norm, auf der die Einzelfallentscheidung beruht. Deswegen ist sie Normadressat, so dass die neue Formel ihrem Wortlaut nach **auch auf Einzelfallentscheidungen** angewendet werden kann.[87] Sie wird allerdings – wie der Gleichheitssatz an sich – nicht bei der isolierten Einzelfallenscheidung relevant, sondern erst dann, wenn es eine Vergleichssituation gibt – ein Vergleichsfall entsteht.

Die **Verwaltungsrechtsprechung** scheint – wie bereits oben, E I 3 a dd, b hh, zusammen gefasst – **keine Bedenken** zu haben, die neue Formel auf die Verwaltung anzuwenden und sie für die Belange der Prüfung auch abzuwandeln. Das soll an einer Entscheidung des Bundesverwaltungsgerichts veranschaulicht werden, die allerdings in dieser Deutlichkeit eher selten ist.

Bei der Entscheidung **BVerwG E 77, 188** wurde die ausländerrechtliche Ermessensentscheidung einer Widerspruchsbehörde überprüft, welche dem Kläger keine Aufenthaltsberechtigung erteilen wollte. Dieser lebte und arbeitete zum Zeitpunkt der bundesverwaltungsgerichtlichen Entscheidung schon seit 18 Jahren in Deutschland, seine Familie allerdings im Ausland. Die Behörde ging deswegen davon aus, dass er seinen Lebensmittelpunkt nicht in Deutschland habe und er keinen Willen zum ständigen Verbleib in der Bundesrepublik erkennen lasse. Nach der damaligen Gesetzeslage stand es im Ermessen der Behörde, dem Kläger eine Aufenthaltsberechtigung zu erteilen, wenn dieser schon seit mindestens fünf Jahren in Deutschland lebt und sich wirtschaftlich und sozial eingefügt hat.

Das Gericht untersucht die Schranken des Ermessens, die sich auch aus höherrangigem Recht – so auch dem Gleichheitssatz – ergäben und stellt einen Ermessensfehler fest, indem es die neue Formel zitiert. Es wandelt die **neue Formel** für die Verwaltung ab, indem es formuliert, dass Art. 3 I GG es

„den Behörden verwehrt, eine Gruppe im Vergleich zu anderen Normadressaten anders zu behandeln, wenn zwischen diesen Gruppen keine Unterschiede von solcher Art und solchem Gewicht bestehen, dass sie eine ungleiche Behandlung rechtfertige könnten [...]."[88]

So selbstverständlich das Gericht von **Behörden** spricht, an die Art. 3 I GG mit der neuen Formel Anforderungen stellt, so selbstverständlich scheint es davon auszugehen, dass diese Formel auch auf die Verwaltung anzuwenden ist. In der sich anschließenden Prüfung bildet das Gericht zweimal Vergleichsgruppen und verstärkt seine Erwägungen durch Art. 6 I GG. Kinderlose verheiratete Ausländer

---

[87] Anderer Ansicht hinsichtlich des Wortlauts – jedoch nicht im Ergebnis *Odendahl* JA 2000, 170, 171 f.
[88] BVerwGE 77, 188 (192)

dürften nicht besser behandelt werden als solche, die Kinder und damit eine Familie haben. Es verwendet die Terminologie der neuen Formel nicht einheitlich, sondern spricht auch von zureichenden Gründen.[89] Insgesamt versucht das Gericht aber, die neue Formel auf die Verwaltung anzuwenden, bildet Vergleichsgruppen und geht auf Unterschiede ein, wenngleich auch Elemente der Willkürformel noch mitschwingen.

Wie sich die neue Formel für die gesetzesvollziehende oder gesetzesakzessorische Verwaltung eignet (zu den Begriffen siehe oben A II 4 a), soll in den folgenden Abschnitten untersucht werden.

aa) *Strikt gesetzesgebundene Verwaltung*

Reduziert man die Befugnis der Verwaltung auf den schlichten Normvollzug, ohne dass ihr ein Spielraum gegeben wird, ist, wie oben, A II 4, bereits festgestellt, die Bedeutung des Gleichheitssatzes gering. Wenn gegen die Gesetzesbindung verstoßen wird liegt darin gleichzeitig auch ein Gleichheitsverstoß. Hier kann die neue Formel nicht zu weiteren Erkenntnissen beitragen.

Die neue Formel ist aber von Belang, wenn es um die **Auslegung** oder **Überprüfung** der von der Verwaltung anzuwendenden **Normen** geht. Hier wird dann aber nicht die Verwaltungsentscheidung als solche, sondern die ihr zugrunde liegende und strikt zu befolgende Norm überprüft. Ein Verstoß gegen den Gleichheitssatz lässt sich hier schon im Verstoß gegen eine Norm festmachen, die im Lichte des Gleichheitssatzes ausgelegt wird. Dies ist für die Gleichheitsprüfung nichts Besonderes, sondern Schwerpunkt der Gleichheitsprüfung durch das Bundesverfassungsgericht und auch der Verwaltungsgerichte. Denn die Gerichte und nicht die Verwaltung sind zur Normauslegung berufen. Die Überprüfung von Normen wurde schon in den vorhergehenden Teilen der Arbeit behandelt. Sie stellt gewissermaßen den „Normalfall" der neuen Formel mit ihrem abgestuften Maßstab dar und braucht daher an dieser Stelle nicht noch einmal untersucht zu werden.

Die strikt gesetzesgebundene und -vollziehende Verwaltung ist in den meisten Fällen aber nicht so strikt gebunden, wie es der Begriff suggeriert. Vielmehr kann ihr der Normgeber Spielräume schaffen, indem er unbestimmte, also ausfüllungsbedürftige Rechtsbegriffe verwendet. Wie oben, A II 4 a, schon gezeigt, werden

---

[89] BVerwGE 77, 188 (193 f)

der Verwaltung hier auf der Tatbestandsseite in bestimmten Bereichen **Beurteilungsspielräume** zugestanden. Allerdings nur in bestimmten, da die Auslegung von Rechtsbegriffen Sache der Gerichte ist. Rechtsbegriffe sind auslegungsfähig, Rechtshandlungen jedoch nicht, so dass die Bedeutung des Gleichheitssatzes eher auf der Seite des Ermessens und damit der Rechtsfolgenseite liegt.[90] Interessanter sind also die Bereiche der gesetzesgebundenen Verwaltung, bei der Spielräume bestehen.

bb) *Gesetzesakzessorische Verwaltung mit Spielräumen*

Größere Bedeutung als bei der strikt gesetzesgebundenen Verwaltung hat der Gleichheitssatz bei der übrigen gesetzesakzessorischen oder gesetzesvollziehenden Verwaltung,[91] wenn ihr der Gesetzgeber, oder besser: der Normgeber, **Spielräume** gewährt, also einen Bereich eigener und **eigenverantwortlicher Entscheidungsgewalt** einrichtet (dazu schon oben A II 4, B II 6 a). Dieser Spielraum kann klassischer Weise im Bereich der Rechtsfolgenseite liegen. Es wird also **Ermessen** eingeräumt. Diese Arbeit versteht allerdings den Begriff des Ermessens in einem **weiteren Sinne** und verwendet ihn auch bei der nicht-gesetzesgebundenen Verwaltung. Denn beim Ermessen geht es letztlich darum, dass der Normgeber der Verwaltung bewusst oder auch unbewusst Spielräume gegeben hat, eine Rechtsfolge auszulösen – auch, indem er etwa einen Bereich gerade nicht regelt (dazu oben B II 6 b). Der Spielraum kann auch auf der Tatbestandsseite liegen, wenn es etwa, wie oben gerade erwähnt, um **unbestimmte Rechtsbegriffe** geht, auch wenn die verbindliche Auslegung von Normen Sache der Gerichte ist. Denn zumindest in einigen Bereichen, wie etwa bei Prüfungsentscheidungen gesteht die Rechsprechung der Verwaltung einen eigenständigen Beurteilungsspielraum zu. Hierauf wurde schon oben, A 4 a, eingegangen. Da es für die Anwendung des Gleichheitssatzes, wenn der Verwaltung ein Spielraum gewährt wird, gleichgültig ist, wo er gewährt wird, werden die Ausführungen auf den Bereich des Ermessens beschränkt, weil dieser für

---

[90] Zu Ermessen und Beurteilungsspielräumen *Kirchhof* in HdBStR V § 125 Rn. 20 ff.; *Brohm* JZ 1995, 369, 370. Siehe auch *Dürig* in MD Art. 3 Rn. 428 ff., 436; *Jarass* in JP Art. 3 Rn. 35. Zur Relevanz des Gleichheitssatzes im Ermessensbereich *Rüfner* in BK Art. 3 Rn. 172, 183; von Münch StaatsR II Rn. 577. Zu undifferenziert *Kölbel* Gleichheit im Unrecht Rn. 101. Siehe allgemeiner zu Gleichheitsverstößen *Hufen* Fehler im Verwaltungsverfahren Rn. 66.
[91] Zu den Begriffen siehe bereits A II 4 b.

den Gleichheitssatz eine **erhebliche Bedeutung** hat.[92] Diese Bedeutung hat der Gleichheitssatz vor allem im Zusammenhang mit der Selbstbindung der Verwaltung (dazu schon oben C III 2 c). In diesem Abschnitt geht es allgemein um die Herangehensweise an die Prüfung. Auf die Selbstbindung wird unten, II 3 a, noch gesondert zurückzukommen sein.

α) Das Ergebnis einer Ermessensentscheidung kann ein Verwaltungsakt oder eine andere **Einzelfallentscheidung** sein. Eine solche Entscheidung ist zwar keine Rechtsnorm, denn sie setzt nicht Recht, sondern setzt Recht um. Für die Betroffenen wirkt sich das aber gleich aus, und darauf kommt es an. Die Gleichheitsprüfung setzt einen Vergleichsfall voraus. Die Ermessensentscheidung an sich interessiert für die Gleichheitsprüfung nicht. Entscheidend ist, wie die betroffene Person im Vergleich zu anderen **behandelt** wird, wie also das Ermessen auf sie angewendet wird. Wenn eine Ermessensentscheidung anhand des Gleichheitssatzes untersucht wird, dann ist die Prüfung daher genau so, wie bei anderen Entscheidungen auch. Die erste Frage ist immer, wie die betroffene Person behandelt wird und ob hieraus eine Gruppe und eine Vergleichsgruppe gebildet werden kann. Das ist zwar schon immer bei der Gleichheitsprüfung so gewesen, scheint jedoch zeitweilig vergessen worden zu sein. Die neue Formel betont dies wieder und zwingt damit zum Vergleich.

β) Eine Entscheidung, die das durch die Verwaltung ausgeübte Ermessen anhand des Gleichheitssatzes und der neuen Formel überprüft, ist die oben, E II 2 b, schon beschriebene des **Bundesverwaltungsgerichts** in Band 77 der Entscheidungssammlung. Es ging hier um das Ermessen der Verwaltungsbehörde für eine Aufenthaltsberechtigung. Das Gericht überprüft die Entscheidung anhand des Gleichheitssatzes als Schranke der Ermessensentscheidung. Es abstrahiert die Einzelentscheidung und bildet Gruppen von Normadressaten, die es miteinander vergleicht, wobei es dann auf Art und Gewicht der Unterschiede abstellt.[93] Da diese Entscheidung zu einem Zeitpunkt getroffen wurde, bei dem sich die Gerichte noch nicht so intensiv mit der neuen Formel beschäftigt haben, soll ein **weiteres Beispiel** gebildet werden:

---

[92] Vgl. zur Bedeutung des Gleichheitssatzes in diesem Bereich *Dürig* in MD Art. 3 Rn. 428; *Stern* StaatsR III/2 S. 1186; *Bleckmann* StaatsR II § 24 Rn. 132. Zur neuen Formel hier siehe *Seibert* in Festgabe 50 Jahre BVerwG S. 535, 539. Zu Ermessen und Beurteilungsspielräumen siehe auch die Nachweise bei Fn. 90.
[93] BVerwGE 77, 188 (192)

Die Ordnungsbehörde zieht vor Fußballspielen im Ausland den Reisepass bestimmter besonders aggressiver Hooligans ein und verhängt Meldeauflagen. Dies gegen potenzielle Störer zu verhängen steht in ihrem Ermessen. Hiergegen wendet sich ein Betroffener.[94]

Will man dieses Beispiel anhand des Gleichheitssatzes überprüfen und strukturieren, so helfen neue Formel und ihr abgestufter Maßstab dabei. Die Behörde behandelt Hooligans – aber nur bestimmte. Damit bietet es sich an, die Gruppe der behandelten Hooligans den übrigen gegenüber zu stellen und herauszuarbeiten, worin der Unterschied zwischen den Gruppen besteht. Hier knüpft die Behörde an die besonders signifikant und gravierende Gewaltbereitschaft dieses Personenkreises an. Die andere Gruppe, gegenüber der keine Auflagen verfügt wurden, scheint also weniger aggressiv aufzutreten. Bis zu diesem Prüfungspunkt hilft die neue Formel insoweit, als sie zur Gruppenbildung und zur Abstraktion zwingt. Der zweite Schritt ist die Frage, wie man die Unterscheidung bewertet und welche Maßstäbe man an sie anlegt. Hier hilft der abgestufte Maßstab, die Prüfung zu lenken. Die Entscheidung der Behörde knüpft nicht an eine Eigenschaft „Hooligan" an, sondern an das *Verhalten*, nämlich die vorangegangene und bestehende, latente Gewaltbereitschaft. Die Betroffen können also in Zukunft Sanktionen entgehen, indem sie sich bessern. Das spricht für einen weniger strengen Maßstab. Auf der anderen Seite wird den Betroffenen aber verwehrt, in das Ausland zu reisen, und sie müssen Meldeauflagen einhalten. Das verletzt sie zwar nicht in ihrer Freizügigkeit aus Art. 11 GG, denn diese gilt nur im Inland. Beeinträchtigt ist aber ihr Recht aus Art. 2 I GG und zwar empfindlich. Das spricht für einen strengeren Maßstab. Geht es also darum, Art und Gewicht der Unterschiede festzustellen und damit zu bewerten, so muss berücksichtigt werden, dass aufgrund des Unterschieds die Betroffenen in ihrem Recht aus Art. 2 I GG empfindlich getroffen werden, sie sich aber andererseits durch ihre Gefährlichkeit von den übrigen Hooligans deutlich hervorheben. Diese gesteigerte Gefährlichkeit ist es letztlich, die auch einschneidendere Maßnahmen gegen sie rechtfertigt und die sie als eigene Gruppe gegenüber den übrigen Hooligans abhebt. Die Gruppen unterscheiden sich also durch das Merkmal der besonderen Aggressivität. Die Behörde konnte zu Recht daran anknüpfen. Aufgrund dieses Unterschieds handelt es sich um verschiedene Gruppen,

---

[94] Beispiel gebildet nach VGH Mannheim DVBl 2000, 1630 (1632); in der Entscheidung wendet der VGH allerdings den Gleichheitssatz an ohne die neue Formel zu erwähnen.

die daher auch nicht ungleich behandelt wurden. Die neue Formel eignet sich daher ohne weiteres für die Kontrolle von Einzelfallentscheidungen, weil sich auch diese abstrahieren lassen und eine Vergleichsgruppenbildung immer notwendig ist.

cc) *Zwischenergebnis*

Betrachtet man die normanwendende Verwaltung so kann die neue Formel problemlos zur Prüfung von Einzelfallentscheidungen dienen.

c) Nicht-gesetzesakzessorische Verwaltung

Die nicht-gesetzesakzessorische Verwaltung handelt, ohne eine genaue gesetzliche Ermächtigungsgrundlage oder einen konkreten spezialgesetzlichen Auftrag. Sie wird auch freie Verwaltung genannt, doch ist diese Bezeichnung nicht richtig, da die Verwaltung immer an die Gesamtrechtsordnung gebunden ist und insofern niemals vollkommen frei handeln kann. Diese Bereiche sind heutzutage selten. In der Regel handelt es sich eher um Bereiche der Leistungsverwaltung, da bei der Eingriffsverwaltung schon aufgrund des Gesetzesvorbehalts eine Behandlung ohne gesetzliche Grundlage nicht zulässig sein dürfte. Klassische Beispiele für die nicht-gesetzesakzessorische Verwaltung sind die Vergabe von Subventionen oder die Ausübung des Hausrechts einer Behörde. Auch die Frage des **Zugangs** zu öffentlichen Einrichtungen, etwa bei der Raumvergabe an Parteien oder an studentische Vereinigungen einer Universität kann man darunter fassen. Lässt man gemeinhin bei einer **Subvention** genügen, dass ihr Ansatz im formellen Gesetz des Haushaltsplanes erscheint und so eine zumindest schwache Rückkoppelung an ein Gesetz besteht, so ergibt sich aus dem Haushaltsansatz höchstens der Subventionszweck und der begünstigte Personenkreis. Alles Weitere darf die Verwaltung regeln. Insofern vollzieht die Verwaltung schon ein Gesetz, nämlich das Haushaltsgesetz, das ihr aber kaum Vorgaben macht. Das **Hausrecht** einer Behörde ist hingegen nicht ausdrücklich gesetzlich verankert, sondern wird entweder aus einer analogen Anwendung von Vorschriften des BGB oder als Annex zur jeweiligen Sachkompetenz der Behörde hergeleitet. Die Frage, ob es sich dabei um eine privatrechtliche oder eine öffentlich-rechtliche Handlung handelt, interessiert hier nicht. Entscheidend ist, dass es nicht um Normvollzug geht.[95]

---

[95] Zur **Subvention** *Wolff/Bachof/Stober* VerwR Bd. 1 § 18 Rn. 13 ff. m.w.N., § 30 Rn. 14; *Fischer* Dogmatik des Allgemeinen Verwaltungsrechts S. 53 f.; *Oldiges* NVwZ 2001, 280, 286; *Bleckmann* DVBl 2004, 333,

aa) Dass für den Bereich der nicht-gesetzesvollziehenden Verwaltung auch der Gleichheitssatz gilt, steht außer Frage. Denn die Verwaltung ist durch Art. 1 III GG in allem was sie tut an die Grundrechte gebunden. Eine Bindung herrscht auch dort, wo die Bindung an die Gesetze gelockert ist. Die Verwaltung ist nämlich nicht über die Gesetze an den Gleichheitssatz gebunden, sie ist **unmittelbar grundrechtsgebunden.**[96] Will man aber die neue Formel anwenden, so ergibt sich die Schwierigkeit, dass diese von „Normadressaten" spricht. Wenn aber die Verwaltung gar keine Normen vollzieht, dann gibt es zwar „Adressaten" einer Handlung, nicht aber Normadressaten im eigentlichen Sinn (dazu oben S. 355). Dieser Fall scheint in der Rechsprechung noch nicht aufgetaucht bzw. problematisiert worden zu sein. Das mag damit zusammen hängen, dass der Bereich der gesetzesfreien Verwaltung angesichts der Durchnormierung der Gesellschaft immer weiter zurück geht. Gleichwohl hat sich etwa das **OVG Schleswig** mit der Ausübung eines Hausrechts befasst und hat hier die neue Formel angewendet. Es spricht in der Entscheidung dann auch unbekümmert von Normadressaten, ohne darauf einzugehen, welche Norm denn gemeint ist.[97] Das zeigt, dass die Rechtsprechung sich hierüber keine Gedanken gemacht hat und es offenbar als selbstverständlich ansieht, dass, wenn die neuen Formel auf die Verwaltung angewendet wird, sie auch für alle Handlungsformen gilt. Dieser Gedanke ist zwar richtig, hilft aber nicht darüber hinweg, dass die Formel ihrem **Wortlaut** nach auf solche Situationen nicht passt. Sie spricht von Gruppen von **Normadressaten**, die unterschiedlich behandelt werden. Handelt die Verwaltung ohne normative Ermächtigung, so stellt sich die Frage, wie sich die neue Formel ihrem Wortlaut nach überhaupt für diese Verwaltung einsetzen lässt.

α) Für die Überlegung ergeben sich drei Ansätze.

Der **erste Ansatz** versucht, dem Handeln der Verwaltung doch eine Rechtsnorm zuzuordnen, die das Handeln zumindest indirekt beeinflusst. Bei den Subventionsrichtlinien wäre das das Haushaltsgesetz, wo ein Titel die Mittel ausweist. Dieser befasst sich aber nicht mit den Details einer Subventionsgewährung sondern legt allenfalls den Zuwendungszweck und möglicherweise auch den potentiellen

---

338, 339 f.. Zum **Hausrecht** *Wolff/Bachof/Stober* VerwR Bd. 1 § 22 Rn. 51 ff., § 30 Rn. 14; *Ehlers* AllgVwR § 2 Rn. 59. Zum Zugang *Erichsen* AllgVwR § 29 Rn. 34; *Wolff/Bachof/Stober* VerwR Bd. 1 § 22 Rn. 62, 67.
[96] Siehe dazu auch *Horn* Grundrechtsunmittelbare Verwaltung S. 180.
[97] OVG Schleswig NJW 2000, 3440.

Empfängerkreis fest (z.b. Haushaltstitel „Förderung von Werften"). Man könnte hier von einem Normadressaten „im weiteren Sinn" sprechen. Allerdings hilft dieser Ansatz nicht weiter, wenn es auch im Hintergrund keine konkreten Normen gibt, die herangezogen werden könnten, so etwa beim Hausrecht oder bei Fällen der Zulassung zu öffentlichen Einrichtungen. Man könnte versuchen, dies dadurch zu entschärfen, indem man den Begriff der **Norm sehr weit auslegt** und nicht nur Rechtsnormen im Sinne von abstrakt-generellen Außenrechtssätzen darunter fasst, sondern auch andere Sätze mit Regelungswirkung gelten lässt, wie etwa Verwaltungsvorschriften. Dies würde aber nur dann weiter helfen, wenn es solche internen Regelungen gibt. Gibt es keine, wäre mit dieser Uminterpretation nichts gewonnen und vieles unklarer geworden, so dass darauf verzichtet werden sollte.

Der **zweite Ansatz** ist ein Erst-Recht-Schluss. Wenn die Verwaltung aufgrund eines Gesetzes handelt und dort an den Gleichheitssatz in seiner Auslegung durch die neue Formel gebunden ist, dann muss dies erst Recht dann gelten, wenn es keine Normen gibt. Denn der Einzelne darf nicht schlechter stehen, nur weil ein Lebensbereich nicht geregelt ist. Dafür spricht auch das Verständnis des Art. 20 III GG. Es soll keinen rechtsfreien Raum für die Verwaltung geben.[98] Das Schema der neuen Formel muss also angewendet werden, ganz gleich auf welcher Grundlage die Verwaltung auch handelt. Das hilft aber bei dem hier in Frage kommenden Problem nur abstrakt.

Die **dritte Überlegung** setzt bei einem Vergleich zum Gewohnheitsrecht an, das ebenfalls nicht gesetzlich normiert ist. Handelt die Verwaltung nach Gewohnheitsrecht, dann ist dessen Entstehen an bestimmte Voraussetzungen geknüpft. Gewohnheitsrecht muss allgemein – letztlich wie eine Rechtsnorm – formulierbar sein. Dadurch werden die betreffenden Personen aber wie Normadressaten gestellt. Das Gewohnheitsrecht unterscheidet sich von der geschriebenen Norm also nur durch die Tatsache der Schriftlichkeit.[99] Unterliegt ein Betroffener einer gewohnheitsrechtlichen Regelung, ist er gewissermaßen ein **Quasi-Normadressat**.

β) Diese drei Überlegungsansätze bestärken mich in der Annahme, dass die neue Formel nach ihrem Sinn und Zweck auch bei der nicht-gesetzesakzessorischen

---

[98] Dazu *Schnapp* in von Münch Art. 20 Rn. 43, 46; *Sommermann* in vM Art. 20 Rn. 255; *Jarass* in JP Art. 20 Rn. 38.
[99] Umfassend *Wolff/Bachof/Stober* VerwR Bd. 1 § 25 Rn. 12 ff.; *Ossenbühl* in AllgVwR § 6 Rn. 70 jeweils m.w.N.

Verwaltung gelten muss, weil außer ihrem Wortlaut kein weiterer Grund erkennbar ist, warum sie nicht gelten sollte. Der **Wortlaut** der neuen Formel ist aber **nicht sakrosant**. Die Formel wurde vom Bundesverfassungsgericht bei der Kontrolle des Gesetzgebers am Gleichheitssatz entwickelt. Die besonderen Belange der Verwaltung hatte das Gericht hier gar nicht im Blick und musste es auch nicht.[100] Das Bundesverfassungsgericht und auch die Verwaltungsgerichte haben sie teilweise den Gegebenheiten angepasst und sprechen von Regelungsadressaten (siehe oben E II 2 a bb). Das zeigt, dass sie selbst den Wortlaut variieren und anpassen können und wollen. In der überwiegenden Mehrzahl der Fälle ist dies zuvor nicht notwendig, weil sich eine Norm findet, die umgesetzt wird. Für die (Ausnahme-) Fälle, in denen es keine Norm gibt könnte man deswegen von Quasi-Normadressaten oder einfach nur von (Handlungs- / Maßnahmen-) **Adressaten** sprechen. Das macht die jeweiligen Beziehungen zwischen Betroffenem und Verwaltung deutlich und strapaziert den Wortlaut der neuen Formel nicht zu sehr.

bb) Um zu verdeutlichen, wie sich die neue Formel auch für Nachprüfung der nicht-gesetzesvollziehenden Verwaltung eignet, soll noch einmal auf die oben S. 362, kurz erwähnte Entscheidung des **OVG Schleswig** zurückgekommen werden.

In einer als öffentlich-rechtliche Anstalt betriebenen psychiatrischen Klinik ist es zu Unstimmigkeiten zwischen dem Leiter und einer Rechtsanwältin wegen der Besuchszeiten gekommen. Daraufhin wies der Leiter alle Mitarbeiter der Klinik an, dass Rechtsanwälte, *gleichgültig* ob sie privat oder etwa als Betreuer von Patienten kommen, sich strikt an die Besuchszeiten zu halten haben. Mit dieser Begründung wurde der Klägerin der Zutritt verweigert.[101]

Die Besuchsregelung ist nur ein an die Mitarbeiter gerichtetes **Internum**, so dass es auf deren Umsetzung im Einzelfall ankommt. Hier behandelt die Anstalt Rechtsanwälte anders als sonstige Besucher und nicht-anwaltliche Betreuer. Alle Besucher haben sich an die Besuchszeiten zu halten. Das ist keine Besonderheit, sondern gilt für alle und ist im Sinne eines ordnungsgemäßen Klinikbetriebs auch notwendig. Rechtsanwälte, die privat einen Patienten besuchen möchten, werden also nicht anders als andere Besucher behandelt. Die Schwierigkeit beginnt aber, wenn der Rechtsanwalt einen Patienten verteidigt oder er Betreuer des Patienten ist. Dann

---

[100] Allgemeiner, aber in die gleiche Richtung zielend *Odendahl* JA 2000, 170, 171 f.
[101] Beispiel gebildet nach OVG Schleswig NJW 2000, 3440.

kann es notwendig und im Sinne eines vertrauensvollen Verhältnisses zwischen Anwalt und Mandant bzw. Betreuer und betreuter Person auch wichtig sein, dass man sich auch außerhalb der Besuchszeiten sehen und sprechen kann. Die Anweisung berücksichtigt dies nicht und will damit nur Rechtsanwälte treffen, da sie nur für anwaltlich tätige Betreuer gelten soll. Als Vergleichsgruppe kommt daher die der nicht anwaltlich handelnden Betreuer in Frage. Zwischen diesen beiden Gruppen der Betreuer besteht der Unterschied, dass die eine anwaltlich tätig ist, die andere nicht. Es wird hier an das Merkmal „Rechtsanwalt" angeknüpft. Das Merkmal kommt dem einer rechtlichen Eigenschaft sehr nahe, da die betroffene Person seiner Verwirklichung nur entgehen könnte, indem sie ihren durch Art. 12 I GG geschützten Beruf aufgibt. Die Regelung der Klinik kommt also der Diskriminierung einer Berufsgruppe gleich. Die Anforderung an die Begründung, warum anwaltliche und nicht anwaltliche Betreuer unterschiedlich behandelt werden, sind damit sehr hoch. In der Tat sind keine Gründe dafür ersichtlich, und das Gericht kann auch keine entdecken, warum Anwälte einer strengeren Besuchsregelung unterliegen sollten. Die Behandlung verstieß damit gegen den Gleichheitssatz und war somit rechtswidrig.[102]

Die hier etwas ausführliche Darstellung einer – scheinbar – offensichtlichen Situation zeigt, dass mit der neuen Formel auch bei der nicht gesetzesvollziehenden Verwaltung eine Kontrolle anhand der neuen Formel möglich ist. Vor allem hilft sie bei der Argumentation, indem sie Kriterien für diese vorgibt.

cc) Die neue Formel eignet sich ebenfalls für die Kontrolle der nicht gesetzesakzessorischen Verwaltung. Hierfür lässt sich auch ein Beispiel aus der Rechtsprechung anführen. Allerdings sollte in diesen seltenen Fällen, falls kein Bezug zu einer Norm hergestellt werden kann, nicht von Normadressaten sondern besser von Handlungs- oder Maßnahmeadressaten oder einfach nur von Adressaten gesprochen werden.

---

[102] OVG Schleswig NJW 2000, 3440 ff.

d) Unterschiedlicher Grad der Bindung?

Die neue Formel eignet sich, wie gerade gezeigt, für die Kontrolle der Verwaltung, und sie wird von der Verwaltungsrechtsprechung hierfür auch (zurückhaltend) angewandt. Damit ist aber noch nicht gesagt, ob sich bei der konkreten Anwendung der neuen Formel auf den Einzelfall Unterschiede zur Bindung und Kontrolle der Rechtsprechung ergeben, ob die Bindung also generell strenger oder weniger streng ist. Die vergleichsweise wenigen, oben schon genannten Entscheidungen der Verwaltungsrechtsprechung zur neuen Formel lassen hier keinen Unterschied erkennen, wobei höchstens die Unterscheidung zwischen Personen und Sachverhalten eine Rolle spielt. Der abgestufte Maßstab mit seinem sehr fein differenzierten Prüfungsschema, der von der Rechtsprechung bisher kaum beachtet wurde (dazu schon oben E I a cc, b gg), könnte hier möglicherweise zu einer anderen Wertung verleiten. Einige wenige Stimmen in der Literatur, die sich überhaupt ausführlicher zur Bindung der Verwaltung an den Gleichheitssatz und die neue Formel äußern, scheinen in der Regel von einer strengeren Bindung auszugehen. Deswegen geht diese Arbeit auf die Unterschiede in der Bindung gesondert ein.

aa) *Generell strengere Bindung?*

Ein Ansatz bei der Bindung der Verwaltung ist, ihr eine grundsätzlich strengere Bindung an den Gleichheitssatz zu unterstellen, da sie nur im gesetzlich vorgeprägten Bereich handeln kann und die gesetzlich vorgegebenen Zwecke (strikt) verwirklichen muss. Dieser Ansatz hängt nicht mit der neuen Formel zusammen und wurde oben, B II 6 c, schon behandelt. Dort wurde schon gezeigt, dass die Bindung an den Gleichheitssatz und damit auch an die neue Formel vor allem relevant werden, wenn die Verwaltung Spielräume hat, mögen diese auch noch so klein sein. Die Bindung an den Gleichheitssatz wirkt sich auf die Verwaltung damit nicht anders als auf den Gesetzgeber aus. Daran ändert die neue Formel nichts, sondern strukturiert die Vergleichsprüfung nur besser – für alle drei Gewalten. Wenn es also um eine andere Bindung durch die neue Formel geht, so kann dies nicht generell angenommen, sondern höchstens an einzelnen Kriterien der Formel festgemacht werden.

bb) Personenbezug

Eine Anfangs bei der neuen Formel in den Vordergrund gestellte Unterscheidung ist die zwischen Personen und Sachverhalten. Aufgrund des personalen Bezugs des Gleichheitssatzes ist die Bindung an diesen strenger, wenn Personen und weniger streng, wenn Sachverhalte behandelt werden (dazu oben D II 2). Überträgt man dies auf die Verwaltung, so könnte man auf den ersten Blick annehmen, dass bei der Verwaltung die Bindung immer streng sein müsse, weil sie **immer** konkrete **Personen behandelt**, denn Maßnahmen und Bescheide haben immer konkrete Adressaten. Das stimmt in dieser Allgemeinheit nicht, denn normkonkretisierende Verwaltungsvorschriften, etwa die TA Luft, können durchaus rein sachbezogene Regelungen enthalten. Die Unterscheidung Person-Sachverhalt eignet sich aber, wie ebenfalls D II 2 c, gezeigt wurde, nicht, um den Gleichheitssatz weiter zu konkretisieren. Denn einerseits könnte Regelungen, die Personen und Sachverhalte betreffen nicht trennscharf auseinander gehalten werden und andererseits wohnt letztlich allen Regelungen ein personaler Bezug inne, weil Menschen von ihnen betroffen werden. Insofern hilft die Unterscheidung weder beim Gesetzgeber, noch bei der Verwaltung, um den anzuwendenden Maßstab zu bestimmen.

cc) Verhaltensbezug

Der abgestufte Maßstab entwickelte die Ansätze der neuen Formel weiter. Statt auf Personen oder Sachverhalte sollte man daher besser darauf abstellen, ob an Eigenschaften oder an das **Verhalten** einer Person angeknüpft wird. Je weniger der Einzelne in der Lage ist, die Verwirklichung des Merkmals zu beeinflussen, der Behandlung also zu entgehen, um so strenger ist der anzuwendende Maßstab (dazu oben D II 5). *Ulrich* und *Pauly* scheinen deswegen der Auffassung zu sein, dass bei einer Verwaltungsentscheidung die Bindung immer strenger sein müsse, weil die Betroffenen ihr Verhalten gerade nicht auf die Entscheidung der Behörde einrichten könnten. Die **Verwirklichung** der Tatbestandmerkmale sei der Einflusssphäre des Betroffenen gänzlich **entzogen**. Diese Überlegung soll ein Beispiel verdeutlichen: Wenn die Polizei eine Platzverweisung ausspricht, hat die betoffene Person praktisch keine Wahl. Sie kann die Anordnung zwar befolgen oder nicht. Befolgt sie sie nicht, muss sie aber mit Zwangsmaßnahmen rechnen, so dass sie eigentlich keine wirklich autonome Entscheidung treffen kann. Genauso verhält es sich etwa mit einer Abbruchanordnung gegen ein bauordnungswidrig errichtetes Gebäude.

Hier hat der Bauherr des Schwarzbaus auch keine richtige Wahl. Entweder reißt er das Gebäude ab, oder die Behörde ergreift Zwangsmaßnahmen, die in letzter Konsequenz ebenfalls zum Abbruch führen können. Das würde – auf den ersten Blick – nach den Kriterien des abgestuften Maßstabes für einen strengen Maßstab sprechen, da eine Verhaltensänderung faktisch kaum möglich ist oder dem Betroffenen unzumutbar erschwert wird.[103]

Diese Sichtweise verkennt aber das Wesen der neuen Formel und auch die Autonomie des Einzelnen völlig und wählt den falschen Ansatzpunkt. **Ansatzpunkt ist der Adressat der Norm, nicht der Adressat des Einzelakts.** Als Normadressat hat man es in der Hand und es liegt in der eigenen Entscheidungsgewalt, die Tatbestandsvoraussetzungen einer gesetzlichen Ermächtigung zu erfüllen. Die Behörde *vollzieht* dann nur die Anordnung *nach*, die sich schon aus der Norm ergibt und deren Verwirklichung man vermeiden konnte. Es geht deshalb nicht darum, dass der Bauherr keine Möglichkeit hat, der Abbruchanordnung durch die Behörde zu entgehen. Es geht darum, dass er unter Verstoß gegen Baurecht ein Gebäude errichtet hat – *diesen* Normverstoß hätte er aber durch sein Verhalten vermeiden können. Dadurch hat er die dann folgende Reaktion der Behörde gewissermaßen provoziert, die sich dann nur in den gesetzlich vorgeprägten Bahnen abspielt. Dass die Behörde oft einen Ermessensspielraum hat, den Eintritt der Rechtsfolge also wenigstens teilweise ebenfalls beeinflussen kann, ändert nichts daran, dass die gesetzlich vorgeschriebene Rechtsfolge nicht ins Belieben der Verwaltung gestellt wurde, sondern ihr Eintritt vom Verhalten des Bürgers abhängt. Der Bürger ist der Verwaltung nicht unentrinnbar ausgeliefert, sondern hat es selbst in der Hand, wann die Verwaltung tätig wird oder nicht. Der anzuwendende Maßstab ist per se also nicht schon dann strenger, weil die betroffene Person einer bestimmten Rechts*folge* ausgeliefert ist, deren Eintritt sie zumutbarer Weise verhindern konnte. Dass der Maßstab sich aber verschärfen kann, wenn andere Kriterien des abgestuften Maßstabes einschlägig sind (z.B. andere Grundrechte, Eigenschaftsbezug) oder weitere Aspekte ergeben, dass eine Verhaltensänderung nicht zumutbar ist, steht aber außer Frage.

---

[103] In diesem Sinne argumentiert *Ulrich* Phänomen der Gleichheit S. 107. Ähnlich *Pauly* JZ 1997, 647, 650.

dd) Weitere Kriterien

Weitere Kriterien, die beim abgestuften Maßstab von Bedeutung sind, ist die Frage, ob an Eigenschaften angeknüpft wird, ob andere Grundrechte betroffen sind und – damit zusammen hängend – ob der Gleichheitsverstoß intensiv ist (dazu schon oben D II 6 a). Diese Kriterien eignen sich aber weniger als die bereits genannten, um bei der Verwaltung eine andere Bindungswirkung als beim Gesetzgeber herzuleiten. Denn es kann weder generell gesagt werden, dass die Verwaltung immer an bestimmte Eigenschaften anknüpft, noch, dass immer andere Grundrechte betroffen sind und deswegen die Behandlung besonders intensiv ist. Dies muss jeweils im konkreten Fall ermittelt werden. Pauschalierungen helfen nicht.

ee) Zwischenergebnis

Zwischen der Bindung des Gesetzgebers sowie der Verwaltung an den Gleichheitssatz und die neue Formel bestehen keine Unterschiede. Es kann nicht pauschal davon ausgegangen werden, dass die Verwaltung durch die neue Formel strengeren Bindungen als der Gesetzgeber unterliegt.

e) Ergebnis

Zentraler Begriff der neuen Formel ist der des Normadressaten. Geht es um die Kontrolle von Normen anhand des Gleichheitssatzes mit der neuen Formel, sind keine Unterschiede zwischen dem Recht setzenden Gesetzgeber und der zur Normgebung befugten Verwaltung auszumachen. Sowohl Gesetze im formellen Sinn, Rechtsverordnungen und Satzungen wurden bereits anhand der neuen Formel kontrolliert, ohne dass die Prüfung sich geändert hätte.

Auch wenn die Verwaltung nicht nur Recht setzt, sondern Recht anwendet, ergeben sich keine Unterschiede. Da die Verwaltung die Normen vollzieht, kann man die betroffene Person als Normadressat bezeichnen, so dass die neue Formel ihrem Wortlaut nach anwendbar ist. Beispiele finden sich hier vor allem bei der Ermessensverwaltung. Im heute eher selteneren Bereich der nicht gesetzesgebundenen Verwaltung besteht das Problem, dass es keine Normen gibt, deren Adressat der Betroffene sein könnte. Wie gezeigt, gibt es nach Sinn und Zweck keinen Grund, die neue Formel in diesem Bereich nicht anzuwenden. Da auch die Rechsprechung nicht dogmatisch an dem Begriff festhält, sollte hier nicht von Normadressat, sondern von Maßnahmen- oder Handlungsadressat oder einfach nur von Adressat gesprochen werden. Betrachtet man die einzelnen Kriterien der neuen Formel und ihres abgestuften Maßstabs so ergeben sich daraus, entgegen einzelner Stimmern aus der Literatur, auch keine unterschiedlichen, also grundsätzlich strengeren Maßstäbe. Die Maßstäbe unterscheiden sich nicht von den beim Gesetzgeber anzulegenden.

3) Relevante Einzelbereiche

Im vorhergehenden Abschnitt wurde gezeigt, dass sich die neue Formel generell für die Überprüfung der Verwaltung eignet und dass die Bindung der Verwaltung an den Gleichheitssatz durch die neue Formel sich genau so wie beim Gesetzgeber bestimmt und nicht von vornherein strenger oder weniger streng ist. Diese Aussage soll in diesem Abschnitt anhand von einzelnen Bereichen überprüft werden, bei denen dem Gleichheitssatz für die Verwaltung eine besondere Bedeutung zukommt oder anhand derer überprüft werden kann, ob sich die neue Formel mit ihren einzelnen Kriterien zur Kontrolle der Verwaltung eignet. Denn die Bindung der Verwaltung an den Gleichheitssatz und damit auch an die neue Formel ist zwar umfassend, sie wird in der Verwaltungspraxis aber hauptsächlich in bestimmten Fallgestaltungen deutlich. Solche Sachbereiche sind:

- Die **Selbstbindung** der Verwaltung an eine Verwaltungspraxis und an Verwaltungsvorschriften. Dieser oben (C III 2 c) schon angesprochene Bereich ist ein gutes und sehr relevantes Beispiel dafür, welchen Einfluss der Gleichheitssatz auf die Verwaltung einnimmt.
- Die Unterscheidung zwischen **Eingriffs- und Leistungsverwaltung**. Sie ist nur ein grober Indikator der Prüfungsintensität (C III 2 d bb). Gleichwohl kann diese Faustregel beim abgestuften Maßstab interessant sein.
- Der Gleichheitssatz kann auch als **Anspruchsgrundlage** subjektiver Rechte in Frage kommen (C I 2 a, III 2 c dd). Ändert sich für die Prüfung etwas durch die neue Formel?
- Das Prinzip „keine Gleichheit im Unrecht" ist ein dogmatisch viel beachtetes Feld, auf das einige Autoren auch die neue Formel anwenden, weswegen es hier erwähnt werden soll.

Die einzelnen Themenbereiche kamen in dieser Arbeit schon an verschiedenen Stellen zur Sprache. Ziel dieses Abschnitts ist es nicht, das zu wiederholen. Vielmehr geht es darum, ob sich die schon an anderer Stelle gewonnenen Erkenntnisse in die neue Formel einfügen und ob die Prüfung anhand der Formel möglich ist.

a) **Selbstbindung und Verwaltungsvorschriften**

Ein wichtiger Bereich des Gleichheitssatzes in seiner praktischen Anwendung ist der, eine Selbstbindung der Verwaltung zu begründen. Hier hat, soweit ersichtlich die neue Formel noch keine Rolle gespielt, wenngleich sie in diesem Zusammenhang von der Literatur auch schon erwähnt wurde. Das Phänomen der Selbstbindung durch den Gleichheitssatz wurde bereits oben, C III 2 c, dem Grunde nach behandelt. In diesem Abschnitt geht es darum, zu zeigen, wie hier die neue Formel relevant sein kann.

aa) Verwaltungspraxis

Die Prüfung, ob eine Selbstbindung der Verwaltung vorliegt, erfolgt nach denselben Kriterien wie jede andere Gleichheitsprüfung auch. Es geht darum, herauszuarbeiten, wie eine Person im Vergleich zu einer anderen Personengruppe behandelt wurde. Um dies genauer zu untersuchen, muss man das von der Verwaltung verwendete Differenzierungsschema aus deren Praxis herausschälen, weil dieses die in der relevanten Fallkonstellation verwendeten Differenzierungskriterien enthält. Letztlich prüft man damit, ob die behandelte Person gleich oder ungleich zu der sich aus der Verwaltungspraxis ergebenden Vergleichsgruppe ist. Damit wird das sich aus der Verwaltungspraxis ergebende Differenzierungsschema anhand des Gleichheitssatzes überprüft (zum Ganzen siehe oben C III 2 c cc). Das Differenzierungsschema ist abstrakt-generell, denn es soll eine Vielzahl von Fällen abdecken. Damit ergeben sich aber zur Kontrolle abstrakt-genereller Normen anhand der neuen Formel keine Unterschiede. Bei der Vergleichsprüfung hat die neue Formel mit allen ihren Elementen die gleiche Berechtigung, wie der Gleichheitssatz an sich, denn es handelt sich eigentlich, wie erwähnt, um eine übliche Gleichheitsprüfung. Wurde anhand der Kriterien festgestellt, dass die behandelte Person zu der Vergleichsgruppe gleich ist, also unter die Verwaltungspraxis fällt, dann muss sie auch entsprechend behandelt werden. Das bedeutet aber noch keinen **Anspruch** auf die konkrete Leistung, sondern nur, dass dasselbe Schema auch auf sie angewendet werden muss (dazu schon C III 2 c dd). Betrachtet man die Rechtsprechung, so gibt es zwar viele Entscheidungen zur Selbstbindung anhand des Gleichheitssatzes (vgl. die Nachweise bei C III 2 c), jedoch praktisch keine mit der neuen Formel zusammen.[104]

Das **Bundesverfassungsgericht** hat sich 1993 indirekt mit der **Selbstbindung** beschäftigt, als es eine Gerichtsentscheidung überprüfte, die eine bestimmte Verwaltungspraxis gebilligt hat. Diese von den Gerichten gebilligte (abstrakt-generelle) Verwaltungspraxis ist der Ansatzpunkt für die Gleichheitsprüfung.

Konkret ging es darum, dass eine Straßenverkehrsbehörde aufgrund von Eignungsrichtlinien (Verwaltungsvorschriften) fast immer ein medizinisch-psychologisches Gutachten anfordert, wenn jemand Cannabis konsumiert hatte und ein Fahrzeug fuhr. Bei Alkohol wurde ein Gutachten hingegen erst ab bestimmten Promillewerten Blutalkoholgehalt und weiteren Merkmalen angefordert. Diese unterschiedliche Praxis führt dazu, dass die Behörde den Konsum von Cannabis weitaus strenger als den von Alkohol ahndet. Das Gericht untersucht die Behördenpraxis anhand der neuen Formel und des abgestuften Maßstabes und kommt zu einem strengen Maßstab, weil eine erhebliche Beeinträchtigung des allgemeinen Persönlichkeitsrechts, also eines andern Grundrechts vorliege. Es seien aber keine hinreichenden Gründe (von solcher Art und solchem Gewicht) ersichtlich, die eine Ungleichbehandlung dieses Ausmaßes rechtfertigen könnten – auch wenn zwischen Cannabis und Alkohol sehr wohl Unterschiede bestehen.[105]

Zwar erwähnt das Gericht auch die weiteren Kriterien des abgestuften Maßstabes, prüft sie aber nicht. Stellt man auf das Kriterium des Verhaltensbezugs ab, so hätte man die Reaktion der Behörde von vornherein vermeiden können, indem man vor der Autofahrt keinerlei Drogen, welcher Art auch immer konsumiert hätte. Danach wäre der Maßstab also weniger streng. Dass der Cannabis-Konsument unter Umständen besser behandelt würde, wenn er trinken statt rauchen würde, mag befremdlich klingen, liegt aber alleine an seinem Verhalten – und würde ihn als Trinker letzten Endes auch nicht vor Sanktionen schützen.

Die Entscheidung zeigt, dass auch eine Verwaltungspraxis anhand der neuen Formel überprüft werden kann. Da die Praxis ebenfalls generalisieren muss, können die Kriterien der neuen Formel einfach in die Prüfung integriert werden. Die oben (E II 2 b) schon behandelte Frage, wann von Normadressaten gesprochen werden kann und die Schwierigkeit, diesen Begriff bei der nicht gesetzesgebundenen Verwaltung zu subsumieren, stellt sich bei der Selbstbindung der Verwaltung

---

[104] Angedeutet etwa bei OVG Münster NWVBl 1992, 243 (245).
[105] BVerfG DVBl 1993, 995 (997).

genau so und muss auch genau so beantwortet werden (siehe dazu auch den übernächsten Abschnitt).

bb) Verwaltungsvorschriften

Ist die Selbstbindung beschrieben schließt sich hieran die Frage an, was geschieht, wenn sie durch verwaltungsinterne Regeln (Verwaltungsvorschriften) vorgeprägt wird. Das wurde oben, C III 2 c ee, schon erklärt. Bei der Frage der Selbstbindung der Verwaltung geht es letztlich um die Überprüfung des in der Verwaltungspraxis zum Ausdruck kommenden Vergleichsschemas. Deshalb ist es gleichgültig, ob dieses Schema erst aufgrund der internen Bindung an Verwaltungsvorschriften nach außen in einer Verwaltungspraxis sichtbar wird oder ob sich anderweitig, ohne Verwaltungsvorschriften, in einer Praxis niederschlägt. **Ansatzpunkt ist immer die Verwaltungspraxis.** Die Verwaltungsvorschriften können hierfür Indizien sein, relevant ist aber die tatsächliche Übung. Daher ändert sich an der Beurteilung anhand der neuen Formel nichts, da sie Teil der Gleichheitsprüfung ist. Das zeigt sich auch an den Entscheidungen zur neuen Formel, die Verwaltungsvorschriften zum Gegenstand haben.

Die im vorhergehenden Abschnitt erwähnte Entscheidung des **Bundesverfassungsgerichts** zum medizinisch-psychologischem Gutachten bei Alkohol- und bei Cannabiskonsum beschäftigt sich zwar mittelbar mit Verwaltungsvorschriften, welche zu einer unterschiedlichen Praxis geführt haben. Das Gericht vermeidet aber, den Richtlinien irgendeine Verbindlichkeit nach außen zuzubilligen, denn diese dienten nur dazu, die Verwaltungspraxis zu veranschaulichen. Es geht also um die Praxis selbst. Aber auch diese wird nur indirekt behandelt, weil Verfahrensgegenstand die Entscheidung des OVG war, welches die Praxis der Verwaltung gebilligt hatte.[106] Auch bei anderen, wenigen Entscheidungen der **Obergerichte** zu Verwaltungsvorschriften und dem Gleichheitssatz mit der neuen Formel findet sich diese Herangehensweise. Bei der Überprüfung des Ermessens und der Frage der Selbstbindung durch den Gleichheitssatz werden ebenfalls die Verwaltungsvorschriften angesprochen. Es wird untersucht wie die jeweiligen **Norm**adressaten – manchmal auch Regelungsadressaten genannt (dazu schon oben E II 2 a bb) – behandelt werden. Das Differenzierungsschema, wie es sich in der jeweiligen Praxis niederschlug,

---

[106] BVerfG DVBl 1993, 995 (997).

wird anhand der neuen Formel geprüft und nach Gründen von solcher Art und solchem Gewicht für die Differenzierung gefragt. Der abgestufte Maßstab wurde hier bisher nicht verwendet.[107]

Wie eine Maßnahme der Verwaltung im Bereich der Selbstbindung anhand der neuen Formel und des abgestuften Maßstabes überprüft werden kann, soll eine Entscheidung des **VGH Mannheim** verdeutlichen, bei der die neue Formel allerdings nicht verwendet wurde, obwohl es sich angeboten hätte, sie zu benutzen.

Der Antragsteller begehrt eine Weihnachtbeihilfe. Diese soll einen bescheidenen Mehraufwand zu Weihnachten ermöglichen. Die Beihilfe wird in ständiger Praxis aufgrund von Verwaltungsvorschriften der Antragsgegnerin gewährt. Diese sehen vor, dass eine solche Beihilfe allen Sozialhilfeempfängern ohne Antrag gewährt wird, sofern sie überwiegend Sozialleistungen in Geld erhalten. Der Antragsteller ist obdachlos und erhält daher überwiegend Sachleistungen. Deswegen verweigert ihm die Antragsgegnerin die Weihnachtsbeihilfe. Sie rechtfertigt das damit, dass Obdachlose Geldleistungen erfahrungsgemäß vertrinken, was verhindert werden solle.[108]

Versucht man diesen Sachverhalt mit der neuen Formel zu erschließen, so steht an erster Stelle die Frage, wer von der Verwaltung anhand welchen Kriteriums behandelt wird. Es kommt dabei auf die Verwaltungspraxis an, die durch Verwaltungsvorschriften verdeutlicht wird. Die Verwaltung gewährt Leistungen an Sozialhilfeempfänger und unterscheidet hier vordergründig nach den **Kriterien** Geldleistung – Sachleistung. In Wirklichkeit unterscheidet sie aber danach, ob die Sozialhilfeberechtigten Obdach haben oder nicht. Denn nur diejenigen, die Obdach haben, erhalten Geldleistungen und damit auch eine Weihnachtbeihilfe. Dementsprechend werden zwei **Gruppen** von Sozialhilfeempfängern gebildet: diejenigen mit und die ohne eine feste Bleibe. Die unterschiedliche Behandlung dieser beiden Gruppen von Sozialhilfeempfängern ist nur zulässig, wenn tatsächlich **Unterschiede** (von solcher Art und solchem Gewicht) zwischen den Gruppen bestehen. Die Obdachlosigkeit ist keine Eigenschaft, sondern kann durch eigenes Verhalten beeinflusst werden – zumindest, indem man sich darum bemüht, in eine Unterkunft oder Wohnung eingewiesen zu werden. Dies würde für einen weniger strengen Maßstab sprechen. Allerdings hat ein Obdachloser den gleichen Wert und die gleiche Würde

---

[107] Neue Formel, Ermessen, Verwaltungsvorschriften und Selbstbindung haben zum Gegenstand: BVerwG E 91, 159, (162, 164, 167); VGH Mannheim NVwZ-RR 1998, 49 (51); OVG Münster NVwZ-RR 1991, 452 (453); angedeutet bei VG Leipzig DöV 1994, 173 f.
[108] Gebildet nach VGH Mannheim NVwZ 1983, 427, das allerdings die neue Formel nicht verwendet.

wie jeder Menschen. Wenn die Beihilfe einen bescheidenen Mehraufwand zu Weihnachten ermöglichen soll, so trifft dieser Zweck auf alle Sozialhilfeempfänger zu, ganz gleich ob sie Obdach haben oder nicht. Berücksichtigt man weiter, dass man die Betroffenen deshalb nicht zwingen kann, sich Obdach zu suchen, so könnte man es ihnen auch nicht zumuten, nur dann eine Beihilfe zu bekommen, wenn sie sich deswegen in einer Unterkunft einfinden. Der anzuwendende Maßstab wird damit strenger gefasst. Die diskriminierende Unterstellung der Behörde, Obdachlose würden das Geld nur vertrinken, begründet keine unterschiedliche Behandlung. Denn die Tatsache, dass jemand die ihm gezahlte Beihilfe vertrinkt, hängt nicht davon ab, ob die betroffene Person eine Wohnung hat oder nicht. Wenn eine zweckgebundene Zuwendung gemacht wird, kann jeder Empfänger selbst und eigenverantwortlich entscheiden, was er damit anfängt. Es sind daher keine Gründe von solche Art oder solchem Gewicht ersichtlich, die eine unterschiedliche Behandlung rechtfertigen würden. Die Nichtberücksichtigung Obdachloser war rechtswidrig.

Das Beispiel zeigt, dass auch bei der durch Verwaltungsvorschriften gesteuerten Verwaltung die Prüfung anhand der neuen Formel möglich ist, da letztlich, wie schon unter aa) dargestellt, die Verwaltungspraxis maßgebend ist und es sich um eine abstrakt-generelle Handlungsanweisungen handelt, die, wie bei der Kontrolle von Gesetzen gewohnt, anhand des Gleichheitssatzes und der neuen Formel überprüft werden können.

b) Leistungs- und Eingriffsverwaltung (abgestufter Maßstab – Intensität)

Die Unterscheidung zwischen Eingriffs- und Leistungsverwaltung im Hinblick auf die Intensität der Gleichheitsbindung und -prüfung wurde oben, C III 2 d bb, schon als **pauschale Faustformel** beschrieben, die man nicht ohne weiteres der Prüfung zugrunde legen kann, weil sie allenfalls eine erste Orientierung bietet. Denn erst durch weitere Kriterien lassen sich die wirklichen Anforderungen bestimmen, die der Gleichheitssatz an den konkreten Fall stellt.

Diese Unterscheidung ist in diesem Abschnitt dennoch zum als Ausgangspunkt gewählt worden, weil sich an ihr sehr gut **einzelne Elemente** der neuen Formel und des abstuften Maßstabes **zeigen lassen**. Die gleitende Bindungsintensität der neuen Formel beruht darauf, dass bestimmte Kriterien (z.B. andere Grundrechte) zusätzlich einschlägig sind und die Anforderungen durch den Gleichheitssatz konkreter und damit strenger fassen können – so wie es bei der Eingriffsverwaltung pauschal beobachtet werden kann. Umgekehrt kann der Maßstab aber auch weniger streng sein, wenn die Maßnahme die Betroffenen nicht sehr intensiv trifft und sie ausweichen können – das lässt sich bei der Leistungsverwaltung beobachten. Zudem lassen sich mit der neuen Formel die Nuancen des Einzelfalls herausfiltern, die dazu führen, dass der Maßstab doch nicht pauschal mit einer Faustformel bestimmt werden kann. Denn es kommt bei der neuen Formel gar nicht darauf an, ob es um darreichende oder eingreifende Verwaltung geht. Maßgeblich ist die konkrete Behandlung.

aa) *Leistungsverwaltung*

Oben, C III 2 d bb, wurde die darreichende Verwaltung schon besprochen. Wenn man pauschal sagt, die Prüfungsdichte (und Bindungsdichte) sei hier geringer, so liegt das oft daran, dass es für die Prüfung weniger (gesetzliche) Anhaltspunkte gibt, wenn Leistungen gewährt werden, so dass der Spielraum der Verwaltung weiter ist als in Bereichen, in denen der Gesetzes- und Parlamentsvorbehalt eine größere Normdichte fordern. Wie aber ebenfalls schon erwähnt, kann auch bei der Leistungsverwaltung ein strenger Maßstab angelegt werden, wenn etwa die Grundrechte Dritter berührt sind, etwa bei Wettbewerben oder wenn es um die Zuteilung **begrenzter** oder gar lebensnotwendiger **Güter** geht. Das kann die Wasserversorgung sein oder es kann um den Zugang zu Studienplätzen oder Landerechten am Flughafen gehen. Sind etwa die Grundrechte wie Leben, Gesundheit oder die Berufsfreiheit betroffen, kann der Maßstab streng sein. Dass es um Güter geht, auf die die Betroffenen angewiesen sind, zwingt aber umgekehrt nicht von vornherein zu einem besonders strengeren Prüfungsmaßstab. Vielmehr kommt es darauf an, ob es im konkreten Fall wirklich um den „Kernbereich" der Zuteilung des Gutes an sich geht oder nur um den „Randbereich" der Beziehung zwischen der Behörde und dem Bürger. Auch wenn die Menschen beispielsweise auf einen Wasseranschluss angewiesen sind, bedingt nicht jeder Gebührenbescheid des Wasserwerks einen strengen Maßstab. Das wäre dann schon eher der Fall, wenn es darum geht, ob die Wasserzufuhr gesperrt werden soll oder nicht.

Die gerade genannten Elemente und Überlegungen nimmt die neue Formel in ihrem abgestuften Maßstab auf, indem es auf den Verhaltensbezug einer Behandlung, dem Vorliegen weiterer Grundrechte als Indikatoren für die Schwere der Behandlung abstellt und in einen gleitenden Prüfungsmaßstab einordnet. Fälle aus der darreichenden Verwaltung eignen sich daher gut, zu demonstrieren, wie die Prüfung durch den abgestuften Maßstab strukturiert wird.[109]

α) Subvention 1

Das Land gewährt nach Maßgabe von Verwaltungsvorschriften aufgrund eines Ansatzes im Haushaltsplan ein Landeserziehungsgeld, als freiwillige Leistung an Eltern von Kindern unabhängig vom Kindergeld, wenn ein Elternteil aufgrund der Kindererziehung nicht arbeitet und der andere einer Vollbeschäftigung nachgeht. Damit will das Land erreichen, dass auch nach dem Ende des Bezugszeitraumes für Bundeserziehungsgeld Kinder weiterhin familienintern betreut werden. Die klagenden Eltern arbeiten beide in Teilzeit, um sich besser um ihr Kind kümmern zu können. Ihr Antrag auf Landeserziehungsgeld wird abgelehnt, weil nur gefördert werden solle, wenn ein Elternteil in Vollzeit arbeite und der andere Teil sich damit voll um das Kind kümmern könne. Die Kläger argumentieren, dass zwei Teilzeitstellen wie eine Vollzeitstelle zu werten seien und sie daher Anspruch auf das Erziehungsgeld haben.[110]

Es handelt sich um eine freiwillige Leistung aufgrund von Verwaltungsvorschriften. Oben wurde aber gezeigt, dass es nicht auf diese, sondern auf das in der Verwaltungspraxis zum Ausdruck kommende Differenzierungsschema ankommt. Da es keinen gesetzlichen Anspruch auf die Leistung gibt, könnte, wie oben (E II c) schon gezeigt, die Anwendung der neuen Formel fraglich sein, da die „Norm" fehlt, deren Adressaten die Betroffenen wären. Für den Fall der Subvention könnte man aber zum einen die „Norm" aus dem Haushaltsgesetz herleiten, das – zumindest nach herrschender Meinung – eine Leistungsgewährung legitimiert (siehe E II c). Wenn man dies nicht will, sollte man von Handlungsadressaten sprechen (dazu E II c bb) Adressaten sind hier also zwei Gruppen von Eltern, die unterschiedlich behandelt werden, nämlich diejenigen, bei denen ein Elternteil voll arbeitet und der andere gar nicht und diejenigen, bei denen beide halb arbeiten. Die Regelung ist verhaltensbezogen, denn Art und Umfang der Arbeitszeit kann jeder

---

[109] Zu Leistungsansprüchen und der neuen Formel siehe auch VGH München BayVBl 1999, 501; OVG Münster NWVBl NVwZ-RR 1991, 452 (453); 2001, 237 (238). Siehe auch OVG Lüneburg NVwZ-RR 1999, 654. Vgl. aus der Literatur *Kallina* Willkürverbot und Neue Formel S. 151; *Kokott* in Festschrift 50 Jahre BVerfG S. 127, 146. Zu Subvention und neuer Formel vgl. ferner BVerwG E 81, 68 (72).
[110] Beispiel gebildet nach VGH Mannheim NVwZ-RR 1991, 254 ff.

Betroffene im Prinzip selbst beeinflussen. Der Maßstab ist daher nicht sehr streng. Das hängt aber nicht davon ab, dass es um eine freiwillige Leistung geht, sondern davon, dass Kriterien, die zu einem strengen Maßstab führen (z.B. andere Grundrechte) nicht einschlägig sind. Hier kommt es darauf an, ob tatsächliche Unterschiede zwischen den beiden Gruppen bestehen, die eine unterschiedliche Behandlung rechtfertigen. Diese sind nicht ersichtlich. Der Zweck der Maßnahme ist es, zu erreichen, dass Kleinkinder familienintern betreut werden können. Das ist möglich, wenn ein Elternteil gar nicht arbeitet, das ist aber auch möglich, wenn ein Kind von beiden Eltern wechselseitig betreut wird. Im Hinblick auf den Gesetzeszweck besteht somit kein Unterschied. Obwohl hier kein strenger Maßstab angelegt wird, verstößt die Behandlung gegen den Gleichheitssatz. Dass es um eine Leistung ging, wirkt sich hierauf nicht aus. Ob die Eltern auch einen konkreten Anspruch auf die Leistung haben, ist eine andere Frage und soll im nächsten Abschnitt beantwortet werden.

β)   **Subvention 2**

Der Kläger ist Beamter im auswärtigen Dienst und verlangt einen Fahrtkostenzuschuss für Heimaturlaub. Die Heimaturlaubsverordnung sieht vor, dass der Urlaub mindestens 14 Tage dauern muss. Die Tochter des Klägers reiste aber schon nach 12 Tagen zurück, so dass die zuständige Behörde eine Erstattung ablehnt und die schon bewilligte Pauschale zurück fordert. Der Kläger sieht es als Verstoß gegen den Gleichheitssatz an, dass die Verordnung keine Ausnahme vorsieht, wenn der Urlaub weniger als 14 Tage dauert.

Es geht um eine Verordnung. Genau so gut hätte es sich aber um eine Verwaltungspraxis aufgrund von Verwaltungsvorschriften handeln können, da oftmals die Gewährung von Leistungen nicht im Verordnungswege erfolgt. Das Bundesverwaltungsgericht beginnt seine Prüfung mit der neuen Formel und fragt nach den tatsächlichen Unterschieden zwischen den Sachverhalten – eigentlich hätte es von Personengruppen sprechen müssen. Darauf geht es aber nicht ein, weil es weiter ausführt, dass es sich um eine rechtgewährende Regelung handele, auf die sich der Beamte und seine Angehörigen durch ihr Verhalten einstellen könnten, so dass dem Verordnungsgeber ein großer Gestaltungsspielraum zustehe. Es handele sich hier um eine Typisierung, bei der gewisse Härten hinzunehmen seien, so dass die Regelung, da die Härte nicht unverhältnismäßig sei, nicht gegen den Gleichheitssatz verstoße.[111] Diese Prüfung des Bundesverwaltungsgerichts erwähnt die wesentlichen Gesichtspunkte, ordnet sie aber nicht richtig in die neue Formel ein, bzw. integriert die Formel nicht richtig in die Prüfung. Verglichen wird die Gruppe der Beamten, welche die 14-Tage-Grenze einhalten mit derjenigen, welche sie unterschreiten und damit keine Ansprüche erwerben. Der rechtliche Unterschied zwischen den Gruppen ist die Zeitgrenze. Diese wurde aus Gründen der Verwaltungsvereinfachung und der Typisierung und Generalisierung gewählt. Sie kann ohne weiteres eingehalten werden, indem man seine Urlaubsplanung danach ausrichtet. Es handelt sich also um eine rein verhaltensbezogene Regelung. Die Unterschiede zwischen den Gruppen müssen nicht sehr gewichtig sein. Aus diesem Grund reicht es aus, dass es hier um eine typisierende Regelung handelt, die der Verwaltungsvereinfachung dient. Die Frage, die sich sonst bei Typisierungen stellt, nämlich die, ob es um eine unverhältnismäßige Härte geht (dazu oben C III 2 d aa β) stellt sich auch bei der neuen Formel. Denn diese fragt im abgestuften Maßstab nach Belastung, wobei weitere Grundrechte die Intensität messen. Diese ist aber hier aber nicht sehr hoch, vor allem, weil man sich auf die Regelung leicht einstellen kann. Deshalb wird nicht gegen den Gleichheitssatz verstoßen. Das Beispiel zeigt, dass, neue Formel nicht per sei einen strengeren Maßstab bedeutet.

γ) **Zugang zu öffentlichen Einrichtungen**
Eine Universität stellt in ständiger Praxis Räume an studentische Vereinigungen für Veranstaltungen und Vorträge zur Verfügung. Als eine Vereinigung eine Veranstaltung zu ärztlichen Kunstfehlern organisieren möchte, wird die Raumvergabe abgelehnt, weil dieses Thema in einer für die Universität nicht akzeptablen Weise aufgearbeitet würde.[112]
Hier stellt sich im Hinblick auf den Begriff der Normadressaten wieder das schon oben (E II c) beschriebene Problem, dass es keine Norm gibt. Die Vergabe erfolgt in ständiger Verwaltungspraxis. Das hindert aber die Anwendung der neuen Formel nicht. Die Universität behandelt die Vereinigung anders als alle bisherigen Vereinigungen, denn sie bewertet die Themen der Veranstaltung nunmehr inhaltlich. Darauf könnte man sich durch eine Verhaltensäderung zwar einstellen, indem man ein anderes Thema wählt. Angesichts der Bedeutung der Meinungsfreiheit des Art. 5 I GG ist aber eine solche Verhaltensänderung nicht zumutbar. Die Anforderung an

---
[111] BVerwG E 100, 206, 210 f.
[112] Beispiel gebildet nach VGH Mannheim NVwZ 1986, 396.

die Rechtfertigung einer solchen Behandlung sind damit sehr hoch. Da sich eine solche Vorzensur durch die Universität nicht begründen lässt gibt es keine Gründe von solcher Art und solchem Gewicht, die eine unterschiedliche Behandlung der Vereinigung und damit auch eine Änderung der Verwaltungspraxis rechtfertigen.

δ) **Bewertung**

Die Beispiele haben gezeigt, dass die neue Formel nicht von vornherein einen anderen Maßstab bedeutet, sondern dass sie die Prüfungskriterien besser strukturiert. Die Gewährung von Leistungen begründet per se keinen weniger strengen Maßstab. Mit der neuen Formel kann man auf diese Faustformel im Grunde ganz verzichten, weil die in ihr zum Ausdruck kommenden Elemente schon die Prüfung ausreichend steuern.

bb) Eingriffsverwaltung

In der Literatur wird bei der Eingriffsverwaltung z.T. pauschal gesagt, hier sei strenger zu prüfen, als bei der Leistungsverwaltung, da immer auch andere Grundrechte involviert seien (dazu C III 2 d bb). Ein Kriterium der neuen Formel und ihres abgestuften Maßstabs ist, ob **weitere Grundrechte** durch die Behandlung berührt werden, so dass dies grundsätzlich für einen strengeren Maßstab sprechen würde. Umgekehrt wurde aber oben (E II 2 d cc) dargestellt, dass die Prüfung bei der neuen Formel **nicht per se strenger** ist und dass es für die Beurteilung nicht auf die letzte Reaktion der Behörde, sondern schon darauf ankommt, ob die Betroffene Person diese Reaktion durch ihr eigenes Verhalten hätte vermeiden können, wenn sie sich rechtskonform verhalten hätte. Die Abbruchanordnung mag den Bauherrn schwer treffen, er hätte sie aber vermeiden können, wenn er das Bauwerk rechtmäßig errichtet hätte. Hier kommt es immer auf den Einzelfall an. Pauschale Aussagen verbieten sich. So könnte man im Polizei- und Ordnungsrecht bei der Heranziehung eines **Verhaltensstörers** argumentieren, dass er das Einschreiten provoziert hat, indem etwa der Pkw-Fahrer einen Unfall verursacht und das aus seinem Auto auslaufende Benzin das Erdreich verunreinigt. Das ist beim **Zustandsstörer** aber nicht möglich, wenn der Zustand ohne sein Zutun eintritt, etwa weil das Auto des Handlungsstörers ausgerechnet auf einem fremden Grundstück verunglückt. In diesem Fall ist der Maßstab strenger, weil der Adressat der

Maßnahme nicht ausweichen kann.[113] Neben der Frage, in welcher Weise andere Grundrechte durch die Behandlung betroffen sind, kommt es weiterhin darauf an, inwieweit die betroffene Person der Behandlung ausweichen konnte oder nicht. Ein ausführlicheres Beispiel soll dies verdeutlichen.

Eine Gefahrenabwehrverordnung behandelt die Besitzer bestimmter Hunderassen (sog. **Kampfhunde**) ob der besonderen Gefährlichkeit ihrer Tiere anders als die Besitzer anderer Hunde. Die Hunde müssen einen Maulkorb tragen, an die Leine genommen werden und einen „Wesenstest" bestehen. Bestehen sie den Test nicht, werden sie getötet. Die Regelung verbietet das Halten dieser Hunde nicht, stellt sie aber unter ein strengeres Regime.

Halter von „Kampfhunden" werden dadurch anders behandelt als Halter der übrigen Hunderassen. Es handelt sich nicht um eine Eigenschaft, sondern um eine verhaltensbezogene Regelung, der man entgehen kann, indem man sich einen anderen Hund zulegt. Das Problem ist, dass die Halter zum In-Kraft-Treten der Regelung die Hunde schon hatten, also keine Chance hatten, ihren Wunsch nach einem Hund auf harmlosere Tiere umzumünzen. Auch durch eine andere Erziehung des Hundes ist es nicht möglich, den Folgen der Regelung zu entgehen, weil sie auf die Hunderasse mit den ihr zugeschriebenen Wesensmerkmalen und nicht auf bestimmte Erziehungsmethoden abstellt. Eine Verhaltensänderung könnte also nur darin liegen, sich einen anderen Hund einer nicht gefährlichen Rasse zuzulegen und den gefährlichen Hund ins Tierheim zu geben oder einschläfern zu lassen. Eine Verhaltensänderung ist also möglich, ob sie zumutbar und damit ein Ausweichen faktisch nicht möglich ist, ist eine andere Frage. Das bestimmt sich nach weiteren Kriterien, die die Belastungsintensität angeben. Hier wäre an die Grundrechte aus Art. 14 I, 2 I und ggf. auch Art. 12 I GG zu denken, falls es sich um Züchter handelt. Dies führt dazu, dass eine Verhaltensänderung nur schwer zumutbar wäre und es sich um eine intensive Belastung handelt, auf die ein strenger Maßstab anzuwenden ist.[114] Das Beispiel zeigt, dass die neue Formel mit ihrem abgestuften Maßstab

---

[113] Zu den Störerbegriffen im Polizei- und Ordnungsrecht siehe *Götz* Allgemeines Polizei- und Ordnungsrecht Rn. 188 ff., 210 ff.; *Friauf* in BesVwR Rn. 71 ff., 83 f. Zur Auswahl zwischen Handlungs- und Zustandsstörer vgl. *Götz* Allgemeines Polizei- und Ordnungsrecht Rn. 252 ff., 254; *Friauf* in BesVwR Rn. 98 ff.
[114] Vgl. dazu und zur neuen Formel mit dem abgestuften Maßstab VGH Kassel NVwZ-RR 2002, 650 (653); OVG Lüneburg NVwZ-RR 2001, 742 (748 f.); VGH Mannheim VBlBW 2002, 423 (425); OVG Schleswig NVwZ 2001, 1300 (1303). Siehe aber auch VerfGH Berlin DVBl 2001, 1586 (1588), der zwar ebenfalls zu einer verhaltensbezogenen Regelung kommt, deswegen aber einen weniger strengen Maßstab

nicht nur genügend Raum bietet, um alle Aspekte des Sachverhalts zu beleuchten und alle relevanten Kriterien einfließen zu lassen. Sie gewährleistet in ihrem abgestuften Maßstab, *dass* alle Kriterien einfließen und keines übersehen wird.

cc) Fazit

Die Faustformel, dass die Prüfung bei der Leistungsverwaltung weniger streng, bei der Eingriffsverwaltung hingegen strenger ist, lässt sich durch die neue Formel stützen. Die neue Formel macht eine solche Faustformel aber überflüssig. Denn sie zeigt deutlich, welche Kriterien die Prüfungsintensität wirklich bestimmen.

c) Gleichheitssatz als Anspruchsgrundlage – Gleichheit und Chancengleichheit

In den Beispielen des vorherigen Abschnitts wurde die Prüfung jeweils abgebrochen, nachdem kein oder ein Verstoß gegen den Gleichheitssatz festgestellt wurde. Daran schließt sich aber für die behandelte Person, also die Betroffenen die Frage an, ob ihnen der Gleichheitssatz auch einen **konkreten Anspruch** auf die begehrte Leistung verleihen kann. Diese Frage habe ist allgemein schon oben im Zusammenhang mit der Ermessensreduzierung (C I 2 a, III 2 c dd) beantwortet worden. Der Gleichheitssatz ist ein Grundrecht und ein subjektives Recht, das damit einen Anspruch auf gleiche Behandlung, also darauf vermittelt, nach dem **gleichen Schema** behandelt zu werden. In der Regel wird ein Gericht die Behörde nur zur Neubescheidung verpflichten. Damit sich ein Anspruch auf gleichmäßige Behandlung zu einem Anspruch auf eine konkrete Leistung **verdichtet**, darf der Behörde keine andere Handlungsmöglichkeit mehr verbleiben. Ihr Ermessen muss sich dergestalt reduzieren, dass als einzig rechtmäßige Handlung nur noch die Leistung an die betroffene Person verbleibt. Diese **Ermessensreduzierung auf Null** beruht aber nicht auf dem Gleichheitssatz. Sie kann aber auch durch ihn begründet werden, da durch die Gleichheitsprüfung schon die meisten hierfür relevanten Merkmale geprüft wurden (dazu oben C III 2 c dd). Für diesen Abschnitt bleibt damit die Frage, ob sich an dieser Betrachtung durch die neue Formel und ihren abgestuften Maßstab etwas geändert hat und welche Rolle der neuen Formel hier zukommt.

---

anwenden will. Einen Überblick zu Rechtsprechung und Regelungen in Bezug auf sog. Kampfhunde geben *Gängel/Gansel* NVwZ 2001, 1208 ff.; *Kunze* NJW 2001, 1608 ff.

aa) An der Art und Weise der Prüfung ändert sich mit der neuen Formel nichts, denn die Formel ist Teil der Gleichheitsprüfung. Diese spielt sich aber ab, *bevor* es um die Frage geht, ob das Ermessen der Verwaltung auf eine bestimmte Leistung reduziert ist. Allerdings bündelt die neue Formel etliche Argumentationstopoi (z.B. andere Grundrechte), die für die Frage von Bedeutung sein können, ob das Ermessen reduziert ist. Sie bereitet gewissermaßen diese Prüfung vor. Das ist bei der Gleichheitsprüfung zwar generell so. Die neue Formel bündelt die Argumentation jedoch stringenter. Es ist also ein gradueller Unterschied.

Beim **Beispiel α** im vorhergehenden Abschnitt (E II 3 b aa α) ging es um Erziehungsgeld, das aufgrund von Verwaltungsvorschriften gewährt wurde. Hier wurde anhand der neuen Formel ein Verstoß gegen den Gleichheitssatz festgestellt, weil die klagenden Eltern nicht in die Praxis einbezogen wurden. Hält die Behörde an ihrer Praxis fest und sind die Mittel nicht erschöpft, dann müssen auch die Kläger einbezogen werden. Dann und nur dann verdichtet sich ihr Anspruch auf die konkrete Leistung. In diesem Fall würde der Gleichheitssatz und damit auch die neue Formel den Anspruch vermitteln.

Genauso verhält es sich im **Beispiel γ** von oben (E II 3 b aa γ). Dort ging es um den Zugang einer studentischen Vereinigung zu Räumen der Universität. Gesetzt dem Fall, die Universität hält an der Praxis fest, studentischen Vereinigungen für Veranstaltungen Räume zur Verfügung zu stellen, darf sie die klagende Vereinigung nicht ausschließen. Ein Anspruch auf die konkrete Leistung ist also nur möglich, wenn weitere Bedingungen erfüllt werden, die primär nichts mit dem Gleichheitssatz zu tun haben.

bb) Das zeigt sich auch, wenn man den Fall nimm, dass es um die Zuteilung **knapper**, endlicher **Güter** geht (dazu schon oben C III 2 d bb). Das kann von der Zulassung zu einem festgesetzten Markt oder Volksfest (§§ 69, 60b II GewO), bei denen Marktfreiheit herrscht (§ 70 I GewO) bis zur Vergabe von Start- und Landerechten (d.h. Zeitfenstern, sog. Slots) für einen Flughafen nach § 27a II LuftVG reichen. Überall ist die Zahl der zur Verfügung stehenden Plätze begrenzt und überall muss eine Auswahlentscheidung getroffen werden. Wo die Zahl der zur Verfügung stehenden Plätze begrenzt ist, kann nicht jeder Bewerber berücksichtigt werden. Da nicht alle Bewerber zum Zuge kommen können, ist hier ein konkreter Anspruch auf die Leistung eher selten. Vielmehr steht das **Verfahren** der Zuteilung im Vordergrund – jeder Bewerber muss zumindest die gleiche Chance auf Zuteilung bekommen (dazu schon oben C III 2 d bb). In diesen Bereichen kann die Zuteilung eines Gutes oft von existenzieller Bedeutung sein, so dass in vielen Fällen die Berufsfreiheit betroffen ist. Der anzuwendende Maßstab wird dadurch strenger. Die in solchen Situationen oft bemühte und vermeintlich streng formale Chancengleichheit (dazu oben C III 2 a bb) lässt sich damit ebenfalls mit der neuen Formel abbilden. Denn die neue Formel enthält alle Elemente, welche eine Prüfung strenger oder weniger streng machen.

cc) Wenn es um die Frage geht, einen konkreten Anspruch aus dem Gleichheitssatz herzuleiten, dann ergibt sich durch die neue Formel keine Besonderheit, da sie Teil der Gleichheitsprüfung ist und erst im Zusammenspiel mit weiteren Kriterien der Anspruch auf gleiche Behandlung sich zu einem Anspruch auf eine konkrete Leistung verdichten kann. Vor allem im Zusammenhang mit knappen Gütern steht hingegen das Verfahren im Vordergrund. Eine hier oft vertretene Chancengleichheit lässt sich auch mit der neuen Formel erklären.

d) **Gleichheit im Unrecht**

Der letzte Bereich, der behandelt wird, wird beim Gleichheitssatz diskutiert, in der Arbeit bisher allerdings nur beiläufig erwähnt. Es ist die These, dass es keine Gleichheit im Unrecht gibt. Sie war in neuerer Zeit Thema verschiedener Abhandlungen, die – zumindest teilweise – auch die neue Formel erwähnt haben.[115] Das ist der Grund, warum auf sie an dieser Stelle ebenfalls kurz eingegangen werden soll.

Der Satz „keine Gleichheit im Unrecht" spielt nicht für die Gesetzgebung, wohl aber für die Gesetzesanwendung eine Rolle.[116] Literatur und Rechtsprechung sprechen stattdessen auch davon, dass es **keinen Anspruch auf Fehlerwiederholung** gebe. Durch diese Sätze versuchen sie, einen vermeintlichen Konflikt zwischen Gleichheit und Gesetzmäßigkeit zugunsten der letzteren aufzulösen. Dem Grundsatz nach geht es darum, dass die Verwaltung jemanden rechtmäßig behandelt, dieser sich aber mit Fällen vergleicht, die von der Verwaltung rechtswidrig behandelt wurden und mit denen er gleich behandelt werden möchte. Die Fälle, die hierunter subsumiert werden reichen beispielsweise vom Verlangen nach Zurückstellung

---

[115] Monografien aus neuerer Zeit *Ulrich* Phänomen der Gleichheit, *Kölbel* Gleichheit im Unrecht. Vgl. aus der Aufsatzliteratur *Pauly* JZ 1997, 647 ff.
[116] Dazu auch *Osterloh* in Sachs Art. 3 Rn. 46.

vom Wehrdienst, weil die Verwaltung auch andere Wehrpflichtige, die die gleichen Voraussetzungen erfüllen (rechtswidrig) zurückgestellt hat, bis zu bauordnungsrechtlichen Fragen etwa beim Vorgehen gegen Schwarzbauten. Durch den Vergleich will die betroffene Person entweder eine **Leistung** erlangen, welche die Behörde rechtswidrig in anderen Fällen gewährt hat, z.b. eine Subvention. Oder sie möchte von einer **Handlung verschont** werden, weil die Behörde auch bei Vergleichsfällen rechtswidrig nicht eingeschritten ist, etwa bei anderen Schwarzbauten.

Nach der ganz **herrschenden Meinung** in Rechtsprechung und Literatur gibt es grundsätzlich keinen Anspruch auf Fehlerwiederholung oder Gleichheit im Unrecht.[117] Da die Verwaltung wegen Art. 20 III GG an Gesetz und Recht gebunden ist, *muss* sie rechtmäßig handeln. Dies kann der Gleichheitssatz nicht überspielen, da er auch nur innerhalb der Rechtsordnung wirkt und nur **Gleichheit vor dem (rechtmäßigen) Gesetz** und nicht gegen dieses vermittelt. Eine Gleichbehandlung darf also die Anwendung der Gesetze nicht derogieren und die Behörde gar zu einer ständigen Fehlerwiederholung zwingen, obwohl mittlerweile ihr rechtswidriges Verhalten geklärt ist.[118] Hiermit aber die Prüfung abzubrechen ist falsch. Denn der Gleichheitssatz fragt gar nicht, ob eine Behandlung rechtmäßig oder rechtswidrig

---

[117] Aus der **Rechtsprechung**: BVerfG DVBl 1991, 872 (876) – BVerwG E 5, 1 (8); 92, 88 (95); 92, 153 (157); 101, 211 (220); DVBl 1960, 396 f.; DVBl 1964, 530 f.; DVBl 1966, 448 (449); DVBl 1973, 636 (439); DöV 1977, 830 (831); NVwZ 1986, 758; NVwZ 2002, 598 (603); NJW 2005, 1525 (1526) – OVG Bautzen LKV 2004, 272 (275); OVG Berlin LKV 1997, 28 (29); LKV 1997, 102 (103); VGH Kassel DVBl 1984, 1129 (1132); NVwZ 1985, 664 (665); NVwZ 1986, 683 (685); NVwZ 1988, 543 (545); NVwZ-RR 1990, 236 (237); NVwZ-RR 1996, 265; OVG Lüneburg NJW 2002, 913 (914); OVG Magdeburg NJW 1999, 2982 (2983 f.); VGH Mannheim DVBl 1972, 186 f.; VBlBW 1983, 343 (344); NVwZ 1989, 386 (387); VBlBW 1990, 267 (268); VGH München DVBl 1965, 447 (449); BayVBl 1983, 627; BayVBl 1985, 595 (596); BayVBl 1991, 242 (243); BayVBl 1993, 186 (187); BayVBl 2000, 689 (692); OVG Münster DVBl 1973, 960 (962); DVBl 1975, 340 (342). Aus der **Literatur**: *Dürig* in MD Art. 3 Rn. 20, 164 ff., 437 f.; *Rüfner* in BK Art. 3 Rn. 181; *Starck* in vM Art. 3 Rn. 274; *Osterloh* in Sachs Art. 3 Rn. 46; *Kirchhof* in HdBStR V § 125 Rn. 66; *Gubelt* in von Münch Art. 3 Rn. 42; *Heun* in Dreier Art. 3 Rn. 60; *Paehlke-Gärtner* in Umbach/Clemens Art. 3 Rn. 156; *Stern* StaatsR III/1 S. 1332 m.w.N., 1359; *Bleckmann* Struktur S. 106; von Münch StaatsR II Rn. 578; *Sachs* in Stelkens/Bonk/Sachs VwVfG § 40 Rn. 117; *Schoch* in DVBl 1988, 863, 871; *Kloepfer* Gleichheit S. 26 ff. *Ulrich* Phänomen der Gleichheit S. 65, 105. *Kölbel* Gleichheit im Unrecht Rn. 2; *Meyer* DöV 2005, 551, 557 f. Vgl. **bereits** *Ipsen* in Die Grundrechte S. 111, 147 f. Teilweise **anderer Ansicht** *Götz* DVBl 1968, 93, 94; differenzierend *ders.* NJW 1979, 1478, 1480 f.; *Sachs* in Festschrift Friauf S. 309, 322.
[118] BVerwG DöV 1977, 830 (831). *Kirchhof* in HdBStR V § 125 Rn. 66, 70; *Starck* in vM Art. 3 Rn. 274; *Dürig* in MD Art. 3 Rn. 20, 179, 182; *Bleckmann* Struktur S. 106 f.; *Schoch* in DVBl 1988, 863, 871; *Kloepfer* Gleichheit S. 27; von Münch StaatsR II Rn. 578.

ist, sondern nur, ob eine Person **gleich oder ungleich behandelt** wird. Es kommt also auf die Behandlung an.[119]

aa) Oben C III 2 c cc, bei der Selbstbindung, wurde schon erwähnt, dass nur eine **rechtmäßige** Praxis die Verwaltung binden kann und als Vergleichssystem zur Verfügung steht.[120] Die Verwaltung muss, sollte sie rechtswidrig handeln, diese Praxis ändern. Hat sie bisher formell und materiell illegal errichtete Gebäude, also **Schwarzbauten**, geduldet, obwohl sie eigentlich zu deren Beseitigung verpflichtet wäre, so muss sie diese Praxis ändern. Das Problem kann dann bestehen, wenn sie nun zwar rechtmäßig handelt, sich aber dabei nur bestimmte Fälle herausgreift, andere „ungeschoren" lässt. Diejenigen Fälle, die behandelt werden, werden rechtmäßig behandelt, verglichen mit anderen Schwarzbauten aber ungleich.[121] Wenn die Verwaltung erkennen lässt, dass sie nun gegen alle illegal errichteten Bauten vorgehen möchte und dies nach einem System tut, etabliert sie also eine neue, rechtmäßige Praxis. Dann kann derjenige, der zuerst von dieser betroffen ist, sich nicht darauf berufen, andere würden verschont, denn es handelt sich nur um ein zeitlich gestaffeltes Vorgehen. Die Behörde muss aber **begründen**, warum sie gerade diesen Fall herausgreift, den Betroffenen also in der Art und Weise behandelt und keinen anderen sonst. Sie muss deutlich machen, worin sich dieser Fall von den anderen unterscheidet oder welche sonstigen Gründe ein unterschiedliches Vorgehen nahe legen (etwa, weil sie einen Musterprozess führen möchte). Gelingt ihr das nicht und strebt sie damit gar kein geordnetes, **systematisches** Vorgehen an, wie die Rechtsprechung oft betont, dann behandelt sie den Fall tatsächlich ungleich – und würde ihre rechtswidrige Praxis fortsetzen. Damit kann zwar der Betroffene nicht die Genehmigung seines illegalen Gebäudes erreichen, denn der Gesetzesverstoß bleibt. Die Durchsetzung des Rechts ist aber **gehemmt**, bis die Gleichheits-

---

[119] So auch *Götz* DVBl 1968, 93, 94 f.; *ders.* in Festschrift 25 Jahre BVerwG S. 245, 254; differenzierend *ders.* NJW 1979, 1478, 1481 f. Vgl. ebenfalls *Sachs* in Festschrift Friauf S. 309, 322; *Kölbel* Gleichheit im Unrecht Rn. 135.
[120] Vgl. dazu *Maurer* VerwR § 24 Rn. 30; *Stern* StaatsR III/1 S. 1331; *Rechenbach* NVwZ 1987, 383, 385; *Dürig* in MD Art. 3 Rn. 437; *Wallerath* Selbstbindung S. 98 f.; *Kölbel* Gleichheit im Unrecht Rn. 96. Aus der st. Rspr. der **Verwaltungsgerichte**: BVerwG E 34, 278 (283); 45, 197 (200); 86, 55 (58 f.); 92, 153 (157); NVwZ 1986, 758 – OVG Berlin LKV 1997, 102 (103); VGH Kassel DVBl 1963, 443 (445); NVwZ-RR 1996, 265; OVG Koblenz NVwZ-RR 2005, 451 (452); VGH München BayVBl 1993, 186 (187); OVG Münster DVBl 1975, 340 (342) – VG Frankfurt/M DVBl 1961, 52; VG Schleswig NVwZ-RR 1991, 566 (567).
[121] Zu eng *Götz* in Festgabe BVerwG S. 245, 256, der im Baurecht wohl schon die Vergleichbarkeit ablehnen will, da es immer um grundstücksbezogene Einzelfälle gehe. Siehe auch *ders.* NJW 1979, 1478, 1481 ff.

widrigkeit beseitigt ist, bis also die Behörde eine rechtmäßig Praxis eingerichtet hat. Damit geht es in diesen Fällen letztlich also gar nicht um Gleichheit im Unrecht, denn das Unrecht muss in allen Fällen beseitigt werden.[122]

Welche Rolle spielt die neue Formel hier? *Ulrich* und *Pauly* wollen bei der Rückkehr von einer rechtswidrigen zu einer rechtmäßigen Verwaltungspraxis einen strengen Maßstab der **neuen Formel** anwenden, weil Differenzierungskriterium die Gesetzmäßigkeit der Verwaltung sei (zu der die Behörde wieder zurückkehren wolle). Dessen Verwirklichung könne der Betroffene aber gar nicht durch sein Verhalten beeinflussen.[123] Wie oben, E II 2 d cc, schon gezeigt, ist dieser Ansatz falsch. Es geht nicht darum, dass die Behörde rechtmäßig handeln will und sie deswegen strenger gebunden sein soll. Sie *muss* rechtmäßig handeln. Insofern durfte sie die Vergleichsfälle gar nicht anders als den Fall des Betroffenen behandeln. Die Rückkehr zur Gesetzmäßigkeit ist daher kein Differenzierungskriterium. Angeknüpft wird nicht an die Gesetzmäßigkeit sondern an das illegale Verhalten des Betroffenen. Es geht also nicht darum, dass der Betroffene durch sein Verhalten die Handlung der Behörde nicht beeinflussen könnte. Der Betroffene muss davon ausgehen, dass die Behörde rechtmäßig handelt. Durch sein – legales oder illegales – Verhalten hat er es selbst in der Hand, die Verwirklichung des jeweiligen gesetzlichen Tatbestandes zu beeinflussen. Die betroffene Person muss also von vornherein ein, um im Beispiel der Schwarzbauten zu bleiben, formell und materiell legales Gebäude errichten und kann nicht darauf vertrauen, dass der Schwarzbau des Nachbarn schließlich auch noch nicht beseitigt wurde. Schon aus diesem Grund ist der Maßstab nicht so streng, wie *Ulrich* und *Pauly* dies anzunehmen scheinen. Es kommt damit auf sachliche Gründe an, warum der Betroffene zuerst behandelt wurde. Der Betroffene darf nicht – um die zwar überholte aber hier passende Terminologie zu verwenden – willkürlich herausgepickt worden sein.

bb) Auch die Fälle, in denen die herrschende Meinung **Ausnahmen** zulässt, lassen sich mit der neuen Formel beschreiben. Zwar kommen die Argumentationstopoi gerade nicht aus dem Gleichheitssatz. Die neue Formel hilft aber, diese zu ordnen.

---

[122] Zum Systemgedanken vgl. etwa BVerwG DVBl 1973, 636 (639); VGH Kassel NVwZ 1986, 683 (684) – zur Vergleichbarkeit siehe BVerwG DöV 1977, 830 (831). Zu diesem und anderen Ausnahmefällen *Starck* in vM Art. 3 Rn. 275. Siehe auch *Götz* DVBl 1968, 93, 96; *Kölbel* Gleichheit im Unrecht Rn. 130, 133 f.; *Ulrich* Phänomen der Gleichheit S. 65, 105, 114, 130; *Pauly* JZ 1997, 647, 652 ff.
[123] *Pauly* JZ 1997, 647, 650; *Ulrich* Phänomen der Gleichheit S. 107.

Eine Ausnahme wird etwa dann für möglich angesehen, wenn es um eine **Leistung**, etwa eine Subvention geht, die rechtswidrig an Konkurrenten vergeben wurde, von diesen aber nicht mehr zurück gefordert werden kann, so dass es hierdurch zu einer **Wettbewerbsverzerrung** kommt. Anders als bei den Fällen der Schwarzbauten kann durch die Rückkehr zu einer rechtmäßigen Praxis die verzerrte Wettbewerbslage nicht mehr geändert werden. Deswegen kann das Ermessen der Verwaltung aufgrund der Wettbewerbsverletzung so weit reduziert sein, dass nur eine ebenfalls rechtswidrige Leistung an den Betroffenen die Wettbewerbsverzerrung und den Gleichheitsverstoß kompensieren kann.[124] Aufgrund der Wettbewerbsverzerrung sind die Grundrechte aus Art. 2 I und 12 I GG intensiv betroffen, so dass es sich um eine Behandlung mit hoher Eingriffsintensität handelt und ein sehr strenger Maßstab anzulegen ist. Sind keine Unterschiede von solcher Art und solchem Gewicht ersichtlich, warum der Betroffene anders behandelt wurde als die Vergleichsfälle und ist aufgrund der Wettbewerbsverzerrung eine Gleichbehandlung geboten, dann kann dies einen Anspruch auf eine konkrete Leistung geben.

cc) Fälle, die gemeinhin unter dem Schlagwort „keine Gleichheit im Unrecht" subsumiert werden, lassen sich oft auch lösen, ohne dass man auf diesen Gedanken zurückgreifen muss.[125] Wenn es etwa dem Kläger darum geht, mit den rechtswidrigen Ausnahmefällen verglichen zu werden, die eine Behörde in ihrer ansonsten rechtmäßigen Verwaltungspraxis macht, dann ist die Vergleichsgruppe schon nicht richtig gebildet, denn der Kläger kann sich nur mit der die Praxis begründenden Gruppe vergleichen, um zu erreichen, dass er gemäß der Verwaltungsübung behandelt wird.[126] Für andere, ernsthaft diskutierte Fälle kommt, wie gerade angedeutet, die Lösung oft **nicht aus dem Gleichheitssatz**, sondern aus **anderen Ge-**

---

[124] Hierzu und zu weiteren Ausnahmefällen *Starck* in vM Art. 3 Rn. 275; *Osterloh* in Sachs Art. 3 Rn. 52; *Heun* in Dreier Art. 3 Rn. 60; *Kölbel* Gleichheit im Unrecht Rn. 155 ff.; *Ulrich* Phänomen der Gleichheit S. 114 ff., 130 f.; *Pauly* JZ 1997, 647, 653 f.; *Seibert* in Festgabe 50 Jahre BVerwG S. 535, 544. Siehe allgemeiner auch *Rüfner* in BK Art. 3 Rn. 181; *Kirchhof* in HdBStR V § 125 Rn. 87 f. Vgl. auch mit anderem Ansatz *Götz* NJW 1979, 1478, 1481 f.; *Sachs* in Festschrift Friauf S. 309, 323.
[125] So auch *Dürig* in MD Art. 3 Rn. 187. Siehe auch *Kölbel* Gleichheit im Unrecht S. 139 und Rn. 70, 133, 152.
[126] *Götz* DVBl 1968, 93, 96; *Kölbel* Gleichheit im Unrecht Rn. 40 f., sehr weitgehend *ders.* a.a.O. Rn. 44, 151 f.: zwei Fälle sollen schon dann nicht mehr gleich sein, wenn bei dem einen eine Fehlerkorrektur, also ein Rückgängigmachen der rechtswidrigen Entscheidung, nicht mehr möglich sei. Damit vernachlässigt Kölbel aber, dass es für einen Vergleich nicht darauf ankommt, welche Rechtsfolge die Gleichheitswidrigkeit haben kann. Entscheidend ist die Behandlung.

sichtspunkten, wie etwa dem des Vertrauensschutzes oder aus anderen Grundrechten, wie das Beispiel zur Wettbewerbsverzerrung zeigt (also Art. 2 I oder 12 I GG).[127] Zwar lassen sich manche Fälle außerhalb des Gleichheitssatzes lösen, sobald es aber um eine ungleiche Behandlung geht, ist der Gleichheitssatz relevant. Der Vorteil der neuen Formel ist hier, die einzelnen Aspekte und Kriterien besser in die Prüfung einzupassen und sie in ein Schema für die Bindungs- und Prüfungsdichte einzuordnen. Damit eignet sich die neue Formel auch in diesem, eher untypischen Bereich dazu, die Gleichheitsprüfung besser zu strukturieren.

4) Ergebnis

Die Aussagen der neuen Formel und vor allem das von ihr und dem abgestuften Maßstab vorgegebene Prüfungsschema lassen sich ohne größere Schwierigkeiten verwenden, wenn es darum geht, Handlungen der Verwaltung am Gleichheitssatz zu überprüfen. Diese Aussage wurde in diesem Kapitel an einem abstrakteren Raster und an konkreteren der jeweiligen spezifischen Einzelfälle überprüft. Abstrakt zeigt sich nur bei der nicht gesetzesakzessorischen Verwaltung die Schwierigkeit, dass hier der Normgeber fehlt, an dem die neue Formel formal ansetzt. Die Rechtsprechung hat dies aber nie als Problem gesehen bzw. gar nicht bemerkt. Es lässt sich aber einfach durch eine etwas andere Formulierung überwinden. Auch bei den exemplarisch angeführten Einzelbereichen, bei denen dem Gleichheitssatz eine besondere Bedeutung zukommt, hat sich die neue Formel bewährt. Sie gliedert die Prüfung besser. Prüfungsergebnisse können so besser nachvollzogen werden.

---

[127] So auch *Heun* in Dreier Art. 3 Rn. 60; *Bleckmann* Struktur S. 107; *Schoch* in DVBl 1988, 863, 871. Das zeigt etwa die Argumentation *Götz'* in *ders.* NJW 1979, 1478, 1481 f. und auch von *Ulrich* Phänomen der Gleichheit S. 116, 130 f.

III) Zusammenfassendes Ergebnis

Während die neue Formel zwar von der Rechtsprechung des Bundesverwaltungsgerichts und der Obergerichte erkannt wurde, wird sie von diesen immer noch sehr zurückhaltend verwendet. Das Bundesverwaltungsgericht, mehr noch als die Obergerichte, scheint noch der traditionellen Willkürrechtsprechung verhaftet zu sein.

Diese Zurückhaltung verwundert um so mehr, als die neue Formel vom Bundesverfassungsgericht in ständiger Rechtsprechung verwendet und dessen Prüfung durch den abgestuften Maßstab besser zu gliedern vermag. Die Aussagen der neuen Formel lassen sich daher sowohl generell, als auch, wenn man sie in verschiedenen Fallgestaltungen prüft, gut zur Prüfung von Verwaltungsmaßnahmen verwenden. Sie sollten daher im Bereich der Verwaltungsgerichtsbarkeit – aber auch von der Verwaltungsliteratur – mehr beachtet werden.

G) Zusammenfassendes Gesamtergebnis

Die Arbeit zeigt, dass die vom Bundesverfassungsgericht zum Gleichheitssatz entwickelte neue Formel auch zur Kontrolle der Verwaltung anwendbar ist. Sie hat drei Teile. Der erste legt die Grundlagen für das Verständnis der neuen Formel und beschäftigt sich mit dem Gleichheitssatz und dem Willkürverbot. Der zweite erklärt die neue Formel während der dritte Teil überprüft, ob sie sich zur Kontrolle der Verwaltung eignet.

Grundlagen

Ausgangspunkt ist die Überlegung, dass die **Grundrechte** alle Staatsgewalten gleich **binden**. Gesetzgeber, Verwaltung und Gerichte sind alle gleich an die Grundrechte und damit auch an den Gleichheitssatz gebunden. Verwaltung und Gerichte unterliegen darüber hinaus den weiteren Bindungen des einfachen Rechts. Teile der Literatur versuchen, mit den Begriffen der Rechtsanwendungs- und der Rechtssetzungsgleichheit dem Gleichheitssatz einen unterschiedlichen Inhalt für die verschiedenen Gewalten zu geben. Hier schwingt die Unterscheidung zwischen formaler und materialer Gleichheit mit. Diese Trennung ist nicht haltbar, weil sich die Bindung der Verwaltung nicht in der gleichen Anwendung der Gesetze erschöpft und die Bereiche der Rechtsetzung und der Rechtsanwendung sich nicht scharf voneinander scheiden lassen.

Gleichheit und Willkür

Das Bundesverfassungsgericht näherte sich dem Gleichheitssatz nicht vom Wortlaut des Art. 3 I GG her, sondern konkretisiert ihn in ständiger Rechtsprechung dahingehend, dass der Gleichheitssatz gebiete, Gleiches gleich und Ungleiches ungleich zu behandeln. Erst die neue Formel stellt den Wortlaut des Gleichheitssatzes wieder in den Mittelpunkt der Prüfung. Art. 3 I GG gebietet als Grundsatz die Gleichbehandlung. Eine Pflicht zur Ungleichbehandlung ist demgegenüber eine begründungsbedürftige Ausnahme.

Der Gleichheitssatz verfügt über keinen spezifischen Schutzbereich. Damit ist er aber nicht inhaltsleer, sondern gibt als **wertungsoffene Generalklausel** ein subjektives Recht auf Gleichbehandlung. Die Gleichheitsprüfung ist zweistufig und wird von Bundesverfassungsgericht und den Verwaltungsgerichten auch so durchgeführt. Die Wertungsoffenheit bedeutet für die Verwaltung, dass sie als Zweitinterpretin des Grundrechts die Gleichheitsfrage beantworten kann, wenn ihr der Gesetzgeber dazu Raum lässt. Das ist vor allem dann der Fall, wenn er der Verwaltung Ermessen einräumt. Die Verwaltung unterliegt dabei aber immer den zusätzlichen Bindungen durch die Rechtsordnung, so dass die Prüfung dichter sein kann als beim Gesetzgeber. Entgegen der Ansicht in Rechtsprechung und Literatur kann der Gleichheitssatz eigenständig ein Recht auf ermessensfehlerfreie Behandlung begründen, solange es einen Bezug zur Rechtssphäre der betroffenen Person gibt. Nur das entspricht seinem Charakter als subjektives Recht.

Rechtsprechung und Literatur versuchen, den Inhalt des Gleichheitssatzes mit verschiedenen Begriffen näher zu konkretisieren. Die **Gerechtigkeit** als einer dieser Begriffe eignet sich ob ihrer Unbestimmtheit dazu aber gerade nicht. Auch spezielle Gerechtigkeitsbegriffe sind letztlich nur Umschreibungen für bereichsspezifische Besonderheiten einzelner Rechtsgebiete. Der Gleichheitssatz kann jedoch durch die **Wertordnung** des Grundgesetzes näher konkretisiert werden.

Der von Rechtsprechung und Literatur unverändert verwendete **Willkürbegriff** kann den Inhalt des Gleichheitssatzes ebenso wenig bestimmen. Er ist vielmehr der Versuch, eine Methode zu finden, die Prüfung weiter zu strukturieren. Gleichheit und Willkür können nicht voneinander getrennt werden. Willkür kann, ungeachtet seiner Wurzeln im Rechtsstaatsprinzip, aus Art. 3 I GG hergeleitet werden. Die Verwaltungsrechtsprechung ignoriert diese Verbindung und blendet den Gleichheitssatz in der Ermessensfehlerlehre, aber auch in anderen Bereichen zugunsten von Willkür weitgehend aus. Willkür ist ein **Begründungsgebot** und eine **Argumentationslastregel**. Als Kurzformel für eine Gleichheitsverletzung kann man an dem Begriff festhalten, muss es jedoch nicht. Die Wertungsfrage beim Gleichheitssatz löst der Begriff aber nicht.

Weitere wichtige Kriterien, um die Gleichheitsfrage zu beantworten sind neben der Gesamtrechtsordnung der Realitätsbezug oder die Bereichsspezifik mit den Topoi Natur der Sache und Systemgerechtigkeit. Eine für die Verwaltung wichtige Fallgruppe der **Bereichsspezifik** ist die der Selbstbindung. Literatur und Rechtsprechung wenden hier den Gleichheitssatz aber nur unspezifisch als Argumentationsmuster an, ohne sich mit ihm näher auseinander zu setzen.

Bei der Gleichheitsprüfung sind der geregelte Sachbereich und die regelnde Norm aufeinander bezogen. Die Gleichheitsprüfung ist eine **Entsprechensprüfung**. Eine Zweck-Mittel-Beziehung wie bei der Prüfung der Freiheitsrechte ist ob der Struktur des Gleichheitssatzes nicht möglich.

Für die Kontrolle der Rechtsanwendung anhand des Gleichheitssatzes kann die Kontrolle von Gerichtsurteilen durch das Bundesverfassungsgericht einen Anhaltspunkt geben. Alle bisher entwickelten Formeln, die Kontrollbefugnis des Gerichts einzuschränken, taugen aber nicht. Handlungs- und Kontrollmaßstab des Gerichts sind immer gleich. Die Kontrolle ist zwar grundsätzlich umfassend. Das Bundesverfassungsgericht muss aber nur dann vertieft kontrollieren, wenn sich prima facie Anhaltspunkte für einen Gleichheitsverstoß durch die Gerichte ergeben.

Neue Formel

Die neue Formel des Bundesverfassungsgerichts führt zu einer Rückbesinnung auf den Vergleich. Sie stellt den Wortlaut des Gleichheitssatzes wieder an den Anfang der Prüfung. Die Formel ist zwar nicht wirklich neu. Sie strukturiert die Prüfung aber besser und macht sie sowohl für den Rechtsanwendenden als auch den Rechtssuchenden **transparenter**. Entscheidend bei der Formel ist, Vergleichsgruppen zu bilden und die Unterschiede zu analysieren. An einer anfänglichen Unterscheidung zwischen Personen und Sachverhalten hält das Bundesverfassungsgericht nicht mehr fest.

Mit dem später aufgekommenen **abgestuften Maßstab** konkretisiert das Gericht die Prüfung weiter. Der Maßstab liefert ein praktikables, gleitendes Prüfungsschema, das sowohl der Struktur des Gleichheitssatzes als wertungsoffene Generalklausel entgegen kommt, als es auch alle Topoi zusammenfasst, die die Prüfung beeinflussen können. Das sind vor allem Personenbezug, Verhaltensbezug, Intensität und Auswirkung auf andere Grundrechte. Der Gleichheitssatz ist wertungs- und **wirkneutral**. Deswegen kann die Intensität eines Eingriffs nur anhand weiterer Kriterien, nämlich anderer Grundrechte gemessen werden. Das durch die neue Formel und den abgestuften Maßstab gefundene Prüfungsschema stellt einen einheitlichen und umfassenden Maßstab dar. Handlungs- und Kontrollnorm werden nicht getrennt. Die **Willkürformel** ist hier eigentlich überflüssig, kann ihren Platz als eingespielte Kurzformel aber behalten; ihr verbleibt noch ein schmaler Anwendungsbereich.

Entgegen vieler Stimmen in der Literatur wird durch die neue Formel keine Prüfung der **Verhältnismäßigkeit** wie bei den Freiheitsrechten eingeführt. Es handelt sich um eine Entsprechensprüfung, die den dem Gleichheitssatz innewohnenden Gedanken der Angemessenheit besonders betont. **Angemessenheit** und Verhältnismäßigkeit sind unterschiedliche Begriffe mit unterschiedlichen Folgen für die Prüfung. Eine Zweck-Mittel-Prüfung wie bei den Freiheitsrechten gibt es beim Gleichheitssatz auch mit der neuen Formel nicht – sie lässt sich auch nicht konstruieren.

Neue Formel und Verwaltung

Die bisherigen Aussagen zum Gleichheitssatz lassen darauf schließen, dass die neue Formel ohne weiteres auch auf die Verwaltung anwendbar ist, wenngleich das Bundesverfassungsgericht diese Frage noch nicht entschieden hat. Auch die **Literatur** hat sich mit der Frage, ob die neue Formel auf die Verwaltung anwendbar ist entweder gar nicht oder nur in sehr pauschaler Weise befasst. Selbst die Autoren, welche sich mit der neuen Formel näher auseinander setzen, wenden sie nicht auf die hergebrachten Institute des Verwaltungsrechts an. Das **Bundesverwaltungsgericht** hat die neue Formel erkannt und wendet sie in äußerst geringem Maße an. Es bleibt überwiegend seiner tradierten am Willkürverbot orientierten Rechtsprechung verhaftet. Ausführlich beschäftigen sich nur sehr wenige Entscheidungen mit der neuen Formel. Der abgestufte Maßstab wird gesehen aber kaum rezipiert. Die Rezeption der neuen Formel durch die **Obergerichte** der Länder ist der durch das Bundesverwaltungsgericht ähnlich, wenngleich sie sich öfter mit der Formel zu beschäftigen scheinen. Dass die neue Formel aber von den Gerichten – wenn auch selten – angewendet wird, wenn sie sich mit der Verwaltung befassen, ist ein starkes Indiz für ihre Praxistauglichkeit.

Die neue Formel eignet sich schon aufgrund ihrer Formulierung ohne weiteres, um **abstrakt-generelle** Regelungen der Verwaltung zu kontrollieren. Insoweit besteht kein Unterschied zur Kontrolle des Gesetzgebers. Auch für die **gesetzesakzessorische** Verwaltung ist die neue Formel geeignet, weil die Gesetzesanwendung auf Normen rückführbar ist. Relevant ist die Formel vor allem dann, wenn die Verwaltung Spielräume hat, wie etwa bei er Ermessensverwaltung. Lediglich bei der **nicht-gesetzesakzessorischen** Verwaltung scheint die neue Formel dem Wortlaut nach nicht zu passen, weil es keine Normadressaten gibt. Durch einfaches Umformulieren kann man aber, dem Sinn und Zweck der Gleichheitsprüfung entsprechend, den Anwendungsbereich eröffnen, indem aus den Normadressaten Handlungsadressaten oder einfach nur Adressaten werden. Die Gerichte stellen sich im Übrigen diese Frage gar nicht. Die neue Formel führt bei der Verwaltung entgegen Stimmen in der Literatur nicht per se zu einem strengeren Prüfungsmaßstab. Vielmehr führt der bereichsspezifische Ansatz gerade zu einer ausdifferenzierten Prüfung. Wendet man die neue Formel auf Bereiche an, die für die Verwaltung besonders relevant sind (Selbstbindung, Leistungs- und Eingriffsverwaltung, Gleichheit als Anspruchsgrundlage, Gleichheit im Unrecht), zeigt sich, dass sie **universell tauglich** und gültig ist und sich auch für die Kontrolle der Verwaltung eignet.

F) Thesen

1.) Gesetzgeber, Verwaltung und Gerichte sind alle gleich an die Grundrechte und damit auch an den Gleichheitssatz gebunden. Verwaltung und Gerichte unterliegen darüber hinaus den weiteren Bindungen des einfachen Rechts.

2.) Der Gleichheitssatz ist eine wertungsoffene Generalklausel und ein subjektives Recht auf Gleichbehandlung. Er kann eigenständig ein Recht auf ermessensfehlerfreie Behandlung begründen.

3.) Die neue Formel führt zu einer Rückbesinnung auf den Vergleich. Sie stellt den Wortlaut des Gleichheitssatzes wieder an den Anfang der Prüfung.

4.) Die neue Formel bringt zwar keine wirklich neuen Erkenntnisse für die Gleichheitsprüfung. Sie strukturiert aber die Prüfung besser und macht sie sowohl für den Rechtsanwendenden als auch den Rechtssuchenden transparenter.

5.) Der abgestufte Maßstab konkretisiert die neue Formel weiter und liefert ein praktikables, gleitendes Prüfungsschema das der Struktur des Gleichheitssatzes als wertungsoffene Generalklausel entgegen kommt.

6.) Durch die neue Formel wird keine Prüfung der Verhältnismäßigkeit wie bei den Freiheitsrechten eingeführt. Es handelt sich um eine Entsprechensprüfung, die den dem Gleichheitssatz innewohnenden Gedanken der Angemessenheit besonders betont. Es gibt beim Gleichheitssatz keine Zweck-Mittel-Prüfung.

7.) Die neue Formel eignet sich ohne weiteres, um abstrakt-generelle Regelungen der Verwaltung zu kontrollieren. Insoweit besteht kein Unterschied zur Kontrolle des Gesetzgebers.

8.) Auch für die gesetzesakzessorische Verwaltung ist die neue Formel geeignet. Relevant ist die Formel vor allem dann, wenn die Verwaltung Spielräume hat, etwa bei er Ermessensverwaltung.

9.) Bei der nicht-gesetzesakzessorischen Verwaltung kann man durch einfaches Umformulieren den Anwendungsbereich der neuen Formel eröffnen.

10.) Die neue Formel führt bei der Verwaltung nicht per se zu einem strengeren Prüfungsmaßstab. Vielmehr führt der bereichsspezifische Ansatz gerade zu einer ausdifferenzierten Prüfung.

Aus unserem Verlagsprogramm:

Verfassungsrecht in Forschung und Praxis

Katja Güttler
Schutzgewähr durch Organisation und Verfahren
*Am Beispiel von Rundfunkanstalten und Gemeinden
unter dem Grundgesetz
– Eine vergleichende Studie –*
Hamburg 2007 / 262 Seiten / ISBN 978-3-8300-2959-5

Tobias Dirk Barth
Gewaltschutz im sozialen Nahbereich
Hamburg 2007 / 290 Seiten / ISBN 978-3-8300-2954-0

Günter Drange
Publizität im Verhältnis von Bundesrechnungshof und Bundestag
Hamburg 2007 / 316 Seiten / ISBN 978-3-8300-2844-4

Kilian Kasperek
Staatlich induzierte Selbstkontrolle und Zensurverbot
*Die Teilnahme des Staates an der Freiwilligen Selbstkontrolle
der Filmwirtschaft*
Hamburg 2007 / 266 Seiten / ISBN 978-3-8300-2780-5

Nadim Hermes
**Maßstab und Grenzen der Übertragung staatlicher Aufgaben
auf die Gemeinden und Landkreise**
Hamburg 2007 / 352 Seiten / ISBN 978-3-8300-2718-8

Christiane Middelschulte
Unbestimmte Rechtsbegriffe und das Bestimmtheitsgebot
*Eine Untersuchung der verfassungsrechtlichen Grenzen
der Verwendung sprachlich offener Gesetzesformulierungen*
Hamburg 2007 / 322 Seiten / ISBN 978-3-8300-2686-0

Robert Schönau
Elektronische Demokratie
Verfassungsrechtliche Zulässigkeit elektronischer Wahlen
Hamburg 2007 / 306 Seiten / ISBN 978-3-8300-2666-2

Postfach 57 01 42 · 22770 Hamburg · www.verlagdrkovac.de · info@verlagdrkovac.de